Butz Peters

RAF

Butz Peters

RAF

Terrorismus in Deutschland

Deutsche Verlags-Anstalt
Stuttgart

Die Deutsche Bibliothek – CIP-Einheitsaufnahme

Peters, Butz:
RAF : Terrorismus in Deutschland / Butz Peters. –
Stuttgart: Deutsche Verlags-Anstalt, 1991
ISBN 3-421-06619-1

Lektorat: Wolfgang Stammler
Typographische Gestaltung: Sigrid Steller
Satz: IBV, Berlin
Druck und Bindung: Mohndruck, Gütersloh
Printed in Germany

Inhalt

Vorwort

Seit nunmehr zwei Jahrzehnten hält die Rote Armee Fraktion die Sicherheitsbehörden in der Bundesrepublik in Atem. Aus einer Nachwehe der Studentenbewegung hat sich eine nahezu perfekt arbeitende Killertruppe entwickelt. Heute operiert sie raffinierter denn je: Längst vergangen sind die Zeiten, in denen die Ermittler brauchbare Spuren am Tatort finden konnten. Auf den letzten Fingerabdruck nach einem Anschlag stießen sie 1981. Seit Jahren laufen die Ermittlungen auf Hochtouren. Tag für Tag beschäftigen sich über eintausend Beamte in der Bundesrepublik mit nichts anderem als dem Terrorismus. Doch auf die heute aktive RAF-Kommandoebene sind sie bislang nicht gestoßen.

Um es ganz deutlich zu sagen: Vor Ihnen liegt nicht der 437. Versuch, die Ursachen des Terrorismus abschließend zu klären. Auf den folgenden Seiten lesen Sie auch nichts von einem Patentrezept, wie dem RAF-Terror ein für alle Male ein Ende gesetzt werden kann. Es gibt kein solches Rezept. Auch wenn das so manche Politiker immer wieder erklären. Nach jedem Anschlag aufs neue. Vielmehr geht es darum zu schildern, wie sich die RAF über die Jahre entwickelt hat. Und wie Gesellschaft und Staat auf diese Herausforderung reagierten. Ob es uns gefällt oder nicht: Die Geschichte der RAF ist ein Teil der Geschichte der Bundesrepublik.

1 Wer hätte das gedacht? – Exil in der sozialistischen Biederkeit

Die schlanke Schwarzhaarige mit dem Pagenschnitt hat weiß Gott nichts Auffälliges: Mit einem Einkaufsbeutel in der Hand biegt die Frau, Ende Dreißig, in die Rosenbecker Straße in Berlin-Marzahn ein, dem kilometerlangen Beton-Silo im Osten der Stadt. Trist reiht sich hier Hochhaus an Hochhaus. Sie verschwindet im Hauseingang Nummer 3, neben der Verzierung mit bunten Seepferdchen und Schwänen. Elf Stockwerke. Waschbetonfassade.

Die Frau bemerkt nicht, wie ihr mit den Augen zwei Männer folgen – aus einem lindgrünen Lada heraus. Unauffällig steht der Wagen am Straßenrand, quer zur Fahrbahn – so wie hier alle Autos abgestellt sind. Schräg gegenüber sitzt in einem anderen Fahrzeug ein zweites Observationsteam des Zentralen Kriminalamts. Die fünf Männer steigen aus, gehen zügig in das Haus, die Treppe mit dem abblätternden Putz und der herunterhängenden Tapete hinauf – in die erste Etage. Dort läuten sie an der Wohnungstür links, Wohnungsnummer 0201 – »Becker« steht auf dem Schild. Die Schwarzhaarige öffnet, blickt verdutzt. »Frau Becker, wir müssen einen Sachverhalt klären. Bitte kommen Sie mit«, fordert sie einer der Kriminalisten auf. Die Frau macht keine Anstalten, sich zu widersetzen. Sie holt einen Beutel, packt ein Handtuch, Seife und einige andere Dinge ein. Ihr Ehemann will von den Polizisten in Zivil wissen, was los ist. »Wir müssen uns mit Ihrer Frau unterhalten«, erhält er als Antwort, »es geht um die Klärung eines Sachverhaltes.« Der Mann möchte natürlich mehr erfahren. »Das können wir Ihnen hier nicht sagen. Sie muß mitkommen«, entgegnet ihm einer der Fahnder. »Dann komm auch ich mit«, entscheidet Claus Becker prompt. Wenige Minuten später, kurz nach drei, steigen die Eheleute vor dem Haus Rosenbecker Straße 3 in die beiden Zivilfahrzeuge der Polizei.

Das geschah am Mittwoch nach Pfingsten 1990, am 6. Juni.

Um zehn vor sechs beginnt die Vernehmung der Frau im Zentralen Kriminalamt – ZKA – der DDR in der Freienwalder Straße in Berlin-Hohenschönhausen. »Ich möchte gleich zu Beginn meiner Befragung erklären«, fängt sie an, »daß meine eigentliche Identität nicht die der Becker, geborene Jäger, Ingrid ist. Ich nehme an, daß meine heutige Festnahme durch das Untersuchungsorgan der DDR damit im Zusammenhang steht. Zu meiner wahren Identität gebe ich folgende Erklärung ab: Mein Name ist Susanne Albrecht. Ich wurde am 1. 3. 1951 in Hamburg geboren.« Einer der Ermittler greift umgehend zum Telefonhörer und läßt sich mit den Terrorismusfahndern im Bundeskriminalamt – BKA – verbinden. »Susanne Albrecht haben wir hier sitzen«, erklärt er. Der Kollege am anderen Ende in Wiesbaden ist platt.

Dies ist eine Sensation: Susanne Albrecht wurde gefaßt – sie, die für große Teile der Öffentlichkeit als eine der gefährlichsten Terror-Frauen in der Bundesrepublik galt. Vielen erschien das, was Susanne Albrecht im Juli 1977 getan hatte, als ganz besonders verabscheuungswürdig: Sie hatte in Oberursel bei Frankfurt RAF-Genossen in das Haus des Patenonkels ihrer Schwester, Jürgen Ponto, geführt. Zunächst versuchten ihre Begleiter, den Sprecher der Dresdner Bank zu entführen. Als er sich sträubte, erschossen sie ihn. Dreizehn Jahre lang hatten bundesdeutsche Fahnder intensiv nach Susanne Albrecht gesucht, hatten keinen Aufwand gescheut – doch vergeblich. Sie war in Schweden, Frankreich, der Türkei, in den Vereinigten Staaten und vor allem immer wieder im Nahen Osten vermutet worden. Und nun wird sie – höchst verblüffend – als Berliner Bürgerin aufgespürt.

Bei den Ermittlungen des Zentralen Kriminalamts stellt sich sehr schnell heraus, daß sie fast zehn Jahre lang unerkannt in der DDR gelebt hat – weitgehend unerkannt: Im Oktober 1980 war sie mit dem Zug in der damaligen Hauptstadt der DDR eingetroffen. Sie kam aus Prag. Dort hatte sie einige Wochen lang in einem Hotel außerhalb des Zentrums gewohnt, zusammen mit Silke Maier-Witt und Monika Helbing. In Prag traf sie noch andere einstige Kampfgenossen und nunmehr RAF-Aussteiger: Ekkehard von Seckendorff, Werner Lotze, Christine Dümlein, Sigrid Sternebeck und Ralf Baptist Friedrich. Sie alle hatten die Nase entschieden voll vom Leben in der Illegalität,

Berlin-Marzahn, Rosenbecker Straße 3, Wohnung 0201:
Hier lebte Susanne Albrecht unter dem Namen Ingrid Becker,
am 6. Juni 1990 wurde sie verhaftet

wollten nur noch eines: irgendwo friedlich leben. »Als in Prag Frau Viett auftauchte, erfuhren wir, daß unser nächstes Reiseziel die DDR ist«, erinnert sich Susanne Albrecht an die Tage im Sommer 1980 in der Tschechoslowakei.

Und so steigt sie im Oktober 1980 aus dem Zug auf dem Berliner Ostbahnhof in Friedrichshain. Vor dem Postgebäude – direkt gegenüber des Bahnhofs – erwartete sie Gerd: ein Mann Mitte Dreißig, untersetzt. Der Schwarzhaarige ist einige Zentimeter kleiner als Susanne Albrecht, mißt 1,71 Meter, hat einen ausgesprochen gutmütigen Blick, ist sehr freundlich. »Gemeinsam mit Frau Maier-Witt und Frau Helbing«, seien sie anschließend in einem Auto gen Osten gefahren, berichtet Susanne Albrecht später – zu einigen Häusern in einer »waldreichen Gegend«. Im »Gästehaus« des »Objekts« seien sie untergebracht worden. Wo es lag, verriet ihr niemand – es war bei Briesen, kurz vor Frankfurt an der Oder, das »Forsthaus an der Flut«, eine Anlage des Ministeriums für Staatssicherheit.

Die nächsten Wochen bleibt sie dort und denkt sich einen Lebenslauf für das neue Leben in der DDR aus. Dabei steht ihr – wie auch den anderen sieben RAF-Aussteigern – Gerd zur Seite. »Ich habe ihren Lebenslauf praktisch ins DDR-Deutsch gebracht«, umreißt Gerd Zaumseil seine Hilfe später. Er ist Mitarbeiter der Hauptabteilung »Terrorabwehr« des Ministeriums für Staatssicherheit. Ziel des Ganzen sei es gewesen, »daß diese Personen mit einer falschen Identität als ganz normal Zuziehende aus der BRD in der DDR eingegliedert werden.«

So bringt Susanne Albrecht den erdachten Lebensweg zu Papier. Unter dem Datum »Berlin, den 8. 10. 1980« schreibt sie: »Ich, Ingrid Jäger, wurde am 10. 4. 1951 als erstes Kind meiner Mutter Ruth Jäger, geborene Walther, und meines Vaters, Ernst Jäger, in Madrid geboren. Mein Vater wurde am 18. 10. 1924 in München geboren, er ist Textilkaufmann. Und meine Mutter wurde am 7. 7. 1928 geboren. Sie ist Hausfrau...« Vier Seiten wird ihr Lebenslauf lang. Auf der letzten Seite unterschreibt sie mit »Ingrid Jäger«.

An einem Tag fährt sie zusammen mit Gerd nach Röntgental in der Nähe von Fürstenwalde, zum Zentralen Aufnahmeheim der DDR. DDR-Einwanderer müssen dort die erste Zeit verbringen, werden genauestens durchleuchtet. Doch Susanne Albrecht und Gefährten bleibt dieser Aufenthalt erspart. Man habe sie lediglich an dem Zentralen Aufnahmeheim vorbeigefahren, berichtet Susanne Albrecht später, »damit wir dieses Objekt kennen. Wir sind dann kurz ausgestiegen und haben uns die Stadt angesehen.«

Mit Gerd spricht sie ausführlich über ihre Zukunft, Wohnort und Arbeit. Gerd rät ihr zu Cottbus, einer 130000-Einwohner-Stadt im Lausitzer Kohlerevier. Susanne Albrecht ist einverstanden. »Entsprechend meinen Fähigkeiten und Ambitionen wurde mir vorgeschlagen, an der Ingenieurhochschule IHS in Cottbus an der Abteilung Fremdsprachen eine Tätigkeit als technischer Mitarbeiter aufzunehmen«, erinnert sie sich später. Da sie gut Englisch spricht, lehrt sie nach kurzer Zeit diese Sprache Lehramtskandidaten mit der »Spezialisierung für Bauwesen«. »Alle Leute hatten zwei Gesichter«, berichtet Susanne Albrecht ihre ersten Eindrücke im Alltag des »real existierenden Sozialismus«: »Einmal stimmten sie überein mit dem System der SED. Auf der anderen Seite war jeder ständig über die Zustände empört.«

Kein Jahr nach ihrer Ankunft in Cottbus nimmt sie ein Fernstudium an der Karl-Marx-Universität in Leipzig auf. Die Prüfung als Diplomlehrer im Fach Englisch besteht sie am 18. Februar 1983 mit »gut«.

Anschließend betreut sie an der Ingenieurhochschule in Cottbus Seminargruppen der Lehramtsstudenten. Darüber murren einige Kolleginnen. Ein Fernstudium zum Lehrerdiplom dauert normalerweise mehr als doppelt so lange, mindestens fünf Jahre. Die Kolleginnen gewinnen den Eindruck, daß man ihr den Weg zur Lehrerin drastisch abgekürzt hat. Sie rätseln über die Hintergründe dieser Protektion. Nicht zuletzt deshalb, weil sich herumgesprochen hat, daß »die Neue« noch nicht lange in der DDR lebt und aus der Bundesrepublik stammt – doch von ihr selbst kann dazu praktisch niemand etwas erfahren. Sie ist ausgesprochen zugeknöpft, was ihre Vergangenheit anbelangt. Nur soviel verrät sie: Ihre Eltern hätten sie verstoßen, sie lebten in Kanada, in Vancouver. Kolleginnen von damals beschreiben »Ingrid Jäger« als einzelgängerisch und unscheinbar.

In Cottbus lernt sie auch einen Diplomphysiker – damals 32 Jahre alt – kennen, schätzen und lieben: Claus Becker, überzeugtes SED-Mitglied und »sympathischer Wissenschaftler«, wie ihn Freunde beschreiben. Er arbeitet ebenfalls an der Ingenieurhochschule, und zwar in der Abteilung Physik. Claus ist ein knappes Jahr älter als sie – geboren am 26. April 1950. Zusammen reisen sie mit dem Zug nach Bulgarien – durch Rumänien, Ungarn und die Tschechoslowakei. Bald darauf, am 4. November 1983, heiraten die beiden. Drei Jahre nach ihrer Einreise heißt Susanne alias Ingrid nun nicht mehr Jäger, sondern Becker. Von seiner Frau erfährt Ehemann Claus nichts über deren Vergangenheit. Gerd hat es ihr untersagt – und sie hält sich daran. Susanne Albrecht: »Ich hatte später mehrmals versucht, die Genehmigung vom MfS zu erhalten, ihm die Wahrheit zu sagen. Das wurde jedoch vom MfS abgelehnt.« Während dieser Zeit in Cottbus meldet sich ab und zu Gerd, um zu hören, wie alles läuft. Alles läuft gut, und so werden die Abstände, in denen er sich meldet, immer größer.

Doch schon einige Monate nach der Hochzeit zeichnet sich das Ende des Aufenthalts in Cottbus ab: Auf Dauer gefällt Claus dort seine Arbeit nicht. Er packt eine Chance beim Schopf und wechselt nach Leipzig, an das Geophysische Institut des VEB Geophysik. Offiziell ist das Paar in Cottbus in der Heinrich-Mann-Straße 16 gemeldet. Tatsächlich leben die beiden nun in Leipzig – ohne Anmeldung bei der Polizei – in der Wohnung von Bekannten in der Georg-Schumann-Straße 120. Mittlerweile ist Susanne schwanger. Ihr Sohn Felix kommt am 3. August 1984 in Leipzig zur Welt.

Kaffeekränzchenidylle: Susanne Albrecht mit Kolleginnen während eines Ausflugs im Jahr 1986

Mit Leipzig als Wohnort ist das Ministerium für Staatssicherheit nicht einverstanden: Die Stasi-Leute befürchten angesichts des »internationalen Geschäftslebens« in der Messestadt, daß Susanne Albrecht zufällig enttarnt werden könnte. Und so kommt das Paar nach Köthen, 30 Kilometer nördlich von Halle – knapp fünf Jahre nach Susanne Albrechts Ankunft am Ostbahnhof. Am 4. Juni 1985 zieht die Familie in die Wilhelm-Pieck-Straße 34 im Neubaugebiet Rüstenbreite. Claus arbeitet wieder am Fachbereich Physik der Ingenieurhochschule, Ingrid alias Susanne bringt Ausländern, die in der DDR studieren wollen, Deutsch bei. Auch hier gibt sie sich gegenüber Kollegen einsilbig, wenn die Sprache auf ihre Vergangenheit kommt: Sie sei in der BRD arbeitslos gewesen und deshalb in die DDR übergesiedelt. Mit ihren Eltern habe sich sich verkracht.

Kollegen rätseln darüber, wieso das Ehepaar Becker sofort eine Wohnung in dem Neubaugebiet erhielt; DDR-Bürger müssen Jahre warten, bis sie ein – so der Volksmund – »Arbeiter-Schließfach« zugeteilt bekommen. Sie bleibt mehr oder minder verschlossen; als »eigenbrötlerisch« beschreibt sie eine Kollegin, als »verhalten« ein Vorgesetzter. Im großen und ganzen aber läuft in Köthen alles bestens, bis Susanne eines Tages einen Brief im Briefkasten an der Wohnungstür findet. Sie reißt ihn auf und liest in Druckbuchstaben: »Wie kann man mit so einer Vergangenheit leben?« Umgehend wählt sie die Telefonnummer, die sie von Gerd für den Fall der Fälle erhalten hat. Auch ihrem Mann zeigt sie den Brief, unterrichtet ihn über ihren Anruf, sagt ihm dabei aber nicht einmal die halbe Wahrheit: Sie »beichtet« ihm nämlich nur, daß »ich in der linken Szene gelebt habe und auch oft Ärger mit der Polizei hatte«. Die Rufnummer, so erläutert sie Claus, habe sie bei der Übersiedlung aus der Bundesrepublik erhalten.

Rasch trifft sich Susanne Albrecht mit einem MfS-Mann in Köthen: »Helmut« ist ein Kollege Gerds. Am nächsten Abend spricht er mit Ehemann Claus und eröffnet ihm, es sei notwendig, daß die Familie aus Köthen wegziehe. Denn er vermute, so fährt er fort, daß es sich bei dem anonymen Schreiben möglicherweise um den Anfang einer Erpressung handle. Er nennt als möglichen Urheber einen »Nachrichtendienst der BRD«, als Motiv Claus' wissenschaftliche Arbeit. Susanne Albrecht: »Ich glaube, daß mein Ehemann zum damaligen Zeitpunkt die Begründung akzeptiert hat.«

Und so verschwindet Susanne Albrecht schleunigst mit ihrem Sohn aus Köthen. Vom MfS wird sie in ein Haus nach Wandlitz gebracht, dem kleinen Ort in der Nähe Berlins, in dem die SED-Prominenz in der »Waldsiedlung« lebt. In der Ingenieurschule läßt sie mitteilen, daß Felix krank sei und sie sich um ihn kümmern müsse; zuvor war ihr Sohn bereits mehrfach krank gewesen. Ursache für die plötzliche Unruhe ist eine Fernsehsendung: Am 14. September 1986 war in dem ab 22.15 Uhr von der ARD ausgestrahlten Film »Baader-Meinhof – ...und am Schluß sie selbst« auch ein Bild von Susanne Albrecht für wenige Sekunden zu sehen. Einige Lehrer meinten, daß diese Person eine erstaunliche Ähnlichkeit mit der Kollegin Becker habe. Kurze Zeit später riß eine Mitarbeiterin bei einer Westreise Susanne Albrechts Foto aus einem Fahndungsplakat des Bundeskriminalamts, brachte es mit nach Köthen, wie sich ein Zeuge erinnert. Das Bild habe im Kollegenkreis die Runde gemacht – und viele seien der Meinung gewesen, daß die Ähnlichkeit verblüffend sei. Doch schon sehr bald bekamen jene Kollegen, die unverhohlen ausgesprochen hatten, bei der Kollegin Becker handle es sich um die gesuchte Terroristin, Besuch von der Staatssicherheit. Die MfS-Leute bedeuteten ihnen, daß sie sich fraglos geirrt und daß sie in Zukunft derartige Behauptungen gefälligst zu unterlassen hätten.

Zum Höhepunkt der Dementi-Kampagne der Stasi mußte gar der Leiter der Abteilung Fremdsprachen, Dr. Winfred Lange, vor versammelter Mannschaft eine Erklärung abgeben – auf Weisung einer Vorgesetzten, die von der Staatssicherheit zu einem Gespräch gebeten worden war. »Bei der Kollegin handelt es sich nicht um die besagte Terroristin«, erklärte er so vor den rund zwanzig Mitarbeitern. »Susanne Albrecht ist derzeit im arabischen Raum. Das haben internationale Recherchen ergeben.« Doch dies war nur Wasser auf die Mühlen der Leute, die meinten, Bescheid zu wissen. Abteilungsleiter Lange: »Meine verordnete Rede hat die Gerüchte damals nicht verstummen lassen.«

Bald zieht Claus nach Dresden. Er hat eine Stelle am Zentralen Institut für Kernforschung Rosendorf – ZFK – angenommen. Die Eheleute sehen sich nur an den Wochenenden; in Berlin arbeitete Susanne Albrecht nicht.

Nächster Aufenthaltsort laut Meldeunterlagen war Niesky im Bezirk Dresden. Vom 23. September 1987 bis zum 10. Oktober 1988 ist sie dort in der Rudolf-Breitscheid-Straße 26 gemeldet. Tatsächlich jedoch wohnt sie dort nie – »wohl eine reine Vorsichtsmaßnahme«, vermutet einer der ZKA-Ermittler, »damit sie bei einem weiteren Auffliegen in den kleinen Ort abtauchen kann«, – fünfzehn Kilometer von der polnischen Grenze entfernt.

Im Februar 1988 beordert das Zentrale Institut für Kernforschung Rossendorf Claus Becker nach Dubna, ans Kernforschungszentrum, das rund 100 Kilometer nördlich von Moskau liegt. Die Familie Bekker reist dorthin, behält die 3-Zimmer-Wohnung in der Rosenbecker Straße 3 als Hauptwohnsitz bei. Diese Wohnung in dem Marzahner Betonsilo, 72 Quadratmeter groß, kostet 124,10 Mark Miete, einschließlich Wasser und Heizung. Die Hausbewohner dort bekommen das Paar selten zu sehen: nur während der gelegentlichen Heimaturlaube. »Für uns waren das ganz normale Leute«, erinnert sich Hartmut Sänger aus der 10. Etage; beim Einzug der Beckers war er Mitglied der HGL, der »Hausgemeinschaftsleitung«. Er schüttelt den Kopf: »Niemand hätte so etwas vermutet.«

In Dubna leben die Beckers in der *Kaliningradskaja ulcia No. 8.* Ingrid Becker arbeitet als Chemielaborantin im Vereinigten Institut für Kernforschung. Nach dem Umzug im Frühjahr 1988 ruft sie nur noch zweimal die MfS-Nummer in Berlin an – reine Routine. Zum Jahreswechsel 1989/90 kommen die Beckers für einen Urlaub zurück in die Hauptstadt der Noch-DDR. Susanne trifft sich mit einem Vertreter von Gerd. Er erklärt ihr, daß das Ministerium für Staatssicherheit nicht mehr existiere und daß sie nun auf sich allein gestellt leben müsse. Den allerletzten Kontakt mit dem MfS hat sie vier Monate später, Anfang Mai 1990: Ein Vertreter von Gerd ruft sie in ihrer Wohnung in Dubna an und berichtet ihr, daß sich »etwas geklärt hätte« und sie nichts zu befürchten habe. Darauf kann sich die Frau keinen Reim machen – einen Monat später wird sie festgenommen.

Die Verhaftung von Susanne Albrecht in der DDR ist alles andere als ein Zufallstreffer, sondern das Ergebnis langer kriminalistischer Kleinarbeit. Vielen Fachleuten erschien es kaum vorstellbar, daß sie gerade in die DDR abgetaucht sein könnte. Auf Susanne Albrecht waren bei der Polizei insgesamt 194 Hinweise eingegangen, doch nur drei davon bezogen sich auf die DDR.

Den ersten Hinweis auf Ost-Deutschland hatten die Ermittler mehr als dreieinhalb Jahre vor der Verhaftung erhalten: Am 7. November 1986 meldet sich ein Besucher aus der DDR beim Kriminalpolizeiamt in Saarbrücken. Er berichtet, daß eine Frau, die an der Hochschule in Köthen Maschinenbau studiere, vermutlich Susanne Albrecht sei. Die Terroristenfahnder im Bundeskriminalamt reißt dieser Hinweis nicht vom Stuhl: Nach ihren Informationen hält sich Susanne Albrecht »nach wie vor bei der PFLP in Syrien, wahrscheinlich in Damaskus« auf; sie sei für diese Organisation tätig. Zwei Monate später wird der Vorgang »vorläufig abgeschlossen«. Die Beamten sehen keine Chance weiterzukommen.

Knapp ein halbes Jahr später melden sich im West-Berliner Polizeipräsidium Besucher aus der DDR: Sie berichten von einer Frau, die bis Herbst 1986 in Köthen/Halle Französisch unterrichtet habe und Susanne Albrecht sehr ähnlich sehe – davon hätten sie sich kurz zuvor noch durch einen Blick auf ein Fahndungsplakat in West-Berlin überzeugt. Um diese Lehrerin in Köthen habe es nach einer Fernsehsendung Wirbel gegeben, in der Fotos von mutmaßlichen RAF-

Terroristen gezeigt worden seien, erfahren die Beamten. Denn eine der Abgebildeten habe eine »große Ähnlichkeit« mit der Albrecht gehabt. Angesichts dessen sei »Unruhe im Kollegium« entstanden. Daraufhin sei die Frau kurzfristig versetzt worden. Und dann geben die Besucher auch noch den Namen der Verschwundenen zu Protokoll: Becker. Sie sei mit einem DDR-Bürger verheiratet und habe mit ihm zusammen ein Kind.

Die Polizisten in Berlin können mit diesem Hinweis nicht sonderlich viel anfangen: Sie reichen ihren Bericht an einen West-Berliner Mitarbeiter des Bundesnachrichtendienstes weiter. Also an die Behörde, die in der Bundesrepublik für die Auslandsaufklärung zuständig ist – die DDR zählte seinerzeit zum »Ausland«.

Auch beim Bundeskriminalamt gehen diese Informationen ein. Die Beamten der Terrorismus-TE-Abteilung in Wiesbaden werden jetzt hellhörig: Es ist immerhin schon der zweite Hinweis innerhalb eines halben Jahres, wonach Susanne Albrecht in der 75000-Seelen-Stadt Köthen in der DDR leben soll. Und so wenden sie sich an das Bundesamt für Verfassungsschutz in Köln mit der Bitte, Übersiedler zu befragen, die innerhalb der vergangenen anderthalb Jahre aus Köthen in die Bundesrepublik gekommen sind. Rund 2000 Menschen seien von dort in die Bundesrepublik gezogen, lautet die Antwort der Verfassungsschützer – eine zeitliche Einschränkung sei ihnen dabei jedoch nicht möglich. Für weitere Ermittlungen verweisen sie an die Bundesaufnahmestelle in Gießen. Dort ist jeder Übersiedler aus der DDR registriert: Und so werden nun rund 40000 Akten durchgesehen; anschließend befragen BKA-Ermittler 32 ehemalige Köthener nach Susanne Albrecht. Doch Fehlanzeige: Keiner kann mit dem Foto der Albrecht etwas anfangen.

Wenige Tage nach dem Ende der vergeblichen Aktion sprechen BKA-Beamte noch einmal mit einem Tipgeber, der nun auch noch den Vornamen der Frau nennt: Ingrid. Mit diesem Namen – Ingrid Becker – wenden sich die TE-Fahnder des Bundeskriminalamts an die Nachrichtendienste: Die Rechercheure des Bundesamtes für Verfassungsschutz aber winken ab, in ihren Systemen und Sammlungen befinde sich kein Ansatzpunkt, um in dieser Sache weiterzukommen. Und vom Bundesnachrichtendienst in Pullach kommt die Mitteilung, daß sich Susanne Albrecht mehrere Monate in Algerien aufgehalten habe; Mitte Oktober 1987 sei sie im Libanon, in einem Palästinenser-lager in der Nähe von Sidon, gesehen worden. Fazit des BND: »Von einem weiteren dortigen Aufenthalt der Albrecht ist auszugehen.«

Schließlich erhält das BKA am 19. August 1988 einen weiteren Hinweis auf Susanne Albrecht in der DDR, und wieder wird just Köthen genannt. Es ist der dritte Hinweis innerhalb von weniger als zwei Jahren: Nicht nur von der großen Ähnlichkeit dieser Ingrid Becker mit Susanne Albrecht und von dem Wirbel nach der Fernsehsendung ist die Rede – die Aussage eines ehemaligen DDR-Bürgers enthält auch weitere Details: daß sie 1986 an der Ingenieurschule in Köthen das Fach Deutsch für Ausländer unterrichtet habe, mit einem Professor Becker verheiratet sei und in der Otto-Grotewohl-Straße 34 wohne (die Hausnummer ist zutreffend, jedoch handelte es sich tatsächlich um die »Wilhelm-Pieck-Straße« – bei einem DDR-Bürger ein leicht zu erklärender Irrtum: Pieck und Grotewohl waren 1946 gemeinsam zu Vorsitzenden der SED gewählt worden). Weiter erfahren die Beamten in Wiesbaden, daß nach der Unruhe durch die Fernsehsendung mehrere Mitarbeiter von Stasi-Leuten angesprochen worden seien, die ihnen unmißverständlich bedeutet hätten, daß es sich dabei um eine Täuschung handeln müsse und in Zukunft derartige Äußerungen gefälligst zu unterlassen seien. Nach einem Zwei-Wochen-Urlaub sei die Familie Becker nicht nach Köthen zurückgekehrt. Der Informant hatte auf eigene Faust recherchiert und herausgefunden, daß »Professor Becker« seit Ende 1987 in Dresden-Rossendorf im Atomforschungszentrum tätig sei.

Damit sind also im Spätsommer 1988 dem Bundeskriminalamt nicht nur drei Hinweise auf Susanne Albrecht in Köthen bekannt, die sich im Kern decken, sondern auch eine Reihe von Details, die Ansatzpunkte für weitere Ermittlungen hätten bieten können: Auf eigene Faust freilich dürfen die BKA-Leute in der DDR nicht ermitteln – die DDR ist für sie Ausland. Und so setzen sich die BKA-Leute mit dem Bundesamt für Verfassungsschutz und dem Bundesnachrichtendienst in Verbindung. Doch die beiden Nachrichtendienste sehen keine Chance: »Verdeckte Ermittlungen« in der DDR könnten sie nicht unterstützen, bescheiden sie die Terroristenfahnder. Und direkt mit den DDR-Behörden trauen sich die BKA-Leute nicht Kontakt aufzunehmen: Sie halten dies für unzweckmäßig, nicht zuletzt weil sie befürchten, daß ihre Informanten in der DDR dadurch auffliegen könnten.

Eineinhalb Jahre später, nachdem die Berliner Mauer gefallen ist, besucht eine Delegation des Ost-Berliner Zentralen Kriminalamts das Bundeskriminalamt in Wiesbaden. An diesem Mittwoch, dem 14. Februar 1990, treten BKA-Leute an Oberst Pauleit vom ZKA heran, übergeben ihm ihre Informationen über Susanne Albrecht, ebenso auch über Silke Maier-Witt, und bitten um Abklärung. Wenige Wochen später, im März, erhält das Zentrale Kriminalamt ein »Fahndungsmithilfeersuchen« aus Wiesbaden. Das BKA reicht weiteres Material nach – unter anderem »Personagramme«, eine Zusammenstellung von Eigenheiten der Gesuchten, ferner Fingerabdrücke und Handgeschriebenes für Vergleiche. Im April treffen sich die Experten zu weiteren Gesprächen im Zentralen Kriminalamt in Ost-Berlin, am 22. und 23. Mai wird die Expertenrunde in Wiesbaden fortgesetzt.

Die Ost-Fahnder können sich zunächst nicht vorstellen, was ihre West-Kollegen vermuten: »Ich glaube nicht, daß so etwas sein kann«, meint beispielsweise Referatsleiter Jürgen Oelsner. Gleichwohl beauftragt er zwei Kriminalkommissare mit den Ermittlungen. Die Recherchen werden im eigenen Haus geheimgehalten. Nur sechs weitere Kollegen wissen Bescheid. Mittlerweile nämlich arbeiten ehemalige Beschäftigte ausgerechnet jener Hauptabteilung des Ministeriums für Staatssicherheit im Zentralen Kriminalamt, die das Abtauchen der RAF-Aussteiger in der DDR organisierte – dies ist kein Scherz, sondern eine der Kuriositäten vor dem endgültigen Untergang der DDR. Zudem ahnt jeder in diesem Frühjahr 1990, daß im Zentralen Kriminalamt noch einstige »Offiziere im besonderen Einsatz«* des MfS unerkannt tätig sind – über ein Dutzend, wie sich in den nächsten Monaten herausstellt.

Die beiden mit der Fahndung beauftragten Kriminalkommissare jagen kreuz und quer durch die DDR. »Wie die Frettchen haben die gearbeitet, die haben einen Biß gehabt«, staunt ein gestandener Terroristenfahnder des BKA über ihre Arbeit. Schon bald finden sie heraus,

---

* Offiziere im besonderen Einsatz – OibE – waren Mitarbeiter des Ministeriums für Staatssicherheit, die in Schlüsselpositionen eingesetzt wurden. Zur »Einsatzlegende« dieser OibE gehörte, wie MfS-Chef Mielke in seiner Ordnung Nr. 6/86 vom 17. März 1986 (offizielles Kürzel: »OiBE-Ordnung«) anordnete, »die Erarbeitung von Personaldokumenten für den OibE (Personalakte), die seine Zugehörigkeit zum MfS durch glaubhaften Nachweis anderer Tätigkeiten vollständig oder teilweise abdeckt.«

daß Ingrid Becker und Angelika Gerlach – unter diesem Namen soll nach Angaben eines DDR-Übersiedlers Silke Maier-Witt in der DDR leben – keine Hirngespinste sind, sondern daß tatsächlich Frauen mit diesen Namen existieren. Die Fahnder suchen ehemalige Arbeitsstellen und Wohnungen der beiden auf, schauen sich bei Behörden Unterlagen an, nehmen Meldekarteien unter die Lupe, zeigen DDR-Bürgern Fahndungsbilder des BKA.

Steinchen für Steinchen tragen sie zusammen. Es entsteht ein deutliches Mosaik: So entdecken sie, als sie sich die Akten über die Einbürgerung in dem Zentralen Aufnahmeheim in Röntgental bei Fürstenwalde anschauen, daß beide Akten auffallend dünn sind. Die von Ingrid Jäger hat ganze acht Seiten, vier davon Lebenslauf. Normalerweise bestehen die Akten aus 20 bis 30 Seiten. Ebenso fällt ihnen auf, daß Ingrid Jäger am 8. Oktober 1980 ihren Aufnahmeantrag für die Staatsbürgerschaft gestellt hat und bereits zwei Tage später, am 10. Oktober, ihren Personalausweis erhielt – normalerweise blieben DDR-Einwanderer über mehrere Wochen in Röntgental. Ein Schriftgutachter, der den in Röntgental sichergestellten Lebenslauf mit vom Bundeskriminalamt zur Verfügung gestelltem Schriftmaterial der gesuchten Albrecht vergleicht, kommt zu dem Ergebnis, daß die Texte »wahrscheinlich von einem Schreiber getätigt wurden«. Ähnlich geht es den Ermittlern, als sie sich von den Kreispolizeistellen die Anträge holen, mit denen die beiden Frauen ihren Personalausweis beantragt haben. Die Fotos und Schriften zeigen »auffallende Ähnlichkeiten« zu den Fahndungsfotos und Handschriftenproben aus der Bundesrepublik. Es paßte geradezu ins Bild, daß die »Kaderakten« von Ingrid Becker partout nicht aufzutreiben sind – eine äußerst seltene Erscheinung in der peniblen sozialistischen Bürokratie.

Für die Ermittler ist es dann auch kaum mehr als Routine, Susanne Albrechts Aufenthalt in Dubna festzustellen. Eine zunächst irrwitzig anmutende Vermutung war nahezu Gewißheit geworden. »Mitte bis Ende Mai waren wir uns so ziemlich sicher: das muß sie sein«, erinnert sich der Referatsleiter Oelsner an die Ermittlungen in Sachen Susanne Albrecht, »jetzt mußten wir warten, bis sie kommt.«

Die Fahnder erfahren, daß die Beckers planen, bald nach Berlin zu reisen. Zum einen wollen sie – so die Erkenntnisse – Sohn Felix für den Schulbeginn im September anmelden; im August wird er sechs Jahre alt. Zum anderen haben sie vor, bei der anstehenden Währungs-

Leiter der Ermittlungen im ZKA:
Jürgen Oelsner

union Geld umzutauschen. Und so spannen die Kriminalisten ihre Fäden: Sie erhalten einen Hinweis, daß die Beckers am Pfingstsonntag, dem 3. Juni, in Leipzig gelandet sind. Als am 6. Juni Ermittler auf das Hochhaus in der Rosenbeckerstraße schauen, registrieren sie etwas, was sie dort zuvor noch nie in der ersten Etage rechts gesehen haben: Ein Fenster ist gekippt. Nun wissen sie, daß jemand in der Wohnung sein muß. Die Dinge nehmen ihren Gang.

Im Laufe der Vernehmung an diesem Mittwoch bis tief in die Nacht hinein schilderte Susanne Albrecht den DDR-Polizisten ihren Weg in den Terror – aus ihrer Sicht: »Das Ganze hat so angefangen«, gibt sie zu Protokoll, »daß ich im Grunde vorher nie mit dem Gesetz in Konflikt gekommen war. Ich fing in Hamburg ein Pädagogikstudium an. Während dieser Zeit habe ich auch selbständig gelebt. Irgendwann gab es in dieser Zeit auch gesellschaftliche Konflikte, die ich persönlich als sehr ungerecht empfand. Zunehmende Konflikte auch im Elternhaus – mein Vater ist Mitglied der CDU, und er stand meiner damaligen Meinung zu den gesellschaftlichen Prozessen konträr gegenüber – verschärften für mich persönlich die zunehmende Ablehnung der kapitalistischen Verhältnisse. Weiterhin engagierte ich mich stark in der Arbeit mit sozial Schwächeren und vor allem mit Kindern. Ich sympathisierte auch mit dem Anliegen der zu dieser Zeit entstandenen Aktion der Hausbesetzung. Anläßlich eines Solidaritätsaufrufes zur Unterstützung von Hausbesetzern gegen die Räumung durch die staatlichen Stellen begab ich mich zu einer damaligen Hausbesetzung in die Ekhofstraße. Dieses Haus sollte zu dieser Zeit geräumt werden. Bei der abschließenden polizeilichen Räumung dieses Hauses wurde ich durch die Polizei der BRD zugeführt* und in der weiteren Folge erkennungsdienstlich behandelt. Durch die Behandlung während dieses Polizeieinsatzes erlitt ich erstmals ein negatives Erlebnis in bezug auf die Staatsgewalt. Ich möchte an dieser Stelle erklären, daß ich aus heutiger Sicht einschätzen muß, daß zum damaligen Zeitpunkt durch mich keine Trennung meiner eigenen sozialen Ansichten in bezug auf die Hausbesetzungen von der zunehmenden Eskalation des Konflikts zwischen den Hausbesetzern und der Staatsgewalt vollzogen wurde. Ich hatte keine Ambitionen zu Gewalt und Randale. So gab es von meiner Seite aus niemals Widerstand oder Gegenwehr gegen polizeiliche Maßnahmen. Nach diesem Erlebnis verschärfte sich meine Abneigung zu bestimmten Erscheinungsformen in der BRD.«

Auch die Tatsache, daß sie schuldlos durch die Polizei verhaftet worden sei, habe ihre Abneigung gegen »bestimmte Erscheinungsformen« in der Bundesrepublik verschärft. »Der Kern der Personen der Hausbesetzer in der Ekhofstraße waren aus meiner Sicht militante Personen. Nach Inhaftierung eines Teils dieser Personen, die mir persönlich nicht bekannt waren und zu denen ich auch in keiner Beziehung stand, bildete sich ein Komitee zur Entlassung dieser Strafgefangenen. Dort wirkten auch Rechtsanwälte mit. Unter verschiedenen Alternativen des sozialen Engagements wurde ich nach Aufforderung durch Personen, die dieses Komitee gegründet hatten, dort tätig. Diese Tätigkeit beschränkte sich auf die Anwesenheit bei Besprechungen, die wöchentlich erfolgten. Auch in diesem Komitee gab es, aus heutiger Sicht betrachtet, unterschiedliche Ansichten. Während der eine

* Zugeführt = DDR-Deutsch für verhaftet.

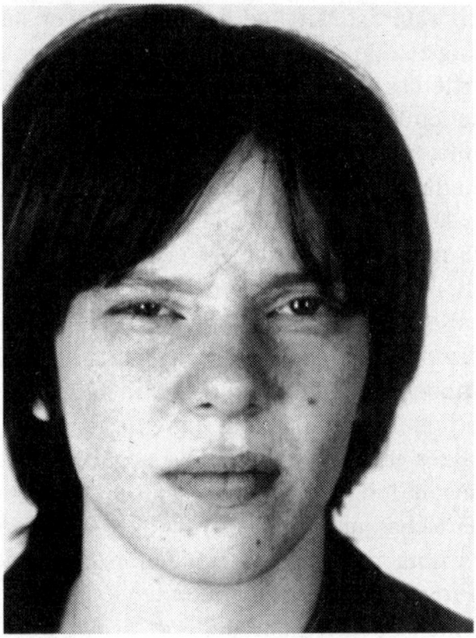

Susanne Albrecht, Fahndungsfoto (1977)

Teil seine Aktivitäten auf die Organisation von sozialen Unterstützungsveranstaltungen konzentrierte, neigte der andere Teil zur Organisation von Gewalt. Diese Trennung der verschiedenen Ansichten wurden von mir damals nicht verinnerlicht.«

Weiter erzählt Susanne Albrecht den Kriminalisten im Zentralen Kriminalamt, daß damals von Ärzten und Rechtsanwälten ein Komitee gegen die Folter an »politischen Gefangenen« gegründet worden sei, und zwar bundesweit. »Teile des Komitees ›Ekhofstraße‹ wechselten in dieses Komitee über«, fährt sie fort. »Zu diesen zählte auch ich. Anliegen des Komitees war die Einflußnahme auf die Haftbedingungen inhaftierter RAF-Mitglieder – zum Beispiel Isolationshaft. Dieses Anliegen wurde auch durch mich getragen, ohne daß ich mich mit den Gründen der Inhaftierung auseinandergesetzt oder dafür interessiert habe. Durch dieses Komitee erfolgten unter Einflußnahme öffentlicher Personen Veranstaltungen, Veröffentlichungen und an-

Susanne Albrecht vor Beginn ihres Strafverfahrens
in Stuttgart-Stammheim am 25. April 1991

dere Aktivitäten. Auch im Rahmen dieses Komitees neigte ein Teil von Mitgliedern zur Weiterführung des bewaffneten Kampfes gegen die Staatsgewalt. Insbesondere durch das Lesen des Buches ›RAF‹ begann ich mich mit dem Anliegen der RAF in dieser Zeit, zum Beispiel Beteiligung der BRD durch Starterlaubnis von amerikanischen Bombenflugzeugen vom Territorium der BRD aus, zu befassen. Im Zuge der weiteren Tätigkeit im Komitee wurde ich von Personen angesprochen, Hilfeleistung bei der Beschaffung von Übernachtungsmöglichkeiten für Bekannte zu geben, ohne daß sich für mich ein Bezug zur RAF erkennen ließ.«

Susanne Albrecht schildert, wie sie später die persönliche Bekanntschaft ihrer Familie zu den Pontos ausnutzte. Mit einem RAF-Kommando sei sie in Jürgen Pontos Haus in Oberursel aufgetaucht, um ihn zu entführen. »Durch eine Person dieser Gruppe wurde Herrn Ponto mit vorgehaltener Waffe erklärt, daß er entführt werden soll bzw. mitzukommen habe. Nach diesen ein oder mehreren Schüssen verließen wir alle fluchtartig das Gelände und fuhren in einem bereitstehenden Pkw fort.« Die Folge: »Im Zusammenhang mit den anschließenden Fahndungsmaßnahmen der Polizei ging ich ebenfalls in die Illegalität.«

Soweit Susanne Albrechts Sicht der Dinge. Typisch an dieser Schilderung des Wegs in den Terrorismus ist die Verstrickung Schritt für Schritt: Fast alle späteren Terroristen haben gesellschaftliche Konflikte besonders intensiv empfunden. In der Folge engagierten sie sich politisch und auch sozial – wie Millionen anderer Menschen auch. Aufgrund dieses Engagements arbeiten sie in Komitees zur Unterstützung »politischer Gefangener«, und bekommen dabei – wenn das nicht schon früher geschehen ist – Kontakt zu militanten Kreisen. Dort werden sie angesprochen und um Unterstützung gebeten – und gehen schon bald einen Schritt weiter, meinen, daß es nicht reicht, nur gegen Symptome anzugehen, sondern verfallen in den Irrglauben, durch Terroranschläge etwas ändern zu können. Um dies durchzuführen, tauchen sie in den Untergrund ab, in die Illegalität.

»Weiterhin möchte ich an dieser Stelle erklären«, gibt Susanne Albrecht im Laufe der Vernehmung zu Protokoll, »daß ich mich danach an keinerlei weiteren Aktionen dieser Gruppe, die sich als RAF bezeichnet, teilnahm.«

Doch die Wahrheit sieht anders aus, wie sie auch später bei Vernehmungen in der Bundesrepublik einräumen muß: Zwei Jahre nach dem Mord an Jürgen Ponto kundschaftete sie für einen Anschlag die Fahrtroute des damaligen Nato-Oberkommandierenden Alexander Haig in Belgien aus. Nur durch Zufall kam er bei diesem Attentat mit dem Leben davon.*

Weit nach Mitternacht, um Viertel nach eins, wird die Vernehmung beendet. Das Protokoll unterschreibt Susanne Albrecht mit »Ingrid Becker«.

Während der ganzen Vernehmung wartete Ehemann Claus draußen. Der Leiter des Ermittlungsreferats Jürgen Oelsner nimmt ihn zur Seite. »Was wissen Sie denn von Ihrer Frau?« fragt der Kriminalist den Physiker, »wissen Sie, woher sie kommt?«

»Na ja«, antwortet Claus Becker, »nach der Wende im vergangenen

---

* Siehe dabei Seite 280f.

Jahr, gegen Jahresende, Anfang des Jahres hat sie zu mir gesagt: ›Also paß auf, du weißt, ich komme aus der linken Szene in der BRD, aber ich habe nicht nur mit Steinen geworfen.« Ein Wink. Doch in der Nacht nach der Verhaftung, während des Wartens auf dem langen Gang im Zentralen Kriminalamt, weiß Claus Becker immer noch nicht, daß er seit über sechs Jahren mit Susanne Albrecht verheiratet ist.

Nach ihrer Vernehmung hat sie den Wunsch, ihren Mann zu sehen. Nachdem sie hört, daß dies möglich ist, spricht sie Kriminaloberrat Oelsner an, fragt vorsichtig: »Weiß er, wer ich bin?« Der Ermittler schüttelt den Kopf: »Das müssen Sie ihm schon selbst sagen, das nehme ich Ihnen nicht ab.« So erklärt sie es ihm – Claus Becker bricht weinend zusammen.

Mit Susanne Albrecht und den in den nächsten beiden Wochen in der DDR entdeckten RAF-Aussteigern wurden im wesentlichen die letzten Mitglieder der sogenannten »zweiten Generation« gefaßt, die sich über ein Jahrzehnt vor der Polizei verbergen konnten.

Fast alle Fachleute sprechen von »Generationen«, wenn sie sich mit dem Phänomen »Rote Armee Fraktion« auseinandersetzen. Dabei ist jedoch die Einteilung – wer gehört zu welcher Generation? – nicht einheitlich. Im folgenden wird der Begriff der Generation benutzt, um im wesentlichen ideologische Gemeinsamkeiten und identische Ziele zu erfassen, die in einer bestimmten Phase anzutreffen sind. Ähnlich also, wie das bei dem Begriff der »Nachkriegsgeneration« in der Umgangssprache der Fall ist. Daher wird in dieser Darstellung nicht, wie dies mitunter getan wird, in jedem Ableger – wie etwa der Gruppe der Stockholm-Attentäter mit sechs Personen – eine eigene Generation gesehen. Dies sind vielmehr einzelne »Gruppen«. Nach dieser fraglos recht groben Einteilung lassen sich drei Generationen unterscheiden: Bei der ersten handelt es sich um die Gruppe um Baader, Meinhof, Ensslin und Raspe. Ihre Mitglieder waren weitgehend 1972 verhaftet. Mit dem Begriff »zweite Generation« werden die Personen bezeichnet, die in den Jahren nach der Verhaftung dieser ersten Generation in den Untergrund gingen und deren Aktivitäten im Terrorjahr 1977 gipfelten. Diese zweite Generation war vor allem von einem Ziel getrieben: die Mitglieder der ersten Generation aus den Gefängnissen freizupressen – an erster Stelle Andreas Baader, Gudrun Ensslin und Jan-Carl Raspe. Der Ausdruck »dritte Generation« bezieht sich auf die Terroristen, die seit 1984 aktiv sind.

Während die Polizei also die zehn in der DDR gefaßten Aussteiger aus der zweiten Generation vernimmt, sind Mitglieder der dritten Generation dabei, einen Sprengstoffanschlag auf Hans Neusel vorzubereiten, den Staatssekretär im Bundesinnenministerium, der für die »Innere Sicherheit« zuständig ist. Am Freitag, dem 27. Juli 1990, einem sonnigen Sommertag, explodiert – gezündet durch eine Lichtschranke – eine Sprengladung, als Neusel von der Autobahn über die Ausfahrt Bonn-Auerberg abfährt – keine 250 Meter von der Einfahrt zum Innenministerium in der Graurheindorfer Straße entfernt. Neusel hat Glück: Rechts ist der Wagen stark demoliert, er selbst saß am Steuer – sein Fahrer ist im Urlaub. Er wird, weil er links Platz genommen hatte, nur an Arm und Hals verletzt.

Nicht mit dem Leben davon kommt Detlev Karsten Rohwedder, der Treuhand-Chef. Ein dreiviertel Jahr nach dem Neusel-Anschlag ermordet ihn die RAF.

2 Die erste RAF-Generation

Wie alles begann: die Anfangsphase

Der Kaufhausbrand

»Bleib bei mir«, heißt der Titel, der auf Platz eins der Hitparade steht, gesungen von Roy Black. Ihm folgen die Beatles mit »Lady Madonna«. An dritter Stelle: Manfred Manns »Mighty Quinn«. »Nach Johnsons Verzicht Hoffnungen auf Verhandlungen« titelt die *Frankfurter Allgemeine Zeitung*, »Eingeschränkte Bombardierung in Nordvietnam/Rückzugsangebot erneuert«. Die Schlagzeile der Tageszeitung *Die Welt* lautet: »Nach dramatischer Erklärung des amerikanischen Präsidenten: Johnsons Verzicht alarmiert die Welt – eine neue Phase im Vietnam-Krieg.« Und in der *Süddeutschen Zeitung* ist zu lesen: »Benda wird Innenminister: Kiesinger beruft den Parlamentarischen Staatssekretär zu Lückes Nachfolger.«

An diesem 2. April 1968, einem Dienstag, stutzen drei Verkäuferinnen im Frankfurter Kaufhaus Schneider, die gerade Feierabend machen wollen. Es ist halb sieben: Da kommt ein Pärchen – beide etwa Mitte Zwanzig – über die schon abgestellte Rolltreppe in schnellen Schritten heraufgehastet. Vom zweiten in den dritten Stock. Was wollen derartige Gestalten hier bloß? fragt sich eine der Verkäuferinnen – und dann auch noch um diese Zeit? Auch ihre Kolleginnen blicken argwöhnisch. Die Frauen rümpfen die Nasen über die Kleidung der späten Besucher. Sie sehen aus wie »Gammler«, wie man damals sagt. Vor allem die Frau prägt sich den Verkäuferinnen ein – »das strähnige Haar, der maskenhafte Blick, die eingefallenen Augen und der verhältnismäßig flache Busen«, erinnern sie sich später. Zudem die Hosen – selten getragen von Frauen, die im Kaufhaus Schneider an der Zeil in Frankfurt einkaufen. Doch schon einen Augenblick später kommen die beiden zurück, eilen an den Verkäuferinnen vorbei, über die stehende Rolltreppe nach unten. Die drei Frauen atmen auf: Jetzt können auch sie gehen und Feierabend machen.

Das hätten sie nicht getan, wenn sie geahnt hätten, was die beiden jungen Leute noch so kurz vor Geschäftsschluß in dem Kaufhaus zu erledigen hatten: In der ersten Etage, in der Damenoberbekleidungsabteilung, legten sie eine Tüte auf eine Schrankwand, die als Abgrenzung zu den Umkleidekabinen diente. Inhalt: eine Flasche mit einigen Drähten und einem Wecker. In der dritten Etage, in der Möbelabteilung, öffneten sie einen altdeutschen Wohnzimmerschrank, schoben eine zweite Tüte hinein und schlossen die Tür wieder.

Sieben Minuten vor Mitternacht klingelt bei der Feuerwehr das Telefon. Ein Mann, der gegenüber dem sechsstöckigen Kauhaus Schneider noch in seinem Büro arbeitet, meldet, daß er Feuerschein im Schneider-Gebäude sehe. Die Feuerwehr rückt aus, löscht den Brand in der dritten Etage, der Möbelabteilung. Auf einmal brennt es auch in der ersten Etage, die Decke einer Schrankwand steht in Flammen. Auch dieses Feuer wird erstickt.

Während die Feuerwehr im Kaufhaus Schneider im Einsatz ist, dreht nur wenige hundert Meter entfernt ein Substitut seine Runde durch den »Kaufhof«, ebenfalls an der Zeil, Höhe Hauptwache. Der Mann ist auf dem Weg zu einer Arbeitskolonne, die in dieser Nacht neue Rolltreppen einbaut. Als er an der Bettenabteilung in der vierten Etage vorbeigeht, hört er wenige Meter hinter sich einen lauten Knall. Erschrocken von der Explosion dreht er sich um, sieht – keine zehn Meter vor sich – eine breite, lodernde Flammenwand, die bis an die Decke schlägt. Qualmschwaden kommen auf ihn zu. In Augen und Nase beißt ihn der Rauch. Er rennt los. Währenddessen beginnt es auch noch in der Spielwarenabteilung zu brennen, ebenfalls in dieser Etage. Die Flammen greifen rasch auf Betten, Spielwaren und Teppiche über, sie verschlingen Holzteile wie Bettgestelle und Tische, lassen Kunststoffe zu Plastikballen verschmelzen. Bald brennt es fast überall auf dieser Etage. Durch die Hitze schalten sich automatisch die Feuerlöschanlagen an der Decke ein. Wasser wird von der Decke gespritzt, alles überschwemmt: Das Wasser ergießt sich in Strömen in die tieferen Etagen – über die Treppen, Aufzugschächte und Rolltreppen. Rasch steht auch das Erdgeschoß unter Wasser. Nach eineinhalb Stunden hat die Feuerwehr den Brand unter Kontrolle. Während der Löscharbeiten melden sich bei der Branddirektion anonyme Anrufer, die erklären, daß es auch in anderen Kaufhäusern brenne. So werden Mitarbeiter von insgesamt einem Dutzend Unternehmen in der Nacht aus dem Bett geklingelt: Mit ihnen zusammen inspizieren Feuerwehr und Polizei die Geschäfte – doch hier ist alles ruhig.

Die Feuersachverständigen stellen fest, daß in allen vier Fällen die Brandbombe nach demselben Muster gebaut war – eine Konstruktion, die Ähnlichkeiten mit einem Molotow-Cocktail aufweist: Zwei »Meno«-Kunststoffflaschen, gefüllt mit Benzin, wurden durch den Glühkopf eines Batteriegasanzünders gezündet. Als Stromquelle diente eine 4,5-Volt-Taschenlampenbatterie; als »Zünduhr« ein Reisewecker der Firma Blessing. Tesa-Film und Tesa-Kreppband hielten das Ganze zusammen. Als der Stundenzeiger des Weckers auf zwölf rückte, schloß sich der Stromkreislauf, der Glühkopf erhitzte sich und entzündete das »Explosivgemisch«. An allen »Zünduhren«, so stellen die Experten fest, fehlen einige Teile wie »Aufziehknebel« und »Einstellschrauben«.

Im Kaufhaus Schneider entstand in dieser Nacht vom 2. auf den 3. April 1968 ein Schaden von 280000 Mark, die Verwüstungen im Kaufhof beliefen sich auf rund zwei Millionen Mark. Fast zwei Tage lang rätseln die Frankfurter Kripobeamten über Täter und Motiv – da bekommen sie einen »vertraulichen« Hinweis: Gegen 22 Uhr verhaften sie am 5. April im Stadtteil Bockenheim in der Wohnung einer Frankfurterin vier Personen, drei aus Berlin, eine aus München: Andreas Baader (24), der sich als Journalist bezeichnet, Gudrun Ensslin (28), Germanistik-Studentin, Thorwald Proll (26), »Gelegenheitsarbeiter«, und Horst Söhnlein (25), Schauspieler und Besitzer des Münchner »Actions-Theaters«.

Baader bestreitet, mit den Bränden etwas zu tun zu haben. Die drei anderen schweigen. Die Indizien aber sprechen eine deutliche Sprache: In dem von Ensslin gefahrenen VW mit dem Kennzeichen B-DD 733 entdecken Kripo-Leute zehn Teile von Reiseweckern wie »Aufziehknebel« und »Einstellschrauben«, die an die als Zünduhren benutzten Wecker passen. Sie liegen in einer Plastiktüte in Ensslins Reisetasche. Bei der Durchsuchung von Ensslins Kleidung findet eine Kriminalkommissarin einen Zettel in einer Tasche, auf dem steht:

	May-Apotheke
roter Phosphor	20 Gramm
Schwefel	250 Gramm
Kaliumchlorid zum Desinfizieren Haut Bender und Hohbein	250 Gramm
zwischen Sendlingertorplatz und Goetheplatz linke Seite technisch gereinigte Holzkohle Magenbeschwerden	 500 Gramm
technisch rein 4 Batterien	

Bei Horst Söhnlein finden die Ermittler einen Leihschein der »Münchner Kammerspiele« für sein »Actions-Theater«, auf dessen Rückseite notiert ist: »500 Gramm Holzkohle, Batterien, Schwefel, Benzin, 4 Plastikflaschen, Einwickelpapier, Puderzucker.«

Bei Thorwald Proll entdecken die Polizisten ein grünes Notizbuch, in das er geschrieben hatte:

»Wann brennt das Brandenburger Tor?
Wann brennen die
Berliner Kaufhäuser
Wann brennen die Hamburger Speicher

Wann fällt der Bam-
berger Reiter
Wann pfeifen die
Ulmer Spatzen
auf dem letzten Loch

Wann röten sich die Münchner
Oktoberwiesen
Wann erstickt der
Nürnberger Trichter

Wann zerbricht der
Kölner Dom
Wann verstummen
die Bremer Stadtmusikanten
Wann verseuchen
die Banken
zerschlagen die Apperate
die Kulturapperate zerschlagt
die Syndikate das Kapital
Zerschlagt den Kapitalismus
Zerschlagt das kapitalistische
System. Es lebe die sozialistische
Weltrevolution.«

Es stellt sich heraus, daß das Quartett am Dienstagmorgen gegen halb sechs in Frankfurt angekommen ist; am Tag zuvor hatte man sich in München getroffen. Für die Fahrt benutzten sie kurzerhand den VW, den ein Bekannter von ihnen in München für seine Schwester verkaufen sollte – ohne ihm ein Wort von der Exkursion an den Main zu sagen. Der Bekannte macht sich freilich keine Sorgen, weil er weiß, daß der »Actions-Theater«-Chef Söhnlein manchmal spontan verschwindet – und später ebenso spontan wieder auftaucht. In Frankfurt kommen sie bei *Angelika Sahm* (Name geändert) unter, einer Bekannten Thorwald Prolls – die beiden hatten sich vor einiger Zeit auf einem »Vietnam-Kongreß« in Berlin kennengelernt und die Adressen ausgetauscht.

Am Nachmittag um vier sitzen Baader, Ensslin, Proll und Söhnlein im »Café Schwille« in der Großen Bockenheimer Straße. Dort erzählen sie *Ferdinand Schröder* (Name geändert), einem Schulfreund Prolls, den sie dort zufällig getroffen haben, etwas von einem Film, den sie planen, und sprechen über Drehorte. Alsbald brechen Baader und Ensslin auf. In dem von dort etwa 20 Minuten entfernten Kaufhaus Schneider erregen sie in der dritten Etage die Aufmerksamkeit einer »Verkaufsaufsicht«. Der Mann wundert sich über das »merkwürdige Pärchen«, das gerade dabei ist, eine automatische Liege von allen Seiten unter die Lupe zu nehmen.

Eine halbe Stunde vor Mitternacht sieht *Ferdinand Schröder* die vier im Café am Opernplatz wieder: Sie sitzen in einer Ecke zusammen und schreiben etwas. Sie kümmern sich nicht weiter um *Schröder.* Darüber ist er sauer und verschwindet. Später erscheinen die vier im »Club Voltaire«. Als dieser geschlossen wird, fahren sie mit *Angelika Sahm* nach Hause. An den nächsten beiden Tagen tauchen die Besucher noch mehrfach in diesem Treffpunkt der Linken auf. Ihr Verhältnis zu *Angelika Sahm* und *Ferdinand Schröder* ist leicht bis mittelschwer getrübt: Die vier sind knapp bei Kasse, und die beiden Frankfurter gewinnen den Eindruck, die Gäste wollten sich von ihnen aushalten lassen; von *Angelika Sahm* haben sie sich schon Geld gepumpt. Prolls Schulfreund beendet sein Treffen mit ihnen abrupt, weil sie ihn schon wieder um Geld angehen. Das war am Mittag nach der Brandnacht.

Später gibt Gudrun Ensslin zu, im Kaufhaus Schneider den Brand gelegt zu haben. »Wir taten es aus Protest gegen die Gleichgültigkeit, mit der die Menschen dem Völkermord in Vietnam zusehen«, lautet ihre Begründung.

Diese Gudrun Ensslin war bis zu ihrem 23. Lebensjahr ein behütetes Mädchen: viertes von sieben Kindern eines württembergischen Pfarrers, geboren am 15. August 1940 in Bartholomae am Ostrand der Schwäbischen Alb. Mit ihren Geschwistern zusammen wird sie christlich erzogen, sie ist voller Ideale, kirchlich-sozial stark engagiert. Im schwäbischen Tuttlingen arbeitet sie für das Evangelische Jugendwerk. Die Schülerin Gudrin Ensslin gilt als »begabt und aufgeschlossen«. Mit achtzehn – als Unterprimanerin – nimmt sie an einem Schüleraustausch teil und geht für ein Jahr in die Vereinigten Staaten, nach Pennsylvania in eine Methodistengemeinde. Mit neunzehn besteht sie das Abitur am Königin-Katharina-Stift in Stuttgart. Ihr Notendurchschnitt liegt knapp unter »gut«.

Mit zwanzig, 1960, schreibt sie sich an der Universität Tübingen ein, für Germanistik, Anglistik und Philosophie. Dort lernt sie, inzwischen zweiundzwanzigjährig, den Germanistik-Kommilitonen Bernward Vesper kennen, Sohn des NS-Dichters Will Vesper, der im Dritten Reich die Zeitschrift *Die Neue Literatur* herausgab und in Versen Hitler huldigte; zum Beispiel nach dem Überfall auf Polen.

Zum Sommersemester 1963 wechselt Gudrun Ensslin an die Pädagogische Hochschule in Schwäbisch-Gmünd, dort besteht sie die »erste Dienstprüfung für das Lehramt an Volksschulen« mit der

Note »befriedigend«. Bernward Vesper und sie verloben sich, um – wie sie Freunden sagen – den Familien eine »Konzession« zu machen.

Gemeinsam gehen sie nach Berlin, Gudrun immatrikuliert sich zum Sommersemester 1964 an der FU, der Freien Universität. Hauptfach: Germanistik, Nebenfach: Anglistik. Beide sind sie Stipendiaten der »Studienstiftung des deutschen Volkes«. Sie befassen sich mit aktuellen politischen Fragen, Gudrun engagiert sich für die SPD. Im Bundestagswahlkampf 1965 betätigt sie sich als Wahlhelferin für die Sozialdemokraten, arbeitet im »Wahlkontor deutscher Schriftsteller«; in der von Günter Grass mit ins Leben gerufenen Einrichtung leisten Autoren »Formulierungshilfe« für Wahlkampfreden. In ihrer politischen Entwicklung wird Gudrun Ensslin vor allem durch die »Spiegel-Affäre«, die Ostermärsche, den Kampf um die Mitbestimmung an der FU und den Tod des Berliner Studenten Benno Ohnesorg am 2. Juni 1967 beeinflußt. In dieser Zeit trifft sie auf Rudi Dutschke, Günter Grass und Ingeborg Bachmann.

Am 13. Mai 1967 kommt ihr Sohn Felix auf die Welt. Doch mit ihrem Lebensgefährten Bernward Vesper versteht sie sich schon seit einiger Zeit nicht mehr, und es wird immer schlimmer. Im Januar 1968 verläßt sie die gemeinsame Wohnung. Dieser Mann hat ihr Leben sehr verändert: Bevor ihn Gudrun kannte, galt sie allgemein als aufgeschlossen, freundlich und »liebenswert«. Der rauschgiftsüchtige, Sich-gehen-Lassende und sie betrügende Bernward Vesper zerstört ihre innere Harmonie. Vesper landet später in Nervenheilanstalten in München und Hamburg. Drei Jahre nach der Trennung von Gudrun Ensslin nimmt er sich das Leben.

Als sich die SPD 1967 für die Große Koalition entscheidet, wendet sich Gudrun Ensslin enttäuscht von der Partei ab – wie so viele andere junge Menschen auch. Sie bereitet Demonstrationen vor, marschiert durch die Straßen, arbeitet an politischen Büchern mit – zum Beispiel an der »*Voltaire-Flugschrift*« Nummer 5: Bertrand Russell, »Plädoyer für einen Kriegsverbrecherprozeß«. Sie fühlt sich als Mitglied der APO, der Außerparlamentarischen Opposition. Sie erkennt die »Ohnmacht des einzelnen, etwas Erkanntes zu verwirklichen«, berichtet ihr Vater, Pfarrer Ensslin. Gudrun, die »furchtlose Natur«, wie sie von ihrer Mutter charakterisiert wird, ist » ein Mensch des Absoluten«.

In Berlin lernt Gudrun Ensslin Andreas Baader kennen, der dort seit 1963 lebt. Baader ist so etwas wie ein bunter Hund in der »Szene«, eine Art früher Marlon Brando: rauhbeinig, aggressiv, die zynische Pose liebend. Er ist alles andere als ein linker Student, eher ein Zecher und Haudegen, jemand, der keinem Streit aus dem Wege geht – solange er glaubt, die Auseinandersetzung für sich entscheiden zu können. Zu vielem ist Andreas zeitlebens bereit, zu einem nie: zu Konzessionen. In Berlin verkehrt er in Künstlerkreisen, in der Welt der Boheme.

Zwei Jahre vor Ende des Zweiten Weltkriegs ist dieser Andreas Bernd Baader zur Welt gekommen; in München, am 6. Mai 1943. Seinen Vater sieht er nie: Dr. Bernt Baader, Historiker, beschäftigt beim Bayerischen Staatsarchiv, Jahrgang 1913, ist 1945 auf dem Rücktransport aus russischer Kriegsgefangenschaft verschollen. Wahrscheinlich verlor er bei Frankfurt/Oder das Leben. So kommt es, daß Andreas in einem Drei-Frauen-Haushalt aufwächst – mit Mutter Anneliese, Großmutter Hermine und Tante Elfriede, der Schwester der Mutter. Die Mutter verdient sich ihr Einkommen als Schriftführerin beim Sozialgericht. Im Gymnasium in München hat Andreas Schwierigkeiten mit den Lehrern – er läßt sich nichts sagen. Schon damals reizt es ihn festzustellen, wo seine Grenzen liegen. So erinnert sich seine Mutter Anneliese zum Beispiel daran, wie er bereits als Zwölfjähriger Zahnschmerzen trotzte: »Ich wollte ihm Tabletten geben und mit ihm zum Zahnarzt gehen. Er lehnte es ab. Er sagte, er wollte testen, wieviel Schmerzen er ertragen könne.«

Mit dreizehn schickt ihn die Mutter auf ein Internat nach Königshofen. Mehrfach haut er dort ab. Der Mutter bleibt nichts anderes übrig, als Andreas wieder nach München zu holen. In der Privatschule Dr. Überreiter gerät er mit dem Religionslehrer über Kreuz. Er wechselt auf eine private Kunstschule. Zu Hause bestand ein »sehr herzliches Verhältnis«, berichtet die Mutter, auch wenn er immer seinen Willen durchgesetzt habe, sich nichts habe sagen lassen. »Auf jeden Fall war er ein Junge, der sich nie so schnell angepaßt hat, der immer gefragt hat, der immer nachdenklich war«, charakterisiert Mutter Anneliese ihren Sohn. Ein Schockerlebnis seien für Andreas die »Schwabinger Krawalle« gewesen, die der Neunzehnjährige aus nächster Nähe miterlebte; die Baaders lebten damals in Schwabing.

Ausgangspunkt der Krawalle waren zwei musizierende Gitarrenspieler. Polizisten wollten sie wegen »ruhestörenden Lärms« festnehmen. Doch sie wollen sich nicht festnehmen lassen, Passanten kommen ihnen zu Hilfe. Die Polizei fordert die Menge auf, auseinanderzugehen. Die Menge weicht nicht. Es folgen gewalttätige Auseinandersetzungen an mehreren Tagen. Polizisten setzen Schlagstöcke ein, gehen auf Pferden gegen die Menschen vor. »Danach kam er nach Hause« – erinnert sich Anneliese Baader an das Wochenende im Juni 1962 – »und sagte zu mir: ›Weißt du Mutter, in einem Staat, wo Polizei mit Gummiknüppeln gegen singende junge Leute vorgeht, da ist etwas nicht in Ordnung!‹ «

Ohne Abitur kommt Baader mit zwanzig, im Jahr 1963, nach Berlin, in die gerade durch die Mauer geteilte Stadt. Später behauptet er, kurzzeitig bei der BZ des Springer-Verlages volontiert zu haben – doch der Verlag dementiert dies prompt. Mehrfach wird Baader

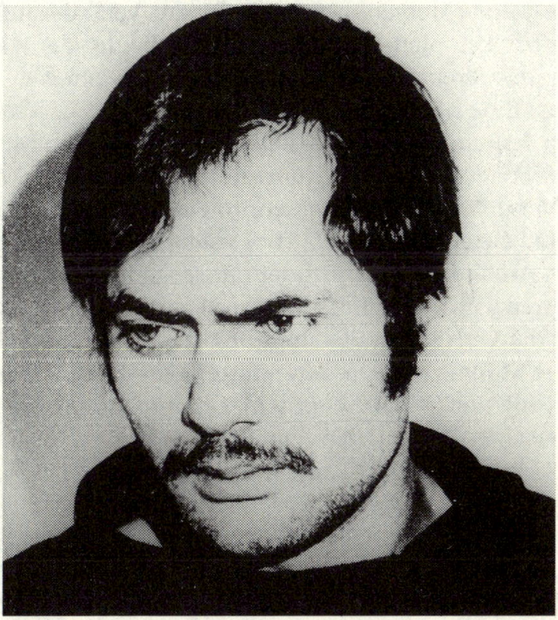

Andreas Baader: »Weißt du, Mutter, in einem Staat, wo Polizei mit Gummiknüppeln gegen singende junge Leute vorgeht, da ist etwas nicht in Ordnung!«

verurteilt, weil er sich im Straßenverkehr nicht an die Regeln hält: viermal wegen Fahrens ohne Führerschein, wegen verkehrswidrigen Verhaltens, Verstoßes gegen das Pflichtversicherungsgesetz, Kennzeichenmißbrauchs und Urkundenfälschung. In Berlin lebt er mit der geschiedenen Kunstmalerin Eleonore *Meinhard* (Name geändert) zusammen, 1965 kommt die gemeinsame Tochter Suse auf die Welt. Baader hat Kontakt zur »Kommune I«. Bei politischen Diskussionen in der Szene fällt er auf, weil er »dazwischenmault«, keinen Hehl daraus macht, daß ihm die langen Debatten zu theoretisch sind, und er unablässig »Aktionen« fordert. Nicht die Theorie treibt ihn in diese Kreise, sondern seine antibürgerliche Lebenseinstellung. Im März 1968 trennen sich Baader und Eleonore *Meinhard* endgültig.

Andreas' neue Freundin heißt Gudrun Ensslin. Sie hat gerade ihren Lebensgefährten Bernward Vesper verlassen. Nun entwickelt Baader auf einmal ein starkes politisches Engagement. Ebenso plötzlich ist Gudrun jetzt entschlossen, für revolutionäre Veränderungen in der Gesellschaft zu kämpfen. Gemeinsam ist den beiden der Haß auf dieses System, das Streben, »etwas zu verändern« – ohne eigentlich zu wissen, was. Eine hochexplosive Verbindung.

In Berlin lernen Ensslin und Baader Thorwald Proll kennen. Er hatte an der Freien Universität Kunst studiert, das Studium aber abgebrochen. Nun lebte er von »lumpenproletarischer Arbeit«, wie er es nennt – von Gelegenheitsjobs. Thorwald Proll, Jahrgang 1941, ist Sohn eines Architekten und Bruder der sechs Jahre jüngeren Astrid Proll. Geboren wurde er in Kassel. Dort wächst er auch auf, seine Mutter zieht in die Vereinigten Staaten, 1961 lassen sich die Eltern scheiden. Wenige Monate vor dem Frankfurter Brandanschlag trennt sich Thorwald Proll von seiner Ehefrau. Acht Tage vor der Brandstiftung versucht er, seinen Vater, den erfolgreichen Architekten, um Geld anzupumpen – für die »politische Untergrundarbeit«. Der Vater lehnt das verärgert ab: Sein Sohn habe nicht das Recht, die Gesellschaft zu ändern, so erklärt er – zumal er selbst noch nie richtig gearbeitet und Geld verdient habe.

Horst Söhnlein schließlich, 1942 in Sonneberg/Thüringen geboren, zog mit seinen Eltern nach Franken; 1961 kam er nach München, gründete dort das »Actions-Theater«, in dem er auch selbst als Schauspieler auftrat. In diesem Theater lernte er Ensslin, Baader und Proll kennen.

Die Studentenbewegung

Die vier sind mit der Brandstiftung einen Schritt weiter gegangen als viele andere aus der studentischen Protestbewegung: Die nach dem Krieg aufgewachsenen jungen Leute waren in einer – weitgehenden – Wohlstandsgesellschaft groß geworden und erkannten nun die »Grenzen des Wachstums«. Sie suchten nach anderen Lebenszielen als ihre Eltern, die nach 1945 Deutschland aus Schutt und Asche wieder aufgebaut hatten.

In dieser Studentenbewegung spielte eine Stadt klar die Vorreiterrolle: Berlin. Dafür gibt es im wesentlichen drei Gründe: Erstens besaß die Stadt mit dem »Otto-Suhr-Institut« die größte Einrichtung für die Ausbildung von Politologen in der Bundesrepublik. Zum zweiten zog Berlin durch die Befreiung vom Wehrdienst zahlreiche junge Männer an, die dem Staat gegenüber kritisch eingestellt waren. Und drittens gab es in dem geteilten Berlin eine Art »Frontstadtatmosphäre«, wie es die SDS-Chronisten Tilmann Fichter und Siegward Lönnendonker formulieren, »ein Gemisch aus Angst, Bedrohung, Stagnation, Filzokratie, bornierter Arroganz und individueller Verklemmtheit«. Die Insellage der Stadt trieb manche Blüten, es entstand eine Gegenkultur schon Ende der fünfziger, Anfang der sechziger Jahre.

Man muß sich das vorstellen: Jahr für Jahr kommen zigtausend junge Menschen nach West-Berlin, häufig aus bundesdeutschen Kleinstädten. Sie studieren, haben Zeit, sich umzuschauen, und viele von ihnen erhalten einen »Berlin-Schock«, wie es Dieter Claessens und Karen de Ahna in »Das Milieu der Westberliner ›scene‹« formulieren: »Die Vielfalt des gesamten kulturellen Angebots in allen Facettierungen bedeutet für die meisten Studenten eine außerordentliche Provokation, der sie um so lieber folgten, als meistens die soziale Kontrolle, an die sie vorher gewöhnt waren, praktisch entfiel. Der normale Studierende, der nach West-Berlin kam, hatte also bereits mit gewissen Schwierigkeiten im Hinblick auf die richtige Findung des Verhältnisses zum Leben in Berlin und zum Studieren zu kämpfen. Mit der Entwicklung der studentischen Bewegung, dem entschlosseneren, zugreifenderen Brechen von Tabus, der allgemein großen Solidarisierungswelle und dann der Politisierung der gesamten Bewegung kam für die Newcomer noch ein ›ideologischer Schock‹ hinzu: Viele Studenten wurden erstmalig mit politischen, insbesondere radikalen politischen Ideen konfrontiert, und das auch dann oder gerade dann, wenn sie nach Berlin gekommen waren wegen der Gerüchte und Informationen, die von West-Berlin ausgingen.«

In diesem einzigartigen Biotop, in dem so vieles anders ist als überall sonst, zählte die Verletzung von Normen, von »Spielregeln« für viele weniger als anderswo. Protest gegen das bestehende System wird hier im Laufe der sechziger Jahre immer lauter, nachhaltiger geäußert. Seit Mitte der sechziger Jahre kommt es zu immer weiter eskalierenden Auseinandersetzungen zwischen Studenten und Staatsmacht.

Einige Meilensteine dieser Entwicklung: Zum erstenmal finden größere Auseinandersetzungen zwischen Studenten und Staatsmacht beim Besuch des kongolesischen Ministerpräsidenten Moïse Tschombé am 18. Dezember 1964 statt. 600 deutsche und schwarzafrikanische Studenten durchbrechen unter der Führung des Sozialistischen Deutschen Studentenbundes* die Polizeiketten, dringen in die Bannmeile des Schöneberger Rathauses ein und bewerfen Tschombé mit Eiern und Tomaten. Das Wintersemester 1965/66 erklären die Studenten zum »Vietnam-Semester«. Die Universitätsleitung der FU untersagt Anfang 1966 ein »Vietnam-Forum«. Am 5. Februar veranstalten die Studenten in der Stadt eine Anti-Vietnam-Demonstration und rufen »Amis raus aus Vietnam«. 2500 Menschen marschieren in dem von mehreren Hochschulverbänden organisierten Zug. Erstmals in der Geschichte blockieren Demonstranten durch einen Sitzstreik den Verkehr: Sie lassen sich für zwanzig Minuten auf dem Kurfürstendamm nieder. Ein Teil der Demonstranten zieht anschließend zum Amerika-Haus, veranstaltet dort ebenfalls einen Sitzstreik, holt die US-Flagge

---

* Der Sozialistische Deutsche Studentenbund – SDS – war 1946 als Sprachrohr der SPD an den Universitäten gegründet worden. Erster Bundesvorsitzender ist Helmut Schmidt, der spätere Bundeskanzler. 1959 kommt es zu einem Zerwürfnis zwischen SPD und SDS. Die SPD nimmt unter anderem daran Anstoß, daß sich der SDS an Kampagnen gegen die atomare Wiederbewaffnung beteiligte und zur »Kriegsdienstverweigerung« ermutigte. 1961 verabschiedet der SPD-Parteivorstand einen Unvereinbarkeitsbeschluß von Mitgliedschaft in SPD und SDS. Zur Studentenorganisation der SPD wird der neu gegründete Sozialdemokratische Hochschulbund, SHB. Trotz der relativ geringen Mitgliederzahl von rund 2000 nimmt der SDS die zentrale Rolle in der Außerparlamentarischen Opposition ein. Am 21. März 1970 beschließt der SDS in Frankfurt, sich selbst aufzulösen.

vom Mast. Gegen die Fassade des Amerika-Hauses fliegen Eier. Polizisten gehen mit Schlagstöcken gegen die Menge vor.

Teile der Öffentlichkeit und der Presse sind über das »ungehörige Verhalten« der Demonstranten empört. Universitätsleitung und Regierender Bürgermeister entschuldigen sich beim amerikanischen Stadtkommandanten, der Akademische Senat verbietet generell politische Veranstaltungen in den Räumen der Universität. Über Berlins Innenstadt ergeht ein Demonstrationsverbot. In einer vierstündigen Debatte im Abgeordnetenhaus rechtfertigt Bürgermeister Heinrich Albertz den – wie er sagt – »harten Einsatz der Polizei« und erklärt: »Ich habe jedoch nach den Erfahrungen des 5. Februar gegenüber der Polizeiführung keinen Zweifel daran gelassen, daß die Polizei Exzesse und Auswüchse politischen Rowdytums und strafbarer Handlungen bei öffentlichen Veranstaltungen aller Art schnell und nötigenfalls auch unter Anwendung harten polizeilichen Zwangs zu bekämpfen und bereits in den Anfängen zu verhindern hat.«

Am 10. Dezember 1966 findet eine weitere Anti-Vietnam-Demonstration in Berlin statt. Die Demonstranten weichen von der genehmigten Route ab. Die Polizei setzt Schlagstöcke ein, stellt Anti-Vietnam-Plakate sicher und verhaftet 74 Personen. Als Reaktion darauf veranstalten eine Woche später 200 Studenten die sogenannte »Spaziergangs-Demonstration« auf dem Ku-Damm. »Keine Keilerei mit der Polizei«, lautet die Parole, die der SDS ausgibt. Ein Vers macht die Runde: »Kommt die Polizei vorbei / gehen wir an ihr vorbei / an der nächsten Ecke dann / fängt das Spiel von vorne an.« Und so passiert es: Studenten kommen zusammen – doch erscheinen Polizisten in Sichtweite, löst sich die Gruppe in alle Himmelsrichtungen auf. Die Polizei nimmt dennoch 86 Personen fest. Darunter eine Reihe von Passanten, die von Beamten für Studenten gehalten werden. SPD, CDU, der Regierende Bürgermeister, die Presse – keiner hat Verständnis für die Aktion der Studenten.

Ein weiterer Schritt zur Eskalation ist die Beschlagnahme der Mitgliederkartei des SDS: Am 26. Januar 1967 durchsucht die Polizei aufgrund richterlicher Anordnung die Räume des SDS. Anlaß ist die Anzeige von vier Professoren, die diese gegen die Verfasser des sogenannten »Fachidioten-Flugblatts« erstattet haben. In der inkriminierten Passage heißt es: »Wenn wir uns weigern, uns von professoralen Fachidioten zu Fachidioten ausbilden zu lassen, bezahlen wir mit dem Risiko, das Studium ohne Abschluß beenden zu müssen.« Einen Tag nach der Durchsuchung kommen rund 3000 Studenten zu einer Protestveranstaltung in die Freie Universität. Professor Helmut Gollwitzer bezeichnet die Beschlagnahmeaktion als »unmittelbare Bedrohung des freien Lebens der FU«. In seiner Ansprache unterstreicht er die Bedeutung der Opposition für das Funktionieren der Demokratie: »Große Koalition bedeutet: Ausfall der parlamentarischen Opposition. Um so mehr kommt also alles auf den Freiheitsraum der Außerparlamentarischen Opposition an. Jeder Professor, jeder Student ist um seiner selbst willen, um der Universität willen und um unseres Staates willen aufs brennendste daran interessiert, daß der Freiheitsraum der Opposition unangetastet bleibt.« Demonstrationen gegen die Beschlagnahme folgen, bleiben friedlich. Einige Tage später erhält der SDS seine Mitgliederkartei zurück. Angeblich ungeöffnet.

Nächster Höhepunkt sind die Vorfälle beim Besuch des amerikanischen Vizepräsidenten Hubert Horatio Humphrey am 6. April 1967. Bei strömendem Regen demonstrieren etwa 2000 Menschen vor dem Charlottenburger Schloß. Transparente und Sprechchöre richten sich gegen die Vietnam-Politik der Vereinigten Staaten, Eier und Mehltüten fliegen. In einem Flugblatt hatte der ASTA (Allgemeiner Studentenausschuß) zu »einem herzlichen Empfang« Humphreys um 20 Uhr aufgefordert – in dem Schloß findet ein Empfang für ihn statt. Als anschließend Humphrey das Axel-Springer-Hochhaus an der Mauer besucht, demonstrieren einige Hundert. Aus der Menge fliegen Steine und Flaschen, die geparkte Cadillacs der Humphrey-Kolonne beschädigen. Polizisten vertreiben die Demonstranten mit Gummiknüppeln, Greiftrupps der Polizei schnappen sich einzelne aus der Menge heraus und gehen – wie Augenzeugen berichten – alles andere als sanft mit ihnen um, schlagen auf sie ein. Bei der Abfahrt der Kolonne werden aus einer Gruppe von rund 200 Demonstranten heraus die Fahrzeuge, mit Murmeln »bombardiert«. Bei den Demonstrationen an diesem Tag fordern Sprechchöre auch die »sofortige Freilassung der festgenommenen Studenten«. Es geht um die elf Personen, die als die »Akteure« des »Pudding-Attentats« in die Geschichte eingehen: Am Abend zuvor waren elf Mitglieder der Kommune I verhaftet worden. Diese Kommune I war ein Vierteljahr zuvor von Dieter Kunzelmann, Fritz Teufel, Rainer Langhans und anderen in Berlin-Charlottenburg gegründet worden. Wegen »Überschätzung« und »Realitätsflucht«

werden einige Kommunen kurze Zeit später aus dem SDS ausgeschlossen. Anlaß war unter anderem Kunzelmanns Satz: »Was geht mich denn Vietnam an – ich habe Orgasmusschwierigkeiten.«

Nach der Verhaftung, am Abend vor Humphreys Besuch, teilt die Berliner Polizeipressestelle in einer Erklärung mit, die elf Verhafteten seien »unter verschwörerischen Umständen zusammengekommen und hätten hierbei Anschläge gegen das Leben oder die Gesundheit des amerikanischen Vizepräsidenten Hubert Horatio Humphrey mittels Bomben, mit unbekannten Chemikalien, gefüllten Plastikbeuteln oder mit anderen gefährlichen Tatwerkzeugen wie Steine usw. geplant«. Und so meldet *Der Abend* am Tag des Humphrey-Besuchs: »Maos Botschaft in Ost-Berlin lieferte Bomben gegen Vize-Präsident Humphrey.« Die *Berliner Morgenpost* titelt: »Attentat auf Humphrey von Kripo vereitelt – FU-Studenten fertigen Bomben mit Sprengstoff aus Peking.« – »Geplant – Berlin: Bombenanschlag auf US-Vizepräsidenten – Elf Verschwörer gefaßt«, weiß die *Bild*-Zeitung zu berichten. Doch schon in der nächsten Nacht sind alle elf wieder auf freiem Fuß, das Ermittlungsverfahren gegen sie wird später eingestellt. Eine Untersuchung ergibt, daß es sich bei dem, was die Kommunarden hergestellt hatten, in Wahrheit um Rauchbomben und Plastikbeutel mit Farbstoff, Pudding und Mehl handelt. Die Polizei aber korrigiert ihre Meldung nicht. Auf einer Pressekonferenz nach ihrer Freilassung erklären die Kommunarden, daß sie keinen aggressiven Akt gegen den amerikanischen Vizepräsidenten vorgehabt hätten. Vielmehr einen »Akt der Lächerlichmachung« nach dem Vorbild der Amsterdamer »Provobewegung«. Sie hätten – sagen sie – sich ausgedacht, mit den Rauchbomben die Polizei einzunebeln und die Absperrung zu durchbrechen, um den Vizepräsidenten mit Mehltüten, Joghurt, Pudding und Buttercremetorte zu bewerfen.

Zwei Wochen später kommt es zum ersten Einsatz der Polizei auf dem Gelände der Freien Universität: Aus einer Veranstaltung des ASTA im Auditorium maximum, an der etwa 2000 Studenten teilnehmen, wird ein Sit-in, das sich gegen Universitätsrektor und Akademischen Senat richtet. An diesem Abend kritisiert der Schriftsteller Reinhard Lettau vom Rednerpult aus die »Servilität der Berliner Presse«, und zum »Pudding-Attentat« verkündet er: »Nirgendwo in der Welt, außer in West-Berlin, ist es ein Geheimnis, daß der Polizeipräsident Duensing hysterisch ist und absichtlich oder unabsichtlich falsche Statements herausgibt, die er nachträglich entweder aus Ignoranz oder aus Bosheit nicht dementieren läßt.« Dann faßt Lettau Selbstverständnis und Erfahrungen der Studenten zusammen – und so wie er sehen viele die Dinge in diesem Frühjahr 1967: »Seine Meinung soll man sagen dürfen, aber nur, wenn es opportun ist. Gegen Notstandsgesetze demonstrieren: das können nur ›Krakeeler‹, ›Radaubrüder‹, ›Radikalinskis‹ sein.« Lettau fährt fort: »Wir haben jahrelang versucht, mit den Befürwortern der Notstandsgesetze, des Krieges in Vietnam und der Springerschen Pressemonopole zu diskutieren. Was passierte? Die Herren kamen nicht... Statt dessen aber seitenlange Berichte über einen Fackelmarsch der Antistalinisten. Nun sind wir zwar auch nicht Freunde von Stalin. Nur halten wir es nicht gerade für das wichtigste, heute in West-Berlin unter Polizeischutz gegen Stalin zu demonstrieren.«

Sein Fazit: »Unsere Alternativen sind also: Diskutieren, wie man es uns empfiehlt. Dann hört allerdings niemand unsere Argumente. Oder: Provozieren, Demonstrieren. Dann schreit hysterisch Rektor Lieber, wir praktizieren ›direkte Demokratie›... Mit den Lieber-Duensing-Springer-Rezepten wären wir heute noch in der Steinzeit.« Als Höhepunkt seines Vortrags zerfetzt Lettau zum Schluß einige Zeitungen: »Verzeihen Sie«, sagt er währenddessen, »wenn ich das Resultat meiner Berliner-Presse-Analyse dadurch mitteile, daß ich hier jetzt die Berliner Zeitungen zerreiße.« Lettau, ein amerikanischer Staatsbürger, erhält für diese Rede später den Ausweisungsbescheid.

Nach der Veranstaltung lassen sich die Studenten dann zu einem Sit-in in der Vorhalle des Henry-Ford-Baus der FU nieder. Der Protest richtet sich gegen Beschlüsse des zu dieser Zeit ebenfalls in einem Gebäude tagenden Akademischen Senats – unter anderem sind dort gerade die Einleitung von Disziplinarverfahren gegen die »Humphrey-Attentäter« und die Sperrung von Zuschüssen für die Studentenschaft beschlossen worden. Vierzig Minuten vor Mitternacht erscheint Rektor Lieber mit einigen Senatoren in der Vorhalle und droht, er werde die »Versammlung von der Polizei auflösen lassen«. Die Masse wartet geduldig. Tatsächlich erscheinen fünf Minuten vor Mitternacht Beamte und tragen einige Studenten aus dem Gebäude heraus. Die Ordnungshüter schleppen dreißig Studenten weg, die »passiven Widerstand« leisten – dann ist ihnen klar, wie hoffnungslos ihr Unterfangen ist: Über 1200 Studenten hocken noch vor ihnen auf dem Boden. Nach zwanzig Minuten brechen die Polizisten ihre Räumaktion ab. Eine dreiviertel Stunde später verlassen die Studenten von sich aus die Vorhalle.

Und dann kommt der große Schock, der 2. Juni 1967: Der Demonstrant Benno Ohnesorg wird in Berlin von einem Polizeibeamten erschossen:

»Schah, Schah, Scharlatan«, skandieren die Sprechchöre, »Freiheit für Persien« und »Nieder mit dem Schah« – etwa 3000 Menschen stehen an diesem Freitagabend kurz vor 20 Uhr vor der Deutschen Oper auf der Bismarckstraße. Die meisten von ihnen sind pure Schaulustige, sie wollen einen Blick auf Reza Pahlevi und seine Frau erhaschen. Seit dem Morgen ist das Kaiserpaar in der Stadt, das ja seit Jahren ein Lieblingsthema zahlreicher deutscher Illustrierten darstellt. Man feiert die beiden mit farbigen Großfotos und spart nicht mit Details aus dem Teheraner Prunkpalast. Nur rund 400 der vor der Oper Versammelten sind Schah-Gegner. Einige dieser Demonstranten haben sich Papiertücher mit Karikaturen des Kaiserpaares über den Kopf gezogen. Sie protestieren dagegen, daß bundesdeutsche Politiker jenen Schah empfangen und ehren, der in Persien durch seinen gefürchteten Geheimdienst SAVAK jede Regung von Opposition blutig unterdrückt – Hunderte, wenn nicht gar Tausende von Regimegegnern wurden von den SAVAK-Agenten ermordet. Die Atmosphäre vor der Deutschen Oper ist aufgeheizt: Bereits am frühen Nachmittag war es an diesem 2. Juni 1967 zu Zusammenstößen zwischen Schah-Gegnern und Schah-Anhängern gekommen. Vor dem Schöneberger Rathaus, wo sich der Schah in das Goldene Buch der Stadt eintragen sollte, trafen kurz vor Ankunft des Schahs in zwei Bussen rund einhundert »Jubelperser« ein, zum Teil SAVAK-Agenten. Sie postieren sich, wie von der Polizei vorgesehen, ganz vorne vor dem Rathaus, hinter einem Absperrgitter. Rund acht Meter trennen sie von den Schah-Gegnern, die hinter dieser »neutralen« – für das Publikum gesperrten – Zone ebenfalls hinter den etwas mehr als einen Meter hohen sogenannten »Hamburger Gittern« stehen. Auf die Sprechchöre der Schah-Gegner antworten die »Jubelperser« mit »Hochrufen« auf den Schah und die Schahbanu, einige schwenken Transparente mit Bildern des Kaiserpaares und dem Satz »Es lebe der Schah«.

Die Wagenkolonne des Schahs rollt vor. Das Paar steigt aus dem Mercedes 600. Leibwächter umringen sie. Der Schah und seine Frau betreten das Schöneberger Rathaus. Dabei sind die Sprechchöre der Schah-Gegner nicht zu überhören. Die »Jubelperser« verstärken ihre Hochrufe. Auf einmal springen Dutzende dieser »Hurra-Perser« über die Absperrung, überqueren den Trennstreifen und prügeln auf die Schah-Gegner ein – mit den Stangen ihrer Transparente, Totschlägern und Holzknüppeln. Die Polizei schaut minutenlang tatenlos zu. Als sie dann endlich einschreitet, geht sie, wie Augenzeugen berichten, nur gegen Schah-Gegner vor, verhaftet einige von ihnen. Die »Jubelperser« läßt sie unbehelligt. Empört und verbittert ziehen die Demonstranten ab, unter ihnen macht die trotzige Parole die Runde: Heute abend vor der Oper. Und so versammeln sich die Schah-Gegner ab ungefähr 19 Uhr vor der Deutschen Oper – drinnen ist eine Galaaufführung von Mozarts »Zauberflöte« angesetzt. Auch die rund einhundert »Jubelperser« sind wieder da, sie rufen »Hurra«, während die Studenten skandieren: »Mo-Mo-Mossadegh.« Mohammed Mossadegh war als Ministerpräsident vom Schah gestürzt worden.

Zwischen den »Jubelpersern« und den Studenten entspinnen sich abermals Auseinandersetzungen – verbale wie handgreifliche. Die Perser werden wild, die Studenten werfen mit Tomaten, Milchtüten, Eiern und Rauchkerzen. Polizisten greifen sich einzelne aus der Masse der Protestierer, die ihnen auffallen – mutmaßliche »Rädelsführer«, wie sie genannt werden.

Als die Wagenkolonne vorfährt, ist die Stimmung kurz vor dem Siedepunkt: Es fliegen Farbeier, Farbbeutel und ein paar Steine. Der Schah und seine Begleiter verschwinden rasch in der Oper. Nur knapp verfehlt eine Tomate Wilhelmine Lübke, die Frau des Bundespräsidenten. Die meisten Menschen vor der Oper glauben, jetzt sei alles gelaufen, vorbei, jedenfalls fürs erste. Da springen plötzlich – vier Minuten nach acht – Polizisten über die Absperrgitter, treiben unter Einsatz ihrer Schlagstöcke einen Keil in die Menge, die entlang der Fahrbahn vor der Oper steht. Das ist die sogenannte »Leberwurst-Taktik«, wie sie der Polizeipräsident Duensing nennt und wenige Tage später auf einer Pressekonferenz freimütig so beschreibt: »Nehmen wir die Demonstranten als Leberwurst, nicht wahr, dann müssen wir in die Mitte hineinstechen, damit sie an den Enden auseinanderplatzt.« Die Polizisten treiben die Demonstranten auf einen anderen Polizeikordon zu. Es passiert das, was Peter Herz, der Leiter der Presse- und Informationsstelle des Senats, bereits am Mittag gegenüber einem Journalisten angekündigt hatte: »Na, heute können diese Burschen sich ja auf etwas gefaßt machen, heute gibt es Dresche.«

Menschentrauben – Demonstranten, Schaulustige und auch einige zufällig ins Geschehen hineingeratene Passanten – flüchten in die Seitenstraßen, über die Wilmersdorfer Straße und den Ku-Damm. Sogenannte »Greiftrupps« der Polizei verfolgen sie. In der Krummen Straße, einer Seitenstraße der Bismarckstraße, drängen Polizisten in einen Hof, in dem sich Studenten aufhalten. Die Beamten meinen, einen Rädelsführer entdeckt zu haben – einen jungen Mann in rotem Hemd und in Sandalen. Ein Polizist schlägt ihm von hinten auf den Kopf, der Mann stürzt zu Boden, zwei weitere Beamte eilen herbei und schlagen ebenfalls auf ihn ein. In diesem Moment ist auch Karl-Heinz Kurras zur Stelle, Kriminalobermeister bei der Politischen Polizei. Er hält seine Dienstwaffe – eine Walther PPK, Kaliber 7,65 – in der Hand, den Finger am Abzug: ein Schuß löst sich, dringt in den Kopf des Demonstranten. Warum um alles in der Welt Kurras schoß, kann später nicht zweifelsfrei geklärt werden. Benno Ohnesorg ist tot – 26 Jahre alt, Student der Romanistik, Mitglied der Evangelischen Studentengemeinde. Später heißt es in der mündlichen Urteilsbegründung des Landgerichts Berlin gegen den Todesschützen, der freigesprochen wird: »Es besteht leider der dringende Verdacht, daß auf Benno Ohnesorg auch dann noch eingeschlagen wurde, als er schon tödlich getroffen am Boden lag.«

Noch in der Nacht erklärt der Regierende Bürgermeister Heinrich Albertz: »Die Geduld der Stadt ist am Ende. Einige Dutzend Demonstranten, unter ihnen auch Studenten, haben sich das traurige Verdienst erworben, nicht nur einen Gast der Bundesrepublik Deutschland in der deutschen Hauptstadt beschimpft und beleidigt zu haben, sondern auf ihr Konto gehen auch ein Toter und zahlreiche Verletzte – Polizeibeamte und Demonstranten. Die Polizei, durch Rowdys provoziert, war gezwungen, scharf vorzugehen und von ihren Schlagstöcken Gebrauch zu machen. Ich sage ausdrücklich und mit Nachdruck, daß ich das Verhalten der Polizei billige und daß ich mich durch eigenen Augenschein davon überzeugt habe, daß sich die Polizei bis an die Grenzen des Zumutbaren zurückgehalten hat.« Am nächsten Tag erscheint die *Bild*-Zeitung mit der Schlagzeile: »Der Schah und Farah in Berlin – Blutige Krawalle: 1 Toter!«

Lange kann sich Albertz nicht mehr auf seinem Posten halten.

Keine vier Monate später tritt er ab, auch aus anderen Gründen. Innensenator Wolfgang Büsch und der Polizeipräsident Duensing räumen ebenfalls ihre Stühle. Jahre später erklärt Albertz, er sei »in den 2. Juni hineingerutscht«. Nachdenklich urteilt Albertz, mittlerweile wieder Pfarrer: »Es gibt Dinge im Leben, die man nicht wegbringen kann. Es ist ein Punkt, den ich bis zum Lebensende mitschleppen muß.«

Der Tod Benno Ohnesorgs erschüttert die Studenten. Und nicht nur sie. Am darauffolgenden Vormittag drängen sich die Menschen auf dem Campus der FU. »Die Situation hatte sich schlagartig geändert«, resümiert Peter Mosler, SDS-Mitglied und Chronist der Studentenrevolte. »Es gab plötzlich eine für alle überraschende Kraft zu Begegnungen und Diskussionen, Studenten, die sich nicht kannten, richteten ohne Zögern das Wort aneinander, in allen die glühende Wut gegen die Lügen der Zeitungen und die Verdrehungen des Senats. Die ganze Universität stand voll von diskutierenden Gruppen... Überall begann eine fieberhafte Akvitität: Teach-ins, Vollversammlungen, ein Ermittlungsausschuß des SDS mit Horst Mahler, ein Öffentlichkeitsausschuß, dessen Mitglieder über eine Woche in Trauben auf dem Kurfürstendamm mit Berlinern bis spät in die Nacht hinein diskutierten. An jeder Ecke wurden Flugblätter gemacht, Dutzende lernten sie schreiben und drukken. Die ganze Uni war voll von Wandzeitungen und Plakaten. Das Gefühl großer Gemeinsamkeit und des Zusammenhalts schwappte auf alle über, es gab die Stimmung: hic rhodus, hic salte, jetzt springe ich!

Dem erschossenen Benno Ohnesorg geben fünfzehntausend Menschen am 8. Juni in Berlin das letzte Geleit. Darunter Bommi Baumann, der sich später der »Bewegung 2. Juni« anschließt: »Irgendwie hat mir das ein irres Ding gegeben damals, Benno Ohnesorg. Echt, sein Sarg, wo der an mir vorbeigefahren ist, hat's richtig kling gemacht. Da ist einfach irgend etwas abgefahren.« Einen Tag später wird die Leiche in Hannover beerdigt. Auch in zahlreichen anderen Städten kommt es zu Trauerfeierlichkeiten – der Funke der Rebellion springt auf die anderen Universitätsstädte über.

Folge dieses 2. Juni ist, daß die Menschen in dieser Protestbewegung zusammenrücken, sich auf einmal als politische Macht verstehen. Stolz ziehen sie durch die Straßen, rufen laut und in Sprechchören, was Vertreter des »Establishments« kurz zuvor über sie – abfällig – gesagt hatten: »Wir sind eine kleine radikale Minderheit.« Der SDS erlebte einen Mitgliederboom.

Viele meinen in dieser aufgeputschten Atmosphäre, »etwas tun zu müssen, bevor es zu spät ist«. Es kommt zur »Gewaltdiskussion«. Man redet darüber, ob man als Ausdruck des Protests zu Gewalt greifen darf – und falls ja, wie: Demonstrationen, Eier gegen Fassaden, Steine gegen Autos, Pudding gegen den amerikanischen Vizepräsidenten, Sit-ins – gibt es stärkere Formen des Widerstandes, die legitim sind und mehr bewirken? Das fragen sich in diesen Tagen viele Studenten. Sie glauben, daß sie durch die bislang praktizierten Varianten des Protestes mit ihren Themen wie »Vietnam«, »Notstandsgesetze« und »Macht des Springer-Verlages« in der Öffentlichkeit nicht ausreichend wahrgenommen wurden. »Wir müssen provozieren«, fordert der Studentenführer Rudi Dutschke, »damit wir uns mehr als bisher Gehör verschaffen«.

Dieser Protestbewegung gegenüber steht die Staatsmacht, die meint, mit Härte die Dinge schon in den Griff zu bekommen. Politiker und Polizisten aber sind überfordert – die Polizeiführung hat noch relativ wenig Erfahrung mit derartigen Demonstrationen. Sie fühlt sich auch in dieser heißen Phase von der Politik im Stich gelassen, wie Polizeiführer später erklären. Für große Teile der Presse sind die Studenten nichts anderes als Radaubrüder.

Über Schuldzuweisungen für diese Eskalation kann man lange streiten – eines ist gewiß: Mit Besonnenheit ist in diesen brodelnden Tagen und Wochen kaum jemand an die Dinge herangegangen. Niemand ahnt damals, daß schon einige Jahre später Extremisten unter Hinweis auf den 2. Juni morden werden – unter Berufung darauf, daß die Polizei ja zuerst geschossen habe.

Zwei Wochen später ziehen fünftausend Menschen durch Berlin – doppelt so viele wie eineinhalb Jahre zuvor bei der Vietnam-Demonstration. Sie protestieren »gegen das Vorgehen der Polizei und der politischen Instanzen« am 2. Juni. Zwischen den Demonstranten marschieren Mitglieder der Kommune I, in weiße Tücher gehüllt. Ein Mann trägt ein Plakat: »Radikale aller Länder, tut Buße.« Kommunarden werfen sich auf den Boden, immer und immer wieder, heulen dabei laut auf und rufen: »Wir wollen nie mehr einen Polizisten erstechen«, »Wir wollen nie mehr Tomaten werfen« und: »Wir wollen auch nie wieder ein Kaufhaus anzünden.« Diese letzte Parole bezieht sich auf ein Ereignis drei Wochen zuvor: am 22. Mai 1967 hatte in Brüssel das Kaufhaus »A l'Inovation« lichterloh gebrannt, 251 Menschen kamen in den Flammen ums Leben. Zwei Tage später veröffentlichte die Berliner Kommune I ein Flugblatt mit der Überschrift: »Wann brennen die Berliner Kaufhäuser?« Und dann hieß es: »Bisher krepieren die Amis in Vietnam für Berlin. Uns gefiel es nicht, daß diese armen Schweine ihr Coca-Cola-Blut im vietnamesischen Dschungel verspritzen mußten. Deshalb trottelten wir anfangs mit Schildern durch leere Straßen und warfen ab und zu Eier ans Amerikahaus, und zuletzt hätten wir gern HHH (= Hubert Horatio Humphrey, der amerikanische Vizepräsident) in Pudding sterben sehen. Den Schah pissen wir vielleicht an, wenn wir das Hilton stürmen, erfährt er auch einmal, wie wohltuend eine Kastration ist, falls überhaupt noch was dranhängt..., es gibt da so böse Gerüchte.

Ob leere Fassaden beworfen, Repräsentanten lächerlich gemacht wurden – die Bevölkerung konnte immer nur Stellung nehmen durch spannende Presseberichte. Unsere belgischen Freunde haben endlich den Dreh raus, die Bevölkerung am lustigen Treiben in Vietnam wirklich zu beteiligen: sie zünden ein Kaufhaus an, dreihundert saturierte Bürger beenden ihr aufregendes Leben, und Brüssel wird Hanoi. Keiner von uns braucht mehr Tränen über das arme vietnamesische Volk bei der Frühstückszeitung zu vergießen. Ab heute geht er in die Konfektionsabteilung von KaDeWe, Hertie, Woolworth, Bilka oder Neckermann und zündet sich diskret eine Zigarette in der Ankleidekabine an. Dabei ist es nicht erforderlich, daß das betreffende Kaufhaus eine Werbekampagne für amerikanische Produkte gestartet hat, denn wer glaubt noch an das ›Made in Germany‹?

Wenn es irgendwo brennt in der nächsten Zeit, wenn irgendwo eine Kaserne in die Luft geht, wenn irgendwo in einem Stadion die Tribüne einstürzt, seid bitte nicht überrascht. Genausowenig wie beim Überschreiten der Demarkationslinie durch die Amis, die Bombardierung des Stadtzentrums von Hanoi, dem Einmarsch der Marines in China.

Brüssel hat uns die einzige Antwort darauf gegeben:

burn, ware-house*, burn!
Kommune I (24. 5. 67)«

In der Nacht vom 2. April 1968 ist es dann in der Bundesrepublik zum erstenmal soweit: Die beiden Kaufhäuser in Frankfurt brennen.

* Genau genommen bedeutet »warehouse« Lagerhaus, doch damals wurde es meistens dem deutschen »Warenhaus« gleichgesetzt.

Der Prozeß

Ein halbes Jahr später, am 14. Oktober 1968, beginnt in Frankfurt der Prozeß gegen Ensslin, Baader, Proll und Söhnlein vor der Vierten Großen Strafkammer des Landgerichts. Die Angeklagten haben seit ihrer Verhaftung im April in Untersuchungshaft gesessen. Im Gerichtssaal erscheinen Horst Söhnlein und Thorwald Proll auf eigenen Wunsch im blauen Anstaltsdrillich. Zeitweise hält Proll eine dicke Zigarre in der einen, eine Mao-Bibel in der anderen Hand. Gudrun Ensslin trägt eine weinrote Kunstlederjacke im Military-Look. Die vier sind ausgesprochen »verhandlungsunwillig«. Sie glauben sich darin einig, daß sich »gegen eine Klassenjustiz, in der die Rollen verteilt sind«, eine Verteidigung nicht lohne. Sie sind nur auf eines aus, auf Klamauk, ein – wie man es damals nennt – »Justizhappening«. Als erstes fragt der Vorsitzende Richter Gerhard Zoebe Gudrun Ensslin

Auf der Anklagebank vor dem Landgericht
Frankfurt a. M. Im Oktober 1968: Thorwald Proll, Horst Söhnlein,
Andreas Baader und Gudrun Ensslin

nach ihrer Vergangenheit. »Warum fragen Sie, was Sie schon wissen?« blafft sie ihn an.

»›Und Sie sind Herr Baader‹, sagt der Vorsitzende zum nächsten«, berichtet der Journalist Joachim Neander, der als Berichterstatter diese Verhandlung verfolgte, über den weiteren Verlauf: »Aber nicht Baader, sondern Proll – äußerlich eine Mischung aus jungem Trotzki und jungem Brecht – steht auf. ›Ja‹, sagt er. Der Vorsitzende merkt es nicht. ›Sie sind geboren am 6. Mai 1943...‹ ›Nein‹, sagt Proll, ›ich bin geboren 1789.‹ Der Staatsanwalt greift ein. Er hat die Komödie bemerkt. Proll verteidigt sich: ›Wieso, zwischen uns ist doch kein Unterschied.‹ Das Gericht verhängt gegen Proll und Baader eine Ordnungsstrafe von je drei Tagen Haft (Proll: ›Ich erhöhe auf vier!‹) und läßt beide abführen. Sie leisten Widerstand. Vier Justizbeamte brechen ihn. Kaum sind die beiden draußen, steht Söhnlein auf. ›Aus Solidarität zu meinen Genossen...‹, ruft er und drängt sich an den Wachtmeistern vorbei. Drei Beamte stürzen sich auf ihn, ziehen ihm die Drillichjacke über den Kopf und legen ihm Handschellen an. Er wehrt sich mit Bärenkräften. In der Tür fragt er: ›Gibt es jetzt Schläge?‹ – ›Vielleicht‹, entfährt es einem wütenden Wachtmeister. Die Verteidigung läßt das zu Protokoll nehmen. Auch Söhnlein erhält eine Ordnungsstrafe.«

Die Angeklagten schweigen zu den Vorwürfen, bis sich am dritten Verhandlungstag überraschend Gudrun Ensslin zu Wort meldet, gleich zu Beginn der Verhandlung: »Im Einverständnis mit Andreas Baader will ich etwas erklären: Er und ich haben es im Kaufhaus Schneider getan. Keiner der anderen war es.« Es sei nicht ihre Absicht gewesen, Menschen zu gefährden, sagt sie weiter. Sie hätten nur Sachen beschädigen und gegen die Gleichgültigkeit handeln wollen, mit der die Menschen dem Völkermord in Vietnam zusähen: »Wir haben gelernt, daß Reden ohne Handeln unrecht ist.« Worum es ihr geht, faßt sie mit den Worten zusammen: »Ich interessiere mich nicht für ein paar verbrannte Schaumstoffmatratzen, ich rede von verbrannten Kindern in Vietnam.« Nach ihr erklärt Andreas Baader im Gerichtssaal: »Ich gebe zu, am 2. April nach Ladenschluß in einen altdeutschen Schrank im Kaufhaus Schneider eine Tüte gelegt zu haben, die eine Maschine enthielt. Sie sollte den Schrank zerstören, mehr nicht... Wir hatten nicht den Vorsatz, Menschen zu gefährden oder auch nur einen wirklichen Brand zu verursachen.« Er habe die Gefahr

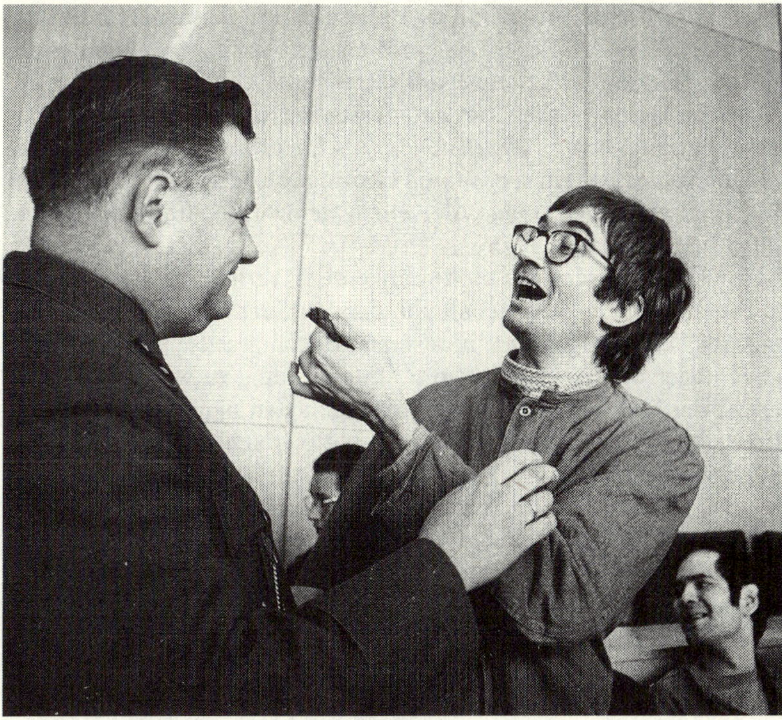

»Justizhappening«!
Thorwald Proll im Frankfurter Gerichtssaal mit einem Justizbeamten, der ihm die Zigarre abnehmen will

gesehen, fährt Baader über das Motiv der Tat fort, daß die Außerparlamentarische Opposition vom System »gefressen und verdaut« werden könnte, wenn man nicht zur »Aktion« überginge. Doch die Aktion der Kaufhausbrandstiftung sei ein »Schlag ins Wasser« gewesen. In der Öffentlichkeit sei alles ruhig geblieben, der SDS sei entsetzt gewesen, habe sich von der Tat distanziert. Der SDS sei zu »einem lahmen Verein abgesackt«. Baaders Fazit: »Damit ist bewiesen, daß die revolutionäre Bewegung in der Bundesrepublik tot ist.«

Thorwald Proll läßt im Gerichtssaal nichts unversucht, um die Justiz zu provozieren. »Wo ist der Staatsanwalt, der den Staat anklagt?« fragt er rhetorisch und fährt fort: »Alle Angeklagten sind Brandstifter und alle Richter Biedermänner.« Er beschimpft die Justiz, fordert die Zuhörer auf, »diese Bruchbude in Brand« zu stecken. Er lehnt es ab, sich vom Psychiater Redhardt auf seine Zurechnungsfähigkeit untersuchen zu lassen, schlägt ihm statt dessen vor, die Richter auf ihre Zurechnungsfähigkeit zu untersuchen. Als Staatsanwalt Walter Griebel für jeden Angeklagten sechs Jahre Gefängnis fordert, ruft Proll in den Saal, daß ein Staatsanwalt, der einen derartigen Strafantrag stelle, selbst ins Gefängnis gehöre.

Horst Mahler, der aus Berlin angereiste Verteidiger Baaders, bezeichnet unter starkem Beifall von den Zuhörerbänken »das Zuchthaus als den einzigen Ort in unserer Konsumgesellschaft, worin ein anständiger Mensch leben kann, ohne schuldig zu werden.« Sicher könne der Richter die Motive der Angeklagten nicht verstehen, fügt der Rechtsanwalt hinzu, denn sonst hätte er schon längst die Robe ausgezogen.

Am siebten Verhandlungstag, dem 31. Oktober 1968, verkündet der Vorsitzende Richter Gerhard Zoebe das Urteil: drei Jahre Zuchthaus für jeden der vier Angeklagten. Wegen »versuchter menschengefährdender Brandstiftung«, Paragraph 306 des Strafgesetzbuchs. Ein leises Stöhnen geht durch die Zuschauerreihen im Gerichtssaal. Bis auf den letzten Platz sind die Bänke besetzt, weitgehend mit Sympathisanten der Angeklagten. »Es handelt sich in diesem Prozeß nicht um das bedeutsame Rechtsproblem der Demonstration, sondern um eine menschengefährdende Brandstiftung«, beginnt der Vorsitzende Richter die Begründung des Urteils. »Die Tat, um die es hier ging, ist in der Studentenschaft weitestgehend mißbilligt worden...«

»Das interessiert uns hier nicht mehr«, ruft Gudrun Ensslin, »wir möchten raus.« Die Angeklagten erheben sich von der Bank. Beschwichtigend fragt Richter Zoebe: »Wollen Sie sich die Begründung des Urteils nicht in aller Ruhe anhören?« Zwischenrufe ertönen aus dem Publikum: »Faschist, Faschist!« Jemand schreit: »Die Angeklagten gehören vor ein Studentengericht.« Diesen Zwischenrufer kennt Richter Zoebe, es ist Daniel Cohn-Bendit, ein Studentenführer, der in diesen Tagen zwischen Frankreich und der Bundesrepublik hin und her pendelt. Der Vorsitzende befiehlt den Justizwachtmeistern: »Der Unruhestifter Cohn-Bendit ist aus dem Saal zu entfernen.«

Von da an überschlagen sich die Ereignisse: Baader und Söhnlein springen über die Barriere vor der Anklagebank. Die Zuschauer applaudieren. Auch Ensslin und Proll verlassen ihre Plätze. Der Vorsitzende ordnet an, den gesamten Saal räumen zu lassen. Doch die Zuschauer gehen nicht von sich aus, Polizisten und Justizwächter erscheinen und versuchen, sie aus dem Saal zu drängen. Der Gerichtssaal entwickelt sich zum Hexenkessel: Es wird geschubst, gerempelt, geprügelt. Vor der Richterbank laufen Justizwachtmeister hinter Baader und Söhnlein her – die beiden verstehen das Ganze offenbar als riesengroßen Spaß. Einem Justizwachtmeister gelingt es, Baader zu schnappen und in den Schwitzkasten zu nehmen. Baader grinst dabei über das ganze Gesicht. Vor der Saaltür werden Rauchbomben geworfen. Nach einer Viertelstunde hat die Polizei endlich den Saal geräumt.

Wegen des beißenden Qualms kann die Sitzung erst nach einer Stunde fortgesetzt werden. Das Gericht schließt die Angeklagten von der weiteren Urteilsverkündung aus. Daniel Cohn-Bendit und zwei andere Zuhörer erhalten drei Tage Haft als Ordnungsstrafe. Vorsitzender Zoebe erklärt, die Kammer sei davon überzeugt, daß die vier Angeklagten die Kaufhaus-Schneider-Brandstifter seien; Proll und Söhnlein hätten Baader und Ensslin »mit Rat und Tat unterstützt«. Das Feuer im Kaufhof in derselben Nacht, das einen wesentlich höheren Schaden angerichtet habe als der Brand bei Schneider, könne den Angeklagten aber nicht angelastet werden. Es mangele an Beweisen.

In der schriftlichen Abfassung des Urteils nimmt das Gericht zu der Erklärung von Ensslin und Baader Stellung, mit der sie ihre Tat rechtfertigten – nämlich: sie hätten durch ein Fanal auf das grausame Geschehen in Vietnam, den Völkermord der USA, aufmerksam machen wollen: »Die Vorstellung, vom Boden der Bundesrepublik aus mittels inländischen Terrors gegen inländische Rechtsgüter auf die Beendigung des Krieges in Vietnam einwirken zu können, ist unrealistisch«, heißt es in der Entscheidung. Und weiter: »Mangels wirksamer Effektivität ist schon um deswillen politischer Widerstand unrechtmäßig; gleichzeitig beschwört dieser Terror im eigenen Land eine Situation herauf, gegen die gerade die Angeklagten protestieren wollen. Nicht zuletzt ist die Enthaltung von gewaltsamer Einmischung in fremde Angelegenheiten (vergleiche Artikel 2 UNO-Charta) vorläufig die einzige Möglichkeit, internationale Konflikte zu lokalisieren und ein weiteres Umsichgreifen der Inhumanität zu begrenzen.«

Gleichwohl berücksichtigten die Richter das Motiv der Angeklagten – strafmildernd. »Es wird... nicht verkannt, daß der Vietnam-Krieg für sie zu einem ›Schlüsselerlebnis‹ geworden ist, ein Erlebnis, das jeden human gesinnten Menschen berühren sollte.« Fazit der Richter: »Eine längere Freiheitsstrafe ist erforderlich, um die Angeklagten von weiteren Straftaten abzuschrecken und die Öffentlichkeit vor den Angeklagten zu sichern.«

Dieses Strafmaß von drei Jahren Zuchthaus stößt bei einigen auf Kritik. »Ich bezweifle«, schreibt Rudolf Walter Leonhardt im Feuilleton der *Zeit,* »daß man heute noch jemanden, der ein Feuer gelegt hat, durch das niemand verletzt worden ist, mit drei Jahren Zuchthaus bestrafen darf, während jemand, der einen Menschen in voller Absicht schwer verletzt, im Bundesdurchschnitt mit weniger als einem Jahr davonkommt.« Und Uwe Nettelbeck vermag – ebenfalls im *Zeit*-Feuilleton – nicht einzusehen, wieso »der Erste Staatsanwalt Walter Griebel die Stirn hatte, für ein paar verkohlte Sachen vierundzwanzig Jahre Zuchthaus zu fordern«. Die Schriftstellerin Luise Rinser und ihre Kollegen Hans-Hellmut Kirst und Jean Améry zeigen sich in einem offenen Brief an den Frankfurter Oberlandesgerichtspräsidenten Curt Staff bestürzt über die Zuchthausstrafen. Sie erklären, im historischen Rückblick habe sich oft gezeigt, »daß gerade jene Menschen, die der Gesellschaft ihrer Zeit gegenüber als Rebellen auftraten, diejenigen waren, welche die Geschichte vorantrieben, indem sie Mißstände aufzeigten und den Anstoß zu wichtigen Veränderungen gaben«.

Acht Monate nach dem Urteil kommen die vier Brandstifter auf Weisung des Oberlandesgerichts Frankfurt wieder auf freien Fuß: am 13. Juni 1969 – vierzehn Monate saßen sie seit ihrer Verhaftung im Gefängnis. Sie alle haben Revision beim Bundesgerichtshof eingelegt. Doch der hat bislang noch nicht entschieden, und das Urteil des Landgerichts Frankfurt ist deshalb noch nicht rechtskräftig. Nun sei die Fluchtgefahr nur noch gering, begründet ein Justizsprecher die OLG-Entscheidung, da nach »herkömmlicher Praxis« die Gefangenen nach zwei Dritteln der Verbüßung entlassen würden. Es bleibe also nur noch eine Reststrafe von zehn Monaten.

Die Flucht

Aus der Haft entlassen, stürzen sich Gudrun Ensslin und Andreas Baader in die »Sozialarbeit«. Sie kümmern sich um entlaufene Heimzöglinge. Die bewegten Zeiten hatten eine ganze Reihe von Jugendlichen dazu gebracht, aus Erziehungs- und Fürsorgeheimen zu flüchten. Studenten in Frankfurt bringen sie provisorisch in sogenannten Wohnkollektiven unter, oft freilich eher schlecht als recht. Viele dieser Studenten im Umfeld des SDS sehen in der Erziehung einen zentralen Ansatzpunkt für die Änderung der Gesellschaft. Gerade von denen, die abgeschoben in Erziehungsheimen leben mußten, erhofft man sich neues »revolutionäres Potential«. Ensslin und Baader kümmern sich um eine Gruppe von rund vierzig Jugendlichen, die aus dem Staffelberg-Heim im Rothaargebirge geflüchtet sind. Daher hat die Gruppe auch ihren Namen, »Staffelberg-Gruppe«; einige sprechen auch von der »Baader-Gruppe«. Ihr Ziel soll es sein, Alternativen zu der staatlichen Heimerziehung zu entwickeln, wie Baader und Ensslin erklären – und natürlich auch, was sie nicht jedem sagen: Jugendliche für die politische Arbeit zu gewinnen. Es wird eine Zeit der Abenteuerspielchen, Hausbesetzung eingeschlossen: Die Gruppe besetzt das Büro des Frankfurter Jugendamtleiters.

Sie bekommen mehrere Wohnungen. Insgesamt erhalten so dreiunddreißig der Jugendlichen ein »richtiges Dach« über dem Kopf, nicht wenige unter ihnen auch einen Ausbildungsplatz. »Gudrun Ensslin machte auf mich keinen schlechten Eindruck«, sagt der damalige Leiter des Frankfurter Jugendamts Herbert Faller, »ich spürte echte Zuwendung.« Nicht so sei das hingegen bei Baader gewesen, der sich kaum wirklich um Fragen der Erziehung gekümmert habe.

Der Ausflug in die Sozialarbeit findet ein jähes Ende, als der Bundesgerichtshof die Revision gegen das Brandstifter-Urteil am 10. November 1969 verwirft: Das Drei-Jahr-Zuchthaus-Urteil ist rechtskräftig. Ihrer Auflage, sich dreimal pro Woche bei der Polizei zu melden, kamen die vier ohnehin nur – wie es ein Staatsanwalt formuliert – »manchmal etwas mit Hängen und Würgen« nach, nun aber gar nicht mehr: Baader, Ensslin und Proll türmen nach Paris. Dort leben sie über Wochen im Quartier Latin, in der Wohnung des französischen Schriftstellers Régis Debray, eines Kampfgenossen Che Guevaras in Brasilien. Aus Deutschland kommt Astrid Proll nach, die sechs Jahre jüngere Schwester von Thorwald. Baader und Ensslin haben ihr Äußeres verändert: Ensslin hat sich die Haare dunkel gefärbt, Baader die Haare vorne gestutzt. Zusammen ziehen sie durch die Stadt, fotografieren sich einmal feixend gegenseitig in einem Café. Weiter geht die Reise Richtung Italien. Thorwald Proll verläßt die Gruppe. Nach Meinung Baaders ist er zu weich für ein Leben im Untergrund. Proll und Söhnlein sitzen ihre Strafen ab. In Zusammenhang mit dieser Gruppe treten sie nicht mehr in Erscheinung.

Baader, Ensslin und Astrid Proll reisen durch Italien, machen in Rom Station. Dort hören sie, daß ihr Gnadengesuch vom hessischen Justizminister Karl Hempfler – SPD – abgelehnt worden ist. Sie bekommen Besuch von einem altbekannten Berliner: Horst Mahler, Verteidiger im Brandstifter-Verfahren. Von ihm erfahren sie, daß in Berlin eine militante Gruppe aufgebaut werden solle, eine Art »APO-Avangarde«. Mahler schlägt ihnen vor, nach Berlin zu kommen und mitzumachen.

Und so klingeln im Februar 1970 Andreas Baader und Gudrun

Auf der Flucht: Gudrun Ensslin und Andreas Baader in einem Pariser Café im Jahr 1969, fotografiert von Astrid Proll

Ensslin an einer Wohnungstür des Hauses Kufsteiner Straße 12 – es ist die Straße in Berlin-Schöneberg, in der auch das RIAS-Funkhaus steht. Am Schild neben der Klingel klebt der Name »Meinhof«. Ulrike Meinhof läßt die beiden rein. Die *konkret*-Kolumnistin hatte den Prozeß in Frankfurt beobachtet und dort auch mit den beiden gesprochen. Unter dem Titel »Warenhausbrandstiftung« hatte sie sich am 18. November 1968 in *konkret* mit der Tat der beiden Besucher auseinandergesetzt:

»Gegen Brandstiftung im allgemeinen spricht, daß dabei Menschen gefährdet sein könnten, die nicht gefährdet werden sollen. Gegen Warenhausbrandstiftung im besonderen spricht, daß dieser Angriff auf die kapitalistische Konsumwelt – und als solchen wollten ihn wohl die im Frankfurter Warenhausprozeß Angeklagten verstanden wissen – ebendiese Konsumwelt nicht aus den Angeln hebt, sie nicht einmal verletzt, das, was sie treibt, selbst treibt, denen, die daran verdienen, Verdienste ermöglicht. Das Prinzip, nach dem hierzulande produziert und konsumiert wird, das Prinzip des Profits und der Akkumulation von

Ausgelassene Stimmung: Astrid Proll und Andreas Baader (im Spiegel) in einem Pariser Café

Kapital, wird durch einfache Warenvernichtung eher entsprochen, als daß es durchbrochen würde. Denn denen, die an der Produktion und dem Verkauf der in den Warenhäusern massenhaft angebotenen Güter verdienen, kann möglicherweise und gelegentlich kein größerer Gefallen getan werden als die kostenlose Vernichtung dieser Güter. Den Schaden – sprich Profit – zahlt die Versicherung. Dem Problem der Übersättigung auf dem Konsumgütermarkt inklusive stagnierender, weil nicht absetzbarer Produktion wäre damit mit einem Mittel abgeholfen, das sich so sehr nicht von den Mitteln unterscheidet, mit denen sich die Industrie bisher noch selbst zu helfen weiß...

Noch vollzieht sich die Vernichtung des gesellschaftlich produzierten Reichtums nicht auf so spektakuläre Weise wie Brandstiftung und Direktbelieferung von Schrotthalden. Noch versucht die Industrie, der Übersättigung des Gebrauchsgütermarktes beizukommen durch ›alle zwei Jahre ein neues Modell‹; durch die Verschwendung von Millionen für eine Forschung, die weniger der Verbesserung der Produkte als ihrer Absetzbarkeit dient; durch den individuellen Mülleimer für sinnlose, nur teure, Profit ermöglichende Verpackungen (die Kosten für die Müllabfuhr trägt der Verbraucher); durch eine ebenso radikal verlogene wie kostspielige Werbung, Millionen an Arbeitszeit und -kraft und Geld werden vergeudet für den eingebauten Verschleiß (›Obsolenz‹), das geplante Todesdatum, so daß die Eisschränke, Rasierapparate, Damenstrümpfe, das Spielzeug, die Glühbirnen viel eher kaputtgehen, als bei dem für sie aufgewendeten Material und der in sie vertanen Zeit und Kraft notwendig wäre, um eine Nachfrage künstlich in Gang zu halten, um durch Produktionen und Verbrauch Profitraten zu erzielen, die wieder privat investiert werden, nicht um gesellschaftliche Bedürfnisse zu befriedigen, sondern die Akkumulation von Kapital zu ermöglichen. (Was es im Kapitalismus gibt, gibt es im Warenhaus. Was es im Warenhaus nicht gibt, gibt es im Kapitalismus nur schlecht, nur unzulänglich, unzureichend: Krankenhäuser, Schulen, Kindergärten, Gesundheitswesen etc. pp.) Immerhin, die Vernichtung gesellschaftlich produzierten Reichtums durch Warenhausbrand unterscheidet sich qualitativ nicht von der systematischen Vernichtung gesellschaftlichen Reichtums durch Mode, Verpackung, Werbung, eingebauten Verschleiß. So gesehen, ist Warenhausbrandstiftung keine antikapitalistische Aktion, eher systemerhaltend, konterrevolutionär.

Das progressive Moment einer Warenhausbrandstiftung liegt nicht in der Vernichtung der Waren, es liegt in der Kriminalität der Tat, im Gesetzesbruch. Das Gesetz, das da gebrochen wird, schützt ja die Menschen nicht davor, daß ihre Arbeitszeit und -kraft, der von ihnen geschaffene Mehrwert vernichtet, verdorben, vergeudet wird, daß sie durch Werbung über ihre eigenen Produkte belogen, durch Arbeitsorganisation und Verheimlichung von allen Informationen über ihre Produkte getrennt werden, als Produzenten wie Verbraucher denen unterworfen und ausgeliefert sind, die sich den Profit aneignen und nach eigenem Gusto investieren. Nach eigenem Gusto heißt nach der Logik des Profits also da, wo neuer, mehr Mehrwert angeeignet werden kann, nicht da, wo das Geld effektiv und von allen gebraucht wird; also z. B. im Erziehungswesen, im Gesundheitswesen, für öffentliche Verkehrsmittel, für Ruhe und reine Luft und Sexualaufklärung etc.

Das Gesetz, das da gebrochen wird durch Brandstiftung, schützt nicht die Menschen, sondern das Eigentum. Das Gesetz bestimmt, daß fremdes Eigentum nicht zerstört, nicht gefährdet, nicht beschädigt, nicht angezündet werden darf. Die da Schindluder treiben mit dem Eigentum, werden durch das Gesetz geschützt, nicht die, die Opfer dieses Schindludertreibens sind, nicht die, die den Reichtum schaffen durch Arbeit und Konsum, sondern die, die ihn sich gemäß der Gesetzgebung im kapitalistischen Staat rechtmäßig aneignen. Das Gesetz soll die, die das alles produzieren, von ihren Produkten fernhalten. Und so desparat es auch immer sein mag, ein Warenhaus anzuzünden, dies, daß die Brandstifter mit den Produkten tun, was sie wollen, das Gesetz brechen, das nur dem sog. Eigentümer erlaubt, mit ihrem Eigentum zu machen, was sie wollen, das Gesetz brechen, das die Logik der Akkumulation schützt, nicht aber die Menschen vor dieser Logik und ihren barbarischen Folgen, dieser Gesetzesbruch ist das progressive Moment einer Warenhausbrandstiftung, muß als solches erkannt und anerkannt werden, wird dadurch nicht ausgelöscht, daß die damit zusammenhängende Gütervernichtung eher systemerhaltend ist, materiell also der antikapitalistischen Intention widerspricht.

Hat also eine Warenhausbrandstiftung dies progressive Moment, daß verbrechenschützende Gesetze dabei gebrochen werden, so bleibt zu fragen, ob es vermittelt werden kann, in Aufklärung umgesetzt werden kann. Was können – so bleibt zu fragen – die Leute mit

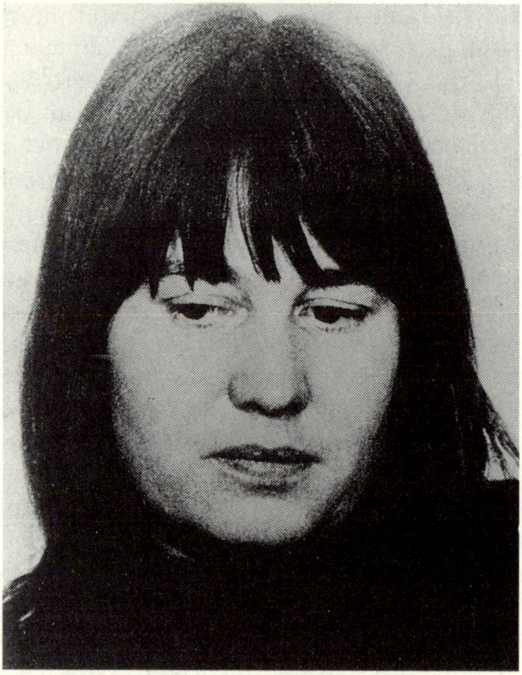

Ulrike Meinhof: die konkret-Kolumnistin

einem Warenhausbrand anfangen? Sie können das Warenhaus plündern. Der Ghetto-Neger, der brennende Geschäfte plündert, erfährt, daß das System nicht zusammenbricht, wenn er sich kostenlos beschafft, was er dringend braucht, sich aber auf Grund seiner Armut und Arbeitslosigkeit nicht kaufen kann, er kann lernen, daß ein System faul ist, das ihm vorenthält, was er zum Leben braucht. Die Waren dagegen, die Frankfurter aus Frankfurter Kaufhäusern wegschleppen könnten, wären kaum die, die sie wirklich brauchten. (Ausgenommen Geschirrspülmaschinen, die in den Statistiken über Haushaltsgeräte in deutschen Haushalten noch kaum vorkommen, obwohl es fast 10 Millionen erwerbstätiger Frauen in der Bundesrepublik gibt, viereinhalb davon sind verheiratet, sie müßten sie alle haben. Die sind aber nicht nur zum Kaufen zu teuer, sondern zum Wegschleppen auch zu schwer.) Bei einer Warenhausplünderung hierzulande würde nur der Bestand an Sachen in einigen Haushalten vergrößert, die ohnehin nur der Ersatzbefriedigung dienen, jener ›private Mikrokosmos‹ würde perfektioniert, über den einsam zu herrschen den einzelnen über die Bedingungen hinwegtrösten soll, unter denen er als gesellschaftlicher Produzent zu arbeiten gezwungen ist (André Gorz)[1]. Jene kollektiven Bedürfnisse, die in reichen kapitalistischen Ländern eklatant unbefriedigt bleiben, würden davon nicht berührt, können durch Warenhausbrandstiftung nicht bewußt gemacht werden.

So bleibt, daß das, worum in Frankfurt prozessiert wird, eine Sache ist, für die Nachahmung – abgesehen noch von der ungeheuren Gefährdung für die Täter, wegen der Drohung schwerer Strafen – nicht empfohlen werden kann. Es bleibt aber auch, was Fritz Teufel auf der Delegiertenkonferenz des SDS gesagt hat: ›Es ist immer noch besser, ein Warenhaus anzuzünden, als ein Warenhaus zu betreiben.‹ Fritz Teufel kann manchmal wirklich sehr gut formulieren.

---

[1] André Gorz, »Zur Strategie der Arbeiterbewegung im Neo-Kapitalismus.« Frankfurt/Main 1967.«

Heute scheint es schwer verständlich, wie jemand einer Kaufhausbrandstiftung ein »progressives Moment« abgewinnen kann – Verbrechen als Fortschritt. Aber die Meinhofsche Argumentation ist auch sonst in weiten Teilen hanebüchen, geht mitunter sogar von Behauptungen aus, die schlicht falsch sind: So ist beispielsweise unzutreffend die Erklärung, daß der Straftatbestand, um den es vor dem Frankfurter Landgericht ging – die schwere Brandstiftung, Paragraph 306 des Strafgesetzbuchs –, »nicht die Menschen, sondern das Eigentum« schütze. Auf die Eigentumsverhältnisse kommt es bei dieser Norm nicht an, auch der Eigentümer, der sein Wohnhaus in Brand steckt, wird nach dieser Vorschrift bestraft. Eine solche Handlung ist wegen der großen Gefahr strafbar, die – egal, wer zündelt – entsteht, wenn jemand ein solches Gebäude ansteckt. Das entschied so schon das Reichsgericht – lange vor dem Zweiten Weltkrieg.* Geradezu grotesk wird das Ganze, wenn Ulrike Meinhof von der Nachahmung der

---

* Entscheidungen des Reichsgerichts in Strafsachen, Bd. 60, S. 137, Eser in Schönke-Schröder, Strafgesetzbuch, Kommentar, § 306 Rz. 2.

Brandstiftung abrät mit einem Hinweis auf die »ungeheure Gefährdung für die Täter, wegen der Drohung schwerer Strafen«. Der Täter, der Brandstifter, als Opfer der Justiz – so sieht sie die Welt. Damit stellt sie die Dinge auf den Kopf. »Ulrike Meinhof hat den Boden unter den Füßen verloren«, urteilt später über diese Phase in Meinhofs Leben ihre mütterliche Freundin Renate Riemeck, die sie so gut wie kein anderer Mensch kannte. Deutlich signalisiert dieser Artikel erste Schritte von Ulrike Meinhof hin zur Bereitschaft, Straftaten zu begehen – die dann ja auch tatsächlich bald folgen. Damit unterscheidet sich diese Kolumne von anderen, die sie seit 1959 für *konkret* verfaßt hatte. Das Linksblatt kam in seinen besten Tagen während der sechziger Jahre auf eine Auflage von 100000, zeitweise sogar über 150000 Exemplaren. Vor allem von Studenten wird es gelesen. »Eine Zeitung von Querköpfen für Querköpfe«, charakterisiert Chefredakteur Klaus Rainer Röhl die Bedeutung von *konkret*. Regelmäßig erhält dieses Blatt Geldspritzen »direkt aus der DDR«, wie Röhl später einräumt; er war Mitglied der illegalen KPD und sieben Jahre lang Ulrike Meinhofs Ehemann. Erst Mitte 1964 versiegte der Geldfluß, nach einem Zerwürfnis Röhls mit der Parteispitze.

In *konkret* nimmt Ulrike Meinhof regelmäßig zu Themen der Zeit Stellung. Unter der Überschrift »Der Friede macht Geschichte« setzt sie sich beispielsweise 1959 mit Chruschtschows Vorschlag vor der UNO auseinander, allgemein kontrolliert abzurüsten. In dem Artikel »Notstand? Notstand!« kritisiert sie heftig den Entwurf eines Notstandsgesetzes von Bundesinnenminister Gerhard Schröder (CDU), zieht Vergleiche zu Bismarcks Sozialistengesetzen und Hitlers Ermächtigungsgesetz. 1965 fordert sie eine Anerkennung der DDR – »Ende der Einheitsfront« lautet der Titel. Sie reflektiert über »Vietnam«, über »Vietnam und Deutschland« und über »Vietnam und die Deutschen«. Nach dem Tod Benno Ohnesorgs überschreibt sie ihre Kolumne: »Enteignet Springer.«

Diese Ulrike Meinhof ist keine »Achtundsechzigerin« im eigentlichen Sinne, sie gehört nicht der Generation an, die die Studentenbewegung auf die Füße gebracht hat. 1968 ist sie bereits vierunddreißig, (»Traue keinem über Dreißig« lautete damals ein häufig zitierter Satz), eine bekannte Journalistin, Mutter von Zwillingen. Sie trennt sich von ihrem Mann, verläßt Hamburg und versucht, in Berlin ein eigenes Leben auf die Beine zu stellen.

Ulrike Marie Meinhof kam am 7. Oktober 1934 in Oldenburg zur Welt. Beide Eltern sind promovierte Kunsthistoriker. Als sie zwei Jahre alt ist, wird ihr Vater Direktor des Stadtmuseums in Jena, die Familie zieht dorthin. Drei Jahre später trifft die Familie ein harter Schlag: der Vater stirbt an Krebs; während der Krankheit kümmerte sich die Mutter tapfer und aufopfernd um ihn. Sie zieht mit Ulrike und ihrer drei Jahre älteren Schwester Wienke zurück nach Oldenburg. Ulrike besucht ein katholisches Schwesternlyzeum bis zur mittleren Reife, anschließend geht sie auf die städtische Cäcilien-Mädchenoberschule.

Als sie vierzehn ist, stirbt auch ihre Mutter, ebenfalls an Krebs. Um Ulrike kümmert sich nun eine Freundin der Familie, Renate Riemeck, später Professorin für Pädagogik und Gründerin der DFU, der Deutschen Friedensunion, einer links von der SPD stehenden Organisation. Diese Frau, vierzehn Jahre älter, übte einen starken Einfluß auf Ulrike aus: Das Mädchen wird von deren pazifistischen und sozialistischen Idealen geprägt. In der Schule schwärmt Ulrike, so berichten Klassenkameradinnen, von einer Welt, in der niemand mehr reich und niemand mehr arm ist. Ungerechtigkeit hätte sie nicht ertragen können. 1952 erhält Renate Riemeck eine Stelle als Professorin am Pädagogischen Institut in Weilburg an der Lahn. Ulrike geht mit ihr dorthin. Im März 1955 besteht sie am Phillipinum in Weilburg das Abitur.

Zum Studium zieht sie nach Marburg in eine kleines möbliertes Zimmer, immatrikuliert sich für Pädagogik und Psychologie und erhält ein Stipendium der »Studienstiftung des deutschen Volkes«. Mit großem Ernst ist sie bei der Sache; sie lacht selten. Zum Wintersemester 1957 wechselt sie an die Universität Münster. Dort schließt sie sich der Bewegung gegen die atomare Bewaffnung der Bundeswehr an. Sie arbeitet im »Anti-Atomtod-Ausschuß« mit, wird dessen Sprecherin. Ulrike Meinhof organisiert »Anti-Atomtod-Märsche« und Protestaktionen gegen die Aufrüstung der Bundeswehr. Im Mai 1958 trifft sie bei einer Pressekonferenz der Atomwaffengegner in Bonn Klaus Rainer Röhl, Chefredakteur von *konkret*.

»Es war Abneigung auf den ersten Blick«, erinnert sich später an dieses Treffen K 2 R – wie ihn seine Freunde nennen. »Auf beiden Seiten. Für mich war sie der Typ: vollkommen uninteressant. Der Typ, den ich auf den Tod nicht ausstehen konnte. Gradlinig, mit tiefem, ernstem Blick, das Gegenteil von oberflächlich, voll intellektueller Redlichkeit.« Aus Abneigung aber wurde Zuneigung, Liebe. »Wie eine kostbare Beute« – so Röhl später – schleppte er sie nach Ost-Berlin, zu Mitgliedern der gerade verbotenen Kommunistischen Partei Deutschlands. Und: »Die Partei war hell begeistert.« Die KPD-Genossen prophezeiten der 24jährigen eine große Karriere.

Auf dem Studentenkongreß gegen Atomrüstung am 3. und 4. Januar 1959 in Berlin übernimmt Ulrike Meinhof eine führende Rolle. In diesem Jahr beginnt sie für *konkret* zu schreiben, ein Jahr später wird sie Chefredakteurin der Zeitschrift. Wieder ein Jahr später – im Dezember 1961 – heiraten Ulrike Meinhof und Klaus Rainer Röhl. 1962 bringt sie Zwillinge zur Welt, Bettina und Regina. Während der Schwangerschaft leidet Ulrike Meinhof unter starken Kopfschmerzen und Sehstörungen. Die Vermutung der Ärzte: ein Tumor im Gehirn. Nach der Entbindung muß sie sich einer Gehirnoperation unterziehen. Das kirschgroße Geschwulst können die Ärzte bei der Operation am 23. Oktober 1962 nicht entfernen. Sie fürchten eine schwere Hirnblutung – die Haut ist sehr dünn. Bei einer Verletzung besteht die Gefahr, daß sich binnen einer Minute ein halber Liter Blut ins Gehirn ergießt. Den Ärzten bleibt nichts anderes übrig, als das schwammartige Gebilde zu raffen – mit Hilfe einiger Silberklammern. Zeitlebens leidet Ulrike Meinhof unter diesem geklammerten Tumor: Sie fürchtete, daß er weiterwachsen könne, bei starker Ermüdung sieht sie »Doppelbilder«. Seit der Operation hat sie eine panische Angst vor Schlägen und Schüssen. Das ist auch der Grund, warum sie sich vor Demonstrationen scheut. Ärzte können später nicht ausschließen, daß diese Geschwulst ihr Wesen verändert hat.

Durch ihre Artikel in *konkret* wird sie zu einer bekannten Kolumnistin. Sie erhält Einladungen zu Partys der Hamburger Society, parliert mit den Edel-Elb-Liberalen, die sich freuen, die bekannte linke Journalistin mit in der Runde zu haben. Sie wird ein »Schoßkind der Gesellschaft«, wie es Peter Rühmkorf formuliert, genießt die Anerkennung, die man ihr entgegenbringt, kommt in Kontakt mit Rudolf Augstein und Gerhard Bucerius. »Ulrike belebte jede Party«, erinnert sich ihr damaliger Eheman Röhl: Sie tanzte »wie eine Wilde, umschwärmt von männlichen Partygästen, langsam zum Yesterday ebenso wie zu dem folgenden schnellen Dizzy Miss Lizzy«. Die Familie Röhl bezieht eine Jugendstil-Villa im feinen Blankenese, Ferdinands Höh 10. Die

Auseinandersetzungen mit ihrem Mann nehmen im Laufe der Zeit zu: Er vergnügt sich mit anderen Frauen, will *konkret* mit »Sex and Crime« anreichern. Sie ist dagegen. Ihr geht es allein darum, Mißstände anzuprangern und für eine bessere Gesellschaftsordnung zu kämpfen. 1968 kommt es zum Bruch mit Röhl, privat und beruflich.

Sie zieht nach Berlin, mit den Zwillingen, zunächst in eine Villa in Dahlem. Dort fühlt sie sich von der Außenwelt zu sehr abgeschnitten. »Das ist das Problem aller politisch arbeitender Frauen, meines inklusive«, erklärt sie einem Fernsehreporter, »daß sie auf der einen Seite gesellschaftlich notwendige Arbeit machen, daß sie den Kopf voll wichtiger Sachen haben, daß sie eventuell auch wirklich reden und schreiben und agitieren können, aber auf der anderen Seite mit ihren Kindern genauso hilflos dasitzen wie alle anderen Frauen auch.« Sie sucht den ständigen Kontakt und Austausch mit anderen, zieht in eine Wohngemeinschaft in der Halberstädter Straße 7. Dort leben auch Jan-Carl Raspe – er ist gerade dabei, sein Soziologie-Studium mit einer Diplomarbeit zu beenden – und Marianne Herzog, die sich später ebenfalls der RAF anschließt. Ihre Kinder schickt Ulrike Meinhof in einen Kinderladen. Mit Freunden plant sie ein »Wohnprojekt«, in dem sich »alle auf die Kinder voll einlassen«. Sie allerdings fordert von den anderen, für ihre »vielfältigen journalistischen Tätigkeiten freigestellt« zu werden. Doch die winken ab – und so zieht sie mit ihren Töchtern in die Kufsteiner Straße 12, eine geräumige Wohnung. Peter Homann wohnt bald bei ihr, Ulrike Meinhofs zeitweiliger Lebensgefährte. Auch in Berlin verbindet man in der Polit-Szene etwas mit ihrem Namen – so meldet zum Beispiel die *Süddeutsche Zeitung* am 26. November 1969, die sie aus unerklärlichen Gründen sogar »adelt«:

»ULRIKE VON MEINHOF, in APO-Kreisen als ›Rote Ulrike‹ bekannt, früher Kolumnistin der linken Zeitschrift Konkret, hat einen Lehrauftrag am Institut für Publizistik der Freien Universität Berlin erhalten. Thema des Seminars: ›Funklabor – Möglichkeiten von Agitation und Aufklärung im Hörfunkfeature‹.«

Die Intellektuelle, die Denkerin, nimmt die Brandstifter Ensslin und Baader in der Kufsteiner Straße auf. An der sechs Jahre jüngeren Ensslin beeindruckt sie vor allem, daß diese Frau gehandelt hat – im Gegensatz zu ihr, die sich bislang »nur« verbal artikulierte. Bislang. Da Andreas Baader und Gudrun Ensslin gesucht werden, nennen sie sich »Hans« und »Grete«. In diesen Wochen – Februar und März

1970 – in der Kufsteiner Straße denken sie darüber nach, wie sie das bestehende System bekämpfen können. Ähnlich wie ihnen geht es in diesen Tagen vielen in Berlin. Die Studentenbewegung ist gescheitert: die Masse hat sich vom Protest abgewendet und ist wieder ins bürgerliche Leben zurückgekehrt. Die Übriggebliebenen überlegen, was sie nun tun können. Die Szene ist zersplittert: es gibt ein nicht überschaubares Heer von Gruppen maoistischer, leninistischer, trotzkistischer und stalinistischer Ausrichtung, es gibt Kommunen und mehr oder minder lose Hippie-Zusammenschlüsse, Verbindungen wie den »Zentralrat der umherschweifenden Hasch-Rebellen« oder die »Brother und Sister-Fuck-Company«. An den Universitäten sind die Roten Zellen aktiv – nicht zu vergessen das Kneipen-Kollektiv der »Wermut-Rebellen«. »Habt Mut zu kämpfen, habt Mut zu siegen«, lautet einer der Slogans, der in diesen Kreisen die Runde macht.

Bei den Diskussionen damals spielen für viele die »Nachwehen des Nationalsozialismus« eine zentrale Rolle, eine Art »Faschismusverdacht«. Sie meinten, nach '45 habe es keinen wirklichen Neubeginn gegeben, Ex-Nazis seien in führenden Positionen geblieben, auch sei noch viel Gedankengut von damals vorhanden. Für manche eine Art Bestätigung dafür, für viele ein Radikalisierungsschub ist das Attentat auf Rudi Dutschke. Am 11. April 1968 streckt ihn der Hilfsarbeiter Josef Bachmann mit drei Kugeln aus einem Trommelrevolver nieder: Schwer verletzt bricht der Studentenführer auf dem Kurfürstendamm zusammen, zwanzig Meter vom SDS-Zentrum – jener Studentenführer, der es durch seine Reden wie kaum ein anderer verstand, die Menschen auf die Straße zu bringen. Ganz Berlin ist in Aufruhr – sechs Tage zuvor wurde Martin Luther King erschossen. Viele meinen, Parallelen zu sehen. »Ich war so im Haß«, erklärte der geistig verwirrte Attentäter später über sein Motiv, »ich hatte so eine Wut.«

Für die Studenten ist der Anschlag ein »erneuter manifester Gewaltausbruch des Systems«, wie es Gerhard Bauß formuliert, Chronist der Studentenbewegung. Wenige Stunden nach dem Anschlag erklärt der SDS auf einem Flugblatt: »Ungeachtet der Frage, ob Rudi das Opfer einer politischen Verschwörung wurde: Man kann jetzt schon sagen, daß dieses Verbrechen nur die Konsequenz der systematischen Hetze ist, welche Springer-Konzern und Senat in zunehmendem Maße gegen die demokratischen Kräfte in dieser Stadt betrieben haben [...].« In den folgenden Tagen der Karwoche beteiligen sich immer mehr Menschen an den Demonstrationen, die sich in erster Linie gegen den Springer-Verlag richten. So ziehen am Ostermontag 45000 Menschen durch zwanzig Städte; sie versuchen, die Auslieferung der Bild-Zeitung zu verhindern. In diesen Tagen erlebt Deutschland Straßenschlachten, wie es sie seit der Weimarer Republik nicht mehr gegeben hat. Viele in der Studentenbewegung meinen: Gegen die »Gewalt des Systems« ist Gewalt erlaubt.

Vielerorts wird über die »Strategie der begrenzten Regelverletzung« diskutiert. Politisch motivierte Gewalttaten sind bald an der Tagesordnung. Ende 1969, Anfang 1970 erfolgen beispielsweise Sprengstoff- oder Brandanschläge unter anderem auf die Wohnung des Landgerichtsdirektors Heinsen, auf die Wohnung von Oberstaatsanwalt Severin, auf das KaDeWe, auf den Wagen des Leiters des Zentralgefängnisses Tegel Glaubrecht und auf die Wohnung des Präsidenten des Strafvollzugs Schmiedecke. In seiner Wohnung wird der Quick-Journalist Horst *Rahn* (Name geändert) überfallen; drei Männer schlagen ihn zusammen – Rache für einen Quick-Artikel unter der Überschrift »Ganz Deutschland muß brennen«. Die Schläger haben ihm ein Schild mitgebracht, auf dem steht: »Ich bin Journalist und schreib nur Mist.« Diese Anschläge gehen weitgehend auf das Konto der »Blues«-Bewegung, einer militanten Untergrundgruppe, die sich aus der Haschischszene entwickelt und aus der später die Bewegung 2. Juni hervorgeht. Ungefähr dreißig Personen gehören ihr insgesamt an, unter anderem Bommi Baumann, Georg von Rauch und Thomas Weisbecker.

Vor diesem Hintergrund diskutieren auch Baader, Ensslin, Dieter Kunzelmann, Ulrike Meinhof, der Rechtsanwalt Horst Mahler und andere darüber, was nun »konkret« getan werden kann. Mahler ist bekannt als APO-Anwalt – innerhalb weniger Jahre vollzog er einen starken Wandel. Mitte der sechziger Jahre war er ein erfolgreicher Wirtschaftsanwalt, auch der erste deutsche Anwalt, dem es gelang, eine Beschwerde bei der Europäischen Menschenrechtskommission in Straßburg durchzubringen. Lange Jahre gehörte er der SPD an, bis ihn die Partei wegen seiner Zugehörigkeit zum SDS ausschloß. Mahler marschierte in zahlreichen Demonstrationszügen – mit Hut und Regenschirm. Er erhielt Mandate von Demonstranten, die sich vor Gericht zu verantworten hatten. So vertrat er die Kommunarden Teufel und Langhans, Beate Klarsfeld und Peter Brandt, den Sohn des damaligen Bundeskanzlers.

Gegenüber Mahler und all den anderen haben bei diesen Gesprächen Baader und Ensslin einen deutlichen Vorsprung – durch ihre »Tat«, die Kaufhausbrandstiftung. Niemand käme auf die Idee, daran zu zweifeln, daß sie schon weiter sind als die Masse, die in Seminaren, verqualmten Kneipen, auf Schreibmaschinen oder in Gerichtssälen über die Revolution philosophiert. Ein Konzept dieses Kreises gibt es nicht. Noch nicht. Darüber wird lebhaft diskutiert. Die Gespräche drehen sich um Stadtteilarbeit, an der sich einige auch tatsächlich beteiligen, wie zum Beispiel Ulrike Meinhof im Märkischen Viertel. Aber es geht nicht nur um Stadtteilarbeit. »Wir sahen uns als Sozialrevolutionäre, wenn man so will, Guerilla«, berichtet Horst Mahler über die damaligen Überlegungen. »Zum Beispiel, wenn im Märkischen Viertel [...] kinderreiche Familien, die mit der Mietzahlung in Verzug waren, exmittiert* werden sollten, wollten wir eingreifen, um diese Exmittierung, Zwangsräumung, zu behindern. Indem man die Wohnungsbaugesellschaft in irgendeiner Weise angreift, die Justiz in diesem Falle angreift, und so natürlich den Betroffenen im Stadtviertel auch klarmacht, daß das eine Kampfform ist, die sich a) für sie nachvollziehen läßt und die b) ihre Interessen durchsetzen kann... Man dachte daran, daß man die Verantwortlichen dieser Wohnungsbaugesellschaft unter Druck setzt, bedroht. Mit irgendwelchen Dingen – das kann man jetzt nicht konkret machen –, und zwar immer unter Hinweis auf das Recht des Volkes gegen das Profitinteresse, beispielsweise der Wohnungsbaugesellschaften. Auf diese Weise sollte das Bewußtsein, daß hier ein gerechter Kampf gekämpft wird gegen Macht- und Profitinteressen, in den Kreisen der Betroffenen, also im Stadtviertel, lebendig werden und eine politische Form erhalten.«

Die Gruppe beschließt, sich für diesen Kampf gegen die »Machtinteressen« zu bewaffnen. So sprechen sie am 2. Juni 1970 in der Wohnung Kufsteiner Straße über den Kauf von Pistolen und Brandbomben: Baader, Meinhof, Mahler, seine Freundin Renate Wolff, Peter Homann und Peter Urbach, der im Ruf steht, Waffen beschaffen zu können. Was damals niemand ahnt: Urbach ist Mitarbeiter des Berliner Landesamtes für Verfassungsschutz. Urbach berichtet dieser Runde, daß auf dem Friedhof in Buckow-Rudow Waffen vergraben seien, die man ausgraben könne. Noch in derselben Nacht machen sie

* exmittieren = zwangsweise aus einer Wohnung weisen.

sich in zwei Pkw auf den Weg. Nur Ulrike Meinhof bleibt zu Hause. Baader, Homann und Urbach graben und graben auf dem Friedhof – doch sie finden nichts. Urbach erklärt, er könne den Platz, an dem die Waffen versteckt worden seien, nicht wiederfinden. Er müsse sich noch einmal genau erkundigen. Die Gruppe vereinbart, in der nächsten Nacht weiterzubuddeln. Später notierte V-Mann Urbach in seinem Bericht über die Suche: »Es war aber gar nichts zu finden, weil ich doch in Wirklichkeit nichts vergraben hatte.«

Noch einmal, das ist Urbach klar, kann er sich eine solche Panne nicht leisten. Und so wird von Staatsdienern »Spielmaterial« auf dem Friedhof vergraben. Peter Urbach weiß, daß für kommende Nacht die Polizei eine »Aktion gegen Baader« plant. Sollte dabei etwas nicht klappen, wäre dieses Mal, so ist Peter Urbach beruhigt, die Suche auf dem Friedhof nicht vergeblich.

Und so treffen sich die fünf in der nächsten Nacht um Viertel vor drei am Nollendorfplatz. In dem von Baader gesteuerten Mercedes mit dem Kennzeichen F-HC 577 nehmen Homann und Wolff Platz, Mahler läßt sich auf den Beifahrersitz in Urbachs Volkswagen-Variant sinken – er trägt eine Ballonmütze und eine Sonnenbrille, um in dieser Nacht nicht erkannt zu werden. Unterwegs sieht Mahler neben dem VW einen Wagen, der ihn mißtrauisch macht. »Mensch, das ist doch die Kripo«, sagt er überrascht zu Urbach. Dieses Fahrzeug hängt sich hinter den vor ihnen fahrenden Mercedes mit Baader am Steuer. Auf der Waltersdorfer Chaussee wird der Wagen von der Polizei gestoppt. Auf Weisung Mahlers lenkt Urbach seinen VW in eine Seitenstraße. Mahler schickt Urbach vor, das Geschehen zu erkunden. Baader zeigt den Polizeibeamten einen West-Berliner Personalausweis, und zwar den des Schriftstellers Peter Chotjewitz – sein eigenes Foto hat er anstelle des von Chotjewitz eingeklebt. Ein Polizist schaut in den Ausweis und fragt Baader nach den Namen und dem Geburtsdatum »seiner« Kinder, die im Ausweis eingetragen sind. Die kennt er nicht. Baader muß passen. Auch kann er keinen Fahrzeugschein vorlegen. Zusammen mit Homann und Wolff wird er auf das Polizeirevier 221 gebracht.

Dort erscheint auf einmal – aus finsterer Nacht – Ulrike Meinhof. In der Hand hält sie den Kraftfahrzeugschein für den Mercedes. Sie denkt, daß es sich um eine ganz gewöhnliche Verkehrskontrolle gehandelt habe – und will auf diese Weise verhindern, daß sich die Beamten das Fahrzeug näher anschauen. Doch die Polizisten lehnen es ab, den Mercedes herauszugeben. Er ist auf den Namen von Astrid Proll zugelassen – eine Bescheinigung von ihr, den Wagen in Empfang nehmen zu dürfen, kann Ulrike Meinhof nicht vorlegen. »Wie haben Sie denn so schnell von der Festnahme erfahren?« will ein Kriminalbeamter von Meinhof wissen. »Aus der Nähe« habe sie die Festnahme beobachtet, entgegnet Ulrike Meinhof. »Wo denn?« fragt der Beamte nach. Sie weiß es nicht... Sie kennt nicht den Ort des »Polizeizugriffs«. Die Frau wird verlegen und erklärt, mehr wolle sie nicht sagen, da im Augenblick weder Rechtsanwalt Mahler noch Astrid Proll per Telefon zu erreichen seien. Diese Logik verstehen die Beamten nicht. Nun sind sie erst recht hellhörig geworden. Ein Polizist nimmt auf dem Hof der Wache das Fahrzeug unter die Lupe. Im Kofferraum entdeckt er einen Briefumschlag, der Kopien von Fahrzeugscheinen und Leinenpapier-Bögen enthält, aus dem Fahrzeugscheine hergestellt werden. Auf den Kopien sind ein Teil der ursprünglichen Eintragungen abgedeckt, so daß mit einer weiteren Kopie »Blankoausweise« hergestellt werden können.

Am nächsten Morgen klingelt um Viertel vor zehn ein Telefon in der Abteilung I – Politische Polizei – des Berliner Polizeipräsidiums. Am anderen Ende meldet sich Rechtsanwalt Horst Mahler: »Heute früh ist Baader festgenommen worden?« fragt er. »Wo ist er? Kann ich ihn sprechen?« Der Kriminalhauptmeister stutzt, er weiß überhaupt noch nicht, daß der gesuchte Baader geschnappt wurde. »Wenn Sie bestätigen, daß der Mann Baader ist, wären wir Ihnen sehr dankbar«, entgegnet der Polizist dem Anwalt. Mahler erschrickt – doch es ist zu spät: er hat sich verraten. Eilig beendet Mahler das Gespräch: »Nein, nein, so ist das nicht. Ich rufe später noch mal an.«

Kurz zuvor hatte eine Überprüfung der Fingerabdrücke der festgenommenen Person ergeben, was der Beamte am Telefon allerdings noch nicht weiß: daß es sich eindeutig um Andreas Baader handelt.

Die Baader-Befreiung

Am frühen Nachmittag, gegen halb drei, wird Baader an diesem 4. April 1970 in die Untersuchungshaftanstalt Moabit eingeliefert. Drei Wochen später kommt er in die Strafanstalt Tegel, um dort den Rest seiner Brandstifter-Strafe abzusitzen. Währenddessen überlegen seine Genossen, wie sie ihn befreien können. Ihnen ist klar, daß es ihnen kaum gelingen würde, Baader unmittelbar aus der Strafanstalt herauszuholen – und so kommen sie auf die Idee der »Ausführung zum Quellenstudium«. Dafür gilt es, vier Punkte zu organisieren. Erstens: Die Ausführung selbst, zweitens: Waffen, drittens: genaue Kenntnis des Tatorts und viertens: Kraftfahrzeuge.

Es beginnt alles mit einem Brief, den der Verleger Klaus Wagenbach auf Bitte von Ulrike Meinhof in die Strafanstalt Tegel schickt. Er erklärte, daß Ulrike Meinhof und Andreas Baader für seinen Verlag ein Buch über die »Organisation randständiger Jugendlicher« verfassen sollen. In dem Schreiben bittet er den Justizoberinspektor *Schrader* (Name geändert), den Mitarbeitern des Verlages die Gelegenheit zu geben, dreimal pro Woche mit Baader und Meinhof zu sprechen, zur Vorbereitung des Buches. Bei einem der ersten Besuche wendet sich Ulrike Meinhof an Justizoberinspektor *Schrader* und bittet darum, eine Ausführung Baaders zu genehmigen. Für das Projekt, so erklärt sie, müsse der Häftling Zeitschriften einsehen, die nicht in die Haftanstalt gebracht werden könnten. Eile sei geboten. Denn das Werk solle bereits im Herbst erscheinen. Mit keinem Wort erwähnt sie, daß in Wahrheit für dieses Buch bislang noch überhaupt kein einziger Federstrich getan wurde.

Der Justizoberinspektor ist skeptisch. Er will den Autorenvertrag sehen. Auch der existiert nicht, bislang jedenfalls. Doch schon einen Tag später, am 12. Mai, legt Meinhof einen Vertrag vor – unterzeichnet wurde er laut Datum am 11. Mai von Wagenbach und Meinhof. Baader muß ihn erst noch unterschreiben. In der Zelle.

Als der Leiter der Anstalt, Wilhelm Glaubrecht, von der Geschichte hört, lehnt er eine Ausführung ab. Er ist davon überzeugt, daß das Material auch durch die Mitautorin Meinhof gesichtet werden könne. Mahler erfährt davon bei einem Besuch Baaders am Nachmittag. Sofort läßt er sich zu dem Anstaltsleiter bringen. Er redet auf ihn ein, betont, daß Baader als federführender Autor die Kartei im Zentralinstitut für Soziale Fragen unbedingt selbst einsehen müsse. Der Gefängnisdirektor gibt nach. Er entscheidet: Baader darf einmal für zwei bis drei Stunden ausgeführt werden. Justizoberinspektor *Schrader* hat nun das »Sicherheitsrisiko« einer solchen Ausführung abzuklären. Er fragt den Anwalt nach seiner Einschätzung, als er mit ihm zusammen über das Gelände der Haftanstalt geht. Der antwortet ihm: »Die Aus-

Baader-Befreier vor Gericht:
Irene Goergens, Ingrid Schubert und Horst Mahler im Kriminalgericht Berlin-Moabit – im April 1971

führung wird geordnet und ohne Zwischenfälle verlaufen.« Mahler schaffte es auch, daß die von der Polizei gesuchte Ensslin ihren Freund Baader im Gefängnis besuchen kann – als Dr. Grete Weitemeier.

Um den Kauf von Waffen kümmern sich unterdessen Astrid Proll und Irene Goergens (18), eine »Heimjugendliche« aus der Fürsorgeerziehung, um die sich Ulrike Meinhof besonders gekümmert hatte und die zeitweise die Meinhof-Zwillinge betreute. In dem Lokal »Wolfsschanze« in der Charlottenburger Grolmannstraße stößt Goergens auf »Teddy«, von dem es heißt, er handle mit Waffen. Am nächsten Tag erhalten die beiden eine Pistole vom Typ Beretta, Kaliber 6,35 mm, Nr. 174 700 – und einen Schalldämpfer. Preis: 1000 Mark. Weitere Waffen werden von Gruppenmitgliedern in diesen Tagen besorgt.

Von dem Gelände einer Autowerkstatt in der Charlottenburger Kantstraße stiehlt jemand einen Alfa Romeo Guilia Sprint. Von einem geparkten Alfa Romeo in der Bleibtreustraße verschwinden die Kennzeichen B-ST 92. Jemand bringt sie an dem entwendeten Alfa an.

Irene Goergens und Ingrid Schubert (25) – die gerade das Medizinstudium mit der Note »gut« abgeschlossen hat – machen sich daran, das Deutsche Zentralinstitut für Soziale Fragen auszuspähen. Es befindet sich in einem zweistöckigen Haus in Dahlem, in der Miquelstraße 83. Am 13. Mai stehen sie, mit Perücken auf dem Kopf, vor der Tür und klingeln. Gertrud *Lieblich* (Name geändert), die die Leiterin des Instituts vertritt, erklären sie, daß sie vom Gerichtsmedizinischen Institut der FU kämen und auf der Suche nach Büchern und Zeitschriften über Jugendkriminalität seien. Bevor sie in den Lesesaal dürfen, müssen sie ein Anmeldeformular ausfüllen. Ingrid Schubert schreibt:

»13. 5. 1970
Monika Völker
1 Berlin 62. Berliner Straße 135,
vom gerichtsmedizinischen Institut,
Thema: Möglichkeiten der Therapie krimineller Jugendlicher.«

Das reicht. Einen Ausweis brauchen sie nicht zu zeigen – und so fällt auch nicht auf, daß diese Angaben nicht stimmen. Zwei Instituts-Hilfskräfte bemerken die beiden jungen Frauen später im Lesesaal, weil sie sich ungewöhnlich unruhig verhalten: Sie scheinen sich mehr für den Raum und die Umgebung zu interessieren als für die Bücher und Karteikästen. Sie öffnen ein Fenster, schauen sich den Garten an. Eine der Frauen versucht, die Seitentür des Lesesaals zu öffnen, muß dabei aber feststellen, daß sie verschlossen ist. Für eine Weile erscheint auch Ulrike Meinhof im Lesesaal und erkundigt sich bei einer Angestellten, ob für den Besuch von Andreas Baader schon alles vorbereitet sei. Gegen drei Uhr verlassen Goergens und Schubert das Institut, einer Angestellten erklären sie: »Morgen kommen wir wieder, um weiterzuarbeiten.« Die Bücher lassen sie zurücklegen.

Und dann ist es soweit. Man schreibt den – mittlerweise historisch gewordenen – 14. Mai, einen Donnerstag. Um Viertel vor zehn führen zwei Justizwachtmeister Andreas Baader in den Lesesaal des Zentralinstituts für Soziale Fragen. Baader trägt Handschellen. Ulrike Meinhof erwartet ihn dort – sie sitzt an dem Tisch mit dem Rücken zum Fenster. Den ihr zuvor von einer Institutsangestellten zugewiesenen Tisch in einem Erker hatte sie abgelehnt, »zu wenig Platz, zu wenig

Licht«, erklärte sie. Justizhauptwachtmeister Günter Wetter (28) schaut sich aufmerksam im Raum um, schließt die Fenster. Dann nimmt er Baader die Handschellen ab. Baader und Meinhof setzen sich an den Tisch, auch die beiden Vollzugsbeamten nehmen Platz. Baader und Meinhof lesen, reden leise miteinander, Ulrike Meinhof schleppt neue Bücher und Zeitschriften heran. *Detlef Berg* (Name geändert), ein Mitarbeiter des Instituts, der ebenfalls in dem Leseraum zu tun hat, hört, wie Baader zu Ulrike Meinhof tuschelt: »...müßte auch bald kommen..., wir können ja die Sache am Montag noch einmal machen, es kommt nur auf die Beamten an.«

Mit der Zeit lockert sich die zunächst kühle Atmosphäre. Auf Wunsch Baaders kocht *Detlef Berg* für alle Kaffee, Ulrike Meinhof spricht die Wächter an, fragt sie, ob sie verheiratet seien und Kinder hätten. Wetter sagt ja, Meinhof ist sichtlich irritiert, entgegnet nicht mehr als »ach ja, ach ja«. Es wird viel geraucht. Ein Justizbeamter öffnet das Fenster hinter Meinhofs Stuhl und verhakt die Fensterflügel ineinander. Sicher ist sicher – denkt er.

Mittlerweile sind auch Ingrid Schubert und Irene Goergens im Institut eingetroffen. Sie tragen, wie am Vortag, Perücken. Zu ihrer Überraschung dürfen sie an diesem Tag nicht in den Lesesaal, er sei »besetzt«, sagt ihnen eine Institutsmitarbeiterin. Auf ihr Drängen hin erhalten sie als Arbeitsplatz einen Tisch in der Diele – und dort auch den Stapel Bücher, den sie am Vortag zusammengestellt hatten. Vom Institutsmitarbeiter *Berg* erfahren sie, als er an ihrem Tisch vorbeigeht, daß im Lesesaal »ein Häftling und zwei Justizwachtmeister« säßen. Gegen 11 Uhr verlassen die beiden Frauen den Dielen-Tisch und öffnen die Haustür von innen – dann geht alles sehr schnell. Zwei Maskierte stürmen herein: Der eine, mit einer grauen Wollmaske mit Sehschlitzen, hält eine Beretta mit Schalldämpfer in der Hand und treibt den 62jährigen Institutsangestellten Georg Linke vor sich her. Als Linke versucht, in sein Arbeitszimmer zu flüchten, schießt der Maskierte aus einer Entfernung von weniger als einem Meter. Die Kugel durchschlägt Links Oberarm und bleibt in der Leber stecken. Linke schleppt sich in sein Zimmer und schließt die Tür von innen ab.

Währenddessen zieht Goergens aus ihrer Aktentasche eine – wie Zeugen später berichten – »Maschinenpistolen-ähnliche« Waffe. Ingrid Schubert hält eine Pistole Reck P 8, Kaliber 6.35 in der Hand. Mit dem Ruf »Hände hoch, hinsetzen, keine Bewegung!« hält Irene Goergens die Institutsmitarbeiter in Schach, Ingrid Schubert reißt das Telefonkabel aus der Wand. Anschließend stürzen die beiden und der Maskierte, der auf Linke geschossen hat, in den Lesesaal und schreien: »Überfall! Hände hoch, oder wir schießen!« Beide Frauen geben jeweils einen Schuß ab, über die Köpfe der beiden Beamten hinweg auf die Wand. Justizhauptwachtmeister Wetter will sich auf den Maskierten mit der Pistole in der Hand stürzen. Dieser drückt ab, Wetter hat Glück: die Waffe hat eine Ladehemmung nach dem Schuß auf Linke. Es kommt zu einem Handgemenge. Bevor der Justizwachtmeister seine Pistole ziehen kann, schießt ihm der Maskierte mit einer Gaspistole aus etwa zehn Zentimeter Entfernung zweimal ins Gesicht.

Unterdessen kommt es auch zu einem Gerangel zwischen Justizoberwachtmeister Wegener und den beiden Frauen. Ingrid Schubert schlägt ihm einen Stuhl vors Schienbein. Er stürzt, will sie an den Haaren festhalten, greift danach – und hat eine Perücke in der Hand. Er ist verdattert. Die Überraschung nutzt die Frau mit den nunmehr blonden Haaren und springt aus dem Fenster. Auch die anderen türmen. Schon vor ihnen ist Andreas Baader aus dem Fenster geflohen, dessen Flügel der Justizwachtmeister zuvor verhakt hatte. Nach ihm springt Ulrike Meinhof.

Draußen stürmen sie über den Rasen zu dem Alfa Romeo Guilia Sprint mit dem Kennzeichen B-ST 92. Am Steuer wartet Astrid Proll. Reifen quietschen. Der Wagen fährt an und verschwindet.

Mit Blaulicht bringt ein Krankenwagen Georg Linke in das Martin-Luther-Krankenhaus. In der Chirurgischen Abteilung kommt er sofort auf den Operationstisch. Er hat so viel Blut verloren, daß sein Blutdruck nicht mehr meßbar ist. Die Operation dauert zwei Stunden, dabei müssen ihm fünf Liter Blut transfundiert werden. Erst nach vierzehn Tagen ist er außer Lebensgefahr. Als Folge davon bleiben ihm sein ganzes Leben lang Schmerzen in der Lebergegend; mehrfach muß er sich krankschreiben lassen, die Schmerzen sind so stark, daß er nicht arbeiten kann. Erst nach fünf Wochen wird auch Justizwachtmeister Wetter aus dem Krankenhaus entlassen.

Eine andere Folge des Geschehens ist, daß der Südwestfunk eine Fernsehsendung »vorläufig absetzt«, die einige Tage später ausgestrahlt werden sollte. Am 24. Mai um 20.15 Uhr. »Bambule« heißt der Film, was soviel wie Randale, Aufruhr bedeutet – Ulrike Meinhof hatte das Rohmanuskript dazu geschrieben. Das Werk zeigt, wie Fürsorgezöglinge in einem Heim Bambule veranstalten. Bei der Arbeit – gedreht wurde im Frühjahr 1970 in Berlin – war Regisseur Eberhard Itzenplitz mehrfach mit Ulrike Meinhof aneinandergeraten, gleichwohl aber von Gesprächen mit ihr beeindruckt, »wegen der seltenen Verbindung von radikalem politischem Anspruch mit auffallendem Talent zu didaktischer Argumentation«. In dem Stück sagt die Schauspielerin Irene: »Heime sind Gefängnisse« – Ulrike Meinhofs Botschaft in aller Kürze. Sie hatte die Hoffnung, daß der Film eine »unmittelbar mobilisierende Wirkung« haben, ein Funke auf die Erziehungsheime überspringen könnte. Selbst der *Spiegel* hatte sich schon des – später niemals gesendeten – Films angenommen. Am Montag vor der geplanten Ausstrahlung urteilte er über den Film von Itzenplitz: »Er demonstriert, wie Aggressionen sich stauen und entladen.«

Ratlose Beamten vor dem Fenster des Zentralinstituts für Soziale Fragen, aus dem Baader und Meinhof sprangen

Mit ihrem Satz aus dem Fenster an diesem 14. Mai sprang Ulrike Meinhof nicht nur 1,50 Meter tief auf den Rasen, sondern zugleich auch von ihrem sicheren Tribünenplatz als Journalistin in die Arena. Es ist die Geburtsstunde der RAF. In diesem Augenblick entsteht sie als »Vereinigung« im eigentlichen Sinne, die »Baader-Meinhof-Bande/-Gruppe«, wie man sie zunächst nennt. Von nun an wird nach der Gruppe gefahndet, nicht mehr nur nach einzelnen Personen. Das bedeutete zweierlei: Zum einen teilen von nun an alle Mitglieder dasselbe Schicksal, die Verfolgung führt zu einem starken Identitätsgefühl beim einzelnen; zum zweiten ist von nun an jedem klar, der sich mit diesem Personenkreis einläßt, daß er es mit Straftätern zu tun hat. Das Leben der Gruppenmitglieder ist bestimmt durch die Existenz in der Illegalität. Von nun an agiert sie als »Rote Armee Fraktion«, »entstanden aus der Konkursmasse der Studentenbewegung«, wie Ulrike Meinhof später einmal formuliert.

Das also war die »Anfangsphase« der Rote Armee Fraktion. Betrachtet man die weitere Entwicklung dieser ersten Generation der RAF, so lassen sich im wesentlichen drei weitere Phasen unterscheiden: Zunächst der Aufbau der Logistik, dann die »Offensive« mit den Sprengstoffanschlägen und schließlich – der mit Abstand am längsten währende Abschnitt – die Zeit in der Haft, vor allem auch der Prozeß in Stuttgart-Stammheim.

Die Phase des Aufbaus

»...natürlich darf geschossen werden« –
Ulrike Meinhof erläutert die Ziele auf Tonband

Die Fahndung nach dem getürmten Kaufhausbrandstifter Andreas Baader und seinen Fluchthelfern läuft im Frühsommer 1970 in Berlin auf Hochtouren. Der Generalstaatsanwalt erläßt den ersten Steckbrief seit Kriegsende. Unter der Überschrift »Mordversuch in Berlin – 10000 Mark Belohnung« wird »Ulrike Meinhof, geschiedene Röhl« gesucht. »Personenbeschreibung: 35 Jahre alt, 165 cm groß, schlank, längliches Gesicht, langes mittelbraunes Haar, braune Augen.«

Die Gruppe hält sich in Wohnungen in Berlin versteckt. Sie plant, die Stadt für eine Weile zu verlassen. Zuvor will sie aber noch öffentlich zu der Tat Stellung nehmen – einige Linke haben einen »Aktionsbericht« angemahnt.

So kommt es, daß einer Journalistin gelingt, wovon in diesen Tagen fast jeder Polizist träumt – obwohl sie es gar nicht darauf abgesehen hatte: Michèle Ray (31) trifft in Berlin die Gesuchten.

Die Französin ist bekannt als engagierte linke Journalistin. Sie hat sich darauf spezialisiert, von »hinter der Front« zu berichten – aus Vietnam, wo sie vom Boden aus einen zehnstündigem Bombenangriff der Amerikaner erlebte, lieferte sie ihre Reportagen ebenso wie aus Bolivien und dem Mittleren Osten. Dort begleitete sie El-Fatah-Partisanen. Verheiratet ist das Ex-Coco-Chanel-Model Ray mit Constantin Costa-Cavras, dem Regisseur des in jenen Tagen weltweit beachteten Films »Z«. Diese Michèle Ray erhält einen Telefonanruf, wie sie später berichtet: Jemand sagt ihr auf englisch mit deutschem Akzent, sie solle nach Berlin kommen. Es gehe um »eine wichtige Sache, die die Linke betrifft«. Zunächst zögert die Journalistin, sie befürchtet eine Falle. Zudem durchschaut sie die Dinge nicht ganz – »ein deutsches Problem«, wie sie meint. Nach weiteren Anrufen verliert sie schließlich weitgehend ihr Mißtrauen.

So landet sie – im sechsten Monat schwanger – am Donnerstag, dem 5. Juni 1970, gegen 11 Uhr auf dem Flughafen Berlin-Tempelhof. Ein Mann, der sich »Lothar« nennt und als Erkennungszeichen einen roten Lenin-Band in der Hand hält, schleust sie in eine Wohnung, »irgendwo in West-Berlin«. Dort sitzen ihr, wie sie bald feststellt, Baader, Ensslin, Meinhof und Mahler gegenüber. Kollegin Meinhof erklärt der Journalistin bei Tee und Erdbeeren, »daß diejenigen, die jetzt angefangen haben zu arbeiten und solche Aktionen machen zu wollen, natürlich Leute sind, die sich in gar keinem Fall gegenseitig draufgehen lassen«. Am Abend, so berichtet Ray weiter, habe ihr Horst Mahler ein Tonband gebracht, besprochen von Ulrike Meinhof – eine Rechtfertigung, warum Andreas Baader befreit wurde:

»Man kann sagen: aus drei Gründen«, beginnt die Baader-Befreierin. »Erst mal natürlich deswegen, weil Andreas Baader ein Kader ist. Und weil wir bei denjenigen, die jetzt kapiert haben, was zu machen ist und was richtig ist, nicht davon ausgehen können – auf irgendeine luxuriöse Art und Weise –, daß einzelne dabei entbehrlich seien.

Das zweite ist, daß wir als erste Aktion eine Gefangenenbefreiung gemacht haben, weil wir glauben, daß diejenigen, denen wir klarmachen wollen, worum es politisch heute geht, welche sind, die bei einer Gefangenenbefreiung überhaupt keine Probleme haben, sich mit dieser Sache selbst zu identifizieren – insofern diejenigen proletarische Familien oder der Teil des Proletariats, von dem wir glauben, daß er potentiell revolutionär ist, daß diese Leute gar keine Schwierigkeiten haben, sich mit einer Gefangenenbefreiung zu identifizieren [...]

Das dritte ist, wenn wir mit einer Gefangenenbefreiung anfangen, dann auch deswegen, um wirklich klarzumachen, daß wir es ernst meinen.«

Sodann nimmt sie Stellung zur Kritik, die es unter Linken an der gewaltsamen Baader-Befreiung gegeben hat. Sie meinen, wie Meinhof auf dem Band erklärt – dessen Text *Der Spiegel* später abdruckt – diese »intellektuelle linke Kritik an der Aktion ignorieren zu können, weil wir uns an ganz andere Gruppen wenden. Wir glauben, daß man zu einer politischen Zusammenarbeit kommen muß, organisierend und im Bezug auf Aktionen mit dem Teil des Proletariats, der keine Gratifikationen dafür erhält in dieser Gesellschaft, daß er sich ausbeuten läßt. Das sind also«, fährt Ulrike Meinhof fort, »die kinderreichen Familien, das sind die Frauen, die Haushalt und Kinder haben und gleichzeitig in der Fabrik arbeiten müssen. Das sind die proletarischen Jugendlichen, die keine Perspektive haben, aber auch noch nicht Familie haben, womit sie gezwungen werden, angepaßt zu leben. Das sind die Leute aus den Neubaugegenden der Großstädte.« Jedoch sei die »Organisierung des Proletariats ein Popanz..., wenn man nicht gleichzeitig anfängt, das zu machen, was wir jetzt tun, nämlich die Rote Armee aufzubauen.« Damit ist der Name gefallen, unter dem sie später Straftaten begehen. Das Wort »Fraktion« setzen sie bald hinzu, um auszudrücken, daß es sich um einen Teil eines Ganzen handelt.

Weiter äußert sich Ulrike Meinhof auf dem Tonband zur Gewaltanwendung gegenüber Polizeibeamten – klar und unmißverständlich: »Wir sagen natürlich, die Bullen sind Schweine, wir sagen, der Typ in Uniform ist ein Schwein, das ist kein Mensch, und so haben wir uns mit ihm auseinanderzusetzen. Das heißt, wir haben nicht mit ihm zu reden, und es ist falsch, überhaupt mit diesen Leuten zu reden, und natürlich kann geschossen werden.« Meinhofs Fazit: »Was wir machen und gleichzeitig zeigen wollen, das ist: daß bewaffnete Auseinandersetzungen durchführbar sind, daß es möglich ist, Aktionen zu machen, wo wir siegen, und nicht, wo die andere Seite siegt. Und wo natürlich wichtig ist, daß sie uns nicht kriegen, das gehört sozusagen zum Erfolg der Geschichte.«

Damit hat Meinhof unmißverständlich klargemacht, daß die Befreiung Baaders nichts anderes ist als ein Vorgeschmack auf das, was da kommen soll: Ein Kampf aus dem Untergrund. Alle Skrupel sind über Bord geworfen, nichts gibt es mehr zu deuteln an dem Gesetz der Gruppe – »natürlich darf geschossen werden«. Diese Erklärung ist nichts anderes als die Ankündigung von Morden – eineinviertel Jahr später erschießt ein RAF-Mitglied den ersten Polizeibeamten, Norbert Schmidt in Hamburg.

Im El-Fatah-Camp in der Wüste – Ausbildung in Jordanien

Bevor es losgeht, will sich die Gruppe dafür weiter rüsten. Sie entschließt sich, nach Jordanien zu reisen, um den bewaffneten Kampf richtig zu erlernen – in einem Stützpunkt der Ausbildungscamps der El Fatah, einer militanten Palästinenser-Organisation innerhalb der PLO. Said Dudin (23), ein Jordanier, der in Berlin studiert und gute Verbindungen zur El Fatah hat, besorgte neun Tickets im Reisebüro Karim, Mehringdamm 81, acht zum »Studentenpreis« von 470 Mark. Horst Mahler, damals 33 und mit Abstand der älteste, muß voll bezahlen, 550 Mark.

Am 8. Juni ist es soweit: Um 9.20 Uhr startet eine Interflugmaschine vom Ost-Berliner Flughafen Schönefeld mit den Genossen an Bord, Ziel: Beirut. Neben Mahler und Dudin stehen auf der Passagierliste dieses Flugs 730 die Studentin Brigitte Asdonk (22), der Student und Bundeswehrdeserteur Manfred Grashof (23), der Schüler Wolfgang Thoms (20), die Friseuse Petra Schelm (19), der Kaufmann Heinrich – »Ali« – Jansen (22) und Hans-Jürgen Bäcker (31). Einige aus der Gruppe sind über den Übergang »Waltersdorfer Chaussee« nach Ost-Berlin eingereist, Mahler fuhr – wie die Fahnder später herausfanden – »offensichtlich mit der S- bzw. U-Bahn« nach drüben. Auf diese Weise konnte er den Westteil der Stadt unkontrolliert verlassen. Er stand schon auf der Fahndungsliste der Polizei. Um 15.30 Uhr Ortszeit landet die Gruppe auf dem Flughafen Beirut International. Von dort aus bringen die Palästinenser die Reisegesellschaft per Auto nach Syrien und weiter nach Jordanien.

Das Camp liegt in der Nähe der Hauptstadt Amman, im Gebirge, einige Kilometer von der Straße nach Jerusalem entfernt. Zwei Wochen später, am 21. Juni, startet eine zweite Gruppe über Ost-Berlin, zu ihr gehören unter anderem Baader, Ensslin und Meinhof. Von Damaskus aus fährt die Gruppe in das Lager bei Amman. So üben knapp zwanzig Berliner Genossen in der Gebirgswüste den bewaffneten Kampf – unter Anleitung der Palästinenser. Der Kommandant ist ein kleiner drahtiger Algerier: ausgebildet in der französischen Fremdenlegion, kehrte er später den Franzosen den Rücken und kämpfte auf seiten der Revolutionäre in Algerien. Tagsüber ist es in den jordanischen Bergen sengend heiß. In Anbetracht dessen müssen die Terror-Lehrlinge schon morgens um vier aufstehen. Sie erhalten eine Grundausbildung in Sachen Terror: Auf dem Programm stehen Waffenkunde, Schießen, Selbstverteidigung, Handgranaten-Werfen und das Herstellen von Sprengstoff, Durchs-Gelände-Robben und Dauerlauf.

Mahler trägt einen schwarzen Vollbart, einen grünen Kampfanzug, auf dem Kopf eine grüne Militärmütze: ein Hauch von Che Guevara. Er machte einen kräftigen und entschlossenen Eindruck, nichts an ihm erinnert mehr an den Berliner Anwalt mit Bauch. In der Gruppe gärt es, die bundesdeutschen Revolutionäre haben sich das Leben im Ausbildungscamp der El Fatah anders vorgestellt. Angenehmer und aufregender. Als der Kommandant die Order erteilt, daß Männer und Frauen im Camp getrennt zu schlafen haben, weigert sich die Gruppe, dem nachzukommen. Sie setzt sich durch, schläft kunterbunt, verletzt damit die Empfindungen der Gastgeber nachhaltig. Über das Essen, meist Konservenfleisch und Reis, motzen sie regelmäßig – kaum anders als eine Pfadfindergruppe auf Jugendherbergsfahrt. Eine junge Berlinerin dringt allen Ernstes darauf, daß ein Coca-Cola-Automat aufgestellt wird – mitten in dem Gebirgscamp. Am meisten Spaß bereitet den Deutschen das Schießen mit Pistolen, Maschinengewehren, Mörsern und Kanonen. Sie können gar nicht genug davon bekommen. Den Palästinensern ist es zuviel, sie rationieren die Munition. Auch darüber gibt es Streit zwischen Deutschen und Palästinensern.

»Die Wortführer in diesem Camp«, berichtet Peter Homann über die Zeit in den jordanischen Bergen, »waren Andreas Baader, genannt Andy, und Gudrun Ensslin; wenn es um Gespräche mit den Palästinensern ging, kamen noch Horst Mahler und Ulrike Meinhof hinzu, die durch den politischen Klang ihrer Namen der ganzen Truppe überhaupt den Weg nach Jordanien gebahnt hatten. Andy pflegte das, was er für die absolute Wahrheit hielt, so laut wie möglich zu verkünden, so daß man sagen kann: er brüllte oft. Mit Gudrun hatte er ein Verhältnis des ausgewogenen Terrorismus, was Ulrike für die wahre Liebe hielt und an beiden sehr bewundert... Ulrike sprach gern von grausamen Foltermethoden der deutschen Polizei, während Andy mehr für Folterungen an deutschen Politikern schwärmte.«

In der Gruppe lag fast jeder irgendwie mit jedem über Kreuz, nur die Situation hielt sie zusammen – nicht anders als später, beim Kampf in der Bundesrepublik. Baader und Ensslin setzen alles daran, deutlich zu machen, daß sie das Sagen haben, daß sie die Führer sind. Gegen den aggressiv-hämischen Baader hat Mahler, noch vor wenigen Monaten ein begnadeter Rhetoriker im Gerichtssaal, kaum eine Chance. »Als sich Mahler einmal traute, eine Schrift von Engels zu erwähnen«, berichtet Homann, »setzte Hohngelächter ein; es hinderte ihn für die Zukunft, den Zusammenhang zwischen Theorie und Praxis auch nur zu erwähnen.«

Die Logistikformel M-G-W-M-S – Marighellas Terror-Fibel

Im August kehrt die Gruppe in die Bundesrepublik zurück, sie beginnt mit dem Aufbau der Logistik für den »Stadtguerilla«-Kampf. Neben Horst Mahler, Andreas Baader, Gudrun Ensslin und Ulrike Meinhof beteiligen sich unter anderem Brigitte Asdonk, Hans-Jürgen Bäcker, Monika Berberich, Irene Goergens, Manfred Grashof, Heinrich Jansen, Astrid Proll, Petra Schelm und Ingrid Schubert.

Für das weitere Vorgehen nutzt die Gruppe als Leitfaden das *Mini-Handbuch des Stadtguerilla* von Carlos Marighella. Alle Mitglieder lesen darin: Das Werk wird später wegweisend für die Taktik zahlreicher westeuropäischer Terrorgruppen und bildet die Grundlage ihrer Strategie. Dieses Buch hatte Carlos Marighella für den Kampf gegen südamerikanische Militärdiktaturen geschrieben – der brasilianische Guerillaführer kam am 4. November 1969 in São Paulo ums Leben, 58 Jahre alt. Im Mai 1970 erscheint die deutsche Übersetzung. »Das Mini-Handbuch für den Stadt-Guerilla wird eines der wichtigsten

Bücher für jeden, der als Konsequenz der unvermeidlichen Schlacht gegen Bourgeoisie und Imperialismus den Weg der bewaffneten Rebellion einschlagen will«, erklären die Herausgeber in dem Nachwort der deutschen Ausgabe.

In seinem Handbuch betont Marighella, daß es für den »SG«*, der ohne etwas anfängt und zunächst keinerlei Unterstützung findet, die »Logistikformel« M-G-W-M-S gelte. Das heißt:

M – Motorisierung
G – Geld
W – Waffen
M – Munition
S – Sprengstoff

In der »revolutionären Logistik« bilde die Motorisierung »einen Hauptpunkt«, erklärt Marighella: »Das Fahrzeug ist wertlos ohne den Fahrer. Der SG-Fahrer ist ebenso wichtig wie der SG-Maschinengewehrschütze. Jeder gute SG muß ein guter Fahrer sein. Er muß das, was er braucht, jeweils für die Aktion enteignen, also das richtige Fahrzeug.« Stets habe er zu versuchen, die Enteignung verschiedener Dinge zu kombinieren – »Geld, Waffen, Munition, Sprengstoffe muß er nehmen, wo immer er sie findet. Wenn die Bank wegen des Geldes überfallen wird, so nimmt er gleichzeitig von den Wachmännern deren Waffen.« Den Stadtguerilla definiert Marighella als jemand, »der die Militärdiktatur mit Waffen bekämpft und dabei mit unkonventionellen Methoden vorgeht. Als politischer Revolutionär und glühender Patriot ist er ein Kämpfer für die Befreiung seines Landes, ein Freund des Volkes und der Freiheit.«

Der Stadtguerilla unterscheide sich radikal vom Gesetzlosen: »Der Gesetzlose will sich mit seinen Aktionen persönlich bereichern, greift wahllos an und macht keinen Unterschied zwischen Ausgebeuteten und Ausbeutern. Deshalb sind so viele einfache Menschen unter seinen Opfern. Der SG hingegen folgt einem politischen Ziel und führt seine Angriffe nur gegen die Regierung, die großen Kapitalisten und ausländischen Imperialisten, inbesondere die US-Imperialisten.«

Terrorist zu sein, sei nicht mehr herabsetzend wie früher, urteilt der Brasilianer. Derartige Anschuldigungen beschmutzen nicht mehr die Bewegung, »im Gegenteil, sie stellen den Hauptanziehungspunkt dar.

* SG = Stadtguerilla.

Wer heute ein Terrorist oder Angreifer ist, besitzt eine Qualität, die jeden ehrenhaften Menschen auszeichnet. Diese Kampfart ist wert eines jeden Revolutionärs, der gegen die schmachvolle Militärdiktatur Brasiliens und ihre Greueltaten in bewaffneten Widerstand verwikkelt ist.«

Über »die persönlichen Eigenschaften des SG« bemerkt Marighella, er müsse »Initiative, Beweglichkeit und Anpassungsfähigkeit besitzen sowie schnelle Entschlußkraft und die Kontrolle über jede Situation. Besonders die Initiative ist eine unerläßliche Qualität. Es ist nicht immer möglich, alles vorherzusehen. Der SG kann nicht verwirrt auf Befehle warten. Seine Pflicht ist zu handeln, eine adäquate Lösung für jedes Problem, dem er gegenübersteht, zu finden und nicht zurückzuweichen.«

Unter der Überschrift »Wie der SG lebt und besteht«, rät Marighella: »Der SG muß vorsichtig sein, keinen auffälligen Eindruck machen oder sich vom normalen Stadtleben absondern. Er soll nicht anders angezogen sein als die meisten Leute, z.B. in Arbeiterwohnvierteln nicht maßgeschneiderte teure Kleidung tragen, und umgekehrt in Bourgeoisvierteln; das betrifft Männer wie Frauen.« Der Stadtguerilla müsse eine große Beobachtungsgabe besitzen, »über alles genau informiert sein, besonders über die Aktivität des Feindes. Er muß die Gegend kennen, in der er lebt, operiert oder durch die er durch muß.« Das entscheidende Merkmal des Stadtguerilla sei jedoch, »daß er ein Mensch ist, der mit der Waffe kämpft. Deshalb ist es unwahrscheinlich, daß er längere Zeit seinem Beruf nachgehen kann, ohne erkannt zu werden. Die Notwendigkeit der Enteignung zeigt sich so klar wie der helle Mittag.«

Das auf den ersten Blick Paradoxe an der Situation des Stadtguerillas sei, erklärte Marighella weiter, daß er als der Schwächere gegenüber der Polizei gleichwohl angreife: »Eine Niederlage kann der SG nur vermeiden, wenn er sich auf die ›Anfangs-Vorteile‹ bis zum Ende verläßt und weiß, wie er sie ausnutzt, um seine Schwäche und seinen Materialmangel auszugleichen.« Fünf derartige »Anfangs-Vorteile« gebe es – der erste und wichtigste des Stadtguerilla: »den Feind in der Überraschung fassen«. Das heißt, Überraschungsangriffe durchzuführen. Das Moment der Überraschung gebrauche der Stadtguerilla, um seine »grundsätzliche Schwäche« auszugleichen: »Der Feind hat kein Mittel, Überraschungen zu bekämpfen, er ist verwirrt und wird vernichtet.« Diese »Technik der Überraschung« basiert nach Marighella auf vier Voraussetzungen:

»1. Wir kennen die Situation des Feindes, der angegriffen wird (durch genaue Informationen, durch intensive Beobachtung vorher) – der Feind hingegen weiß nichts über den Angreifer.
2. Wir kennen die Stärke des Feindes, der Feind kennt unsere Stärke nicht.
3. Beim Überraschungs-Angriff schonen wir unsere Kampfkraft – der Feind kann das nicht, er ist unbekannten Umständen ausgeliefert.
4. Wir bestimmen Zeit und Planung des Angriffs, seine Zeitdauer und die Ziele. Der Feind weiß nichts darüber.«

Neben diesem Moment der Überraschung nennt Marighella noch vier weitere »anfängliche Vorteile« für den Stadtguerilla, die es zu nutzen gelte: Er müsse das Gefechtsgelände besser kennen als der Feind, mobiler und schneller sein als die Polizei, sein Informationsdienst müsse besser sein als der des Feindes. Und schließlich müsse er die jeweilige Situation beherrschen. Das bedeute, »eine solche Entschiedenheit an den Tag legen, daß jeder auf unserer Seite mitgerissen wird und niemals zögert – während die auf der anderen Seite verwirrt sind und unfähig reagieren«.

Eindringlich warnt Marighella seine Terror-Schüler vor Fehlern. »Es gibt keine perfekten SG«, sagt er und fordert die Kämpfer auf, alles zu tun, um »die Chancen für einen Irrtum so klein wie möglich zu halten«. Sieben Sünden könne der Stadtguerilla begehen, vor ihnen habe er sich in acht zu nehmen:

»Die 1. Sünde des SG ist die Unerfahrenheit. Der SG, der mit dieser Sünde geschlagen ist, denkt, der Feind sei dumm, er unterschätzt dessen Gerissenheit, glaubt, es sei alles einfach. Infolgedessen hinterläßt er Spuren, die ihn auffliegen lassen.

Aus der Unerfahrenheit kann er auch die feindlichen Kräfte überschätzen, er glaubt, sie sind stärker, als sie wirklich sind. Wenn er sich von dieser Vorstellung zum Narren halten läßt, wird er ängstlich, unsicher, er kann sich nicht entscheiden, wird gelähmt und verliert den Mut.

Die 2. Sünde des SG: Mit den Aktionen, die er ausführt, zu prahlen und sie jedem zu erzählen.

Die 3. Sünde des SG ist Eitelkeit. Der SG, der an dieser Sünde leidet, löst Aufgaben der Revolution, indem er Aktionen in der Stadt ausbrechen läßt, ohne sich jedoch um den Beginn oder das Überleben der Guerillas auf dem Land zu kümmern. Geblendet vom Erfolg, macht er sich daran, eine Aktion zu organisieren, die er für entscheidend hält, und wirft alle Mittel und Kräfte der Organisation hinein. Da die Stadt das strategische Zentrum ist, das wir unmöglich entbehren und aufgeben können, weil der Guerilla-Krieg auf dem Land noch nicht voll ausgebrochen, der Sieg dort noch nicht zu sehen ist, so riskieren wir dauernd, daß der Feind uns mit entscheidenden Schlägen angreift.

Die 4. Sünde des SG ist, seine Kräfte zu überfordern und Projekte anzufangen, für die er nicht ausreichende Mittel hat, noch die sonst notwendige Unterstützung (Infrastruktur).

Die 5. Sünde des SG ist überstürzte Aktion. Der SG, der diese Sünde begeht, verliert die Geduld, kriegt eine Nervenattacke, kann auf nichts warten, stürzt sich heftig in die Aktion und erleidet unzählige Rückschläge.

Die 6. Sünde des SG: wenn er den Feind dann angreift, wenn er selbst besonders wütend ist.

Die 7. Sünde des SG ist, überhaupt nicht zu planen und aus der Improvisation zu handeln.«

Was Terroristen so brauchen – die Logistik wird aufgebaut

Entsprechend Marighellas Logistikformel M – G – W – M – S kümmert sich die Gruppe nach ihrer Rückkehr nach Berlin im August 1970 sogleich um den Buchstaben »M« – wie Motorisierung. Die Mitglieder »organisieren« sich einen Fuhrpark, stehlen mindestens 18 Fahrzeuge. Ganz überwiegend sind es schnelle Vier-Türer der Ober- und gehobenen Mittelklasse. In Berlin entwenden Gruppenmitglieder beispielsweise allein innerhalb einer knappen Woche sechs Autos: Von der Marke Mercedes die Modelle 220, 220 S, 230, 230 S, 220 SE und einen VW-Transporter. Monika Berberich mietet innerhalb von drei Tagen, zwischen dem 9. und 11. September 1970, acht Fahrzeuge zwischen Köln und Essen von Verleihfirmen – unter anderem einen BMW 2000, einen Opel Admiral, einen Mercedes 200, einen Ford 20 M und einen Renault 16. Sie erscheint elegant gekleidet in den

Büros der Autovermieter, trägt eine Perücke und legt einen verfälschten Personalausweis auf den Namen Heidi Martens vor. Die geforderten Kautionen entrichtet sie, ohne mit der Wimper zu zucken; Mitglieder der Gruppe bringen die Fahrzeuge umgehend nach Berlin. Die Autos erhalten andere Kennzeichen, einige werden auch »umfrisiert« – bekommen andere Fahrgestellnummern oder werden mit einer anderen Farbe lackiert. Für diese Arbeit hat die Gruppe zwei neue Mitglieder gewonnen: Eric Grusdat, der eine kleine Kfz-Werkstatt betreibt, und seinen Gehilfen Karl-Heinz Ruhland.

Weiter besorgt sich die Gruppe nach Marighellas Logistikformel Waffen und Munition; die Mitglieder bevorzugen die Pistole »Lama Spezial«, Kaliber 9 mm. Neue Mitglieder werden von den erfahrenen »Jordanien-Kämpen« in den Umgang mit Schußwaffen eingewiesen. Auch experimentieren sie mit Sprengstoff und Brandbomben, unternehmen einige Probeanschläge: So bringen sie eine Sprengladung an einem Schaufelbagger an. Schaden: 10000 Mark. An einem Wagen mit US-Kennzeichen zünden sie eine Brandbombe.

»Konspiration« wird innerhalb der Gruppe großgeschrieben. Jeder erfährt nur soviel, wie er für seine Aufgaben wissen muß. Für schriftliche Nachrichten und Aufzeichnungen legen sich die Mitglieder Decknamen zu, mitunter sprechen sie sich auch so an. Der Schlüssel, auf den später die Polizei stößt:

Brigitte Asdonk = Clara
Andreas Baader = Hans
Hans-Jürgen Bäcker = Harp
Monika Berberich = Nelli
Gudrun Ensslin = Grete, Gerda
Irene Goergens = Peggy
Manfred Grashof = Carlos
Eric Grusdat = Atze
Heinrich Jansen = Ali, Max
Horst Mahler = James
Ulrike Meinhof = Anna, Marie
Astrid Proll = Rosi
Karl-Heinz Ruhland = Kalle
Petra Schelm = Prinz
Ingrid Schubert = Nina, Irene

Ausweise, Reisepässe und Kraftfahrzeugpapiere werden gefälscht,als »Chef-Fälscher« arbeitet Manfred Grashof. »Die Qualität der Fälschungen war so gut, daß die Papiere den üblichen Kontrollen standhielten«, urteilt später die 2. Große Strafkammer des Landgerichts Berlin über seine Arbeit.*

Das »G« nach der Logistikformel, das Geld, beschaffen sie sich, wie das *Mini-Handbuch* rät, per »Bankangriff« von »Kredit- und Bankgesellschaften«. Der »Bankangriff« sei »eine typische Enteignung«, schreibt Marighella in seinem Terror-Lehrbuch, und als »populäres Beispiel des Angriffs... eine Art von Vorexamen des SG während der Ausbildung in der Technik der revolutionären Kriegsführung«. Die Gruppe ersinnt etwas, das in die Kriminalgeschichte unter dem Begriff »Dreierschlag« eingeht: 16 Mitglieder überfallen zur selben Zeit drei Banken in Berlin.

Am 29. September 1970 stürzen um 9.45 Uhr Horst Mahler, Andreas Baader, Irene Goergens, Eric Grusdat und Karl-Heinz Ruhland in den Schalterraum der Zweigstelle 92 der Sparkasse der Stadt Berlin West, Südwestkorso 38. Alle tragen Pudelmützen mit Sehschlitzen, nur Grusdat nicht, er bevorzugt eine Perücke mit Sonnenbrille. Alle halten Schußwaffen in der Hand. Der maskierte Rechtsanwalt Mahler stellt sich in die Mitte des Schalterraums, richtet seine Pistole auf Bankangestellte und Kunden und ruft: »Überfall! Hände hoch und ruhig verhalten! Es geschieht nichts!« Geradezu beruhigend fügt er hinzu: »Es ist nicht Ihr Geld.« Andreas Baader und Irene Goergens überspringen den Tresen, raffen die Geldscheine zusammen, stopfen sie in Aktentaschen. Beim Rückzug warnt einer der Täter Bankkunden und -angestellte davor, sie zu verfolgen: »Bleiben Sie ruhig, was ist schon das bißchen Geld gegen Ihr Leben. Wir legen draußen eine Bombe hin, die jeden Augenblick explodieren kann!« Nachdem sie die Schalterhalle verlassen haben, zündet Grusdat eine Rauchbombe. Er wirft sie vor den Eingang. Das Quintett flüchtet durch den Flur des Nachbarhauses und über ein Ruinengrundstück.

In der Nähe warten zwei Mercedes auf sie. Am Lenkrad des 230er sitzt Astrid Proll, am Lenkrad des 220er Ingrid Schubert. Astrid Proll steuert den Wagen zum Güterbahnhof Wilmersdorf. Dort wartet Gudrun Ensslin mit einem weiteren Mercedes; Baader, Mahler, Goergens

* Aktenzeichen: (502) 1 P KLs 5/72 (25/702).

und Proll steigen um, lassen den Wagen dort stehen. Ingrid Schubert fährt den Wagen mit Grusdat und Ruhland zum Volkspark Wilmersdorf. Dort steigen sie in einen Ford 20 M um. Sie fahren zum Wittenbergplatz, gehen zu Fuß in die Wohnung von Hans-Jürgen Bäcker, hören dort den Polizeifunk ab und erfahren zu ihrer großen Freude, daß die Polizei im dunkeln tappt. Ihr Überfall bringt der Gruppe 55 000 Mark. Zur selben Zeit raubt ein Fünf-Personen-Kommando 154 000 Mark bei einer Filiale der Berliner Bank in der Rheinstraße und ein Vier-Personen-Kommando 8100 Mark in einer Sparkassenfiliale in der Altonaer Straße 5. Die Kampfkasse ist gefüllt, über 217 000 Mark hat die Gruppe erbeutet.

Aus dieser gemeinsamen Kasse bestreiten die Gruppenmitglieder ihren Lebensunterhalt. Weitere Operationen sollen daraus finanziert werden, im Falle der Verhaftung von Mitgliedern auch die Strafverteidigung – oder eine Befreiungsaktion. Führerin dieser Kriegskasse ist Gudrun Ensslin. Ferner werden aus dieser Kasse die Mieten für die vier konspirativen Wohnungen gezahlt, die die Gruppe unter Vorlage gefälschter Ausweise angemietet hat: in der Knesebeckstraße 89, in der Hauptstraße 19, in der Martin-Luther-Straße 6–10 und am Kurfürstendamm 130.

Eine Woche nach dem »Dreierschlag« erhält die Polizei einen anonymen Hinweis auf die Wohnung in der Knesebeckstraße 89. Ein Polizeikommando klingelt. Niemand öffnet. So öffnen die Beamten selbst die Tür. Auf dem Balkon der Wohnung treffen sie auf Ingrid Schubert, die behauptet, Dorothea Ridder zu heißen, und auch einen entsprechenden – gefälschten – Ausweis vorlegt. Während sich die Beamten in der Fünf-Zimmer-Wohnung umschauen, klingelt es. Sie öffnen. Herein tritt ein Mann mit Bart und schwarzem, auffallend fülligem Haar. Er wird nach seinem Namen gefragt, antwortet, er heiße Günter Uhlig und zieht auch einen auf diesen Namen lautenden Personalausweis aus der Tasche. Ein Polizist schüttelt nur mit dem Kopf. Auf einmal packt er ihn an den Haaren und zieht – er hält ein Toupet in der Hand. »Herr Mahler, glauben Sie immer noch, daß wir Sie nicht kennen?« fragt ihn der Beamte. »Kompliment, meine Herren, ich gratuliere Ihnen«, gibt Mahler zurück.

Nun tun die Beamten nichts anderes, als in der Wohnung zu warten. Einzeln erscheinen nacheinander Monika Berberich, Brigitte Asdonk und Irene Goergens. Bei allen Festgenommenen, mit Ausnahme von Asdonk, finden die Beamten durchgeladene Pistolen. In der Wohnung entdecken die Beamten sogenannte »Krähenfüße«, zusammengeschweißte Eisenteile, die, wenn man sie aus dem Auto wirft, nachfolgenden Fahrzeugen die Reifen aufschlitzen. Weiter stellen die Polizisten zahlreiche Kfz-Kennzeichen und mehrere Notizzettel sicher. Auf den Zetteln sind über 70 Anschriften von Banken in Berlin samt Sicherheitseinrichtungen vermerkt. Ferner entdecken die Beamten Vorarbeiten zur Herstellung von Bomben, Zündern und Fernzündvorrichtungen, unter anderem ein 6-kg-Gemisch aus Aluminiumpulver, Eisenoxyd und Bleioxyd (bei diesen Thermit-Gemischen handelt es sich, wie die Sachverständigen später herausfinden, um hochwirksamen Sprengstoff). Die Ermittler stoßen auch auf ein kleines Labor: Neben einer Reihe von Chemikalien finden sie die erforderlichen Hilfsmittel wie Waage, Mensuren, Gläser, Trichter und Mörser sowie schriftliche Anleitungen zum Bau von Bomben.

Ebenfalls in der Wohnung liegen drei Exemplare des *Mini-Handbuchs des Stadtguerilla* von Marighella sowie Abrechnungszettel

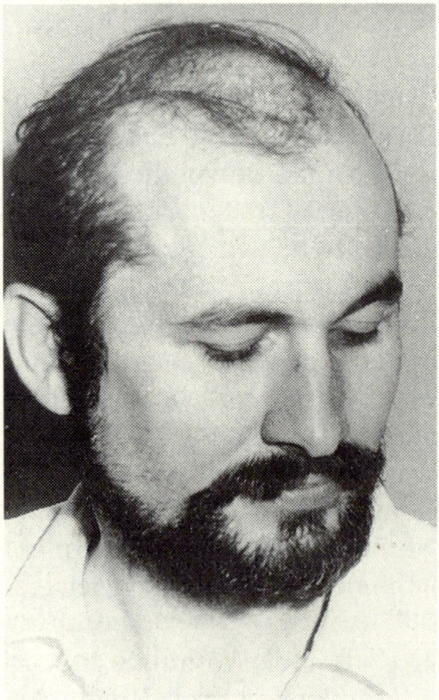

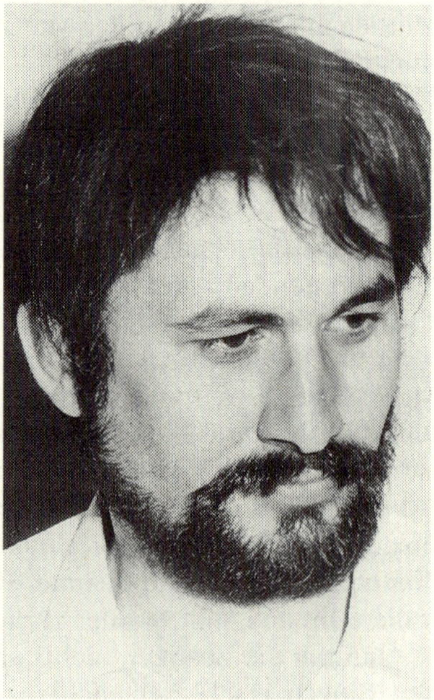

Horst Mahler alias Günter Uhlig: ohne und mit Toupet

von einzelnen Gruppenmitgliedern, auf denen sie unter ihrem Tarnnamen ihre Ausgaben aufgelistet haben, denn jeder erhält seine persönlichen Ausgaben aus der »Kriegskasse« ersetzt. So kommt beispielsweise »Nelli«, in Wahrheit Monika Berberich, in ihrer Abrechnung auf einen Betrag von insgesamt 2700 Mark, unter anderem für einen Mantel, Schuhe, Strümpfe, »Fressen« und »Miete Büro« (595 Mark), dies war die Miete für die Wohnung der Gruppe in der Hauptstraße. Angemietet hatte die Wohnung Ulrike Meinhof als »Innenarchitektin Renate Hübner« zwei Wochen zuvor. Der wirklichen Renate Hübner war, wie diese erklärte, im Mai ihr Reisepaß bei einem Einkaufsbummel in Charlottenburg abhanden gekommen – derartige Diebstähle waren eine damals gängige Masche der Terroristen.

Die Verhaftung der fünf bedeutete einen erheblichen Einbruch in die Struktur der Gruppe. Zwei Tage nach der Polizeiaktion diskutieren einige der Übriggebliebenen in der Wohnung Kurfürstendamm 130. Man ist sich »darüber einig, daß mit Horst Mahler der führende Kopf der Gruppe verlorengegangen war«, berichtet später ein Teilnehmer dieses Treffens. Sie kommen auf die Idee, Horst Mahler mit einem selbstgebauten Hubschrauber, angetrieben durch einen VW-Motor, aus der Haftanstalt zu befreien. Als der »Monteur« der Gruppe, Eric Grusdat, drei Monate später, am 3. Dezember, festgenommen wird, entdecken die Ermittler Teile für einen solchen Minihubschrauber bei ihm, unter anderem ein »sauber gearbeitetes Rotorblatt« – es ist fast so lang wie seine Garage.

Gleich nach den Verhaftungen in der Knesebeckstraße verläßt Ulrike Meinhof Berlin und geht nach Westdeutschland. Sie will sich um weitere Stützpunkte kümmern. Baader und Ensslin folgen ihr Anfang Dezember. Mitglieder der Gruppe entwickeln in den nächsten eineinhalb Jahren mannigfaltige Aktivitäten, um die Voraussetzungen für ihr erklärtes Ziel – die »Offensive«, eine Welle des Terrors – zu schaffen und die »Logistik« dafür aufzubauen. Die Gruppe hofft darauf, daß sich angesichts der Terrorwelle »unterdrückte, revolutionäre Massen« erheben und sich ihnen anschließen. Das Vorgehen in diesen eineinhalb Jahren, von Spätherbst 1970 bis Frühsommer 1972, könnte man in Anlehnung an Marighellas Logistikformel mit den Buchstaben M – W – G – P – W – M – S bezeichnen: Motorisierung – Wohnungen – Geld – Pässe – Waffen – Munition – Sprengstoff:

Bekanntmachung in Nr. 3800 beachten!

Sicher aufbewahren!

D 2000 A

BUNDESKRIMINALBLATT

Wiesbaden, den 15. Februar 1971 **Verlagspostamt Frankfurt (Main)** **Jahrgang 21, Nummer 4082**

SONDERAUSGABE

Kriminelle Tätigkeit der Gruppe BAADER-MAHLER-MEINHOF u. a.

I.

Mindestens seit Mai 1970 wurden in Berlin (West) und in verschiedenen Orten des Bundesgebietes zahlreiche Straftaten — darunter mehrere Kapitalverbrechen — verübt, zwischen denen nachweislich Zusammenhänge bestehen. Sie sind einer anarchistischen Gruppe um die Beschuldigten **Mahler, Baader** und Ulrike **Meinhof** zur Last zu legen, die als kriminelle Vereinigung i. S. des § 129 StGB anzusehen ist.

Die Gruppe strebt den radikalen Umsturz der gegenwärtigen Gesellschaftsordnung an. Ihre Angehörigen sind davon überzeugt, daß auch die gültige Rechtsordnung nur Ausdruck der „volksfeindlichen Gewaltverhältnisse" in der BR Deutschland sei. Sie haben sich zur Durchsetzung ihrer Ziele in den Untergrund begeben. Ihre illegale Tätigkeit und ihren Lebensunterhalt finanzieren sie aus dem Erlös der von ihnen begangenen Straftaten, insbesondere aus Raubüberfällen auf Geldinstitute. Zu deren Durchführung bedienen sie sich gestohlener oder unterschlagener Kraftfahrzeuge, illegal beschaffter Feuerwaffen sowie falscher oder verfälschter Personalpapiere, Kfz-Papiere und Kfz-Kennzeichen.

Fahndungsunterlagen des Bundeskriminalamtes zur »Baader-Mahler-Meinhof«-Gruppe

Bildbeilage zur Sonderbeilage im BKBl. Nr. 4108

Baader, Andreas Bernd, 6. 5. 43
(Ziffer 1)

Meinhof, Ulrike, 7. 10. 34
(Ziffer 2)

Ensslin, Gudrun, 15. 8. 40
(Ziffer 3)

Proll, Astrid, 29. 5. 47
(Ziffer 4)

Grashof, Manfred, 3. 10. 46
(Ziffer 5)

Raspe, Jan-Carl, 24. 7. 44
(Ziffer 6)

Homann, Peter, 17. 6. 36
(Ziffer 8)

Meins, Holger Klaus, 26. 8. 41
(Ziffer 9)

Schelm, Petra, 16. 8. 50
(Ziffer 7)

Herzog, Marianne, 10. 10. 39
(Ziffer 10)

Stachowiak, Ilse, 17. 5. 54
(Ziffer 11)

Voigt, Günther, 9. 7. 36
(Ziffer 12)

Herausgeber und Verleger: Bundeskriminalamt, 62 Wiesbaden, Postfach A, Fernruf: 3831 App. 277 — Druck: Bundesdruckerei, Betrieb Neu-Isenburg

Von Mitgliedern der Gruppe werden insgesamt rund 280 Autos gestohlen, mit anderen Kennzeichen versehen und benutzt. Hinzu kommen 80 mit falschen Papieren angemietete Wagen. Ein Teil der Fahrzeuge wird mit Hilfe einer 13 Zentimeter langen korkenzieherähnlichen Vorrichtung mit Flügelmutter entwendet. Und so funktioniert auch das Gerät: Mit ihm kann der Zündschloßzylinder herausgezogen werden – wie ein Korken aus dem Flaschenhals. Besonders beliebt bei der Gruppe sind die Fahrzeugmodelle BMW 2002 ti, PS-starke Modelle der Marken Mercedes (220, 230, 280) und Alfa Romeo, Audi 100 und der Opel Commodore. Mitunter werden aber auch bewußt unauffällige Fahrzeuge besorgt, wie etwa der VW-Käfer.

Über die ganze Republik verstreut mieten Mitglieder unter falschem Namen oder über Strohmänner sogenannte konspirative Wohnungen an, ebenso Garagen. Zwischen Anfang 1971 und Herbst 1972 stößt die Polizei auf 46 konspirative Wohnungen, zehn Garagen und vier sonstige »Schlupfwinkel« der RAF – mit Sicherheit längst nicht alle. In vier Städten bildet die Gruppe Schwerpunkte, in Frankfurt, Hamburg, Stuttgart und Berlin. In Hamburg mietet die Gruppe insgesamt elf konspirative Wohnungen, unter anderem in der Lübecker Straße 139, Bellevue 23, Mexikoring 23, Heinrich-Hertz-Straße 81, Grindelhof 45 und Heimhuder Straße 82. In Stuttgart fliegen fünf RAF-Wohnungen auf, zum Beispiel in der Seidenstraße 71, der Oberen Weinsteige 26 und der Olgastraße 97c. In Berlin werden 15 konspirative Wohnungen entdeckt, unter anderem in der Weddingstraße 5, der Rostocker Straße 21, der Grunewaldstraße 23, der Leibnizstraße 35a und in der Stresemannstraße 27. In Frankfurt verfügte die Gruppe über drei Wohnungen, unter anderem in der Inheidener Straße 69 und der Ludwig-Landmann-Straße 343. Diese Wohnungen werden stets nur spärlich möbliert. In erster Linie sind sie ein Matratzenlager. Benutzt werden Klappstühle und Camping- oder Tapeziertische.

Die in der Illegalität lebenden RAF-Mitglieder verstehen es, für das Anmieten der Wohnungen Helfer zu gewinnen: Diese mieten unter ihrem Namen die Unterkunft, ihr Name kommt auch an die Tür und an den Briefkasten. Mehr haben sie mit der Wohnung nicht zu tun. Sie leben ganz woanders, in der Regel weit entfernt in einer anderen Stadt. Ein Beispiel für diese Helfer ist Edelgard Gräfer. Es begann damit, daß sie in Berlin Marianne Herzog im »Proz 1«, im »Proletarier-Zentrum«, kennenlernt; dort übte sich eine marxistisch-leninistische Gruppe in

»Basisarbeit«. Mit Marianne Herzog trifft sie sich regelmäßig. Dabei rutscht sie immer weiter in das RAF-Umfeld hinein. So lernt sie Jan-Carl Raspe kennen, überläßt, als sie umzieht, Marianne Herzog und einer Unbekannten für einige Wochen ihre alte Wohnung. Die Unbekannte ist – wie sich später herausstellt – die gesuchte Astrid Proll.

Auf Wunsch ihrer Freundin Marianne Herzog bringt sie ein Pärchen in der Wohnung einer Freundin unter, die gerade auf einer Reise durch die Vereinigten Staaten ist: So finden Petra Schelm und Manfred Grashof einen Unterschlupf. Eines Tages nimmt Gudrun Ensslin mit ihr Kontakt auf, stellt sich als Grete vor und bittet sie, jemanden ausfindig zu machen, der bereit ist, eine Wohnung anzumieten. Sie gewinnt den ihr aus der gemeinsamen »Kinderladenarbeit« bekannten *Michael Vogel* (Name geändert), Assistent an der PH Bielefeld. *Vogel* mietete – begleitet von Dr. Grete Weitemeier alias Gudrun Ensslin – für die Gruppe ein Penthouse in Berlin, in der Bismarckstraße 90. Die Reisekosten erhält er von der Gruppe erstattet. Auf ähnliche Weise besorgt Edelgard Gräfer eine zweite Wohnung in der Großbeerenstraße 65.

Auch eine von dem Liedermacher Hannes Wader in Hamburg angemietete Wohnung Heegbarg 13 entpuppte sich als Schlupfwinkel der Gruppe. Dort hielten sich unter anderem Gudrun Ensslin, Holger Meins, Ulrike Meinhof, Irmgard Möller und Brigitte Mohnhaupt auf. In der Wohnung, die die Gruppe nach der Ermordung eines Polizeibeamten in der Nähe überstürzt verließ, findet die Polizei 2600 Schuß Munition, Sprengstoff, Material für Rohrbomben und fünf Polizeiuniformen. »Ich habe nichts mit der Baader-Meinhof-Gruppe zu tun«, betont Hannes Wader wenige Tage später auf einer Pressekonferenz. »Ich habe die Wohnung einem Mädchen namens Hella Utesch überlassen, die vorgab, freie Mitarbeiterin des Norddeutschen Rundfunks zu sein.« In Wahrheit war es Gudrun Ensslin. Schon wenige Stunden, nachdem sie sich kennengelernt hätten, habe er ihr den Schlüssel für die 80-Quadratmeter-Wohnung übergeben. »Das ist bei mir nichts Außergewöhnliches«, erklärt der Sänger. Die Polizei nahm ihm dies nicht ab. »Die Einlassung des Wader ist im wesentlichen unglaubhaft«, notierte ein BKA-Mann in seinem Bericht.

Zudem gibt es Anfang der siebziger Jahre eine Reihe von Menschen, die ganz bewußt gesuchte Mitglieder der RAF für einige Zeit aufnehmen. Für sie, die sich zumeist als Linke oder liberaldenkende Bürger verstehen, war es damals eine Art Gewissensfrage: Was würdest du tun, wenn Ulrike Meinhof vor deiner Tür steht und um Unterschlupf bittet? So mancher erblickt in dem Unterschlupfgewähren eine humanitäre Hilfe gegenüber einem Verfolgten, Professor Peter Brückner in Hannover ebenso wie der Schriftsteller Michael S. in Frankfurt. Der WDR-Redakteur Gerhard R. beherbergt mehrfach aus »karitativen Gründen« Ulrike Meinhof und überläßt ihr seinen Volkswagen. Monika M., Tochter eines bekannten Psychologie-Professors, stellt den Gesuchten sogar ihr unbewohntes Haus in Bad Kissingen zur Verfügung. Es dient großen Teilen der Gruppe zeitweilig als Stützpunkt.

Die Waffen, die die Gruppe benutzt, stammen vor allem aus zwei Quellen: Ulrike Meinhof kaufte im Dezember 1970 – nach den Ermittlungen des Bundeskriminalamts – 35 »Firebird«-Pistolen von Angehörigen der El Fatah. Preis pro Stück: 450 Mark. Zudem erwarb Rolf Pohle 31 Pistolen und über 1000 Schuß Munition in Waffengeschäften mit einem ver- und einem gefälschten Waffenschein. Blankoformulare von Personalausweisen, Reisepässen und Führerscheinen sowie entsprechende Stempel und Dienstsiegel dafür besorgte sich die Gruppe durch zwei Einbrüche in Rathäuser: am 16. November 1970 in Neustadt am Rübenberge und fünf Tage später in Lang-Göns, Kreis Gießen. Allein in Lang-Göns fallen ihnen 166 Blanko-Personalausweise in die Hand.

»G« wie Geld besorgen sich die Täter durch eine Reihe von Banküberfällen – insgesamt eine knappe Million Mark. 114 000 Mark z. B. erbeuteten sie durch zwei zeitgleiche Überfälle am 15. Januar 1970 in Kassel – ursprünglich war ein »Dreierschlag« wie in Berlin geplant, jedoch hatte sich kurz vorher ein Mitglied, Ulrich Scholz, abgesetzt, so daß sie nicht mehr über genügend Leute verfügten. Nach den Ermittlungen der Polizei waren mindestens neun Personen an den beiden Banküberfällen auf die Zweigstellen Akademiestraße und Stockplatz der Stadtsparkasse Kassel beteiligt, und zwar Andreas Baader, Gudrun Ensslin, Ulrike Meinhof, Astrid Proll, Jürgen Grashof, Jan-Carl Raspe, Holger Meins, Petra Schelm und Marianne Herzog. Am 9. August 1971 erbeuteten RAF-Mitglieder 200 000 Mark bei einem Überfall auf die Deutsche Bank in der Allmerstraße in Hannover, am 1. November fielen ihnen 237 000 Mark in der Sparkassenfiliale in der Holtenauer Straße in Kiel in die Hände. Es folgte ein Raub am 22. Dezember in der Bankfiliale in der Fackelstraße in Kaiserslautern und ein weiterer am 21. Februar 1972 am Ludwigshafener Ludwigsplatz.

Daneben plant die Gruppe auch Überfälle auf Geldtransporter. »Günstige Gelegenheiten« werden ausgespäht. So finden die Ermittler in der konspirativen Wohnung in der Lübecker Straße 139 in Hamburg zwei Zettel mit einer Reihe von Notizen über den Weg von Geldtransportern. Eine Notiz lautete zum Beispiel: »Di/Mitte: 8.33 DY 848/ Portal ca. 3–5 Minuten.« Im Klartext war dies, wie die Polizei mit Schrecken feststellt, die vollkommen zutreffende Beobachtung, daß am Dienstag, dem 4. Mai 1971, gegen 8.33 Uhr ein Geldtransporter, ein VW-Bus mit dem notierten Kennzeichen, die Zweigstelle am Überseering 9–15 wegen einer Baustelle nicht direkt anfahren konnte. Deshalb mußten die Geldboten bis zum Portal 3 bis 5 Minuten zu Fuß gehen. Außerdem denkt die Gruppe darüber nach, jemanden zu entführen. Zum Beispiel Bundeskanzler Willy Brandt, von dem die Gruppe weiß, daß er auf seinem Heimweg abends nur von einem Sicherheitsbeamten begleitet wird. Als Versteck ist schon ein abgelegenes Haus in der Eifel ausgespäht worden.

Zu einem Rekrutierungsbecken für die RAF wird das Sozialistische Patientenkollektiv – SPK – in Heidelberg. Von dort stoßen über ein Dutzend Personen zur RAF: zur ersten RAF-Generation unter anderem Margrit Schiller, Gerhard Müller, Klaus Jünschke und Carmen Roll, zur zweiten RAF-Generation beispielsweise Elisabeth von Dyk, Ralf Baptist Friedrich, Siegfried Hausner, Sieglinde Hofmann und Hanna Krabbe.

»Das System hat uns ›krank‹ gemacht, geben wir dem kranken System den Todesstoß«, lautete die Parole des Heidelberger Assistenzarztes Dr. Wolfgang Huber. Sein »Experiment« dauert genau siebzehn Monate, vom Februar 1970 bis zum Juli 1971. Es begann als außergewöhnliches Heil- und endete in einem Strafverfahren. Huber, seit 1964 Arzt an der Psychiatrischen und Neurologischen Klinik an der Universität Heidelberg, hatte eine Patientengruppe um sich geschart: Der Arzt attackiert die Schulmedizin, sucht, wie er sagt, nach neuen Formen für die Behandlung seelisch kranker Menschen. So will er unter anderem die »Schranke zwischen Gesunden und Kranken« aufheben. Die »spätkapitalistische Leistungsgesellschaft der BRD« sei krank, lautet sein allgemein-politischer Befund, eine revolutionäre Veränderung nur noch eine Frage der Zeit.

Hubers Methoden sorgen für Aufmerksamkeit und Gesprächsstoff in der Klinik. Sein Chef, der Klinikdirektor von Baeyer, bittet ihn, seine Methoden zu erläutern. Das lehnt Huber ab. Reibereien folgen. Huber erhält am 2. Februar 1970 die Mitteilung, daß ihm fristlos gekündigt werde. Seine Patienten rebellieren: Es kommt zur ersten »Patientenvollversammlung« in einem deutschen Krankenhaus. Die Patienten haben Angst, im »Irrenhaus« zu landen. Einige Tage später besetzen zwei Dutzend »Patienten und Sympathisanten« für eineinhalb Tage die Klinikverwaltung. Klinikdirektor und Rektor eilen herbei, Huber erklärt ihnen, daß Selbstmordgefahr für seine Patienten bestehe, wenn seine Kündigung nicht zurückgenommen werde.

Die Klinikleitung gibt nach: Huber kann die Räume vorerst weiter nutzen, bekommt bald andere. Über *Patienten-Infos* hält das Sozialistische Patientenkollektiv die Öffentlichkeit auf dem laufenden: »Genossen! Es darf keine therapeutische Tat geben, die nicht zuvor klar und eindeutig als revolutionäre Tat ausgewiesen worden ist«, heißt es in dem *Patienten-Info Nr. 1* im Februar 1970. Und: »Es darf in den befreiten Räumen nur geschehen, wovon wir sicher wissen, daß es den kämpfenden Arbeitern nützt! Es lebe der Sieg der Arbeiterklasse!«

Von Flugblatt zu Flugblatt werden die Erklärungen des SPK radikaler. Schließlich identifiziert sich das SPK mit der Baader-Meinhof-Bande: »Mahler – Meinhof – Baader, das sind unsere Kader!« endet das *Info Nr. 47* am 24. Juni 1971. Drei Wochen später erscheint das letzte SPK-Info, die Nummer 51. Die drei Buchstaben SPK sind auf dem Flugblatt gestrichen und durch drei andere ersetzt: »RAF«. »Wir greifen zu. Unser Lebensraum ist der Volkskrieg«, ist zu lesen. »Wenn kein Platz mehr ist, stocken wir auf oder tauchen unter.« Die Gruppe wächst auf über 300 Mitglieder an, Dr. Huber und seine Helfer verfahren nach der Devise: »Wer sich krank fühlt, wird behandelt.« Kritik an ihrem Vorgehen weisen Huber und seine Genossen entschieden zurück: »Das SPK hat keine Veranlassung zu einer wissenschaftlichen Darstellung, da es sich durch die Praxis bereits legitimiert hat.«

Das Aus kommt für die Gruppe im Juni 1971 nach einer Schießerei bei einer Verkehrskontrolle in Wiesenbach bei Heidelberg: mit einem Schulterdurchschuß bricht ein Polizeibeamter zusammen, die beiden Täter entkommen. Im Zuge der Ermittlungen durchsucht die Polizei die Wohnung Wolfgang Hubers am Schloßberg in Wiesenbach. Die Beamten finden heraus, daß sich dort jeden Mittwochabend ein – bislang nicht bekannter – »innerer Kreis« des SPK versammelte und Pläne für einen »Untergrundkampf« schmiedete. Der Zirkel las und erörterte Marighellas *Mini-Handbuch des Stadtguerilla* und das Buch *Der totale Widerstand – Kleinkriegsanleitung für jedermann* des Schweizer Majors Hans von Dach.

Für die Ausbildung in Sachen Revolution wurden vier Arbeitskreise eingerichtet: Der »Arbeitskreis Sprengtechnik« kümmert sich darum, Sprengstoff herzustellen und zu beschaffen, der »Arbeitskreis Fototechnik« sorgt für Fotos von Polizeibeamten und -fahrzeugen in Heidelberg, der »Arbeitskreis Funktechnik« befaßt sich unter anderem mit dem Funkverkehr der Polizei und im »Arbeitskreis Judo/Karate« trainieren die Mitglieder für den Kampf ohne Waffen.

Das Landgericht Karlsruhe verurteilt Huber und seine Frau zu jeweils viereinhalb Jahren Gefängnis wegen Zugehörigkeit zu einer kriminellen Vereinigung und Vorbereitung eines Sprengstoffverbrechens. Für eine Verurteilung wegen zwei Sprengstoffanschlägen, die dem SPK zugerechnet werden – der eine erfolgte auf das Finanzamt in Heidelberg, der andere auf das Psychiatrische Landeskrankenhaus in Wiesloch –, reichen die Beweise nicht. Der dritte Angeklagte, der Schüler Siegfried Hausner, erhält drei Jahre Haft. Schon lange vor dem Prozeß verließen einige Mitglieder das SPK und schlossen sich der RAF an. Andere folgen ihnen später.

Ab Herbst 1970 reisen die RAF-Mitglieder kreuz und quer durch die Republik, verüben Straftaten in Berlin, Kassel, Hameln, Frankfurt, Nürnberg und Gießen. Die einzelnen Polizeistellen haben Schwierigkeiten, ihnen zu folgen und die Zusammenhänge zu erkennen. Angesichts dieser Situation macht das Bundesinnenministerium von einer im Bundeskriminalamtsgesetz vorgesehenen Möglichkeit Gebrauch: am 29. Januar 1971 ordnet es unter dem Aktenzeichen ÖS 6-625 050/14 an, daß sich das Bundeskriminalamt um die Verfolgung der »Baader-Mahler-Meinhof-Gruppe« kümmert.

In der Bonner Dependance des BKA, wo die »Sicherungsgruppe« sitzt, zuständig vor allem für den Schutz der »Verfassungsorgane« und die Aufklärung von Staatsschutzdelikten, wird die »Sonderkommission Baader/Meinhof« gegründet – Kürzel: Soko B/M. Drei Kartons voller Akten erhalten die Beamten als Grundlage für ihre Arbeit. Die Papiere stammen von der Berliner Polizei. Alfred Klaus, damals

Kriminaloberkommissar, später Erster Kriminalhauptkommissar, arbeitet sich durch die Berge von Papier und erstellt einen 61 Seiten langen »Vorbericht«, in dem er alles über die Gruppe zusammenträgt, was bislang herausgefunden werden konnte:

»Über die Gründung der Gruppe Baader-Mahler-Meinhof und ihre Organisationsstruktur liegen noch keine sicheren Erkenntnisse vor«, notiert der Beamte unter dem Datum 19. Februar 1971. »Über den Verbleib und die Verwaltung der bisher erbeuteten Geldmittel ist bisher nichts bekanntgeworden. Im Verlaufe der letzten Monate hat die Kriminalisierung der illegalen Tätigkeit der Gruppe zugenommen. Die politischen Aspekte sind demgegenüber in den Hintergrund getreten.« Alfred Klaus wird zum Chronisten der Baader-Meinhof-Ermittlungen, er schreibt im Laufe der Jahre fünf umfassende »Nachtragsberichte« über die Ermittlungen der Sonderkommission – sie werden bekannt als die »Klaus-Berichte«. Klaus studiert nicht nur alle RAF-Schriften, sondern besucht auch die Angehörigen der Gruppenmitglieder. Er legt ihnen nahe, daß sich die Gesuchten stellen mögen – allerdings ohne Erfolg. »Familienbulle«, nennt ihn später Ulrike Meinhof, heute lächelt Alfred Klaus über diesen Ausdruck.

In dem Gebäude in der Friedrich-Ebert-Straße 1, gegenüber dem Bahnhof Bonn-Bad Godesberg, sammeln die BKA-Leute zentral alle Erkenntnisse über die »Baader-Meinhof-Bande«, sie halten engen Kontakt mit den in den Ländern gegründeten »Regionalen Sonderkommissionen« – »Resos« – und koordinieren die Einsätze. Die Fahndung nach den Terroristen läuft in der ganzen Republik auf Hochtouren. Zehntausende Bürger werden peinlich genau überprüft, unzählige Wohnungen durchsucht, mitunter ganze Eisenbahnzüge gestoppt, wie der auf dem Hauptbahnhof in Hannover, doch Ulrike Meinhof und Andreas Baader sitzen nicht, wie jemand behauptet hatte, in einem Abteil. In Stuttgart erschießt ein Polizist den Briten Ian McLeod in dessen Wohnung. Als die Beamten bei einer Wohnungsdurchsuchung in das Schlafzimmer McLeods gehen wollten, schlug er die Tür von innen zu. Ein Beamter glaubt, gleich werde der Brite schießen, und will ihm zuvorkommen. Er feuert durch die Tür aus seiner Maschinenpistole. Bei der anschließenden Durchsuchung der Wohnung des Toten finden die Beamten weder eine Schußwaffe noch Anhaltspunkte dafür, daß Ian McLeod etwas mit der RAF zu tun hatte.

Im November 1971 stößt ein Politologe zu der »Soko B/M«: Willy

Terstiege, 41, kommt direkt von der FU Berlin, vom »Otto-Suhr-Institut für Politische Wissenschaften«. Noch in Berlin hatte er die Baader-Befreiung miterlebt. Nach einigen Wochen in der Zentrale in Wiesbaden schickte ihn der neue BKA-Chef Horst Herold nach Bonn. Herold will auch einen Politologen in der Sonderkommission haben. Terstiege soll das unverständliche Deutsch der Terroristen und ihres Umfeldes den Polizeibeamten sprachlich nahebringen – denn mit einem solchen Phänomen hatte die Polizei noch nie zu tun gehabt.

Worin bestanden damals die Probleme für die Polizei? »Man hatte große Schwierigkeiten mit dem Tätertyp«, berichtet Willy Terstiege in der Rückschau. »Die Polizei war es gewöhnt, ›richtigen‹ Kriminellen gegenüberzustehen – meist mit einer entsprechenden Vita, die oft mit einem Ladendiebstahl begann. Daneben gab es den Landesverräter. Nun aber hatte man massenhaft mit Leuten zu tun, die, von '68 ausgehend, einen hellen Verstand besaßen, nicht selten aus ›feinen‹ Wohngegenden stammten, mitunter einen Universitätsprofessor als Vater hatten. Das war eine andere gesellschaftliche Situation, die die Polizei antraf.« Zum zweiten war da das Motiv: »Die Polizei stieß auf Leute, die mehr oder weniger selbstlos agierten. Die wollten sich nicht selbst bereichern, wie der ungetreue Buchhalter. Sie wollten ein neues Bewußtsein schaffen – für Vietnam, für die Dritte Welt«, erinnert sich Terstiege. Vieles hätte nicht in das bisherige »allgemeine Bild« hineingepaßt – zum Beispiel Horst Mahler, der bekannte Rechtsanwalt, der eine gutgehende Kanzlei in Berlin besaß und dann eine Bank überfiel. »Das waren zum großen Teil die aus dem Ruder gelaufenen Kinder der Bourgeoisie.«

Zum Inbegriff für die Bekämpfung des Terrorismus wurde damals in der Öffentlichkeit der Name Horst Herold. Am 1. September 1971 trat er das Amt des BKA-Präsidenten an – einige Monate, nachdem die Soko B/M ihre Arbeit aufgenommen hatte, eben zu jener Zeit, in der sich viele in der Republik fragten, wieso es der Polizei nicht gelang, die »Anarchisten« zu fassen. Der rundliche 48jährige war zuvor Polizeipräsident in Nürnberg gewesen. Mit einer Reihe von Neuerungen, etwa dem Einsatz von Computern, sorgte er für Aufmerksamkeit, unter anderem auch bei Innenminister Genscher, der ihn schließlich nach Wiesbaden holte. Herold, zuvor Staatsanwalt und Landgerichtsrat, verstand sich als Großmeister der Analyse. »Wir dürfen dem Verbrechen nicht mehr nachhinken, wir müssen Einsicht in sein Wesen

Horst Herold, Präsident des Bundeskriminalamts von 1971 bis 1981

nehmen, die Ursachen finden«, lautet einer seiner Leitsätze. So setzt er in einer Zeit, in der die EDV im Büro noch unbekannt ist, auf den Computer. Sein Ziel: alle in der Bundesrepublik bei der Polizei anfallenden Erkenntnisse in einer zentralen elektronischen Datei zu erfassen. Schon bald ersetzt bei der Polizei der Bildschirm die kiloschweren Fahndungsbücher, die bereits am Tag ihres Erscheinens nicht mehr auf dem neuesten Stand waren. In den zehn Jahren von Herolds Amtszeit, von 1971 bis 1981, wächst der BKA-Etat auf das Fünffache, von 54 Millionen Mark auf 290 Millionen Mark. Die Zahl der Beschäftigten steigt um mehr als das Dreifache: von 1113 auf 3536.

Im Laufe der Jahre vertieft sich Herold immer weiter in die Computerwelt, kapselt sich immer weiter ab. Er bezieht im Bundeskriminalamt einige Räume mit »schußsicheren« Scheiben als Wohnung. »Willkommen in meinem Stammheim«, begrüßte er dort mitunter Besucher. Er schläft immer weniger, wird immer dünnhäutiger. Enttäuscht und gesundheitlich angeschlagen, verläßt er im März 1981 das

Bundeskriminalamt – wegen »dauernder Dienstunfähigkeit«. Heute lebt er abgeschirmt und zurückgezogen in einem Fertighaus auf dem Gelände einer Bundesgrenzschutzkaserne in Bayern. Wenn er das Grundstück verläßt, chauffiert ihn ein BGS-Mann in einer gepanzerten Limousine.

Der »begnadete« Berichteschreiber Alfred Klaus genießt heute seinen Ruhestand in einem Hamburger Elbvorort, Willy Terstiege ist als Regierungsdirektor seit zwei Jahrzehnten Pressesprecher des Bundeskriminalamtes. Und daß von Bonn aus die BKA-Terroristenfahnder ermitteln, gehört auch längst der Vergangenheit an: 1978 zogen sie in die BKA-Zentrale an der Wiesbadener Thaerstraße. Heute arbeiten dort in der Abteilung »Terrorismusbekämpfung« – Kürzel: TE – rund 270 Beamte.

Zurück in das Jahr 1971, in dem die Fahndung nach den Gesuchten der »Baader-Meinhof-Bande« von Woche zu Woche, von Monat zu Monat verstärkt wird: RAF-Mitglieder, die sich in Bedrängnis fühlen, greifen immer schneller zur Schußwaffe – getreu der von Ulrike Meinhof ausgegebenen Parole: »Natürlich darf geschossen werden.« Und so werden drei Polizeibeamte von Terroristen erschossen. Erstes Opfer ist am 22. Oktober 1971 der Hamburger Zivilfahnder Norbert Schmidt. Zusammen mit einem Kollegen will er eine Frau in der Straße Heegbarg überprüfen. Dabei eröffnet ein Pärchen, das in der Nähe geht, plötzlich das Feuer auf ihn. Von sechs Kugeln getroffen, bricht Schmidt zusammen – seine Pistole steckt im Halfter. Sein Kollege Heinz Lemke wird durch eine Kugel am Fuß verletzt. »Norbert, was ist denn?« ruft Lemke. Doch Norbert Schmidt antwortet nicht – seine Pupillen sind starr, wie Lemke erschreckt feststellt. Die Täter springen in den zivilen Polizei-Ford 17 M-Peter 53/11 und jagen davon. Sie verständigen ihre Komplizen in der konspirativen Wohnung Heegbarg 13 und flüchten. Drei Tage später entdeckt die Polizei diese Wohnung.

Auf den Tag genau drei Monate später verläßt der 32jährige Polizeiobermeister Herbert Schoner eine Filiale der Kreissparkasse in Kaiserslautern. Auf der gegenüberliegenden Seite der Fackelstraße sieht er vor der Bayerischen Hypotheken- und Wechselbank im Halteverbot einen roten VW-Bus stehen, zur Hälfte auf dem Gehweg. Zusammen mit einem Geldboten geht er auf das Fahrzeug zu, der Fahrer setzt zurück und rammt den Pfahl des Halteverbotsschildes. Dann fährt er wieder nach vorne. Polizeiobermeister Schoner zieht seine Dienstwaffe, will die Beifahrertür öffnen. Da schießt der Fahrer. Glassplitter treffen den Beamten ins Gesicht und an den Hals. Er wendet sich ab, verliert seine Mütze. In diesem Augenblick schießt ihm der Täter eine Kugel in den Rücken. Schwerverletzt schleppt sich der Polizist zum Eingang der Bank, durch den Windfang bis zur Tür des Schalterraums. Da erblickten ihn die vier mit Pudelmützen maskierten Täter, die gerade 134000 Mark zusammengerafft haben. Einer von ihnen, der, der gerade zuvor die Sortenkasse geleert hat und nun auf dem Tresen hockt, schießt ihm direkt in die Brust. Klaus Jünschke wird später wegen der Ermordung des Polizeibeamten zu »lebenslänglich« verurteilt. 1988 wird er begnadigt und aus der Haft entlassen.

Ein halbes Jahr später schießt das RAF-Mitglied Manfred Grashof in Hamburg den Kriminalhauptkommissar Hans Eckhardt nieder. Die Polizei war an diesem 2. März 1971 alarmiert worden, nachdem ein Fernmeldetechniker, der ein Telefon in einer Dachgeschoßwohnung anschließen sollte, vor einer verschlossenen Zimmertür stand; er öffnete sie mit einem zufällig passenden Schlüssel und stand mitten in einer Ausweisfälscherwerkstatt der RAF. Daraufhin beziehen drei Beamte in der Ein-Zimmer-Wohnung Stellung, ein weiterer Polizist überwacht das Treppenhaus und ein fünfter den Hauseingang. Gegen Viertel vor elf dreht sich ein Schlüssel im Schloß der Wohnungstür, zwei Männer erscheinen in der Wohnung. »Polizei – Hände hoch!« ruft ein Beamter. Wolfgang Grundmann tut, wie ihm befohlen, und erklärt: »Nicht schießen, ich bin nicht bewaffnet!« – in Wahrheit hat er eine Pistole Walther P 38 in einem Lederhalfter am Hosenbund stekken. Kriminalhauptkommissar Eckhardt und sein Kollege Petersen gehen auf die beiden Männer zu. Auf einmal eröffnet der weiter hinten stehende Manfred Grashof das Feuer. Zwei Kugeln treffen Kriminalhauptkommissar Eckhardt, eine in die Brust, die andere in den Bauch. Eckhardts Kollege Petersen schießt zurück, trifft Grashof mit vier Kugeln, unter anderem in den rechten Oberarm, so daß sein Revolver auf den Boden fällt. Mit der linken Hand zieht Grashof eine zweite Waffe, flüchtet ins Treppenhaus. Dort wird er von einem Beamten mit einer Maschinenpistole in der Hand verhaftet. Grashof kommt im Krankenhaus verhältnismäßig schnell wieder zu Kräften, Kriminalhauptkommissar Eckardt stirbt drei Wochen später.

Umgekehrt verlieren auch RAF-Mitglieder durch Kugeln aus Polizeiwaffen ihr Leben. Das Aufeinandertreffen mit Terroristen ist für die Beamten eine heikle Situation: sie müssen davon ausgehen, daß die RAF-Angehörigen umgehend zur Waffe greifen. Und so kommt es nicht selten zu Schießereien, wenn Polizeibeamte versuchen, RAF-Mitglieder zu verhaften. Den Griff nach der Pistole bezahlt als erste Petra Schelm (20) mit ihrem Leben, am 15. Juli 1971. Im Rahmen einer Großfahndung in Norddeutschland wird sie zusammen mit Werner Hoppe (22) gestellt. Sie zieht eine Browning-Selbstladepistole FN und feuert auf die beiden Beamten, mindestens sechsmal. Diese schießen zurück – eine Kugel trifft Petra Schelm in den Kopf.

Ein halbes Jahr später, am 2. März 1972, erschießt in Augsburg ein Polizeibeamter Thomas Weisbecker (22), Sohn eines Kieler Professors, mit zwei Haftbefehlen gesucht. Über die Berliner Kommune I war er zur »Baader-Meinhof-Bande« gekommen. Weisbeckers Freund Georg von Rauch war vier Monate zuvor bei einer Polizeikontrolle, als er sich anschickte, auf Polizisten zu schießen, erschossen worden – aus Notwehr, so die Begründung des Staatsanwaltes, mit der er das Ermittlungsverfahren einstellte.

Der Tod Weisbeckers hat eine Vorgeschichte: Die Polizei kam ihm auf die Spur, als sie in einer gerade entdeckten konspirativen Wohnung in der Frankfurter Ludwig-Landmann-Straße 343 den Müll durchsuchte und dabei die Adresse des Maklerbüros *Frey* (Name geändert) in Augsburg entdeckt. Von dem Makler erfahren die Beamten, daß am 12. Dezember 1971 eine Martina Neuendorff aus Kassel eine Wohnung in der Augsburger Georgenstraße 14 gemietet habe. Die Ermittler finden heraus, daß es diese Frau nicht gibt, weitere Verdachtsgründe kommen hinzu – und so legen sie sich auf die Lauer. Schräg gegenüber mieten sich die Beamten im Augsburger Hof ein und beobachten vier Wochen lang das Haus. Am 2. März 1972 verläßt ein Paar die Wohnung, Beamte observieren sie. So sehen die Polizisten, wie die beiden in einen weißen Audi 100 GL steigen und zum Restaurant Rimini am Obstmarkt 5 fahren. Nach dem Mittagessen trennen sich ihre Wege. Zwei Beamte folgen Weisbecker. Sie halten mit ihrem zivilen Dienst-Pkw vor der Einfahrt zu den Stadtwerken, einer belebten Straße. »Kriminalpolizei, Ihren Ausweis bitte«, ruft ein Beamter, der andere sichert mit gezogener Pistole. Der Angesprochene greift – so die Schilderung der Polizei – nach seiner Pistole, die in einem Halfter am Hosenbund unter dem Mantel steckt. Dreimal forderten ihn die Beamten auf, die Finger von der Waffe zu nehmen, so ihre Darstellung weiter. Dann habe der Mann einen Schritt zurück gemacht, sich geduckt und seine Pistole aus dem Halfter gezogen. Der Beamte schießt, trifft ihn aus vier Meter Entfernung in die Brust. Auf dem Weg ins Krankenhaus stirbt Thomas Weisbecker.

Nach der Verhaftung Mahlers waren Baader, Ensslin und Meinhof die steuernden Köpfe der Gruppe geworden. Mit der Zeit gewinnen auch Jan-Carl Raspe und Holger Meins an Gewicht. Die für die Gruppe mittlerweile gängige Bezeichnung »Baader-Meinhof-Bande« wird allerdings den tatsächlichen Führungsverhältnissen nicht gerecht: Meinhof spielt nicht eine derartig gewichtige Rolle, wie es der Name nahelegt. An der Spitze steht in Wahrheit das Pärchen Andreas Baader und Gudrun Ensslin – zusammengeschweißt durch eine Art subversiven Konsens. Baader ist ein stets radikaler, nicht selten pathetisch-brutaler Kämpfer. Er verfügt über die diabolische Gabe, seinen Mitstreitern das Gefühl vermitteln zu können, schon das Überschreiten von bürgerlichen Normen sei ein revolutionärer Akt. Damit zieht er gerade die zahlreichen Menschen im Umfeld der Gruppe in seinen Bann, die schwanken, die unsicher sind, was richtig und was falsch ist. Zu Baaders Eigenschaften zählt weiter, daß er auf nichts und niemanden Rücksicht nimmt. Seine Ideen sind tollkühn, er vermag viele von ihnen zu realisieren. Seine Freundin Gudrun nennt er in Gegenwart anderer Mitglieder ungeniert »Fotze«. Sie sagt liebevoll »Baby« zu ihm.

Ulrike Meinhof ist die »PR-Managerin« der Bande. Mehr nicht. Ihr kommt es zu, Erklärungen zu verfassen. Was durchgeht und was nicht, entscheidet letzten Endes Baader, in Abstimmung mit Ensslin. Gegenüber dem Gespann Baader-Ensslin hat sie nicht viel zu vermelden. Ulrike Meinhof, die einstige Journalistin, versteigt sich sogar dazu, Huldigungen auf Andreas Baader zu verfassen. So erklärte sie beispielsweise über seine Rolle innerhalb der Gruppe wenige Jahre später vor Gericht in der typisch verschrobenen RAF-Diktion: »Was Andreas für uns ist, was Fidel für Kuba, Che für Lateinamerika, Lumumba für Belgisch-Kongo, Ho für Vietnam, Marighella für Brasilien, Malcom X für die Schwarzen in den USA, George für die Gefangenen in den USA, Holger mit Andreas für uns war: die Verkörperung von kollektiver Führung, von Orientierung im Kampf.« Daß auch der Name Meinhof für die Bezeichnung der Gruppe Verwendung findet, erklärt sich daraus, daß die ehemalige *konkret*-Kolumnistin und Ex-Ehefrau des *konkret*-Chefs Röhl für viele eine Begriff ist – im Gegensatz zu Gudrun Ensslin, der Ex-Studentin. Und so steht der Name Meinhof vor allem für den – wie viele damals glaubten – »intellektuellen« Anspruch der Bande. Wäre Ulrike Meinhof als Publizistin nicht so bekannt gewesen, wäre die Gruppe wohl eher als »Baader-Ensslin-Bande« in die Geschichte eingegangen.

Bei zu fällenden Entscheidungen habe Andreas Baader regelmäßig das letzte Wort gehabt, berichten ehemalige Mitkämpfer. »War er gegen eine Aktion, wurde diese auch nicht durchgeführt«, erklärt beispielsweise Gerhard Müller, der damals der Gruppe angehörte und sich zwei Jahre nach seiner Verhaftung, 1974, von ihr trennte. Baader wußte, wie er die Leute in den Griff bekam. RAF-Aussteiger Gerhard Müller: »Er hatte die Fähigkeit, jeden einzelnen und die Verhältnisse innerhalb der Gruppe richtig einzuschätzen und seine Vorstellungen somit durchzusetzen.« So sei Andreas Baader in der Lage gewesen,

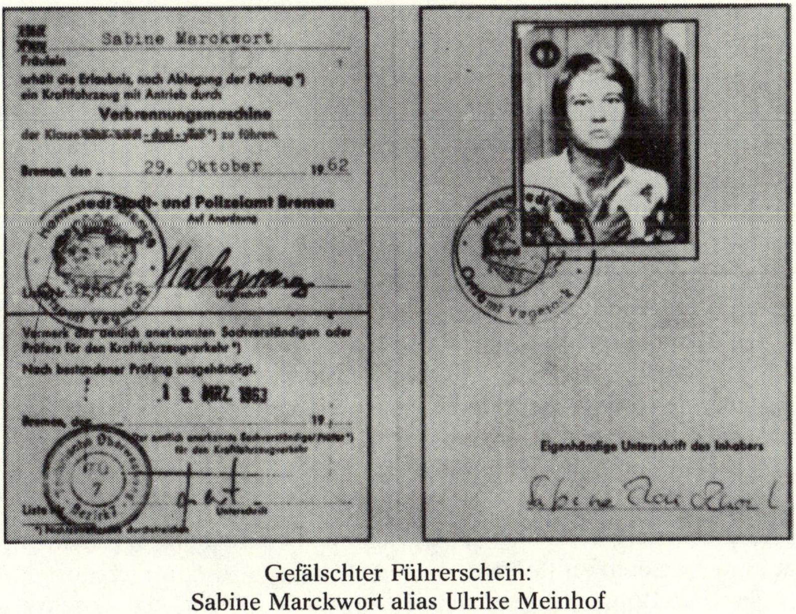
Sabine Marckwort
Fräulein
erhält die Erlaubnis, nach Ablegung der Prüfung *)
ein Kraftfahrzeug mit Antrieb durch
Verbrennungsmaschine
zu führen.
Bremen, den 29. Oktober 1962
Stadt- und Polizeiamt Bremen
Auf Anordnung
Vermerk des amtlich anerkannten Sachverständigen oder Prüfers für den Kraftfahrzeugverkehr *)
Nach bestandener Prüfung ausgehändigt.
1 9. MRZ 1963
Bremen, den 19
Unterschrift
Eigenhändige Unterschrift des Inhabers

Gefälschter Führerschein:
Sabine Marckwort alias Ulrike Meinhof

»jedem in der RAF direkt oder indirekt Befehle erteilen zu können. Die Befehlsgewalt Baaders stützte sich auch auf Drohungen gegenüber andersdenkenden RAF-Mitgliedern. Anfangs drohte Baader mit dem Ausschluß aus der RAF und somit indirekt mit einem Ausliefern an die Polizei, später ganz offen mit Liquidierung.«

Freilich wird über anstehende Entscheidungen in der Führungscrew diskutiert – Baader, Ensslin, Raspe, Meins zählen ab 1971 dazu, teilweise auch Meinhof und Grashof. Man stimmte sich ab – doch es ist so, daß innerhalb »der kollektiven Erarbeitung«, wie Jan-Carl Raspe einmal formulierte, »die wesentlichen Bestimmungen von Andreas stammen«.

In jedem der vier Stützpunkte verfügt die Gruppe über einen Statthalter: Brigitte Mohnhaupt in Berlin, fünf Genossen stehen ihr zur Verfügung, Irmgard Möller in Stuttgart, bis zu drei Genossen unterstützen sie, Jan-Carl Raspe in Frankfurt und Ulrike Meinhof in Hamburg. Im Mai 1972 stehen der Meinhof beispielsweise, wie ihr zeitweiliger Begleiter Gerhard Müller berichtet, Klaus Jünschke, Ilse Stachowiak und Siegfried Hausner zur Verfügung, ferner zwei aktive Sympathisanten, Ekkehard von Seckendorff und eine Frau. Trotz dieser Stützpunkte sind die einzelnen Mitglieder dort nicht fest eingeteilt oder gar »angebunden«. Das Leben besteht zu einem großen Teil aus Hin- und Herreisen, dem »Abchecken« ins Auge gefaßter Ziele, dem Treffen mit anderen Mitgliedern und Unterstützern sowie dem Begehen von Straftaten. So entdeckt – um nur ein Beispiel herauszugreifen – die Polizei Fingerabdrücke Gerhard Müllers in konspirativen Wohnungen in Frankfurt, Hamburg, Berlin und Kiel. Ebenso hielt er sich in der konspirativen Wohnung der Gruppe in Stuttgart auf, wie er selbst einräumt.

Auch die Führungscrew zieht zeitweise zwischen verschiedenen Orten umher. Ihre Mitglieder kennen zu einem großen Teil Einzelheiten aus den Untergruppen. Mit diesem Informationsaustausch unterscheidet sich die Gruppe deutlich von dem Zellensystem Marighellas, nach dem die Organisation derart untereinander abgeschottet sein soll, daß der einzelne Kämpfer »nicht mehr weiß, als was mit seiner augenblicklichen Aufgabe zu tun hat«. Doch in der Bundesrepublik sind die einzelnen Untergruppen nicht stark genug, um weitgehend autonom agieren zu können.

Für viele Bundesbürger avanciert im Laufe der Zeit die »Baader-

Meinhof-Bande« zum »Staatsfeind Nummer 1«. Sie können nicht verstehen, warum Menschen derart brutal und rücksichtslos vorgehen. In Boulevardzeitungen erscheinen Morgen für Morgen neue große Schlagzeilen über die Gruppe. Eine Schlagzeile der *Bild*-Zeitung bringt den Schriftsteller Heinrich Böll ganz besonders in Rage: »Baader-Meinhof-Bande mordet weiter – Bankraub: Polizist erschossen.« So titelte *Bild* am 23. Dezember 1971, nach einem Banküberfall und dem Mord an Polizeiobermeister Herbert Schoner in Kaiserslautern. Böll nimmt dazu im *Spiegel* Stellung – eine für die damalige Zeit bezeichnende Kontroverse folgt:

In seinem ersten *Spiegel*-Artikel »Will Ulrike Gnade oder freies Geleit?« kritisiert Böll, daß *Bild* bereits eine Baader-Meinhof-Beteiligung behauptet, obwohl die BM-Beteiligung noch gar nicht erwiesen sei.* Böll spricht von »einem Krieg von 6 gegen 60000000«: »Das ist tatsächlich eine äußerst bedrohliche Situation für die Bundesrepublik Deutschland. Es ist Zeit, den nationalen Notstand auszurufen. Den Notstand des öffentlichen Bewußtseins, der durch Publikationen wie ›Bild‹ permanent gesteigert wird.« Böll stellt die Frage: »Haben alle, die einmal verfolgt waren, von denen einige im Parlament sitzen, der eine oder andere in der Regierung, haben sie alle vergessen, was es bedeutet, verfolgt und gehetzt zu sein ... Waren nicht auch sie, die ehemals Verfolgten, einmal erklärte Gegner des Systems, und haben sie vergessen, was sich hinter dem reizenden Terminus ›auf der Flucht erschossen‹ verbarg?«

»Ich weigere mich anzunehmen«, entgegnete ihm zwei Wochen später im *Spiegel* Diether Posser, nordrhein-westfälischer Minister für Bundesangelegenheiten, »daß Heinrch Böll nicht die unübersteigbaren Unterschiede zwischen der nüchternen, entschiedenen, die Menschenwürde auch des Verbrechers achtenden Strafverfolgung durch den Rechtsstaat und der Menschenjagd und den Mordtaten des nationalsozialistischen Unrechtsstaates kennt. Die Böllsche Parallele ist eine böse Entgleisung.« Posser fügt hinzu: »Keines der bisher ver-

---

* Tatsächlich wurde dieser Überfall, wie auf den Seiten 100 und 107f. geschildert, von der »Baader-Meinhof-Bande« verübt. Schon gleich nach der Tat sprachen eine Reihe von Indizien für einen Überfall der Gruppe, unter anderem die Ausführung der Tat und die Erklärung mehrerer Zeugen, bestimmte Mitglieder der Gruppe in Kaiserslautern gesehen zu haben.

hafteten Mitglieder der Gruppe ist ›auf der Flucht erschossen‹ worden, wie die Tarnformel für die ohne Gerichtsverfahren liquidierten Inhaftierten in Gewaltregimen lautet. Deutschland ist kein Land der Lynchjustiz.« Possers Fazit über Bölls Stellungnahme: »Er wollte zur Besinnung rufen und schrieb selbst unbesonnen.« Eine Woche später nimmt Böll noch einmal Stellung im *Spiegel*: »Im großen und ganzen, auch in einigen Details muß ich Herrn Dr. Posser recht geben. Die Wirkung meines Artikels entspricht nicht andeutungsweise dem, was mir vorschwebte: eine Art Entspannung herbeizuführen und die Gruppe, wenn auch versteckt, zur Aufgabe aufzufordern. Ich gebe zu, daß ich das Ausmaß der Demagogie, die ich heraufbeschwören würde, nicht ermessen habe.«

Ebenfalls über die Medien wendet sich Renate Riemeck an ihre einstige Pflegetochter Ulrike Meinhof und fordert von ihr, aufzuhören mit »Aktionen, bei denen geschossen wird und Menschen ihr Leben verlieren«. In dem »Offenen Brief« in *konkret*, von anderen Zeitschriften und Zeitungen nachgedruckt, erklärt sie der im Untergrund lebenden Ulrike Meinhof im November 1971: »Die Bundesrepublik ist kein Pflaster für eine Stadtguerilla lateinamerikanischen Typs. Du weißt, Ulrike, daß Ihr von unserer Öffentlichkeit nichts anderes zu erwarten habt als erbitterte Feindschaft... Wer – außer einer Handvoll Sympathisanten – hat noch Verständnis für den politischen Impuls Eures Handelns? ...Ich bin überzeugt, daß Du in der ›Rote-Armee-Fraktion‹ mitmachst, weil Du ehrlich den Jugendlichen in Gefängnissen und Heimen, in Schulen und in der Ausbildung helfen möchtest und Dich an die richtest, denen es am dreckigsten geht. Du willst sie zum ›direkten Widerstand‹ auffordern und hoffst, daß auf diese Weise der Kampf gegen den Kapitalismus besser zu organisieren ist. Das ist irrational, Ulrike... Der Tod von Petra Schelm und das Schicksal von Margit Schiller müssen Dir doch an die Nerven gehen. Ihr habt nicht die Rechtfertigung der Tupamaros von Uruguay für Aktionen, bei denen geschossen wird und Menschen ihr Leben verlieren. Ihr müßt Euch korrigieren.«

Doch weder Ulrike noch ihre Genossen wollen sich korrigieren. »Ich denke nicht daran, mich zu stellen«, erklärt Andreas Baader in einem Schreiben an das bayerische Landesbüro der Deutschen Presseagentur am 24. Januar 1972, unterzeichnet mit seiner Unterschrift und dem Abdruck seines rechten Daumens. Es ist seine Antwort auf eine Meldung der *Bild*-Zeitung, die unter Berufung auf einen Mittelsmann berichtet hatte, daß Baader bereit sei, sich unter Zusicherung von Straffreiheit und freiem Geleit nach Abschluß der Vernehmungen zu stellen. Baader schreibt weiter: »Kein Typ von der RAF denkt daran, sich zu stellen. Kein Gefangener aus der RAF hat bis jetzt ausgesagt. Erfolgsmeldungen über uns können nur heißen: verhaftet oder tot. Die Stärke der Guerilla ist die Entschlossenheit jedes einzelnen von uns. Wir sind nicht auf der Flucht. Wir sind hier, um den bewaffneten Widerstand gegen die bestehende Eigentumsordnung und die fortschreitende Ausbeutung des Volkes zu organisieren.« Baader schließt mit den Worten: »Der Kampf hat erst begonnen.«

Bombenbasteln – die Vorbereitungen für die »Offensive«

In der Tat: Schon bald beginnen die Vorbereitungen für eine »Welle des Terrors« – die Republik soll durch Anschläge erschüttert werden. Zum einen, um die Macht der Gruppe zu zeigen, zum anderen, um den Staat zu Reaktionen herauszufordern, die ihn in einem häßlichen Licht erscheinen lassen sollen. Baader und seine Genossen hoffen darauf, daß sich Gruppen der revolutionären Linken solidarisieren.

Als Stützpunkt für die Vorbereitungen wählt Baader die Wohnung Inheidener Straße 69 in Frankfurt, eine 3-Zimmerwohnung in einem 16stöckigen Hochhaus. Diese Wohnung im Stadtteil Bornheim hatte Thomas Weisbecker »besorgt«, das heißt von einem Diplompsychologen aus Bad Kissingen im Januar 1972 anmieten lassen – keine zwei Monate vor seinem Tod. In der Mensa hatte Weisbecker, der sich als »Dieter« vorstellte, den Psychologen angesprochen und erfahren, daß er darauf hoffte, in Frankfurt eine Anstellung zu finden. »Dieter« überredete den Psychologen, schon einmal eine Wohnung anzumieten, nämlich die in der Inheidener Straße. »Um die Miete mach dir keine Sorgen, die 680 Mark werfen wir an jedem Monatsersten in den Briefkasten«, erklärte »Dieter« und fügte auf die Frage des Mannes, woher denn das Geld stamme, lachend hinzu: »Das kommt von Spendenaktionen unseres Solidaritätskomitees für die Black-Panther-Bewegung.«

Um diese Frankfurter Zentrale zieht sich ein Netz von vier Wohnungen: in der Raimundstraße 104, von jemand gemietet, der sich als

»Freimut Duve« ausgab, in der Bergerstraße, in Offenbach in der Schloßstraße und in Heusenstamm bei Frankfurt.

Baader und seine Genossen kümmern sich nun um das »S« der Logistikformel: Sprengstoff. Für die geplanten Bomben läßt er Materialien in größeren Mengen beschaffen: mindestens zehn Zentner Ammoniumnitrat, mehrere Zentner Kaliumnitrat, Bleimennige und Aluminiumpulver.

»Chefeinkäufer« der Truppe ist Gerhard Müller. Mit einer Reihe von Tricks und Finten besorgt er Chemikalien in der Bundesrepublik. Zum Beispiel Kaliumchlorat: »Ich rief verschiedene Firmen an und geriet schließlich an eine Stuttgarter Chemikalienhandlung«, berichtete er später. »Von Frankfurt aus fuhr ich mit dem kleinen grauen Ford-Transit nach Stuttgart. Zunächst begab ich mich in die Wohnung Seidenstraße, wo sich zu dieser Zeit Irmgard Möller und Angela Luther aufhielten. Ich bat Irmgard Möller, mich mit einem zweiten Wagen, einem NSU TT zu dieser Chemikalienhandlung in Stuttgart-Feuerbach oder -Zuffenhausen zu begleiten. Auch sie sollte wieder bereitstehen für den Fall, daß ich flüchten mußte. Für den Kauf hatte ich mir einen überall erhältlichen Bestellschein besorgt, auf den ich die zu kaufende Menge schrieb. Als Käufer notierte ich darauf die verfälschte Adresse einer existenten Heidelberger Handelsfirma, weil ich an meinem Ford-Transit ein Mannheimer Kennzeichen führte. Den Bestellschein habe ich nicht benötigt. Die Ware wurde mir nicht so-

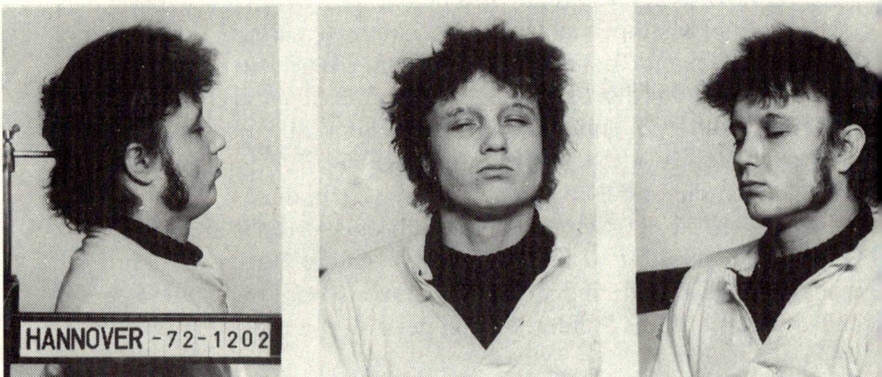

Gerhard Müller nach seiner Verhaftung im Juli 1972

fort ausgehändigt, da es sich wieder um einen hochgiftigen Stoff handelte und der Käufer bei dieser Firma nicht bekannt war. Ich verabredete ein Telefongespräch, da ich inzwischen andere Besorgungen machen wollte. Bei der telefonischen Rückfrage teilte mir ein Firmenangestellter mit, daß die als Käufer verzeichnete Heidelberger Firma unter einer anderen Anschrift existent sei. Ich erklärte ihm, daß es sich um einen Bruder des Firmeninhabers handeln würde, der sich selbständig gemacht habe und diese Ware für eine pyrotechnische Firma beschaffe. Daraufhin wurde mir nach Bezahlung die Ware anstandslos ausgehändigt. Insgesamt wurden von mir zwölf Tonnen à 50 Kilogramm gekauft. Das Kaliumchlorat wurde auch in die Garage Marbachweg in Frankfurt gebracht und dort gelagert.«

Material für die Bomben besorgen sich die Mitglieder der Gruppe auch Ostern 1972 bei einem Einbruch bei den Casseler Basalt-Werken in Oberaula im Kreis Ziegenhain: sie entwenden 187 Sprengkapseln, 370 Meter Sprengschnur und 64 Zünder. Als »Bombenbastler« dient der Gruppe der Frankfurter »Metallbildner« Dierk Hoff. Er ist als Künstler und Tüftler bekannt und auch dafür, daß er Individuelles anfertigt wie Bettgestelle, Rohrstühle und Kupferkamine. In seiner Werkstatt, dem »Studio Metall« in der Oberlindau 67 in Frankfurt – Eingang um die Ecke von der Eppsteiner Straße – bekommt er in den ersten Wochen des Jahres 1972 Besuch von einem Mann, der sich als »Erwin« vorstellt und ihm Aufträge erteilt: Requisiten für eine »Revolutions-Fiction«, Ort der Handlung: Südamerika. Für »Erwin« und seinen Begleiter »Lester« – in Wahrheit Holger Meins und Jan-Carl Raspe – bastelt Hoff Handgranaten und »Rohrmäntel«, also Sprengstoffbehälter.

Höhepunkt des mörderischen Handwerkens wird die »Baby-Bombe«: Gehalten durch einen Leibgurt kann eine Terroristin in einem Umstandskleid eine Bombe transportieren. Nach dem Ablegen des Sprengkörpers hat sie die Möglichkeit, einen Plastikball vor ihrem Bauch mit einem Schlauch aufzublasen. Dadurch kann die Frau den Schauplatz verlassen, ohne aufzufallen.

»Ich hielt alles für technische Spielerei«, erklärt Hoff später – erst drei Jahre nach der Bombenwelle gelingt es der Polizei, ihn zu enttarnen. »Erwin« und »Lester« hätten ihm erklärt, »der ganze Film steht und fällt mit deinen Requisiten«. Hoff wird, wie er es darstellt, erst skeptisch, als er an einem Schrotgewehr ein echtes Magazin anbrin-

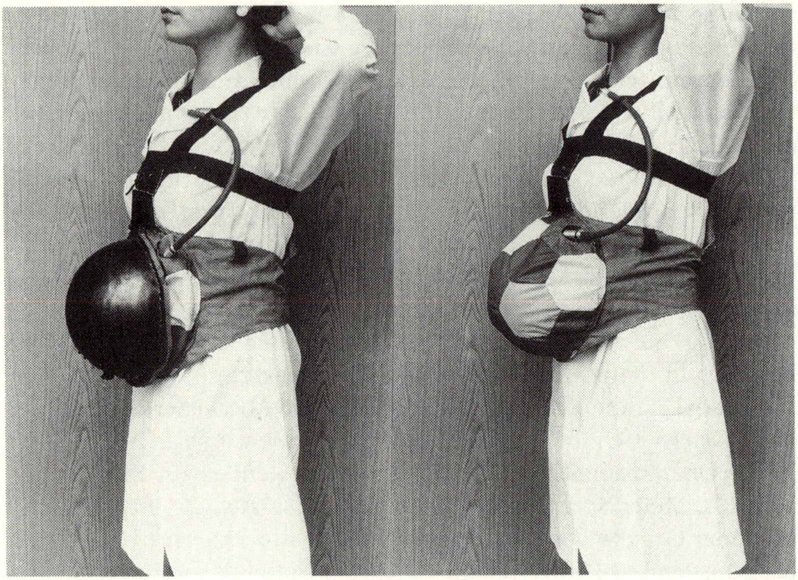

Die »Babybombe«

gen soll, anstelle einer Attrappe, so wie er es vorhatte. «Das kam mir dann spanisch vor«, erinnert er sich, zumal ihm aufgefallen sei, daß »Erwin« «als Filmfachmann verblüffend viel von Waffen« verstand. Schlagartig ist dem leidenschaftlichen Bastler klar, worum es geht. »In was reitet ihr mich hier rein?« fragte er empört »Erwin« und »Lester«. »Das ist doch eine heiße Sache, ihr habt mich gelinkt«, meint Hoff entrüstet. Als er dann noch etwas von »Polizei« sagt, hält »Erwin« plötzlich eine Pistole in der Hand und verkündet: »Das hier ist kein Spaß, aussteigen oder Polizei ist nicht.« Verrat könne die Gruppe nicht dulden, es gehe um den Aufbau einer breiten Bewegung im Untergrund. Und so bastelt Hoff weiter, erhält Hunderter um Hunderter für seine Werke – er merkt: Geld spielt für seine Auftraggeber keine Rolle.

Am 11. Mai 1972, einem Donnerstag, packt Dierk Hoff gegen 19.00 Uhr seinen VW-Bus. Er will in die Ferien fahren, nach St. Tropez. Während er die Sachen verstaut, hört er auf einmal drei dumpfe Explosionen – aus Richtung des früheren IG-Farben-Verwaltungsgebäudes, dem Hauptquartier des V. Corps der US-Armee in Frankfurt. »Ich hatte ein mieses Gefühl in diesem Augenblick«, berichtet Hoff später, »aber die aufsteigende Angst wischte ich mit dem Gedanken fort, es könnten auch Böllerschüsse der Amerikaner gewesen sein.« Er startet an die Côte d'Azur.

Die Republik erzittert – die »Offensive«

Schlag auf Schlag – die Welle des Terrors im Mai 1972

Doch es waren keine Böllerschüsse, sondern die von ihm gefertigten Bomben, die explodierten: der Auftakt der Baader-Meinhof-Offensive. Bei diesem Anschlag kommt der US-Oberstleutnant Paul A. Bloomquist ums Leben. 13 Personen werden verletzt – sieben US-Soldaten, drei US-Zivilangestellte und drei Deutsche. Es war eine Spontanaktion der Terroristen unter Federführung von Andreas Baader, durchgeführt in wenigen Stunden, nachdem in der Bundesrepublik bekanntgeworden war, daß die Amerikaner die Häfen Nordvietnams vermint hatten. Ein »Kommando Petra Schelm« erklärt in dem Selbstbezichtigungsschreiben: »Für die Ausrottungsstrategen von Vietnam sollen Westdeutschland und Westberlin kein sicheres Hinterland mehr sein. Sie müssen wissen, daß ihre Verbrechen am vietnamesischen Volk ihnen neue, erbitterte Feinde geschaffen haben, daß es für sie keinen Platz mehr geben wird in der Welt, an dem sie vor den Angriffen revolutionärer Guerilla-Einheiten sicher sein können.« Das Selbstbezichtigungsschreiben ist unterzeichnet mit »Rote Armee Fraktion« und endet mit den Worten: »Schafft zwei drei viele Vietnam!«

Nach dem Anschlag sitzen Andreas Baader, Holger Meins, Jan-Carl Raspe und Gudrun Ensslin in der Wohnung Inheidener Straße 69. Gerhard Müller kommt hinzu. Er hört, so berichtet er später, wie Baader damit protzt, daß der Anschlag nach seinen Weisungen erfolgt sei und die Bomben – wie von ihm vorgesehen – fast gleichzeitig explodiert seien. »Nach dem Anschlag wurden in der Wohnung Rundfunk, Fernsehen und auch der Polizeifunk eingestellt, um alle diesbezüglichen Meldungen verfolgen zu können«, erinnert sich Müller. »Jetzt wurde in Erfahrung gebracht, daß es einen Toten gegeben hatte. Die

Ensslin und Raspe gaben sich gleichmütig, Meins erschien mir stiller als sonst; Baader verhielt sich wie sonst.«

Am nächsten Tag explodieren um 12.15 Uhr zwei Bomben in der Polizeidirektion in Augsburg: eine war in einer Ausstellung der Kriminalpolizeilichen Beratungsstelle versteckt worden, die andere in einem Karton auf einem zwei Meter hohen Schrank. Fünf Menschen erleiden Gehörschäden, zwei Menschen leichte Verletzungen. Zwei Stunden später fliegt ein blauer Ford 17 M auf dem Parkplatz vor dem Bayerischen Landeskriminalamt in der Maillinger Straße in München in die Luft – an der Stelle, an der er abgestellt worden war, ist anschließend nur noch ein tiefer Krater zu sehen. Ein VW in der Nähe schießt zehn Meter durch die Luft, der Motorblock noch weiter. Zehn Menschen werden verletzt. Alles ist mit Glasscherben übersät, Dutzende Fenster sind zerstört worden. Schaden insgesamt: 600000 Mark. Ein »Kommando Thomas Weisbecker« erklärt, die Behörden hätten zur Kenntnis zu nehmen, daß sie »keinen von uns liquidieren können, ohne damit rechnen zu müssen, daß wir zurückschlagen werden«.

Drei Tage später, am Montagmittag, explodiert in Karlsruhe eine Bombe unter dem VW 1300 L des Bundesrichters Wolfgang Buddenberg (60) – Buddenberg ist als Ermittlungsrichter für den Baader-Meinhof-Komplex zuständig. Entgegen seiner Gewohnheit, sich von seiner Frau in dem Wagen zum Bundesgerichtshof fahren zu lassen, war er an diesem Tag zu Fuß gegangen. Und so zündet der Sprengsatz unter dem Beifahrersitz, als seine Frau den Wagen vor dem Haus Klosestraße 38 startet – die Explosion reißt ein 40 mal 60 Zentimeter großes Loch ins Bodenblech, zerfetzt den Beifahrersitz, schleudert das Schiebedach neun Meter weit, das Wagendach wird von mehreren Splittern durchschlagen. Die Frau sinkt schwer verletzt zusammen. Hätte der Bundesrichter auf dem Beifahrersitz Platz genommen, wäre dies sein sicherer Tod gewesen. Die Ermittler stellen fest, daß von der Zündspule im Motorraum Drähte zum Bodenblech unter dem Beifahrersitz führen. Die Sprengladung wurde mit drei Magnetfüßen am Bodenblech des Wagens angebracht. Die Zündung der Sprengladung erfolgte über die Zündspule. Mit anderen Worten: Durch das Anlassen des Motors zündete die Frau des Richters automatisch auch die Bombe.

Ein »Kommando Manfred Grashof« droht in einer erst Wochen später gefundenen Erklärung: »Wir werden so oft und so lange

Sprengstoffanschläge gegen Richter und Staatsanwälte durchführen, bis sie aufgehört haben, gegen politische Gefangene Rechtsbrüche zu begehen.« – Baader war über Buddenberg verärgert, weil er meinte, daß der bei seiner Verhaftung verletzte Manfred Grashof auf Weisung des BGH-Richters zu früh aus dem Krankenhaus in eine Haftzelle verlegt worden sei.

Die Lebensgewohnheiten Buddenbergs spähte die »Stuttgarter Residantur« der Gruppe aus. Bei einem Besuch in Stuttgart im April 1972 hatte Gerhard Müller, wie er berichtet, in der Wohnung Seidenstraße Irmgard Möller, Angela Luther und einen schwarzen Hund gesehen: »Auf meine Frage, warum sie den Hund halten würden, erklärten sie mir, daß sie ihn zu Tarnungszwecken angeschafft hätten. Der Hund würde bei Abklärungen des Richters Buddenberg mitgenommen. Auf weiteres Befragen erzählten mir beide, daß sie abwechselnd, mal mit, mal ohne Hund, nach Karlsruhe fahren würden, um zu erkunden, wie die Lebensumstände des Herrn Buddenberg seien. So sagten sie mir, daß Buddenberg jeden Morgen zu einer bestimmten Zeit von seiner Frau in einem VW zum Bundesgerichtshof gefahren würde.«

Vier Tage nach dem Buddenberg-Attentat, am 19. Mai, explodieren im Verlagshaus Springer in Hamburg zwei Rohrbomben, eine in der dritten Etage neben der Korrekturabteilung, die andere in der sechsten Etage in einem Nebenraum der Damentoilette. 38 Menschen werden verletzt, überwiegend Arbeiter und Angestellte. Drei weitere im Gebäude versteckte Bomben zünden nicht.

Fünf Minuten vor der ersten Explosion rief ein Mann in der Telefonzentrale an und erklärte: »In einer Viertelstunde geht eine Bombe hoch.« Elf Minuten später, nachdem die beiden Bomben explodiert sind, meldet sich eine Anruferin in der Telefonzentrale und fragt: »Ist bei Ihnen eine Bombe hochgegangen?« – »Ja«, entgegnet die Telefonistin. Die Anruferin: »Vielen Dank, das wollte ich nur wissen.« Noch an diesem Tag liefert ein Bote einen Brief beim Norddeutschen Rundfunk ab, in dem ein »Kommando 2. Juni«* Betroffenheit darüber ausdrückt, daß trotz der Warnung Beschäftigte verletzt wurden.

* Nicht zu verwechseln mit der »Bewegung 2. Juni«, einer eigenständigen Terrorgruppe, siehe Seite 291 ff. Am 2. Juni 1967 kam Benno Ohnesorg ums Leben, siehe Seite 49.

Drei Tote und fünf Verletzte:
Amerikanische Militärpolizisten sichern das Gelände des US-Hauptquartiers in Heidelberg nach dem Anschlag des RAF-»Kommandos 15. Juli« am 24. Mai 1972

Fünf Tage später, am 24. Mai 1972, fliegen zwei Bomben im Hauptquartier der US-Streitkräfte in Europa USAREUR in der Römerstraße in Heidelberg in die Luft. Drei Soldaten – Clyde R. Bonner, Charles L. Peck und Ronald A. Woodward – kommen ums Leben. Fünf Personen werden verletzt. Die Täten stellten zwei Fahrzeuge mit Bomben im Kofferraum auf dem Gelände ab, einen weißen Ford 17 M und einen VW. Beide Fahrzeuge sind gestohlen und mit ebenfalls gestohlenen amerikanischen Kennzeichen versehen worden.Ein »Kommando 15. Juli«* begründet den Anschlag mit den US-Bombenangriffen auf Vietnam.

Vier Tote, 74 Verletzte, elf Bomben. Das alles in weniger als zwei Wochen. Die Republik erzitterte regelrecht unter diesen Anschlägen. Die Fahndung der Polizei läuft auf Hochtouren. Keine vier Wochen später sind die Köpfe der Terrorgruppe hinter Schloß und Riegel.

---

* Am 15. Juli 1971 erschoß ein Polizeibeamter in Notwehr Petra Schelm in Hamburg, siehe Seite 109.

Die RAF-Führer werden gefaßt

Als erstes schnappt die Polizei Baader, Raspe und Meins. Die Beamten hatten einen Hinweis auf eine verdächtige Garage bekommen, die Garage Nummer 2 im Hofeckweg 2–4 in Frankfurt, einem Neubau. Dort entdecken sie zwei Fahrzeuge, einen Opel Commodore und einen Peugeot 504. Beides sind sogenannte Dublettenfahrzeuge – gestohlene Fahrzeuge, an die nachgemachte Schilder montiert wurden. Als Vorbild diente ein entsprechendes Fahrzeug, das es tatsächlich mit dieser Nummer gibt. Der Vorteil: Überprüft die Polizei bei einer Kontrolle das Kennzeichen, kann sie nur feststellen, daß dieses Kennzeichen tatsächlich für ein entsprechendes Fahrzeug ausgegeben wurde, und verfällt dadurch dem Irrtum, alles sei in Ordnung: eine von der RAF ersonnene Masche.

Die Beamten schauen sich in der Garage um: In einem Kunststoffeimer finden sie rund acht Kilogramm selbstgefertigten grauen Sprengstoff. Umgehend wechseln sie das Explosiv-Gemisch gegen eine harmlose Substanz aus und legen sich auf die Lauer. Früh am Morgen, um 5.50 Uhr, fahren am Fronleichnamstag, dem 1. Juni, drei Männer vor, in einem auberginenfarbenen Porsche Targa mit dem Kennzeichen KN-CU 90. Einer von ihnen bleibt in der Nähe stehen und beobachtet die Gegend. Die beiden anderen gehen in die Garage. Als der Beobachter – Jan-Carl Raspe, wie sich später herausstellt – Kripo-Männer entdeckt, zieht er seinen Revolver Smith & Wesson, Kaliber 38 Spezial, feuert dreimal auf die Beamten und flüchtet über das Grundstück Hofeckweg 3. Ein paar Minuten später entdeckt ihn ein Polizeibeamter auf einem Nachbargrundstück unter einem Busch – Jan-Carl Raspe läßt sich widerstandslos festnehmen. Währenddessen verschanzen sich die beiden anderen Männer in der Garage und schießen mehrmals heraus. Nach zwei Stunden Polizeibelagerung rollt ein gepanzerter Polizeiwagen vor. Diesen Augenblick nutzen die beiden für einen Ausbruchsversuch. Dabei wird Baader von einem Schuß in den linken Oberschenkel getroffen. Er stürzt. Laut schreiend liegt er in der Garage. Holger Meins gibt auf, wirft die Pistole und ein Magazin mit 13 Patronen vor die Garage. Baader und Meins werden verhaftet.

Genau eine Woche später wundert sich die Geschäftsführerin in der Boutique Linette am Hamburger Jungfernstieg über eine hüftlange, blaue Wildlederjacke. Eine Kundin, die gerade einen weißen Shet-

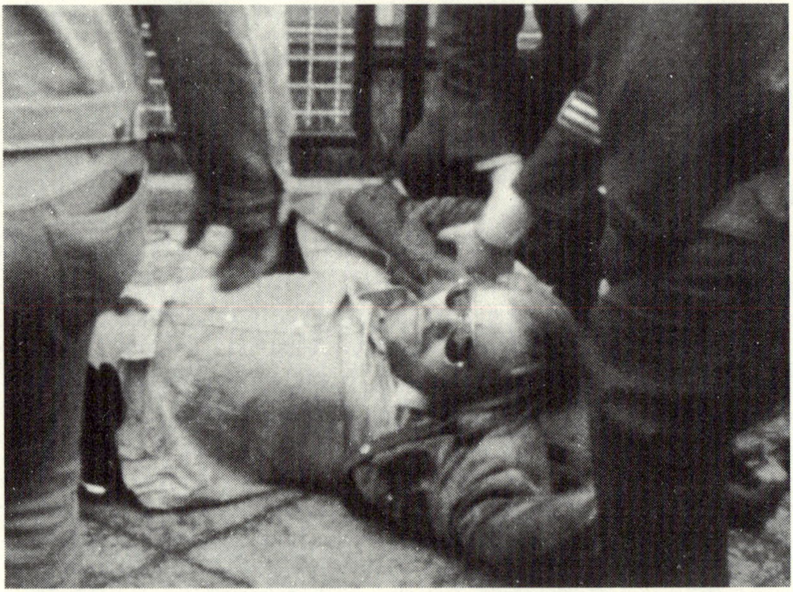

Angeschossen: Nach einem Feuergefecht wird Andreas Baader am 1. Juni 1972 in Frankfurt a. M. zusammen mit Jan-Carl Raspe und Holger Meins verhaftet

land-Pullover anprobiert, hat sie auf dem Sofa abgelegt. Die Jacke kommt der Geschäftsführerin ungewöhnlich schwer vor: sie fühlt Umrisse einer Pistole und ruft die Polizei – eine Verkäuferin hält die Kundin hin. Als auf einmal eine Streifenwagenbesatzung die Boutique betritt, versucht sich die Frau an den beiden Beamten vorbeizuschieben und zu flüchten. Die Polizisten halten sie fest, die Frau wehrt sich, so gut sie kann. Erst als eine zweite Streifenwagenbesatzung eintrifft, gelingt es der Polizei, die Frau zu überwältigen. Aus ihrer Jacke zieht ein Beamter einen Revolver Smith & Wesson, Kaliber 38 Spezial, aus ihrer Handtasche eine Pistole FN-High Power. Der Frau werden Fingerabdrücke genommen – es ist, so stellt sich heraus, Gudrun Ensslin.

Wieder eine Woche später meldet sich der Lehrer Fritz Rodewald bei der Polizei in Hannover-Langenhagen und erklärt, daß er in seiner Wohnung in der Walsroder Straße 11 zwei Personen beherberge, die

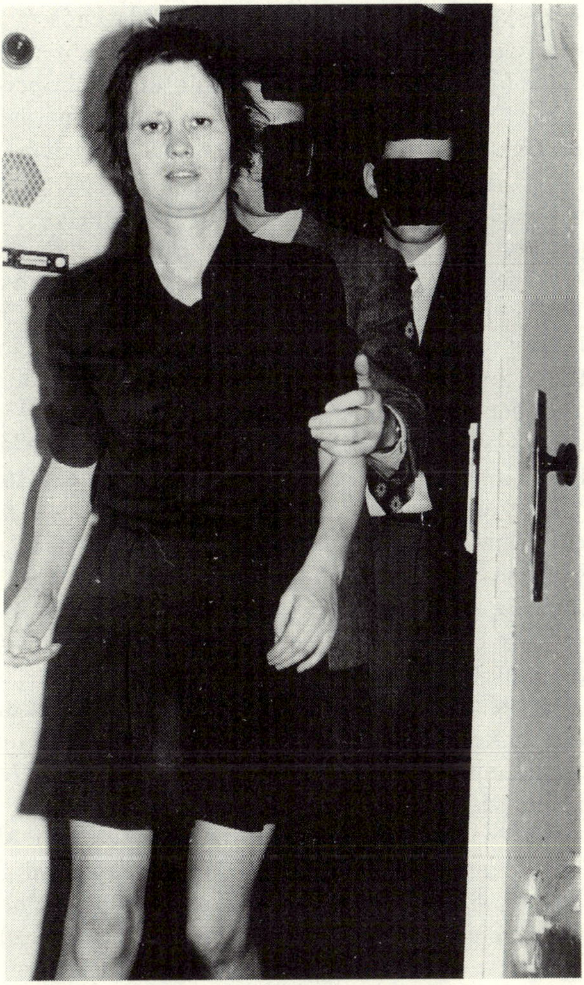

»Schweine, Scheißbullen«: Ulrike Meinhof nach ihrer Verhaftung am 15. Juni 1972 in Hannover

möglicherweise der »Baader-Meinhof-Bande« angehören. Eine ihm unbekannte Frau hatte ihn am Abend zuvor aufgesucht und gebeten, zwei Personen für kurze Zeit in der Wohnung unterzubringen. Je länger er darüber nachdenke, desto suspekter komme ihm die Angelegenheit vor: Die »Quartiermacherin« erschien ihm bei dem Gespräch ausgesprochen verstört. Vor allem gab ihm zu denken, daß sie nicht bereit war, die Namen der beiden »Gäste« zu nennen.

So observieren am 15. Juni Beamte das Haus, in dem der Lehrer wohnt. Um 17.50 Uhr erscheint ein Pärchen, das Gepäck in das Haus schafft. Der Wohnungsbesitzer ist nicht da, wie die beiden feststellen müssen. Daraufhin drücken sie das Türfenster mit Gewalt ein und öffnen die Tür mit einem Griff nach innen. Eine Stunde später kommt der Mann aus der Haustür und geht zu einer Telefonzelle. Während er wählt, stehen plötzlich Polizeibeamte vor ihm. Als er sie sieht, versucht er blitzschnell seine Pistole Walther P 38 aus dem Hosenbund zu ziehen. Doch die Beamten sind schneller, sie halten seine Hände fest. Anschließend gehen vier Kripoleute in die zweite Etage des observierten Hauses und klingeln. Ihnen öffnet eine Frau mit struppigen Haaren, schwarz gekleidet. Ein Beamter nimmt sie in den Polizeigriff, sie schimpft wie ein Rohrspatz: »Schweine, Scheißbullen.« An der verhärmten Frau, die erschöpft aussieht, erinnert nichts an Ulrike Meinhof. Doch sie ist's, wie sich am Abend herausstellt: Da die Polizei von ihr noch keine Fingerabdrücke besitzt, röntgt ein Arzt ihren Kopf in einem Krankenhaus – die Aufnahme stimmt mit einer Aufnahme nach Meinhofs Gehirnoperation überein.

In diesen Tagen gelingt es der Polizei, noch weitere RAF-Mitglieder festzunehmen, unter anderem Brigitte Mohnhaupt und Bernhard Braun in Berlin, Siegfried Hausner in Stuttgart, Katharina Hammerschmidt in Frankfurt und Klaus Jünschke und Irmgard Möller in Offenbach.

Damit ist die »Baader-Meinhof-Bande« zerschlagen. Der Terror-Spuk, der die Republik über Wochen in Atem hielt, scheint beendet. Doch nicht für immer, wie viele in diesen Tagen meinen, sondern nur fürs erste.

Während die Menschen in der Bundesrepublik aufatmen, setzt sich Horst Mahler, seit eindreiviertel Jahren im Gefängnis, an einen Tisch und schreibt an Gudrun Ensslin die Zeilen: »Ihr lebt. Das zählt. Daß sie ein paar Genossen gefangen haben, ist nicht das Wesentliche an der Sache, sondern daß sie dazu zwei Jahre gebraucht haben mit dem Apparat und dem Aufwand! Marighella hatte auch nur zwei Jahre. Das, was schon bisher geleistet wurde, ist enorm, und das ist erst der Anfang.«

»Das, was schon bisher geleistet wurde, ist enorm, und das ist erst der Anfang«: Horst Mahler in seiner Zelle in Berlin-Tegel

Die Kampfschriften

Von der ersten Generation gibt es eine ganze Reihe schriftlicher Stellungnahmen. Allein rund vierzig größere Erklärungen – gegenüber Zeitschriften wie dem *Spiegel*, in Gerichtssälen, in sogenannten »Zellenzirkularen« und in Selbstbezichtigungsschreiben nach Anschlägen. Darunter befinden sich drei grundlegende Kampfschriften – Konzepte, die in langen Gruppendiskussionen entstanden.

»Rote Armee Fraktion: Das Konzept Stadtguerilla« – die erste RAF-Schrift

Die sogenannte erste RAF-Schrift wird Ulrike Meinhof zugeschrieben, zumindest war sie federführend daran beteiligt: *Rote Armee Fraktion: Das Konzept Stadtguerilla.* Es erschien Mitte 1971 und wurde an linke Gruppen und einzelne Personen verschickt. Absender: »Werbezentrale Bonn, 53 Bonn, Am Markte 39.« Das 14-Seiten-Papier ist die erste umfassende Begründung für die Aufnahme des bewaffneten Kampfes in der Bundesrepublik.

Vorangestellt ist dem *Konzept Stadtguerilla* ein Zitat Maos aus dem Jahr 1939, in dem es heißt: »Wenn wir vom Feind bekämpft werden, dann ist das gut; denn es ist ein Beweis, daß wir zwischen uns und dem Feind einen klaren Trennstrich gezogen haben. Wenn uns der Feind energisch entgegentritt, uns in den schwärzesten Farben malt und gar nichts bei uns gelten läßt, dann ist das noch besser; denn es zeugt davon, daß wir nicht nur zwischen uns und dem Feind eine klare Trennungslinie gezogen haben, sondern daß unsere Arbeit auch glänzende Erfolge gezeitigt hat.«

Unterteilt ist das *Konzept Stadtguerilla* in sechs Abschnitte. Im ersten Abschnitt »Konkrete Antworten auf konkrete Fragen« nimmt die Gruppe zu verschiedenen aktuellen Aspekten Stellung. So rechtfertigt sie etwa den Schußwaffengebrauch bei Baaders Befreiung mit der Behauptung, es habe »keinen Grund für die Annahme« gegeben, »daß ein Ziviler sich noch dazwischen werfen könnte und würde«. Weiter erklärt sie, daß die Zeit für den bewaffneten Kampf reif sei: »Wir behaupten, daß die Organisierung von bewaffneten Widerstandsgruppen zu diesem Zeitpunkt in der Bundesrepublik und in

Westberlin richtig ist, möglich ist, gerechtfertigt ist. Daß es richtig, möglich und gerechtfertigt ist, hier und jetzt Stadtguerilla zu machen. Daß der bewaffnete Kampf als ›die höchste Form des Marxismus-Leninismus‹ (Mao) jetzt begonnen werden kann und muß, daß es ohne dem keinen antiimperialistischen Kampf in den Metropolen gibt.«

Im zweiten Abschnitt »Metropole Bundesrepublik« behauptet die Gruppe, der sozial-liberalen Koalition sei es gelungen, die Unzufriedenheit, die sich durch die Studentenbewegung und die außerparlamentarische Bewegung bemerkbar gemacht hätte, weitgehend zu absorbieren. Außerdem prangern die Verfasser den bundesdeutschen »Imperialismus« an: »Durch die Entwicklungs- und Militärhilfe an den Aggressionskriegen der USA beteiligt, profitiert die Bundesrepublik von der Ausbeutung der Dritten Welt, ohne die Verantwortung für diese Kriege zu haben, ohne sich deswegen mit einer Opposition im Inneren streiten zu müssen. Nicht weniger aggressiv als der US-Imperialismus ist sie doch weniger angreifbar.«

Im dritten Abschnitt »Studentenrevolte« erklärt die RAF die Studentenbewegung zu ihrer »Vorgeschichte«, zu der sie sich auch bekenne. Die Bedeutung dieser Bewegung skizziert sie so: »Es ist das Verdienst der Studentenbewegung in der Bundesrepublik und Westberlin – ihrer Straßenkämpfe, Brandstiftungen, Anwendung von Gegengewalt, ihres Pathos also auch, ihrer Übertreibungen und Ignoranz, kurz: Ihrer Praxis, den Marxismus-Leninismus im Bewußtsein wenigstens der Intelligenz als diejenige politische Theorie rekonstruiert zu haben, ohne die politische, ökonomische und ideologische Tatsachen und ihre Erscheinungsformen nicht auf den Begriff zu bringen sind, ihr innerer und äußerer Zusammenhang nicht zu beschreiben ist.« Die Studentenbewegung sei zerfallen, als es ihr nicht gelungen sei, »eine ihren Zielen angemessene Praxis zu entwickeln«, weder in den Betrieben noch durch eine Stadtguerilla oder eine sozialistische Massenorganisation: »Sie konnte die Ziele und Inhalte des antiimperalistischen Kampfes benennen – selbst nicht das revolutionäre Subjekt, konnte sie deren organisatorische Vermittlung nicht leisten.«

In dem vierten Abschnitt »Primat der Praxis« geht die RAF davon aus, daß die Aktivisten der Studentenbewegung an ihre Schreibtische zurückgekehrt seien. Der RAF schwebt eine »die Arbeiterklasse vereinigende Strategie« vor. Voraussetzung für den »notwendigen Vereinheitlichungsprozeß« ist nach Meinung der Gruppe »revolutionäre

Initiative« und »praktische revolutionäre Intervention der Avantgarde«: »Eine Führungsrolle der Marxisten-Leninisten in zukünftigen Klassenkämpfen wird es nicht geben, wenn die Avantgarde selbst nicht das Rote Banner des Proletarischen Internationalismus hochhält und wenn die Avantgarde selbst die Frage nicht beantwortet, wie die Diktatur des Proletariats zu errichten sein wird, wie die politische Macht des Proletariats zu erlangen, wie die Macht der Bourgeoisie zu brechen ist, und durch keine Praxis darauf vorbereitet ist, sie zu beantworten. Die Klassenanalyse, die wir brauchen, ist nicht zu machen ohne revolutionäre Praxis, ohne revolutionäre Initiative.« Fazit der Gruppe: »Die Rote Armee Fraktion redet vom Primat der Praxis. Ob es richtig ist, den bewaffneten Widerstand jetzt zu organisieren, hängt davon ab, ob es möglich ist, ist nur praktisch zu ermitteln.«

Im fünften Abschnitt »Stadtguerilla« erklärt die RAF, daß ihr aus Lateinamerika übernommenes »Konzept Stadtguerilla« in der Bundesrepublik nicht mehr sein könne, als es dort sei: »Die revolutionäre Interventionsmethode von insgesamt schwachen revolutionären Kräften.« In der Bundesrepublik könne Stadtguerilla die Agitation und Propaganda, auf die die »linke Arbeit noch reduziert« sei, konkret machen. Als Beispiele werden aus den Zeiten der Studentenbewegung unter anderem die »Springerkampagne« und »die Kritik am Strafvollzug und an der Klassenjustiz» genannt. Stadtguerilla sei eine Waffe im Klassenkampf: »Stadtguerilla ist bewaffneter Kampf, insofern es die Polizei ist, die rücksichtslos von der Schußwaffe Gebrauch macht und die Klassenjustiz, die Kurras* freispricht und die Genossen lebendig begräbt, wenn wir sie nicht daran hindern. Stadtguerilla heißt, sich von der Gewalt des Systems nicht demoralisieren lassen.«

Das Konzept Stadtguerilla ziele darauf ab, den staatlichen Herrschaftsapparat zu destruieren, stellenweise außer Kraft zu setzen, den Mythos von der Allgegenwart des Systems und seiner Unverletzlichkeit zu zerstören. Dazu müsse ein illegaler Apparat organisiert werden – Wohnungen, Waffen, Munition, Autos, Papiere. Wichtig sei außerdem, daß die, die sich entschlössen, bewaffnet zu kämpfen, zuvor politische Erfahrungen gesammelt hätten. »Rote Armee Fraktion und

* Der Kriminalbeamte Kurras erschoß am 2. Juni 1967 den Studenten Benno Ohnesorg. Kurras wurde vom Landgericht Berlin freigesprochen. Siehe Seite 49.

Stadtguerilla sind diejenige Fraktion und Praxis, die, indem sie einen klaren Trennstrich zwischen sich und dem Feind ziehen, am schärfsten bekämpft werden. Das setzt politische Identität voraus, das setzt voraus, daß einige Lernprozesse schon gelaufen sind.«

Im sechsten Abschnitt »Legalität und Illegalität« setzt sich Ulrike Meinhof mit der in jenen Tagen viel zitierten Anarchisten-Parole »Macht kaputt, was euch kaputtmacht« auseinander. Richtig sei an ihr, daß sie auf eine direkte Mobilisierung der Basis abziele, zum direkten Widerstand auffordere. Falsch hingegen sei, daß sie das »falsche Bewußtsein« vermittle, man brauche bloß zuzuschlagen. Auf eine solche Aktion folge nämlich eine verschärfte Repression, der man so schutzlos ausgesetzt sei, man werde »legal verhaftet«. Die Folgerung daraus: Legalität sei eine Machtfrage – und: »Legalität ist die Ideologie des Parlamentarimus, der Sozialpartnerschaft, der pluralistischen Gesellschaft. Sie wird zum Fetisch, wenn die, die darauf pochen, ignorieren, daß Telefone legal abgehört werden, Post legal kontrolliert, Nachbarn legal befragt, Denunzianten legal bezahlt, daß legal observiert wird – daß die Organisierung von politischer Arbeit, wenn sie dem Zugriff der politischen Polizei nicht permanent ausgesetzt sein will, gleichzeitig legal und illegal zu sein hat.«

Die Rote Armee Fraktion organisiere die Illegalität als Offensiv-Position für revolutionäre Intervention: »Stadtguerilla machen heißt, den antiimperialistischen Kampf offensiv führen.« Vor allem aber versteht sich die Gruppe auch als Bindeglied: »Die Rote Armee Fraktion stellt die Verbindung her zwischen legalem und illegalem Kampf, zwischen nationalem und internationalem Kampf, zwischen politischem und bewaffnetem Kampf, zwischen der strategischen und taktischen Bestimmung der internationalen kommunistischen Bewegung.

Stadtguerilla heißt, trotz der Schwäche der revolutionären Kräfte in der Bundesrepublik und Westberlin hier und jetzt revolutionär intervenieren!«

Zusammenfassend gesagt, stellt diese erste RAF-Schrift den Versuch dar, Aktionen der Gruppe zu begründen, die augenblickliche Situation zu analysieren und den bewaffneten Kampf der Stadtguerilla aus der Illegalität heraus ideologisch zu rechtfertigen. Grundgedanke ist, daß die RAF einen Trennstrich zwischen sich und dem Feind gezogen habe. Die Gruppe versteht sich als Vorreiter – und somit zugleich auch als Teil – einer internationalen kommunistischen Bewegung.

Diese Schrift enthält zutreffende Einschätzungen – zum Beispiel über das Entstehen der RAF als Folge der Studentenbewegung –, aber auch glatte Lügen, wie etwa die Behauptung, der Institutsangestellte Linke habe sich bei der Baader-Befreiung in den Weg gestellt. Tatsächlich wurde er mit einem Pistolenschuß lebensgefährlich verletzt, als er versuchte, sich vor dem Schützen in Sicherheit zu bringen.* Geradezu naiv wirkt die Vorstellung, die lateinamerikanischen Verhältnisse ließen sich auf die Bundesrepublik übertragen.

Eine besondere Rolle spielt für die RAF das Primat der Praxis. Daß der Vorrang der Praxis dermaßen betont wird, muß man vor dem Hintergrund nicht enden wollender politischer Theorie-Diskussionen innerhalb der Linken Ende der sechziger, Anfang der siebziger Jahre sehen: die RAF wollte sich deutlich von den Diskutanten in verqualmten Seminarrräumen absetzen. Auch hier also zog die RAF eine klare Trennung. Voraussetzung für die erforderliche Klassenanalyse seien nämlich »revolutionäre Praxis« und »revolutionäre Initiative«. Mit anderen Worten: die RAF treibt – nach ihrem Selbstverständnis – die Revolution voran.

Zwei Monate nach dem *Konzept Stadtguerilla* erscheint im Juni 1971 in Berlin das Papier *Die Lücken der revolutionären Theorie schließen – Die Rote Armee aufbauen*. Horst Mahler hat das 65-Seiten-Papier verfaßt, und zwar bereits in der Haft. Auf dem Einband der Broschüre steht »Verkehrsrechts- und Verkehrsaufklärungsheft – Die neue Straßenverkehrsordnung.« Eine »Tarnung«, die sich ein ganz schlauer Kopf erdacht hatte. Sinnigerweise wurde sie aber schon einige Zentimeter tiefer wieder aufgehoben – durch ein auf dem Deckblatt abgebildetes Gewehr, das Hammer und Sichel durchkreuzt.

In der Schrift bezeichnet Mahler den »bewaffneten Kampf als höchste Form des Klassenkampfes« – denn die »besitzenden Klassen« hätten sich den »bestimmenden Einfluß auf die staatlichen Machthebel« gesichert. Mahler hält unter den gegebenen gesellschaftlichen Bedingungen die bewaffnete Phase des Klassenkampfes für unvermeidlich.

»Es ist kein Zufall, sondern Ausdruck der wirklich antagonisti-

* Dies belegen nicht nur zweifelsfrei die Angaben des Opfers und die Ermittlungen der Polizei, sondern auch das Urteil des Landgerichts Berlin vom 21. Mai 1971 – 2 P Ks 1/71 (50/70).

schen Widersprüche im kapitalistischen System«, lautet Mahlers Analyse im Frühsommer 1971, »wenn heute mehr und mehr junge Menschen bereit sind, ihr persönliches Schicksal konsequent mit dem Schicksal der proletarischen Revolution zu verbinden, die auch bereit sind, die persönlichen Risiken des bewaffneten Kampfes auf sich zu nehmen. Sind es in Westdeutschland erst Hunderte oder schon Tausende? Diese Frage kann erst die Praxis entscheiden. Jedenfalls haben sie – noch spontan, unsystematisch, ohne Koordination und ohne organisatorische Grundlage – begonnen, die ersten praktischen Schritte zu gehen. Haben sie erst einmal die Angst vor dem Staatsapparat überwunden, wird sie auch das Gezeter der Revolutionsliteraten und der Maulhelden nicht davon abhalten, diesen Weg weiterzugehen.«

Mahler rät, das »Mittel« des bewaffneten Kampfes praktisch zu entdecken: »In der ersten Phase stellt sich die Aufgabe, durch geeignete Aktionen zu demonstrieren, daß sich bewaffnete Gruppen bilden und gegen den Staatsapparat behaupten können; daß bewaffnete Überraschungsangriffe ein Mittel sein können, legitime Interessen gegen ein repressives Sytem erfolgreich durchzusetzen.« Wesentliche Voraussetzung für eine solche »Revolutionierung der Massen« sei die »Entwöhnung vom Gehorsam gegenüber der bürgerlichen Rechtsordnung«, erklärt der Rechtsanwalt.

Nach dem Ausschluß Mahlers aus der RAF im Juni 1974 wird dieser Text von der Gruppe nicht mehr als eine ihrer theoretischen Äußerungen anerkannt. Den Ausschluß Mahlers aus der RAF teilte der Öffentlichkeit Monika Berberich mit, als sie im September 1974 als Zeugin im Baader-Befreiungsprozeß in Berlin vorgeführt wurde. Mahler sei wegen seines Dünkels, seiner Allüren und seines Herrschaftsanspruchs ausgeschlossen worden, erklärte sie. Im Gerichtssaal nennt sie Mahler einen »belanglosen Schwätzer und eine lächerliche Figur«.

»Rote Armee Fraktion: Stadtguerilla und Klassenkampf« – die zweite RAF-Schrift

Ein dreiviertel Jahr nach der Mahler-Schrift wird – im April 1972 – das 60-Seiten-Traktat *Rote Armee Fraktion: Stadtguerilla und Klassenkampf* im Bundesgebiet verschickt. Auf dem Absender steht: »RCDS, 84 Regensburg, Uni-Straße 31.« Verfasser ist in Wahrheit Ulrike

Meinhof. In dem Papier versucht sie aufzuzeigen, daß aufgrund der politischen und wirtschaftlichen Entwicklung der bewaffnete Kampf notwendig ist. In Vorwort glorifiziert Ulrike Meinhof die Vorstellung, im Kampf zu sterben – als ob es gelte, Menschen auf Kamikaze-Unternehmungen einzustimmen: »Der Tod ist jedem beschieden, aber nicht jeder Tod hat die gleiche Bedeutung. In alten Zeiten gab es in China einen Schriftsteller namens Sima Tijän. Dieser sagte einmal: ›Es stirbt allerdings ein jeder, aber der Tod des einen ist gewichtiger als der Tai-Berg, der Tod des anderen hat weniger Gewicht als Schwanenflaum.‹ Stirbt man für die Interessen des Volkes, so ist der Tod gewichtiger als der Tai-Berg; steht man im Sold der Faschisten und stirbt für die Ausbeuter und Unterdrücker des Volkes, so hat der Tod weniger Gewicht als Schwanenflaum.« Zehntausende Menschen stürben jedes Jahr im Dienst der Ausbeuter, beispielsweise 5000 Menschen am Arbeitsplatz oder auf dem Weg dorthin. Bundesinnenministerium, die Innenminister der Länder und die Bundesanwaltschaft hätten Exekutionskommandos der Polizei aufgestellt. Die Verfasserin kommt zu dem Schluß: »Petra, Georg und Thomas* starben im Kampf gegen das Sterben im Dienst der Ausbeuter. Sie wurden ermordet, damit das Kapital ungestört weitermorden kann und damit die Leute weiterhin denken müssen, daß man nichts dagegen machen kann.

Aber der Kampf hat erst begonnen!«

Die – wie sie es sieht – Verknüpfung von Ausbeutern und Politikern und die »Militarisierung der Klassenkämpfe« schildert sie in drei Kapiteln: »Persien und der Widerspruch der neuen Linken«, »Der Chemie-Arbeiterstreik 1971« und »Die Eigentumsfrage und die Militarisierung des Konflikts«. Im Abschnitt über den Chemiearbeiterstreik unterstreicht die RAF – ähnlich wie in der ersten RAF-Schrift – ihre Vorreiterrolle, greift also Themen auf, mit denen sich damals die Linke beschäftigte, und stellt zwischen diesen Themen und sich einen Zusammenhang her. An diesem Chemie-Arbeiterstreik könne eine ganze Entwicklung begriffen werden, erklärte Meinhof, »die von der Streikvorbereitung durch die Chemie-Arbeitgeber im Dezember 70 bis zum Rausschmiß von DKP-Lehrern aus dem Staatsdienst und der Umwandlung des Bundesgrenzschutzes in eine Bundespolizei

---

* Gemeint sind Petra Schelm, Georg von Rauch und Thomas Weisbecker, siehe Seite 109f.

reicht, vom Faschismus in der Bundesrepublik, der sich erst entfaltet, bis zur CSU-Machtergreifung beim Bayerischen Rundfunk, [...] bis hin zum Vollzug der Todesstrafe an der Roten Armee Fraktion. Es ergibt sich daraus, daß in den nächsten Jahren tatsächlich immer mehr Menschen, und zwar aller Schichten, die Kapitaleigner ausgenommen, mit den kapitalistischen Eigentumsverhältnissen unzufrieden sein werden; und es ergibt sich daraus, daß es falsch, taktisch und strategisch falsch ist, die Eigentumsfrage nicht überall und andauernd als die Hauptfrage herauszustellen, da noch mit Wischi-waschi-Argumentationen wie Mitbestimmung und ›Wehret den Anfängen‹ herumzuhantieren. Das ergibt sich aus einer Entwicklung, die diejenigen, die davon profitieren, am wenigsten verschleiern können.«

An anderer Stelle kommt Ulrike Meinhof ebenso wieder auf die Bedeutung der Praxis zu sprechen: »Im gegenwärtigen Stadium der Geschichte kann niemand mehr bestreiten, daß eine bewaffnete Gruppe, so klein sie auch sein mag, bessere Aussichten hat, sich in eine große Volksarmee zu verwandeln, als eine Gruppe, die sich darauf beschränkt, revolutionäre Lehrsätze zu verkünden.«

Im vierten Abschnitt »Über aktuelle Einzelfragen« schreibt sie über das Thema »Verrat«: »Verräter müssen aus den Reihen der Revolution ausgeschlossen werden. Toleranz gegenüber Verrätern produziert neuen Verrat. Verräter in den Reihen der Revolution richten mehr Schaden an, als die Polizei ohne sie anrichten kann. Wir meinen, das gilt allgemein. Von der Drohung, sie würden dann noch mehr verraten, darf man sich dabei nicht bestimmen lassen. Von der Tatsache, daß sie arme Schweine sind, darf man sich nicht erpressen lassen. Das Kapital wird Menschen so lange zu armen Schweinen machen, bis wir seine Herrschaft abgeschafft haben. Wir sind für die Verbrechen des Kapitals nicht verantwortlich.«

Ebenso rechtfertigt Ulrike Meinhof den Bankraub: »Manche sagen: Bankraub ist nicht politisch. Aber seit wann ist die Frage der Finanzierung einer politischen Organisation keine politische Frage. Die Stadtguerillas in Lateinamerika nennen Bankraub ›Enteignungsaktionen‹. Niemand behauptet, daß der Bankraub für sich an der Ausbeuterordnung etwas verändert. Für die revolutionäre Organisation bedeutet er erst mal nur die Lösung ihres Finanzierungsproblems. Er ist logistisch richtig, weil anders das Finanzierungsproblem gar nicht zu lösen ist. Er ist politisch richtig, weil er eine Enteignungsaktion ist. Er ist taktisch richtig, weil er eine proletarische Aktion ist. Er ist strategisch richtig, weil er der Finanzierung der Guerilla dient.«

Außerdem wendet sich Ulrike Meinhof an die Genossen, die von den »Aktionen der Tupamaros« beeindruckt seien und nicht verstünden, warum die RAF keine »populären Aktionen« mache, sondern sich mit Logistik befasse. Es sei nur eine Frage der Zeit, signalisiert die Autorin: »Ohne die logistischen Probleme teilweise gelöst zu haben, ohne sich selbst bei der Lösung logistischer Probleme kennengelernt zu haben, ohne in kollektiven Lernprozessen kollektive Arbeitsprozesse eingeleitet zu haben, wird der Ausgang von Aktionen technisch, psychisch und politisch dem Zufall überlassen.« Die Lösung des logistischen Problems sichere auch eine kontinuierliche »revolutionäre Organisation«. Schließlich appelliert sie an die Solidarität der Genossen, die zur Waffe werden könne unter anderem gegenüber der Polizei und den Gerichten. Meinhofs Forderung: »Alle Menschen in den Reihen der Revolution müssen füreinander sorgen, müssen sich liebevoll zueinander verhalten, einander helfen.« Zum Schluß folgen noch einige Parolen wie »Dem Volke dienen«, »Die revolutionären Guerilla aufbauen!« und »Sieg dem Volkskrieg!«

Diese sogenannte zweite RAF-Kampfschrift ist eine Fortschreibung der ersten RAF-Kampfschrift: Sie befaßt sich mit Ereignissen aus der Zwischenzeit, wie zum Beispiel der Reise von Bundeskanzler Brandt nach Persien – März 1972 – und dem Chemie-Arbeiterstreik. Deutlich ist zu spüren: Die Zeit im Untergrund – beim Erscheinen der Schrift sind es eindreiviertel Jahre – macht der Gruppe zu schaffen, zerrt an den Nerven: »Verrat« ist für die RAF ein Thema geworden – Karl-Heinz Ruhland und Peter Homann haben die Gruppe verlassen und ausgepackt. Meinhofs Solidaritätsappell ist ein deutliches Zeichen für den Verfolgungsdruck, dem sich die Gruppe im Frühjahr 1972 ausgesetzt sieht. Er macht deutlich, daß es für die RAF-Mitglieder immer schwieriger wird, »Genossen« zu finden, bei denen sie Unterschlupf erhalten.

Meinhofs Rechtfertigungen zum Thema Bankraub sind eine Antwort auf die von Linken vorgetragene Kritik an den Überfällen. Das ist die Erklärung dafür, daß sie den Bankraub zu einer »proletarischen Aktion« hochstilisiert. Ferner mahnt sie die Genossen, die nun endlich »populäre Aktionen« der RAF sehen wollen, zu Geduld. In einen deutlichen Widerspruch begibt sie sich, wenn sie behauptet, Schelm, von Rauch und Weisbecker seien ermordet worden – in Wahrheit griffen sie zur Waffe, getreu dem von ihr höchstpersönlich keine zwei Jahre zuvor ausgegebenen Motto: »Natürlich darf geschossen werden.«

»Die Aktion des Schwarzen September in München – Zur Strategie des antiimperialistischen Kampfes» – die dritte RAF-Schrift

Ein halbes Jahr später, im November 1972, erscheint die dritte RAF-Schrift: *Die Aktion des Schwarzen September in München – Zur Strategie des antiimperialistischen Kampfes.* Verfasserin ist abermals Ulrike Meinhof. Die Aktion des Schwarzen September – durch den Anschlag auf die israelische Mannschaft während der Olympischen Spiele am 5. September 1972 kamen elf Israelis ums Leben – habe das Wesen imperialistischer Herrschaft und antiimperialistischen Kampfes auf eine Weise durchschaubar und erkennbar gemacht wie noch keine revolutionäre Aktion in Westdeutschland und Westberlin«, erklärt die Verfasserin. »Sie war gleichzeitig antiimperialistisch, antifaschistisch und internationalistisch.« Die westdeutsche Linke könne an dieser Aktion ihre »politische Identität wiederfinden – Antifaschismus – antiautoritäres Lager – antiimperialistische Aktion – wenn sie noch nicht ganz der Springerpresse und dem Opportunismus verfallen ist, wenn Auschwitz, Vietnam und Abstumpfung der Massen hier durch das System sie noch was angeht.«

Die Schrift besteht aus vier Abschnitten: »1. Imperialismus«, »2. Opportunismus«, »3. Faschismus« und »4. Die antiimperialistische Aktion«. Meinhof prangert darin die »multinationalen Konzerne« an, die mit ihren Mitteln wie Kapital und Technologie Krieg gegen die Staaten der Dritten Welt führten. Sie setzt sich mit den Theoretikern auseinander, den »Marx-Bibelforschern – nur mit Zitaten ausgerüstet, nicht weiterdenkend«, eingehend mit Professor Oskar Negt: Ihm wirft sie »Opportunismus« vor – Negt hatte Anfang Juni 1971 bei einer Angela-Davis-Kundgebung in Frankfurt die »unpolitischen Aktionen« der RAF kritisiert.

Schon die Zwischentitel sprechen Bände: »Negt als Alexander der

Große«, »Negts Kinderstube« und »Negt – Das Schwein«. Immer wieder lobt sie in dieser Schrift die Morde des Schwarzen September in München. Die Mitglieder dieses Kommandos hätten ihr Leben eingesetzt, um ihre Genossen zu befreien – und so endet sie: »Die Aktion des Schwarzen September in München wird aus dem Gedächtnis des antiimperialistischen Kampfes nicht mehr zu verdrängen sein. Der Tod der arabischen Genossen wiegt schwerer als der Tai-Berg.«

Resignation haucht einem aus diesem Text entgegen. Ulrike Meinhof schrieb ihn nach ihrer Verhaftung in ihrer Zelle in der Justizvollzugsanstalt Köln im September und Oktober 1972. Jemand schmuggelte ihn nach draußen. Kein Wort mehr über das einst so gepriesene »Konzept Stadtguerilla«. Statt dessen applaudiert sie nun den Geisel-Mördern des Schwarzen September. Die Inhaftierte ist fasziniert von dem Gedanken, daß, wie vom Schwarzen September versucht, durch eine Geiselnahme Gruppenmitglieder aus dem Gefängnis freigepreßt werden könnten.

Deutlich gewandelt hat sich auch ihr Ton gegenüber der Linken. In der ersten RAF-Schrift beschrieb sie die RAF als Teil eines Ganzen und zugleich Vorreiter der kommunistischen Bewegung. In der zweiten RAF-Schrift forderte sie auf zu einem liebevollen Umgang untereinander. Und nun: Welch ein Wechsel! Wie Peitschenhiebe müssen der Linken Meinhofs Worte in dieser dritten RAF-Schrift vorkommen: Nicht nur, daß sie die Ermordung der israelischen Olympiamannschaft als vorbildlich bezeichnet, sondern der Linken in der Bundesrepublik auch noch erklärt, an dieser Tat könne sie ihre »politische Identität wiederfinden«.

All dies, wie auch die rüden Attacken auf »Negt – Das Schwein« und die »Marx-Bibelforscher«, zeigt: Die RAF hat sich ins Abseits des linken Spektrums manövriert. Spätestens nach dem Anschlag auf das Springer-Hochhaus, bei dem Dutzende von Arbeitern und Angestellten verletzt wurden, wandten sich die letzten Sympathisanten ab. Abgesehen von einigen Unverbesserlichen. Aus Meinhofs Schrift spricht die Realität im Herbst 1972: Die RAF ist isoliert.

In allen drei Kampfschriften schildert die RAF zwar ausführlich, wogegen sie kämpft, aber nicht, wofür. So bleibt im dunkeln, worauf sie letzten Endes abzielt. Die orthodoxen Kommunisten haben sich längst von der Gruppe distanziert; sie fürchten, daß der Terror negative Auswirkungen auf die Linke hat.

Diese drei Kampfschriften sind das strategische Konzept der RAF. Die Strategie ist im Kern bis heute gültig. Doch erst zehn Jahre später legt die RAF eine weitere umfassende Kampfschrift vor. Sie wird ein Reinfall.*

Die Rote Armee Fraktion im Gefängnis

Die andere Front – der Gedanke vom Widerstand

Nach der Verhaftung der RAF-Köpfe im Sommer 1972 dachten viele Menschen in der Bundesrepublik, daß nun der Terror-Spuk vorbei sei. Doch weit gefehlt – die Gefangenen leisteten in den Gefängnissen gezielt Widerstand. Zunächst gegen praktisch alles, um – wie sie meinten – ihre politische und persönliche Identität zu wahren. Unter keinen Umständen wollten sie sich in den »Knast-Alltag« einordnen. »Als ich hier reinkam, hatte ich nur einen Gedanken im Kopf: Widerstand leisten, wo es geht«, schreibt etwa Jan-Carl Raspe nach seiner Verhaftung. »Nicht nur, weil ich wußte, daß das politisch richtig und notwendig ist, sondern weil ich abstrakt wußte..., daß das notwendig ist für die Identität, um nicht kaputtgemacht werden zu können.

Aber nicht nur dieser unbedingte Wille zum Widerstand ist bezeichnend für die RAF-Mitglieder in der Haft, sondern auch, daß sie untereinander Kontakt halten, in der Regel über ihre Verteidiger. Von der Zelle aus verfolgen sie ihre Ziele weiter. Ein Vorgeschmack auf das, was da an Kommunikation erfolgen sollte, ist der sogenannte »Ensslin-Kassiber«: Bei der Verhaftung von Ulrike Meinhof entdecken Polizeibeamte in einer Tasche ihrer schwarzen Samtjacke zwei mit Schreibmaschine eng beschriebene Din-A 4-Blätter, die eindeutig von Gudrun Ensslin aus der Haft stammen. Die Polizisten sind baß erstaunt. Gerade eine Woche zuvor war Ensslin verhaftet worden. In der Zelle stand ihr keine Schreibmaschine zur Verfügung.

In diesem Text schildert Ensslin ihre Verhaftung in Hamburg mit den Worten: »...da war die Idee andere Klamotten, mit d. Taxi in die Innenstadt, Spur verwischen, Unsicherheit (die bei klarem Kopf nicht notwendig war) in bezug auf Ortskenntnis. Dann i. d. Laden hab ich

---

* Siehe Seite 336f.

nur noch Scheiße im Hirn gehabt, erregt, verschwitzt etc. Sonst hätte ich ticken müssen, ich hab aber gepennt; ging auch irre schnell, mögl. weiter ne Kripovotze sofort hinter mir i. Laden, ich gepennt, sonst wäre jetzt eine Verkäuferin tot (Geisel), ich und vielleicht zwei Bullen, der Laden voll mit Bullen, am Rand der Straße drei Bullenautos, also echt unklar, ob ich weggekommen wäre und es ging so schnell, daß ich die Hand aus der Tasche mit der Knarre halbgebrochen von Bullenpfoten nur rausbekam und wie ich bei dem Kampf dann die Handtasche los wurde, weiß ich gar nicht…«

Weiter schilderte Ensslin ihre »Erkennungsdienstliche Behandlung« bei der Hamburger Polizei. Da sie sich nicht freiwillig fotografieren lassen wollte, hatten die Beamten mit einem Trick gearbeitet: »vier Std. später Fotos fürchterliche Raufereien. Ich immer eine Kugel, Haare rausgerissen büschelweise, dann haben die mich allein gelassen, ein Zimmer, ein Stuhl, zwei Bullen an d. Wand. Ich sah kein verdächtiges Loch in d. Wand und auf die Idee, daß der Bulle nämlich vor dem Bild so lange stand, wie ich da hinsah, ich Idiot, dann wieder Kopf auf den Knien, fingen sie an mich zu provozieren, gekitzelt gelacht, was ich geplatzt bin und rumgelaufen und gebrüllt, sie getreten, war falsch: da entstanden die Bilder, als sie raus waren und ich die Zigarette sah und eine rauchte usw.« Tatsächlich war sie durch ein mit einem Bild zuvor verdecktem Loch im Hamburger Polizeihochhaus in der Wand fotografiert worden. Zuvor hatte sie sich eine Zigarette angesteckt, auch hatte sie ein Beamter im Nacken gekrault, so daß sie ihr Gesicht in Richtung des versteckten Fotoapparates wandte. Ebenso im wesentlichen zutreffend war ihre Schilderung über ihren Transport nach der Verhaftung mit dem Hubschrauber von Hamburg nach Essen. Weiter enthielt der Kassiber eine Reihe verschlüsselter Anweisungen.

Etwa: »Liesel d—→ Sack

HUT = Befehl, mach' die Fresse zu u. bleib i. Loch.« Dies bedeutet nach Überzeugung der Ermittler, daß Ulrike Meinhof – ihr Deckname war zu diesem Zeitpunkt »Liesel« – von Ensslin die Anweisung erhielt, sich vorläufig völlig zu verkriechen und in dem Unterschlupf in Heusenstamm auszuharren, der die Tarnbezeichnung »Sack« trug. Diese Anweisung zeigt einmal mehr die Führungsverhältnisse: Gudrun Ensslin gab Ulrike Meinhof Order. Ferner forderte Ensslin Meinhof auf, Miete für eine konspirative Wohnung weiterzubezahlen

»Ich sah kein verdächtiges Loch in der Wand«:
Gudrun Ensslin nach ihrer Verhaftung
im Hamburger Polizeihochhaus

und nach Personen Ausschau zu halten, die sich als Geiseln eignen würden. Ensslin nennt den Namen Valentin, den Namen eines Hamburger Kriminaloberrats. Außerdem ist in dem Schreiben von zwei weiteren Terroraktionen in Hamburg die Rede, »davon 1 Mal Amerika (möglichst!).« Im Klartext: ein Anschlag sollte gegen ein US-Objekt erfolgen.

Bis auf den heutigen Tag ist ungeklärt, wer diesen Kassiber Ensslins aus der Justizvollzugsanstalt in Essen schmuggelte. Der Verdacht fiel auf Rechtsanwalt Otto Schily, ihren Verteidiger. Er sei der einzige gewesen, so erklären die Ermittler, der sie in der fraglichen Zeit besucht habe – nämlich am 12. Juni 1972. Zweieinhalb Stunden lang. »Ich habe nichts rausgebracht«, dementiert Schily energisch. Auf Antrag von Generalbundesanwalt Martin schließt ihn umgehend der Ermittlungsrichter beim Bundesgerichtshof von der weiteren Verteidigung aus. Der Bundesgerichtshof bestätigt diese Entscheidung im August 1972, das Bundesverfassungsgericht hebt sie jedoch im Februar 1973 auf. Ein Verteidigerausschluß sei »zur Zeit weder durch Gesetz noch Gewohnheitsrecht gedeckt«, urteilen die Bundesverfassungsrichter. Ebensowenig ist bis heute geklärt, wer diesen Text abtippte und wer ihn zu der im Untergrund lebenden Meinhof weiterreichte.

Die Gefängnisse waren für die RAF-Mitglieder letztlich nichts anderes als eine andere Front, an der sie nun kämpften – so gut sie konnten. »Wir sind entwaffnet«, beschreibt Ulrike Meinhof diese Situation aus ihrer Sicht: »Aber wessen sie uns auch jetzt nicht berauben können, wenn wir's mit Zähnen und Klauen verteidigen, sind Bewußtsein und Kollektiv.« Und so lehnen es die Gefangenen lange Zeit strikt ab, mit den Gefängnisbeamten zu sprechen und sie zu grüßen. Statt dessen titulieren sie das Wachpersonal mit wüsten Beschimpfungen wie »Arschloch«, »Faschist«, »Dreckschwein« und »Obersau«. Weibliches Personal wird bevorzugt als »Votze« bezeichnet, vor allem von den weiblichen RAF-Häftlingen.

Gegenüberstellungen widersetzen sie sich mit Leibeskräften. Mitunter kommt es zu Handgreiflichkeiten zwischen ihnen und Beamten. So tritt beispielsweise Ulrike Meinhof einem Kriminalbeamten in den Bauch, als er bei einer Zellendurchsuchung versucht, einen Kassiber von ihr zu bekommen. Später berichtet Meinhof in einer Nachricht, »zuletzt... hab ich ner bullenvotze hier die klobürste auf'm Kopf zerhauen«. Und Astrid Proll tritt eine Wärterin »mehr aus Affekt als Wut«, wie sie kassibert. Als besondere Form des Widerstandes verstehen die Häftlinge den Hungerstreik. Absolute Höhepunkte sind später die als Mord kaschierten Selbstmorde in Stammheim.

Doch relativ schnell, nach den ersten Monaten, modifizieren sie ihren Widerstand: sie verzichten weitgehend auf handgreifliche Attakken und deutliche Provokationen, da ihnen klar wird, daß sie letzten Endes im Gefängnis immer den kürzeren ziehen. Entsprechende Verhaltensregeln enthält das Zellenzirkular eines nicht idendifizierten Verfassers, das den Ermittlern im Mai 1973 in die Hände fällt. Darin heißt es:

»1. kein wort (wirklich kein einziges) zu den pigs, in welcher verkleidung sie auch immer ankommen, vor allem: ärzte. KEIN EINZIGES. oder wie der genius des volkes sagt: kein sterbens-wörtchen. (übrigens sagt das volk auch: dir wird noch mal HÖREN und SEHEN vergehen) oder fanon: und dieses VERNICHTENDE SCHWEIGEN – der körper schreit natürlich – dieses schweigen, das den folterer vernichtet:

2. kein einzel-hof, kein einzel-bad.
3. kein Besuch unter bullenbewachung (müßt ihr mal sagen, weiß ich nicht genau)
4. (natürlich auch keine einzige handreichung, keinen finger für sie krumm machen, nichts nur feindschaft und verachtung) (z. b. besuchsausziehen)
5. keine provokation, das ist wichtig. in der regel passiven widerstand. sich NIE zu irgendwas provozieren, hinreißen lassen. das ist PURE DUMMHEIT. cool gelassen heiter. aber sich unversöhnlich unerbittlich BIS ZUM ÄUSSERSTEN VERTEIDIGEN mit der methode MENSCH.«

Widerstand in diesem Sinne zu leisten ist für die Häftlinge eine Sache, eine andere, ein Kommunikationssystem aufzubauen, mit dem sie sich von Zelle zu Zelle verständigen können. Denn sie sitzen in Anstalten über die Republik verteilt: Gudrun Ensslin in Essen, Holger Meins in Wittlich, Irmgard Möller in Rastatt, Andreas Baader in Schwalmstadt, Jan-Carl Raspe, Ulrike Meinhof und Astrid Proll in Köln. Strengstens wird darauf geachtet, daß es zu keinem Kontakt unter ihnen kommt.

Neben diesem allgemeinen Widerstand und der Kommunikation untereinander verfolgen sie fünf weitere Ziele, wie der ehemalige BKA-Terrorismus-Experte Alfred Klaus auflistet:

»– ein Schulungs- und Auswertungsprogramm zu erarbeiten und zu realisieren,
– die eigenen Fehler zu analysieren und neue Strategien des ›bewaffneten antiimperialistischen Kampfes‹ zu entwickeln,
– den bewaffneten Kampf im Untergrund, insbesondere mit dem Ziel der Gefangenenbefreiung, anzuleiten,
– ihre ›politische Verteidigung‹ in den Strafprozessen vorzubereiten und
– durch eine Diffamierungskampagne – als Bestandteil der terroristischen Doppelstrategie – die ›liberale‹ Öffentlichkeit gegen die Justiz zu mobilisieren.«

Das Info – Nachrichten von Zelle zu Zelle

Ab Anfang 1973 wird das »Info« aufgebaut, das Kommunikationssystem, mit dem die Gruppe den Zusammenhalt sichern will. Dazu gehört der Austausch von Informationen und Meinungen der Gefangenen zum einen untereinander, zum anderen mit der Außenwelt. Rechtsanwälte transportieren die Papiere als Verteidigerpost – entweder als Rundbrief oder als Zellenzirkular. Die »Info-Zentrale« wird im Haus des Rechtsanwalts Kurt Groenewold in der Osterstraße in Hamburg eingerichtet. Mindestens drei Mitarbeiter sind mit dem Umschlag der Informationen beschäftigt: Den Eingang erhalten sie über die Anwälte, die die Texte der Einsitzenden entweder von ihnen persönlich aus den Gefängnissen abholen oder sich als »Verteidigerpost« zuschicken lassen. Die Materialien werden zu »Info-Paketen« zusammengestellt, kopiert und an die Verteidiger weitergereicht, die dann die Unterlagen als »Verteidigermaterial« den Inhaftierten zukommen lassen. »Den Anwälten war lediglich eine Postbotenfunktion zugedacht«, urteilt der damalige BKA-Kriminalhauptkommissar Alfred Klaus.

Bis zu sechzig Blättern enthält eine Sendung. Das Material wird in drei Kategorien eingeteilt. Kategorie I ist für die interne RAF-Kommunikation. Das bedeutet, wie Gudrun Ensslin erläutert: »also alles was die guerilla betrifft, schult, also z. b. die offiziellen raf-papiere und was jetzt noch geschrieben werden kann, die analyse/kritik und selbstkritik.« Diese Kategorie I ist der RAF-Spitze und ihrem Umfeld vorbehalten, rund dreißig Mitglieder bekommen diesen Stoß, wie ein ehemaliges RAF-Mitglied später berichtet. Unter anderem seien es Baader, Ensslin, Raspe, Meinhof, Meins, Grashof, Möller, Stachowiak, Jünschke, Grundmann, Mohnhaupt, Asdonk, Berberich, Goergens, Schiller, Pohl. Anfangs hätte auch Mahler mit dazugehört. Bis zu seinem Ausschluß aus der RAF im Juni 1974. Kategorie II dient der Kommunikation und Unterrichtung eines erweiterten Kreises, die Kategorie III enthält im wesentlichen Schulungsmaterial und Presseausschnitte, sogenanntes »objektives Material«. Dafür kümmert sich jeder Gefangene um bestimmte Themen. Zwei Gefangene werten beispielsweise amerikanische Militärzeitschriften aus, Gudrun Ensslin die Zeischriften »Kriminalistik« und »Die Polizei«. Tageszeitungen werden über einen Zeitungs-Ausschnitts-Dienst in Berlin beobachtet.

Diese Klassifizierung in drei Kategorien ist eine hierarchische Abstufung. An der Spitze steht das »Info I«. Wer es erhält, bekommt auch II und III. Wer in der Kategorie II ist, kriegt auch III, nicht aber I. »Durch besonderes Engagement war es möglich, von einer unteren in eine höhere Kategorie zu gelangen«, berichtet Gerhard Müller. »Gleichermaßen konnte jemand in Ungnade fallen und niedriger eingestuft werden. Die Entscheidung darüber blieb Baader vorbehalten.« Nach Durchsuchungen des Groenewold-Büros in Hamburg kommt das »Info« im Dezember 1975 vollends zum Erliegen. Später wird die Kommunikation über das Büro des Rechtsanwalts Croissant in der Breite Straße 3 in Stuttgart aufrechterhalten.

Wie die Kommunikation unter den Gefangenen funktioniert, zeigt ein Rundbrief, unterzeichnet von KG, dem Kürzel des Rechtsanwalts Kurt Groenewold, geschrieben unter dem Datum 11. 7. 73 mit dem Briefkopf seiner Kanzlei »Kurt Groenewold, Dr. Franz Josef Degenhardt, Wolf Dieter Reinhard«. Das Schreiben wurde in Baaders Zelle entdeckt:

»[...]

6. Proll wird v. 12* gefragt:
astrid soll mal mitteilen, ob die information stimmt, daß sie genau solang gehungert hat, bis sie hunger hatte. daß sie für eine halbe stunde umschluß** zur herzog aus der solidarität der gefangenen rauszubrechen war. wenn das so ist, was sie sich dabei denkt + ob ihr, wenn sie dazu keine selbstkritik bringen kann, klar ist, daß unsere reaktion nur sein kann: sie flippt aus dem infosystem.

7. und als Befehl:
keiner spricht mit den bullen. kein wort
keiner spricht mit Journalisten. Wenn sie sprechscheine haben, weigern wir uns sie zu sehen. Wenn ein Interview, läuft das so: wir suchen über das info einen aus, es wird ein vertrag über die anwälte gemacht, die fragen sind schriftlich zu stellen und werden schriftlich beantwortet. Das manuskript fragen/antworten läuft über das info. Wenn nur einer was dagegen hat, wird es nicht veröffentlicht. wie in dem letzten papier: keiner nimmt an einem prozess teil. Es

* 12 war der Code von Baader.

** Umschluß = zwei oder mehr Häftlinge, die in verschiedenen Zellen untergebracht sind, werden vorübergehend zusammen in einer Zelle eingeschlossen.

gibt eine erklärung am tag zur raf, justiz, anklage, haftbedingungen. Danach bleiben wir in der kiste…
keiner macht zeugenaussagen. Wenn das von den anwälten dem gericht vermittelt nicht genügt um die vorführung, den transport zu verhindern, genügt ein satz vor dem tisch. Zieht das unbeteiligt ab, es ist scheisse, denen das tier zu zeigen, das sie vorführen wollen. […]

9. Grundmann hört schlecht, auf einem Ohr gar nicht. Die Genossen Mediziner müssen was sagen. Er wurde plötzlich als Zeuge zum SPK/Roll-Prozeß geladen.«

Große Bedeutung messen die Häftlinge dem »Ausbildungsprogramm« bei: sie wollen die Zeit in der Haft nutzen, um sich weiter für den bewaffneten antiimperialistischen Kampf zu rüsten. »schulungsprogramm muss jetzt mal her«, hatte Ensslin in einem Zellenzirkular – im Juli 1973 gefunden – gefordert. Für diese Schulung nennt sie drei Bereiche: Zum einen politische Literatur wie etwa Marx, Engels, Lenin, Luxemburg und Mao, »politisch-militärische« Werke wie die »guerillapraktiker und -theoretiker, che, giap, mao, debray etc.« Und schließlich »militärische« Werke, dazu zählt, so Ensslin weiter, »bullenliteratur, bullenorganisation, pigzeug, management, fahndungsorganisation…«

Eine Bücherliste macht die Runde, jeder Häftling ordert einige Bücher. Später entdecken Beamte insgesamt 177 »Ausbildungs«-Werke in den Zellen der RAF-Häftlinge – in einer Zusammenstellung, die einen eher an die Bibliothek des Bundeskriminalamts denken läßt als an Untersuchungshäftlinge in ihren Zellen. Die Zeitschriften reichen von der österreichischen Militärzeitschrift *Der Soldat, Wehrtechnik, Waffenrevue* und *Soldat und Technik* bis hin zu *Der Schweizer Soldat, Wehr und Technik, Bundesgrenzschutz* und *Funktechnik*. Eine kleine Auswahl aus dem Büchersortiment, das sich die Terroristen in die Zellen hatten bringen und schicken lassen:

Ho Che Minh, Revolution und nationaler Befreiungskampf
Gebhardt, Guerillas
Che Guevara, Guerilla, Theorie und Methode
Guevara, Bolivianisches Taschenbuch – Partisanenkrieg
Fanon, Aufzeichnung eines Guerilla-Aufstandes
Neuberg, Der bewaffnete Aufstand

Müller-Borchert, Guerilla im Industriestaat
Grivas, Partisanenkrieg heute
The Military Citizen, Deutsches Militärwörterbuch und Nato-ABC
(ohne Verfasser), Handbuch des militärischen Grundwissens
Van Bergh, ABC der Spione
Hutton, Schule für Spione
Klemhoff, Politische Geheimdienste
Wirth, Handbuch der Ausbildung und Taktik von Polizei und Truppenverbänden
Wahle/Bergrich, Der Sprengmeister – Neuzeitliche Sprengtechnik
Hirth, Sprechfunktechnik
Pieklakewicz, Spione, Agenten, Soldaten
Damm, So arbeitet der Verfassungsschutz

Sogar ihr eigenes Ausbildungsmaterial – eingestuft als Verschlußsache – finden die Beamten bei einem RAF-Rechtsanwalt, nämlich das Referat – »Zusammenwirken von Polizei und Verfassungsschutz, insbesondere bei polizeilichen Unruhen und politischen Spannungszeiten« – der Text eines Seminars der Polizeiführungsakademie in Hiltrup. Ebenso leiten die Anwälte auch Ermittlungsakten der Strafverfolger, die sie für die Verteidigung erhalten hatten, den RAF-Häftlingen in die Zellen. »So bestand die groteske Situation, daß die den Beschuldigten von der Polizei abgenommenen logistischen und operativen Unterlagen (z. B. die Rezepturen der Sprengstoffgemische und die Funkfrequenzen nebst Anweisungen für den Funkbetrieb verschiedener Polizeibehörden) durch Auswertung der Akten wiedererlangt und über die Anwälte bzw. die Info-Zentrale an die in Freiheit befindlichen Bandenmitglieder weitergegeben wurden«, notiert BKA-Ermittler Alfred Klaus in einem Bericht.

Umgekehrt fließt über diese Kanäle auch Wissen der Inhaftierten an Gruppenmitglieder draußen. Beispielsweise findet die Polizei in konspirativen Wohnungen in Hamburg und in Frankfurt einen sechs Seiten langen Kassiber, auf dem Baader den Genossen Ratschläge für weitere Anschläge gibt. Unter anderem schildert er detailliert, wie Bomben herzustellen sind. Auszug: »ammoniumnitrat ist granulat und muß zu pulver zermahlen werden. wenn du keine professionelle mühle auftreiben kannst, die das zentnerweise verarbeitet, kauf ein dutzend kleine kaffeemühlen mit mahlwerk, nicht mit schlagwerk. die

befestigst du im deckel von plastiktonnen so, daß du das zeug außerhalb der tonne ungemahlen reinschütten kannst und es gemahlen in die geschlossene tonne fließt, sonst bringt dich der staub um. das pulver muß nicht zu fein sein (eher ganz feiner gries als mehl) die mühlen mußt du dauernd wechseln weil sie heißlaufen und durchbrennen. kleine kaffeemühlen sind aber nachdem was wir so raushatten, immer noch besser als die großen, wie etwa in supermärkten, die laufen sehr schnell heiß, so daß das ammoniumnitrat schmilzt.
sowieso scheiße so was in der wohnung zu machen weil es krach macht und staubt.
zum mischen der drei bestandteile am besten (für eimerweise) eine bohrmaschine mit einem küchenquirl drin (einsätze für küchenmaschinen, schlagsahne zb.) oder (zentnerweise) ne betonmischmaschine. gibts mit elektromotor in versandhäusern.«

Ebenso schildert Baader den Komplizen in Freiheit, wie sie an die Daten kommen können, die sie benötigen, um Kfz-Scheine zu fälschen: »halternachfragen für die kfz-scheine machst du am besten von einer telefonzelle aus als bulle bei den zulassungsämtern. gibt da selten schwierigkeiten: Du kannst dir den ganzen kfz-schein durchsagen lassen mit schlüsselnummer, fahrgestellnummer, motornummer und den ganzen daten tag der ersten zulassung zb.

KOMMT NUR DARAUF AN, wie gut das einer von euch bringt: jargon etc.: bulle am telefon. ist natürlich klar, daß das bei kleinen orten kein bulle aus der gegend sein darf in der ihr anruft. rückfragen machen sie nie, wenn die orte weiter entfernt sind, weil sie ferngespräche nur mit genehmigung führen dürfen. sind auch oft alte tanten in den zulassungsstellen.«

Das oberste Ziel sieht Baader darin, daß die Gefangenen aus den Gefängnissen befreit werden. Erforderlich sei daher, erklärte er in einem Kassiber an die Genossen draußen, »alle Kräfte auf diesen Job zu konzentrieren«.

Dieses ganze Info-System funktionierte nur, weil die Anwälte mitspielen und die RAF-Post transportieren. Die Anwälte haben zu spuren, sich unterzuordnen, wenn sie nicht das Mandat aufgeben oder gekündigt bekommen wollen. Aus der Rolle, die die RAF den Anwälten zugedacht hat, macht sie keinen Hehl. So schreiben die Gefangenen in einem Kassiber an ihre Anwälte: »Wir bestimmen unser verhältnis zu den anwälten nach den kriterien proletarischer bündnispolitik. nach den kriterien – weil es bündnispolitik natürlich nicht mit den teilen des staatsapparates gibt und weil hinter den anwälten sozial oder politisch oder ideologisch nichts steht. wir bestimmen es aus unserem interesse [...]« Nicht wenige Anwälte entwickeln sich zu Komplizen der Häftlinge, sie sind längst nicht mehr das »unabhängige Organ der Rechtspflege«, wie es die Bundesrechtsanwaltsordnung vorschreibt. Sondern führen blind die Anweisungen von Baader und Genossen aus.

Einige schlagen sich sogar offen auf die Seite der RAF. »Zur Unterstützung ihrer eigenen Arbeit wie zur Unterstützung der Klassenauseinandersetzungen werden die Juristen ihre Kenntisse und Fertigkeiten dafür einsetzen, die in der Form des Rechts vorgetragenen Verfolgungs- und Unterdrückungsmaßnahmen und Kampagnen des Gegners darzustellen und zu analysieren«, schreibt beispielsweise der Hamburger Rechtsanwalt Kurt Groenewold im Januar 1973 über das Selbstverständnis der »linken Anwälte« in einem Bericht »Zu den Verhandlungen über die Gründung einer Juristenvereinigung«, gefunden in Raspes Zelle.

Groenewold weiter: »Sie werden ihre eigene Praxis sowohl der politischen Justiz als auch der politischen Verteidigung analysieren, um daraus zu lernen, ihre und aller anderen Genossen Widerstandskraft zu stärken. Diese Analysen und Untersuchungen werden teilweise die Form von Dokumentationen annehmen, teilweise in der Sprache des bürgerlichen Rechts die sogenannten Rechtspositionen des Gegners vom Schein der Ordnungsfunktion befreien und ihr Wesen als Herrschaftsfunktion darlegen. In diesen Zusammenhang gehören aufklärerische und aktiv unterstützende Kampagnen in der Öffentlichkeit. Das sind Kampagnen wie Gefangenenhilfe, Ausländerhilfe etc.«

Diese Anwälte meinten, daß sie für ihre Mandanten nicht nur rechtlich, sondern auch politisch einzutreten hätten und dadurch – wie es Groenewolds Kollege Klaus Croissant formulierte – »diejenige Politik auf die Anklagebank zu zwingen, gegen die sich der bewaffnete Kampf der sozialrevolutionären Widerstandskämpfer richtet.«

Rechtsanwalt Groenewold wird später für seine Mitwirkung am Info-System wegen »Unterstützung einer kriminellen Vereinigung« zu zwei Jahren Gefängnis auf Bewährung und der Auflage verurteilt, 75000 Mark an den Unterstützungsfond der Hamburger Polizei zu zahlen. Rechtsanwalt Croissant erhält zweieinhalb Jahre Freiheitsstrafe und ein Berufsverbot von vier Jahren.

Die »strenge Einzelhaft« – oder: Agitationsthema »Isolationsfolter«

Schon bald nachdem die Führer der RAF hinter Gitter sitzen, entdeckt die RAF sich selbst als Kampfthema: sie zieht gegen die Haftbedingungen zu Felde mit der Behauptung, es handle sich um »Isolationsfolter«. Die RAF-Mitglieder in den bundesdeutschen Anstalten wähnen sich gar allen Ernstes auf einer Stufe mit den Häftlingen in den KZ des Nationalsozialismus: »der politische Begriff für den toten Trakt, Köln, sage ich ganz klar – ist: Das Gas«, notiert Ulrike Meinhof. »Meine Auschwitzphantasien darin waren realistisch [...] Ich habe mich lange gewehrt, das Folter zu nennen, weil ich immer dachte, die Tupas, die sie fixen, würden immer noch sofort mit mir tauschen, bis ich begriffen habe, daß das ja nur 'ne Frage der Zeit, Monaten, ist.« Der Begriff »Toter Trakt« bezieht sich auf die leeren Flügel der Krankenabteilung der Justizvollzugsanstalt Köln-Ossendorf, in dem Ulrike Meinhof aus »Sicherheitsgründen« untergebracht worden ist.

Auch die anderen Häftlinge sitzen unter besonderer Bewachung alleine in ihren Zellen. »Unterschied toter Trakt zu Isolation: Auschwitz zu Buchenwald, der Unterschied ist einfach: Buchenwald haben mehr überlebt als Auschwitz«, notiert Gudrun Ensslin. Für die Behördenvertreter hingegen sind die Dinge eindeutig: »Jedem, der die Haftbedingungen der inhaftierten Terroristen aus eigener Anschauung kannte, mußten die erhobenen Vorwürfe unsinnig und böswillig erscheinen«, urteilt beispielsweise der ehemalige BKA-Mann Alfred Klaus, der eine Reihe der Inhaftierten in der Haft besuchte.

Viel ist über die Haftbedingungen gestritten worden. Tatsache ist, daß die meisten RAF-Häftlinge in »strenger Einzelhaft« saßen, unter Bedingungen, die es vorher so in bundesdeutschen Haftanstalten noch nicht für eine Gruppe gegeben hatte. Von den anderen Gefangenen wurden sie abgeschottet, erst nach Monaten gab es erste Ausnahmen davon. Besuche erfolgten unter Aufsicht. Die Sicherheitsbehörden fürchteten, daß die RAF-Häftlinge aus der Haft befreit werden oder flüchten – sie hatten die Befreiung Baaders im Mai 1970 vor Augen. Wie diese »strenge Einzelhaft« beispielsweise bei Manfred Grashof aussah, dokumentiert eine Aufstellung der Staatsanwaltschaft Kaiserslautern, worin der Erste Staatsanwalt Taglieber die von Gerichten ergangenen Anordnungen auflistet:*

»1. *24. 3. 1972 Ermittlungsrichter des Bundesgerichtshofes:*
   a) Fesselung der Hände auf dem Rücken bei Bewegungen außerhalb des Haftraumes,
   b) Einzelfreistunde,
   c) Ausschluß von der Teilnahme an Gemeinschaftsveranstaltungen einschließlich des Gottesdienstes.
   d) Betreten des Haftraumes nur mit zwei Beamten.
   Beschwerde gegen Ausschluß von Gemeinschaftsveranstaltungen durch Beschluß des Landgerichts Kaiserslautern vom 6. 2. 72 verworfen.
2. *12. 4. 1972 Ermittlungsrichter des Bundesgerichtshofes:*
   Beamten des Bundeskriminalamtes ist die Anwesenheit bei Gesprächen des Beschuldigten mit seinen Eltern weiterhin gestattet.
3. *12. 4. 1972 Ermittlungsrichter des Bundesgerichtshofes:*
   Fesslung des Beschuldigten innerhalb der Räume der Haftanstalt Hamburg unterbleibt. Für die Freistunde Anordnung der Fesselung bis auf weiteres aufrechterhalten.
4. *12. 9. 1972 Ermittlungsrichter des Bundesgerichtshofes:*
   Betrieb eines batteriegespeisten Plattenspielers mit der Auflage gestattet, daß das Gerät und die dazu gehörenden Platten durch Vermittlung der Haftanstalt zu beschaffen sind.
5. *14. 12. 1972 Amtsgericht Kaiserslautern:*
   Der Besuchs- und Postverkehr des Beschuldigten wird auf die Familienangehörigen beschränkt; Zeitungen, Zeitschriften, Bücher und sonstige Druckerzeugnisse dürfen nur durch Vermittlung der Justizvollzugsanstalt Zweibrücken bezogen werden.
6. *22. 12. 1972 Amtsgericht Kaiserslautern:*
   Bestätigung der bereits erfolgten fernmündlichen Anordnung, aus den dem Beschuldigten – zulässigerweise – zugehenden Druckerzeugnissen die Berichte über Ermittlungsverfahren und Prozesse gegen Mitbeschuldigte herauszuschneiden.
7. *23. 1. 1973 Landgericht Kaiserslautern:*
   Verwerfung der Beschwerde des Beschuldigten gegen Nr. 6.
8. *16. 1. 1973 Amtsgericht Kaiserslautern:*
   Benutzung eines eigenen Fernsehgerätes nicht gestattet.

---

* Schreiben vom 9. April 1973, Aktenzeichen: 2 Js 357/71.

9. *1. 3. 1973 Landgericht Kaiserslautern:*
Verwerfung der Beschwerde gegen Nr. 8.
10. *5. 10. 1972 Ermittlungsrichter des Bundesgerichtshofes:*
Zustimmung zur verstärkten Durchsuchung des Gefangenen, seiner Sachen und seines Haftraumes, insbesondere seine körperliche Durchsuchung vor und nach jedem Besuch. Ferner wiederholte Beobachtung bei Nacht, gelegentlich verbunden mit kurzfristiger Einschaltung der Zellenbeleuchtung.
11. *29. 3. 1973 Amtsgericht Kaiserslautern:*
Vor und nach Besuchen von Rechtsanwälten ist eine Durchsuchung des Beschuldigten und der Zelle vorzunehmen, vor und nach Besuchen von Angehörigen hat sie zu entfallen.*
12. *28. 3. 1973 Amtsgericht Kaiserslautern:*
Der Beschuldigte darf in der täglichen Hofstunde zusammen mit je einem von seiten der Justizvollzugsanstalt auszuwählenden U-Gefangenen, der nicht zu den Mitbeschuldigten gehört und nicht gleicher Straftaten wie der Beschuldigte verdächtig ist, geführt werden.«

Außerdem findet bei den Inhaftierten eine strenge Postkontrolle statt. Entscheidungen wie die gegenüber Irmgard Möller sind an der Tagesordnung: »Die Beschuldigte unterstellt in dem Brief den mit den Ermittlungen befaßten Polizeibeamten die Bereitschaft zur Begehung schwerer Straftaten«, begründet Bundesrichter Georg Knoblich seine Entscheidung, einen Brief der Untersuchungsgefangenen Möller nicht weiterzuleiten: »Sie befolgt damit ersichtlich die von den Mitgliedern der kriminellen Vereinigung praktizierte Methode, das Vertrauen der Bürger in den Staat und seine Institutionen zu erschüttern.«

Nicht übersehen werden darf bei der Beurteilung der Haftbedingungen, daß nach der Strafprozeßordnung Untersuchungshaft grundsätzlich Einzelhaft bedeutet. So bestimmt es Paragraph 119. Tatsache ist ebenso, daß den Inhaftierten Radios, Schreibmaschinen, Zeitungen und Literatur in den Zellen zur Verfügung standen. Sie bekamen zahlreiche Besuche von Rechtsanwälten und Verwandten – mehr als es bei Untersuchungshäftlingen sonst üblich war: Innerhalb der ersten neun Monate bekam beispielsweise Baader 26 Besuche, vier von

---

* Das bedeutete, daß sich Grashof vor und nach jedem Verteidigerbesuch ausziehen und durchsuchen lassen mußte.

Angehörigen, 22 von Anwälten; Ulrike Meinhof 48 Besuche, 18 von Angehörigen, 30 von Anwälten; und Gerhard Müller insgesamt 35 Besuche. Als RAF-Häftlingen vorgeschlagen wird, die Runden im Gefängnishof jeweils mit einem anderen Häftling zu drehen, lehnen die meisten entschieden ab. Gleichwohl fragt es sich, insbesondere angesichts der »strengen Einzelhaft«, ob tatsächlich alle getroffenen Maßnahmen unverzichtbar waren. War es etwa wirklich unumgänglich, nachts das Licht in den Zellen einzuschalten? Alle Artikel aus Zeitungen auszuschneiden, die die RAF betrafen? Oder die Benutzung eines Fernsehgerätes zu versagen?

Im Laufe der Zeit wurden Häftlinge in Gruppen zusammengelegt, wie zum Beispiel Baader, Ensslin, Raspe, Meinhof und Möller in Stuttgart-Stammheim. Schließlich wurde eine Beschwerde von Baader, Ensslin und Raspe über die Haftbedingungen von der Europäischen Kommission der Menschenrechte in Straßburg als unbegründet zurückgewiesen.* Die »außergewöhnlichen Haftbedingungen« seien aus Gründen der Sicherheit geboten gewesen, urteilte die Kommission: »Im Hinblick auf die Umstände des Falles, insbesondere die ständige Überprüfung der Haftbedingungen durch die Behörden der Bundesrepublik Deutschland und das Verhalten der Betreffenden selbst, die bestimmte ihnen gebotene Kontaktmöglichkeiten ablehnten, kann von den Beschwerdeführern nicht gesagt werden, daß sie absichtlich einer Gesamtheit von körperlichen oder seelischen Leiden mit dem Ziel unterworfen gewesen sind, sie zu bestrafen, ihre Persönlichkeit zu zerstören oder Widerstandskraft zu brechen... Der ihnen auferlegte Sondervollzug hatte daher nicht den Charakter einer unmenschlichen oder erniedrigenden Behandlung.«

Die Komitees – die organisierte Öffentlichkeitsarbeit

Ende 1972 prangert die »Rote Hilfe« in einer in Berlin herausgegebenen Broschüre »die Brutalität, mit der die Gefangenen fertig gemacht werden sollen«, an. Doch dieses Heft unter dem Titel *Vorbereitung der RAF-Prozesse durch Presse, Polizei und Justiz* stößt nicht auf Beifall der inhaftierten RAF-Spitze. Im Gegenteil: »Für Astrid muß

---

* Die Entscheidung erging am 8. Juli 1978, also neun Monate nach dem Tod der Häftlinge, die die Beschwerde im Juli 1976 erhoben hatten.

man Freiheit fordern. Das ist Sache der Roten Hilfe«, moniert Gudrun Ensslin in einem Kassiber. »Eine Sprechblase, Din A 2 groß, etwa ›lieber einen Richter umlegen als ein Richter sein‹, habe ich in der Dokumentation umsonst gesucht, einfach nicht drin«, rügt Ensslin. Die Rote Hilfe wird in der ersten Zeit der Haft für die RAF-Köpfe zu einer wichtigen Unterstützung aus der Legalität. Immer und immer wieder weist diese »Gefangenenhilfsorganisation« auf das Schicksal der einsitzenden RAF-Mitglieder hin. Doch den Häftlingen reicht diese Unterstützung nicht. Sie wollen die Rote Hilfe verändern, die »Handwerkelei nicht dulden«, wie Gudrun Ensslin formuliert. Dies aber gelingt den Köpfen der RAF nicht: Die Rote Hilfe ist älter als die RAF; gegründet hatten sie 1968 Anhänger der »Neuen Linken«, um Inhaftierte mit Rat und Tat zu unterstützen.

Und so entsteht in der RAF die Idee, eine eigene Organisation ins Leben zu rufen, die sich speziell darum kümmern soll, die angeblichen Leiden der RAF-Häftlinge in der Öffentlichkeit zu verbreiten. Ebenso um die Publizierung von Reaktionen darauf. Im Frühjahr 1973 verständigen sich RAF-Häftlinge und Anwälte darauf, regionale »Komitees gegen Isolationsfolter in den Gefängnissen der BRD« zu gründen. Bei einer zentralen Vortragsveranstaltung am 11. Mai 1973 in Frankfurt greift Professor Christian Sigrist die Justiz scharf an: »Es ist Aufgabe aller demokratischen Kräfte, diese mit den Blutmalen des Faschismus befleckte Justiz daran zu hindern, die Vernichtungsstrategie der herrschenden Klasse zu Ende zu führen und an diesen antiimperialistischen Kämpfern ein Exempel zu statuieren, das auf Jahre hinaus zur Lähmung des Widerstandspotentials in Westdeutschland führen könnte.«

Dieses Komitee – mal war von einem, mal von mehreren die Rede – soll nach außen entscheidend von Liberalen getragen werden, Initiatoren sind freilich die RAF-Anwälte: »Ziel dieses Komitees ist die Mobilisierung einer liberalen Öffentlichkeit für die Forderung: ›Abschaffung der Isolierung der politischen Gefangenen‹«, heißt es in einem in mehreren Zellen einsitzender RAF-Mitglieder gefundenen Kassiber über die Gründungsveranstaltung. »Das Komitee ist Teil einer 1. Phase von Aktionen, deren ›2. Phase‹ dann in einem gemeinsamen Kampf aller Gefangenen bestehen soll. Als Legitimation für diese Strategie geben die Anwälte an, daß sie nicht von ihnen, sondern von den ›politischen‹ Gefangenen stamme.«

Ideologischer Ausgangspunkt für die Arbeit dieser Komitees ist der »Kampf gegen die Folter an der antiimperialistischen Guerilla«. Diese »Folter« wird als Ausdruck der »bedrängten Lage der Bourgeoisie« interpretiert. Die Komitee-Bewegung versteht sich als punktuelles Bündnis und als Koordinator für Aktionen zusammen mit anderen Gruppen. Ihr Ziel sehen die Mitarbeiter darin, »eine breite antifaschistische Öffentlichkeit herzustellen«.

Und so erscheinen von »Komitees gegen Folter an politischen Gefangenen in der BRD« Broschüren wie *Der Tote Trakt ist ein Folterinstrument* (43 Seiten), *Die Systematik der Folter* (35 Seiten) und *Der Kampf gegen die Vernichtungshaft* (285 Seiten). Diese Komitees verteilen Flugblätter, rufen zu Demonstrationen auf, laden zu »Informationsveranstaltungen« ein und sammeln Spenden. Gegründet werden solche Komitees unter anderem in Hamburg, Frankfurt, München, Stuttgart, Berlin, Heidelberg, Tübingen und Kassel. Insgesamt in 23 Orten in der Bundesrepublik. Im ersten Jahr, von Mai 1973 bis Mai 1974, kommen sie auf insgesamt 450 Mitglieder und 75 öffentliche Veranstaltungen. Diese Komitees sind ein »legaler Arm der RAF« und ein Reservoir an neuen Untergrundkämpfern. Doch im Laufe der Zeit geht ihnen langsam die Luft aus. Mit dem Wort »Folter« können sie bald kaum noch jemand auf die Straße holen, der Begriff hat sich abgenutzt. Nach und nach zerfallen diese Komitees.

Vor diesem Hintergrund kommen RAF-Führer und ihre Anwälte auf die Idee, die Dinge in einen internationalen Rahmen zu stellen: Das Jahr 1974 neigt sich dem Ende zu, der Stammheim-Prozeß gegen Baader, Ensslin, Meinhof und Raspe steht vor der Tür, er soll im Frühjahr beginnen. So setzen die Anwälte auf Unterstützung aus dem Ausland. Bei ihren Reisen dorthin schlagen sie besonders gern in die NS-Kerbe, versuchen böse Erinnerungen an Hitler und die blutige Unterdrückung der Nazi-Gegner zu nutzen. Die Anwälte besuchen Frankreich, die Niederlande, die Vereinigten Staaten, Italien und Großbritannien. Vor allem begeben sich Klaus Croissant und Kurt Groenewold auf Reisen. Den einsitzenden RAF-Mitgliedern schwebt als Endziel eine internationale legale Organisation vor, die Terroristen in mehreren Ländern unterstützt. »das komitee muß kontakt zu allen gruppen und organisationen herstellen, die den antiimperialistischen kampf führen, die politische gefangene haben in westeuropa«, kommandiert Baader aus seiner Zelle über das Vorgehen in der Anfangsphase. Die Häftlinge knüpfen größte Erwartungen an dieses Projekt. Ulrike Meinhof frohlockt gar schon: »ai* wird die basis weglaufen, wenn das ding steht.«

Am 20. Januar 1975 ist es soweit: In Paris wird das »Internationale Komitee zur Verteidigung politischer Gefangener in Europa« gegründet, abgekürzt IVK. Zu den Mitgliedern zählen vor allem Rechtsanwälte, Studenten und Ärzte aus Frankreich, Belgien, den Niederlanden, den Vereinigten Staaten, Großbritannien und der Bundesrepublik. In der Präambel erklärt das »Internationale Komitee«, daß in vielen Ländern politische Gefangene gefoltert würden. Dabei gebe es eine neue Foltermethode, die »sensorische Deprivation«**, die zusammen mit der Langzeitisolation die Zerstörung des Menschen bewirkt.« Seit mehreren Jahren würde diese Methode gegen politische Gefangene eingesetzt, insbesondere gegen Mitglieder der Rote Armee Fraktion. Angesichts dessen hätte sich dieses Komitee gegründet, um die politischen Gefangenen zu verteidigen.

Die »Sektion BRD« dieses »Internationalen Komitees« residiert in der Kanzlei des Anwalts Croissant in Stuttgart. Sie entwickelt sich rasch zur Agitationszentrale der RAF, wie die Ermittler herausfinden. Von hier aus werden Pressekonferenzen organisiert, Stellungnahmen für Hörfunk- und Fernsehsendungen sowie Antworten der Gefangenen für Interviews und Dokumentationen herausgegeben. Außerdem koordinieren Mitarbeiter die Zusammenarbeit mit IVK-Ablegern im Ausland, die dort unter anderem für Artikel in der Presse sorgen. Und schließlich geben IVK-Mitarbeiter das 600-Seiten Buch *texte: der RAF* im Verlag Bo Cavefors im schwedischen Lund heraus. Diese Zusammenstellung enthält eine Reihe von RAF-Äußerungen: die Kampfschriften, Erklärungen in Prozessen und Zeitungsinterviews. Es ist ein zeitgeschichtlich aufschlußreiches Dokument. Die Justiz konfisziert es – eine Entscheidung des Oberlandesgerichts Stuttgart.

»Wir waren fanatisch«, erinnert sich Susanne Albrecht 1991 an ihre Zeit im Hamburger Komitee Mitte der siebziger Jahre, »wir haben uns an diese Gefangenenwelt drangeklammert. Es gab keinen Halt für uns.«

---

* ai = Amnesty International.

** Unter sensorischer Deprivation wird eine drastische Einschränkung – Deprivation – der sinnlichen Wahrnehmung – des Sensoriums – verstanden, durch die der Mensch sich an seiner Umwelt orientiert, also zum Beispiel Sehen, Hören, Riechen.

Der kollektive Hungerstreik – die »stärkste« Waffe

»Hungerstreik ist Kampf!«, schreibt Gerhard Müller im März 1973 in einem Kassiber an ebenfalls einsitzende Genossen: »Im Bewußtsein der Bevölkerung verschwindet nach dem Auffliegen einer kriminellen Bande diese sang- und klanglos im Knast. Der Bourgeoisie gelingt bei uns nicht, was sie vorhaben – die Sache abschließen. Wir sind da und kämpfen: die Leute sagen: hoppla.«

In den fünf Jahren, in denen die Köpfe der ersten Generation in der Haft sitzen, gibt es insgesamt fünf Hungerstreiks. Im Laufe der Zeit werden sie besser organisiert und bewußt als stärkste Form des Widerstandes im Gefängnis eingesetzt. Sie richteten sich gegen die Haftbedingungen, von den Inhaftierten als »Isolationsfolter« bezeichnet. Gesteuert werden diese Hungerstreiks von der RAF-Spitze. Von medizinisch versierten Sympathisanten erhalten die Häftlinge Papiere mit Ratschlägen. Zweck dieses Fastens ist: die Häftlinge wollen durch das Hungern in der Öffentlichkeit Wirkung erzeugen, Druck. Dazu müssen die Informationen über diesen Protest aus den Zellen heraus in die Öffentlichkeit getragen werden. Vor allem über die Medien. Auch dies wird aus den Zellen heraus gesteuert. Bestimmte Gruppen wie die Folterkomitees berichteten über den Fortgang der Hungerstreiks und machten sich für die Forderungen der Inhaftierten stark. »Hungerstreikerklärungen« werden vor Beginn der Nahrungsverweigerung ausgearbeitet; sie spielen eine ähnliche Rolle wie die »Kommandomeldungen« nach einem Anschlag. Im Laufe der Zeit wird es üblich, daß die Hungerstreiks von Anschlägen draußen begleitet werden.

Von einer derart umfassenden Organisation ist der erste kollektive Hungerstreik allerdings noch weit entfernt. Der Auftakt erfolgt geradezu spontan: ab sofort »fresse« er nichts mehr, erklärt Baader vor dem Berliner Kammergericht im Prozeß gegen Horst Mahler – »bis sich die Haftbedingungen geändert haben«. In diesem Verfahren wurde er als Zeuge vernommen.

Dieser erste kollektive Hungerstreik dauert vom 17. Januar bis zum 16. Februar 1973. Die Hungerstreikerklärung geben die Anwälte ab, Eberhard Becker, Jörg Lang, Klaus Croissant und Kurt Goenewold: »Die Existenz von Folter ist Ausdruck des schleichenden Faschismus, der sich in das Gewand der Rechtmäßigkeit zu hüllen sucht«, teilen sie in einer Erklärung mit. »Unsere Forderung ist: Gegen Folter helfen

Rechtsmittel nicht. Unsere Forderung ist: Aufhebung der Isolation als Folter für die politischen Häftlinge in der BRD.« Die Anwälte selbst veranstalten vom 9. bis zum 12. Februar 1973 eine Hungerstreik-Demonstration vor dem Gebäude des Bundesgerichtshofs in Karlsruhe. Die hungernden Anwälte sind für die Presse ein Thema, mehr noch als hungernde Terroristen. So fragt beispielsweise Werner Hill in der NDR 1-Hörfunksendung »Auf ein Wort« am 13. Februar 1973: »Ist es so weit, daß die Rechtsanwälte in ihren Roben auf die Straße gehen, sich an das Volk wenden müssen, weil anders einem Unrecht nicht abzuhelfen ist?« Doch plötzlich wird der Hungerstreik abgebrochen: Zum einen sind sich die Häftlinge nicht einig über den Nutzen des Hungerstreiks, zum anderen genügt ihnen die Unterstützung der Anwälte nicht.

Angesichts dieser Erfahrung beschließen die RAF-Häftlinge, den nächsten Hungerstreik gezielter anzugehen. Sie setzen auf die Mobilisierung der »antifaschistischen Bürger«, wie Ulrike Meinhof in der *Hungerstreik-Erklärung der politischen Gefangenen – Mai 1973* formuliert. Dabei sagt sie auch den Genossen draußen klipp und klar, was die Gefangenen von ihnen an Unterstützung erwarten: »Eure Aktionen im Januar/Februar – Demo in Karlsruhe, Jessel* zusammengeschlagen, Go-in beim Norddeutschen Rundfunk und ein paar Justizschweinen, denen auch Steine in die Privatsphäre – sehr gut.

Keine Teach-in, kein Go-in beim Pen-Club, nichts bei der Schriftstellergewerkschaft, nichts an die Adresse der Kirchen, die auf Folter und Menschenrechtssachen inzwischen reagieren, keine Demo in Hamburg, München, Berlin, Frankfurt, Heidelberg, von mehr militanten Aktionen zu schweigen – schlecht.« Ulrike Meinhof schließt den Aufruf mit einer Devise, die auch bei allen späteren Hungerstreiks sinngemäß als Motto gilt: »Setzt die Schweine von außen unter Druck und wir von innen.«

Während dieses zweiten kollektiven Hungerstreiks – an dem sich insgesamt vierzig Häftlinge beteiligten, unter ihnen auch Mitglieder der »Bewegung 2. Juni« – kommt es zu einer Auseinandersetzung zwischen RAF-Spitze und Roter Hilfe. Die Rote Hilfe nimmt Anstoß an Meinhofs »Hungerstreik-Erklärung«, vor allem an der dort erhobenen

---

* Maskierte und mit Holzknüppeln bewaffnete Täter überfielen am 22. Februar 1973 in Hamburg den Psychiater der Justizvollzugsanstalt Jessel.

Forderung: »Gleichstellung der politischen Gefangenen mit allen anderen Gefangenen!« Die Rote Hilfe schickt einen Kassiber ins Gefängnis, in dem die Gefangenen lesen: »Der HS lügt, wenn er ›Gleichbehandlung‹ der pG* fordert: In Wirklichkeit ist er ein HS zur Durchsetzung von Privilegien der pG. Die Aufhebung der Isolationsbeschlüsse würde in der Knastrealität zu einer Bevorzugung (Besucher, Bücher, Briefverkehr etc.) der mit Genossen, Anwälten und Anverwandten reich ausgestatteten pG führen.

Der HS lügt, wenn er von ›Folter‹ spricht: Kein pG kommt so leicht in den Bunker (mit Todesrisiko) oder wird so leicht zusammengeschlagen, wie die ›Normalen‹ (Anwälte, aufmerksame Öffentlichkeit).

Der HS lügt, wenn er behauptet, das letzte Kampfmittel der Genossen im Knast zu sein: Kein ›Normaler‹ hat die Möglichkeit, sich seitenweise, wie die Knastgenossen, in der gesamten Presse darzustellen (Spiegel, Prozeßberichte etc.) Die spalterische Wirkung dieser Lüge wird deutlich in der HS-Forderung ›Gleichbehandlung‹ = ›Gleiche Scheiße für alle im Knast‹.«

Die RAF-Häftlinge sind über diesen Brief entsetzt. »dass uns sowas [...] überhaupt geschickt wird, kann eigentlich nur bedeuten, dass kein gefangener und kein anwalt in berlin in der lage ist oder war, diesem genossen in einer einzigen diskussion zu lüften, daß das tohuwabohu in seinem kopf mit dem tohuwabohu der erscheinungsformen dieser klassengesellschaft identisch ist«, kassibert Gudrun Ensslin zurück. Und Ulrike Meinhof entrüstet sich: »zu der tatsache, daß wir von folter reden, fällt euch nichts anderes ein als ...: was wollt ihr denn – ihr lebt ja noch.« Dem Verfasser attestiert sie einen »zirkusbegriff von klassenkampf«. Im Zuge dieses Hungerstreiks werden bei einigen Gefangenen die Haftbedingungen gelockert. Schließlich teilen die Anwälte in einer Erklärung mit, daß die Häftlinge den Hungerstreik am 29. Juni beendet hätten.

Für Horst Mahler ist der Foltervorwurf in der Rückschau nichts anderes »als eine Propagandalüge, darauf berechnet, die Linke in der Bundesrepublik moralisch zu erpressen und Faschismus vorzutäuschen, um die brutalisierten Kampagnen der RAF zu legitimieren ...«

Einen vorläufigen Höhepunkt bedeutet der dritte kollektive Hungerstreik. Bislang einzigartig ist die kompromißlose Härte, mit der er

* HS = Hungerstreik, pG = politische Gefangene.

durchgeführt und Abweichler wieder auf die Linie zurückgebracht wurden. Fast fünf Monate dauert er – so lang wie kein anderer Hungerstreik. Vom 13. September 1974 bis zum 5. Februar 1975. Geplant wurde er von langer Hand; Baader hatte vor Beginn in einem Kassiber unmißverständlich erklärt: »ich denke, wir werden den hungerstreik diesmal nicht abbrechen. Das heißt es werden typen dabei kaputtgehen.« Auch dieses Mal erfolgt der Aufruf zum Hungerstreik im Gerichtssaal, durch Ulrike Meinhof. Sie steht in Berlin vor dem Schwurgericht wegen der Baader-Befreiung. Zudem verkündet sie von der Anklagebank ein »Aktionsprogramm für den Kampf um die Rechte der gefangenen Arbeiter«. Sie verlangt, die Gefängnisse abzuschaffen. Dies werde die Revolution, die »Zerschlagung des kapitalistischen Staatsapparates« bringen. Auf die Forderung nach »Gleichstellung« mit den anderen Gefangenen verzichtet sie nun, jetzt fordert sie eine Selbstorganisation der Gefangenen.

Nach ungefähr zwei Wochen beginnen die ersten künstlichen Ernährungen. In Stammheim beispielsweise werden die Häftlinge Carmen Roll, Gudrun Ensslin, Andreas Baader und Jan-Carl Raspe mit einer fahrbaren Trage zum Ernährungszimmer gerollt – einer nach dem anderen. Dort erwarten sie vier Sanitäter und ein Arzt. Einer von ihnen reibt einen Schlauch, einen halben Zentimeter breit, mit Gel ein, damit er gut flutscht. Dieser Schlauch wird dem Häftling durch die Nase geschoben, weiter in den Rachenraum bis in den Magen – nicht selten unter Beschimpfungen und Fußtritten des Betreffenden. Durch diesen Schlauch erhält der Häftling einen Brei aus 350 Gramm »Humana-Aufbau-Vollkost« eingeflößt, angereichert mit zwei rohen Eiern und frischer Sahne – rund 2000 Kalorien. »Heute habe ich ›Rostbeef‹ oder ›Huhn‹ gekriegt«, merke der Häftling daran – berichtet der Stammheimer Gefängnisarzt Helmut Henck über die Zwangsernährung –, wenn er, wie es dabei gelegentlich passiere, ein »Bäuerchen« mache.

Während dieser Zeit der Zwangsernährung in den Haftanstalten – Ende 1973, Anfang 1974 – entwickelt sich in der Bundesrepublik eine lebhafte Diskussion darüber, ob der Staat Menschen gegen ihren Willen ernähren soll, ernähren muß. Auslöser der Kontroverse ist Karl Carstens, damals CDU/CSU-Fraktionsvorsitzender im Bundestag. Carstens stellt die Frage, ob es tatsächlich richtig sei, einem Untersuchungshäftling, »der bei klarem Verstande sich durch Hungern selbst das Leben nehmen will, mit Gewalt daran zu hindern«. Der Tübinger

Rechtswissenschaftler Professor Jürgen Baumann hält ihm entgegen, daß es keinen Anlaß gebe, die derzeitige Rechtslage zu ändern, da »in der psychischen Sondersituation der Haft eine wirklich freie und nicht etwa von Haftpsychose beeinflußte Entscheidung nur selten vorliegen wird«. Die derzeitige Rechtslage sei eindeutig: »Jeder Beamte in einer Anstalt, der den Selbstmord nicht verhindert, obgleich er das könnte, muß bestraft werden.« Im Kern geht es bei der Auseinandersetzung um die Selbstbestimmung des einzelnen als Ausfluß der Menschenwürde gegenüber der Fürsorgepflicht des Staates für Gefängnisinsassen.

Richard Stücklen, Vorsitzender der CSU-Landesgruppe in Bonn, zweifelt daran, ob es »dem Steuerzahler, insbesondere dem kleinen Mann, zugemutet werden kann, daß der Staat für die künstliche Ernährung selbstverschuldet leidender Staatsfeinde riesige Summen ausgibt.« Ebenso äußert der Psychiater und Wissenschaftsjournalist Hoimar von Ditfurth seine »Zweifel an der Zwangsernährung«, wenn auch aus ganz anderen Gründen. Er fragte: »Haben wir eigentlich das Recht, einen Menschen, der nicht geisteskrank ist, mit Gewalt daran zu hindern, sein Leben für ein selbstgewähltes Ziel einzusetzen, so unverständlich uns dieses Ziel auch bleiben mag?« Dem tritt Bundesjustizminister Hans-Jochen Vogel entgegen. Gegenüber Häftlingen habe der Staat eine Fürsorgepflicht, betont Vogel: »Auf Grund dieser Fürsorgepflicht und des Verfassungsgebotes, Leben und körperliche Unversehrtheit zu schützen, muß der Staat alle zumutbaren Maßnahmen treffen, um das Leben des Gefangenen notfalls auch gegen den Willen des Gefangenen zu erhalten.« Gleichgültig sei dabei, ob der Gefangene aus freiem Willen die Nahrung verweigere oder zu einer Willensentscheidung nicht mehr in der Lage sei: »Diese Grundsätze gebieten notfalls auch eine zwangsweise Ernährung.«

Trotz aller Diskussion bleibt es rechtlich dabei: Der Staat darf keinen Gefängnisinsassen verhungern lassen. Auch wenn das dessen erklärter Wille ist.

Über zahlreiche »Hungerstreik-Infos« werden die Häftlinge auf dem laufenden gehalten. Wer auszuscheren droht, sich anschickt, den Hungerstreik abzubrechen, wird unter Druck gesetzt. So kassibert etwa Ulrike Meinhof an Irene Goergens, die sich zum Abbruch des Hungerstreiks entschlossen hat: »der punkt ist, dass du nie wieder kämpfen wirst/kannst, wenn du jetzt ausbrichst. der punkt ist, dass der kampf so ist wie der hs jetzt.« Und von Gudrun Ensslin bekommt Irene Goergens zu lesen: »das ist 'n irrtum – von wegen ›dem teufel vom messer gesprungen, dem lieben gott, dem doktor, der bourgeoisie an den hals. das ist die wahrheit.«

Auch Anwälte setzen Abweichler unter Druck. So berichtet Gerhard Müller über einen solchen Vorstoß von Rechtsanwalt Siegfried Haag im November 1974. Hintergrund des Besuchs war, daß sich Müller Vitamintabletten besorgen ließ, ohne davon etwas den anderen RAF-Häftlingen zu erzählen. Zu seiner großen Verwunderung mußte Müller jedoch feststellen, daß Rechtsanwalt Haag Bescheid weiß. »Der Besuch Haags in Hamburg galt nur dieser Sache«, erinnert sich Müller später an das Gespräch: »Er führte mit mir ein regelrechtes Verhör durch und wollte genau wissen, weshalb ich mir die Tabletten wirklich besorgt habe. Mir kam es vor, daß er Schuldgefühle bei mir hervorrufen wollte. Er unterstellte, daß ich durch die Beschaffung von Vitamintabletten offenbar unbedingt überleben wollte. Außerdem sagte er mir, man könnte bei diesem körperlichen Zustand damit nichts mehr erreichen, da der Körper keine Vitamine mehr aufnehme, als in der Zwangsernährung bereits enthalten seien. Er machte mir heftige Vorwürfe, daß ich mich mit dieser ›Vitaminbeschaffung‹ über die kollektive Disziplin hinweggesetzt hätte. Ich war damals der Meinung, daß Haag von Baader zu mir gesandt wurde.« Haag habe sodann weitere Besuche angekündigt und abschließend erklärt, »diese Sache wäre ja nur ›Kleinmüll‹. Damit wollte er zum Ausdruck bringen, daß meine Verfehlung wohl doch nicht so schlimm gewesen sei.«

Bereits wenige Tage später erscheint der Rechtsanwalt aus Heidelberg abermals beim Untersuchungshäftling Müller in Hamburg. »Er sagte mir, er käme im Auftrag von Baader«, berichtet Müller. »Nach dessen Meinung hätten die Hamburger RAF-Gefangenen zu wenig Gewichtsverlust zu verzeichnen. Zur Vorgeschichte muß man sagen, daß die Anweisung Baaders bestand, das Gewicht der einzelnen Gefangenen von Zeit zu Zeit nach Stuttgart-Stammheim durchzugeben. Wir ›Hamburger‹ hatten uns nicht daran gehalten, uns aber trotzdem hin und wieder gewogen. Irgendwie müssen diese Gewichtsangaben zu Baader gelangt sein.

Rechtsanwalt Haag übte nun im Auftrage Baaders insofern einen moralischen Druck auf uns aus, indem er uns die einzelnen Gewichtsunterschiede vorhielt. Weiter erklärte er uns die neue Hungerstrategie Baaders. Sie besage, daß alle Hungerstreikenden auf gleiches physisches Niveau gebracht werden sollten, in dem eine ›Kippreaktion‹ immer möglich sei. Unter ›Kippreaktion‹ war zu verstehen, daß durch die kleinsten unvorhergesehenen Faktoren der Tod hätte eintreten können.« Sodann habe ihm Haag Anweisungen erteilt, wie er die Zwangsernährung be- und verhindern könne, berichtet Gerhard Müller weiter: »Es handelte sich dabei um das Zusammenbeißen der Zähne, gewaltsames Entfernen des Schlauches vor Abschluß der Zwangsernährung, späteres Ausspucken der Nahrung und Herbeiführen eines Durchfalls durch Trinken warmen Wassers oder starken Pfefferminztees vor der Zwangsernährung.« Müllers Fazit: »Aus dem Verhalten Haags während der Hungerstreikphase ging eindeutig hervor, daß Haag im Sinne der RAF voll eingeweiht war und alle Weisungen Baaders bedenkenlos ausführt.«

Auch mit dem Zustand von Holger Meins ist die RAF-Führung nicht einverstanden, in einem Kassiber verlangt Ensslin von Meins: »ji runter: ticken, das es geschichte ist – materielle Prozesse, deren spuren, so oder so, gewählt, dann leicht identifizierbar geworden sind.« Auf deutsch: Ensslin forderte Meins (= »Jimmy«, Kürzel: ji) dazu auf, mit seinem Gewicht noch weiter herunterzugehen, er möge die historische Dimension seines möglichen Todes begreifen – »ticken«: »du bestimmst, wann du stirbst. freiheit oder tod.«

Zwei Tage später, am 9. November 1974, stirbt Holger Meins – noch ganze 39 Kilogramm wiegt die Leiche des 1,83 Meter großen Mannes.

Aufschlußreich für das Selbstverständnis von Meins und seinen Genossen sind einige Zeilen, die er Rechtsanwalt Croissant ein halbes Jahr vor seinem Hungertod übergeben hatte, am 9. März 1974. Darin erklärt Holger Meins, daß ein Hungerstreik »sehr gefährlich weil u. U. tödlich« sei: »Für den Fall, daß ich in Haft vom Leben in den Tod komme, war's Mord – gleich was die Schweine behaupten werden. Glaubt den Lügen der Mörder nicht.« Das ist auch exakt das Verständnis der Genossen in und außerhalb der Gefängnisse: Wer sich zu Tode hungert, wurde vom System ermordet – obwohl sich zahlreiche Häftlinge gegen die Zwangsernährung mit Händen und Füßen wehren.

Einen Tag nach dem Hungertod von Meins wird der Berliner Kammergerichtspräsident Günther von Drenckmann in seiner Wohnung ermordet, vor den Augen seiner Frau. Ein Täter hatte sich als »Fleurop-Bote« mit einem Strauß Blumen Zugang zu der Wohnung verschafft – von Drenckmann war am Tag zuvor vierundsechzig geworden. Zunächst sollte er entführt werden. Als dies scheitert, erschießen ihn die Täter, die der »Bewegung 2. Juni« angehörten – quasi eine Solidaritätsbekundung eines Konkurrenzunternehmens nach dem Tod von Meins. Niemals in seinem Leben hatte von Drenckmann etwas mit einem Terroristenprozeß oder Haftbedingungen zu tun. Er war Zivilrichter, ein allseits geachteter liberaler Geist und Präsident des höchsten Berliner Gerichts.

Nach dem Tode von Holger Meins verüben RAF-Sympathisanten eine Reihe von Sachbeschädigungen in der Bundesrepublik, 19 Brand- und zwei Sprengstoffanschläge.

Meins' Tod stachelt die RAF-Anhänger dazu an, mehr für den »Kampf gegen die Haftbedingungen« zu tun. »Wenn die Justiz die Haftbedingungen nicht ändert, müssen wir was tun«, meint damals Susanne Albrecht wie auch viele andere Sympathisanten: »Es kann nicht zugelassen werden, daß hier noch mehr Gefangene sterben.«

Zur Öffentlichkeitsarbeit zählt bei diesem dritten kollektiven Hungerstreik auch, daß der französische Philosoph Jean-Paul Sartre Andreas Baader in Stammheim besucht. Rechtsanwalt Croissant hatte Sartre in Frankreich aufgesucht und ihm in seiner Wohnung ein Schreiben von Ulrike Meinhof überreicht. Darin bittet sie den 69jährigen Schriftsteller um ein Interview mit Baader, um »den mord an andreas verhindern zu helfen«. So besucht Sartre Baader am 4. Dezember 1974 in Stammheim, das Treffen dauert eine Stunde. – »Ich habe über Haftbedingungen nicht gesprochen«, berichtet Baader später über die Unterredung. Nach der Baader-Visite fährt Sartre in das Stuttgarter Hotel Graf Zeppelin gegenüber dem Hauptbahnhof. Dort erwarten ihn im Saal Nummer 9 über einhundert Journalisten zu einer Pressekonferenz, organisiert von Baaders Anwälten. Sartre spricht vor der Presse von »Folterhaft«. Über Baader erklärt er, übersetzt von Daniel Cohn-Bendit: »Er sieht aus wie ein gefolterter Mensch.« So ist die Gruppe am nächsten Tag wieder in den Schlagzeilen. In ihrem Sinne: »Sartre kritisiert Haftbedingungen für Baader-Meinhof-Häftlinge«, titelt etwa der liberale *Berliner Tagesspiegel*. Der RAF ist es gelungen, den gealterten Philosophen vor ihren Karren zu spannen.

Für Aufmerksamkeit sorgt auch die Störung des von der ARD übertragenen Weihnachtsgottesdienstes 1974 aus einer Kirche in Berlin-Schlachtensee. Die Predigt hält Berlins einstiger Regierender Bürgermeister Albertz: Zehn Minuten vor Ende der Übertragung laufen meh-

Jean-Paul Sartre und Rechtsanwalt Croissant
nach dem Besuch bei Andreas Baader in der Haftanstalt
Stuttgart-Stammheim am 4. Dezember 1974

rere Demonstranten nach vorne, umringen den Pastor, rufen »Denk an Baader und Meinhof« und entfalten ein Spruchband »bka abtl. staatsschutz bestimmt vernichtungshaft an politischen gefangenen«. Albertz entgegnet: »Der Gottesdienst ist noch nicht zu Ende.« Die Kamera schwenkt zur Gemeinde, der Organist beginnt zu spielen.

In diesen Tagen und Wochen magern die Hungerstreiker immer mehr ab. Der Tod weiterer Häftlinge droht. Angesichts dieser Situation entschließt sich der ehemalige Bundespräsident Gustav Heinemann, Ulrike Meinhof einen Brief zu schicken. Am 11. Dezember 1974 schreibt er ihr:

»Sehr geehrte Frau Meinhof,

Es ist viele Jahre her, daß Sie mich einmal als Anwalt in einer Beleidigungssache* in Anspruch nahmen. Heute melde ich mich von mir aus und bitte Sie um Gehör.

Mich erfüllt große Sorge. Sie und einige Ihrer Freunde, die sich am Hungerstreik beteiligen, schweben in Lebensgefahr. Künstliche Ernährung kann natürliche Ernährung nur begrenzt und nur mit Gefährdungen besonderer Art ersetzen. Je länger Sie den Hungerstreik fortführen, um so zwangsläufiger kommen Sie an die Grenze Ihres Lebens. Sie sind sich dessen bewußt. [...]

Wenn Sie [...] meinen, mit einer Selbstopferung Ihres Lebens politische Wirkungen in Ihrem Sinn außerhalb der Gefängnisse auszulösen, so sind Sie im Irrtum. Sie wollen Schäden in unserer Gesellschaft – was immer Sie darunter verstehen mögen – beseitigen und denen helfen, die unter solchen Schäden leiden. Sie werden es auf Ihrem Wege nicht erreichen, wohl aber erschweren Sie eindeutig alle Bemühungen derer, die sich auf andere Weise um die Besserung bemühen. Geht es Ihnen also wirklich um benachteiligte Menschen hier und anderwärts, so bitte ich Sie, dieses noch einmal ernsthaft zu bedenken.

Bei allem Respekt vor der Selbstbestimmung, die einem Menschen hinsichtlich seiner Lebensgestaltung gebührt, meine ich ernstlich, Sie sollten Ihren Hungerstreik beenden. Ich bitte Sie darum, nehmen Sie sich selbst diese Freiheit, und geben Sie damit Ihren Freunden eine gleiche Freiheit.

Ich habe Ihren Weg seit jener Zeit, von der ich eingangs spreche, mit Aufmerksamkeit verfolgt. Glauben Sie mir, daß es mir bei diesem Brief um Sie selbst und das Leben Ihrer Freunde geht.

Ob Sie mich verstehen?

Heinemann«

---

* Rechtsanwalt Heinemann hatte sie wegen der *konkret*-Kolumne »Hitler in Euch« in der *konkret*-Ausgabe im Mai 1961 vertreten. Darin hatte Meinhof geschrieben: »Wie wir unsere Eltern nach Hitler fragen, werden wir eines Tages nach Herrn Strauß gefragt.« Franz Josef Strauß, damals Verteidigungsminister, erstattete Strafanzeige, Rechtsanwalt Heinemann überzeugte das Hamburger Landgericht, das Verfahren nicht zu eröffnen.

Doch der Brief hilft nicht. Erst rund acht Wochen später beenden die Häftlinge ihren Hungerstreik – am 145. Tag. Gudrun Ensslin, 1,70 Meter groß, hat sich von 66 auf 42 Kilo heruntergehungert, Andreas Baader, 1,78 Meter groß, von 76 auf 50 Kilo, und Jan-Carl Raspe, 1,75 groß, ist von 73 auf 48 Kilo abgemagert. Die Anweisung, wieder zu essen, erteilte Baader. Per Telefon. Aus dem Zimmer des Anstaltsleiters darf er telefonieren. 21 Häftlinge brechen umgehend den Hungerstreik ab. Mehrere Nachrichtenagenturen und Zeitungsredaktionen erhalten einen Brief, »an die gefangenen aus der raf« überschrieben. Darin heißt es: »wir bitten euch, den streik jetzt abzubrechen, obwohl... seine Forderung, die aufhebung der isolation, nicht durchgesetzt werden konnte. versteht das als befehl.« Unterzeichnet ist der Brief mit
»wir werden siegen
raf (s).«

Was damals nur die RAF-Mitglieder wissen: »s« bedeutet Stab, also die Führungscrew um Baader. Ebenso kennt damals niemand den Grund für den plötzlichen Hungerstreik-Abbruch, von einigen RAF-Mitgliedern abgesehen: Ein RAF-Kommando ist dabei, sich auf den Überfall auf die Deutsche Botschaft in Stockholm vorzubereiten. Dadurch sollen die einsitzenden Genossen freigepreßt werden – und die nun eben sollen dann, in zweieinhalb Monaten, wieder bei Kräften sein.

Mit diesem dritten kollektiven Hungerstreik demonstrierte die RAF erstmals, wie sie über einen Hungerstreik in Gefängnissen für Wirbel und teilweise sogar für eine Mobilisierung von Gesinnungsgenossen draußen sorgen kann. Als entscheidend erwiesen sich eine rechtzeitige Planung, klare Absprachen zwischen allen Beteiligten – »drinnen« und »draußen« – und Unterrichtung der Genossen über den Verlauf innerhalb der Gefängnisse. Von großer Bedeutung war ebenfalls eine gezielte »Öffentlichkeitsarbeit« mit Erklärungen und Pressekonferenzen der Anwälte, um das Thema, von dem sonst kaum jemand etwas mitbekommen hätte, in die Medien zu bringen. Auch bei späteren Hungerstreiks hielt sich die RAF an dieses Schema.

Der Rechtsstaat rüstet sich

Die Abgeordneten im Bundestag sind sich so einig wie selten: »In einer Entscheidung vom Februar dieses Jahres hat das Bundesverfassungsgericht festgestellt, daß keine Rechtsgrundlage dafür vorhanden ist, in einem Strafverfahren einem Rechtsanwalt die Verteidigungsbefugnis zu entziehen, weil er im Verdacht der Teilnahme an der den Beschuldigten zur Last gelegten Straftaten stehe«, erklärt der CDU-Abgeordnete Carl Otto Lenz am 11. Oktober 1974 zur Schily-Entscheidung*. Sein Fazit: »Wir sind der Auffassung, daß die Lücke, die durch die Entscheidung des Bundesverfassungsgerichts zwar nicht aufgerissen, wohl aber aufgedeckt worden ist, im Interesse unserer Rechtspflege schleunigst geschlossen werden muß.«

Und der SPD-Abgeordnete Fritz-Joachim Gnädinger, ein Staatsanwalt außer Dienst, fügt für seine Fraktion hinzu: »Der Beschluß des Bundesverfassungsgerichts vom 14. Februar 1973 macht ein rechtliches Problem aktuell, das völlig unabhängig von dem zugrundeliegenden Einzelfall zu gesetzgeberischen Konsequenzen führen muß.« Auch die Liberalen sehen die Dinge nicht anders. Der FDP-Rechtspolitiker Detlef Kleinert erklärt, »daß hier schnell etwas zu geschehen hat«.

In dieser Einmütigkeit beschließt der Bundestag am 18. Dezember 1974 das erste große »Anti-Terror-Paket«: das »Gesetz zur Ergänzung des Ersten Gesetzes zur Refom des Strafverfahrens vom 20. Dezember 1974«, wie es offiziell heißt. Dieses Gesetz ist mit Blick auf das in Stuttgart-Stammheim anstehende Baader-Meinhof-Verfahren verabschiedet worden: man befürchtete, daß die Verteidiger und Angeklagten den Prozeß torpedieren könnten, indem sie die Möglichkeiten der Strafprozeßordnung geschickt ausnutzen. Vor allem im Laufe des Jahres 1974 hatte sich gezeigt, daß einzelne Anwälte Terroristen näher standen, als sich dies viele Zeitgenossen damals hätten vorstellen können. Anwälte mißbrauchten die ihnen als Verteidiger eingeräumten Privilegien, in dem sie – wie geschildert – RAF-Post transportierten

---

* Siehe dazu Seite 142. Die Entscheidung des Bundesverfassungsgerichts erging allerdings nicht – wie Lenz behauptet – 1974, sondern tatsächlich bereits ein Jahr zuvor (Bundesverfassungsgericht, Beschluß vom 14. 2. 1973 – Aktenzeichen: 2 BvR 667/72).

und verteilten. Über die an der Postkontrolle vorbeigeschleusten Schreiben konnten die RAF-Mitglieder frei korrespondieren und den Zusammenhalt der Gruppe festigen.

Vor diesem Hintergrund werden dezidierte Regelungen für den Ausschluß von Verteidigern zum 1. Januar 1975 in die Strafprozeßordnung eingeführt. Der neue Paragraph 138 a bestimmt: »Ein Verteidiger ist von der Mitwirkung in einem Verfahren auszuschließen, wenn er dringend oder in einem die Eröffnung des Hauptverfahrens rechtfertigenden Grade verdächtigt ist, an der Tat, die den Gegenstand der Untersuchung bildet, beteiligt zu sein oder eine Handlung begangen zu haben, die für den Fall der Verurteilung des Beschuldigten Begünstigung, Strafvereitelung oder Hehlerei wäre.« Ebenso ist ein Verteidiger vom Verfahren auszuschließen, »wenn er den Verkehr mit dem nicht auf freiem Fuß befindlichen Beschuldigten dazu mißbraucht, die Sicherheit des Vollzugs erheblich zu gefährden.«*

Neu in die Strafprozeßordnung kommt das Verbot der Mehrfachverteidigung. Das bedeutet: Ein Anwalt darf nur einen Angeklagten verteidigen, nicht zwei oder mehrere. Das gilt – und das ist eine alle Bürger treffende Konsequenz aus dieser Reform – für jedes Strafverfahren. Auch, wenn sich ein Rentnerehepaar vor Gericht verantworten muß, weil es in einem Supermarkt eine Tafel Schokolade verschwinden ließ. Selbst wenn die Dinge eindeutig sind, die beiden gestehen, wie es tatsächlich war: sie können sich keinen Anwalt gemeinsam nehmen. Jeder muß einen eigenen haben – und bezahlen, sofern sie nicht auf eine anwaltliche Verteidigung verzichten wollen.

Die Zahl der Wahlverteidiger wird durch dieses erste »Anti-Terror-Paket« auf drei beschränkt – in Terrorismusverfahren, zum Beispiel

---

* In der Zwischenzeit wurden die Vorschriften über den Verteidigerausschluß mehrfach geändert. In der heute gültigen Fassung lautet Paragraph 138a, Absatz 1 StPO: »Ein Verteidiger ist von der Mitwirkung in einem Verfahren auszuschließen, wenn er dringend oder in einem die Eröffnung des Hauptverfahrens rechtfertigenden Grade verdächtig ist, daß er

1. an der Tat, die den Gegenstand der Untersuchung bildet, beteiligt ist,
2. den Verkehr mit dem nicht auf freiem Fuß befindlichen Beschuldigten dazu mißbraucht, Straftaten zu begehen oder die Sicherheit einer Vollzugsanstalt erheblich zu gefährden, oder
3. eine Handlung begangen hat, die für den Fall der Verurteilung des Beschuldigten Begünstigung, Strafvereitelung oder Hehlerei wäre.«

dem in Kaiserslautern gegen Manfred Grashof, Klaus Jünschke und Wolfgang Grundmann, waren bis zu 15 Anwälte für einen Beschuldigten aufgetreten. Für das Stammheim-Verfahren gegen die RAF-Spitze rechneten Fachleute mit dem Erscheinen von »über 50 Verteidigern«, wie der liberale Strafrechtsprofessor Jürgen Baumann berichtet: »Daß auf diese Weise jedes Verfahren ›kaputtgemacht werden‹ kann, liegt auf der Hand.« Doch viele Juristen haben für diese Beschränkung auf drei Wahlverteidiger kein Verständnis. Zum Beispiel der Frankfurter Rechtsanwalt Erich Schmidt-Leichner, damals Vorsitzender der Vereinigung Deutscher Strafverteidiger: »In Großverfahren kann durchaus ein berechtigtes Interesse der Angeklagten bestehen, mehr als drei Verteidiger zu bestellen«, kritisiert der renommierte Jurist die neue Vorschrift unter Hinweis auf das Contergan-Verfahren, »weil der Umfang und die Aufgliederung des Prozeßstoffes eine mehrfache ›Arbeitsteilung‹ gebieten.«

Außerdem reagiert der Bundestag mit diesem Gesetzespaket auf die Befürchtung, die Angeklagten könnten sich durch einen Hungerstreik »verhandlungsunfähig« fasten, bevor sie zur Sache vernommen wären. Dies hätte nämlich zur Folge haben können, daß die Hauptverhandlung platzt. Angesichts dessen bestimmt der neu in die Strafprozeßordnung eingefügte Paragraph 231 a, daß auch ohne den Angeklagten verhandelt werden kann, wenn er sich »vorsätzlich und schuldhaft in einen seine Verhandlungsfähigkeit ausschließenden Zustand versetzt« hat.

Zwei Jahre später folgt das zweite große »Anti-Terror-Paket«, das der Bundestag am 18. August 1976 verabschiedet. Danach wird mit dem Paragraph 129 a des Strafgesetzbuchs der Straftatbestand der »Bildung terroristischer Vereinigungen« eingeführt. Bislang gab es nur den Straftatbestand der »Bildung krimineller Vereinigungen«. Nach dem neuen Tatbestand macht sich nicht nur strafbar, wer eine terroristische Vereinigung gründet oder unterstützt, sondern auch, wer für sie wirbt. Ein solches Werben wird von den Gerichten bereits angenommen, wenn jemand Parolen einer solchen Gruppe an Wände schmiert, zum Beispiel den Schriftzug »RAF« oder »RAF wir werden siegen«.* Außerdem wird die Nichtanzeige geplanter Straftaten er-

* Bundesgerichtshof, Urteil vom 3. 5. 1978 – 3 StR 91/78; Juristische Rundschau 1979, S. 32.

weitert: Von nun an muß jeder, der von einer beabsichtigten Terroristen-Tat »glaubhaft erfährt«, umgehend bei der Polizei Meldung machen (Paragraph 138 Strafgesetzbuch). Diese Anzeigepflicht gelte auch für Ärzte und Verteidiger, kritisiert der bekannte Bonner Strafverteidiger Hans Dahs: »Diese Regelung zeigt, daß der Gesetzgeber allzu schnell bereit ist, im Interesse von erhofften größeren Ermittlungserfolgen der Strafverfolgungsbehörde Einbrüche in so erprobte und unverzichtbare Rechtsgrundsätze wie die Verschwiegenheitspflicht des Arztes und Rechtsanwaltes durchzuführen.«

Schließlich bestimmt dieses zweite »Anti-Terror-Paket«, daß bei dringendem Tatverdacht der Mitgliedschaft in einer terroristischen Vereinigung vom Richter Untersuchungshaft auch dann angeordnet werden kann, wenn weder Flucht- noch Verdunklungsgefahr besteht.

Heftig umstritten ist die neue Bestimmung in der Strafprozeßordnung über die Postkontrolle. Danach sind Briefe zwischen Anwalt und einem Mandanten, der wegen des Verdachts nach Paragraph 129a des Strafgesetzbuchs in Untersuchungshaft sitzt, durch einen am Verfahren nicht beteiligten Richter zu überprüfen, den sogenannten »Leserichter«. Vehement kritisiert die Anwaltschaft diese neue Vorschrift. Erst etwas mehr als zehn Jahre zuvor, im Jahr 1965, war – nach kräftigem Drängen – der von jeder Beschränkung freie mündliche und schriftliche Verkehr zwischen Verteidiger und inhaftiertem Mandanten in die Strafprozeßordnung eingeführt worden. Die Überwachung in Terrorismusverfahren breche in das Vertrauensverhältnis zwischen Mandant und Anwalt in einem Maße ein, beanstandet der Strafverteidiger Hans Dahs, das die rechtsstaatlich gebotene ordnungsgemäße Verteidigung unmöglich mache: »Sie beeinträchtigt das Grundrecht des Beschuldigten auf Verteidigung in so fundamentaler Weise, daß er letztlich als unverteidigt angesehen werden muß. Das rechtsstaatlich garantierte Recht auf wirksame Verteidigung ist für ein faires Verfahren von so elementarer Bedeutung, daß es auch eine auf den Schriftverkehr beschränkte Überwachung nicht verträgt.«

Schließlich verabschiedet am 30. September 1977 der Bundestag – während der Entführung Hanns-Martin Schleyers – das sogenannte »Kontaktsperregesetz«. Danach kann bei einer Geiselnahme und anderen terroristischen Gewalttaten der Kontakt zwischen Inhaftiertem und Außenwelt unterbunden werden. Zulässig ist diese Kontaktsperre bei allen Gefangenen, die wegen der Zugehörigkeit zu einer terroristischen Vereinigung verurteilt oder dessen dringend verdächtig sind. Ziel dieses Gesetzes ist es, die bei derartigen Straftaten mögliche und zu deren Vorbereitung mitunter notwendige Kommunikation zwischen Gefangenem und den in Freiheit agierenden Tätern zu unterbinden. Über die Anordnung der Kontaktsperre entscheidet der Justizminister. Innerhalb von zwei Wochen muß diese Anordnung durch das Oberlandesgericht oder den Bundesgerichtshof bestätigt werden. Die Kontaktsperre ist auf 30 Tage befristet, kann jedoch verlängert werden.

Diese Regelungen, die allesamt während der Haftzeit der ersten RAF-Generation ergingen, stießen – wie bereits erwähnt – bei so manchen auf heftige Kritik. Vor allem bei Rechtsanwälten und liberalen Juristen. »Eine Niederlage des Rechtsstaats«, urteilte beispielsweise Rechtsanwalt Hans Dahs über das erste »Anti-Terror-Paket«. Anderen hingegen gingen die getroffenen Regelungen nicht weit genug. Zum Beispiel der CDU/CSU-Bundestagsfraktion. »Die Koalition [damals SPD/FDP, d. V.] hat sich wegen völliger Fehleinschätzung der Lage bisher nahezu allen Initativen der Opposition widersetzt«, kritisierte im Oktober 1977 der CDU-Abgeordnete Alfred Dregger im Bundestag. Er forderte ein ganzes Bündel von weitergehenden Maßnahmen: Sicherheitsverwahrung bereits für erstmals verurteilte Terroristen nach der Haft, die schnellere Abwicklung von Gerichtsverfahren und die Einführung einer Kronzeugenregelung. Und anderes mehr. Bundesjustizminister Hans-Jochen Vogel hingegen meinte, daß sich der Rechtsstaat bewährt habe. »Die Gesamtanalyse widerlegt die Behauptung, daß der Gesetzgeber vor dem Terrorismus kapituliert habe«, erkärte Vogel, »ebenso wie den Vorwurf, daß er in irgendeiner Form im Übermaß reagiert habe.«

»In der Strafsache gegen Baader u. a.« – der Justizalptraum von Stammheim

Kurz nach sechs Uhr stehen die ersten Zuschauer vor dem Tor. Um halb sieben sind es schon dreißig. Vor ihnen erhebt sich die Justizfestung Stuttgart-Stammheim. An diesem Mittwoch, am 21. Mai 1975, beginnt das Verfahren gegen die Köpfe der ersten Generation der RAF

Die Mehrzweckhalle als Gerichtssaal:
Am 21. Mai 1975
begann das »Stammheim-Verfahren«

in Stuttgart. Manch einer spricht gar vom »Prozeß des Jahrhunderts«. In der Justizvollzugsanstalt im Vorort Stammheim ist eigens eine Mehrzweckhalle als Verhandlungssaal gebaut worden – für 16 Millionen Mark, einschließlich der Sicherheitsvorkehrungen. Darin verhandelt nun der 2. Strafsenat des Oberlandesgerichts Stuttgart: »In der Strafsache gegen Andreas Baader, Ulrike Meinhof, Jan-Carl Raspe, Gudrun Ensslin wegen Mordes u. a.«. Vor den Backsteinwänden stehen Polizeibeamte und Justizwachtmeister. Von einer Empore herab beobachten Beamte die Zuschauer auf den Plastikschalen-Sitzen. Tageslicht dringt nur durch die schmalen Oberlichter in den Saal. Neonröhren brennen den ganzen Tag über. Hinter der Richterbank stehen zwei Regale mit 150 Aktenordnern.

Kurz nach neun werden die vier Angeklagten hereingeführt. Jeder ist an einen Justizwachtmeister gekettet: Andreas Baader, 32, ist auffallend blaß. Er trägt einen dunkelgrünen Pullover, braune Cordjeans und Turnschuhe. Mit großen Augen – ist es Verwunderung, ist es ein bißchen Stolz? – betrachtet er die vielen Sicherheitsbeamten und den nagelneuen Gerichtssaal. Ulrike Meinhof, 40, kommt ebenfalls in Blue jeans, in einem grauen Pullover. Ihre langen Haare hat sie zu Zöpfen geflochten. Diese Zöpfe wirken jugendlich, doch ihr Gesicht ist – im Vergleich zu ihrer Verhaftung vor drei Jahren – deutlich gealtert; es sieht fast aus wie das einer Fünfzigjährigen. Mißmutig blickt sie durch eine Nickelbrille. Gudrun Ensslin, 34, erscheint ganz in Schwarz – Pullover, Jeans, Turnschuhe. Deutlich heben sich davon ihr blasses, hageres Gesicht und die strähnigen blonden Haare ab. Jan-Carl Raspe, 30, kommt ebenfalls im Pullover, er wirkt nicht so mitgenommen wie die anderen. Holger Meins, der als fünfter neben ihnen sitzen sollte, lebt nicht mehr. Ein halbes Jahr zuvor hungerte er sich zu Tode.

Auf den schwarzen Lederstühlen – der »Anklagebank« – wirken die vier nicht wie harte Revolutionäre, auch nicht mehr flippig-spontan wie Baader und Ensslin sieben Jahre zuvor beim Kaufhausbrandstifter-Prozeß in Frankfurt. Die vier erwecken den Eindruck ernüchterter Phantasten. Im Mittelpunkt der Anklage stehen die sechs Bombenanschläge im Mai 1972.

Nicht in den Saal durften als Verteidiger Klaus Croissant, Kurt Groenewold und Hans-Christian Ströbele. Das Gericht schloß sie nach dem seit vier Monaten geltenden Paragraphen 138 a der Strafprozeßordnung von der Verteidigung aus. Darüber kommt es auch gleich zum Streit, nachdem Theodor Prinzing (49), der Vorsitzende des 2. Strafsenats des Oberlandesgerichts Stuttgart, die Verhandlung eröffnet hat. Rechtsanwalt Ruppert von Plottnitz beantragt, seinen – als Verteidiger Baaders ausgeschlossenen – Kollegen Klaus Croissant, der draußen vor dem hohen Drahtzaun wartet, als Verteidiger Raspes in den Saal zu lassen. Eine entsprechende Vollmacht liege vor. Für die beiden anderen vom Gericht ausgeschlossenen Anwälte werden ähnliche Anträge gestellt. Der Ausschluß der drei gelte allein für die Verteidigung Baaders, nicht aber für die Verteidigung anderer Angeklagter, argumentieren die vier »Wahlverteidiger« – Ruppert von Plottnitz, Marieluise Becker, Otto Schily und Helmut Riedel. Erstaunen im Gerichtssaal. Papierrascheln. Gesetzestexte werden gewälzt. Der Vorsitzende Prinzing schlägt vor, daß die drei, bis darüber entschieden ist, im Zuhörerraum Platz nehmen.

Wenn sich ein Verteidiger melde und eine Vollmacht vorlege, hält ihm Otto Schily entgegen, »dann hat er das Recht zum Auftritt in der Verhandlung«. Scharf fügt er hinzu: »Wenn das nicht mehr der Fall ist, dann – weiß ich –, dann machen wir den Laden zu.« Sein Kollege Ruppert von Plottnitz springt ihm zur Seite: »Diese Kollegen sind nicht ausgeschlossen worden für die Mandanten, für die sie sich jetzt gemeldet haben.« Wolle das Gericht tatsächlich die Strafprozeßordnung nicht mehr als Grundlage zur Hauptverhandlung nehmen, fährt Rechtsanwalt von Plottnitz fort, »würde ich empfehlen, tatsächlich einen Bundeswehrgeneral zum Vorsitzenden des Gerichts zu bestellen und einige Offiziere als Beisitzer...«

Entscheidend geht es bei dem Streit um die Frage, wie die Formulierung in dem neuen Paragraphen 138 a StPO zu verstehen ist, die besagt, daß der Verteidiger »von der Mitwirkung in einem Verfahren auszuschließen« ist: Gilt dieser Ausschluß nur für den betreffenden Angeklagten, gegenüber dem der Verdacht des Mißbrauchs der Verteidigerrechte besteht – also nur gegenüber Baader – oder auch für die übrigen Angeklagten? Nach einigem Hin und Her vertagt sich das Gericht.

Zwei Wochen später, am zweiten Verhandlungstag, am 5. Juni 1975, gibt der Vorsitzende Prinzing bekannt, daß die Anwalt-Ausschlüsse für den gesamten Prozeß gelten, nicht nur für einzelne Angeklagte. »Freigeschöpftes, privatgeschöpftes Stammheimer Landrecht bricht Bundesrecht«, erklärt daraufhin Rechtsanwalt von Plottnitz entrüstet.

Im Laufe des Verfahrens verhärten sich die Fronten zwischen Wahlverteidigern und Gericht immer weiter. Zu einem zentralen Streitpunkt wird die Frage, ob die Angeklagten verhandlungsfähig sind. Die Angeklagten bestreiten dies. Immer und immer wieder. Ebenso ihre Anwälte. Marieluise Becker erklärt beispielsweise: »Die Institutionalisierung der Isolation als Haftform zur Zerstörung der Identität der Angeklagten wurde und wird vom BKA über den Generalbundesanwalt von Karlsruhe aus zentral gesteuert.« Das Gericht hingegen hält die Angeklagten für »voll verhandlungsfähig«. So lehnt der Vorsitzende Prinzing mehrfach eine Untersuchung durch unabhängige Gutachter ab. Bis zum Sommer 1975.

Die Gutachter kommen zu dem Ergebnis, daß die Angeklagten nicht voll verhandlungsfähig sind – Professor Wilfried Rasch vom Institut für forensische Psychiatrie der Freien Universität Berlin, sein Münchner Kollege Professor Werner Mende, Professor W. A. Müller, Chefarzt am Zentrum für Innere Medizin im Robert-Bosch-Krankenhaus in Stuttgart und Professor Schröder, Chefarzt im Bürgerhospital in Stuttgart. Rasch berichtet, »daß alle vier Angeklagten untergewichtig waren und sich in reduziertem körperlichen Allgemeinzustand befanden«. Die Professoren Müller und Schröder stellen in ihrem Gutachten fest: »Die genannten vegetativen Störungen beeinflussen die Verhandlungsfähigkeit und die Fähigkeit, komplizierte Tatbestände über längere Zeit aufmerksam zu verfolgen. Auch im Hinblick auf die Formulierung und Entwicklung von eigenen Gedankengängen ist mit einer erhöhten Ermüdbarkeit zu rechnen.« So kommen die Gutachter Mende, Müller und Schröder zu dem Ergebnis, daß die Angeklagten an drei Tagen in der Woche nur für drei Stunden verhandlungsfähig sind, drei bis vier Stunden attestiert ihnen Rasch.

Unter Hinweis auf diese Gutachten verkündet das Gericht am 30. September 1975, daß die Angeklagten verhandlungsunfähig im Sinne des vor dem Prozeß neu geschaffenen Paragraphen 231 a der Strafprozeßordnung (StPO) seien. Prinzing verkündet den Beschluß: »Die Hauptverhandlung wird in Abwesenheit der Angeklagten fortgesetzt.« Denn eine auf die drei oder drei bis vier Stunden beschränkte Verhandlung käme nicht in Betracht: »Wer nur zeitlich beschränkt verhandlungsfähig ist, dessen Verhandlungsfähigkeit ist im übrigen (zu den sonstigen Zeiten) ausgeschlossen«, erklärt er zur Begründung: »Hierbei kann das zeitliche Verhältnis zwischen Verhandlungsfähigkeit und Verhandlungsunfähigkeit nicht unberücksichtigt bleiben, soll es nicht zu einer ungerechtfertigten Einschränkung von § 231 a StPO kommen.« Der dritte Hungerstreik in der Zeit vom 13. September 1974 bis 3. Februar 1975 sei »jedenfalls mitursächlich« für die Verhandlungsunfähigkeit – »das genügt für die Anwendung von § 231 a StPO«, heißt es in dem Beschluß des 2. Strafsenats. Bundesgerichtshof und Bundesverfassungsgericht bestätigen diese Entscheidung. Der Bundesgerichtshof fügt allerdings hinzu, daß die Häftlinge, falls sie es wollten, an der Verhandlung teilnehmen dürfen.

Am 19. August 1975 versucht der Gerichtsvorsitzende Theodor Prinzing, die Angeklagten zur Person zu vernehmen. Einzeln führen sie Justizwachtmeister in den Saal: zunächst Jan-Carl Raspe, dann Ulrike Meinhof. Beide werden aufgrund ihres Drängens von der Verhandlung wieder ausgeschlossen. Raspe hatte auf den Tisch geschlagen und geschrien: »Ich will ausgeschlossen werden, verdammt noch mal!«; Meinhof den Vorsitzenden Prinzing mit »du Arschloch« angesprochen. Als nächstes ist Baader an der Reihe. Zwischen ihm und Prinzing kommt es zu einem hitzigen Disput. Die Abschrift des vom Gericht angeordneten Tonbandmitschnitts der Verhandlung zeigt, daß zwischen den beiden nicht einmal ein Minimalkonsens besteht – als Grundlage, um die Verhandlung zumindest halbwegs vernünftig über die Bühne zu bekommen:

»Der Angeklagte Baader wurde um 14.47 Uhr in den Sitzungssaal vorgeführt. Er blieb [...] während der ganzen Vernehmung stehen.

Vorsitzender: Herr Baader, bitte nehmen Sie Platz und bedienen sich vor allen Dingen des Mikrophons. – Ich habe Sie darüber zu belehren, was in Ihrer Abwesenheit geschehen ist. Gleichzeitig ist es eine Unterrichtung darüber, was jetzt vor sich geht, für Sie persönlich. Frau Meinhof und Herr Raspe wurden auch einzeln vorgeführt. Es ist ihnen gesagt worden, wie das jetzt auch für Sie gilt, daß zwar die Ordnungsstörungen, die Sie begangen haben nach Auffassung des Senats, an sich fortdauern, daß wir aber diesen Ausschluß rückgängig machen mit Rücksicht darauf, daß wir jetzt in die Phase der Vernehmung zur Person eintreten. Und es erscheint uns im Hinblick auf das Gewicht des Grundsatzes des rechtlichen Gehörs von überragendem Interesse, daß Sie die Möglichkeit haben, sich jetzt zur Person zu äußern.

Angeklagter Baader: Das entdecken Sie auch erst seit, nach 3 Monaten.

Vorsitzender: Ich darf Sie noch darauf hinweisen, daß Herr Raspe und Frau Meinhof, nachdem sie hier sich wieder der Ungebühr schuldig gemacht haben, wieder ausgeschlossen worden sind.

Angeklagter Baader: Naja, ich sage Ihnen kurz, ich bin der Ansicht, daß Sie in diesem Verfahren den Begriff der Person überhaupt nicht mehr legitim einsetzen können, denn was ihn kennzeichnet, den Begriff der Rechtsperson, eine Vermittlung zwischen Staat und Gesellschaft oder zwischen Gesellschaft und Staat, das sind seine Rechte. Und die elementaren Grundrechte der Person verletzen Sie in diesem Verfahren permanent. Ich würde mich zur Person äußern, wahrscheinlich jeder von uns, aber unter diesen Bedingungen ist es unmöglich. Ich kann mich hier nicht verteidigen im Moment, und ich bin auch nicht verteidigt. Also schließen Sie mich aus.

Vorsitzender: Das heißt, Sie weigern sich, sich zur Person zu äußern?

Angeklagter Baader: Das haben Sie doch wohl verstanden?

Vorsitzender: Ja, so haben es auch Herr Raspe und Frau Meinhof gemacht. Trotzdem haben Sie jetzt, nach dem dieser Ausschluß rückgängig gemacht worden ist, die Pflicht, als Angeklagter wieder anwesend zu sein und das Gericht die Pflicht, für Ihre Anwesenheit zu sorgen. – Ich bitte…

Angeklagter Baader: Ja, schließen Sie mich aus.

Vorsitzender: Ich bitte nunmehr Frau Ensslin vorzuführen.

– Der Angeklagte drängt an der Anklagebank und muß von dem Wachpersonal am Verlassen des Sitzungssaals gehindert werden –.

Vorsitzender: Was ist, Herr Baader, wollen Sie nicht teilnehmen.

Angeklagter Baader: Nein, ich will nicht hierbleiben, natürlich nicht.

Vorsitzender: Ja, das ist aber keine Frage Ihres Willens.

Angeklagter Baader: Ja, was erwarten Sie jetzt von mir?

Vorsitzender: Ich erwarte, daß Sie hier…

Angeklagter Baader: Ich sage Ihnen, daß ich ausgeschlossen werden will…

Vorsitzender: …daß Sie hier ordentlich…

Angeklagter Baader: …und daß ich diese Verhandlung, so lästig das ist, stören werde, bis Sie mich ausschließen, genügt Ihnen das?

Vorsitzender: Das heißt also, Sie wollen dieser Verhandlung nicht geordnet teilnehmen?

Angeklagter Baader: Nein.

Vorsitzender: Herr Baader, ich bitte Sie nochmals, nehmen Sie Platz und bleiben Sie im Sitzungssaal.

Angeklagter Baader: Ich nehme nicht Platz, schließen Sie mich…

Vorsitzender: Dann müssen Sie eben der Verhandlung im Stehen folgen.

Angeklagter Baader: Nein, aber jetzt schließen Sie mich doch gefälligst aus.

Vorsitzender: Herr Baader, das ist keine Frage Ihres Wunsches.

Angeklagter Baader: Dann legen Sie doch bitte mal einen Katalog von Störungen fest, oder muß ich Sie erst mal beschimpfen. Das fällt mir sehr schwer.

Vorsitzender: Ich bitte jetzt, soweit Sie frei sind, die Herrn, Frau Ensslin vorzuführen.

Angeklagter Baader: Das heißt, Sie wollen mich zwingen, hier zu bleiben?

Vorsitzender: Ich muß Sie zwingen, nicht ich ›will‹ Sie zwingen, sondern Sie sind verpflichtet, hier zu bleiben.

Angeklagter Baader: Na, was erwarten Sie, wollen Sie Beschimpfungen provozieren, oder was?

Vorsitzender: Ich will gar nichts provozieren. Mir ist sympathischer, wenn Sie keine Beschimpfungen aussprechen.

Angeklagter Baader: Na ja, dann schließen Sie mich doch aus. Ich sage Ihnen, ich werde…

Vorsitzender: Das ist keine Frage Ihres Wunsches und keine Frage unseres Wollens.

Angeklagter Baader: Ich werde die Verhandlung stören. Daß ist doch ein ganz dreckiges Manöver, was Sie hier machen.

Vorsitzender: Das ist kein dreckiges Manöver. Es legt mir die Prozeßordnung die Pflicht auf, mich so zu verhalten, wie ich es tue.

Angeklagter Baader: Ja, was wollen Sie. Wollen Sie unbedingt, daß es hier zu physischer Gewalt kommt, oder was?

Vorsitzender: Sie sollen sich setzen und geordnet teilnehmen.

Angeklagter Baader: Das, was Sie provozieren… Ich werde mich nicht setzen, ich werde nicht geordnet an der Verhandlung teilnehmen.

Vorsitzender: Gut, dann müssen Sie eben im Stehen an der Verhandlung teilnehmen.

Angeklagter Baader: Na ja, das ist doch ein ganz dreckiger, ein ganz dreckiger Versuch hier. Sie haben die anderen beiden auch ausgeschlossen, und Sie werden mich auch ausschließen müssen.

Vorsitzender: Herr Baader, wenn Sie in dieser Weise fortfahren von ›dreckigen Versuchen‹ zu sprechen, außerdem durch Ihr Stehen und so weiter die Verhandlung zu stören…

Angeklagter Baader: Es ist eine dreckige Manipulation, daß Sie mich hier zwingen, verdammt noch mal, fünf Minuten lang darauf zu beharren, daß Sie mich endlich ausschließen. Ich will hier raus, sehr einfach.

Vorsitzender: Es ist… Es ist keine Frage Ihres persönlichen Wunsches. Sie haben die Pflicht, als Angeklagter hierzubleiben.

Angeklagter Baader: Naja schön... Naja, dann machen Sie eben diese lächerliche Prozedur. Ich werde stören, solange ich hier drin bin.

Vorsitzender: Bis jetzt stören Sie noch nicht.

Angeklagter Baader: Na schön...

Vorsitzender: Sie können auch im Stehen mit solchen Erklärungen an der Verhandlung teilnehmen. Wenn's dann störend wird, dann werden wir schon weitersehen, aber jedenfalls weise ich Sie darauf hin, das wissen Sie ja, im Falle von Störungen müßten Sie erneut ausgeschlossen werden.

Angeklagter Baader: Naja, ich weise Sie darauf hin, Prinzing, daß Sie mich jetzt ausschließen werden, sonst sehe ich mich gezwungen, Sie zu beschimpfen, so wirklich lapidar das ist.

Vorsitzender: Herr Baader...

Angeklagter Baader: Ja wollen Sie es unbedingt hören? Also Sie können das hören, Sie können das in verschiedener Form haben.

Vorsitzender: Ich will es nicht hören.

Angeklagter Baader: Naja, Sie können auch von mir hören, daß Sie ein faschistisches Arschloch sind.

– Die Angeklagte Ensslin wurde um 14.52 Uhr in den Sitzungssaal geführt und vom Wachpersonal vor der Anklagebank festgehalten.

Vorsitzender: Aha, ein faschistisches Arschloch.

Angeklagter Baader: Schließen Sie mich jetzt aus, ja?

Angeklagte Ensslin: Und mich gleich mit, altes Schwein.

Vorsitzender: Frau Ensslin, ich darf Sie auf folgendes hinweisen, Moment, daß sowohl Herr Raspe wie Frau Meinhof, wie Herr Baader darüber unterrichtet worden sind, daß Sie jetzt unter Aufhebung des vorherigen Ausschlusses die Möglichkeit haben...

Angeklagter Baader: Ich stelle noch mal ausdrücklich fest, Prinzing, Sie sind ein faschistisches altes Arschloch.

Vorsitzender: Herrn Baader bitte das Wort abzustellen. (An die Angeklagte Ensslin): Daß Sie die Gelegenheit haben, sich zur Person zu äußern.

Angeklagte Ensslin: Wir sind verteidigungsunfähig, infolgedessen werden wir auch nicht teilnehmen, alte Sau.

Vorsitzender: Es haben sich die anderen Angeklagten – ja –, Frau Ensslin, es haben sich die anderen Angeklagten geäußert dahin, daß sie sich nicht zur Person einlassen wollen...

Angeklagte Ensslin: Ich habe das eben gesagt...

Vorsitzender: Sie haben gestört. Ich habe vernommen, Sie haben mich, glaube ich, eine ›alte Sau‹, habe ich es richtig gehört? Oder täusche ich mich. Ich möchte das festgestellt haben, trifft es zu? Und, Herr Baader, Sie haben mich ein ›faschistisches Arschloch‹ geheißen.

Vorsitzender: Frau Ensslin, an Sie noch das letzte Wort. Wollen Sie sich zur Person äußern?

Angeklagte Ensslin: Altes Schwein.

Vorsitzender: (nach geheimer Beratung)

Gut. Der Senat hat aufgrund der Äußerungen gegenüber dem Vorsitzenden ›faschistisches Arschloch...‹

Angeklagter Baader: Kriegen Sie das Wort noch richtig raus.

Vorsitzender: ...und ›alte Sau‹ und ›altes Schwein‹, die Angeklagten wieder von der heutigen Verhandlung ausgeschlossen. Sie sind abzuführen.

Die Angeklagten können jetzt rübergebracht werden in die Haftanstalt.

– Die Angeklagten Baader und Ensslin wurden um 14.53 Uhr wieder aus dem Sitzungssaal abgeführt. –

Vorsitzender: Wollen sich die Herren Verteidiger in irgendeiner Weise zu diesem Vorgang äußern?

Ich sehe nicht. Wir können damit zur Verlesung der Anklage kommen [...]«

Die Anwälte führen eine – wie sie es nennen – »politische Verteidigung«. Sie meinen, deutlich machen zu müssen und zu können, daß es sich nicht – wie es Gericht und Bundesanwaltschaft sehen – um einen normalen Strafprozeß gegen Kriminelle handelt, wenn auch in einem besonderen Rahmen. So beantragt beispielsweise Rechtsanwalt Otto Schily am 4. Mai 1976, »folgende Zeugen zu vernehmen:

1. den früheren US-Präsidenten Richard M. Nixon, San Clemente (Kalifornien), USA,
2. den früheren Verteidigungsminister der US-Regierung, Melvin Laird,
3. den früheren stellvertretenden US-Verteidigungsminister Daniel James,
4. den früheren Oberbefehlshaber der US-Streitkräfte in Vietnam, General Creighton Abrams.

Die Zeugen werden bekunden«, erklärt Schily weiter, »daß sie, in der Absicht, das vietnamesische Volk ganz oder zumindest teilweise zu zerstören, zusammen mit anderen bekannten oder unbekannten Mittätern in den Jahren 1968 bis 1974 in Fortsetzung des Vorgehens der früheren US-Präsidenten Eisenhower, Kennedy und Johnson vorsätzlich Vietnamesen in großer Zahl getötet und Vietnamesen in noch größerer Zahl schwere körperliche oder seelische Schäden zugefügt haben, daß sie ferner das vietnamesische Volk unter Lebensbedingungen gestellt haben, die geeignet waren, dessen körperliche Zerstörung ganz oder teilweise herbeizuführen.« Weiter beantragt Schily die Vernehmung von Völkerrechtlern zur »völkerrechtlichen Beurteilung des Indochinakonflikts«. Diese Beweiserhebung sei von »prozeßentscheidender Bedeutung« erläutert Schilys Kollege Hans Heinz Heldmann: »Ihre Würdigung wird ergeben«, trägt der Anwalt vor, »daß danach die Rechtsfrage entscheidungserheblich sein kann, ob seinerzeitige Gewaltanwendung gegen bestimmte militärische Einrichtungen der USA auf dem Territorium der Bundesrepublik, so Bombenangriffe auf die US-Stützpunkte in Frankfurt und Heidelberg, gerechtfertigt waren.« Sollte dies zu bejahen sein, so Heldmanns Fazit, käme es auf »die Beweiswürdigung im Sinne der Anklage« nicht mehr an.

Die Anträge bleiben ohne Erfolg. Ebenso der Antrag des Darmstädter Rechtsprofessors Axel Azolla, der Ulrike Meinhof verteidigt: Er erklärt, die Angeklagten müßten als Kriegsgefangene anerkannt und das Verfahren umgehend beendet werden. »Aus der Erklärung der Angeklagten ergibt sich«, führt der Professor allen Ernstes aus, »daß, selbst wenn man die Anklageschrift als bewiesen unterstellt, die Angeklagten freigesprochen werden müßten, weil die in der Anklageschrift bezeichneten Taten im Kriege nicht strafbare Handlungen sind«.

Während der Sitzungen im Stammheimer Gerichtssaal fällt es nicht auf, doch stehen die Häftlinge längst nicht mehr in einer Front. Die vier haben in der siebenten Etage der Justizvollzugsanstalt – JVA – Stammheim täglich Umgang miteinander, dabei gerät Ulrike Meinhof immer mehr in die Isolation. Zwischen ihr und vor allem Gudrun Ensslin häufen sich im Frühjahr 1976 scharfe Auseinandersetzungen. So schreibt Meinhof auf einem Zettel an Ensslin:

»ich weiss nicht, warum du das machst
dich auf fehler von mir stürzen und davon immer wieder anfangen
ich halt das nicht aus

ich will das nicht
es ist auch ziellos
– so kommen wir n i e zusammen.«

Auch von Baader und Raspe wird Ulrike Meinhof mitunter heftig kritisiert. Dies setzt ihr stark zu, ihr, der einstigen »Stimme der RAF«. Immer häufiger nörgeln ihre Genossen an ihren Texten herum, Meinhof empfindet es als Last, daß Ensslin »mein zeug kontrolliert« – sprich: Texte verändert. Kurzum: sehr deutlich merkt Ulrike Meinhof, daß ihr Glanz als Ex-Kolumnistin innerhalb der Gruppe längst verblichen ist. Zudem hat Meinhof das Gefühl, daß die anderen sie mit Informationen nicht mehr auf dem laufenden halten.

Eine weitere große Demütigung muß für sie eine Erklärung gewesen sein, die die anderen Angeklagten gemeinsam verfaßten und am 4. Mai 1976 in der Verhandlung vortragen – als es im Gerichtssaal um die Bombenanschläge geht: Sie seien »sicher auch verantwortlich für Aktionen von Kommandos – zum Beispiel gegen das Springer-Hochhaus, von denen wir nichts wußten, deren Konzeption wir nicht zustimmen und die wir in ihrem Ablauf abgelehnt haben«. Ulrike Meinhof ist der Sitzung als einzige ferngeblieben – nach den Feststellungen der Ermittler war sie an dem Springer-Anschlag beteiligt, bei dem 38 Menschen verletzt wurden. Dieser Anschlag war seinerzeit auf heftige Kritik in der Linken gestoßen.

Fünf Tage nach dieser Erklärung, am Muttertag, gegen 2.00 Uhr in der Frühe, schiebt Ulrike Meinhof einen Schemel unter ihr Zellenfenster, bindet einen »Strick« an das Fenstergitter, den sie sich aus Streifen eines zerrissenen Anstaltshandtuchs zusammengeknotet hat. Das andere Ende bindet sie sich fest um den Hals, steigt auf den Schemel und springt. Ihre Leiche finden am nächsten Morgen zwei Beamte, als sie vier Minuten nach halb acht die Tür aufschließen.

»Weil die Idee, die sie verkörpert hat, kaputt war, gab sie sich auf«, erklärt der Stammheimer Gefängnisarzt Helmut Henck nach dem Suizid.

Es spricht alles dafür, daß Ulrike Meinhof von diesem Schemel sprang, weil sie, die immer so viel Wert auf Solidarität gelegt hatte, darunter litt, daß sie nun allein, geschnitten und gescholten von ihren Genossen, dastand. Sie erkannte, daß ihre Radikalität sie und andere in die Irre geführt hatte. Einen Weg zurück sah sie nicht mehr.

Zwei Tage nach Meinhofs Selbstmord findet die nächste Sitzung des 2. Strafsenats statt. Wie geplant verhandelt der Vorsitzende Theodor Prinzing weiter, eine Unterbrechung der Verhandlung bis zu Meinhofs Beisetzung lehnt er ab.

Über weite Strecken des Verfahrens bleiben die Angeklagten der Verhandlung fern, auch die Wahlverteidiger sind nicht immer da. Bezeichnend für das Stammheim-Verfahren ist weiter, daß ein Ablehnungsantrag der Verteidigung gegen den Vorsitzenden Prinzing nach dem anderen folgt. Der 85. hat Erfolg: Theodor Prinzing muß seinen Stuhl räumen, Eberhard Foth nimmt nun auf ihm Platz. Prinzing war zuvor schon durch die sogenannte »Akten-Affäre« schwer angeschlagen. Ausgelöst wurde sie durch einen Brief von Bundesrichter Albrecht Mayer, 64, dem stellvertretenden Vorsitzenden des 3. Strafsenats des Bundesgerichtshofs, gerichtet an den Chefredakteur der Zeitung *Die Welt,* Herbert Kremp, 48. Bundesrichter Mayer schrieb am 20. Juli 1976:

»Genossin Ulrike – Die Revolution wird dich rächen«:
RAF-Sympathisanten auf einem Marsch in die Berliner Innenstadt nach Ulrike Meinhofs Beisetzung auf dem Dreifaltigkeitsfriedhof am 16. Mai 1976

»Lieber Cartellbruder Kremp!
Vielleicht erinnerst Du Dich noch an mich: Wir hatten im Frühjahr 1973 ein Telefongespräch, dessen Gegenstand eine von mir vorgeschlagene Veröffentlichung über experimentelle Untersuchungen der Sicherungsgruppe des Bundeskriminalamtes gewesen ist, mit denen die Möglichkeit überprüft worden war, ob der bekannte Ensslin-Kassiber*, aus dem Zellenfenster gehalten, vom nahegelegenen Landgericht Essen aus mit einem Fernglas hatte abgelesen oder mit einem Teleobjektiv hatte aufgenommen werden können. Die Welt berichtete dann über diese Untersuchung.* In derselben Sache wende ich mich heute wiederum an Dich. [...] Ich übersende Dir als Anlagen

1. auszugsweise Ablichtungen der kriminalpolizeilichen Vernehmung Müllers (Seite 46, 95, 180)**
2. Auszug aus dem (vom Tonband übertragenen) Wortprotokoll vom 13. Juli 76.

Der ›kleine Dicke‹ ist der in Entebbe getötete Wilfried Böse. Daß es sich bei dem von ihm übergebenen Papier um den wenige Tage später der Meinhof abgenommenen Ensslin-Kassiber handelt, hat sich in der Verhandlung klar ergeben. Möchte sich die ›Welt‹ nicht unter dem Aspekt dieser neuen Erkenntnis noch einmal mit dem Aufsatz im ›Spiegel‹ vom 4. 9. 1972 (Nr. 37) Seite 67 befassen? Nicht um meinetwillen, sondern um einmal wieder die Haltung und die Praktiken dieses Blattes deutlich werden zu lassen, das sich seinerzeit mit eilfertiger Bereitwilligkeit die – wie sich nun zeigt – von Ströbele und Müller aus-

---

* Unter Vorsitz Mayers erging die Entscheidung des Bundesgerichtshofs, die den Ausschluß Schilys von der RAF-Verteidigung wegen des sogenannten »Ensslin-Kassibers« bestätigte. Diese Entscheidung wurde später vom Bundesverfassungsgericht aufgehoben (siehe Seite 142), dies soll Bundesrichter Mayer sehr gewurmt haben.

** In der »Zeugenvernehmung« des Bundeskriminalamtes (Tagebuch-Nummer TE 11: 110009/76) erklärt Müller auf Seite 46, daß Meinhof bei einem Treff in der Hamburger Richeystraße »von dem ›kleinen Dicken‹ ein Schreiben, das er aus Berlin mitgebracht hatte«, erhalten habe. »Erweiternd« zu diesem Vorgang bemerkt Müller auf Seite 95, »daß der Brief der Gudrun Ensslin mit der Bemerkung des ›kleinen Dicken‹ übergeben wurde, daß dieses Schreiben ihm von einem Berliner Anwalt ausgehändigt worden sei.« Zwar sei dabei kein Name genannt worden, jedoch stand für Müller fest, »daß es sich nur um den RA Schily handeln konnte.«

> Erweiternd möchte ich bemerken, daß der Brief der Gudrun ENSSLIN mit der Bemerkung des "kleinen Dicken" übergeben wurde, daß dieses Schreiben ihm von einem Berliner Anwalt ausgehändigt worden sei. Er nannte nicht den Namen dieses Anwalts. Für mich stand aber fest, daß es sich nur um den RA SCHILY handeln konnte. Auch der von dem "kleinen Dicken" angekündigte BAADER-Kassiber sollte über die Vermittlung eines Rechtsanwaltes in die Hände der MEINHOF gelangen. Kurz darauf erfolgte meine Verhaftung. Ich erinnere mich an ein Gespräch mit RA STRÖBELE in der JVA Bonn. Bei diesem Gespräch ging es darum, Entlastungsgründe für RA Schily zu finden, wobei sowohl STRÖBELE als auch ich stillschweigend voraussetzten, daß SCHILY der Transporteur des vorerwähnten ENSSLIN-Kassibers war.

Auszug aus dem Protokoll (S. 95) von
Müllers Vernehmung durch das Bundeskriminalamt

geheckte Entlastungslegende zu eigen machte und das den Baader-Meinhof-Leuten soviel publizistische, gelegentlich sogar materielle Unterstützung (Honorare für Interviews aus der Untersuchungshaft) zuteil werden ließ. Vielleicht könnte diese Aufgabe sogar einen Chefredakteur reizen?«

Doch diese Aufgabe reizt Kremp nicht, er macht keine Geschichte daraus. Bundesrichter Mayer scheint klar gewesen zu sein, daß er nicht rechtens handelte. Denn er fährt fort: »Es wäre mir lieb, wenn die übersandten Unterlagen, mit Ausnahme der Beschlußabschrift, falls Ihr auf sie Wert legt, nach Ausgebrauch vernichtet würden. Die Übersendung eines Belegexemplars, falls die angeregte Betrachtung erscheinen sollte, bedarf es nicht, ich habe die ›Welt‹ abonniert. Solltest Du in der Sache noch Fragen haben: ich bin im allgemeinen [...] von 9 bis 12 Uhr [...] beim BGH, ab 16 Uhr [...] in meiner Wohnung erreichbar.« Mayer macht in seinem Brief an Kremp sogar keinen Hehl daraus, von wem er das Material erhalten hatte: »Der handschriftliche Vermerk auf dem Wortprotokollauszug stammt übrigens vom Vorsitzenden«, verrät der Bundesrichter freimütig. Er schließt mit dem Hinweis: »Ich sah Dich im übrigen kürzlich zu mitternächtli-

cher Stunde in Jahn's Keller nach dem Festkommers in München und wechselte, neben Dir stehend, mit Franz-Josef Strauß ein paar Worte. Ich hätte Dich gerne begrüßt, wollte aber nach dieser Störung die ersichtlich angeregte Unterhaltung zwischen Dir und FJS nicht noch länger unterbrechen.
Mit herzlichen Grüßen bin ich Dein
gez. Albrecht Mayer«*

Unzweifelhaft war das ein klarer Verstoß des Bundesrichters gegen seine Dienstpflichten: Er darf nicht Teile derartiger Akten einem Journalisten zuspielen, um für eine ihm genehme Veröffentlichung zu sorgen. Pikant erscheint die Angelegenheit vor allem deshalb, weil Mayer genau »eine Etage« über Prinzing sitzt, nämlich in dem BGH-Senat, der für die Überprüfungen der Entscheidungen des Stammheim-Senats zuständig ist. Als Konsequenz dieses Vorgangs wird Mayer umgehend vom 3. zum 4. Strafsenat »versetzt«. Von Stund an ist er nicht mehr für »politische Delikte« zuständig, sondern für Verkehrssachen.

Doch war das Übersenden des Prozeßmaterials noch nicht alles, was hinter der Prinzing-Mayer-Verbindung steckt, behauptet damals so mancher. »In der Hauptverhandlung vor dem 2. Strafsenat des Oberlandesgerichts Stuttgart hat vor einiger Zeit die Verteidigung unwidersprochen vorgetragen, daß der Vorsitzende des Strafsenats, Herr Dr. Prinzing, jeweils vor wichtigen Beschlüssen des Strafsenats [...] Gespräche mit Mitgliedern des 3. (BGH-)Strafsenats geführt hat«, formuliert Rechtsanwalt Schily in seiner Dienstaufsichtsbeschwerde gegen Bundesrichter Mayer. Ein Jorunalist hatte berichtet, daß ihm Mayer dies unter der Auflage strengen Stillschweigens erklärte habe.

In seiner »Dienstlichen Erklärung« bezeichnet Prinzing die von ihm vorgenommene Übersendung von Aktenteilen als »unbedenklich« und erklärt, »keine der vom Senat getroffenen Entscheidungen mit Richtern höherer Instanzen vorher abgesprochen« zu haben. Doch nicht alle glauben Prinzing – er und Mayer kennen sich gut. Seit fünfzehn Jahren. Eines jedenfalls steht fest: Prinzing setzt dieses Verfahren spürbar zu.

Drei Tage nach dieser Erklärung macht er dann einen Fehler, der für

* Bekannt wurde dieses Schreiben, weil der Text in der Redaktion des Spiegel landete – wie er dahin kam, ist nicht bekannt.

ihn das »Aus« bedeutet. Am Abend des 13. Januar 1977 ruft Prinzing den Pflichtverteidiger Reiner Künzel an: der Waiblinger Rechtsanwalt ist Pflichtverteidiger von Gudrun Ensslin, die es freilich – wie gegenüber Pflichtverteidigern üblich – ablehnt, mit ihm zu sprechen. Das macht Künzel zu schaffen. Er kommt sich vor »als Ratte für sie, Verteidiger ohne Vertrauen«.

Anlaß für den Anruf Prinzings ist ein Ablehnungsantrag gegen ihn, den Künzel wegen des Prinzing-Mayer-Kontakts gestellt hatte. Dazu muß man wissen, daß Prinzing und Künzel ein besonderes Verhältnis miteinander verbindet: Künzel war als Referendar bei Prinzing in der Ausbildung. Der sichtlich erschöpfte Vorsitzende erklärt dem Verteidiger am Telefon, daß es für ihn schon einen Unterschied mache, ob ein Ablehnungsantrag von der Seite der Wahl- oder von der Seite der Pflichtverteidiger gestellt werde. »Herr Dr. Prinzing sagte mir, daß mein Antrag das Schlimmste gewesen sei, was er in den zwei Jahren mitgemacht habe«, berichtet Künzel später über das Telefonat. »Herr Dr. Prinzing hielt mir weiter vor, daß jetzt die Presse wieder über ihn herfalle.« In dem Gespräch kommt die Rede auch auf den Verdacht gegen Prinzing, daß er einen zu engen Kontakt zu dem BGH-Richter Mayer halte, wie sich Rechtsanwalt Künzel erinnert: »Ich bat Herrn Dr. Prinzing, sich doch einmal in die Lage der Frau Ensslin zu versetzen, die sich nun sagen müsse, daß eine zukünftige Revision sinnlos ist und die sich später immer sagen müsse, daß ihre Revision sinnlos gewesen sei, weil ja ein Austausch zwischen den beteiligten Senaten stattgefunden habe (mit dem Ziel, ein revisionssicheres Urteil zu erstellen).

Herr Dr. Prinzing sagte darauf wörtlich:
›Das ist doch der Frau Ensslin egal: das kommt doch alles von Rechtsanwalt Schily.‹ «

Prinzing ist mit den Nerven am Ende. Dem Anwalt erklärt er am Telefon: »Wenn ich das nicht durchhalte, Herr Künzel...« Der Rechtsanwalt: »Ein Richter, der diese Sorge hat, sie einem anderen gegenüber äußert und dies gegenüber einem Verteidiger, der gerade einen Ablehnungsantrag gegen ihn gestellt hat, will auf die Verteidigung einwirken.«

Dieses Telefonat ist Anlaß für den nächsten Ablehnungsantrag, Verteidiger Heldmann stellt ihn – und Prinzings Kollegen geben ihm statt. Prinzing muß am 20. Januar 1977 seinen Platz räumen.

Die Verhandlungsführung des neuen Vorsitzenden Foth unterscheidet sich spürbar von der Prinzings: Foth steuert die Sitzungen moderat, vermeidet die Schärfen, die seinem – mitunter recht dünnhäutigen – Vorgänger vorgeworfen wurden. War Prinzing beispielsweise schon ausgesprochen gereizt, wenn die Zuschauer sich beim Erscheinen des Gerichts nicht von den Plätzen erhoben, sagt Foth ruhig: »Wenn die Herrschaften sich erheben könnten.« Als sie es tun, fügt er ein »Danke« hinzu. Gelassenheit ist eine von Foths Stärken.

Keine zwei Monate nach dem Vorsitzenden-Wechsel folgt der »Akten-Affäre« die »Abhör-Affäre«: Am 17. März 1977 treten in Stuttgart Innenminister Karl Schieß und Justizminister Traugott Bender vor die Presse und bestätigen, was bislang nur Vermutung, Spekulation war – nachdem der »Lauschangriff« auf den Atomwissenschaftler Klaus Traube bekanntgeworden und vielerorts in der Bundesrepublik für Bestürzung gesorgt hatte: daß auch Gespräche zwischen Stammheim-Häftlingen und ihren Anwälten abgehört und auf Tonband aufgezeichnet wurden. Und zwar zehn Tage lang nach dem Anschlag auf die Deutsche Botschaft in Stockholm am 24. April 1975, und zwölf Tage lang nach der Festnahme von Rechtsanwalt Siegfried Haag am 30. November 1976. »Anlaß für die Entscheidung, Gespräche zwischen den führenden Köpfen der Baader-Meinhof-Bande und ihren Verteidigern abzuhören«, verkünden die beiden Minister in einer gemeinsamen Erklärung, »war die auf konkreten Tatsachen beruhende und letztlich auf andere Weise nicht abzuwendende Gefahr, daß zur Befreiung der Baader-Meinhof-Häftlinge zum Beispiel durch Geiselnahme oder Terroranschläge das Leben unschuldiger Bürger der Bundesrepublik Deutschland konkret gefährdet war.«

Die beiden Minister rechtfertigen die Abhöraktion mit einem Hinweis auf den Paragraphen 34 des Strafgesetzbuchs, den »rechtfertigenden Notstand«*: Nur so hätte der bevorstehenden Gefahr begeg-

* Wortlaut des § 34 StGB: »Wer in einer gegenwärtigen, nicht anders abwendbaren Gefahr für Leben, Leib, Freiheit, Ehre, Eigentum oder ein anderes Rechtsgut eine Tat begeht, um die Gefahr von sich oder einem anderen abzuwenden, handelt nicht rechtswidrig, wenn bei Abwägung der widerstreitenden Interessen, namentlich der betroffenen Rechtsgüter und des Grades der ihnen drohenden Gefahren, das geschützte Interesse das beeinträchtigte wesentlich überwiegt. Das gilt jedoch nur, soweit die Tat ein angemessenes Mittel ist, die Gefahr abzuwenden.«

net werden können, wenn überhaupt. Die Güterabwägung »mußte zugunsten der getroffenen Maßnahmen ausfallen«. Weiter erklären die beiden Minister ausdrücklich, daß sie Entscheidungen »in vergleichbaren Situationen in gleicher Weise treffen« würden.

Installiert hatten die Wanzen Techniker des Bundesamtes für Verfassungsschutz und des Bundesnachrichtendienstes in Gefängniszellen in Stammheim, die für Verteidigergespräche zur Verfügung standen – als Amtshilfe für das Landeskriminalamt Baden-Württemberg. Der Einbau erfolgte am 1., 2. und 3. März 1975 – also mehr als sieben Wochen vor dem Überfall auf die Botschaft in Stockholm.

Gleich nach der Erklärung der beiden Minister beteuern Oberstaatsanwalt Zeiss für die Bundesanwaltschaft und der Vorsitzende Foth für den 2. Strafsenat, daß sie von der Lauschoperation nichts gewußt hätten. Die Wahlverteidiger erklären, den Gerichtssaal nicht wieder zu betreten. Und Pflichtverteidiger Künzel beantragt, seine Bestellung zum Pflichtverteidiger von Gudrun Ensslin aufzuheben. Zur Begründung teilt er dem Vorsitzenden Foth in einem Schreiben vom 16. April 1977 mit: »Der Staat hat in Gestalt der Exekutive in schwerwiegender Weise rechtswidrig [...] in ein justizielles Verfahren eingegriffen, und zwar durch heimliches Abhören von Verteidigergesprächen. Diese Verletzung wohl auch grundsätzlich verbürgter strafprozessualer Rechte sowohl der Angeklagten als auch der Verteidigung kann nicht mehr geheilt werden.«

Diesen Antrag Künzels lehnt Foth ab, der Vorsitzende untersagt weitere Abhöraktionen in der Stammheimer Haftanstalt.

Am 192. Verhandlungstag, am 28. April 1977, verkündet der Vorsitzende Richter Foth das Urteil – vor leeren Plätzen. Die Angeklagten und ihre Wahlverteidiger sind, wie schon seit einiger Zeit, der Sitzung ferngeblieben: Baader, Ensslin und Raspe werden zu lebenslanger Haft wegen vier Morden und 34 Mordversuchen verurteilt. Die Anwälte legen Revision ein.

Ein halbes Jahr später begehen die drei Selbstmord in der Haftanstalt. So kommt es, daß das Stammheim-Urteil nicht rechtskräftig wird.

3 Die zweite RAF-Generation

Nachdem die Anführer der Baader-Meinhof-Bande im Sommer 1972 verhaftet waren, geschieht etwas, womit viele nicht gerechnet hätten: neue Gruppen formieren sich, eine nach der anderen. Für ihr Vorgehen und ihr ideologisches Verständnis knüpfen sie an die »Tradition« des Stadtguerillakampfes der ersten Generation an. Sie wollen die Verunsicherung in den Großstädten durch Anschläge, den revolutionären Kampf gegen Staat und »imperialistische Herrschaft« fortsetzen.

Das oberste Ziel all dieser Gruppen der zweiten Generation besteht darin, die RAF-Gefangenen aus den Haftanstalten zu befreien, um dann anschließend gemeinsam den Untergrund-Kampf fortzusetzen. Baader und seine Genossen sind dabei treibende und steuernde Kraft – aus den Gefängniszellen heraus. Bis zu ihrem Tod.

Vier solcher Zusammenschlüsse agieren zwischen 1973 und 1982: Die »Gruppe 4.2.«, die so nach dem Tag ihrer Verhaftung am 4. Februar 1974 genannt wird, die »Stockholm-Attentäter«, die »Haag-Mayer-Bande« und schließlich die Gruppe, die für die »Offensive 77«, also das Terrorjahr 1977, verantwortlich zeichnet – und auch anschließend noch aktiv ist.

Es war immer wieder das gleiche: Hatte die Polizei eine Gruppe dingfest gemacht, trat die nächste auf den Plan. Freilich erst nach einiger Zeit, nachdem neue Mitglieder rekrutiert und die Logistik aufgebaut worden war. Gerade diese eigentümliche »Regenerationsfähigkeit« ist der Grund, warum die Terroranschläge nicht abrissen. »Mit einer sehr vereinfachten Gesellschaftsbetrachtung und scheinbar zwingenden Lösungsmodellen«, erklärt dieses Phänomen Gerhard Boeden, Ex-

Präsident des Bundesamtes für Verfassungsschutz, »gelingt es Terroristen immer wieder, vor allem junge Menschen innerlich zu der Schlußfolgerung zu verleiten, gesellschaftliche Veränderungen könnten nur mit dem Mittel der Gewalt durchgesetzt werden.«

Die »Gruppe 4. 2.«

Die »Gruppe 4. 2.« ist der erste Nachfolger der ursprünglichen RAF. Acht Personen zählen zu dieser Gruppe. Drei von ihnen waren schon bei der ersten RAF-Generation mit von der Partie:

Helmut Pohl, 30, wurde mit einem gefälschten Ausweis und einer Pistole in einem für die Baader-Meinhof-Bande gestohlenen Ford-Transit erwischt. Pohl, der später im Gefängnis eine führende Rolle übernimmt, war von 1964 bis 1971 an der Frankfurter Johann Wolfgang von Goethe-Universität für Germanistik eingeschrieben. Weil er sich nach einer Beurlaubung nicht zurückmeldete, wurde er am 9. Oktober 1971 zwangsexmatrikuliert. Von 1967 bis 1971 arbeitete er als freier Mitarbeiter beim Hessischen Rundfunk. Ilse Stachowiak, 19, ging in Hamburg Ulrike Meinhof zur Hand. Und Margrit Schiller, 25, ist jene Frau, bei deren Ausweiskontrolle in Hamburg-Poppenbüttel im September 1971 der erste Polizeibeamte von einem RAF-Angehörigen erschossen wurde.* Sie wurde zu zwei Jahren und drei Monaten Gefängnis verurteilt. Nach einer Haftverschonung tauchte sie im Juni 1973 unter.

Eberhard Becker, 35, hatte sich als RAF-Anwalt einen Namen gemacht, in Heidelberg arbeitete er zusammen mit Siegfried Haag in einer Kanzlei. Ein weiteres Mitglied war – ebenso wie Margrit Schiller – früher beim Sozialistischen Patientenkollektiv in Heidelberg. Und schließlich gehörten drei »Youngsters« zu der Truppe, die mit Terroranschlägen bislang noch nichts oder nicht viel zu tun hatten: Christa Eckes, 23, einstige Assistentin des Hamburger Rechtsanwalts Groenewold, Wolfgang Beer, der bei seiner Verhaftung im Jahr 1974 gerade neunzehn Jahre alt war. Der dritte, ein 24jähriger »abgebrochener« Student der Erziehungswissenschaft hatte inhaftierte Genossen be-

---

* Siehe dazu oben Seite 107.

treut und dabei Margrit Schiller kennengelernt. Aus einem Briefwechsel wurde Liebe.

Ab Mitte 1973 beschäftigt sich die Gruppe über Monate mit dem Aufbau der Logistik: Das Startkapital von 150000 Mark beschafft sie sich durch einen Banküberfall in der Fuhlsbüttler Straße in Hamburg. Zwei konspirative Wohnungen richten Mitglieder in Hamburg ein, drei in Frankfurt. Sie »organisieren« sieben Fahrzeuge und legen ein Waffenarsenal an – unter anderem 4 Maschinenpistolen, 13 Pistolen, einen Revolver, 2 Flinten, 19 Handgranaten und 5 Tretminen. Zudem besorgt sich die Gruppe eine Reihe von Perücken, Haarteilen und Haarfärbemitteln sowie über hundert Ausweise, die auf andere Personen ausgestellt sind. Ferner Blankoformulare und Fälscherutensilien.

Anweisungen erhält die Gruppe von den RAF-Häftlingen – unter anderem über eine Tonbandcassette, auf der eine Frau Mitteilungen von Meinhof und einer anderen Person, vermutlich Baader, verliest; die Polizei findet die Aufnahme später in der konspirativen Wohnung in der Hamburger Bartholomäusstraße 20. Es werde – so hören sie von dem Band – »absolut Zeit, daß man erfährt, daß es euch gibt, ihr in Erscheinung tretet. Es ist auch wichtig für die Komitees und die Prozesse. Fangt das aber nicht an wie Kinder. Die Kriterien, die minimalen Kriterien, bringen die Aktionen im Mai 72. Darunter läuft nichts.«

Zu zwei Aktionen drängen die Inhaftierten: Zum einen auf ihre Befreiung durch eine Geiselnahme – Ratschlag aus dem Knast: »Typen, die Gruppen repräsentieren, auf deren Loyalität die Regierung angewiesen ist. Möglicherweise auch Richter, wobei gar nicht mal so wichtig ist, daß sie mit unseren Verfahren befaßt sind, solange ihr mehrere schnappen könnt.« Zum anderen fordern die Häftlinge Anschläge von den Genossen draußen – Vorgabe: »Angreifen soweit oben wie möglich, an der Spitze… Bundesanwaltschaft, Dritter Strafsenat, die Vollzugsadministration, Länderjustizminister.«

Doch die von der Gruppe getroffenen Vorbereitungen, die Mitte 1973 begonnen haben, bleiben dem Verfassungsschutz nicht verborgen – er observiert die Gruppe über Monate hinweg und hört eine Telefonzelle ab, aus der die Mitglieder ihre Gespräche führen. Alles konspirative Verhalten nützt nichts, die Gruppenmitglieder können die Observationsteams nicht abschütteln. Es kommt zu grotesken Situationen: Auf der Autofahrt von Frankfurt nach Köln fühlt sich Margrit

Über Monate observiert:
Ilse Stachowiak (19) und Helmut Pohl (30).
Die Aufnahme machte der Hamburger
Verfassungsschutz aus einer Mülltonne heraus

Schiller verfolgt und fährt deshalb dreimal um einen Kreisverkehr – die Verfolger hinterher. So als ob nichts wäre.

Die Polizei überrascht die Gruppe im Schlaf: in der Nacht zum 4. Februar 1974 verhaftet sie die Mitglieder in einer Wohnung in Hamburg und einer Wohnung in Frankfurt. Noch rechtzeitig, vor dem ersten Anschlag. »Für die Stammheimer Gefangenen war diese Gruppe das abschreckende Beispiel«, berichtet später Volker Speitel, »wie man durch Zögern und Nichthandeln der Polizei ins Netz geht.«

Die Stockholm-Attentäter

Je näher der Stammheim-Prozeß gegen Baader, Meinhof, Ensslin und Raspe rückt, desto mehr befürchten die Sicherheitsbehörden eine Befreiungsaktion. Drei Monate vor Prozeßbeginn – am 27. Februar 1975 – warnt das Auswärtige Amt in einem Fernschreiben alle Auslandsvertretungen der Bundesrepublik: »Es wird dringend empfohlen, die Behörden des Gastlandes insbesondere für die Zeit bis zum Beginn und während der Dauer des Prozesses gegen die Baader-Meinhof-Bande unter Hinweis auf die potentiellen Gefährdungssituation um verstärkten Polizeischutz zu bitten.«

Just an diesem Tage, an dem das Fernschreiben aus der Bonner Adenauerallee in alle Welt geschickt wird, entführt die »Bewegung 2. Juni« den Berliner CDU-Vorsitzenden Peter Lorenz. Morgens, kurz vor neun, stoppen die Täter mit einem Lkw seinen schwarzen Dienst-Mercedes 200 in Berlin-Zehlendorf, Quermatenweg Ecke Ithweg. Mit einem Knüppel schlagen sie seinen Fahrer nieder und verschleppen Lorenz in einen Keller. Dort halten sie ihn eine Woche gefangen und erpressen die Freilassung von fünf Genossen: Verena Becker, 22, Ingrid Siepmann, 30, Gabriele Kröcher-Tiedemann, 28, Rolf Pohle, 33, und Rolf Heißler, 26. Jeder erhält 20000 Mark, wie von den Entführern gefordert. Horst Mahler, der ebenfalls auf der Liste steht, lehnt dankend ab. Pastor Heinrich Albertz begleitet die fünf, die Lufthansa-Boing 707 »Afrika« bringt sie nach Aden, der Hauptstadt der Volksrepublik Jemen. Den Abflug aus Frankfurt überträgt das Fernsehen, wie von den Tätern verlangt – für Millionen von Zuschauern ein Non-fiction-Krimi mit Originalbesetzung, für die Täter der Beweis dafür, daß ihre Forderungen erfüllt wurden. Alle fünf Freigepreßten reisen später wieder in die Bundesrepublik ein.

Diese erste Entführung eines bundesdeutschen Politikers löst lebhafte Diskussionen in der Bevölkerung aus. Im Mittelpunkt steht die Frage, ob der Staat in einer derartigen Situation nachgeben darf. »Es ist für mich keine Frage, daß Lorenz ausgetauscht werden muß«, erklärt der Schriftsteller Martin Walser. »Ich würde nicht nachgeben«, meint hingegen der Hamburger Strafverteidiger Hajo Wandschneider: »Wir provozieren nur neue Erpressungen.« »Die Rettung des Entführten ist das Wichtigste«, sagt der DGB-Vorsitzende Heinz-Oskar Vetter. Und die Schauspielerin Inge Meysel rät: »Kein Heldentum spielen. Immer eintauschen. Jedem noch 20000 Mark geben – mehr können wir gar nicht sparen.«

Die »Bewegung 2. Juni« frohlockt über die »gelungene« Aktion, verteilt ein Flugblatt mit einem Spottlied auf Peter Lorenz und die Polizei. Der Text der ersten Strophe – zu singen nach einer Melodie in »A-dur«:

»An einem schönen donnerstag
Es hatte gerade getaut
Da wurde peter lorenz
Aus zehlendorf geklaut
Und er kam gleich in die kiste
Und allmählich wurd' ihm klar
Daß er nun ein gefangener
Des 2. Juni war
Hey, hey, hey, hey...«

Dies ist der Hintergrund, vor dem zwei Monate später sechs Terroristen die bundesdeutsche Botschaft in Stockholm überfallen und die Freilassung von 26 RAF-Genossen fordern: Der Staat hatte sich erpreßbar gezeigt. Warum sollte der RAF nicht auch das gelingen, was die »Bewegung 2. Juni« geschafft hatte?

Nach den Erkenntnissen der Ermittler wurde der Heidelberger Rechtsanwalt Siegfried Haag zur treibenden Kraft. Als Verteidiger Andreas Baaders hatte er sich durch seine Tätigkeit für die Gruppe im Laufe der Jahre eine starke Position aufgebaut. Unter Hinweis auf den Tod von Holger Meins am 9. November 1974 rekrutierte er Mitstreiter für den bewaffneten Kampf im Untergrund. »Er hatte mich bei ein paar Gesprächen nach meiner Motivation ausgefragt und sich selbst als Kontaktmann zu einer in der Illegalität lebenden Gruppe vorgestellt«, berichtet später Volker Speitel, einer der von Haag Angeworbenen. Am Anfang sei bei dem entscheidenden Gespräch alles »sehr vorsichtig«, auf einem »abstrakten politischen Level« gelaufen. Haag habe sich dadurch vergewissern wollen, daß Speitel, im Falle der Weigerung mitzumachen, auch dichthalte: »Die grundlegende Einigung war damals, daß nicht noch mehr Gefangene im Knast sterben sollten, sondern daß man sie befreien müßte, daß man eine illegale Struktur aufbauen müsse, um daraus später ein Kommando-Unternehmen zu starten.«

Nach dieser Unterredung habe Haag den Illegalen von der Bereitschaft Speitels berichtet, in den Untergrund zu gehen – und die hätten dann darüber diskutiert. Das Ergebnis sei »positiv« gewesen: »Haag teilte mir im Auftrag der Illegalen mit, daß ich abtauchen und ›clean‹ an einem vorher bestimmten Treffort erscheinen soll«, erinnert sich Speitel: »›Clean‹ heißt, daß man sich nach eventuell vorhandenen Observanten der Polizei umschauen soll, um sie, sofern vorhanden, abzuschütteln. Am Treffort, es war eine Kneipe in Frankfurt, traf ich Hanna Krabbe und den ebenfalls frisch rekrutierten Bernhard Rößner. Zusammen gingen wir in den ›Stützpunkt‹, wie das genannt wurde, der sich dann als eine möblierte Dachkammer in Frankfurt entpuppte, in dem der Rest der Gruppe um Lutz Taufer und Ulrich Wessel hauste.

Es war schon die erste Ernüchterung. Illegalität, das war für mich bisher ein Wort, das ich nur mit den Begriffen der Gefangenen definieren konnte. Da war nur die Rede von Depots, Infra-, Nachrichten- und Kampfstruktur; da wurde von Kadern, Einheiten und Kommandos gesprochen in einer militärischen Terminologie, die zumindest mir suggerierte, daß so was Ähnliches auch wirklich funktioniert.« Doch damals, Ende 1974, hätte er davon kaum etwas vorgefunden. Gerade fünf Personen sei die Gruppe stark gewesen, von der »früheren RAF-Struktur« hätten nur noch Sprengstoff, Handgranaten, Geld sowie ein Manuskript über Fälschungstechniken existiert: »Die Reststruktur bestand aus einer anderen Wohnung in Köln und in einem Briefmarkenalbum, in dem Paßstempelabdrücke gesammelt wurden, die zum Fälschen von Pässen notwendig sind.«

Die Stimmung untereinander sei verkrampft gewesen, berichtet Speitel weiter: »Es war in allen Bereichen eine wirre und durchgeknallte Situation. Kein Mensch fahndete damals nach uns, trotzdem verhielten wir uns hochkonspirativ, um aber gleichzeitig unter dem alten Namen aufzutreten und uns zum Beispiel – wie ich – ganz normal einen Führerschein ausstellen zu lassen.«

Die Gefangenen hätten auf »praktische Ergebnisse« gedrängt. Sie erklärten den Genossen »draußen«, daß sie auf keinen Fall so zögern sollten wie der »4. 2.« und daß – wie sich Volker Speitel erinnert – »wir nicht RAF seien, solange nicht 'ne erfolgreiche Aktion gelaufen wäre, ein ›4. 2.‹ würde genügen.«

Und so diskutiert die Gruppe verschiedene Aktionen zur Befreiung der RAF-Häftlinge. Zum Beispiel die Entführung von zwei Personen zur selben Zeit. Oder die Besetzung von zwei Gebäuden in der Bundesrepublik. Doch die Gruppe – rund zehn Personen zählen mittlerweile zu ihr – fühlt sich nicht stark genug, zwei Kommandounternehmen parallel durchzuführen. Und so entsteht der Gedanke, im Ausland eine bundesdeutsche Botschaft zu besetzen. Mitglieder der Gruppe sondieren die Vertretungen in Bern, Stockholm, Wien und Den Haag. Die Entscheidung fällt auf Stockholm. Nicht zuletzt deshalb, weil man in dem »liberalen« Schweden auf ein gewisses Maß an Sympathie der Öffentlichkeit für die Aktion hofft.

Ein sechsköpfiges Kommando bereitet sich auf den Überfall vor: Lutz Taufer, Karl-Heinz Dellwo, Bernhard Rößner, Hanna Krabbe, Siegfried Hausner und Ulrich Wessel. Vier der Baader-Meinhof-Nachfolger stammten aus dem Heidelberger Sozialistischen Patientenkollektiv (SPK)* oder dessen Umfeld: Hausner, 23, galt als Sprengstoffexperte des SPK. Bereits bei der ersten Generation der RAF wirkte er mit: unter anderem hatte er von der Gruppe einen gestohlenen Wagen und gefälschte Papiere erhalten sowie Gudrun Ensslin seinen Führerschein für eine Fälschung zur Verfügung gestellt. Im Dezember 1972 verurteilte ihn das Landgericht Karlsruhe zu drei Jahren Jugendstrafe.

Ebenfalls aus dem SPK-Kader stammt Lutz Taufer, 30. Er fiel während des »SPK-Prozesses« gegen das Ehepaar Huber und Siegfried Hausner auf, weil er im Zuschauerraum eine Erklärung verlas, randalierte und von Polizeibeamten aus dem Saal getragen werden mußte. Seine Freundin Hanna Krabbe, 29, war nach dem Studium in Tübingen, Berlin, der Pariser Sorbonne und Münster zum Sommersemester 1971 nach Heidelberg gekommen. Dort schrieb sie sich für Soziologie, Politologie und Romanistik ein und geriet in das »SPK-Umfeld«. Die Staatsanwaltschaft warf ihr vor, im Juli 1972, nach der Verhaftung von Baader und Genossen, Parolen gegen die Justiz auf den Bürgersteig in Frankfurt geschmiert zu haben. Zum Prozeß im Oktober 1973 erschien sie nicht, im Oktober 1974 erging Haftbefehl. Ebenso galt Ulrich Wessel, 31, als SPK-Sympathisant, Sohn eines Hamburger Kaufmanns und Millionärs. Einst wohnte er im feinen Hamburger Harvestehude für 1000 Mark im Monat, Ende 1971 sah man ihn in Heidel-

---

* Siehe oben Seite 101 ff.

berger SPK-Kreisen, später bei dessen Nachfolgeorganisation, dem IZRU, dem Informations-Zentrum Rote Volksuniversität.

Zu diesen vier SPK-Mitgliedern stieß aus Hamburg das Gespann Dellwo/Rößner: Karl-Heinz Dellwo hatte mit seinen 23 Jahren schon eine Menge gemacht, wenn auch keines davon über längere Zeit: nach einer abgebrochenen Kaufmannslehre arbeitete er als Müllfahrer, Seemann, Aushilfsfahrer und Briefträger. In Hamburg schloß er sich dem Komitee gegen die Isolationsfolter an und nahm an der Besetzung des Hauses Ekhofstraße 39 teil – gemeinsam mit Bernd Rößner, 28. Der hatte zuvor eine Ausbildung im Bühnenstudio Hedi Höpfner für Pantomime, Improvisation und Etüden abgebrochen und hielt sich mit Gelegenheitsarbeiten über Wasser.

Am 24. April 1975 kurz nach halb zwölf ist es soweit: Jeweils zu zweit verschaffen sich diese sechs in Stockholm Einlaß in die Konsularabteilung der bundesdeutschen Botschaft am Skarpögatan 9. Zwei Männer erklären dem Pförtner Walter Jarosch, sie benötigten Ersatz für einen verlorenen Paß. Der Pförtner drückt auf den Summer, die beiden können die Eingangs-Glastür öffnen. Ein anderes Paar gibt vor, sich in einer »Erbschaftsangelegenheit« beraten lassen zu wollen. Die Dame ist sehr ernst, der Mann trägt einen Trauerflor am Revers. Auch ihnen öffnet Pförtner Jarosch die Tür.

Schwierigkeiten am Eingang haben nur Bernhard Rößner und Siegfried Hausner, der eine offensichtlich schwere Umhängetasche schleppt: Sie kämen vom schwedischen »ASTA« in einer Studienangelegenheit, erzählen sie dem Pförtner. Der verweist sie ans Stockholmer Goethe-Institut, das für derartige Dinge zuständig sei. Überrascht ziehen sich die beiden jungen Männer in die Mitte des Windfangs zurück und tuscheln. Einen Augenblick später treten sie wieder an die Pförtnerloge. Nun erklären sie, daß sie etwas wegen einer Arbeits- und Aufenthaltsgenehmigung in der Botschaft zu besprechen hätten. Aber auch damit läßt sie Pförtner Jarosch nicht herein. Denn dies sei Sache der schwedischen Ausländerpolizei, wie er ihnen erklärt.

In diesem Augenblick öffnet ein Mitarbeiter der Botschaft nichtsahnend die Eingangstür von innen – er ist auf dem Weg zum Mittagessen. Rößner und Hausner nutzen die Chance und reißen die Tür auf, bevor sie wieder einrastet. Bernd Kaul, ein Beamter des Bundesgrenzschutzes, setzt ihnen nach. Er hielt sich in einem Raum hinter der Pförtnerloge auf – an diesem Vormittag ist er für den »Objektschutz« der Botschaft zuständig. Rößner bleibt stehen und schlägt seinen Mantel zurück: Kaul blickt in den Lauf einer Maschinenpistole. Der BGS-Mann stürzt in die Loge zurück und löst Alarm aus. Doch es ist zu spät. Die Täter laufen in die zweite Etage, schreien: »Überfall! Aufmachen! Rauskommen, sonst schießen wir! Wir brechen die Türen auf!« Sie feuern aus ihren Waffen und kommandieren die Botschaftsangehörigen: »Nun lauft schon, ihr Schweine! Schneller, ihr Schweine!« Die jungen Leute jagen die Beschäftigten vor sich her, in die dritte Etage – die oberste, in der auch Botschafter Dietrich Stoecker sein Büro hat. Dort treiben sie die Geiseln in der Bibliothek zusammen und zwingen sie, sich auf den Boden zu legen. Nun setzen sich die Täter Masken auf, mit schmalen Schlitzen für Augen und Mund. Anni Wendtland, die Sekretärin des Botschafters, weisen sie an, alle Fenster zu verdunkeln – durch Jalousien, Vorhänge und Wolldecken.

Anschließend muß sich die Sekretärin um die »Aktion Wasser« – wie sie die Täter nennen – kümmern: Waschbecken und Plastikkörbe mit Wasser füllen. Die Terroristen fürchten, das Wasser könnte abgestellt werden. Die Botschaftsstürmer verbarrikadieren sich im dritten Stock. Auf einmal meldet sich eine Stimme hinter ihnen: »Mich haben Sie offensichtlich vergessen. Ich bin der Botschafter.« Verdutzt drehen sie sich um.

Die Terroristen sehen einen Mann um die Sechzig, der eine dunkle Hornbrille mit dicken Gläsern trägt: Tatsächlich, es ist der Botschafter Dietrich Stoecker. Vom Lärm aufgeschreckt, hatte er sich unter einem Tisch im Archivraum versteckt, mittlerweile aber erkannt, daß ihm dies nichts nützt. Einer der Maskierten richtet seine Maschinenpistole auf ihn, herrscht ihn an: »Hände hoch.« Hanna Krabbe durchsucht den Botschafter nach Waffen. Stoecker muß sich in seinem Dienstzimmer auf den Boden legen – dort liegen mittlerweile auch die anderen elf Geiseln.

Währenddessen sind vor dem Haus Streifenwagen mit Blaulicht vorgefahren. Beamte springen heraus und versuchen, über das Treppenhaus und von außen über eine Feuertreppe nach oben zu gelangen. Dabei fliegen ihnen Kugeln um die Ohren: die Täter haben sich hinter Schreibtischen und Schränken verschanzt, die sie aus den Zimmern schleppten. Ohne Warnung feuern sie. Da somit das Treppenhaus nicht mehr passiert werden kann, holen Polizisten die Botschaftsangehörigen aus den ersten und zweiten Etagen mit Leitern über die Fenster herunter.

In der Pförtnerloge klingelt das Telefon: »Hier ist das Kommando Holger Meins«*, erklärt einer der Täter dem Pförtner. »Sagen Sie der Polizei, daß sie das Gebäude verlassen soll, andernfalls wird der Attaché erschossen.«

Eine Viertelstunde später melden sich die Täter abermals in der Pförtnerloge. »Wenn innerhalb einer halben Stunde die Polizei die Botschaft nicht verläßt«, verkündet einer der Täter einem Polizeibeamten, der Deutsch spricht, »wird der Militärattaché erschossen.«

Doch die Polizei zieht sich nicht zurück. Im Gegenteil. Kommissar Bertil Ledel ruft ihnen zu: »Wir denken nicht daran wegzugehen.« Die Täter wiederholen mehrfach ihre Drohung, den Militärattaché zu ermorden. Sie werden immer gereizter. Um zu zeigen, daß es ihnen ernst ist, zwingen sie Militärattaché Andreas von Mirbach in der dritten Etage, an das Geländer zum Treppenhaus zu treten. Er blickt runter, sieht unter sich Konsul Mark-Ulrich von Schweinitz stehen. »Herr von Schweinitz«, ruft er ihm mit angsterfüllter Stimme zu, »hinter mir stehen bewaffnete Leute, die mich ausdrücklich beauftragt haben zu sagen, daß ich erschossen werde, wenn die Botschaft nicht bis 14.00 Uhr geräumt ist.«

Von Schweinitz erkennt den Ernst der Lage, läuft zur Polizei-Einsatzleitung und schildert die Situation. Doch die Polizeiführer winken ab: Aus »polizeitaktischen« Gründen sei es besser, dem Räumungsverlangen nicht zu entsprechen, erklären sie dem deutschen Konsul – es sei nicht damit zu rechnen, versuchen sie ihn zu beruhigen, daß die Drohung wahrgemacht werde.

Währenddessen diktiert ein maskierter Täter der Sekretärin Gerda Böhringer im Zimmer 328 eine vorbereitete Erklärung in die Maschine – auf seine Weisung hin soll sie »alles klein schreiben«:

»an die regierungen der bundesrepublik deutschland und des königreichs schweden
am 24. 4. 1975 um 11.50 uhr haben wir die botschaft der bundesrepublik deutschland in stockholm besetzt und 12 botschaftsangehörige darunter botschafter dieter stoecker, militaerattaché andreas von mir-

* Holger Meins hatte sich ein halbes Jahr zuvor zu Tode gehungert, siehe Seite 163.

bach, wirtschaftsreferent heinz hillegaart, und kulutrreferent anno elfgen gefangengenommen, um 26 politische gefangene in der bundesrepublik deutschland zu befreien. es sind:

gudrun ensslin, stuttgart
andreas baader, stuttgart
ulrike meinhoff, stuttgart
jan raspe, stuttgart
carmel roll, stuttgart
werner hoppe, hamburg
helmut pohl, hamburg
wolfgang beer, hamburg
eberhard becker, hamburg
manfred grashof, zweibrücken
wolfgang quante, bremen
ronald augustin, bückeburg
ali jansen, berlin
brigitte mohnhaupt, berlin
bernhard braun, berlin
ingrid schubert, berlin
annerose reiche, berlin
else stachowiak, hamburg
irmgard möller, hamburg
sigurd debus, hamburg
christa eckes, hamburg
wolfgang stahl, hamburg
margrit schiller, lübeck
monika berberich, berlin
johannes weinrich, karlsruhe.«

Weiter fordern die Täter in ihrer Erklärung, daß die Häftlinge innerhalb von sechs Stunden, nämlich bis 21.00 Uhr, auf dem Frankfurter Rhein-Main-Flughafen zusammengebracht und innerhalb von zehn Stunden, also bis 1.00 Uhr, mit einer Boing 707 der Lufthansa ausgeflogen werden. Jedem der Freigepreßten habe die Bundesregierung 20000 Dollar mitzugeben, umgerechnet also insgesamt rund 1,2 Millionen Mark. »der abflug der genossen wird vom brd fernsehen und vom schwedischen fernsehen direkt übertragen«, verlangen die Täter. Zu jeder Stunde, um die eines der beiden Ultimaten überschritten werde, erschössen sie einen Beamten. »der versuch, die botschaft zu stürmen, bedeutet den tod aller im haus. bei einem angriff werden wir in den räumen der botschaft 15 kg tnt zur explosion bringen.«

Als einer der Täter diesen Text so weit diktiert hat, fliegt die Tür auf, Bernhard Rößner kommt herein und tuschelt mit dem Maskierten. »Jetzt reicht es mir aber«, entfährt es dem Maskierten. Er schnauft wütend. Beide gehen hinaus. Lutz Taufer, der sich ebenfalls in dem Raum aufhält, beruhigt die Sekretärin: »Ihnen passiert gar nichts, wenn die Polizei nicht stürmt.«

Auf einmal fallen im Treppenhaus Schüsse. Fünfmal knallt es. Der Maskierte kommt zurück ins Zimmer 328 und diktiert weiter: »die verantwortung für die erschiessung des militärattachés andreas von mirbach trägt die polizei trotz verlängertem ultimatum hat sie das botschaftsgebäude nicht verlassen.
stockholm, den 24. 4. 1975
kommando holger meins«

Ungefähr eine Viertelstunde nach den Schüssen stoßen die Täter Andreas von Mirbach die Treppe hinunter. Stark blutend und schwer atmend, bleibt er auf den Stufen liegen – mit dem Kopf nach unten. Er befindet sich im Schußfeld von zwei Terroristen, die von oben, der dritten Etage, das Treppenhaus unter Kontrolle halten. Polizeibeamte rufen den Tätern zu, sie wollten den Mann bergen. Die Terroristen entgegnen: »Wir schießen zurück, wir werfen Handgranaten, falls ihr vorrückt.« Erst nachdem von Mirbach eine halbe Stunde auf der Treppe gelegen hat, »gestatten« es die Besetzer, daß zwei Beamte – in Unterhose, ohne Bahre – den Mann wegschaffen. Der Schwerverletzte kommt ins Krankenhaus Karolinska, zwei Stunden später stirbt er an den Folgen eines Kopfdurchschusses. Oberstleutnant von Mirbach wurde vierundvierzig Jahre alt. Er hinterläßt eine Frau und zwölfjährige Zwillinge, ein Mädchen und einen Jungen.

Nach der Bergung von Mirbachs zieht sich die Polizei zurück, die sechs Geiselnehmer werden sichtlich ruhiger. Dellwo und Hausner machen sich daran, in einigen Räumen Kabel zu verlegen und die mitgebrachten Sprengladungen zu installieren. Mit Tesafilm kleben sie Leitungen auf dem Boden fest. Die Geiseln ermahnen sie, sich ja vorsichtig zu bewegen, bloß nicht auf die Leitungen zu treten. Sonst gingen, so warnen sie, »alle in die Luft«.

Mit keinem Wort verraten sie ihren Opfern, worum es ihnen bei der

Botschaftsbesetzung geht. Als der Kulturreferent Anno Elfgen auf dem Weg zur Toilette den Täter, der ihn begleitet, danach fragt, erhält er die lakonische Antwort: »Das ist eine politische Aktion.«

Den Geiseln werden die Hände auf den Rücken gefesselt, den Männern zusätzlich die Füße – mit Gürteln, Schlipsen, Nylonschnüren und Klebeband.

Unterdessen bereitet sich die schwedische Polizei darauf vor, die Geiselnahme durch den Einsatz des Tränengases K 65 zu beenden. Dieses Gase macht Menschen innerhalb von höchstens einer Minute kampfunfähig – es führt zu Tränen und Hustenanfällen. Zwei Jahre zuvor hatte es die schwedische Polizei bei einem Banküberfall mit Geiselnahme erfolgreich eingesetzt.

Um 19.15 Uhr landen mit einer Sondermaschine aus Bonn sieben Beamte aus der Bundesrepublik auf dem Stockholmer Flugplatz, unter ihnen drei BKA-Beamte, ein Mitarbeiter des Bundesamtes für Verfassungsschutz in Köln und Ministerialdirigent Heuer aus dem Bundesinnenministerium.

Um Viertel vor neun wird den Tätern klar, daß sich die Dinge anders entwickeln als von ihnen erwartet: Der schwedische Justizminister Lennart Geijer berichtet Lutz Taufer am Telefon, daß die Bundesregierung nach einer Sitzung mit Vertretern der Opposition und Ministerpräsidenten der Länder beschlossen habe, auf die Forderung der Geiselnehmer nicht einzugehen. Diese Entscheidung sei endgültig.

Vier Stunden zuvor war in Bonn ein Krisenstab unter Leitung von Bundeskanzler Helmut Schmidt zusammengetreten. »Ganz gleich, wie unsere Entscheidung ausfällt, sie wird unser Land tief spalten«, erklärte der rheinland-pfälzische Ministerpräsident Helmut Kohl der Runde im Kanzleramt: »Die einen wollen, daß wir hart bleiben, die anderen, daß wir nachgeben, um Menschenleben zu retten.« Ein klares »Nein zum Ultimatum« verkündet Herbert Wehner, der SPD-Fraktionsvorsitzende. Der Kreis ist sich weitgehend einig: es wird nicht ausgetauscht.

Die Situation in Stockholm stellt sich der Krisenrunde grundlegend anders dar als der Fall Lorenz – der Unterschied besteht im wesentlichen in drei Punkten: Zum einen ist beim Stockholm-Überfall bekannt, wo sich Täter und Opfer aufhalten, ein Zugriff für die Polizei also möglich – bei der Lorenz-Entführung tappten die Fahnder im dunkeln. Zum zweiten verlangen die Täter die Freilassung aller hochkarätigen RAF-Häftlinge – die Fahndung der Polizei über Jahre hinweg wäre umsonst gewesen. Bei Lorenz ging es »nur« um fünf Personen. Hinzu kommt: die Politiker wollen sich nicht noch einmal erpressen, den Rechtsstaat weiter ramponieren lassen. »Denen mußte doch mal gezeigt werden, daß es einen Willen gibt, der stärker ist als ihrer«, kommentiert Schmidt die unter seiner Leitung gefällte Entscheidung.

Und so unterrichtet der Kanzler den schwedischen Ministerpräsidenten Olof Palme von dem Beschluß in Bonn, Palme schickt umgehend seinen Justizminister Lennart Geijer in die bundesdeutsche Botschaft. Der Minister hockt sich in einem finsteren Raum auf den Boden, ruft über das Haustelefon in der dritten Etage an und teilt Lutz Taufer die Entscheidung mit. »Ich sagte ihm, sie müßten als intelligente Menschen einsehen, daß sie aus ihrer verfahrenen Situation nur herauskommen können, wenn sie mit der schwedischen Regierung verhandeln«, berichtet Geijer über das Telefonat. Doch Lutz Taufer habe darauf bestanden, mit Bonn die Angelegenheit erörtern zu können: »Er sagte, er wolle mit mir nicht diskutieren.«

Nach dieser Nachricht werden die Täter unruhig, reden erregt miteinander. Sie sehen nur einen Weg: durch die Erschießung einer weiteren Geisel wollen sie Bonn klarmachen, daß ihre Forderung erfüllt werden muß. So kommt zwanzig Minuten nach zehn einer der Täter in das Botschaftszimmer, in dem die Geiseln auf dem Boden liegen, und ruft: »Wer ist Dr. Hillegaart?« Wie die anderen Geiseln auch ist der Wirtschaftsattaché erschöpft eingenickt. Als sein Name zum zweitenmal gerufen wird, schreckt Heinz Hillegaart, 64, hoch und versucht aufzustehen. Doch es gelingt ihm nicht. Seine Füße sind gefesselt. Einer der Täter nimmt ihm die Fußfesseln ab. Er wird in ein Zimmer in der Nähe geführt, in den Raum 328.

Damit die Polizei und die Zuschauer vor dem Gebäude mitbekommen, was geschieht, zwingen ihn die Terroristen, das Fenster zu öffnen und nach draußen zu rufen: »Hier ist Hillegaart, hört ihr mich? Hallo, ich habe euch etwas mitzuteilen.« Doch draußen hört ihn niemand. Ein Dieselaggregat brummt vor der Fassade – es versorgt die Scheinwerfer mit Strom, die vor dem Gebäude aufgebaut worden sind. Die Fassadenbeleuchtung hatte die Polizei nach Einbruch der Dunkelheit zu sehr geblendet, so daß diese aus- und die aufgebauten Scheinwerfer eingeschaltet wurden.

Von draußen ist deutlich zu sehen, wie dieser Mann am Fenster auf einmal nach hinten fällt. Einer der Terroristen hat ihm in den Kopf geschossen. Die Geiseln hören, wie Hillegaarts Körper auf den Boden knallt – auch Lutz Taufer, der gerade mit dem in der Sondermaschine nach Stockholm entsandten Ministerialdirigenten Heuer telefoniert. »Wir haben eben den Botschaftsangehörigen Hillegaart erschossen«, erklärte Taufer dem Beamten, um die Androhung zu unterstreichen, daß nun jede Stunde eine Geisel ermordet, im Falle der Stürmung das Gebäude in die Luft gesprengt wird.

Botschafter Dietrich Stoecker denkt, wie die meisten anderen Geiseln auch, daß er den Überfall nicht lebend überstehen wird. Auf einmal – es ist 23.46 Uhr, wie er später erfährt – gibt es einen mächtigen Knall in seinem Vorzimmer, das Gebäude bebt, Wände brechen zusammen, Fenstern bersten. Greller Lichtschein: Eine riesige Explosion – fünf Sekunden später folgt eine zweite. Eine schwächere. Durch die Detonationen schreckt Botschafter Stoecker auf, nach der

Am Morgen danach: Die Deutsche Botschaft in Stockholm am 25. April 1975

Ermordung seines Mitarbeiters Hillegaart war er erschöpft eingeschlafen. Rasch greifen Flammen um sich, Akten fangen Feuer, Schreibtische und Schränke brennen. »Ich sah bunte Sterne. Es brannte links und rechts von mir«, erinnert sich Stoecker an diesen Augenblick: »Ich konnte das Feuer aus dem Fenster schlagen sehen. Ich brannte selbst auf dem Leib. Es gab im Zimmer lauter kleine Feuerherde.«

Stoecker stürzt aus seinem Zimmer, stößt im Gang mit einem maskierten Terroristen zusammen. »Wo kommen Sie denn her?« fährt ihn der Maskierte an. »Ich bin rein zufällig hier«, entgegnet Stoecker und fügt hinzu: »Sind Sie verrückt geworden, den Sprengstoff zu zünden?« »Das ist aus Versehen passiert«, erklärt ihm der Mann kleinlaut.

Fest steht bis heute nur, daß tatsächlich die von den Tätern angebrachten Sprengladungen explodierten. Wer die Explosion auslöste, konnte nicht zweifelsfrei geklärt werden. Nach der Entscheidung des Oberlandesgerichts Düsseldorf*, vor dem sich die Täter später verantworten mußten, ist ausgeschlossen, daß die Explosion von den Terroristen gemeinsam oder absichtlich von der Polizei oder einer Geisel verursacht wurde: »Als auslösende Ursachen kommen Unachtsamkeit der Täter, unbedachte Bewegungen der Geiseln, eigenmächtiges Zünden der vorbereiteten Sprengladungen durch einen Mittäter oder ein anlage- oder umweltbedingtes technisches Versagen in Betracht«, urteilten die Richter.

Nach der Explosion schleppen sich Opfer und Täter aus dem Botschaftsgebäude. Alle sind verletzt, haben Brand- und Splitterwunden, Schäden am Trommelfell. Fünf Terroristen flüchten an der Westseite der Botschaft über einen Parkplatz: sie laufen der Polizei direkt in die Arme. Rettungsmannschaften machen sich auf die Suche nach Heinz Hillegaart. In der dritten Etage findet ein Beamter in der Nähe der Treppe einen schwerverletzten Terroristen, der kurz darauf stirbt. Erst nach Wochen steht seine Identität fest: es ist Ulrich Wessel. Seine Fingerabdrücke hatte die Polizei noch nicht – sondern nur die seiner fünf Komplizen. Erst am nächsten Morgen finden Beamten die verbrannte Leiche Hillegaarts.

Die Täter werden in die Bundesrepublik abgeschoben, Siegfried

---

* Urteil vom 20. Juli 1977, IV – 15/75.

Botschafter Dietrich Stoecker während einer Messe
für die Opfer des Botschafts-Überfalls am 24. April 1975
in der Deutschen Kirche von Stockholm

Hausner erliegt seinen schweren Verletzungen am 4. Mai in Stuttgart-Stammheim.

»Ulrich Wessel, im Kampf gefallen am Donnerstag, den 24. April 1975«, schreibt Karl-Heinz Dellwo an die Wände seiner Zelle in der Untersuchungshaft, »Siegfried Hausner, in Kriegsgefangenschaft ermordet, am Samstag, den 3. Mai 1975«. Seine Zellenwände sind voll solcher Parolen: »Zündet die Gerichtssäle an und sprengt sie in die Luft« und »Sieg oder Tod – RAF«.

Das Oberlandesgericht Düsseldorf verurteilt Taufer, Dellwo, Rößner und Krabbe am 20. Juli 1977 wegen Mordes in zwei Fällen zu lebenslanger Freiheitsstrafe.

Die sogenannte »Haag-Mayer-Bande«

Der Ausgang von Stockholm bedeutet für die RAF einen herben Schlag, sie empfindet die Aktion als schwere Niederlage. Rechtsanwalt Siegfried Haag taucht bald unter, um sich gemeinsam mit Roland Mayer um den Aufbau einer neuen Gruppe zu kümmern, der – wie sie die Ermittler nennen – »Haag-Mayer-Bande«.

Zwei Wochen nach dem Anschlag auf die Botschaft in Stockholm war Haag verhaftet worden: In Zürich geschnappte Terror-Verdächtige hatten der Polizei berichtet, daß er in der Schweiz Waffen besorgt und an die Botschaftsbesetzer weitergegeben habe. Bei der Durchsuchung seiner Kanzlei finden sich jedoch keine Beweise dafür. Der Ermittlungsrichter beim Bundesgerichtshof lehnt es am 10. Mai 1975 ab, einen Haftbefehl zu erlassen. So kommt Haag wieder auf freien Fuß. Umgehend taucht er unter. In einer Mitteilung an die Presse erklärt er, daß er in »einem Staat, der [...] politische Gefangene durch systematische Langzeitisolation foltert und der Gehirnwäsche in toten Gefängnistrakten unterzieht, in einem Staat, dessen Funktionsträger Holger Meins und Siegfried Hausner hingerichtet haben, [...] meinen Beruf als Rechtsanwalt nicht länger ausüben« könne. Sein Fazit: »Es ist an der Zeit, im Kampf gegen den Imperialismus wichtigere Aufgaben in Angriff zu nehmen.«

Nach den Erkenntnissen der Ermittler verfügt die Gruppe, die Haag aufbaut, im Herbst 1976 über elf Mitglieder, neben ihm und Mayer sind es Adelheid Schulz, Knut Folkerts und dessen Bruder Uwe, Günter Sonnenberg, Sabine Schmitz, Christian Klar, die durch die Lorenz-Entführung freigepreßte Verena Becker, Peter-Jürgen Boock und dessen Ehefrau Waltraut. Zudem gibt es nach diesen Erkenntnissen rund 25 Unterstützer.

Die meisten der Gruppenmitglieder hatten zwei Jahre zuvor, als sie noch in der Legalität lebten, an der Besetzung des Büros von Amnesty International in Hamburg teilgenommen. Damit protestierte das »Komitee gegen Isolationsfolter« für »bessere Haftbedingungen« der einsitzenden RAF-Mitglieder. Die Besetzer versuchten Amnestie International zu zwingen, in einer Erklärung die Abschaffung der »Sonderbehandlung und Vernichtungshaft von politischen Gefangenen« zu fordern. Mit von der Partie waren damals unter anderem Günter Sonnenberg, Roland Mayer, Knut Folkerts, Adelheid Schulz, Christian

Klar, die beiden späteren Stockholm-Attentäter Dellwo und Taufer sowie auch mehrere Personen, die sich einige Zeit später der RAF anschlossen: Ralf Friedrich, Willy-Peter Stoll, Monika Helbing, Stefan Wisniewski und Susanne Albrecht. Dieses »Komitee gegen Isolationsfolter« war also für viele eine Vorstufe zur RAF.

Wie weit die Planungen mittlerweile vorangeschritten waren, wird den Ermittlern schlagartig klar, als Siegfried Haag und Roland Mayer bei einer Verkehrskontrolle auf der Autobahn bei Butzbach (Hessen) gefaßt werden – am 30. November 1976, also eineinhalb Jahre nach Haags Abtauchen. Haag trägt eine durchgeladene Pistole SIG P 210 im Holster am Gürtel, auch Mayer hat griffbereit eine Pistole dabei; doch beide lassen die Waffen stecken und sich von den vier Polizisten, die mit gezogenen Waffen um ihren Wagen herumstehen, widerstandslos festnehmen. »Die Tatsache, daß wir die Pistole nicht be-

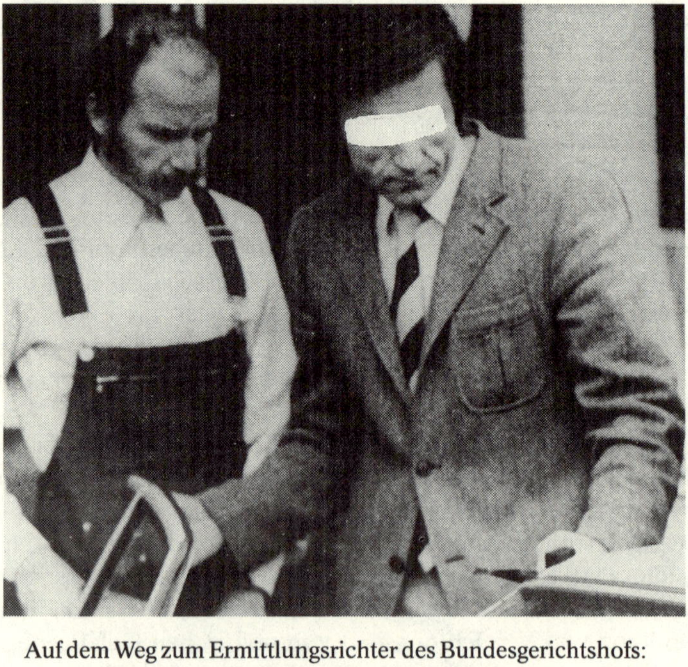

Auf dem Weg zum Ermittlungsrichter des Bundesgerichtshofs:
Der ehemalige Rechtsanwalt Siegfried Haag
am 1. Dezember 1976 in Gießen

nutzt haben, war eine Entscheidung aus der Situation heraus«, erklärte später Siegfried Haag.

In dem gestohlenen Opel Admiral mit dem gefälschten Kennzeichen H-SC 234 fallen den Polizisten Stapel von Papieren mit Planungen in die Hände, die weitgehend verschlüsselt sind. Die Ermittler stellten fest, daß die Gruppe drei größere Aktionen plant:

- Ein Kommandounternehmen unter dem Decknamen »Margarine«, das nach den Unterlagen als erstes ansteht.
- »Big-Money« ist das Codewort für eine bewaffnete Aktion, durch die eine größere Geldsumme beschafft werden soll.
- »Big Raushole-Rache« lautet die Bezeichnung für eine Operation, mit der eine Reihe von Gefangenen befreit werden soll.

Die Ermittler rätseln, was damit im einzelnen gemeint ist. Alles deutet darauf hin, wie die Beamten feststellen, daß die Gruppe gerade dabei ist, ihren Schwerpunkt in den »Raum Baden« zu verlagern.

»Bei der Operation ›Margarine‹ sollte es sich offenbar um eine spektakuläre Aktion mit politischer Brisanz handeln«, notierte der BKA-Beamte Alfred Klaus in einem Auswertungsbericht des Bundeskriminalamts vom 12. Dezember 1976: »Bemerkenswert ist, daß eine ›spontane‹ Durchführung der ›Operation beim Checken‹ ins Auge gefaßt worden war. Daraus kann geschlossen werden, daß der Plan bestand, eine prominente Persönlichkeit zu ermorden oder als Geisel zu nehmen und dies ggf. schon bei der Abklärung ihrer Lebensgewohnheiten zu tun.« Unter anderem enthalten die Unterlagen verschlüsselte Angaben über Fahrzeiten und Fahrstrecken. Die Beamten grübeln: wer könnte hinter der Bezeichnung »Margarine« stecken? Keine vier Monate später fällt es ihnen wie Schuppen von den Augen, wer damit gemeint war: Generalbundesanwalt Siegfried Buback wird ermordet – seine Initialen SB sind der Name einer Margarinesorte.

Ebenso gibt den Ermittlern der Komplex »Big Money« zu denken. In den Papieren heißt es dazu unter anderem »H. M. auschecken« und »mit Marie diskutieren, wo den Typ bunkern ––– vorbereiten«. Die BKA-Ermittler folgern: »Entweder war eine Person mit den Anfangsbuchstaben ›H. M.‹ beauftragt, die Geldbeschaffungsaktion vorzubereiten, oder es handelt sich dabei um die in Aussicht genommene Geisel, deren Lebensgewohnheiten ›ausgescheckt‹, d. h. abgeklärt werden sollten.« Ein dreiviertel Jahr später besteht auch hier Klarheit: Arbeitgeberpräsident Hanns-Martin – H. M. – Schleyer wird entführt.

Wie minutiös die Gruppe ihre Vorbereitungen trifft, zeigt ein bei Haag gefundener »Arbeitsplan«. Daraus ergibt sich, was welches der elf – freilich nur unter Tarnnamen genannten – Mitglieder an welchem Tag zu tun hatte. So sollten beispielsweise am Freitag, dem 26. November 1976, »Inge« und »Tim« einen »Schießplatz« abklären, »Anton« »rüber« gehen – vermutlich ins Ausland. Bei drei Tarnnamen konnten die Ermittler herausfinden, wer dahintersteckt: »Michael« (Mayer), »Egon« (Haag) und »Inge« (Waltraut Boock), die acht anderen sind bis zum heutigen Tag nicht enttarnt.

Ferner ergibt sich aus den Unterlagen, daß die Gruppe zwei Abteilungen gebildet hat, die »Filiale 1«, die durch einen Einbruch Dokumente für Falschpapiere beschaffen soll, und die »Filiale 2«, die einen Bankraub vorbereitet: Bei einem Überfall auf die Bezirkshauptmannschaft in Landeck/Tirol erbeuten RAF-Mitglieder am 13. November 1976 Personalausweise und Reisepässe, insgesamt 394 Dokumente. Am 13. Dezember, einen Tag nachdem der BKA-Bericht abgefaßt ist, überfallen mindestens drei RAF-Mitglieder eine Bank in Wien, in der Kärntnerstraße 53. Sie erbeuten zwei Millionen Schilling, umgerechnet rund 300000 Mark. Erst nach einem Feuergefecht mit der Polizei kann Waltraut Boock verhaftet werden. Ihre Komplizen entkommen.

Dieses hohe Maß an »Planungstreue« ist ein bezeichnendes Moment für das Vorgehen der RAF. Obwohl mit Haag der Kopf der Gruppe samt der Pläne der Polizei in die Hände gefallen war, hielt der Rest der Gruppe an diesen Vorhaben fest. Für die Ermittler steht freilich damals, Ende 1976, nach dem Entdecken der »Haag-Mayer-Papiere«, nicht viel mehr fest als dies: es ist mit der Ermordung eines Repräsentanten des »Systems« zu rechnen, ebenso mit Geiselnahmen, um Geld und die Befreiung inhaftierter RAF-Mitglieder zu erpressen.

Siegfried Haag wird 1979 wegen Beihilfe zum Mord und anderer Delikte vom Oberlandesgericht Stuttgart zu 15 Jahren Gefängnis verurteilt. In der Haft löst er sich von der RAF. Nach etwas mehr als zehn Jahren Gefängnis wird im Februar 1987 der Rest seiner Strafe zur Bewährung ausgesetzt. Noch vor seiner Entlassung erklärt er in einem Interview mit der Frankfurter Rundschau: »Die Handlungsweise der RAF hat sich als falsch herausgestellt. Ich bin zu der Gruppe gestoßen mit der Überzeugung, mal sehen, ob es klappt. Es hat all die Jahre gebraucht, um zu dem Ergebnis zu kommen, diese Politik muß ich aufgeben, sie ist falsch.«

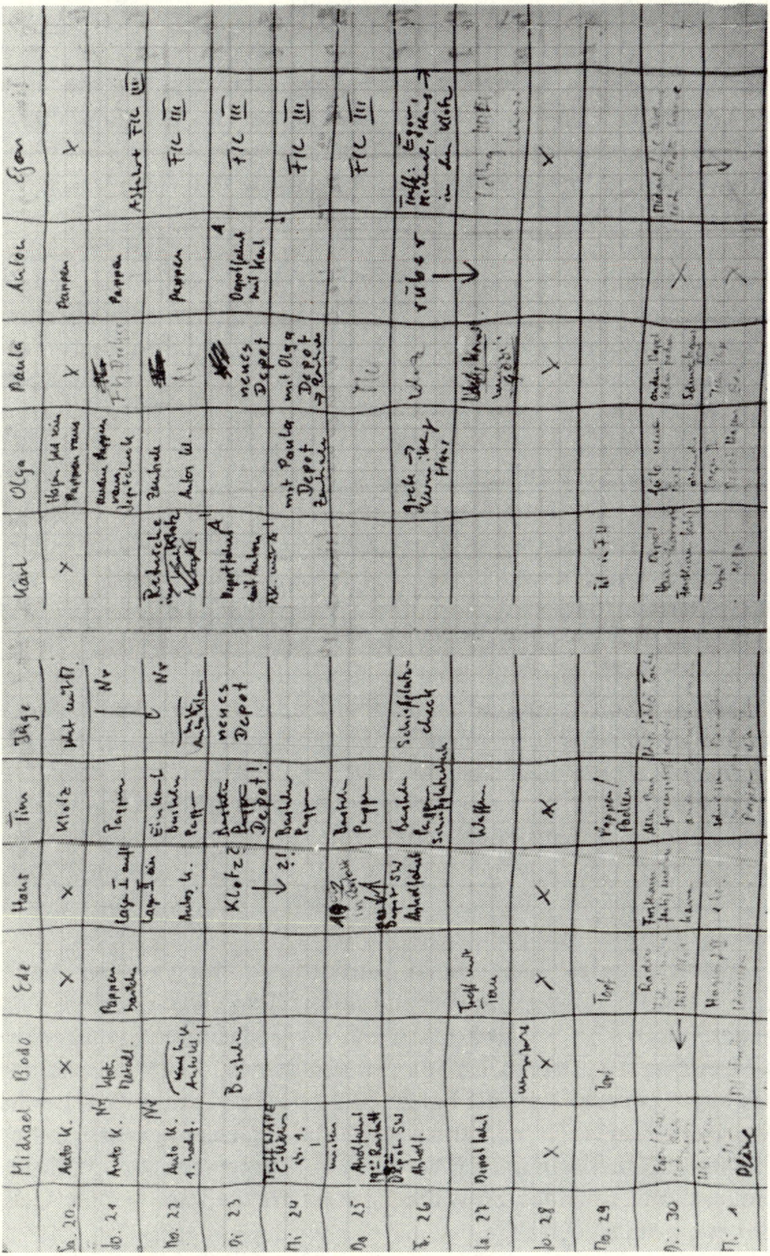

Der »Arbeitsplan«: gefunden auf dem Rücksitz des Opel Admiral

Die »Offensive 1977«

Schon bald erhält die Gruppe einen neuen Kopf: Zwei Monate nach der Verhaftung Haags wird Brigitte Mohnhaupt aus der Haft entlassen – rasch übernimmt sie das Steuer bei der RAF.

Das Gefängnistor der Strafanstalt im badischen Bühl öffnet sich für sie am 8. Februar 1977. Als »Empfangskomitee« sind Elisabeth von Dyck und Volker Speitel aus der Croissant-Kanzlei in Stuttgart angereist. Bis knapp zwei Wochen vor ihrer Entlassung war Mohnhaupt im siebenten Stock der Justizvollzugsanstalt Stammheim untergebracht. Dort hatte sie täglich bis zu viereinhalb Stunden Umschluß mit Baader, Ensslin, Raspe, Ingrid Schubert und zum Schluß auch mit Irmgard Möller – ein halbes Jahr lang.

Zu dieser Zeit – in der zweiten Hälfte des Jahres 1976 – war die inhaftierte Führungsmannschaft ausgesprochen unzufrieden mit dem, was draußen lief, vermißte vor allem »Aktionen«. Siegfried Haag fiel in Ungnade, ihm lastete man an, daß er die Gruppe nicht auf Vordermann gebracht, aber auch, daß er bei seiner Verhaftung nicht zur Waffe gegriffen hatte.

Angesichts dieser Situation kommen Baader, Ensslin und Raspe überein, daß Brigitte Mohnhaupt die Leitung der Kräfte draußen übernehmen soll – sie ist die einzige, bei der das Ende der Haft in Sicht ist. Baader und Ensslin bereiten sie eingehend darauf vor, erteilen ihr Anweisungen und Ratschläge.

Brigitte Mohnhaupt, damals 27 Jahre alt, zählt zu den »alten Kämpfern« der RAF. Bereits im Frühjahr 1971, also lange vor der Offensive im Mai 1972, war sie in den Untergrund gegangen – unter anderem hatte sie konspirative Wohnungen beschafft und galt als Statthalterin der »Baader-Meinhof-Bande« in Berlin.

Ursprünglich hatte sie einmal Journalistin werden wollen. Nach dem Abitur 1967 in Bruchsal begann sie zum Wintersemester 1967/68 an der Philosophischen Fakultät der Ludwig-Maximilian-Universität in München zu studieren. Im Sommersemester 1971 taucht sie ab, am 7. Juni 1972 verhaftet sie die Polizei in Berlin. Das Landgericht Berlin verurteilt sie zu vier Jahren und acht Monaten Gefängnis – wegen Beteiligung an einer kriminellen Vereinigung, Körperverletzung, Urkundenfälschung, unerlaubten Waffenbesitzes und anderer Delikte. Und die hatte sie nun eben abgesessen. An jenem 8. Februar 1977.

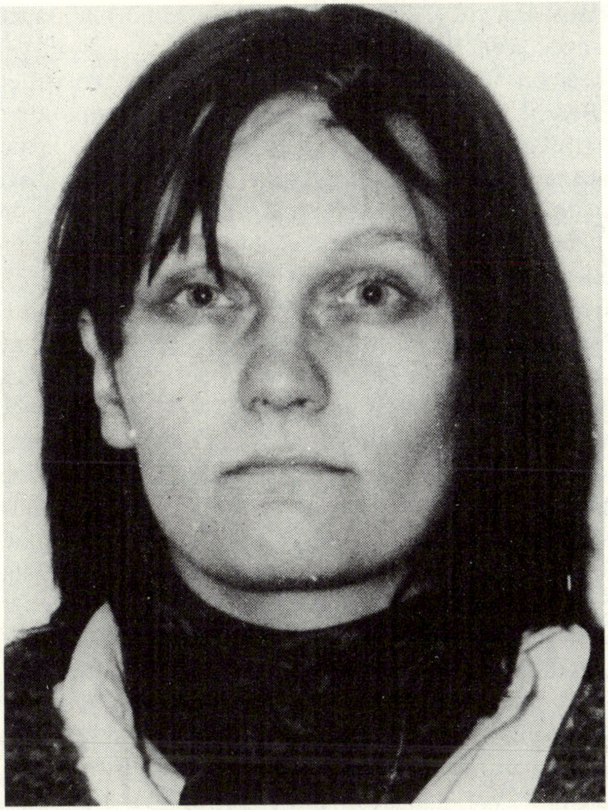

Brigitte Mohnhaupt

Gleich nach ihrer Entlassung aus der Haft erscheint Brigitte Mohnhaupt im Büro der Rechtsanwälte Croissant, Müller und Newerla in der Lange Straße 3 in Stuttgart. Die Kanzlei ist die Verbindungsstelle zu den RAF-Häftlingen. Neben den drei Anwälten arbeiten hier eine Reihe freier Mitarbeiter, die sich um den Austausch von Nachrichten der RAF kümmern – unter anderem Volker und Angelika Speitel, Ralf Baptist Friedrich, Christof Wackernagel, Elisabeth von Dyck, Gisela Pohl, Willy-Peter Stoll, Silke Maier-Witt und ab Mai 1977 auch Hans-Joachim Dellwo, der Bruder des Stockholm-Attentäters. Zudem hatte dort das »Internationale Komitee zur Verteidigung politischer Gefangener in West-Europa (IVK)« seinen Sitz, die »Informations- und Agitationszentrale« der RAF.*

In Schreiben aus den Zellen hatten die Gefangenen den in der Kanzlei Beschäftigten erklärt, daß Brigitte Mohnhaupt nun die »Befehlsgewalt« habe. So kommt sie gleich zur Sache, macht sich sofort daran »auszumisten« – wie sie sagt – den »mit Bullen durchsetzten, zu Aktionen unfähigen Verein«.

»Wir hatten einzeln ›anzutreten‹, um dann nach entsprechender Durchleuchtung einem ›Job‹ zugewiesen zu werden«, berichtet Volker Speitel über das Auftreten der gerade aus dem Gefängnis Entlassenen: »Unklare Personen wurden rausgeschmissen. Die meisten Büromitglieder und vor allem Croissant waren sichtlich genervt und verstört von dieser Reorganisation, deren Ziel wir anfangs noch überhaupt nicht mitbekamen.« Die Mohnhaupt habe nicht mehr verraten, als daß das Büro weiterhin als legale Residenz bestehen bliebe. Nach der »neuen Ordnung« gibt es dort nun fünf Gruppen: »legale Öffentlichkeitstypen« wie Klaus Croissant, »Postanwälte«, nämlich Arndt Müller und Armin Newerla; »Betreuer« für die RAF-Gefangenen, Volker Speitel und Elisabeth von Dyck; sowie Kuriere, neben Speitel später auch Ralf Friedrich, Christof Wackernagel und Hans-Joachim Dellwo. Und schließlich die »ganz normal« im Büro Tätigen.

»Das schlimmste an der Mohnhaupt war ihre riesige Paranoia«, erinnert sich Volker Speitel: »Wenn sie Berichte an die Gefangenen schrieb, dann grundsätzlich nur neben dem Reißwolf, und es kam mehr als einmal vor, daß sie im fahrenden Auto auf der Bodenmatte Feuer machte, um ihre Papiere, die sie bei sich hatte, zu verbrennen, weil sie glaubte, wir würden verfolgt. Das Ergebnis war dann, daß die Karre fast anfing zu brennen und unsere vermeintlichen Verfolger anhielten und fragten, ob sie die Feuerwehr schicken sollten.«

Schon nach wenigen Tagen in Freiheit nimmt Brigitte Mohnhaupt Kontakt zu den »Illegalen« auf. Zu ihnen gehören damals – Anfang

---

* Zum IVK siehe oben Seite 156. Die »BRD-Sektion« des 1975 in Paris gegründeten »Internationalen Komitees zur Verteidigung politischer Gefangener in Europa« beschränkte sich in seinem Titel auf die »politischen Gefangenen« in »West-Europa«, der Rest Europas entfiel also – offensichtlich ging es nur darum, Menschenrechtsverletzungen in »kapitalistischen« Ländern aufzuzeigen.

1977 – Christian Klar, Knut Folkerts, Adelheid Schulz, Peter-Jürgen Boock und Stefan Wisniewski. Und schon bald, drei Wochen nach ihrer Haftentlassung, taucht sie in den Untergrund ab. Innerhalb weniger Wochen gelingt es ihr, die Gruppe in den Griff zu bekommen – wie ihr von Baader und Ensslin aufgetragen war. Rasch genießt sie Autorität bei den Illegalen. Vor allem aufgrund von vier Faktoren: Sie ist Aktivistin der ersten Stunde und hat Erfahrungen im Leben im Untergrund bei der Baader-Meinhof-Gruppe gesammelt. Das zählt. Zweitens verfügt sie über die »Legitimation« durch die RAF-Köpfe in Stammheim und sprudelt schließlich nur so vor Tatendrang und Ideen. Zudem ist sie eine »knallharte« Frau, die es versteht, sich durchzusetzen. So folgen die anderen ihren Vorstellungen: Sie entscheidet, wer in den Untergrund geht, wofür das Geld ausgegeben wird und wer eine Waffe erhält.

Bezeichnend für diese Illegalen ist, daß sie unter falschem Namen im Untergrund leben, sich gefälschter Ausweise bedienen, Waffen tragen und von diesen Gebrauch machen, wenn ihnen die Verhaftung droht. Die Aufgabe der Illegalen besteht darin, den »antiimperialistischen Kampf« durch Taten zu führen, also Verbrechen vorzubereiten und zu verüben. Zu dieser »Untergrund-Truppe« zählen im Verlaufe des Jahres 1977 nach den Erkenntnissen der Ermittler mindestens 27 Personen:

Susanne Albrecht
Verena Becker
Peter-Jürgen Boock
Hans-Joachim Dellwo
Elisabeth von Dyck
Knut Folkerts
Ralf Friedrich
Rolf Heißler
Monika Helbing
Sieglinde Hofmann
Christian Klar
Michael Knoll
Friederike Krabbe
Christine Kuby
Werner Lotze
Silke Maier-Witt
Brigitte Mohnhaupt
Gert Schneider
Adelheid Schulz
Günter Sonnenberg
Angelika Speitel
Volker Speitel
Sigrid Sternebeck
Willy-Peter Stoll
Christof Wackernagel
Rolf Klemens Wagner
Stefan Wisniewski

Diese Illegalen stützen sich bei ihrem Vorgehen auf »Legale«, Menschen, die ein ganz normales Leben führen: diese haben sich vor allem um diejenigen Dinge zu kümmern, die den Illegalen zu riskant erscheinen, bei denen sie fürchten aufzufliegen und verhaftet zu werden. Zum Beispiel Wohnungen anzumieten und als Kuriere für den Austausch von Nachrichten zu sorgen. Ferner zählen zur RAF die Gefangenen: Baader und seine Genossen treiben die »Illegalen« an, endlich etwas für ihre Befreiung zu tun, sie wollen »Aktionen« sehen. Neben den Illegalen, den Legalen und den Gefangenen gehört als vierte Gruppe zur Struktur der Rote Armee Fraktion das sogenannte RAF-Umfeld: mehrere hundert Sympathisanten, die die Ziele der RAF gutheißen, in diesem Sinne agitieren und sie mitunter auch aktiv unterstützen.

Eine zentrale Rolle in dieser Struktur spielt der Austausch von Nachrichten – zwischen Illegalen und den Gefangenen einerseits, zwischen den Legalen und Illegalen andererseits. Dafür sind Mitarbeiter der Croissant-Kanzlei zuständig, in erster Linie Volker Speitel und Hans-Joachim Dellwo.

Dieser Informationsaustausch vollzieht sich nach folgendem Schema: Bei Besuchen in Stammheim übergeben die Häftlinge den Rechtsanwälten Arndt Müller und Armin Newerla ihre Informationen in Form von Kassibern – codierte, verschlossene und mit Tesafilm verklebte Schreiben, häufig noch durch ein eingeklebtes Haar gesichert. Vertrauen ist gut, Kontrolle ist besser. So bekommen die Rechtsanwälte nicht mit, was in der »Post« steht, die sie in ihren Handakten, in ihren Unterhosen oder anderswo aus der Haft herausschmuggeln. Im »Büro«, der Kanzlei, übernehmen vor allem Volker Speitel und Hans-Joachim Dellwo die Kassiber und schaffen sie zu den »Illegalen«. Auf umgekehrtem Weg kommen die Informationen der Illegalen zu den Häftlingen.

Die Treffs zwischen den Kurieren und den Illegalen werden meist per Telefon abgesprochen: Zu einer verabredeten Zeit sitzt ein Kurier in einer Gaststätte, unter einem falschen Namen erhält er dort den Anruf eines Illegalen. Sie vereinbaren einen Treff, jeweils nach Lage des mittlerweile eingegangenen Materials. Bei diesen Reisen fürchten die Kuriere, daß Polizei oder der Verfassungsschutz versuchen, sie zu observieren – nicht zu Unrecht. So setzen sie alles daran, die Verfolger abzuschütteln: sie machen große Umwege, Fußmärsche durch den

Wald und wechseln häufig das Verkehrsmittel. »Der erste Schritt war, Observanten 'ne Story aufzubinden«, berichtet Volker Speitel, der etwa zwanzigmal auf »Kurierfahrt« ging, über die Tricks der Boten, »sie glauben zu machen, daß wir nun was ›Normales‹ unternehmen. Also keine Reisevorbereitungen zeigen, nicht die Kleider wechseln und so weiter, sondern statt dessen Essen einkaufen und nach Hause fahren.

Nur wählte man für diesen ›Nachhauseweg‹ eines der zahlreichen Waldgebiete um Stuttgart, in dem dann der Kurier in 'ner Kurve zum Beispiel, in der kein hinterherfahrendes Auto zu sehen war, aus dem Auto ausstieg und sich im Wald verbirgt, während das Auto sofort weiterfährt. Eventuelle Verfolger, die ja nur das Auto verfolgen können, bemerken, wenn überhaupt, erst am Ankunftsort, daß eine Person fehlt. Der oder die hängt in der Zwischenzeit im Wald herum und macht ›Toilette‹, das heißt eine andere Frisur hinkämmen, teilweise andere Klamotten anziehen, schminken, halt sein Aussehen, so gut es geht, verändern. Wenn das so gelaufen war, marschierte man quer durch den Wald zu einem Ortsausgang, von dem aus man zum nächstgelegenen Vorortsbahnhof ging, um per Bundesbahn zum Treffort zu gelangen. Am Treffort beobachteten die Illegalen zuerst eine Weile noch den Kurier, um herauszufinden, ob er wirklich ›clean‹ war. Erst danach wurde der Kurier angesprochen. Bei ›reinen Postübergabe‹-Treffs setzten sich Kurier und Illegale in eine Kneipe oder bei schönem Wetter in einen Park. Es sollte vermieden werden, daß die Kuriere die konspirativen Wohnungen kennen.«

Derartige Treffs finden 1977 unter anderem in Frankfurt, Gießen, Offenbach, Worms, Mainz, Köln, Düsseldorf und Wuppertal statt, in den Niederlanden – Utrecht und Amsterdam –, Belgien – Brüssel und Lüttich –, in Frankreich , Italien und Luxemburg. Ihre Auslagen erhalten die Kuriere von den Illegalen ersetzt. Häufig sind es vier-, fünfhundert Mark.

Im Februar und März des Jahres 1977 reift unter den Illegalen der Plan zur »Offensive 77«: die Absicht, die unter Haag angedachten und teilweise schon ausbaldowerten Straftaten in die Tat umzusetzen. Nun endlich soll es gelingen, die einsitzenden RAF-Mitglieder zu befreien. Anschließend – so die Planung – soll mit ihnen, vor allem den »Führungskadern«, der antiimperialistische Kampf fortgeführt und zum Erfolg gebracht werden, in Gestalt eines – nicht näher skizzierten –

Umsturzes. Die »Offensive 77« ist von Anfang an mehr als eine reine Abfolge von einzelnen Straftaten. Sie wurde als »Aktionseinheit« konzipiert: Durch aufeinanderfolgende Angriffe soll der Staat immer weiter weichgeklopft werden. Die Wirkung, so kalkulieren die Täter, potenziere sich durch die nicht abreißende Kette von Verbrechen. Die Menschen in der Bundesrepublik sollen denken: Wann endlich ist Schluß mit diesen Anschlägen, diesen Morden? Dadurch würde, nach den Vorstellungen der Täter, der Boden für die Befreiung der Gefangenen bereitet. Die Befreiung selbst soll durch eine Geiselnahme erfolgen – nach dem Vorbild der Lorenz-Entführer 1975.

Buback

Er gilt als »Spezialist für schwierige Fälle«: er dirigierte 1962 die Ermittlungen gegen das Hamburger Nachrichtenmagazin *Der Spiegel*, leitete bei der Bundesanwaltschaft die Untersuchungen nach dem Diebstahl einer Sidewinder-Rakete 1967 vom Fliegerhorst Neuburg an der Donau und dem vierfachen »Soldatenmord von Lebach« – in beiden Fällen wurden die Täter gefaßt. Schließlich bekam er die Ermittlungen gegen den CDU-Bundestagsabgeordneten Julius Steiner übertragen. Siegfried Buback, Jahrgang 1920, hatte schnell Karriere gemacht. Bereits mit 21 Jahren besteht er 1941 die Erste Juristische Staatsprüfung. Er kommt in Kriegsgefangenschaft, mit 33 Jahren wird er Staatsanwalt, mit 43 Erster Staatsanwalt und zur Bundesanwaltschaft nach Karlsruhe abgeordnet. Dort kümmert er sich vor allem um Landesverrat und Revisionssachen. Im Alter von 51 ist er Bundesanwalt, drei Jahre später, am 1. Mai 1974, Generalbundesanwalt – als Nachfolger von Ludwig Martin. Der Sachse ist ein schlauer Fuchs, er kann verschmitzt lächeln wie kaum ein anderer. Lebensfroh, rundlich, umgänglich – so schätzen ihn seine Kollegen.

Unablässig warnt er seit seinem Amtsantritt vor weiteren Terroranschlägen, spricht – was ihm so mancher nicht glauben mag – von einer »zweiten Phase des revolutionären Kampfes«. Für die RAF wird Buback zur Personifizierung des verhaßten Staates: Er steht der Behörde vor, die für die Strafverfolgung der Terroristen zuständig ist. Die Bundesanwaltschaft versuche, »die Gefangenen in der Isolation, den Trakts, den Gehirnwäsche- und Psychiatrisierungskonstruktionen zu

Der »Cheffahnder«:
Generalbundesanwalt Siegfried Buback

brechen«, erklären beispielsweise Baader, Meinhof, Ensslin und Raspe in einem *Spiegel*-Interview im Januar 1975. Bei den BM-Verfahren handle es sich um »Schauprozesse gegen revolutionäre Politik, als Selbstdarstellung imperialistischer Staatsmacht, auf die Buback aus sein muß.«

Siegfried Buback weiß, daß er für die RAF eine Zielscheibe ist. Aber: »Ich kann mein Leben nicht so einrichten, daß ein Attentat auf meine Person von vornherein zur Unmöglichkeit wird«, räumt er freimütig in vertrauter Runde ein, »dann ist es nicht mehr lebenswert.« Die Gefahr trägt er scheinbar mit Gelassenheit. »Angst kann ich mir nicht erlauben«, lautet seine Devise.

Dieser Siegfried Buback, mittlerweile seit drei Jahren im Amt, läßt sich am Morgen des Gründonnerstags 1977 vor seinem Haus in Karlsruhe-Neureut auf den Beifahrersitz seines Dienstwagens sinken, eines dunkelblauen Mercedes. Am Steuer sitzt Fahrer Wolfgang Göbel, 30 – Bubacks Stammfahrer Bernd Jacobi hat heute frei. Von der Rückbank begrüßt ihn Georg Wurster, 33, der Leiter der Fahrbereitschaft der Bundesanwaltschaft.

Unterwegs, auf der Linkenheimer Landstraße, zeigt die Ampel Höhe Moltkestraße rot. Fahrer Goebel hält an. Einen Augenblick später stoppt rechts neben dem Wagen ein Motorrad. Zwei Männer mit olivgrünen Integralhelmen sitzen auf der Suzuki 750 GS – der damals schnellsten Serienmaschine, der »Sportskanone für Scharfschützen«, wie sie die Suzuki-Werbung preist. Die Maschine kam von dem Gelände einer Esso-Tankstelle gerollt. Dort hatten die beiden Männer gewartet, dem Tankwart per Handzeichen zu verstehen gegeben, daß sie nicht tanken wollten. Mit einem Schraubenzieher hatte der Sozius an der Maschine herumgefummelt.

Auf einmal zieht der Mann hinten auf der Maschine aus einer braunen Reisetasche ein verkürztes Selbstladegewehr von Heckler & Koch, Kaliber 223 und eröffnet das Feuer – von der Sitzbank aus, ohne abzusteigen. Siebzig Zentimeter vom Wagen entfernt drückt er ab. Mindestens fünfzehnmal. Der Mercedes des Generalbundesanwalts rollt langsam an. Die beiden auf dem Motorrad folgen dem Auto im Schrittempo, wechseln auf die linke Seite: Der Sozius schaut in aller Ruhe in den Wagen, vergewissert sich, daß der Anschlag »erfolgreich« war. So, als ob nichts geschehen wäre, fahren die Täter auf dem Motorrad davon. Zwei Polizeibeamte, die zufällig am Ort des Geschehens vorbeikommen, denken, es handle sich um einen Verkehrsunfall mit Fahrerflucht. Sie fordern Verstärkung an. Erst ihre Kollegen erkennen, was passiert ist. Generalbundesanwalt Buback stirbt am Tatort, sein Fahrer Goebel ebenso, Justizhauptwachtmeister Wurster eine Woche später im Krankenhaus.

Um 9.17 Uhr löst die Polizei eine »Ringalarmfahndung« aus. Um 9.50 Uhr passieren an diesem 7. April 1977 drei Männer in einem silbermetallic-farbenen Alfa Romeo Guilia Super die Kontrollstelle auf der B 10 bei Remchingen, östlich von Karlsruhe. In dem Wagen sitzen Christian Klar, Knut Folkerts und Günter Sonnenberg.

Heute steht fest: zwei von ihnen verübten den Anschlag vom Motorrad aus, der dritte wartete in dem Fluchtwagen an der Autobahnbrücke Wolfartsweier. Wer was tat, konnte jedoch von den Gerichten nicht geklärt werden.

Diese drei – Klar, Student der Geschichte und Politologie, Sonnenberg, Student der Philosophie, Geschichte und Politik, und Folkerts, Taxifahrer – lebten 1976 für eine Weile in einer Wohngemeinschaft in Karlsruhe zusammen, in der Luisenstraße 2 a. Gemeinsam hatten sie sich im »Komitee gegen Folter an politischen Gefangenen in der BRD« engagiert. Im Jahr 1976 kappten die drei auch den Kontakt zu ihren Familien. Günter Sonnenbergs Eltern hörten im November 1976 zum letzten Mal etwas von ihrem Sohn: der Postbote brachte einen Brief aus Mühlhausen im Elsaß. Günter schrieb ihnen, er beabsichtige, mit einigen Leuten auf Weltreise zu gehen.

Nach dem Anschlag erhalten zehn Redaktionen ein Selbstbezichtigungsschreiben der Täter, jeweils mit einer Kopie des Mietvertrags für das Motorrad, das Günter Sonnenberg unter dem Namen »Hans Georg Schäfer« bei der Firma Hein Gericke in Düsseldorf gemietet hatte. »für ›akteure des systems selbst‹ wie buback findet die geschichte immer einen weg«, leitet das »Kommando Ulrike Meinhof« die Erklärung ein. Buback habe man »hingerichtet«, weil er »direkt verantwortlich« für die »Ermordung« von Holger Meins, Siegfried Hausner und Ulrike Meinhof gewesen sei. »durch systematische unterernährung« sei Holger Meins »gezielt ermordet« worden. Genau dies hatten zwei Jahre zuvor auch fast wortwörtlich die vier RAF-Häftlinge in dem Spiegel-Interview erklärt (»durch systematische Unterernährung gezielt hingerichtet«) – und »Buback und die Sicherungsgruppe« als die Verantwortlichen benannt.

Das Selbstbezichtigungsschreiben der Buback-Mörder endet mit der Aufforderung: »Den Krieg in den Metropolen im Rahmen des internationalen Befreiungskampfes führen.«

Die Bundesrepublik ist erschüttert. Galt Bundesanwalt Buback doch als der oberste Terroristenjäger der Republik: Wenn es der RAF gelingt, ihn zu ermorden, wozu wird diese Gruppe noch in der Lage sein?, fragen sich viele Menschen.

»Die Schüsse hier in Karlsruhe zielten nicht nur gegen den Generalbundesanwalt, der die zusammengeschmolzene Truppe der Terroristen nicht zur Ruhe kommen ließ, sondern sie sollten dem Rechtsstaat überhaupt gelten«, erklärt Bundeskanzler Helmut Schmidt beim Staatsbegräbnis für Buback in der Evangelischen Stadtkirche in

Nach dem Anschlag in Karlsruhe: Links die Leiche Bubacks, rechts die seines Fahrers Wolfgang Goebel

Karlsruhe. Von einer »zusammengeschmolzenen Truppe der Terroristen« hätte Schmidt wohl kaum gesprochen, wenn er geahnt hätte, mit welchem »Erfolg« Brigitte Mohnhaupt die Gruppe im Untergrund aufbaute. Schmidt weiter: »Die Mörder wollten ein allgemeines Gefühl der Ohnmacht erzeugen.«

Kein allgemeines Gefühl der Ohnmacht empfand ein Student in Göttingen. Seine »Betroffenheit« formulierte er in dem Artikel »Buback. Ein Nachruf« in den *Göttinger Nachrichten,* der Zeitung des »ASTA«: »ich konnte und wollte (und will) eine klammheimliche Freude nicht verhehlen. Ich habe diesen Typen oft hetzen gehört, ich weiß, was er bei der Verfolgung, Kriminalisierung, Folter von Linken für eine herausragende Rolle spielte. Wer sich in den letzten Tagen nur einmal genau genug sein Konterfei angesehen hat, der kann erkennen, welche Züge dieser Rechtsstaat trägt, den er in so hervorragender Weise verkörpert. Und der kennt dann auch schon ein paar Züge von den Gesichtern dieser aufrechten Demokraten, die jetzt wie ein Mann empört und betroffen aufschreien.

Ehrlich, ich bedaure es nur wenig, daß wir dieses Gesicht nun nicht mehr in das kleine rot-schwarze Verbrecheralbum aufnehmen können, das wir nach der Revolution herausgeben werden, um der meistgesuchten und meistgehaßten Verbrecher der Welt habhaft zu werden und sie zu öffentlichen Vernehmungen vorzuführen. Ihn nun nicht mehr – enfant perdu…«

Zur »Gewaltfrage« äußert sich dieser – wie er sich selbst bezeichnet – »Mescalero«, ein Mitglied der Sponti-Anarcho-»Bewegung Undogmatischer Frühling«, differenziert: Der Zweck, eine andere Gesellschaft zu errichten, heilige »nicht jedes Mittel, sondern nur manches. Unser Weg zum Sozialismus (wegen mir: zur Anarchie) kann nicht mit Leichen gepflastert werden. Warum liquidieren…? Um der Machtfrage willen (O Gott!) dürfen Linke keine Killer sein, keine Brutalos, keine Vergewaltiger, aber sicher auch keine Heiligen, keine Unschuldslämmer.«

Bestürzt über diese »klammheimliche Freude« kündigt der Rektor der Universität Göttingen Hans-Jürgen Beug einen Strafantrag an – vor rund 2000 Studenten der Studentischen Vollversammlung. Der Text sei eindeutig rechtswidrig, erklärt er ihnen, Bundesjustizminister Vogel und andere sähen die Dinge ebenso. »Das sind deine Freunde, nicht unsere«, tönt es ihm aus dem Auditorium entgegen. Rektor Beug fragt, wo denn wohl der geistige Standort dieses Anonymus liege. »Dein geistiger Standort ist das Klo«, brüllt ihm ein Student entgegen. Der Saal tobt, applaudiert dem Zwischenrufer minutenlang.

Schockiert äußern sich in diesen Tagen viele über den Buback-Nachruf. Zum Beispiel der Berliner Wissenschaftssenator Peter Glotz (SPD). Dieser Artikel gebe »einen tiefen Einblick in die psychologische Situation von nicht nur ein paar hundert, sondern tausenden Studenten«, meint er. Wer die Anwendung von Gewalt in der Gesellschaft wirklich ablehnen wolle, »der darf dies auch nicht in einer Sprache tun, in der das Gesicht dessen, den man als politischen Gegner treffen will, zur ›Verbrechervisage‹ gemacht wird und in der der Mord in der Terminologie des Schlachthauses als ›Abschuß‹ bezeichnet wird.« Glotz warnt: »Wenn erst einmal sprachlich die Humanität niedergerissen worden ist, entsteht leicht ein politisches Klima, in dem Gewalt und Mord zuerst legitimiert und dann auch praktiziert werden.« Enno von Loewenstern kommentiert über die »unheimliche Freude am Mord« in der Tageszeitung *Die Welt:* »Wer Terroristen unterstützt, gehört an keine deutsche Hochschule.«

Es kommt zu lebhaften Diskussionen über diesen Nachruf. So makaber es klingen mag, es ist die Wahrheit: Die deutschen Zeitungen veröffentlichen mindestens dreimal mehr Artikel über den Nachruf auf den Generalbundesanwalt als über dessen Wirken und dessen Ermordung zusammen. In vielen Orten wird der Nachruf des »Mescalero« nachgedruckt, meist mit einigen Anmerkungen, als »Diskussionsgrundlage«. Von Studentenzeitungen, linken Zirkeln und auch den Jungdemokraten in Berlin – zur Strafe dürfen die fünf Verantwortlichen zwei Jahre lang keine Parteiämter mehr übernehmen.

Die Kontroverse um diesen Nachruf treibt auf ihren Höhepunkt zu, als 43 Professoren die Dokumentation »Buback – ein Nachruf« herausgeben, in der der inkriminierte Text wortwörtlich abgedruckt ist. Mit der Veröffentlichung beabsichtigen die Hochschullehrer – wie sie in der Dokumentation erklären – eine »öffentliche Diskussion des gesamten Artikels« zu ermöglichen, der einen »Denkprozeß über die Gewaltverhältnisse in unserer Gesellschaft in Gang setzen« solle.

Die Reaktionen kommen prompt: Als »Lobredner des Terrors und Beschöniger terroristischer Ergüsse«, geißelt Niedersachsens CDU-Vorsitzender Wilfried Hasselmann die Professoren. Sein Parteifreund Hans Beckmann, Bundesvorsitzender der Arbeitsgemeinschaft christlich-demokratischer Gewerkschafter, verlangt die »unverzügliche Einleitung von Disziplinarmaßnahmen und die vorläufige Dienstenthebung der Hochschullehrer in Berlin und Bremen, die den Mord an Generalbundesanwalt Siegfried Buback immer noch als eine ›diskutable Sache‹ ansehen«. Und der Hochschulverband wirft den Kollegen Professoren vor, daß sie einen »geistigen Schlupfwinkel« für Umstürzler geschaffen hätten.

Zahlreiche Staatsanwälte leiten Ermittlungsverfahren gegen die Buback-Nachruf-Verbreiter ein – es werden mindestens 140 Verfahren. Der Verdacht: Billigung von Straftaten (Paragraph 140 des Strafgesetzbuchs – StGB –), Verunglimpfung des Andenkens Verstorbener (Paragraph 189 StGB), Verunglimpfung des Staates (Paragraph 90 a StGB) und Volksverhetzung (Paragraph 130 StGB). In 69 Fällen kommt es zum Hauptverfahren, das bedeutet: ein Strafgericht befaßt sich mit dem Nachruf-Nachdrucker. Die meisten Verfahren enden mit einem Freispruch. Das Landgericht Oldenburg beispielsweise spricht 13 niedersächsische Professoren frei, das Landgericht Berlin 12 Professoren und 2 Rechtsanwälte. Das Landgericht Bremen lehnt bereits die Eröffnung des Hauptverfahrens gegen 16 Professoren ab. Nach Meinung dieser Gerichte erfüllt die Veröffentlichung keinen Straftatbestand.

Doch nicht alle Richter sehen die Dinge so. Es gibt auch Verurteilungen. Zum Beispiel in Augsburg. Dort verhängt das Schöffengericht gegen einen 29jährigen eine Freiheitsstrafe von sechs Monaten ohne Bewährung, weil er Flugblätter mit einem Nachdruck des Nachrufs verteilt hatte.

Zwei Redakteure der Studentenzeitung *Göttinger Nachrichten* werden ebenfalls für die Veröffentlichung verurteilt, vom Landgericht Göttingen zu jeweils 1800 Mark Geldstrafe wegen Verunglimpfung des Staates und des Andenkens Verstorbener.

Allein an Gerichts- und Anwaltsgebühren kostet die »Mescalero-Affäre« die Staatskasse über drei Millionen Mark. Hinzu kommen tausende Stunden, die Staatsanwälte und Richter mit den Nachruf-Ermittlungen verbringen. Für Rudolf Wassermann, den damaligen Präsidenten des Braunschweiger Oberlandesgerichts, ist das Resultat der Nachruf-Strafverfolgung »vertaner Aufwand und eine Blamage, die keiner von denen wahrhaben wollte, als sie die ganze Lawine unnötig lostraten«. Wohlgemerkt: Wassermann legt Wert darauf, zwischen »moralischer Entrüstung und rechtsstaatlicher Äußerungsfreiheit« zu trennen.

Drei Jahre nach der Veröffentlichung des Nachrufs schreibt der anonyme »Mescalero« seine Memoiren: »Als ich einmal Staatsfeind Nr. 2 war...«

Ponto

Die Zeit nach dem Buback-Mord verwendet die RAF darauf, eine Entführung vorzubereiten. Nach dem Stockholm-Dilemma hat sie es auf einen Mann abgesehen, dessen Einfluß und Ruf – nach ihrer Einschätzung – so bedeutend sind, daß es die Bundesregierung unmöglich ablehnen kann, die RAF-Häftlinge auszutauschen. Für den Fall, daß der Plan scheitert, sind sich die Täter einig: der Mann muß erschossen werden. Die RAF will es sich nicht leisten, als »abgewiesener Bittsteller« dazustehen. Im Gegenteil. Ein weiterer Mord – so die Rechnung der Täter – würde erneut die Gefährlichkeit der RAF unter Beweis stellen, die Angst vor ihr steigern. Eine bald darauf folgende Entführung würde dadurch leichter zum Erfolg führen. Das in Aussicht genommene Opfer heißt Jürgen Ponto, ist Vorstandssprecher der Dresdner Bank.

Der hochgewachsene Jurist hatte acht Jahre zuvor, 1969, im Alter von 44 Jahren, den Grandseigneur der deutschen Kreditwirtschaft, Erich Vierhub, an der Spitze der zweitgrößten Bank in der Bundesrepublik abgelöst. Ponto brachte die Großbank auf Expansionskurs, das Unternehmen schluckte Privatbanken – wie Reuschel in München. *Der Spiegel* handelte den Banker bereits als Nachfolger von Hermann Josef Abs; das amerikanische Magazin »Time« lobte ihn als Mann, der »Europas neuen Führungsstil repräsentiert«.

Am 30. Juli 1977, einem Sonnabend, sitzen Jürgen Ponto und seine Frau Ignes bei einer Tasse Tee auf der Terrasse ihrer Villa in Oberursel bei Frankfurt. Pontos Fahrer und Hausmeister Jürgen Mayer ist im Haus beschäftigt: Er trifft letzte Vorbereitungen für eine Südamerika-Reise des Paares. Abflug ist am Abend. Gegen 17 Uhr schellt es. Jürgen Mayer drückt auf den Knopf der Sprechanlage. »Hier ist Susanne«, vernimmt er die Stimme von der anderen Seite des hohen Eingangstors. Mayer bittet um einen Moment Geduld, geht auf die Terrasse und unterrichtet Ponto. Der sagt ihm, er möge sie hereinlassen. »Susanne« – das ist Susanne Albrecht, die Tochter seines Studienfreundes Hans-Christian Albrecht. Nach der Studienzeit hielten die Männer Kontakt – und später dann auch ihre Familien. So wird Jürgen Ponto beispielsweise Patenonkel von Susanne Albrechts jüngerer Schwester.

Diese Susanne Albrecht wuchs im feinen Hamburger Vorort Othmarschen auf, ihr Vater ist ein angesehener Seerechtsanwalt. Sie besucht die Rudolf-Steiner-Schule an der Elbchaussee. Später hat sie im Willhöden-Gymnasium in Hamburg-Blankenese Schwierigkeiten, die Eltern schicken sie auf das Internat »Landschulheim Holzminden« an der Weser. Dort kapselt sie sich von den anderen ab; wie Mitschüler und Lehrer berichten, ist eine Außenseiterin. Das Abitur besteht sie 1971. Anschließend beginnt Susanne Albrecht an der Hamburger Uni Pädagogik, Soziologie und Psychologie zu studieren. Doch Marx und Marcuse sind ihr zu theoretisch. Sie entschließt sich zur »praktischen Sozialarbeit«, geht in einen Kinderladen. Bei Eltern und Kindern kommt sie gut an, die Kleinen nennen sie liebevoll »Sanne«. »Weil ich aus einem reichen Elternhaus komme, hatte ich das Gefühl, anderen, die in einer anderen gesellschaftlichen Situation leben, helfen zu müssen«, beschreibt Susanne Albrecht aus der Rückschau ihr damaliges Selbstverständnis. Um gegen den »Abriß leerstehender Häuser« und »Bodenspekulation« zu demonstrieren, beteiligt sie sich im April und Mai 1973 an der Hausbesetzung in der Ekhofstraße in Hamburg. Bei der Räumung wird sie von der Polizei festgenommen – zusammen mit einer Reihe weiterer Personen, die später in den Terror-Untergrund abtauchen: Wolfgang Beer, Christa Eckes, Wolfgang Quante, Bernhard Rößner, Christine Dümlein und Karl-Heinz Dellwo, der Freund von Susanne Albrecht. Ebenso ist sie an der Besetzung des Hamburger Büros von Amnesty International im Oktober 1974 beteiligt. Ihre gesamten Ausweise meldet sie als gestohlen, die Polizei findet sie wieder bei der Verhaftung von Ilse Stachowiak. Stachowiak hatte sich zeitweise mit Susanne Albrechts Papieren ausgewiesen. Zum Beispiel bei einer Polizeikontrolle in Belgien im September 1973.

Als Susanne Albrecht einmal aus den Niederlanden in die Bundesrepublik einreist, werden bei ihr fünf Sprengkapseln für Handgranaten gefunden.

Eines Tages löst sie sich voll und ganz von ihrem Elternhaus, erklärt: »Die haben Kohle, da kann ich nicht leben.« Angewidert sei sie von dieser Welt gewesen: »Ich hatte die dauernde Kaviar- und Lachsfresserei satt.«

Von dieser politischen Entwicklung Susanne Albrechts weiß Jürgen Ponto nichts. Über viele Jahre hatte er sie nicht gesehen – als sie sich eines Tages meldet und »Onkel Jürgen« einmal wiedersehen möchte, hat er nichts dagegen einzuwenden.

So geht also Hausmeister Mayer in die Küche der Ponto-Villa und drückt auf den Öffner für das große Tor. Durch das Küchenfenster sieht er, daß Susanne Albrecht nicht allein über den breiten Weg durch den Garten der Villa kommt, vorbei an den alten Bäumen und den weißen Laternen. Umgehend teilt Mayer Ponto mit, daß sie in Begleitung von »zwei Herrschaften« sei. »Wie sehen die denn aus?« will Ignes Ponto wissen. »Sehr manierlich!« entgegnet der Hausmeister. In der Tat: Susanne Albrechts Begleiterin – Brigitte Mohnhaupt, wie sich später herausstellt – trägt ein gelbes Kostüm, der Mann an ihrer Seite einen dezent-grauen Feincord-Anzug und Krawatte. Susanne Albrecht kommt in Rock und Bluse.

»Na ja, das ist ja ein großes Komitee«, begrüßt Jürgen Ponto die drei Besucher, gibt ihnen die Hand und bittet sie auf die Terrasse. Jürgen Pontos Blick fällt auf den Strauß Rosen, den Susanne Albrecht in der Hand hält. »Ach, da wollen wir mal eine Vase holen!« erklärt er und geht ins Haus zurück. Der Mann im Feincord-Anzug folgt ihm. Im Speisezimmer zieht er auf einmal eine Pistole. »Sie sind wohl wahnsinnig«, herrscht ihn Ponto an und drückt seinen Arm nach oben. Dabei löst sich ein Schuß. Ponto wehrt sich. Brigitte Mohnhaupt stürzt hinzu, sie hält nun ebenfalls eine Pistole in der Hand. Schüsse fallen. Fünf Kugeln treffen Jürgen Ponto. Tödlich verletzt bricht er zusammen. Seine Frau Ignes, die gerade telefoniert, sieht dies alles mit an, vom Wohnzimmer aus – die Verbindungstür steht offen. Ihr bleibt »das Herz stehen«.

Die drei stürzen an dem Sterbenden vorbei, rennen durch das Haus, zur Eingangstür hinaus. Vor dem Gartentor erwartet sie Willy-Peter Stoll. Sie springen in einen Ford Granada und verschwinden.

Im Zuge der Ermittlungen stellt sich heraus, daß die Täter drei konspirative Wohnungen in der Nähe angemietet haben. Eine liegt in der Birminghamstraße 93 in Frankfurt – mit dem Auto zwanzig Minuten von der Ponto-Villa in der Oberhöchstädter Straße 69 entfernt. Drei Stunden vor der Tat trafen sich dort zu einer letzten Einsatzbesprechung Brigitte Mohnhaupt, Susanne Albrecht, Peter-Jürgen Boock, Christian Klar, Elisabeth von Dyck, Sieglinde Hofmann und eine bislang unbekannte Frau. Hans-Joachim Dellwo, der als Kurier für die Gruppe arbeitet, kommt für zwei Stunden vorbei, er überbringt neue Nachrichten von den Stammheimer Häftlingen.

Während dieses Treffens zieht sich Brigitte Mohnhaupt um, von Susanne Albrecht weiß sie, daß im Hause Ponto »Wert auf Kleidung« gelegt wird. In ihrem neuen Out-fit – einem gelben Kostüm: Hosenrock mit Jacke – stolziert sie durch das Zimmer und fragt Susanne Albrecht, wie ihr die Sachen stünden. Susanne Albrecht nickt. Einem Anwesenden kommt es »wie eine Modenschau« vor.

Diese Wohnung in der Birminghamstraße hatte Adelheid Schulz angemietet – ebenso eine weitere in der Wiener Straße 63. Eine dritte

Wohnung entdecken die Fahnder in Frankfurt-Hattersheim, Südring 3 a. Der Aufzug aus der Tiefgarage führt direkt zum Flur, von dem die Wohnung in der achten Etage abgeht. Diese 109 Quadratmeter große Drei-Zimmer-Wohnung war als Versteck für Ponto vorgesehen: in einem Raum finden die Fahnder einen zwei Meter hohen Schrank und zusammengerollte Schaumstoffmatten – ähnlich denen, die sie später im Schleyer-Versteck in Erftstadt-Liblar entdecken. In einem Zimmer hatten die Mieter lichtundurchlässige Gardinen aufgehängt.

Außerdem besorgte sich die Gruppe, wie sich bald herausstellt, für die geplante Entführung mehrere Fahrzeuge. Ponto sollte in einem VW-Bus abtransportiert werden. Peter Jürgen Boock stahl einen weißen VW-Bus aus einer Tiefgarage in Dietzenbach, versah ihn mit anderen Kennzeichen und verhängte die Fenster mit blau-weiß gemustertem Stoff, so daß man von außen nicht mehr in den hinteren Teil des Wagens blicken konnte. Die Polizei entdeckt diesen Wagen 1800 Meter von Pontos Wohnung entfernt auf einem Feldweg – und auf der Ladefläche eine Spraydose Tränengas: In ihn also sollte das Opfer umgeladen werden.

Fünfzehn Tage nach dem Ponto-Mord treffen in fünf Redaktionen – unter anderem bei dpa, *Bild* und dem NDR in Hamburg – Selbstbezichtigungsschreiben ein, eigenhändig unterzeichnet von Susanne Albrecht, »aus einem kommando der RAF«. »wir haben in der situation, in der bundesanwaltschaft und staatsschutz zum massaker an den gefangenen ausgeholt haben, nichts für lange erklärungen übrig«, beginnt dieses Schreiben. »zu ponto und den schüssen, die ihn jetzt in oberursel trafen, sagen wir, dass uns nicht klar genug war, dass diese typen, die in der dritten welt kriege auslösen und völker ausrotten, vor der gewalt wenn sie ihnen im eigenen haus gegenübertritt fassungslos stehen.« Wie dieser Text zeigt, fiel es der Gruppe offensichtlich nicht leicht, die Ermordung Pontos ideologisch zu rechtfertigen – vor allem auch nachvollziehbar für die Teile der Linken, auf die die RAF Wert legt. Die Täter waren von einer Entführung ausgegangen – dies könnte auch der Grund sein, warum über zwei Wochen vergingen, bis sich die RAF zu der Tat äußerte.

Als während der Fahnung nach den Ponto-Mördern das Fernsehen ein Bild von Willy-Peter Stoll ausstrahlt, trifft es *Anke Freitag* (Name geändert), Angestellte im Hamburger Weltwirtschaftsarchiv, wie ein Schlag. Sie kann sich an das Gesicht erinnern. Der Mann lieh bei ihr die Akte »Ponto« aus. Freilich nannte er sich anders. »Gerhard Fall«. Als Adresse hatte er auf dem Leihschein angegeben: »HH 63, Beisser Straße 61«. Die Polizei stellt fest, daß diese Adresse falsch ist, der Mann sich am 6. und 7. Juli die Akte »Ponto« in den Lesesaal geben ließ und kopierte. Bei Durchsicht der Unterlagen in dem Archiv finden die Beamten außerdem heraus, daß er in Begleitung von Knut Folkerts war und noch eine weitere Akte kopierte: die von Arbeitgeberpräsident Hanns-Martin Schleyer.

wir haben in der situation, in der bundesanwaltschaft und staatsschutz zum massaker an den gefangenen ausgeholt haben, nichts für lange erklärungen übrig.

zu ponto und den schüssen, die ihn jetzt in oberursel trafen, sagen wir, dass uns nicht klar genug war, dass diese typen, die in der dritten welt kriege auslösen und völker ausrotten, vor der gewalt wenn sie ihnen im eigenen haus gegenübertritt fassungslos stehen.

das staatsschutzgeschmier vom 'big money' ist dreck wie alles, was zu der aktion gesagt worden ist.
es geht natürlich immer zuerst darum, das neue gegen das alte zu stellen und das heisst hier : den kampf, für den es keine gefängnisse gibt gegen das universum der kohle, in dem alles gefängnis ist.

Susanne Albrecht

14.8.77

aus einem kommando der RAF

»nichts für lange erklärungen übrig«:
RAF-Selbstbezichtigungsschreiben nach dem Ponto-Mord

Bundesanwaltschaft

Auch nach der Ermordung Siegfried Bubacks und seiner Begleiter steht die Bundesanwaltschaft nach wie vor ganz oben auf der »Liste der Feinde« bei der RAF. Die Gruppe beschließt, als nächstes die Bundesanwaltschaft direkt anzugreifen. Ein riskantes Unterfangen: Polizeibeamte bewachen Tag und Nacht die Gebäude in der Karlsruher Herrenstraße 45 a. So kommt die RAF auf die Idee, die Bundesanwaltschaft mit einer Art Stalinorgel unter Beschuß zu nehmen, und zwar so, daß die Täter schon über alle Berge sind, wenn die Geschosse in dem Gebäude einschlagen. Die RAF hofft, Mitarbeiter der Bundesanwaltschaft dort zu treffen und zu töten, wo sie am wenigsten damit rechnen: an ihren Schreibtischen. Damit würde sie, so ihre Vorstellung, den Staat weiter weichklopfen und ein Stück mehr gefügig machen – auf dem Weg zu ihrem Ziel: der Freipressung der Häftlinge.

Keine vier Monate nach der Ermordung des Generalbundesanwalts und keine vier Wochen nach dem Ponto-Mord bekommen am 25. August 1977 der Kunstmaler Theodor Sand, 68, und seine Ehefrau Paula, 74, Besuch. Sie wohnen im zweiten Stock der Karlsruher Blumenstraße 9. Das Haus liegt direkt neben der Bundesanwaltschaft. Um zehn Uhr steht ein Paar vor ihrer Wohnungstür in der zweiten Etage, die Besucher stellen sich als die Eheleute »Ellwanger« vor. Am Abend zuvor hatten sie sich telefonisch verabredet, die »Ellwangers« möchten sich die Bilder des Malers anschauen: Sie sind – wie Frau »Ellwanger« am Telefon erklärte – auf der Suche nach einem »Wandbild für den neuen Bungalow in Bergzabern«.

Das junge Paar unterhält sich angeregt mit dem Künstlerehepaar über Kunst im allgemeinen und Malerei im besonderen. Rasch gewinnen sie – der junge Mann mit den dunkelblonden kurzen Haaren und dem grauen Anzug und die Frau in blauer Kostümjacke und rehbraunem Rock – das Vertrauen der beiden alten Menschen.

Gemeinsam gehen sie durch die Wohnung. An den Wänden hängen Theodor Sands Bilder. Gegen Mittag betreten sie das Atelier des Künstlers, durch das Fenster blicken sie direkt auf das Nordgebäude des Bundesgerichtshofs – es ist keine zwanzig Meter entfernt. Zwischen den beiden Gebäuden steht eine drei Meter hohe Mauer.*

---

* Drei Jahre später, 1980, wird das Haus Blumenstraße 9 abgerissen.

Hinter den Fenstern sehen sie Bedienstete der Bundesanwaltschaft arbeiten.

Nun ist die »Kunstbesichtigung« schlagartig beendet: die »Ellwangers« fallen über das Künstler-Paar her. Nach einem Handgemenge hält der junge Mann den 68jährigen Theodor Sand auf dem Boden fest und drückt ihm den Mund zu, seine Begleiterin preßt die 74jährige mit Gewalt in den Sessel und hält ihr ebenfalls den Mund zu. Die beiden Besucher ziehen Schußwaffen und erklären den Sands, daß ihnen nichts geschehe, wenn sie sich ruhig verhielten. Es handle sich um eine »Aktion der Rote Armee Fraktion«, die nicht gegen sie, sondern gegen die Bundesanwälte gerichtet sei. Im Wohnzimmer fesseln sie das Ehepaar mit Schnüren und breiten Klebebändern an die Sessel. Danach rücken sie die beiden Sessel mit den Rückenlehnen aneinander. Nun wickeln sie weitere Schnüre um die Oberkörper der beiden Opfer, so daß sie sich nun überhaupt nicht mehr bewegen können.

Einer der Täter öffnet die Wohnungstür und läßt zwei – oder sind es mehr? – Komplizen herein. Die im Wohnzimmer gefesselten Sands bekommen sie nicht zu sehen. Einer von ihnen ist – wie das Oberlandesgericht Stuttgart später feststellt – Peter-Jürgen Boock, der Techniker der Gruppe. Kartons und Taschen werden in die Wohnung geschleppt – unten, im Hinterhof, sind die Komplizen der »Ellwangers« mit einem weißen R 4 vorgefahren. Auf dem Renault haben sie den Schriftzug »A. KRIEG, SOFORT-KUNDENDIENST« angebracht. Der Wagen war, wie die Polizei später herausfindet, drei Tage zuvor von einem RAF-Mitglied gekauft und anschließend mit dem Schriftzug versehen worden.

Über Stunden montieren nun die Täter – in erster Linie Boock – im Atelier von Theodor Sand die 150 Kilo schwere Schießvorrichtung zusammen. Sie bauen die Anlage – 80 × 60 × 70 Zentimeter groß – auf dem Eichentisch Sands auf. Das Gerät hat 42 Abschußrohre aus verzinktem Stahl – ein jedes ist 60 Zentimeter lang. Die Geschosse sind so konstruiert, daß sie bei einem Aufprall in rund hundert Splitter explodierten – bereits ein Splitter kann tödlich sein.

Von der Montage des Gerätes im Atelier bekommen die Sands kaum etwas mit. Über drei Stunden lang sitzen sie im Wohnzimmer gefesselt, von den »Ellwangers« bewacht. Diese reden jetzt nur noch wenig, ganz anders als am Vormittag, nur soviel: Sie hätten eine »hohe Aufgabe« zu erfüllen. Es gehe um ein Signal für die »gefangenen Genossen in Stammheim«. »Zur Beruhigung« bieten sie den Sands einen Schluck »Remy Martin« an, sie haben eine Flasche mitgebracht. Außerdem legen sie ihnen fünf Hundertmarkscheine auf den Tisch. »Vielleicht wird ja etwas beschädigt«, sagt Frau »Ellwanger«.

Gegen 15.30 Uhr verkleben die »Ellwangers« mit Klebestreifen Theodor Sand und seiner Frau den Mund, damit sie nicht um Hilfe rufen können. Mit Watte verstopfen sie ihnen außerdem die Ohren, »zu ihrem eigenen Schutz«, wie sie ihnen sagen. Schließlich nehmen die Terroristen die Sprechmuschel aus dem Telefon. Im Flur stellen sie ein Plakat auf: »ACHTUNG NICHT SCHIESSEN IN DER WOHNUNG IST NUR DAS EHEPAAR SAND.« Außerdem decken sie die Schießvorrichtung mit Packpapier ab, um zu verhindern, daß sie von außen – von einem Fenster der Bundesanwaltschaft aus – gesehen werden kann. Boock stellt den Zeitzünder so ein, daß die Anlage um 16.00 Uhr losgeht. Die beiden Wohnungsschlüssel nehmen die Täter mit und schließen die Wohnungstür von außen ab.

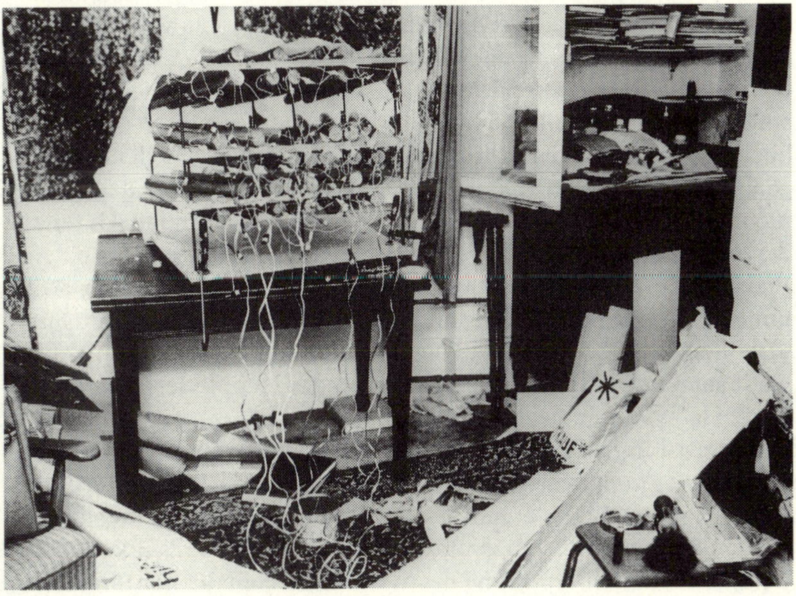

Bereits ein Splitter kann tödlich sein:
Das »Flächenschußgerät« in der Blumenstraße 9 in Karlsruhe

Erst gegen 19.00 Uhr, nach sieben Stunden in Fesseln, gelingt es an jenem 25. August 1977 den Eheleuten Sand, sich zu befreien und die Wohnungstür zu öffnen – mit einem Schlüssel, den die Täter nicht gefunden haben. Während dieser sieben Stunden mußten die beiden Todesängste ausstehen – sie hatten mit ihrem Leben abgeschlossen und bereits voneinander Abschied genommen.

Mit einem – zuvor gestohlenen – VW-Passat TS fahren die Täter aus der Blumenstraße weg. Das Fahrzeug wird später am Hauptbahnhof in Karlsruhe gefunden. Knut Folkerts steigt in den IC 175, der um 16.01 Uhr Karlsruhe in Richtung Basel verläßt.

Bundesanwalt Manfred Bruns und vier seiner Kollegen, die gegen 16.00 Uhr in den Räumen gegenüber der Wohnung der Sands arbeiten, bekommen von der drohenden Gefahr nichts mit. Überhaupt nichts. Der Höllenapparat funktioniert nämlich nicht. Der Grund: Peter-Jürgen Boock hat das Läutwerk des Tischweckers Alka nicht aufgezogen, über das die Zündung ausgelöst werden sollte.

Das habe er absichtlich getan, behauptet Boock später, nach seiner Verhaftung im Januar 1981. Er habe den Wecker ohne Wissen der anderen bewußt nicht aufgezogen, um den Anschlag zu vereiteln. Und zwar deshalb, weil er bei der Montage des Höllenapparats – so erzählt er vor Gericht – »Sekretärinnen, Justizbedienstete, vielleicht Angestellte, vielleicht zufällige Besucher« gesehen habe. Durch diesen Anblick hätten seine »bis dahin mehr unterschwelligen Bedenken« zugenommen. Doch das Oberlandesgericht Stuttgart nimmt ihm dies nicht ab, die Richter halten seine Darstellung für erfunden. Unter anderem deshalb, weil sich am Nachmittag des 25. August keine einzige Frau in den Räumen der Bundesanwaltschaft gegenüber der Wohnung Sand aufhielt. Das Fazit des Oberlandesgerichts Stuttgart*: »Der Senat ist überzeugt, daß der Angeklagte den Anschlag nicht bewußt sabotiert hat, sondern daß ihm in der Hektik der Tatvorbereitungen lediglich ein Fehler unterlaufen ist.«

Weiter ist in der Entscheidung zu lesen: »Daß der Angeklagte mit Einfühlungsvermögen und Phantasie Geschehensabläufe erfindet, fügt sich in das Bild ein, daß der Senat auch sonst vom Angeklagten gewonnen hat, der ergänzende Fragen des Gerichts nach konkreten Details, die zur Überprüfung des Wahrheitsgehalts seiner Einlassung

---

* Urteil vom 7. Mai 1984 – 2 – 1 StE 5/81.

hätten dienen können, auch dann häufig auswich, wenn diese sich – offensichtlich und dem Angeklagten auch bewußt – ohne Belastung anderer Personen wahrheitsgemäß hätten beantworten lassen.«

Später finden die Ermittler heraus, daß der Granatwerfer in einer Drei-Zimmer-Wohnung in Hannover zusammengebaut wurde. Die Wohnung mit der Nummer 436 in der 5. Etage Ihmepassage 10, einem Hochhauskomplex, hatte Knut Folkerts unter dem Namen »Peter Kiep« am 15. Juli angemietet. Dort richteten die Täter eine Werkstatt ein. Die Rohre für das Gerät kauften sie bei zwei Unternehmen in Hamburg und im Kaufhaus Karstadt in Hannover. In dieser Wohnung hielten sich unter anderem Boock, Knut Folkerts und Susanne Albrecht auf – von ihr fanden die Ermittler einen Abdruck des rechten Zeigefingers am Fensterrahmen. Auch an der Schießanlage wurde ein Fingerabdruck von Susanne Albrecht festgestellt, auf der Verpackung der Anlage entdeckte die Polizei Fingerabdrücke von Christian Klar und von Silke Maier-Witt.

Mit »der maschine« wollten sie, so erklären die Täter in ihrem Selbstbezichtigungsschreiben neun Tage nach dem gescheiterten Anschlag, »die bundesanwälte daran hindern [...], im komfort ihrer büros weiter darüber zu grübeln, wie sie den nächsten mord an einem politischen gefangenen arrangieren, oder die menschenjagd, die schauprozesse, die razzien auf bürger und anwälte, denen wir sympatischer sind, die lügen und die hetze der ›offensiven informationen‹ zu planen.« Entscheidend gehe es ihnen um eine »warnung in der situation, in der über 40 politische gefangene im hungerstreik« waren.

Seit dem 9. August 1977 befanden sich RAF-Häftlinge im Hungerstreik, dem mittlerweile fünften. Später weigerten sie sich zeitweise auch zu trinken. Sie forderten die Zusammenlegung in »interaktionsfähige Gruppen« von mindestens 15 Gefangenen und eine Behandlung nach den »Mindestgarantien« der Genfer Konvention für Kriegsgefangene. Am 2. September hatten die Häftlinge ihren Hunger- und Durststreik eingestellt – sie wußten, daß die Illegalen draußen etwas »noch Größeres« vorbereiteten. Und daß da etwas auf die Bundesrepublik zukommt, ist in dem Selbstbezichtigungsschreiben zu dem gescheiterten Anschlag auf die Bundesanwaltschaft unmißverständlich zu lesen: »die entscheidung der gefangenen, ihren hunger- und durststreik jetzt zu unterbrechen, halten wir für richtig, und wir bitten sie, ihn so lange nicht wiederaufzunehmen, bis wir wissen, ob das bigotte mörderkartell aus justizministern, richtern, staatsanwälten und bullen gegenüber den mitteln, die wir haben und einsetzen können, so arrogant bleiben kann wie gegenüber den waffen von gefangenen.«

Schleyer

Wäre da nicht ein dummer Zufall gewesen, nicht mehr als eine kleine technische Panne, könnte es gut sein, daß Hanns-Martin Schleyer und seine vier Begleiter noch am Leben und der Bundesrepublik sieben Wochen politischer Ausnahmezustand erspart geblieben wären. Doch der Computer im Polizeipräsidium in Köln fiel nun eben am 2. September 1977 aus – und damit wurde die Chance vertan, das »Unternehmen Schleyer« noch rechtzeitig zu verhindern:

An diesem Freitag rief gegen 17.30 Uhr *Michael Greiner* (Name geändert) in der Einsatz-Leitstelle der Polizei in Köln an. Er teilt dem Diensthabenden mit, daß auf dem Parkplatz vor seinem Haus Raderthalgürtel 5 möglicherweise zwei Terroristinnen in einem Alfa Romeo säßen. Die beiden Frauen waren *Greiner* bereits am Tag zuvor aufgefallen, weil sie über eine Stunde in dem Wagen hockten und nichts anderes taten, als den Verkehr zu beobachten. Heute standen sie dort genauso wieder, nun lief auch noch Wasser aus dem Wagen. Die Polizeileitstelle schickte daraufhin einen Streifenwagen vorbei. Die beiden Beamten entdecken die Frauen in dem auberginefarbenen Alfa Romeo Guilia 1600 Super. Polizist Wolfgang Witthaus gibt das Kennzeichen K-XY 847 per Funk durch – die Anfrage verläuft »negativ«. Dies konnte auch gar nicht anders sein, da es sich um ein Dubletten-Fahrzeug handelte. Diese Fahrzeuge fallen bei einer Kennzeichennachfrage nicht auf, da ja tatsächlich ein solches Kraftfahrzeug mit einem solchen Kennzeichen existiert. Rolf Heißler hatte diesen Wagen eineinhalb Wochen zuvor über eine Annonce im Kölner Stadtanzeiger unter falschem Namen für 2900 Mark gekauft. Anschließend war der Wagen mit dem Dubletten-Kennzeichen versehen worden. Das Original war vom Straßenverkehrsamt an eine Kölnerin ausgegeben worden, die von alledem natürlich nicht das Geringste ahnte.

Während der Überprüfung des Kennzeichens läßt sich Josef Tegeler, der andere Beamte, die Ausweise der beiden Frauen aushändigen. Die Daten gibt er per Funk zur Zentrale im Polizeipräsidium in Köln durch – der Kollege dort erklärt ihm, daß eine Überprüfung im Augenblick nicht möglich sei, da die Anlage ausgefallen sei. So reicht Tegeler den Frauen die Papiere wieder zurück – ihm fällt nicht auf, daß es sich um Fälschungen handelt. Ebensowenig bemerkt er, daß vor ihm die zur Fahndung ausgeschriebene Adelheid Schulz steht. Von der Vermutung des Anrufers *Greiner*, daß es sich möglicherweise um Terroristinnen handle, hatten die beiden Beamten nichts erfahren: Die Leitstelle behielt diesen Verdacht für sich.

So denken die Beamten: Alles in Ordnung. Von nun an handeln sie getreu dem Motto »Die Polizei: dein Freund und Helfer«: Sie beugen sich über den Motorraum des Wagens, um festzustellen, warum Kühlwasser auf die Straße läuft. Ein Schlauch ist undicht, sehen sie. Und so empfehlen sie – es ist Freitagabend, mittlerweile kurz vor sechs – den beiden Damen eine kleine Werkstatt in der Nähe, in der noch jemand arbeitet, und begleiten sie dorthin. Der Schaden wird dort provisorisch behoben. Für die beiden freundlichen Streifenwagenbeamten ist das an diesem Freitagnachmittag ein Fall, wie sie ihn schon dutzendfach erlebt haben – nichts deutet für sie darauf hin, daß die beiden Frauen die Fahrtstrecke Schleyers ausspähten.

Drei Tage später, am Montag, wenige Minuten früher als am Freitag, kurz vor halb sechs, fährt genau an dieser Stelle am Raderthalgürtel Hanns-Martin Schleyer vorbei. Er sitzt rechts hinten in einem blauen Mercedes 450 SEL mit dem Kennzeichen K-VN 345. Den Wagen steuert sein Fahrer Heinz Marcisz. Mit wenigen Metern Abstand folgt dem Fahrzeug ein Mercedes 280 E mit Stuttgarter Kennzeichen: Schleyers Leibwächter. Drei Beamte der Polizei Baden-Württemberg.

Hanns-Martin Schleyer ist auf dem Weg zu seiner Wohnung in der Raschdorffstraße 10 im Kölner Stadtteil Braunsfeld: Er kommt von dem Sitz der Bundesvereinigung der Deutschen Arbeitgeberverbände am Oberländer Ufer 72. Der Präsident hat für heute seine Bürostunden beendet und ist guter Dinge: Am Abend fährt er nach Düsseldorf, zu einem Vortrag der Allensbacher Demoskopin Elisabeth Noelle-Neumann. Am nächsten Morgen – so steht es in seinem Terminkalender – wird er nach Stockholm fliegen, zu einem Vortrag vor schwedischen Unternehmern.

Der 62jährige ist ein Wirtschaftsführer wie aus dem Bilderbuch: bullig, tatkräftig und entschlossen, sein breites Gesicht signalisiert Durchsetzungskraft und Freude am Genuß. »Boss der Bosse« nennt ihn der *Stern*, für die Industriegewerkschaft Metall ist er ein »absoluter Scharfmacher« und Buhmann. Für andere verkörpert er die Symbolfigur des freien Unternehmertums. Viele, die mit ihm persönlich zu tun haben, schätzen ihn als einen »richtig liebenswürdigen Menschen«. Der breiten Öffentlichkeit wurde er knapp fünfzehn Jahre zuvor bekannt, im Jahr 1963, als er – damals Vorsitzender des Verbandes Württembergisch-Badischer Metallindustrieller – auf einen Streik der Gewerkschaft mit der Aussperrung von 300000 Arbeitern reagierte. Er zeigte sich als erbitterter Gegner der paritätischen Mitbestimmung, sprach Sätze wie diesen: »Wenn die Bundesregierung mit der Mitbestimmung und der Vermögensbildung durchkommt und vielleicht auch noch eine Investitionskontrolle versucht, dann – ja dann ist das mit Sicherheit das Ende der Demokratie.« Sein sozialpolitisches Credo, niedergeschrieben in seinem 1973 erschienenen Buch »Das soziale Modell«, ist die Überzeugung, »daß unser gesamtes politisches Handeln bestimmt wird durch die Begriffe Freiheit, Toleranz, Leistung«.

Schleyer, 1915 in Offenburg geboren, studierte Rechts- und Staatswissenschaften. 1951 fängt er beim Automobilkonzern Daimler-Benz in Stuttgart an. 1959 wird er stellvertretendes, 1963 ordentliches Vorstandsmitglied. Neben seiner Aufgabe im Daimler-Benz-Vorstand übernimmt er führende Positionen in Arbeitgeberorganisationen, zunächst in Baden-Württemberg. 1973 wird er Präsident der Bundesvereinigung Deutscher Arbeitgeberverbände (BDA). »Aus dem vergleichsweise harmlosen Arbeitgeberverband«, habe er – urteilte *Der Spiegel* im Dezember 1975 – »binnen weniger Monate eine wirksame Unternehmerlobby« gemacht. Im Juni 1976 wählt ihn der Bundesverband der Industrie (BDI) zu seinem Präsidenten. Damit gibt es zum erstenmal einen »Doppelpräsidenten« der Unternehmerverbände, die nun mit einer Stimme sprechen können.

Schleyer lebt nach wie vor mit seiner Familie im Ginsterweg 17 in Stuttgart-Gablenberg, zusammen mit seiner Frau Waltrude hat er vier Söhne. Für seine Reisen nutzt er den Firmenjet von Daimler-Benz.

Fünf Wochen vor diesem Montagnachmittag in Köln wurde für ihn die höchste Sicherheitsstufe 1 (»erheblich gefährdet; mit einem Anschlag ist zu rechnen«) angeordnet. Seither folgt ihm ein Begleitschutzkommando der Polizei auf Schritt und Tritt, mindestens drei Beamte.

»Schleyer sollte der nächste sein«, lautet zwei Tage nach dieser Maßnahme, am 4. August, eine Schlagzeile der Bild-Zeitung: »Der Präsident der deutschen Arbeitgeberverbände, Hanns-Martin Schleyer, soll offenbar das nächste Opfer der BM-Terroristen werden. Erst nach dem Mord an Ponto erfuhren die Sicherheitsbehörden: Anfang Juni kam ein etwa 30jähriger Mann in das Kieler Weltwirtschaftsinstitut und bat um Material über Ponto und Schleyer – angeblich für eine Doktorarbeit.«

Vom Raderthalgürtel fahren die beiden Fahrzeuge durch den dichten Feierabendverkehr zur Friedrich-Schmidt-Straße, von hier aus müssen sie in die Vincenz-Statz-Straße abbiegen, eine Einbahnstraße. Nur so kommen sie zur Schleyer-Wohnung in der Raschdorffstraße, die parallel zur Vincenz-Statz-Straße liegt und in entgegengesetzter Richtung als Einbahnstraße verläuft. Zwei Minuten vor halb sechs biegen die beiden Autos in die schmale Vincenz-Statz-Straße ein – da passiert es: Plötzlich fährt vom linken Gehweg ein gelber Mercedes auf die Straße, hinter ihm rollt ein blauer Kinderwagen. Dadurch ist die Fahrbahn – gerade fünf Meter breit – versperrt. Dies alles geht blitzschnell. Das zivile Polizeifahrzeug fährt auf Schleyers Wagen auf, dieser wird dadurch leicht in den quer zur Fahrbahn stehenden gelben Mercedes geschoben. In diesem Augenblick beginnen fünf Täter zu feuern, die im Halbkreis um die beiden Wagen stehen – aus drei Gewehren, einer Maschinenpistole und einer Pistole. Fünf Kugeln treffen Heinz Marcisz (41), Schleyers Fahrer, der unbewaffnet ist. Er verblutet hinterm Lenkrad.

Schleyers Leibwächter werden von den Terroristen regelrecht durchsiebt: Polizeihauptmeister Reinhold Brändle (41), der Fahrer des Polizei-Mercedes, bricht von 23 Geschossen getroffen zusammen. Es gelingt ihm nicht mehr, seine Dienstwaffe zu ziehen. Polizeimeister Roland Pieper (20), der hinten im Fahrzeug sitzt, reißt rechts die Tür auf und schießt dreimal. Seine Schüsse gehen daneben, er selbst wird von 20 Kugeln getroffen. Polizeimeister Helmut Ulmer (24) feuert vom Beifahrersitz aus mit seiner Maschinenpistole acht Schüsse ab – von 24 Geschossen tödlich getroffen, bricht er zusammen. Seine Maschinenpistole rutscht auf die Straße.

Noch während die Schüsse fallen, reißt einer der Täter die rechte hintere Tür von Schleyers Wagen auf, zerrt den Arbeitgeberpräsidenten heraus und schleppt ihn »in Sicherheit«, hinter das »Sperrfahrzeug«. Einen Augenblick später vergewissern sich die Täter, daß sie von Schleyers Begleitern keinen Widerstand mehr zu erwarten haben und betrachten ihre Opfer. Zwei der Terroristen packen den Arbeitgeberpräsidenten unter die Arme und bringen ihn zu einem weißen VW-Bus, der um die Ecke geparkt steht, auf der Friedrich-Schmidt-Straße. Sie stoßen Schleyer durch den Einstieg in den hinteren Teil des Fahrzeugs und springen nach ihm hinein. Die Schiebetür fliegt zu, der Wagen startet. Der ganze Überfall hat nicht länger als zwei Minuten gedauert.

Auf der Friedrich-Schmidt-Straße staut sich der Feierabendverkehr in Richtung Junkersdorf, in die auch die Täter flüchten wollen. Mit dem VW-Bus scheren sie deshalb auf die freie Gegenfahrbahn aus und jagen mit hoher Geschwindigkeit an der Fahrzeugschlange vorbei. Mehrere Autofahrer nehmen die Verfolgung des VW-Busses auf.

Nach dem Anschlag am Abend des 5. September 1977 in Köln: Quer zur Fahrbahn der von Terroristen als »Sperrfahrzeug« benutzte Mercedes, davor Schleyers Wagen und das Leibwächterfahrzeug. Auf dem Boden liegen die Leichen seiner vier erschossenen Begleiter

Doch auf der Junkersdorfer Straße verlieren sie in Höhe des Schwimmzentrums das Fluchtfahrzeug aus den Augen: dort rangiert ein Lkw, an ihm kommen die Verfolger nicht vorbei.

Der VW-Bus fährt in die Tiefgarage des Hochhauses Wiener Weg 1 b. Dort wechseln die Täter den Wagen: sie zwingen Schleyer, sich in den Kofferraum eines Mercedes 230/6 zu legen – dieser Kofferraum ist präpariert: An den Wänden und am Deckel kleben mit Schaumstoff beschichtete Dämmplatten. In der Rückbank befindet sich in der Ausbuchtung für die Armlehne ein 26 × 40 Zentimeter großes Loch, durch das zum einen Luft in den Kofferraum dringt, zum anderen aber auch das Opfer mit einer Pistole bedroht werden kann. Später findet die Polizei in der Reserveradmulde dieses Kofferraums einen Manschettenknopf Schleyers – ein heimliches Zeichen des Entführten.

In diesem Mercedes bringen die Entführer Schleyer nach Erftstadt-Liblar, keine 30 Minuten vom Ort des Überfalls entfernt. Sie schaffen ihn in das Hochhaus Zum Renngraben 8, ein Gebäude mit 15 Stockwerken. Die Wohnung 104 in der dritten Etage hat Monika Helbing drei Wochen zuvor als »Annerose Lottmann-Bücklers aus Wuppertal« angemietet. Im Flur richteten die Entführer ein »Volksgefängnis« für Schleyer ein: einen dreitürigen Wandschrank – 1,60 Meter breit, 2,50 Meter hoch und 71 Zentimeter tief – ausgepolstert mit Schaumstoffmatten. 50 Zentimeter über dem Boden ist eine Handfessel an der Wand angebracht. Mit ihr ketten sie den Arbeitgeberpräsidenten an – wie einen Hund –, damit er nicht fliehen kann. Zudem haben sie an der Wohnungstür eine Sicherheitskette mit Zylinderschloß montiert.

Den ersten Hinweis auf diese Wohnung erhält die Polizei bereits zwei Tage später: dem Hausmeister ist Frau »Lottmann-Bücklers« merkwürdig vorgekommen, vor allem weil er, als sie bei ihm die Kaution bezahlte, ein ganzes Bündel von Geldnoten in ihrer Handtasche erblickte. So meldet ein Beamter der Polizeistation Erftstadt per Telex an die Schutzpolizei beim Oberkreisdirektor Bergheim: »Erftstadt-Liblar, Zum Renngraben, 3. Etage, Wohnung 104. Angeblich hat eine Frau Annerose Lottmann-Bückler am 21. 7. 1977 die Wohnung bezogen…« Wieder zwei Tage später trifft ein Fernschreiben mit diesen Angaben im Kölner Polizeipräsidium ein – und geht dort in den Bergen von Material unter. So passiert es, daß dieser Hinweis nicht zur Zentralen Einsatzleitung nach Bonn-Bad Godesberg gelangt.

Wäre der angebliche Name der Mieterin auch nur in eines der drei Fahndungssysteme – NADIS, INPOL, INPOL-PIOS – eingegeben worden, hätten die Ermittler gesehen, um was für einen heißen Tip es sich hier gehandelt hat: In jedem dieser Systeme ist der Name Annerose Lottmann-Bücklers verzeichnet, mit einer Reihe von Kontakten zu Personen, die die Polizei der RAF-Szene zurechnet. Ferner hätten die Beamten erfahren, daß diese Frau schon viermal ihren Personalausweis und zweimal ihren Reisepaß verloren hat und im Verdacht steht, Unterstützerin der RAF-Szene zu sein. Doch dies alles erkennen die Polizisten erst zwei Monate später. Drei Wochen nach Schleyers Tod. Und auch nur deshalb, weil sich der Tipgeber noch einmal meldet, um zu hören, was aus seinem Hinweis geworden ist.

Ungefähr in dem Augenblick, in dem die Täter nach dem Überfall in dieser Wohnung in Erftstadt-Liblar eintreffen, kommt die erste Meldung einer Nachrichtenagentur über die Fernschreiber getickert. Associated Press sendet um 18.11 Uhr die »Eilmeldung« in die Redaktionsstuben: »attentat auf schleyer, koeln, 5. september 1977 (ap). auf den praesidenten der bundesvereinigung der deutschen arbeitgeberverbaende, hanns martin schleyer, ist am montagnachmittag ein attentat verübt worden.«

Etwas mehr als eine halbe Stunde später folgt die erste Meldung im Rundfunk. Die Hörer des »Echo des Tages«, ausgestrahlt vom Norddeutschen und vom Westdeutschen Rundfunk, erfahren: »Meine Damen und Herren, aus Köln wird soeben gemeldet, daß auf den Vorsitzenden der Bundesvereinigung der Deutschen Arbeitgeberverbände, Hanns-Martin Schleyer, heute abend ein Attentat verübt worden ist. Bei dem Anschlag in Köln gab es nach ersten Angaben von Polizei und Feuerwehr vier Tote. Die Schüsse wurden aus einem VW-Kombi heraus abgegeben. Die Feuerwehr hat nach ersten Informationen vier Todesopfer geborgen. Noch immer steht nicht fest, ob Schleyer sich unter den Opfern befindet. Inzwischen hat sich das Bundeskriminalamt in Wiesbaden in die Ermittlungen eingeschaltet.«

Um 19.23 Uhr meldet die ZDF-Nachrichtensendung »heute«, daß die Polizei nach einem VW-Bus mit dem Kennzeichen K-C 3849 sucht. Bereits 24 Minuten später hat die Polizei das Fahrzeug gefunden: der Hausmeister des Wiener Weg 1 b in Köln hat sich gemeldet. Ihm war das Fahrzeug in der Tiefgarage aufgefallen. In dem VW-Bus findet die Polizei einen Zettel, den die Täter zurückgelassen haben:

»an die bundesregierung
sie werden dafür sorgen, dass alle öffentlichen fahndungsmaßnahmen unterbleiben –
oder wir erschiessen schleyer sofort ohne dass es zu verhandlungen über seine freilassung kommt.
raf.«

Das nächste Mal melden sich die Entführer einen Tag später. Bei dem evangelischen Dekan Helmut Neuschäfer in Wiesbaden stecken sie einen weißen Umschlag in den Briefkasten. Darin befinden sich drei Blätter. Ein Polaroid-Foto zeigt Schleyer in einer dunkelroten Trainingsjacke unter dem RAF-Emblem. Er hält ein Schild »6. 9. 1977 Gefangener der RAF« in der Hand. Auf zwei Blättern steht mit Schreibmaschine getippt:

»am montag, dem 5. 9. 77 hat das kommando siegfried hausner den präsidenten des arbeitgeberverbandes und des bundesverbandes der deutschen industrie, hanns-martin schleyer, gefangengenommen.

zu den bedingungen seiner freilassung wiederholen wir noch mal unsere erste mitteilung an die bundesregierung, die seit gestern von den sicherheitsstäben wie wir das inzwischen kennen unterschlagen wird.

das ist die sofortige einstellung aller fahndungsmaßnahmen – oder schleyer wird sofort erschossen.

sobald die fahndung gestoppt wird, läuft schleyers freilassung unter folgenden bedingungen:

1. die gefangenen aus der raf – andreas baader
gudrun ensslin
jan-carl raspe
verena becker
werner hoppe
karl-heinz dellwo
hanna krabbe
bernd rößner
ingrid schubert
irmgard möller

werden im austausch gegen schleyer freigelassen und reisen aus in ein land ihrer wahl. günter sonnenberg, der seit seiner festnahme wegen seiner schussverletzung haftunfähig ist, wird sofort freigelassen. sein haftbefehl wird aufgehoben. günter wird zusammen mit den 10 gefangenen, mit denen er sofort zusammengebracht wird und sprechen kann, ausreisen.

2. die gefangenen sind bis mittwoch, 8 uhr früh, auf dem flughafen frankfurt zusammenzubringen. sie haben bis zu ihrem abflug um 12 uhr mittags jederzeit und uneingeschränkt die möglichkeit, miteinander zu sprechen. um 10 uhr vormittags wird einer der gefangenen das kommando in direktübertragung durch das deutsche fernsehen über den korrekten ablauf ihres abflugs informieren.

3. in der funktion öffentlicher kontrolle und garantie für das leben der gefangenen während des transports bis zur landung und aufnahme sollen die gefangenen – wie wir vorschlagen würden – von payot, dem generalsekretär der internationalen föderation für menschenrechte bei der uno, und pfarrer niemöller begleitet werden. wir bitten sie, sich in dieser funktion dafür einzusetzen, dass die gefangenen dort, wo sie hinwollen, lebend ankommen.
natürlich sind wir auch mit einem alternativvorschlag der gefangenen einverstanden.

4. jedem gefangenen werden 100000 dm mitgegeben.

5. die erklärung, die durch schleyers foto und seinen brief als authentisch identifizierbar ist, wird heute abend um 20.00 Uhr in der tagesschau veröffentlicht, und zwar ungekürzt und unverfälscht.

6. den konkreten ablauf von schleyers freilassung legen wir fest sowie wir die bestätigung der freigelassenen gefangenen haben, dass sie nicht ausgeliefert werden, und die erklärung der bundesregierung vorliegt, dass sie keine auslieferung betreiben wird.

wir gehen davon aus, dass schmidt, nachdem er in stockholm demonstriert hat, wie schnell er seine entscheidungen fällt, sich bemühen wird, sein verhältnis zu diesem fetten magnaten der nationalen wirtschaftscreme ebenso schnell zu erklären.

am 6. 9. 77

KOMMANDO SIEGFRIED HAUSNER

RAF«

Dieser Mitteilung der Entführer liegt die handschriftliche Notiz Schleyers bei:

»Mir wird erklärt, daß die Fortführung der Fahndung mein Leben gefährde. Das gleiche gelte, wenn die Forderungen nicht erfüllt und die Ultimaten nicht eingehalten würden.

Mir geht es soweit gut, ich bin unverletzt und glaube, daß ich freigelassen werde, wenn die Forderungen erfüllt werden. Das ist jedoch nicht meine Entscheidung.

6. 9. 77 Hanns-Martin Schleyer

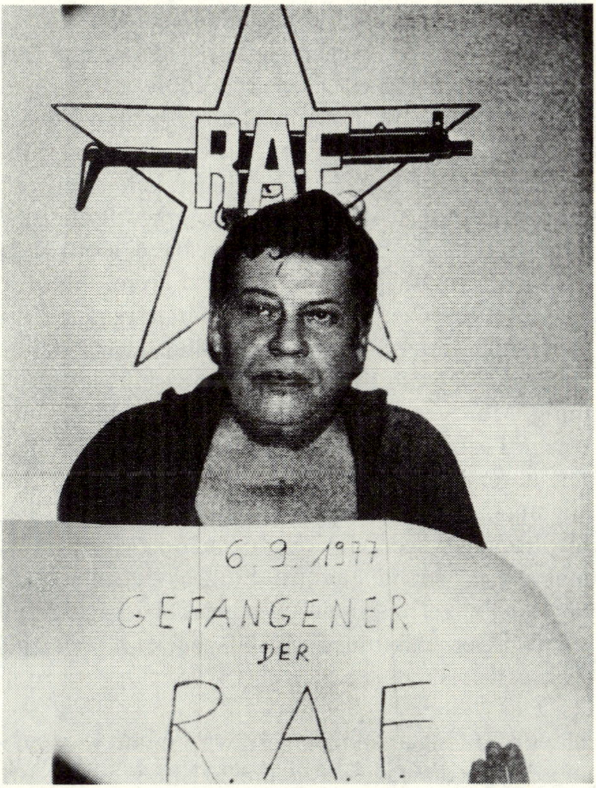

Hanns-Martin Schleyer am zweiten Tag seiner Entführung – von einem RAF-Mitglied fotografiert

Dieser Plan ist klar der Lorenz-Entführung nachgezeichnet. Die Täter haben die Anzahl der freizulassenden Häftlinge knapp verdoppelt – elf statt sechs – und den jedem Gefangenen auszuhändigenden Geldbetrag verfünffacht. Die RAF lernte aus dem Stockholm-Desaster: Täter und Geisel sind an einem der Polizei unbekannen Ort, also nicht greifbar. Daß es sich von der Sache her um die Fortsetzung von Stockholm handelt, dokumentieren die Täter auch unübersehbar mit dem von ihnen gewählten Namen des Kommandos: Siegfried Hausner war am Überfall auf die Stockholmer Botschaft beteiligt und starb an den Folgen der Explosion.

Zehn der von den Entführern genannten Gefangenen sind von den Gerichten zu erheblichen Haftstrafen verurteilt worden, nur Sonnenberg noch nicht. Die drei Gründungsmitglieder der RAF – Baader, Ensslin und Raspe – hatten wegen mehrerer Morde und Mordversuche »lebenslänglich« erhalten. Die gleiche Strafe war gegen die Stockholm-Attentäter Dellwo, Krabbe und Rößner verhängt worden. Werner Hoppe bekam wegen versuchten Totschlags zehn Jahre Gefängnis. Verena Becker erhielt sechs Jahre Jugendstrafe, unter anderem wegen des Sprengstoffanschlags der »Bewegung 2. Juni« auf den britischen Yachtclub in Berlin, bei dem ein Bootsbauer ums Leben gekommen war. Einmal war sie bereits durch die Lorenz-Entführer freigepreßt und zwei Jahre später, am 3. Mai 1977, nach einem Schußwechsel zusammen mit Günter Sonnenberg in Singen festgenommen worden. Ingrid Schubert hatte 13 Jahre Haft abzusitzen: wegen der Baader-Befreiung, Mordversuchs, mehrerer Banküberfälle und anderer Delikte. Irmgard Möller war zu viereinhalb Jahren Gefängnis verurteilt worden, unter anderem wegen »Mitgliedschaft in einer kriminellen Vereinigung«. Gegen Günter Sonnenberg lag eine Anklage der Bundesanwaltschaft wegen vierfach versuchten Mordes vor. Bei seiner Festnahme vier Monate zuvor in Singen, zusammen mit Verena Becker, fand die Polizei in seinem Wagen das abgesägte Schnellfeuergewehr, mit dem Generalbundesanwalt Buback und seine beiden Begleiter ermordet worden waren.

Bonn spielt von Anfang an auf Zeit. So wird nicht, wie von den Entführern gefordert, in der Tagesschau um 20 Uhr Schleyers Brief veröffentlicht. Statt dessen verliest der Sprecher die Mitteilung des Bundeskriminalamts: »Ihr Brief ist der örtlichen Polizei erst am späten

Nachmittag zugegangen. Von dort wurde er dem Bundeskriminalamt übergeben. Das Bundeskriminalamt hat den Brief unverzüglich an die Bundesregierung weitergeleitet. Bei der Bundesregierung wird der Brief erst am späten Abend vorliegen. Der Termin für die von Ihnen gewünschte Veröffentlichung kann deshalb nicht eingehalten werden.«

Eine halbe Stunde vor Mitternacht treten an diesem Abend das Bundeskabinett und der »Große Politische Beratungskreis« zusammen. Diesem »Großen Politischen Beratungskreis« – auch Großer Krisenstab genannt – gehören die Partei- und Fraktionsvorsitzenden an: Willy Brandt und Herbert Wehner von der SPD, Helmut Kohl von der CDU, Franz-Josef Strauß von der CSU und Wolfgang Mischnik von der FDP (der FDP-Parteivorsitzende Genscher nimmt an dem Kreis bereits in seiner Eigenschaft als Außenminister teil). Außerdem befinden sich in der Runde Vertreter der vier Länder, in denen die Häftlinge einsitzen: Baden-Württemberg, Nordrhein-Westfalen, Hamburg und Bayern. Ferner zählen zu dem Kreis die Vorsitzenden der Innen- und Justizministerkonferenz sowie Horst Herold, der Präsident des Bundeskriminalamts, und Joachim Zahn, der Vorsitzende der Daimler-Benz AG.

Bundeskanzler Helmut Schmidt verfolgt mit diesem »Großen Politischen Beratungskreis« vor allem zwei Ziele: Zum einen will er die Meinung der Betreffenden hören, zum anderen sie mit in den Entscheidungsprozeß einbinden, die Entscheidungen in dieser heiklen politischen Lage also auf einen möglichst breiten Konsens stellen. Die Arbeit im Detail erfolgt freilich in den nächsten Tagen und Wochen in einer wesentlich kleineren Runde, der »Kleinen Lage«. Sie kommt zweimal am Tag zusammen, mindestens einmal.

Schon in dieser ersten Sitzung des »Großen Politischen Beratungskreises« wird am Tag nach der Entführung Einigkeit über die Linie des weiteren Vorgehens erzielt. Unter Leitung von Kanzler Helmut Schmidt verständigt sich die Mitternachtsrunde auf drei Ziele: Erstens soll Hanns-Martin Schleyer lebend befreit, zweitens sollen die Entführer gefaßt und drittens die Gefangenen nicht freigelassen werden.

So werden die Entführer hingehalten, die Antworten verzögert: Die Bundesregierung erfüllt in der ersten Woche nach dem Überall kein einziges der vier Ultimaten, die die Täter gestellt haben. Auch werden nicht – wie verlangt – Videobänder oder Fotos von Schleyer als »Gefangenem der RAF« im Fernsehen gezeigt. Derweil laufen die Ermittlungen auf Hochtouren. Die Hoffnung Bonns: Durch neue Erkenntnisse, insbesondere das Zusammenfügen einer Vielzahl von Hinweisen auf die Täter, womöglich sogar auf das Versteck Schleyers zu stoßen. Freilich wird die Fahndung nicht an die große Glocke gehängt, etwa durch Steckbriefe, auffällige Razzien oder detaillierte Presseberichte über die Arbeit der Polizei: Die Täter sollen – nach der von Bonn verfolgten Linie – »psychisch stabilisiert« und nicht unnütz nervös gemacht werden. Schleyers Leben hängt – das ist jedem klar – an einem seidenen Faden.

Umgehend sorgt die Bundesregierung auch dafür, daß die RAF-Häftlinge keinen Kontakt mehr nach außen und auch nicht mehr untereinander haben: Damit will sie verhindern, daß das weitere Vorgehen zwischen den Entführern und den Gefangenen abgestimmt werden kann. Deshalb bittet Bundesjustizminister Vogel über Generalbundesanwalt Kurt Rebmann die Landesjustizminister, dafür zu sorgen, daß eine »Kontaktsperre« erfolgt. Dafür gibt es keine ausdrückliche Regelung im Gesetz, die Bundesregierung sieht die – für derartige Eingriffe erforderliche – Grundlage im Gesetz »in dem Rechtsgedanken des rechtfertigenden Notstandes«.* Diese Anordnung stößt bei vielen auf Kritik, auch bei einigen Gerichten, die über die Rechtmäßigkeit der Isolationsanordnung zu befinden haben. Erst vier Wochen später, am 2. Oktober, tritt das eilig vom Bundestag verabschiedete »Kontaktsperregesetz« in Kraft.** Damit die Täter nicht erfahren, wie die Bundesregierung reagiert und was sie vorhat, wird gegenüber der Presse eine Nachrichtensperre verhängt.

Ein weiterer Schritt der Bonner Krisenstäbler besteht darin, den Informationsfluß zu kanalisieren. Es kompliziert die Dinge nur unnütz, wenn sich – wie in den ersten Tagen – die Entführer für die Übermittlung ihrer Erklärungen an Nachrichtenagenturen, Zeitungen oder einzelne Personen wenden müssen und umgekehrt das Bundeskriminalamt seine Mitteilungen über Funk und Fernsehen ausstrahlt. Die Einschaltung einer Kontaktperson – so die Überlegungen von BKA-Chef Horst Herold – hätte demgegenüber vor allem zwei Vorteile:

---

* Zum »rechtfertigenden Notstand« siehe oben Seite 189.

** Zu den Einzelheiten des »Kontaktsperregesetzes« siehe oben Seite 171f.

Zum einen wird die Öffentlichkeit herausgehalten, »Trittbrettfahrer« können abgeschüttelt werden; zum anderen bietet ein solcher Anlaufpunkt, den die Täter nutzen müssen, eher die Chance, ihnen auf die Spur zu kommen.

Als Kontaktperson schlägt das Bundeskriminalamt Denis Payot vor, einen Rechtsanwalt in Genf. Die Entführer hatten dessen Namen bereits in ihrer Erklärung am Tag nach der Entführung genannt: in dem Schreiben, das sie bei dem Wiesbadener Dekan in den Briefkasten warfen. Allerdings ist dieser 35jährige Krauskopf mit der dicken Hornbrille nicht, wie die Entführer behauptet hatten, ein Offizieller der UNO, sondern Präsident der »Schweizerischen Liga für Menschenrechte«. Die Täter hatten mit seinem Namen wohl die Vorstellung verbunden, durch das Einspannen eines UNO-Offiziellen die These stützen zu können, daß es sich bei den einsitzenden RAF-Mitgliedern um Kriegsgefangene oder etwas Ähnliches handle. Auch ist der Jurist nicht ein – wie so mancher in der Bundesrepublik zunächst meint – Staranwalt. Er beschäftigt sich mit Asylverfahren von chilenischen und bulgarischen Flüchtlingen. Die finanziellen Erträge seiner Kanzlei sind eher bescheiden. Sie liegt am Boulevard Georges Favon in dem alten Genfer Uhrmacherviertel, dort, wo Jean-Jacques Rousseau aufwuchs. »Als Anwalt fiel er durch kämpferische bis ungestüme Plädoyers auf«, berichtet der Genfer Korrespondent der *Neuen Zürcher Zeitung* über Payots Wirken, »wobei ihm gelegentlich ein Mangel an formaler Strenge vorgeworfen wurde.«

Auch der Polizei ist er schon mehrfach aufgefallen – im Dunstkreis der Terroristen-Szene. Bei seiner Mission jedenfalls denkt der Anwalt auch an sich. Gleich nachdem er den Auftrag von BKA-Chef Herold übernommen hat, bittet Payot die Journalisten zu sich: im Scheinwerferlicht vor laufenden Fernsehkameras und Tonbandgeräten erklärt er, daß er das Mandat akzeptieren werde. Es bringt ihm – was damals noch niemand weiß – 180000 Schweizer Franken, einschließlich Spesen. Von nun an laufen die Verhandlungen über ihn, jedenfalls weitgehend.

Zu dem Konzept der Bundesregierung gehört es weiter, Aktivitäten zu entwickeln, die den Anschein hatten, als würde man auf die Terroristen-Forderungen eingehen. So erhält jeder Häftling, der auf der Liste der Terroristen steht, einen Fragebogen vorgelegt. Andreas Baader beispielsweise bekommt ihn in der 7. Stammheim-Etage von Bundesanwalt Gerhard Löchner und dem BKA-Beamten Alfred Klaus vorgelegt. Frage 1: »Sind Sie bereit, sich ausfliegen zu lassen?« beantwortet er mit »ja«. Unter Frage 2, in der nach den »Zielländern« gefragt wird, die nach der Erklärung der Entführer vom 12. September »der Bundesregierung nur von den Gefangenen selbst genannt werden« können, notiert er: »Algerien/Vietnam«, und fügt hinzu: »Wir meinen, daß die Bundesregierung die Länder, die in Frage kommen, um Aufnahme ersuchen muß.« Später ergänzt er: »Libyen/VR Jemen/Irak«.

Bei dem Gespräch versucht Baader, den beiden Beamten Informationen zu entlocken, Radio und Zeitungen besitzt er seit Beginn der Schleyer-Entführung vor einer Woche nicht mehr – ebensowenig wie alle anderen Häftlinge, für die die Kontaktsperre gilt. Durch die Kontaktsperre ist er isoliert. So scheint es jedenfalls. Die beiden Ermittler geben sich zugeknöpft. »Baader bringt im Verlauf des Gesprächs zum Ausdruck, er glaube nicht, daß die Gefangenen, die in Stammheim inhaftiert sind, im Falle einer Freilassung zurückkommen würden, um das Potential hier wieder aufzufüllen«, notiert Bundesanwalt Löchner über die Unterredung: »Etwas anderes gelte nur dann, wenn es hier eine signifikante Änderung gebe oder die Urteile der Inhaftierten aufgehoben würden. Falls die Gefangenen nicht freigelassen würden, werde es eine Eskalation der Gewalt geben.« Die meisten anderen Häftlinge erklären auf den Fragebögen, ein Flugziel könnten sie erst nach einer gemeinsamen Besprechung mit anderen Gefangenen nennen.

Nun läßt sich Bonn zum Schein auf Verhandlungen mit den genannten Ländern ein – wieder verstreicht Zeit: Hans-Jürgen Wischnewski, Staatsminister im Bundeskanzleramt, fliegt nach Algier. Nach Tripolis. Nach Aden. Nach Bagdad. Und nach Vietnam.

Einer nach Bonn via Genf gerichteten Erklärung der Entführer folgt in diesen Tagen eine nach der anderen – und umgekehrt. Sowohl das Bundeskriminalamt wie auch die Terroristen geben jeweils 25 Erklärungen innerhalb dieser 44 heißen Tage im Herbst 1977 ab. Die Entführer drängen in ihren Schreiben darauf, daß möglichst rasch die Gefangenen freigelassen und ausgeflogen werden. Das Bundeskriminalamt hingegen spielt nach wie vor auf Zeit. Nach der Devise: Wer verhandelt, schießt nicht. So kommt es zu einem ständigen Hin und Her. Beispiel: Am 15. September 1977, einem Donnerstag, meldet sich Vermittler Payot um 1.29 Uhr im BKA. Er teilt mit, daß ihn um 22.55 Uhr, also zweieinhalb Stunden zuvor, jemand von den Entführern angerufen und ihm die folgende Nachricht durchgegeben habe – inzwischen die fünfzehnte:

»Was die Anfrage des Bundeskriminalamts vom heutigen Tag bezüglich der Zielländer anbelangt, verweise ich auf Punkt 6 unserer Erklärung vom 6. 9. 1977.* Was Flugroute anbelangt, können wir folgendes sagen: alternativ Italien, Jugoslawien, Libyen, Ägypten, Sudan oder die Staaten des Golfes. Wir möchten auf jeden Fall ausschließen eine Flugroute über Israel, Marokko oder Äthiopien. Im übrigen möchten wir Sie darauf hinweisen, daß Sie die Zielländer, die von den Gefangenen genannt worden sind, um Aufnahme bitten.«

Nachdem im Verlaufe des 15. September die »Kleine Lage« zweimal und der »Große Politische Beratungskreis« einmal getagt haben, übermittelt um 19.42 Uhr das Bundeskriminalamt an Vermittler Payot eine Mitteilung für die Terroristen – Nummer dreizehn:

»1. Zur Nachricht der Entführer vom 15. 9. 77, 01.29 Uhr: Erste Befragungen sind im Gange. Abschließende Ergebnisse liegen trotz persönlichen Kontakts auf hoher Ebene noch nicht vor. Auf die technischen und kommunikativen Schwierigkeiten war bereits hingewiesen worden.
2. Da die Entführer die bisher gebrauchte Legitimation inzwischen zahlreichen Empfängern bekanntgegeben haben, ist sie nicht mehr geneigt, die Herkunft zukünftiger Mitteilungen zu verbürgen. Die nächste Nachricht müßte deshalb mit einer aktuellen, nur dem Bundeskriminalamt zu nennenden Legitimation verbunden sein.«

Vermittler Payot ist mit diesem Text nicht zufrieden. Sein Büro meldet sich an diesem Donnerstagabend um 21.02 Uhr im Bundeskriminalamt und teilt mit:

»Wir haben Ihre Mitteilung vom 15. 9. 1977, 19.42 Uhr, erhalten. Angesichts der Tatsache, daß der zweite Satz unter Ziffer 2 zweideutig ist, möchten wir Sie bitten, uns mitzuteilen, ob wir diese Mitteilung des Bundeskriminalamtes an die Entführer
a) in der von Ihnen übersandten Fassung oder
b) unter Abänderung des zweiten Satzes der Ziffer 2 weitergeben sollen.«

* Siehe den Wortlaut dieser Erklärung auf S. 245 f.

Payot unterbreitet zwei Abänderungsvorschläge:

»1. Die nächste Nachricht müßte deshalb mit einer aktuellen, nur dem Bundeskriminalamt durch Rechtsanwalt Payot zu nennenden Legitimation verbunden sein.

2. Die nächste Nachricht müßte deshalb mit einer aktuellen, nur dem Bundeskriminalamt durch die Entführer selbst zu nennenden Legitimation verbunden sein.

Bitte teilen Sie uns unverzüglich mit, in welcher Form wir Ihre Mitteilung an die Entführer weiterleiten sollen.«

Horst Herold, der Präsident des Bundeskriminalamts, entscheidet sich für die Änderungsalternative Nummer 1. Um 21.13 Uhr wird dies dem Büro Payot durchgegeben. Zwei Stunden später meldet sich Payot noch einmal im Bundeskriminalamt: Er möchte wissen, ob er der Presse mitteilen darf, daß eine weitere Mitteilung für die Entführer bei ihm vorliegt. Das BKA ist einverstanden. Um 9.30 Uhr des darauffolgenden Tages verlangt das Bundeskriminalamt von Payot, daß er die Täter bei einer Kontaktaufnahme darauf hinweist, daß das Bundeskriminalamt ein aktuelles Lebenszeichen von Schleyer benötige. Um 10.55 Uhr melden sich die Entführer bei Payot – es dauerte also 36 Stunden, bis die Entführer eine Reaktion des BKA auf ihre Mitteilung hatten. In der Sache war man keinen Deut vorangekommen.

Die Täter versuchen, den Druck auf die Bundesregierung zu verstärken, indem sie dafür sorgen, daß sich Hanns-Martin Schleyer an einflußreiche Freunde wendet. So wird zum Beispiel beim Portier des Hotels »Breitenbacher Hof« in Düsseldorf ein Umschlag für Flick-Gesellschafter Eberhard von Brauchitsch hinterlegt. Dieser Umschlag enthält ein Tonband, gerichtet an Helmut Kohl, den CDU-Vorsitzenden und Duz-Freund Schleyers.

Schleyer bittet von Brauchitsch in einer kurzen Notiz, das Band abzuhören und anschließend weiterzureichen – »aus technischen Gründen«, so schreibt Schleyer, hätte er »den Adressaten nicht wechseln« können.

»Montag, den 12. September, eine Woche nach dem Anschlag«, beginnt Schleyer zu sprechen. »Lieber Helmut Kohl, die Situation, in der ich mich befinde, ist auch politisch nicht mehr verständlich. Dies veranlaßt mich, an meine politischen Freunde einen Appell zu richten. Zunächst zur Vorgeschichte. Am 31. Juni 1977 rief mich der Bundesinnenminister Professor Maihofer in meinem Urlaubsort Meersburg an, um mir mitzuteilen, daß ich nunmehr zu den gefährdetsten Personen gehöre und damit in die Gefahrenstufe 1 eingeteilt sei. Er bat mich, mich allen Anordnungen, die die Polizei treffen müsse, zu beugen. Die daraufhin in Meersburg, Stuttgart und Köln von BKA und LKA Stuttgart angeordneten Maßnahmen habe ich korrekt durchgeführt. Ihre Wirksamkeit konnte ich nicht beurteilen. Die Verantwortung tragen allein die dafür verantwortlichen und kompetenten Stellen. Wie stümperhaft das Ganze gemacht wurde, beweist der Ablauf des 5. September. Und die Kenntnis, die ich heute über die ungestörten, obwohl leicht erkennbaren Vorbereitungen besitze, zeigen mir, wie wenig die Verantwortlichen in Wirklichkeit über den Terrorismus wissen. Man kann sich nicht nur auf den Computer verlassen, man muß den Computer durch menschliche Gehirne speisen, wenn man von ihm richtige Erkenntnisse erwartet. Ich habe nie um mein Leben gewinselt. Ich habe immer die Entscheidung der Bundesregierung, wie ich ausdrücklich schriftlich mitgeteilt habe, anerkannt. Was sich aber seit Tagen abspielt, ist Menschenquälerei« – an dieser Stelle hört man deutlich Papierrascheln – »ohne Sinn. Es sei denn, man versucht mit naiven Tricks meine Entführer zu fangen. Das wäre zugleich mein sicherer Tod, und ich kann mir nicht vorstellen, daß man zwar die offizielle Ablehnung der Forderung scheut, aber Vorbereitungen trifft, um mich still um die Ecke zu bringen, das man dann vielleicht als technische Panne ausgeben könnte. Seit man Tag und Nacht berät – ich frage mich eigentlich, worüber noch –, hat man mir den Eindruck vermittelt, man würde die Forderungen annehmen. Alles redet zudem vom Leid der Familie und bekundet den Wunsch, mein Leben zu erhalten. Man verlangt aber ständig neue Lebenszeichen von mir und verleugnet die vorliegenden oder zweifelt die Authentizität grundlos an. Nachdem das BKA, vor allem bei den vorbeugenden Maßnahmen, eindeutig versagt hat, die Bundesregierung sich offenbar nicht zum Handeln entschließen kann, der Bundeskanzler, dem ich am 23. August in einem von mir erbetenen Termin in Hamburg die tiefe Sorge der Wirtschaft über mangelnde Sicherheitsmaßnahmen vorgetragen habe, ebenfalls keine Entscheidung trifft, ist es nunmehr Aufgabe der Opposition, die Verantwortlichkeiten klarzustellen und offenzulegen.

Ich bin nicht bereit, lautlos aus diesem Leben abzutreten, um die Fehler der Regierung, der sie tragenden Parteien und die Unzulänglichkeiten des von ihnen hochgejubelten BKA-Chefs zu decken. Von diesem Band wird eine Kopie gefertigt, um sie anderen öffentlichen Stellen zugänglich zu machen, wenn durch Deine fehlende Reaktion erkennbar wird, daß Dich dieses Band nicht erreicht hat.

In alter und vertrauensvoller Verbundenheit
Dein Hanns-Martin Schleyer.«

Als dieses Band im Kleinen Krisenstab vorgespielt wird, sind die Anwesenden erschüttert. BKA-Chef Herold ist sichtlich blaß. Doch die Teilnehmer in der Kanzleramts-Runde sagen sich, daß Schleyer dies nicht freiwillig gesagt habe. Sondern dazu gezwungen worden sei.

Zudem verschicken die Entführer auch noch Video-Bänder und Polaroid-Photos, auf denen Schleyer unter einem RAF-Stern ein Schild halten muß, auf dem steht: »Gefangener der R. A. F.«.

»Lieber Helmut Kohl, die Situation, in der ich mich befinde, ist auch politisch nicht mehr verständlich«: die beiden Duz-Freunde Helmut Kohl und Hanns-Martin Schleyer im Februar 1975

Doch Bonn bleibt unter Führung Helmut Schmidts bei seiner klaren Haltung: Die Häftlinge werden nicht ausgetauscht. Basta.

Der Kanzler und seine Berater suchen fieberhaft nach dem Ei des Kolumbus: Gibt es eine Möglichkeit, das Leben Hanns-Martin Schleyers zu retten, ohne die Gefangenen laufenzulassen? Was kann man tun, um die Terroristen von weiteren Gewalttaten abzuhalten?

Bereits zu Beginn der schwierigen sechseinhalb Wochen, am 8. September, hatten sich die Teilnehmer der kleinen Lage die Hirne zermartert, ob nicht vielleicht eine »exotische« Lösung einen Ausweg bieten könnte. »Die Freigepreßten in ein ›falsches‹ Flugzeug einsteigen lassen«, lautet einer der Vorschläge, wie der Protokollführer an diesem Abend zwischen kurz nach halb sieben und zehn festhält. »In der ›Dublette‹ werden sie eingebunkert. Ein zweites Flugzeug mit gedoubelten Häftlingen landet am gewünschten Zielort«, notiert der Schriftführer zu diesem Gedanken weiter. Ein anderer Vorschlag laut Sitzungsprotokoll: »Der Bundestag ändert unverzüglich Artikel 102 des Grundgesetzes, der lautet: ›Die Todesstrafe ist abgeschafft.‹ Statt dessen können nach Grundgesetzänderung solche Personen erschossen werden, die von Terroristen durch menschenerpresserische Geiselnahme befreit werden sollen. Durch höchstrichterlichen Spruch wird das Todesurteil gefällt. Keine Rechtsmittel möglich.«

Diese Vorschläge werden verworfen – wie so viele andere auch. Gegen die Variante »Dublettenflugzeug« spricht, daß Baader, der – wie die Entführer erklärten – am Ziel das Codewort nennen soll, dies wohl erst tun wird, wenn er sich in Sicherheit fühlt. Und der obskure Exekutions-Gedanke ist schon deshalb nicht realisierbar, weil damit gegen eines der grundlegenden Prinzipien des Rechtsstaates verstoßen würde: dem Verbot von rückwirkenden Strafgesetzen.

Währenddessen suchen überall in der Republik Tausende von Polizisten nach den Tätern, nach der kleinsten Spur. Verdächtige Objekte werden durchsucht, zum Beispiel das Kölner Uni-Center – 951 Wohnungen, in denen über 2000 Menschen leben. Ein Polizei-Großaufgebot mit Maschinenpistolen im Anschlag durchkämmt Wohnung für Wohnung: ist niemand da, kommen die Beamten entweder mit einem Generalschlüssel durch die Eingangstür oder über den Balkon. Wer heimkehrt, findet einen Vordruck in seiner Wohnung:

»Aufgrund gesicherter Beweise dafür, daß sich im Uni-Center in

Köln Terroristen aufgehalten haben oder noch aufhalten, hat die zuständige Staatsanwaltschaft die Durchsuchung der zu dem Wohnungskomplex gehörenden Wohnungen gem. § 103 StPO (Durchsuchung bei Unverdächtigen) angeordnet. – Im Laufe der Durchführung dieser Anordnung war es unerläßlich, auch Ihre Wohnung zu überprüfen. Bedauerlicherweise waren Sie zum Überprüfungszeitpunkt nicht anwesend. Sollten Sie Rückfragen haben, wenden Sie sich bitte an das Polizeipräsidium Köln, Tel. 2751. Nebenstelle 2411. – Die Polizei bedauert, daß es notwendig war, in der geschehenen Form in Ihre Privatsphäre einzudringen, bittet aber in Anbetracht der Schwierigkeiten der Situation, insbesondere auch der Gefahren für die Hausbewohner, um Ihr Verständnis.«

Unterzeichnet hat diese Mitteilung »Hochachtungsvoll« der Leiter der Sonderkommission, Ruckmich. In dem 43stöckigen Wohnsilo entdeckt die Polizei tatsächlich eine konspirative Wohnung, angemietet von Adelheid Schulz, im Keller auch noch den Alfa Romeo, mit dem sie Schleyers Fahrtroute ausgekundschaftet hatte. Tausende von Wohnungsdurchsuchungen hingegen verlaufen erfolglos. Nicht wenige Menschen sind sauer, weil so mancher Beamte alles andere als behutsam bei der Wohnungsdurchsuchung vorging.

Oberster Fahndungsleiter ist BKA-Chef Horst Herold als »ZEL 1« – er übernahm die »Zentrale Einsatzleitung« in der Terrorismusabteilung des BKA in Bad Godesberg. In »ZEL 2« sind unter Leitung des TE-Abteilungspräsidenten Gerhard Boeden 150 Kriminalbeamte des höheren und gehobenen Dienstes und 60 Zuarbeiter mit der »Beschaffung, Entgegennahme und Bearbeitung aller tatbezogenen Informationen« beschäftigt. Außerdem erstellen sie Ermittlungskonzepte. 20 Beamte dieser »ZEL 2«-Gruppe sitzen in einem Seitenflügel des Kölner Polizeipräsidiums. BKA-Kriminaldirektor Erich Ruckmich und seine Kollegen haben sich um »unmittelbar fallbezogene Ermittlungen aus dem Tatablauf« zu kümmern. Unterstützung erhalten sie von nordrhein-westfälischen Kripo-Leuten – in Spitzenzeiten sind es bis zu 200. Dieser »Zentralen Einsatzleitung« arbeitet die Polizei aus dem ganzen Bundesgebiet zu.

Die Beamten fallen nicht auf die falschen Fährten herein, auf die sie die Entführer locken wollen, um den Schwerpunkt der Ermittlungen nach Süden zu ziehen: An der Grenze zur Schweiz entdeckt die Polizei in Lörrach-Salzert am 7. September einen VW-Bus mit Münchener

Kennzeichen, in dem die Krawatte und das Schlüsseletui Schleyers liegen. Später stellt sich heraus, daß Christian Klar die beiden Gegenstände dorthin brachte. Knut Folkerts hatte den Wagen in München für 2000 Mark gekauft; in den Radkasten des rechten Vorderrades ist ein Magnetkästchen montiert, in dem die Tür- und Zündschlüssel für das Fahrzeug liegen. Noch zwei weitere Male versuchten die Täter die Aufmerksamkeit der Fahnder mit zwei Videos auf den Süden zu richten, weg von der Gegend um Köln: in einer Videoaufnahme vom 7. September hält Schleyer die Stuttgarter Zeitung in der Hand, in einer Aufnahme vom 14. September sind – wie zufällig dort stehend – eine Milchtüte und eine Limonadenflasche aus der Schweiz zu sehen. Doch den Fahndern erscheinen diese »Spuren« zu plump.

In den Bonner Krisenstäben fürchten die Männer stündlich eine weitere Eskalation. Die Angst steigt von Tag zu Tag. Denn von Tag zu Tag wird deutlicher, daß die Regierung nicht bereit ist, die Gefangenen freizulassen. In erster Linie rechnen die Krisenstäbler damit, daß ein Politiker entführt oder gar ermordet wird. Bonn befindet sich im Belagerungszustand: Panzerspähwagen des Bundesgrenzschutzes, Polizisten mit Maschinenpistolen hinter Sandsäcken und zahlreiche Limousinen mit Leibwächtern zum Schutz der Politiker bestimmen im Regierungsviertel das Bild.

Die gefürchtete Eskalation kommt tatsächlich. Aber auf andere Weise: in den Mittagsstunden des 13. Oktober bringen vier arabische Terroristen die Lufthansa-Maschine Landshut auf dem Flug LH 181 von Mallorca nach Frankfurt in ihre Gewalt – mit 86 Passagieren und 5 Besatzungsmitgliedern an Bord. Um 15.45 Uhr landet die Boing 737 in Rom. Die Täter bezeichnen sich als »Kommando Martyr Halimeh« und handeln im Namen der »struggle against world imperialism organisation – S. A. W. I. O.«, der »Organisation für den Kampf gegen den Weltimperialismus«. »Halimeh« war der arabische Name von Brigitte Kuhlmann: Sie wurde ein gutes Jahr zuvor, am 4. Juli 1976, in Entebbe von einem israelischen Einsatzkommando erschossen, nachdem sie zusammen mit fünf Palästinensern und dem Deutschen Wilfried Böse eine Air-France-Maschine mit 257 Passagieren, unter ihnen 83 Israelis, gekapert und nach Entebbe in Uganda entführt hatte. Was an diesem Nachmittag noch niemand weiß: Die vier Landshut-Entführer hatten zuvor an einem »Kurs Hijacking« der »Volksfront für die Befreiung Palästinas« (PFLP) des Kinderarztes Georges Habach teilgenommen, in einem Palästinenser-Lager in der Nähe von Bagdad. Sie zählten zu den Kursbesten.

In der kommenden Nacht, zehn Minuten nach eins, teilt Vermittler Payot dem BKA mit, daß bei ihm Mitteilungen der »Organisation für den Kampf gegen den Weltimperialismus« und des »Kommandos Siegfried Hausner« eingegangen seien. In den Erkärungen nimmt jedes Kommando Bezug auf die Aktion des anderen. Somit steht fest, was bislang nur Befürchtung war: daß zwischen den beiden Entführungen ein Zusammenhang besteht.

Die Täter haben ihre Forderungen erhöht: Nun verlangen sie zusätzlich 15 Millionen Dollar und die Freilassung von zwei in Istanbul einsitzenden Palästinensern. »Die deutschen Gefangenen sollen in einem von Ihnen gestellten Flugzeug zu ihrem Zielort gebracht werden. Sie sollen über Istanbul fliegen und die zwei aus dem dortigen Gefängnis entlassenen palästinensischen Genossen aufnehmen«, verlangt die »Organisation für den Kampf gegen den Weltimperialismus«: »Alle Gefangenen sollen ihr Ziel bis Sonntag, 16. Oktober 1977, 08.00 Uhr GMT* erreichen.« Die Entführer drohen: »Wenn nicht alle Gefangenen entlassen werden und ihr Ziel erreichen und das Geld nicht gemäß den Anweisungen innerhalb der angegebenen Zeit übergeben wird, werden Hanns Martin Schleyer und alle Passagiere sowie die Besatzung der Lufthansa-Maschine 737, Flug LH 181, augenblicklich getötet.«

In einer weiteren Erklärung, den »Anweisungen für die Herausgabe von Lösegeld«, bestimmt die »Organisation für den Kampf gegen den Weltimperialismus«, wie die Übergabe der 15 Millionen Dollar zu erfolgen hat. Hanns Eberhard Schleyer, 32, der älteste Sohn des Entführten, soll das Geld in drei schwarzen »Samsonite«-Koffern transportieren – justiert auf die Zahlenkombination 000. Schleyer junior hat danach am Samstag, dem 15. Oktober, um 12 Uhr, im Hotel Intercontinental in Frankfurt zu erscheinen, mit dem Lösegeld und seinem Paß, um dort weitere Anweisungen zu erhalten: »Er sollte einen beigen Anzug tragen«, teilen die Entführer weiter mit, »Sonnenbrille in der obersten Tasche der Jacke. Das Gestell der Brille sollte von außen auf der Tasche deutlich erkennbar sein. Er sollte die letzte Ausgabe

* GMT = Greenwich Mean Time, 8.00 GMT entspricht 9.00 Uhr Mitteleuropäischer Zeit, MEZ.

von ›Der Spiegel‹ in der linken Hand führen.« Er habe sich auf eine Reise zu begeben, unterwegs werde ein Vertreter der Gruppe mit ihm Kontakt aufnehmen. »Dieser wird sagen ›Laßt uns Ihren Vater retten‹ (Let us save your father), er sollte antworten ›Wir werden meinen Vater retten‹ (We shall save my father). Dann sollte er den Anweisungen unseres Vertreters gehorchen.«

Was damals niemand weiß: am Tag zuvor, am 13. Oktober, besorgte Rolf Klemens Wagner in Paris ein Flugticket für »E. Schlier, Frankfurt, Kaiserstraße 56a« – von Frankfurt über Paris, Algier, Damaskus und Karatschi zurück nach Frankfurt. Wagner zahlte dafür 6075 Francs (rund 3000 Mark) und ließ das Ticket im Frankfurter Lufthansabüro zur Abholung bereitlegen. Dort traf – wie sich freilich erst später herausstellte – das Fernschreiben aus der Pariser Lufthansa-Dependance wenige Minuten später ein, am Donnerstag um 13.17 Uhr – also zwei Tage vor der geplanten Odyssee.

An den beiden nächsten Tagen, am 14. und 15. Oktober, hat Hanns Eberhard Schleyer engen Kontakt mit dem Bundeskriminalamt und der Bundesregierung. Die Regierung erklärt sich zwar bereit, das Geld zur Verfügung zu stellen, hält aber ansonsten an ihrer harten Linie fest: Für sie kommt es nicht in Frage, die Häftlinge freizulassen.

Am Morgen des Sonnabends, dem 15. Oktober – des von den Entführern verlangten Tages der Abreise, – ruft Bundesjustizminister Vogel um halb zehn Hanns Eberhard Schleyer an und erklärt ihm, es sei in der Öffentlichkeit bekanntgeworden, wo und wann er sich einzufinden habe. Nun wäre das Risiko einer solchen Reise für ihn zu groß. Deshalb sei man sich in den Krisenstäben darüber einig geworden, daß ihm das Geld nicht ausgehändigt werden könne. Weiter erklärt Vogel, der Öffentlichkeit werde mitgeteilt, daß der »Transport des Geldes in der vorgesehenen Weise wegen des Gewichts objektiv unmöglich« sei. 120 Kilogramm wiegen die drei Koffer voller Geldscheine. Ebenso werde über die Presse erklärt, daß bei Payot eine weitere Meldung für die Entführer liege. Nämlich: »Machen Sie sofort Vorschläge für eine Übergabe der geforderten 15 Millionen Dollar unter den Bedingungen, deren Einhaltung möglich ist.«

Was der Justizminister Hanns Eberhard Schleyer nicht sagt, ist, daß die Bundesregierung selbst für die Verbreitung des geplanten Treffpunkts gesorgt hat. Sie befürchtete – und wollte durch diese »Indiskretion« verhindern –, daß sie auf diese Weise auch noch die 15 Millionen Dollar verliert. Und vielleicht sogar auch noch Sohn Schleyer. So kommt es, daß sich um 12.00 Uhr Heerscharen von Journalisten in der Eingangshalle des Frankfurter Intercontinental drängen – nur der entscheidende Mann taucht nicht auf: Hanns Eberhard Schleyer.

Erst in der Nacht waren beim BKA neue Video-Aufnahmen von Vater Schleyer eingetroffen. Seine Nerven haben sichtlich gelitten: »Ich frage mich in meiner jetzigen Situation wirklich, muß denn nun etwas geschehen, damit Bonn endlich zur Entscheidung kommt?« erklärt er auf dem Band. »Schließlich bin ich nun fünfeinhalb Wochen in der Haft der Terroristen und das alles nur, weil ich mich jahrelang für diesen Staat und seine freiheitlich-demokratische Ordnung eingesetzt und exponiert habe. Manchmal kommt mir ein Ausspruch – auch von politischen Stellen – wie eine Verhöhnung dieser Tätigkeit vor.«

Nachdem Hanns Eberhard Schleyer klargeworden ist, daß aus dem Geldkoffer-Flug aufs Geratewohl nichts wird, versucht er, das Leben seines Vaters auf eine andere Weise zu retten: Um 13.00 Uhr beantragen an diesem Sonnabend seine Anwälte, Kollegen aus seiner Stuttgarter Kanzlei, beim Bundesverfassungsgericht eine Einstweilige Anordnung im Namen seines Vaters. Danach sollen die Bundesregierung und die beteiligten Landesregierungen verpflichtet werden, »den Forderungen der Entführer des Dr. Hanns-Martin Schleyer auf Freilassung und Gewährung freier Ausreise aus der Bundesrepublik Deutschland von namentlich von den Entführern benannten Häftlingen« nachzukommen »als unabdingbare Voraussetzung zur Abwendung gegenwärtiger drohender Gefahr für das Leben des Antragstellers«. Die Bundesregierung und die Landesregierungen nähmen die Ermordung Schleyers wissentlich hin, erklären die Schleyer-Anwälte in ihrem Schreiben, »obwohl sie in der Lage wären, diesen Mord abzuwehren. Die Freilassung der Gefangenen und ihre Ausreise als Erfüllung der durch die Geiselnahme erpreßten Forderungen der Entführer sind nach bisherigen Erfahrungen und nach der Überzeugung aller Beteiligten, auch der Antragsgegner, ausreichend, um das Leben des Antragstellers zu schützen.«

Für die Bundesregierung erklärt der Justiz-Ministerialbeamte Bahlmann, daß er diesen Antrag für nicht begründet halte. Die elf inhaftierten Terroristen seien gefährliche Verbrecher, im Falle ihrer Freilassung sei damit zu rechnen, daß sie in die Bundesrepublik zurückkehrten, um ihr verbrecherisches Tun fortzusetzen – wie die Erfahrungen nach dem Entführungsfall Lorenz zeigten: »Mit dem Eingehen auf die Forderungen der Entführer ist deshalb das Leben weiterer Unbeteiligter in höchstem Maße gefährdet.« Außerdem gibt der Vertreter der Bundesregierung zu bedenken: »Wird den Forderungen der Terroristen nachgegeben, so wird damit der abwehrbereite Staat in seinen ureigensten Funktionen auf das Empfindlichste gelähmt.«

Für die Entführer drängt an diesem Samstagnachmittag die Zeit: Die von ihnen für Hanns Eberhard Schleyer unter dem Namen »E. Schlier« gebuchte Maschine nach Paris startet um 21.20 vom Frankfurter Rhein-Main Flughafen. Von Mittag an ruft Rolf Klemens Wagner mehrfach im Intercontinental an, um Schleyer zu erreichen. Schleyer wird mit einem Hubschrauber eingeflogen, um 17.58 Uhr hat ihn Wagner an der Strippe: »Herr Schleyer, Sie sprechen mit dem Kommando Siegfried Hausner.« Die beiden verstehen sich kaum, die Leitung ist sehr schlecht. Wagner ruft noch einmal an. »Die Bundesregierung ist bereit, die 15 Millionen Dollar zu bezahlen«, sagt Schleyer dem Erpresser. »Die Bundesregierung hat es mir gegenüber aber abgelehnt, daß ich heute abend diesen von Ihnen angegebenen Flug benutze.« Er bitte ihn daher dringend darum, »daß Sie sich andere Modalitäten überlegen, so schnell wie möglich, die eine solche konkrete Gefährdung für meine Person ausschließen.« Schleyer erklärt, daß er alles versuche, auch das Bundesverfassungsgericht eingeschaltet habe. »Herr Schleyer«, fällt ihm Wagner ins Wort, »wenn ich Sie mal unterbrechen darf, äh, es gibt für uns keine andere Möglichkeit. Ich wiederhole: keine... Wir haben keine andere Möglichkeit, äh, einen anderen Weg vorzuschlagen.«

Schleyer regt an, »– bitte verstehen Sie das nicht als Verzögerungstaktik –, ob man diesen Flug von heute, der also unter keinen Umständen nach dem entschiedenen Veto der Bundesregierung einzuhalten ist, auf morgen verlegt. Sie sind völlig frei.« Aber dazu sind die Entführer nicht bereit. »Herr Schleyer, wir werden keine Änderung vornehmen, und das ist mein letztes Wort«, erklärt ihm Wagner bestimmt: »Das werden Sie bitte der Bundesregierung genauso mitteilen. Ich darf mich von Ihnen verabschieden.« Er legt auf.

Doch es ist tatsächlich noch nicht das letzte Wort der Entführer: Am Abend, acht Minuten nach elf, klingelt in Hanns Eberhard Schleyers Wohnung in der Stuttgarter Melittastraße das Telefon. »Ich habe Ihnen folgende Mitteilung zu machen«, erklärt Wagner

Schleyer: »Aufgrund des Gespräches mit Ihnen sind wir nun damit einverstanden, wenn den Gefangenen das Lösegeld mitgegeben wird.«

Sechseinhalb Stunden später, am Sonntag, dem 16. Oktober 1977, verkündet Ernst Benda, der Präsident des Bundesverfassungsgerichts, um 5.45 Uhr das Urteil des Ersten Senats: »Der Antrag auf Erlaß einer einstweiligen Anordnung wird abgelehnt.« Der Schutz des einzelnen wie aber auch aller Bürger gegenüber derartigen Angriffen setze voraus, erklärt das Gericht zur Begründung, »daß die zuständigen staatlichen Organe in der Lage sind, auf die jeweiligen Umstände des Einzelfalls angemessen zu reagieren; schon dies schließt eine Festlegung auf ein bestimmtes Mittel aus. Darüber hinaus kann eine solche Festlegung insbesondere deshalb nicht von Verfassungs wegen erfolgen, weil dann die Reaktion des Staates für Terroristen von vornherein kalkulierbar würde. Damit würde dem Staat der effektive Schutz seiner Bürger unmöglich gemacht.«

Um 8.30 Uhr kommt das Kabinett zu einer Sondersitzung zusammen. Es beschließt, bei der harten Linie zu bleiben, die Gefangenen nicht zusammenzuführen. Außerdem soll alles darangesetzt werden, die Geiseln im Flugzeug zu befreien.

Um 15.55 Uhr landet die entführte Boing 737 in Aden – neben der Rollbahn auf der Sandpiste. Die Südjemeniten haben die Landebahn mit Panzerfahrzeugen blockiert, um eine Landung zu verhindern. Mit Einwilligung der Entführer verläßt Kapitän Jürgen Schumann die Maschine, um sich nach der harten Landung das Flugzeug von unten zu besehen. Nach Meinung des Anführers »Captain Mahmud« – tatsächlich: Zohair Youssif Akache, ein im Libanon aufgewachsener 22jähriger – kommt er zu spät zurück. Mahmud hält mit ihm ein – wie er es nennt – »Revolutionsgericht« ab. »Bist du schuldig«, schreit der Araber den Kapitän an. »Sie, lassen Sie mich erklären, ich konnte nicht zur Maschine zurück«, antwortet ihm Schumann – Mahmud schlägt ihm mit voller Wucht ins Gesicht. Dann jagt er ihm eine Kugel in den Kopf. Schumann bricht zusammen. Seine Leiche stellen die Entführer aufrecht in den schmalen Garderobenschrank neben der Toilette.

Von der Startbahn in Aden hebt die 737 in der Nacht zum Montag ab – um 1.00 Uhr deutscher Zeit. Copilot Jürgen Vietor steuert die Maschine nach Mogadischu, der Hauptstadt Somalias. Dort landet das Flugzeug am Dienstagmorgen um 4.45 Uhr deutscher Zeit. Dreizehn Stunden später, nach Einbruch der Dunkelheit, setzt dort eine andere

Lufthansa-Maschine auf – für die Entführer nicht erkennbar. An Bord: ein Einsatzkommando der Bundesgrenzschutzeinheit GSG 9. Fünf Minuten nach Mitternacht beginnt die »Aktion Feuerzauber« – die entführte Maschine steht mittlerweile seit über 19 Stunden auf dem Flugplatz: GSG 9-Männer stürmen unter Führung ihres Kommandanten Ulrich Wegener das Flugzeug, zünden Blendgranaten und erschießen drei der Entführer. Die Terroristin Suhaila Sayeh (22) überlebt schwer verletzt. Alle Geiseln werden lebend befreit, für sie geht ein Alptraum von über einhundert Stunden zu Ende. Sieben Minuten nach Beginn des Einsatzes meldet Staatsminister Wischnewski aus Mogadischu an Bundeskanzler Helmut Schmidt in Bonn: »Die Arbeit ist erledigt.«

Als erste deutsche Rundfunkstation meldet der Deutschlandfunk die Befreiung. Um 00.38 Uhr wird das Programm mit der Nachricht unterbrochen: »Die von Terroristen in einer Lufthansa-Boing entführten 86 Geiseln sind alle glücklich befreit worden. Dies bestätigt ein Sprecher des Bundesinnenministeriums in Bonn. Ein Spezialkommando des Bundesgrenzschutzes hatte um null Uhr die Aktion auf dem Flughafen von Mogadischu gestartet. Nach den ersten Informationen sollen drei Terroristen getötet worden sein.« Zwei Minuten später strahlt diese Meldung auch der Sender Freies Berlin im gemeinsamen Nachtprogramm der ARD aus.

Am nächsten Morgen schließt um 7.41 Uhr in Stuttgart-Stammheim Justizobersekretär Gerhard Stoll Raspes Zelle auf. Drei Kollegen stehen neben ihm. Stoll will ihm das Frühstück hereinreichen – Kaffee, Graubrot und ein gekochtes Ei. Doch der Häftling Raspe erwartet in seiner Zelle kein Frühstück mehr. Die Beamten trauen ihren Augen nicht: Raspe sitzt mit ausgestreckten Beinen auf seinem Bett, mit dem Rücken lehnt er an der Wand. Der Kopf hängt leicht nach rechts, auf der linken Gesichtshälfte läuft Blut herunter. Er blutet aus Mund, Nase und Ohren. Raspe atmet schwach, die Wand hinter ihm ist blutverschmiert. Rechts neben ihm liegt eine Pistole auf der Matratze. Ein Notarztwagen transportiert Raspe mit Blaulicht in das Katharinenhospital in Stuttgart. Sofort kommt er in den Operationssaal. Doch es ist zu spät: Jan-Carl Raspe stirbt um 9.40 Uhr.

Die Beamten öffnen Baaders Zelle: Sie sehen ihn auf dem Boden liegen; unter seinem Kopf befindet sich eine große Blutlache. Der Gefängnissanitäter Richard Soukop versucht den Puls zu fühlen. Doch Baader ist schon tot: seine Hand ist kalt und leichenstarr. 40 Zentimeter neben seinem Kopf finden die Beamten eine Pistole.

In Gudrun Ensslins Zelle erblickt Sanitäter Soukop – zwanzig Zentimeter über dem Fußboden – zwei Füße unter einer Decke hervorbaumeln, mit der das Fenster verhängt ist: Gudrun Ensslin hat sich am Fensterkreuz aufgehängt – an demselben Fenstergitter, an dem sich Ulrike Meinhof eineinhalb Jahre zuvor das Leben nahm.

Irmgard Möller – der vierte Häftling auf der 7. Etage in der JVA Stammheim – liegt gekrümmt auf ihrem Matratzenlager: sie hat in der Herzgegend mehrere Stichverletzungen, ihr Oberkörper ist blutverschmiert. Der Anstaltsarzt stellt fest, daß es sich nicht um lebensgefährliche Verletzungen handelt, er spritzt ihr ein Herz-Kreislaufmittel. Ein zweiter Notarztwagen bringt sie ins Robert-Bosch-Krankenhaus. Möller überlebt.*

»Ich war wie von einer Keule getroffen, empört, entsetzt«, erinnert sich Bundeskanzler Helmut Schmidt an den Augenblick, als er die Nachricht aus Stammheim erhielt: In wenigen Minuten, kurz nach neun, begann die Sondersitzung des Kabinetts. Auf der Tagesordnung stand die erfolgreiche Befreiung der Landshut-Geiseln wenige Stunden zuvor: »Jetzt hatten wir gerade einen großen Erfolg errungen, und nun dieser Tritt in den Unterleib. Wir waren völlig von den Socken. Nach Mitternacht war ja kein großer Jubel gewesen, mehr ein tiefes Durchatmen. Die Entspannung hatte sich auf die verschiedenste Weise entladen, bei so manchem mit ein paar Tränen – und sieben Stunden später nun das.«

Wie konnte gerade das geschehen? fragen sich an diesem Tag viele Menschen in der Bundesrepublik – im »sichersten Gefängnis der Welt«, wie einst der Stuttgarter Justizminister Traugott Bender die Haftanstalt gepriesen hatte. Wie kamen die Waffen in die Anstalt? Irgendwoher mußten die – seit Wochen in strenger Isolation gehaltenen – Gefangenen die Informationen über die Befreiung in Mogadischu erhalten haben: Woher? Und: Wie konnten sie sich untereinander verständigen? Die Häftlinge waren weit voneinander entfernt

---

* Keinen Monat später begeht auch Ingrid Schubert Selbstmord, am 12. November 1977 in der JVA München-Stadelheim.

untergebracht, zwischen ihren Zellen lagen mehrere leere Räume. Zudem wurden zwischen 17.00 Uhr und 7.30 Uhr sogenannte »Kontaktsperrepolster« – mit Schaumgummi beschichtete Platten – vor die Türen gestellt, die es den Häftlingen unmöglich machten, sich durch Schreien zu verständigen.

Aus dem Umfeld der RAF und ihrer Sympathisanten wurde sogleich behauptet, daß es sich nicht um Selbstmord, sondern um Mord handle. Bei Baader habe es zuvor einen Kampf gegeben, erklärten beispielsweise Verfechter der Mordthese unter Hinweis auf zwei Projektile, die in der Zelle vor dem tödlichen Schuß abgefeuert worden waren – eine These, für die die Fachleute später keine Anhaltspunkte fanden. »Eine Wiederaufnahme des Verfahrens erscheint dringend geboten«, lautete noch 1988 das Fazit von Karl-Heinz Weidenhammer, dem Rechtsanwalt Raspes im Stammheimer Verfahren, in seinem Buch *Selbstmord oder Mord? Das Todesermittlungsverfahren: Baader/Ensslin/Raspe.*

Nach den heutigen Erkenntnissen gibt es an einem Selbstmord der Gefangenen keinen vernünftigen Zweifel mehr: So war der Tod der Häftlinge von Anfang an für den Fall geplant worden, daß die Befreiungsaktion schiefläuft – wie Susanne Albrecht und Monika Helbing nach ihrer Verhaftung in der DDR berichteten. Albrecht erklärte, von Brigitte Mohnhaupt habe sie erfahren, daß es sich »um geplante Selbstmorde handelt, die zur politischen Agitation ›als Mord‹ hingestellt werden sollten«. Auf Geheiß von Brigitte Mohnhaupt hätte sie mit niemandem darüber sprechen dürfen. »Suicide Action« hieß das Vorhaben bei den Eingeweihten. Die RAF wollte damit die Öffentlichkeit glauben machen, daß die Toten in Stammheim die Reaktion des »faschistischen Staates« seien – dies diente der Gruppe zugleich als Rechtfertigung weiterer Aktionen und zur Rekrutierung neuer Mitglieder. So schloß sich zum Beispiel Werner Lotze der RAF an, nachdem er an der Beerdigung von Baader, Ensslin und Raspe teilgenommen hatte – er hielt es nach der »Niederlage« für »notwendig«, in »die RAF zu gehen, das weiterzumachen«.

Auch hatten die, die sich dann das Leben nahmen, zuvor mehrfach von sich als den »toten Gefangenen« gesprochen – als Drohung. So erklärte beispielsweise Jan-Carl Raspe warnend am 9. Oktober – also neun Tage vor seinem Freitod – dem BKA-Beamten Alfred Klaus, »daß die politische Katastrophe die toten Gefangenen und nicht die befreiten sein werden«. Alfred Klaus fragte nach, ob die »Gefangenen sich selbst zu töten beabsichtigten, etwa so wie Ulrike Meinhof dies getan« habe. Raspe erwiderte: »Ich weiß nicht.« Baader drohte dem Beamten: »Die Bundesregierung wird künftig nicht mehr über die Gefangenen verfügen können«. Und Gudrun Ensslin kündigte sogar schriftlich an – ebenfalls bei dem Besuch des BKA-Mannes am 9. Oktober –, daß »die Gefangenen in Stammheim Schmidts Entscheidung aus der Hand nehmen, indem wir entscheiden, und zwar wie es jetzt noch möglich ist, als Entscheidung über uns«. Einen Tag später spricht Baader bei einer Visite des Gefängnisarztes Henck ausdrücklich von der Möglichkeit eines »kollektiven Selbstmordes«.

Schließlich fanden die fünf mit der Obduktion beauftragten Professoren keine Anhaltspunkte, »die einen Selbstmord der Gefangenen in Zweifel ziehen könnten« – Hans Joachim Mallach aus Tübingen, Joachim Rauschke aus Mannheim, Wilhelm Holzabek aus Wien, Hanspeter Hartmann aus Zürich und Armand André aus Lüttich. Einstimmig kam der Untersuchungsausschuß des baden-württembergischen Landtags zu der Überzeugung, daß sich die Gefangenen selbst getötet haben.

Die beiden Waffen wurden – so stellte sich heraus – von Rechtsanwalt Arndt Müller ins Gefängnis geschafft. Allerdings nicht nur sie: Begonnen hatte alles damit, daß Gudrun Ensslin in einem Kassiber von Volker Speitel verlangte, eine Minox-Kamera ins Gefängnis zu bringen – die »Stammheimer« hätten die Absicht, Fotos von sich zu machen. Diese Aufgabe übernahm Arndt Müller aus dem »Büro« in der Lange Straße 3 in Stuttgart. Die Sache war nicht einfach: Bei Besuchen im Stammheimer Gefängnis wurden die Verteidiger streng kontrolliert. Mindestens zehn Minuten lang. Falls erforderlich, auch wesentlich länger.

Es gab aber noch eine zweite Möglichkeit, den Häftlingen etwas zukommen zu lassen, nämlich während der Gerichtsverhandlung im Prozeßgebäude. Beim Betreten der Mehrzweckhalle wurden die Anwälte nicht so streng gefilzt: »So dauerten die Kontrollen dort durchschnittlich meist unter 5 Minuten, vielfach nur 1–2 Minuten; länger als 5 Minuten bis höchstens 10 Minuten wurde nur ganz ausnahmsweise kontrolliert«, stellt später das Oberlandesgericht Stuttgart* fest,

* Urteil vom 31. Januar 1980 – 2 – 1 StE 5 – 6/78.

das Arndt Müller wegen des Waffenschmuggels und anderer Dinge zu einer Freiheitsstrafe von vier Jahren und acht Monaten verurteilte – sowie fünf Jahren Berufsverbot: »Als Kontrolleure waren hier Beamte der Kriminalpolizei, aber auch der Schutzpolizei eingesetzt, wobei es sich häufig um junge Beamte am Anfang ihrer Laufbahn handelte, die noch kaum Berufserfahrung hatten. Einschlägige Erfahrungen in der Kontrolle von Verteidigern besaßen die im Prozeßgebäude eingesetzten Polizeibeamten in aller Regel ohnehin nicht. Sie wurden jeweils nur für wenige Wochen zu diesem Dienst abgeordnet. Um so weniger war zu erwarten, daß sie gegenüber Rechtsanwälten, denen aus ihrer Sicht naturgemäß eine gewisse Autorität und Vertrauenswürdigkeit zukam, bei der Kontrolle mit besonderem Nachdruck aufzutreten fähig waren.«

So erkläre sich, wieso manche Beamte bei den Kontrollen in dem Prozeßgebäude mitunter »verhältnismäßig großzügig« verfahren seien. Das bedeutet: Die Handakten der Verteidiger wurden häufig nur in der Aktentasche angehoben oder von oben durchgeblättert, nicht selten nahmen die »Kontrolleure« die Akten auch gar nicht in die Hand, sondern ließen sie die Verteidiger vor ihren Augen durchblättern – besagte doch die Anweisung, die die Beamten vom Gerichtsvorsitzenden Prinzing erhalten hatten, sehr deutlich, bei der Kontrolle von Akten »strengstens darauf zu achten, daß von ihrem Inhalt keine Kenntnis genommen werden kann«, sie also – beispielsweise – »eilig durchzublättern und dabei die Schrift möglichst auf den Kopf zu stellen«.

Von dieser Schwachstelle berichtet Rechtsanwalt Müller dem »Kanzleigehilfen« Volker Speitel. Speitel bringt dies auf die Idee, einen Hohlraum in den gehefteten Handaktenband zu schneiden, gerade so groß, daß die Kamera hineinpaßt. Anschließend verklebt er diese Stelle mit Buchbinderleim so, daß die Akte noch oberflächlich durchgeblättert werden kann. Auf diese Weise bringt Müller, der für seine stoische Ruhe bekannt ist, die Kamera im Herbst 1976 mit zur Gerichtsverhandlung und übergibt sie Ensslin im Prozeßgebäude, vermutlich in der Besucherzelle. Von da an ist alles kein Problem mehr: Beim Rückweg in die Zellen werden die Angeklagten nicht durchsucht.

Mit der Minox fotografieren sie sich in Stammheim gegenseitig, einige Aufnahmen erscheinen in der 1977 herausgegebenen Schriftensammlung *texte: der RAF.* Ein Jahr lang verfügen die Häftlinge über diese Kamera – gefunden wird sie nur durch einen »dummen« Zufall, am 13. September 1977 in Baaders Zelle: Nach der Schleyer-Entführung war Baader vorübergehend aus seiner Zelle 719 in die Zelle 715 verlegt worden. Dort bittet er einen Justizobersekretär, ihm seine Utensilien für die Zubereitung von Kaffee aus der bisherigen Zelle zu bringen. Der sucht die Sachen zusammen. Dabei nimmt er eine Pakkung mit Kaffeefiltern aus dem Regal. Auf einmal rutscht ihm eine Minox-Kamera entgegen. In der Packung befindet sich noch eine Filmkassette – mit einem Tesafilm-Streifen festgeklebt.

Nachdem der Transport der Minox geklappt hat, erfüllt auf diese Weise Rechtsanwalt Müller noch eine ganze Reihe weiterer Häftlingswünsche: zwei Kochplatten von Elektrokochern, ein Transistorradio, ein Bügeleisenunterteil und vieles andere mehr, vor allem Elektroteile wie Kabel und Heizspiralen, schafft er in die Anstalt. Jan-Carl Raspe hat sich in der Haft zum Elektro- und Elektronik-Fachmann gebildet – er bezieht ein Dutzend Fachzeitschriften.

Einmal geht ein Transport auch schief. Allerdings nicht bei Müller,

Minox-Bilder aus dem Gefängnis: Andreas Baader, Gudrun Ensslin,

sondern seinem Kanzleipartner Armin Newerla. Er wird am 16. Februar 1977 dabei ertappt, wie er versucht, drei »Glimmerplatten« – wärmeisolierendes Material aus Toastgeräten – direkt in die Haftanstalt zu schmuggeln. Beim Durchblättern der Akte stutzt ein Beamter: mehrere Seiten sind auffallend dick, lassen sich nicht biegen. Er stellt fest, daß jeweils zwei Seiten zusammengeklebt sind und dazwischen die 11 × 13 Zentimeter großen Platten stecken.

Weil bei Müller alles so gut läuft, erhält Volker Speitel Ende 1976, Anfang 1977 in einem Kassiber aus Stammheim die Aufforderung, er möge den Häftlingen via Anwaltsakte eine »Knarre« zukommen lassen. Speitel besorgt eine FEG, Kaliber 7.65, eine ungarische Pistole, die dann später neben dem toten Baader liegt. Er montiert die Griffschalen ab, dadurch benötigt er weniger Platz, schneidet für die Waffe einen Hohlraum in die Handakte, legt sie rein und stopft das Loch zusätzlich noch mit Papiertaschentüchern aus, damit die Waffe festsitzt und nicht so leicht zu fühlen ist. Die Seiten verklebt er – wie gehabt. Müller allerdings verrät er davon nichts. Speitel erklärt ihm vielmehr, daß es sich um eine Kochplatte handle. Außerdem schärft der »Kanz-

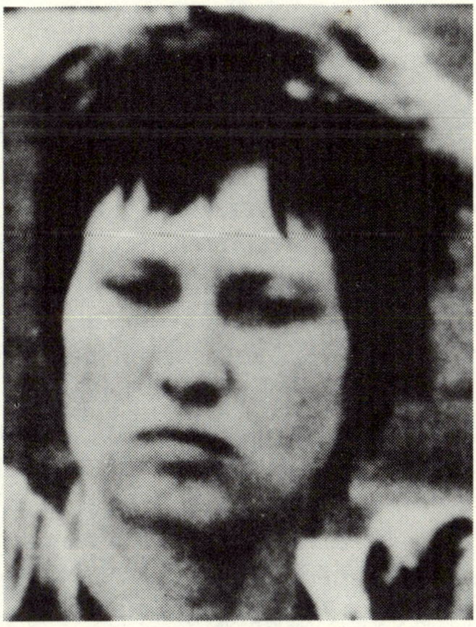

Holger Meins und Ulrike Meinhof fotografierten sich gegenseitig

leigehilfe« dem Anwalt an diesem Tag ganz besonders ein aufzupassen. Wenn er auffliege, bedeute dies das Ende seines Anwaltsdaseins, fügt Speitel hinzu – dann sei er »weg vom Fenster«. Auch dieser Transport klappt.

Im Frühjahr 1977 schickt Speitel auf die gleiche Weise noch zwei Schußwaffen ins Gefängnis: eine Pistole Heckler & Koch, Typ HK 4, mit der sich später Raspe erschießt, sowie den Revolver Colt, Typ Detectiv Special, Kaliber 38 special. Diese Waffe finden die Ermittler erst einen Monat nach dem Freitod der Häftlinge, als bei einer größeren »Nachsuche« auch der Putz von den Zellenwänden geschlagen wird. Sie liegt in einem »Mauerversteck« in der Zelle 723. Dort war vom 6. Juli bis 12. August 1977 Helmut Pohl untergebracht.

Die Heckler & Koch hatte Raspe, so ergeben die Ermittlungen, in einem Hohlraum hinter der PVC-Bodenleiste versteckt. Diesen Hohlraum deckte er mit einer Holzleiste so ab, daß selbst beim Abklopfen der PVC-Leiste nichts auffiel. Baader hatte, so die späteren Feststellungen, die FEG zunächst in einem Versteck in der Mauer der Zelle 715 untergebracht, später in seinem Plattenspieler – mit einer aus Büroklammern gefertigten Halterung.

Anschließend schafft Müller auch noch Sprengstoff und Sprengzünder zu den Angeklagten. Später werden in den Zellen insgesamt 655 Gramm Sprengstoff gefunden.

Müller betrat das Mehrzweckgebäude 49mal – zwischen dem 1. September 1976 und dem 28. April 1977.

Auf diese Weise also kamen die Waffen in die Zellen – und auch ein Radio: Das Gerät der Marke Sanyo wird unter Raspes Bett gefunden. Eingestellt hatte er als letztes das 1. Programm des Süddeutschen Rundfunks. Mehrfach war in den Wochen zuvor Raspes Zelle durchsucht worden, nicht nur von JVA-Bediensteten, sondern auch von Beamten des Landeskriminalamts. Niemand hatte das Gerät entdeckt.

Ebenso fand sich auch die Erklärung dafür, wie Baader, Ensslin und Möller von der Befreiung der Geiseln in Mogadischu erfuhren und sich untereinander verständigten: Sie hatten sich ein Kommunikationsnetz über die zwischen den Zellen verlaufenden Kabel gebastelt. Baader, Ensslin und Möller nutzten dafür ein »Teilnetz« der Hausrundfunkleitung – von der Anlage waren sie zwar abgekoppelt worden, die Leitungen verliefen jedoch noch von Zelle zu Zelle. Raspes Zelle befand sich an einem anderen Teilnetz. Über die »Rasierstromleitung«, die am Tag nur zweimal eine Stunde lang Strom führte, verbanden sie diese beiden Teilnetze miteinander.

Für ihre Unterhaltungen setzten die Häftlinge die Lautsprecher und die Kopfhörer ein, über die sie in den Zellen verfügten – Lautsprecher und Kopfhörer lassen sich auch als Mikrofone verwenden. Als Verstärker dienten Schallplattenspieler, an drei der vier Geräte in den Zellen wurden entsprechende Manipulationen entdeckt, beim vierten Plattenspieler, Baaders Dual-Verstärker CV 60, bedurfte es keiner Veränderung. So entstand eine komplette »Wechselsprechanlage«. Die Ermittlungen ergaben: »In allen Zellen waren unter anderen Kabeln mindestens 2 Kabel-Steckverbindungen vorhanden, die es ermöglichten, den Umbau Stereoanlage-Gegensprechanlage mit einiger Übung in 10 bis 60 Sekunden vorzunehmen«, heißt es im Bericht des Untersuchungsausschusses, den der baden-württembergische Landtag zur Aufklärung der Vorgänge in Stammheim einsetzte. »Zur Errichtung dieses Kommunikationssystems reichten Schulbuchkenntnisse über die Funktionsweise des Bellschen Telefons aus.« Somit spricht alles dafür, daß Raspe die Meldung über die Landshut-Erstürmung in seinem kleinen Radiogerät empfing und an die anderen durchgab.

Nach dem Tod der RAF-Kader in Stammheim und der Befreiung der Geiseln in der Lufthansa-Maschine ist klar: Das Leben Hanns-Martin Schleyers ist gefährdeter denn je.

Am Tag nach dem kollektiven Selbstmord, am Mittwoch, dem 19. Oktober, klingelt um 16.21 Uhr das Telefon im Stuttgarter Büro der Deutschen Presse-Agentur. »Hier RAF« meldet sich eine junge Frau und gibt durch: »Wir haben nach 43 Tagen Hanns-Martin Schleyers klägliche und korrupte Existenz beendet. Herr Schmidt, der in seinem Machtkalkül von Anfang an mit Schleyers Tod spekulierte, kann ihn in der Rue Charles Péguy in Mühlhausen in einem grünen Audi 100 mit Bad Homburger Kennzeichen abholen. Für unseren Schmerz und unsere Wut über die Massaker von Mogadischu und Stammheim ist sein Tod bedeutungslos. Andreas, Gudrun, Jan, Irmgard und uns überrascht die faschistische Dramaturgie der Imperialisten zur Vernichtung der Befreiungsbewegungen nicht. Wir werden Schmidt und den ihn unterstützenden Imperialisten nie das vergossene Blut vergessen. Der Kampf hat erst begonnen. Freiheit durch bewaffneten antiimperialistischen Kampf. Kommando Siegfried Hausner.«

In der Straße im französischen Mühlhausen entdeckt die Polizei das Fahrzeug mit dem Kennzeichen HG-AN 460. Nach einigem Hin und Her – die französische Polizei ist vorsichtig, sie befürchtet eine Bombe im Wagen – wird um 20.40 Uhr der Kofferraum geöffnet: Dort liegt die Leiche Schleyers – eingepfercht. Das Gesicht ist entstellt, die grauen Haare sind kurzgeschoren. Seine Mörder töteten ihn mit drei Kugeln in den Hinterkopf, finden die Gerichtsmediziner heraus, aus einer Entfernung von 20 bis 50 Zentimetern. Dies geschah zwischen dem 18. Oktober, 13 Uhr und dem 19. Oktober, 1 Uhr.

Den Audi 100 hatte Christian Klar, wie sich bald herausstellte, am 15. Oktober in Neu-Anspach bei Frankfurt gekauft. Drei Tage später – am Tag bevor in ihm die Leiche Schleyers gefunden wurde – fuhr dieser Audi in der Schweiz auf der Strecke zwischen Kreuzlingen und Schaffhausen. Am Steuer saß eine Frau, die ein Schweizer Auto in der Nähe von Mammern sehr riskant überholte. Die Insassen, zwei er-

Rue Charles Péguy in Mühlhausen:
Polizeibeamte entdecken am Abend des 19. Oktober 1977 den Audi 100, in dessen Kofferraum Schleyers Leiche liegt

boste Schweizer, stellten die Fahrerin daraufhin an einem Bahnübergang zur Rede. Dabei hätten sie gesehen, daß insgesamt vier Personen in dem Audi saßen, geben die beiden Eidgenossen später zu Protokoll.

Fest steht heute, daß Hanns-Martin Schleyer in der ersten Zeit nach seiner Entführung in der Wohnung Nummer 104 des Hochhauses Zum Renngraben 8 in Erftstadt-Liblar gefangengehalten wurde – längstens elf Tage, bis zum 16. September 1977: Von diesem Tag an wurde kein Strom mehr verbraucht, wie sich aus den Aufzeichnungen des Stromablesers ergibt. Unterm Doppelbett im Schlafzimmer entdeckten die Ermittler einen goldenen, mit Saphiren verzierten Manschettenknopf Schleyers, den er dort offensichtlich versteckt hatte – das Pendant zu dem Manschettenknopf, den er am ersten Tag der Entführung in der Reserveradmulde des Mercedes 230/6 zurückgelassen hatte. In dem Wandschrank stießen die Ermittler auf Schaumstoffmatten, in Kopfhöhe eines darin sitzenden Menschen fanden sie »massiert Haaranhaftungen« – 108 Haare entsprachen denen Schleyers. Fest steht heute auch, daß in einem Raum dieser Wohnung Videoaufnahmen von Schleyer gemacht wurden: ein dunkler Fleck und eine leicht schräg wirkende Steckdose, die auf den Videos zu sehen sind, erkannten die Fahnder dort wieder. Auch für Hintergrundgeräusche auf einem der Bänder, die als »Baulärm« interpretiert wurden, fand sich die Erklärung: gegenüber der Wohnung lag seinerzeit eine Baustelle, auf der ein Betonmischer und ein Motoraufzug lärmten.

Ungeklärt ist bis zum heutigen Tag, wo Schleyer anschließend gefangengehalten wurde. Einiges deutet darauf hin, daß dies in den Niederlanden geschah. So behauptete Peter-Jürgen Boock in seinem Strafverfahren vor dem Oberlandesgericht Stuttgart, Schleyer sei in ein Haus in Den Haag geschafft worden – eine Bestätigung dafür fand sich allerdings nicht. Ebenso ist ungeklärt, wo Schleyer erschossen wurde und wer die Schüsse abfeuerte: Vermutlich geschah der Mord im Freien – an Schleyers Leiche wurden im Mund Grasreste und auf dem Anzug Tannennadeln gefunden.

Nach den Ermittlungen der Polizei waren an der Schleyer-Entführung mindestens 14 Personen beteiligt: Rechtskräftig verurteilt wurden bislang Brigitte Mohnhaupt, Christian Klar, Peter-Jürgen Boock, Adelheid Schulz, Rolf Klemens Wagner und Stefan Wisniewski. Tot ist Willy Peter Stoll, der bei dem Versuch im September 1978, ihn zu verhaften, zur Waffe griff und von einem Polizeibeamten in Notwehr erschossen wurde. Ebenfalls am Schleyer-Komplex beteiligt waren, wie sich die Ermittler sicher sind, Rolf Heißler und Angelika Speitel. Da beide bereits aus anderen Gründen zu lebenslanger Haft verurteilt worden sind, wurde auf eine Anklage verzichtet. Das gleiche gilt für Knut Folkerts, der nach seiner Verhaftung in den Niederlanden von einem Gericht dort »lebenslänglich« erhielt. Bei Silke Maier-Witt und Monika Helbing sind die Verfahren noch nicht rechtskräftig abgeschlossen. Die einzige, die von dem Schleyer-Komplex noch auf der Fahndungsliste der Polizei steht, ist Friederike Krabbe. Nach den Erkenntnissen der Ermittler lebt sie seit Jahren im Irak.

Wer im einzelnen was bei der Entführung und den Morden getan hat, ist in weiten Teilen ungeklärt. Die Täter schweigen eisern.

Nach der »Offensive«

Aus Sicht der Rote Armee Fraktion war die »Offensive 77« zur Niederlage geworden – zu einer empfindlichen Niederlage, die ihr schwer zu schaffen machte. Ihr Ziel hatte die Gruppe nicht erreicht: die RAF-Kader in Stammheim waren nicht befreit, sondern tot. Die Rechnung der Terroristen, die die zweite Generation seit 1973 zu immer neuen Aktivitäten beflügelt hatte, war nicht aufgegangen: der Staat hatte sich nicht erpressen lassen, sondern Härte gezeigt. So setzte bei der RAF ein nachhaltiger Ernüchterungsprozeß ein. Ebenso bei ihrem Umfeld in der Linken – eine nicht minder schwere Niederlage. Die Kritik aus diesen Kreisen an den RAF-Morden ist massiv. »Genossen« seien zu »Killern« geworden, wirft die Frankfurter Alternativzeitung »Pflasterstrand« der RAF vor. Auf besondere Ablehnung stößt die Entführung der mit Urlaubern besetzten »Landshut«: »Wir halten diese und ähnliche Aktionen prinzipiell für falsch«, erklärt beispielsweise die »Rote Hilfe Westberlin«, »weil sie gegen zufällig betroffene Menschen gerichtet sind.« Selbst der Stockholm-Attentäter Karl-Heinz Dellwo rügt die Landshut-Kaperung als einen taktisch unklugen Verstoß gegen den Grundsatz, daß sich Aktionen der Rote Armee Fraktion »niemals gegen das Volk« richten dürften.

Aufgrund derartiger Einsichten lösen sich einzelne Mitglieder von der RAF, zum Beispiel die Kuriere Volker Speitel und Hans-Joachim Dellwo. Bei anderen setzt ein Denkprozeß ein, der zumindest mitursächlich dafür ist, daß sich 1980 acht Mitglieder in die DDR absetzen und ihnen später zwei weitere folgen.

Fahndungsdruck, Fluktuation und Anschläge – der Kampf geht weiter

Nach dem blutigen, für sie hektischen und ernüchternden Jahr 1977 benötigt die RAF eine Atempause. Viel Zeit vergeht mit Diskussionen innerhalb der Gruppe über den weiteren Weg. In den nächsten beiden Jahren sorgt die RAF vor allem dadurch für Schlagzeilen, daß Mitglieder von der Schußwaffe Gebrauch machen, um einer Verhaftung zu entgehen. Die Gruppe ist auf der Flucht. Sie agiert nicht mehr, es reagieren nur noch einzelne Mitglieder in Bedrängnis. So erschießt Werner Lotze am 24. September 1978 einen Polizeibeamten und verletzt einen anderen, als er zusammen mit Angelika Speitel und Michael Knoll bei Schießübungen im Wald bei Dortmund-Löttringhausen überrascht wird. Rolf Heißler – drei Jahre zuvor durch die Lorenz-Entführung freigepreßt – erschießt zusammen mit einem anderen RAF-Mitglied bei einer Kontrolle in Kerkrade an der deutsch-niederländischen Grenze am 1. November 1978 zwei niederländische Zollbeamte und verletzt zwei weitere schwer. Auch Christine Kuby eröffnet bei ihrer Festnahme in Hamburg das Feuer und trifft einen Beamten.

Betrachtet man die fünf Jahre nach der »Niederlage 77«, also die Zeit bis 1982, so bestimmen im wesentlichen drei Aspekte die Entwicklung der RAF: Um dem starken Fahndungsdruck in der Bundesrepublik zu entgehen, halten sich die Mitglieder häufig im Ausland auf: in Frankreich, den Benelux-Staaten und zum Teil auch im arabischen Raum, in Aden und Damaskus. Gleichwohl beschafft und unterhält die RAF nach wie vor konspirative Wohnungen in der Bundesrepublik. Zum zweiten besteht in der Gruppe eine starke Fluktuation: Viele Mitglieder werden verhaftet, dafür stoßen andere neu hinzu. Und drittens beginnt die Gruppe nach einer Verschnaufpause von zwei Jahren 1979 wieder mit Anschlägen.

Einen klaren Beweis für die Vermutung der Ermittler, daß sich RAF-Mitglieder in Nachbarstaaten westlich der Bundesrepublik verbergen, erhält die Polizei 1980: In zwei konspirativen Wohnungen in Paris – 4, rue Flatters und 41bis, rue de Chaillot – finden die Beamten Fingerabdrücke von Brigitte Mohnhaupt, Christian Klar, Adelheid Schulz, Peter-Jürgen Boock, Rolf Klemens Wagner, Elisabeth von Dyck, Susanne Albrecht, Baptist Ralf Friedrich, Silke Maier-Witt, Sigrid Sternebeck, Inge Viett, Juliane Plambeck und Sieglinde Hofmann. In der Drei-Zimmer-Wohnung in der zweiten Etage der rue Flatters Nummer 4 entdeckt die Polizei eine komplette Fälscherwerkstatt, Elektronik- und Medizin-Fachbücher, ein Archiv über die Freiheitsbewegungen in Afrika, zahlreiche schriftliche Unterlagen – »ein Pharaonengrab, aus dem sich trächtige Dinge entwickeln werden«, schwärmt BKA-Chef Herold, der für den Einsatz eigens an die Seine gereist ist. In der rue Flatters finden die Beamten 109 Kilo Natriumchlorat: Material, um Sprengstoff höchster Brisanz herzustellen. Die Menge genügt, um eine Rheinbrücke in die Luft zu sprengen. Außer diesen beiden entdecken die Fahnder noch zwei weitere Wohnungen in Paris.

Ebenso stößt die Polizei in der Bundesrepublik auf eine Reihe konspirativer RAF-Wohnungen: in Dortmund, Düsseldorf, Frankfurt, Nürnberg, Mannheim, Heidelberg und in Hamburg. In Hamburg hatten noch während der Schleyer-Entführung Christian Klar und Adelheid Schulz zwei Wohnungen angemietet, in der Breiten Straße 159 und im Eilbecker Weg 14, um dem »Fahndungsdruck« in Nordrhein-Westfalen auszuweichen. »Doch ein erheblicher Prozentsatz von Wohnungen ist nicht entdeckt worden«, meint Bundesanwalt Gerhard Löchner.

Die RAF-Mitglieder ziehen in diesen Jahren viel umher, halten sich mal hier, mal dort auf. So finden die Ermittler zum Beispiel in einem Appartement Im Sachsenlager 11 in Frankfurt Spuren von insgesamt zwölf RAF-Mitgliedern: von Knoll, Albrecht, Verena Becker, Dümlein, Helbing, Maier-Witt, Schulz, Sternebeck, Friedrich, Heißler, Klar und von Dyck. 1977 treffen sich mehrere Gruppenmitglieder in Bagdad, 1978 in Aden.

Aber nicht nur in Westeuropa und im arabischen Raum reisen die RAF-Mitglieder umher: im Mai 1978 faßt die Polizei in Jugoslawien Brigitte Mohnhaupt, deren »ständigen Begleiter« Peter-Jürgen Boock, Sieglinde Hofmann und Rolf Klemens Wagner. Die Polizei ist dem Quartett auf die Spur gekommen, nachdem die französische Polizei dem BKA mitgeteilt hatte, daß am 10. Mai 1978 »Andreas Risch«

von Paris nach Zagreb geflogen sei – dies war, wie die Ermittler herausgefunden hatten, einer der Tarnnamen Wagners. Er besaß auf diesen Namen einen Reisepaß und einen Führerschein aus dem Fürstentum Liechtenstein.

Nach einem halben Jahr lassen die jugoslawischen Behörden die vier jedoch wieder laufen: Sie dürfen in »ein Land ihrer Wahl« ausreisen und entscheiden sich für den Irak. Belgrad ist darüber verärgert, daß die Bundesrepublik nicht – wie erbeten – acht mißliebige Exilkroaten nach Jugoslawien überstellt hat. So erklärt Belgrad die Überstellungs-Absage mit der gleichen Begründung, mit der Bonn zuvor entschieden hatte: Das Beweismaterial genüge nicht für eine Auslieferung.

Um sich bei dem ständigen Hin und Her nicht um die Terror-Utensilien kümmern zu müssen, legt die Gruppe eine Reihe von Erddepots an, kreuz und quer über die Republik verstreut: In Plastikbehältern werden Waffen, Ausweise, Geld und schriftliche Unterlagen gut getarnt im Waldboden versteckt. Diese Depots befinden sich unter anderem in der Nähe von Heusenstamm (Hessen), Marburg, Aschaffenburg, Köln und Aumühle im Sachsenwald bei Hamburg.

Mit Vorbereitungen für weitere Aktionen beginnen im Sommer 1978 Christian Klar, Willy Peter Stoll und Adelheid Schulz: Sie geben sich als Filmteam auf Recherche aus, chartern insgesamt dreimal einen Hubschrauber bei süddeutschen Unternehmen, geben vor, Schlösser und Burgen aus der Luft besichtigen zu wollen, und bringen den Piloten dazu, die Justizvollzugsanstalt Frankenthal in der Pfalz anzufliegen, in der »Fury« Stefan Wisniewski einsitzt. Mit einer Video-Kamera filmt Christian Klar alles aus der Luft. Bei zwei Piloten erkundigen sich die »Jungfilmer«, ob es möglich sei – »wie im Drehbuch vorgesehen« – im Innenhof eines Kastells zu landen, um dort eine »dreiköpfige Familie zu befreien«. Die Piloten haben Bedenken, empfehlen Trickaufnahmen, die auch billiger seien. Klar, Schulz und Stoll sind dabei, einen Plan »abzuchecken«, den Wisniewski in der Zelle für seine Befreiung entworfen hat: Danach soll der Hubschrauber im Hof der Justizvollzugsanstalt landen, Wisniewski aufnehmen und flüchten.

Einer Pilotin kommt das Trio merkwürdig vor, ein BKA-Observations-Trupp legt sich auf die Lauer, macht am 6. August 1978 sogar Fotos von den dreien auf dem Flughafen Michelstadt im Odenwald.

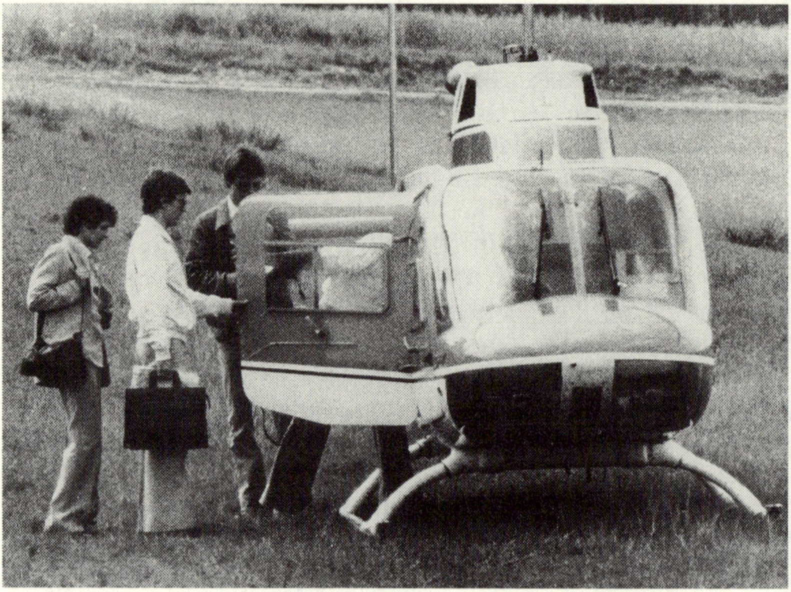

Von einem BKA-Observationstrupp fotografiert:
Adelheid Schulz, Christian Klar und Willy-Peter Stoll
am 6. August 1978 auf einem Flugplatz im Odenwald vor einem
ihrer Hubschrauberflüge

Doch den Terroristen bleiben die BKA-Leute nicht verborgen, sie hängen die Observanten ab. Mit ihrem Mercedes 230, einem Dublettenfahrzeug, biegen sie plötzlich in einen kleinen Weg links ein und lassen die BKA-Fahrzeuge geradeaus weiterfahren. Die TE-Beamten trifft der Schlag, als sie bei der Auswertung der Bilder erkennen, wen sie da vor sich hatten. Da wurde »Scheiß gebaut«, flucht BKA-Chef Herold im vertraulichen Kreis. Für die Terroristen ist das Helikopter-Projekt nun freilich gestorben.

Ein knappes Jahr nach dem Odenwald-Flug meldet sich die RAF mit einem Anschlag zurück: Mit einem 20-Kilogramm-Sprengsatz versucht sie am 25. Juni 1979 Alexander Haig, den damaligen Nato-Oberbefehlshaber und späteren Außenminister der Vereinigten Staaten, bei Obourg in Belgien auf dem Weg ins Brüsseler Nato-Hauptquartier in die Luft zu sprengen. Haig hat Glück: Die Sprengladung zündet Sekundenbruchteile zu spät, sein schwarzer Mercedes 600 hat die Explosionsstelle bereits passiert. Alexander Haig kommt mit einem Schrecken davon, verletzt werden die beiden Polizeibeamten im Begleitfahrzeug. Ein RAF-»Kommando Andreas Baader« zeichnet für den Anschlag verantwortlich. Die Täter waren – wie sie schriftlich einräumen – dem Irrtum erlegen, eine Explosion lasse sich »auch bei einer so hohen Geschwindigkeit exakt genug mit der Hand auslösen«.

Susanne Albrecht, Sigrid Sternebeck und andere spähten die Fahrtstrecke aus, Werner Lotze war unmittelbar am Anschlag beteiligt, wie er später vor Gericht gestand. Er habe die Kolonne Rolf Klemens Wagner angekündigt, »der die Sprengung ausgelöst hat«. Anschließend habe er Wagner mit dem Motorrad auch am »Sprengplatz« abgeholt: »Zusammen sind wir dann geflohen.«

Ursprünglich war dieses Attentat als Entführung geplant, mit der Gefangene freigepreßt werden sollten. Die RAF zog aus den Erfahrungen, die sie in den Fällen Schleyer und Stockholm gemacht hatte, den Schluß: Die Bundesregierung könne an ihrer harten Linie, keine Geiseln gegen Häftlinge einzutauschen, nur festhalten, solange es um Deutsche geht. Ganz anders sähen die Dinge bei einem ranghohen amerikanischen Militär aus, den die Gruppe irgendwo im Ausland gefangenhält. Durch die Entführung Haigs entstünde ein, so meinen die Terroristen, starker außenpolitischer Druck. Bundeskanzler Schmidt könne es sich schlicht und einfach nicht leisten, den Nato-Oberbefehlshaber über »die Klinge springen zu lassen«. Doch mittlerweile sind mehrere Mitglieder der RAF verhaftet worden, die Gruppe fühlt sich im Augenblick für eine solche Entführung nicht mehr stark genug. So fällt die Entscheidung für einen Sprengstoffanschlag.

Zwei Jahre später bombt die RAF ein weiteres Mal: Sie verübt einen Anschlag auf das Hauptquartier der amerikanischen Luftwaffe in Europa in Ramstein/Pfalz, westlich von Kaiserslautern. Ramstein ist der größte US-Luftstützpunkt in Europa: eine eigene Stadt mit 25000 Einwohnern und Schulen, Kirchen und Krankenhäusern.

Über 40 Kilogramm Sprengstoff zerfetzen dort am 31. August 1981 einen orangefarbenen VW 411, den die Terroristen auf dem Parkplatz vor dem Eingang des Hauptquartiers abgestellt haben. Im Umkreis von einhundert Metern werden Menschen und Autos durch die Luft gewirbelt, zwölf Amerikaner und zwei Deutsche verletzt, 50 Autos beschädigt. Allein an den Gebäuden entsteht ein Schaden von 7,2 Millionen Mark. Die Detonation und die anschließend aufsteigenden Rauchschwaden sind so gewaltig, daß die Menschen in Ramstein denken, ein Flugzeug sei abgestürzt. Doch es war kein »plane crash«, sondern das »Kommando Sigurd Debus« der RAF.

Debus war ein gutes Vierteljahr zuvor, am 16. April, an den Folgen eines Hungerstreiks in Hamburg gestorben. Er hatte sich am achten Hungerstreik der RAF-Gefangenen beteiligt, der vom 2. Februar bis zum 18. April 1981 dauerte. Die Häftlinge forderten die »Anwendung der Genfer Konvention für Kriegsgefangene« und die Zusammenlegung in »interaktionsfähige« Gruppen mit zwischen zehn und fünfzehn Personen. Sechs Jahre zuvor, 1975, war Debus wegen schweren Raubs und Beteiligung an einer kriminellen Vereinigung zu zwölf Jahren Gefängnis verurteilt worden.

In dem Selbstbezichtigungsschreiben erklärt das »Kommando Sigurd Debus«: »ramstein, das hauptquartier der us-airforce in europa und der nato-luftwaffe in europa, größter amerikanischer flughafen außerhalb der usa, ist die zentrale für den atomkrieg in europa. hier sitzt der stab für die nukleare kriegsführung, von hier sollen cruise missiles gestartet und der abschuß der pershing 2 ausgelöst werden. von hier starten die atomjäger und die awacs-kommandostände, hier ist das relais für die strategischen bomber aus den usa und das einfallstor für die truppen aus den usa.« Wer gegen den imperialistischen Krieg kämpfen wolle, müsse für die Zerstörung des imperialistischen Systems kämpfen. Das Kommando ruft auf: »KRIEG DEM IMPERIALISTISCHEN KRIEG – DIE ZENTREN, DIE BASEN UND DIE STRATEGEN DER AMERIKANISCHEN MILITÄRMASCHINE ANGREIFEN.«

»Das Grinsen der klammheimlichen Freude dürfte für sehr viele den Wochenbeginn begleitet haben«, kommentiert die *tageszeitung (taz)* den Anschlag vom Montagmorgen, »in einigen tausend Köpfen steckt die Wut über die mörderische militärische ›Vernunft‹ der Strategen in Washington, stecken Phantasien, wie man diesen scheinbar allmächtigen Gewaltapparat in die Luft jagen könnte.«

Genau auf derartige »klammheimliche Freude« oder noch mehr hatten die RAF-Mitglieder gehofft. Damals, im Sommer 1981, demonstrierte die Friedensbewegung landauf, landab gegen die Neutronenwaffen und die für 1983 vorgesehene Stationierung der Pershing-2-

Raketen. Die Friedensbewegung war friedlich geblieben, die RAF hoffte auf Sympathien von Menschen aus diesen Reihen, denen der friedliche Protest als zu wenig erschien.

Zudem zeigt dieser Anschlag deutlich, daß die RAF ihre Stoßrichtung verändert hatte: Es geht ihr nicht mehr um die Ermordung oder Entführung von Persönlichkeiten des öffentlichen Lebens, um damit die Befreiung von Gefangenen zu erreichen. Der RAF ist klargeworden, daß sich der Staat einer Erpressung nicht beugt. Nun attackierte sie wieder die amerikanische Armee, doch nicht nur Repräsentanten wie General Haig, sondern wie bereits früher einen wichtigen US-Stützpunkt, und zwar in der Weise, daß auch »kleine« Angestellte zu Schaden kommen. Genauso war neun Jahre zuvor schon die erste Generation der RAF vorgegangen: Damals stellte die RAF ebenfalls einen Pkw mit Sprengstoff auf dem Parkplatz vor einem Gebäude der US-Armee ab – bei der »Mai-Offensive« 1972 waren bei dem Anschlag auf das Hauptquartier der US-Landstreitkräfte in Heidelberg drei Menschen getötet und fünf verletzt worden.

Bei dem Ramstein-Anschlag gelang den Tätern allerdings nicht, was sie bezweckten: die Computeranlage der Amerikaner zu zerstören.

Die Ermittler finden heraus, daß die RAF die »Ramstein Air Base« bereits zwei Jahre zuvor ausgekundschaftet hatte – bei einem Flugtag aus Anlaß des 30jährigen Bestehens der Nato. Mitglieder der RAF nahmen das »Souvenir Program« mit, das auch den Plan des Flughafens enthielt. Diese Skizze wurde auf Millimeterpapier abgezeichnet, Rolf Klemens Wagner und Sigrid Sternebeck trugen Erläuterungen auf dem Plan ein, wie das Oberlandesgericht Düsseldorf in seinem Urteil vom 13. März 1985 (Aktenzeichen: V 5/83) später feststellt.

Der nächste Anschlag folgt bereits zwei Wochen später. Er gilt wieder einem amerikanischen Militär, Frederik Kroesen, Oberkommandierender der US-Streitkräfte in Europa und Kommandierender General des Nato-Bereichs Mitte: Am 15. September 1981 stoppt der gepanzerte Mercedes 350 SE des Generals gegen 7.15 Uhr in Heidelberg vor einer Ampel am Karlstor, die gerade auf Rot umgesprungen ist. Rechts neben der Schlierbacher Straße fließt der Neckar, links erhebt sich der Heidelberger Schloßberg. Kroesen befindet sich auf dem Weg von seiner Dienstvilla an der Wolfsbrunnensteige 18 zu seiner Dienststelle in den Keyes Building/Campell Barracks in der Römerstraße 166. Neben ihm sitzt auf der Rückbank seine Frau – sie fährt mit, weil sie einen Arzttermin hat –, vor ihm sein Adjutant, Major Bodine. Ein deutscher Polizeibeamter lenkt das gepanzerte Fahrzeug. Der Wagen war Kroesen erst wenige Tage zuvor von der Landespolizeidirektion in Stuttgart zur Verfügung gestellt worden.

Für den General hatte man die Sicherheitsvorkehrungen umgehend erhöht, nachdem ein paar Wochen zuvor bei einer Fahrt zum Dienst zwei Männer auf einem Honda-Motorrad neben Kroesens Fahrzeug gestoppt und sich auffallend genau seinen Dienstwagen angeschaut hatten. Es stellte sich heraus, daß es sich bei der Maschine mit dem Kennzeichen HD-LD 291 um eine Dublette handelte. Ein Alarmzeichen. Und so bekam General Kroesen rasch einen gepanzerten Wagen zur Verfügung gestellt. Weiter zählt zu den Sicherheitsvorkehrungen, daß nun hinter seinem Wagen ein Plymouth steht, ein Zivilfahrzeug der US-Armee mit zwei Militärpolizisten besetzt. Zudem fährt ein Militärpolizist die Strecke in einem »Vorauswagen« ab.

Nachdem der Wagen wenige Sekunden an der Ampel steht, wird er auf einmal kräftig erschüttert – eine Granate hat das Heck getroffen und den Kofferraum durchschlagen. General Kroesen hört, wie mehrere Kugeln gegen den Wagen schlagen – sie bleiben in der Panzerung stecken oder prallen ab. Eine zweite Granate schlägt knapp neben dem Wagen im Asphalt ein. Ihr Aufprall ist so gewaltig, daß sie ein 60 Zentimeter tiefes Loch in den Boden schlägt. Die Detonation reißt die schon beschädigte Heckscheibe aus der Fassung. Kroesens Leibwächter sind aus dem Begleitfahrzeug herausgesprungen und in Dekkung gegangen. Sie haben erkannt, daß die Schützen von links über ihnen feuern, von irgendwo aus dem steil ansteigenden Schloßwald. Kroesens Mercedes ist noch fahrtüchtig. Der Fahrer jagt mit hoher Geschwindigkeit vom Karlstor weg, direkt ins Krankenhaus. Dort zeigt sich, daß Kroesen leicht verletzt ist, er hat einige Schnitte an der Wange, seine Trommelfelle bluten. Seine Begleiter kommen mit einem Schrecken davon.

Die Ermittler finden heraus, daß die Täter das Fahrzeug aus einer Entfernung von 126 Metern unter Beschuß genommen haben, von einer kleinen Lichtung im Schloßwald aus, zwei mal fünf Meter groß.

Um ihr Schußfeld zu vergrößern, sägten sie zuvor Äste mit einem Fuchsschwanz ab. Die Panzerfaust, mit der die beiden Granaten abgefeuert wurden, entdecken die Ermittler zwischen zwei Felsbrocken: Eine sowjetische RPG 7 – mit ihr abgefeuerte Granaten schweißen sich durch Panzerstahl bis zu einer Stärke von 30 Zentimetern. Mit diesem Waffentyp sind seit 1965 alle Armeen des Warschauer Paktes ausgerüstet.

Schon einmal hatten Terroristen eine solche Panzerfaust benutzt, sechs Jahre zuvor in Paris: 1975 schoß damit das »Kommando Mohamed Boudia« der PFLP, an dem auch der Frankfurter Terrorist Wilfried Böse beteiligt war, am Flughafen Orly auf eine startende Maschine der israelischen Fluggesellschaft EL AL. Doch die Täter trafen nur eine leere, am Boden stehende Maschine aus Jugoslawien.

Das Gewehr, mit dem ein zweiter Schütze auf Kroesens Mercedes feuerte, nahmen die Täter mit – es ist, wie die BKA-Experten herausfinden, das Gewehr von Heckler & Koch, mit dem vier Jahre zuvor auf Schleyers Begleiter 39 Schüsse abgegeben worden waren.

Weiter entdecken die Ermittler ein Iglu-Zelt von Karstadt mit vier Schlafsäcken und CB-Funkgeräte der Täter. Alles deutet darauf hin, daß die Ankunft des Mercedes von unten per Funk gemeldet wurde. Die Täter flüchteten mit einem oder mehreren Wagen, die sie in der Nähe abgestellt hatten. Nachdem Kroesen über den ersten Schrecken hinweggekommen ist, erklärt er breit grinsend, er sei »froh, daß die keine amerikanischen Waffen benutzt haben«.

Am selben Tag trifft beim Frankfurter dpa-Büro ein Selbstbezichtigungsschreiben des »Kommandos Gudrun Ensslin« ein. Gemäß der neuen Strategie erläutert die RAF, warum sie gerade diesen amerikanischen Soldaten zu ermorden versuchte: »er ist einer der us-generäle, die die imperialistische politik in westeuropa bis zum golf real in der hand haben, weil er über den einsatz und die mittel in der konfrontation entscheidet. er bestimmt über die konventionelle verwüstung und legt fest, wann und wo neutronensprengköpfe abgefeuert werden.«

Kroesen sei »frontgeneral«, erklären die Täter weiter: »westeuropa ist nicht mehr hinterland, von dem aus der imperialismus krieg führt – es ist nach den siegen in den befreiungskriegen in der 3. welt, nach der entwicklung der guerilla in westeuropa, nach dem einbruch der imperialistischen gesamtkrise auch teil der weltweiten front geworden.«

Der Text endet mit der Positionsbestimmung: »guerilla, der kampf der gefangenen aus der guerilla, der kampf der antiimperialistischen

BKA-Fahndungsplakat vom November 1980

militanten sind die linien, die als eine einheit die revolutionäre front in westeuropa bilden – oder bilden werden.«

Auch bei diesem Anschlag zeigte die RAF eine »verblüffende Planungstreue«: Zum einen waren der Polizei in einer konspirativen Wohnung in Heidelberg-Rohrbach Hinweise auf einen derartigen Anschlag in die Hand gefallen. Zum anderen – noch wesentlich gewichtiger: Den Tätern konnte nicht verborgen geblieben sein, daß ihre Ausspähungen bemerkt und Konsequenzen daraus gezogen worden waren – der General erhielt Leibwächter und einen gepanzerten Wagen; ja selbst in der Zeitung stand schon zu lesen, daß die Sicherheitsbehörden den Plan der Täter kannten: »Auf einen oder mehrere ranghohe Offiziere des Hauptquartiers der amerikanischen Landstreitkräfte in Europa USAREUR in der Heidelberger Römerstraße war bzw. ist ein terroristischer Anschlag geplant, dessen Vorbereitungen bereits konkrete Formen angenommen haben«, meldete die *Rhein-Neckar-Zeitung* am 14. Juni 1981. »Sicheren Informationen zufolge sollte demnach, oder soll, falls der Plan weiterverfolgt wird, ein US-Offizier auf dem Weg von seiner Wohnung zum Hauptquartier [...] überfallen werden. Anzeichen sprechen dafür, daß die Tat vor Dienstbeginn ausgeführt werden sollte.«

Doch die RAF scherte es nicht weiter, daß die Polizei ihre Absicht kannte. Sie blieb – einmal mehr – ihren Planungen treu.

Mit den Anschlägen auf Kroesen, Ramstein und Haig orientierte sich die Rote Armee Fraktion an der nach ihrer Meinung veränderten politischen Situation: Sie will gegen »die Konstruktion der Strategie des US-Imperialismus« angehen, wie es Christian Klar später vor Gericht formuliert, »die ihren Angelpunkt in Westeuropa hat«.

Schließlich sind diese fünf Jahre zwischen 1977 und 1982 von einer starken Fluktuation bei den Illegalen bestimmt: Verhaftungen werden durch Neuzugänge ausgeglichen. Nach den Erkenntnissen der Ermittler stoßen nach 1977 zehn Personen zu der Gruppe: die Brüder Henning und Wolfgang Beer (schon bei der »Gruppe 4. 2.« mit dabei), Christian Dümlein, Gisela Dutzi, Christa Eckes (auch sie Aktivistin des »4. 2.«), Ingrid Jakobsmeier, Juliane Plambeck, Helmut Pohl, Ekkehard Freiherr von Seckendorff-Gudent und Inge Viett.

Verhaftet werden 1977 Knut Folkerts, Christof Wackernagel und Gert Schneider (in Amsterdam, nach einem Schußwechsel mit der Polizei), 1978 Christine Kuby, Stefan Wisniewski auf dem Flughafen

Paris-Orly, Michael Knoll und Angelika Speitel nach einer Schießerei mit Polizeibeamten in einem Wald bei Dortmund. 1979 faßt die Polizei Rolf Heißler beim Betreten der konspirativen Wohnung Textorstraße 79 in Frankfurt, Rolf Klemens Wagner nach einem Banküberfall in Zürich, bei dem eine Frau erschossen wurde. 1980 erwischen die Ermittler Sieglinde Hofmann in Paris, in der rue Flatters, 1981 Peter-Jürgen Boock in Hamburg.

1982 schließlich werden die Köpfe der Gruppe gefaßt: Brigitte Mohnhaupt, in Begleitung von Adelheid Schulz am 11. November am »Depot I« bei Heusenstamm in Hessen – die Polizei lag zwei Wochen lang auf der Lauer, nachdem Pilzsammler zufällig auf das Erdlager gestoßen waren. Über 1000 Gegenstände fanden die Ermittler in diesem »Depot I«: unter anderem das Original des ersten Forderungsschreibens der Schleyer-Entführer – eine Kopie war einem Dekan in Wiesbaden zugegangen – und jenes Schnellfeuergewehr von Heckler & Koch, das bei den Anschlägen auf Schleyer 1977 und Kroesen 1981 eingesetzt wurde.

Das Depot »neue 5-Zimmer-Wohnung«,
entdeckt am 2. November 1982 in der Nähe von Heidelberg

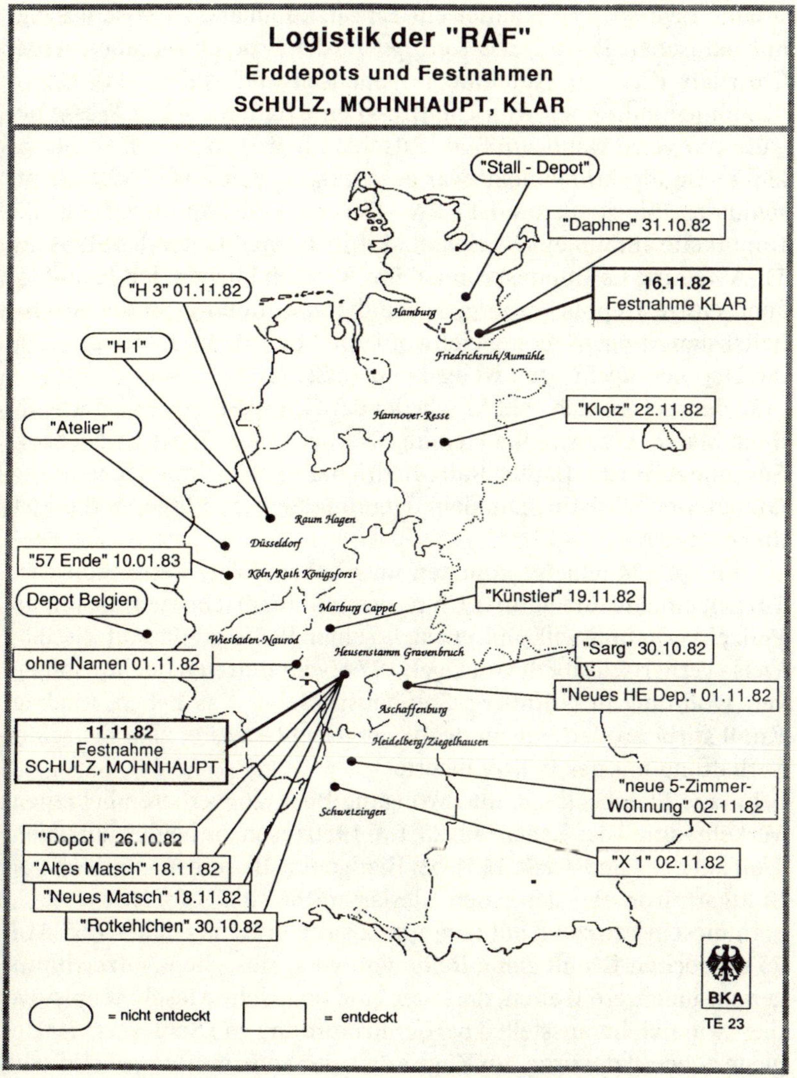

BKA-Skizze: Logistik der »RAF«

Fünf Tage später verhaftet ein Einsatzkommando der schleswigholsteinischen Polizei, das sich tief in die Erde eingegraben hatte, Christian Klar bei Aumühle im Sachsenwald, als er das Depot »Daphne« aufsuchen will. Die BKA-Leute hatten vor der Presse bewußt nur von »Depots in Süddeutschland« gesprochen. Den Beamten im Bundeskriminalamt war es gelungen, den RAF-Code zu entschlüssen. Sie stießen auf 17 RAF-Depots. »Wir konnten die ganze Depotkette abräumen«, berichtet Martin Tuffner, Leiter des Stabs der TE-Abteilung im Bundeskriminalamt. Freilich blieben den Fahndern auch einige Depots verborgen, wie die von ihnen gefundenen »Inhaltslisten« zeigen. Aber gleichwohl: die Logistik der RAF war durch die Depotentdeckungen weitgehend zerschlagen.

Zudem setzen sich acht Mitglieder der Gruppe 1980 in die DDR ab: Silke Maier-Witt, Monika Helbing, Werner Lotze, Sigrid Sternebeck, Susanne Albrecht, Baptist Ralf Friedrich, Ekkehard von Seckendorff-Gudent und Christine Dümlein. Henning Beer und Inge Viett folgen ihnen später.

Fünf RAF-Mitglieder kommen ums Leben: Willy Peter Stoll wird 1978 in einem Düsseldorfer China-Restaurant erschossen, als ihn die Polizei verhaften will und er nach seiner Waffe greift. Auf dieselbe Weise verliert Elisabeth von Dyck 1979 beim Betreten der konspirativen Wohnung in Nürnberg, Stephanstraße 40, das Leben. Michael Knoll stirbt an den Folgen des Feuergefechts, das er sich bei seiner Verhaftung mit der Polizei lieferte.

Juliane Plambeck, 28, und Wolfgang Beer, 26, verlieren bei einem Verkehrsunfall das Leben: am 25. Juli 1980 rasen die beiden mit einem Golf auf der Landstraße 1130 bei Bietigheim-Bissingen, nördlich von Stuttgart, frontal gegen einen Kieslaster. Sie sind sofort tot.

In diesem Fahrzeug mit dem französischen Kennzeichen 665 BLB 75 entdecken Beamte eine Reihe von verschlüsselten Aufzeichnungen und mehrere Waffen, darunter eine polnische Maschinenpistole, die – wie sich herausstellt – bei der Ermordung von Schleyers vier Begleitern benutzt wurde. Im Zuge der weiteren Ermittlungen stößt die Polizei auf drei weitere Fahrzeuge der Gruppe mit französischen Kennzeichen: einen VW-Golf, einen BMW 2002 und einen Citroën CX 2400 Pallas.

Die RAF ist über den Tod von Plambeck, die die Polizei bislang als Mitglied der »Bewegung 2. Juni« geführt hat, und Beer, ein langjähriges RAF-Mitglied, bestürzt. Die beiden waren für die Gruppe unterwegs. »Wolfgang und Juliane – ihr Tod ist für uns schwer, besonders in diesem absurden Unfall«, erklärt die RAF in einem Schreiben an die Deutsche Presse-Agentur: »Sie hatten sich mit einem anderen Tod auseinandergesetzt. Nicht in diesem brutalen täglichen Metropolenschrott.« Eine Schlüsselpassage in der Erklärung lautet: »Juliane wollte, daß die Guerilla in der BRD zusammenkommt. Sie war diejenige, durch deren Offenheit und politische Radikalität der Mist, der im Weg lag, beiseite geräumt werden konnte. Die Entschiedenheit und ihre Lust, den neuen Abschnitt anzupacken, waren stark für uns.« Damit wird bestätigt, wofür schon einige Anzeichen sprechen: Teile der »Bewegung 2. Juni« hatten sich der RAF angeschlossen.

Diese »Bewegung 2. Juni« war in den siebziger Jahren neben der Rote Armee Fraktion die zweite große Terrororganisation in der Bundesrepublik.* Der »2. Juni« entstand auf demselben Humus wie die RAF: in den Nachwirren des Jahres 1968 in Berlin. Er ging aus einem Zusammenschluß des »Zentralrats der umherschweifenden Haschrebellen«** – einer lockeren Vereinigung von Kiffern, die nach dem Motto lebten »Werdet wild und tut schöne Sachen« und später unter der Bezeichnung »Tupamaros Westberlin« militanter wurde und Brandanschläge verübte – mit der »Schwarzen Hilfe« hervor. Diese Gruppe praktizierte »Knastarbeit« und versuchte dabei, Kriminelle als »revolutionären Nachwuchs« zu rekrutieren. Die Bewegung bezeichnete sich auch als »Blues« – diese Musik war Ausdruck ihres Lebensgefühls, zum Beispiel die von MC 5, einer Band aus Detroit. Von Frühjahr 1972 an nennt sich diese Gruppe »Bewegung 2. Juni«. Unter anderem deshalb, weil – wie Bommi Baumann berichtet – »bei Meldun-

---

* Alle von den Gerichten verurteilten Mitglieder des »2. Juni« – mit Ausnahme der erst im Juni 1990 gefaßten Inge Viett – wurden mittlerweile nach der Verbüßung ihrer Strafen wieder aus den Haftanstalten entlassen, als letzter Ralf Reinders 1990.

** »Wir haben gesagt, wir nehmen Dope, das ist eine wichtige Sache«, berichtet Bommi Baumann über die Wahl des Namens für »diesen ganz losen Haufen«: »Und Rebellen, klar, waren wir eh, und Zentralrat war einfach eine Ironie auf die damaligen Politzirkel, weil sich alle Zentralrat nannten. Es gab also schon wieder mal 1000 Zentralräte, das war einfach schwer ironisch, die Bezeichnung.«

gen dann immer gesagt werden muß, der 2. Juni war der Tag, an dem der Student Ohnesorg von dem Bullen Kurras erschossen worden ist«.

Bei einem Bombenanschlag auf den Britischen Yachtclub in Berlin-Gatow 1972 tötet die Gruppe einen Bootsbauer, erschießt 1974 den Berliner Kammergerichtspräsidenten von Drenkmann* beim Versuch, ihn zu kidnappen, entführt 1975 Peter Lorenz**, überfällt zehn Banken, erbeutet dabei 860000 Mark und ermordet im Juni 1974 ihr Mitglied Ulrich Schmücker (»Kommando Schwarzer Juni«), einen Studenten, der in den Verdacht geraten war, »Verräter« zu sein.

Im Gegensatz zur RAF bleiben die Aktionen »Bewegung 2. Juni« im wesentlichen auf Berlin beschränkt. Auch ist sie nicht so straff gegliedert wie die RAF, besteht vielmehr im Zusammenwirken mehrerer kleiner Gruppen – drei bis neun Personen stark. Ein weiterer Unterschied zwischen den beiden Terror-Organisationen liegt darin, daß sich die »Bewegung 2. Juni« deutlich weniger mit der Theorie befaßt als die RAF. So verkünden die Berliner beispielsweise in ihrem Programm vom Juni 1972 lapidar: »Das ziel ist die errichtung einer rätedemokratie.«

In der Praxis gibt sich die »Bewegung 2. Juni« dafür betont populistisch – was von seiten der RAF bemängelt wird. So verteilen Täter des »2. Juni« zum Beispiel bei einem Banküberfall 1975 in Berlin Negerküsse an Kunden und Angestellte und ein Flugblatt mit der Überschrift: »Konjunkturprogramm der Bewegung 2. Juni«. Darauf ist unter anderem zu lesen: »Hoffentlich geht's gut, also: Her mit der Kohle. Revolutionäre Negerküsse von den Stadt-Guerilleros der Bewegung 2. Juni.«

Zwischen »2. Juni« und RAF gab es eine Reihe von Kontakten. Mehrere Mitglieder der »Bewegung 2. Juni« wechseln zur RAF, zum Beispiel Verena Becker. Aber auch jene Juliane Plambeck, im Jahr 1980. Fünf Jahre zuvor war die Studentin der Soziologie, Geschichte und Philosophie zur »Bewegung 2. Juni« gestoßen. Anschließend war sie nach den Erkenntnissen der Ermittler bei einigen Banküberfällen mit von der Partie. Im September 1975 wird sie verhaftet – unter dem Verdacht, an der Entführung von Lorenz beteiligt gewesen zu sein.

---

* Siehe dazu oben Seite 163.

** Siehe dazu oben Seite 195f.

1976 gelingt ihr die Flucht aus dem Berliner Frauengefängnis Lehrter Straße, gemeinsam mit Inge Viett, Monika Berberich und Gabriele Rollnick. Ein Jahr später beteiligte sie sich – so die Ermittlungen der Polizei – an der Entführung des Wiener Geschäftsmannes Walter Palmers, Besitzer einer Kette von Strumpf- und Wäschegeschäften, durch die »Bewegung 2. Juni«. Dies war die größte Geldbeschaffungsaktion deutscher Terroristen: 4,5 Millionen Mark in verschiedenen Währungen erpressen die Entführer für die Freilassung des Wäschekönigs.

Teile dieser »Kriegskasse« bringen die Mitglieder der »Bewegung 2. Juni«, als sie sich im Jahr 1980 der RAF anschließen, als »Einstandsgabe« mit. Den Beweis dafür findet die Polizei im Unfall-Golf: Drei Tausendmarkscheine, die Plambeck und Beer dabeihatten, stammten aus dem Palmers-Lösegeld. Außer Juliane Plambeck stoßen unter anderem Inge Viett, Gabriele Rollnik, Angelika Goder und Gudrun Stürmer von der »Bewegung 2. Juni« zur RAF. Sie vermißten beim »2. Juni« eine »politische Orientierung« und eine Mobilisierung weiterer Menschen.

Der tödliche Unfall auf der Landstraße bei Bietigheim-Bissingen führt die Ermittler noch zu einer anderen wichtigen Erkenntnis: Knapp drei Monate nach dem Verkehrsunfall meldet sich eine junge Frau bei der Polizei in Heidelberg, die gerade von einem 15wöchigen Südamerika-Trip zurückgekehrt ist und ihre Wohnung in der Karlsruher Straße 65 in einem anderen Zustand vorfand als erwartet. Sie hatte die Wohnung für die Zeit ihrer Reise an eine »Andrea Heim« vermietet – und diese hatte nun alles stehen- und liegenlassen: die Wohnung war unaufgeräumt, Lebensmittel verschimmelt und »Andrea Heim« spurlos verschwunden. Die Polizei stellt fest, daß es sich bei den zurückgelassenen Dingen um »Terroristengepäck« handelt und in der Wohnung Wolfgang Beer und Juliane Plambeck gelebt hatten: Vier Tausend-Markscheine und fünf Fünfhunderter stammen aus dem Palmers-Lösegeld, die Eintragungen in einem Taschenkalender reißen am Unfalltag ab. Zudem entdecken die Ermittler vier Din-A 4-Seiten, von Adelheid Schulz beschrieben, die sie als »Strategiepapier« einstufen:

Im ersten Abschnitt schreibt Schulz über die »Legalen«: »Nur die, die cool sind, können z. B. Buden zur Verfügung stellen, was notwendiger denje erscheint.« Außerdem sollten die Legalen für den Aufbau eines Archivs sorgen. Dies sei Voraussetzung für eine Offensive, zum

Beispiel – schreibt Adelheid Schulz – »im letzten Stern: Baum* hat einen Schrebergarten in der Kammer, der Punkt, wenn man weiß, vielleicht die Falle gemütlich und unkompliziert zuschnappen kann.«

Im zweiten Abschnitt beschreibt Schulz die Angriffsziele der RAF, sie spricht von einer Offensive »auf verschiedenen Ebenen: auf der mil. gegen US-Armee und BUWE (Basen) und Typen auf der pol. gegen die SPD (Zwerg)**, Wischn., Apel, Ehmke, usw. usw.... auf der Oec. gegen Multis, Figuren wie Moeller und Schiller die auf einer anderen ebene an demselben projekt arbeiten: die liquidierung antiimp. Bewegungen und die aufrechterhaltung der bestehenden Ausbeutungsverhältnisse, in diesen Rahmen gehören auch Op. gegen den aufgebauten Repressionsapparat (Herold BKA, GSG – der Zerstörung von Computer usw....).«

Anschläge ja, Gefangenenbefreiung derzeit nein, aber wenn möglich später – das ist nun die Linie der RAF, wie sich aus dem nächsten Abschnitt des Schulz-Papiers ergibt: »Angesichts der derzeitigen pol. Sit. wird eine Befr. Akt. erfolglos bleiben, jede Besetzung würde in einm Massaker enden. Eine Entf. dürfte nicht drinnen sei. D. h. die Etappe muß jetzt die Voraussetzungen dafür schaffen.«

Dieses Papier dokumentiert, daß die Kommandoebene der RAF in Bedrängnis ist, vom Umfeld isoliert, händeringend nach Unterkunftsmöglichkeiten sucht. Zur Zeit fühlt sie sich zu schwach, um ihr »großes Ziel«, die Befreiung von Genossen aus Haftanstalten, zu erreichen, hält daran aber fest und will die Voraussetzungen dafür schaffen. Die Gruppe plant langfristig und hat eine Reihe von Angriffszielen ausgemacht, die »Palette« der als Opfer in Betracht kommenden Personen erweitert.

»Guerilla, Widerstand und antiimperialistische Front« – das sogenannte Mai-Papier

Die in der Heidelberger Wohnung entdeckten Papiere waren Vorarbeiten zu der RAF-Grundsatzschrift *Guerilla, Widerstand und antiimperialistische Front.* Dieses 20-Seiten-Papier stammt aus dem Mai

---

* Gerhart Baum war damals Bundesinnenminister.

** Name der RAF für den damaligen Bundeskanzler Helmut Schmidt.

1982 und wird deshalb auch »Mai-Papier« genannt – oder »Widerstands-Papier«. Zehn Jahre waren mittlerweile seit dem letzten RAF-Grundsatzpapier vergangen, der dritten Kampfschrift *Die Aktion des Schwarzen September in München – Zur Strategie des antiimperialistischen Kampfes* aus der Feder von Ulrike Meinhof*. 1977 erschien das 600-Seiten-Buch *texte: der RAF* – eine Zusammenstellung von zuvor schon veröffentlichten Schriften, Selbstbezichtigungsschreiben und Prozeßerklärungen.

Fünf Jahre danach folgt nun also das »Mai-Papier« – Bilanz und Ausblick der Terroristen: »wir reden von dem, was wir in den letzten jahren erfahren haben und was wir daraus machen wollen«, erklären die Verfasser im ersten Satz. 1977 habe die Gruppe »Fehler gemacht«, räumt sie ein. »die offensive wurde zu unserer härtesten niederlage«: »das problem, das sich während der schleyerentführung gegen uns ausgewirkt hat, war, dass wir – auf unser konkretes ziel, die gefangenen rauszuholen konzentriert – die entwicklung des politischen ziels in der ganzen offensive, die vertiefung der widersprüche in der krise, nicht angepackt haben. obwohl die aktion den staat in seinem nerv getroffen hatte, haben wir nicht auf dem politischen niveau der herausforderung gehandelt.«

Der Gedanke der Offensive sei gewesen, »der spd die frage des austauschs an den beiden figuren zu stellen, die die ökonomische weltmacht des brd-kapitals direkt verkörperten wie höchstens zehn andere: ponto für die internationale finanzpolitik... und schleyer für die nationale wirtschaftspolitik«. Die politische Eskalation wäre aber »erstmal dadurch entschärft« worden, »dass die entführung pontos schiefging und so der eine fuss in der ganzen taktischen und politischen bestimmung fehlte. der entscheidende fehler aber war, die aktion nicht nochmal von grund auf neuzubestimmen, nachdem die bundesregierung das erste ultimatum hatte verfallen lassen, also klar war, dass sie schleyer aufgegeben hatten und auf seinen tod warteten, der ihre schnelle konsolidierung hätte bringen sollen.«

An Schleyers Bemühungen, doch noch einen Austausch zu erreichen, »hatten wir gesehen, dass seine connections und sein einfluß einen dreck wert waren gegen die macht der geschlossenen imperialistischen strategie.«

---

* Siehe dazu oben Seite 137ff.

Im Laufe der folgenden Jahre sei die Gruppe gewachsen, meint sie von sich und behauptet, »durch die wirkung, die die konfrontation entwickelt hat, stärker als vorher hervorgekommen« zu sein. Nun sei die Zeit reif, um zu neuen Ufern aufzubrechen: »wir sagen, dass es jetzt möglich und notwendig ist, einen neuen abschnitt in der revolutionären strategie im imperialistischen zentrum zu entfalten.«

Die neue Formel lautet: »Guerilla und Widerstand. Eine Front.« Die RAF-Autoren entwerfen das Bild einer – noch zu organisierenden – »antiimperialistischen Front«, eines gemeinsamen Kampfes, bestehend aus

- »militärischen Angriffen«
- »koordinierten militanten Projekten«, (»die darauf aus sind, die imperialistische strategie zu durchkreuzen«)
- »politische Initiativen« (zur vermittlung der politik«, also der militärischen und militanten Aktionen).

Nach diesem Konzept sollen sich die drei Bereiche gegenseitig ergänzen: für die »militärischen Angriffe« ist die RAF zuständig, die »Kommandoebene«, wie die Sicherheitsbehörden sagen. Sie erhebt auch den ideologischen Führungsanspruch. Die militanten Projekte sollen von einer zweiten Ebene durchgeführt werden. Die »politischen Initiativen« haben die Aufgabe, die Taten politisch zu erläutern und zu rechtfertigen. Die »Kommandoebene« bezeichnet sich selbst als »Guerilla« und die beiden anderen Ebenen dieser Aufteilung als »Widerstand«.

Die RAF behauptet, daß es weltweit eine »einheit der imperialistischen reaktion« gebe, gegen die »kämpfe an allen linien jetzt parallel geführt werden müssen. es sind verschiedene abschnitte einer einzigen front.« Dem Abschnitt »Westeuropa« – mit dem »kernstaat brd« – käme dabei eine besondere Rolle zu: »DIE ENTWICKLUNG IN WESTEUROPA IST ZU EINEM ANGELPUNKT IN DER WELTWEITEN AUSEINANDERSETZUNG GEWORDEN.«

Das mit dieser Schrift verfolgte Ziel, Zustimmung zu ernten und neue Anhänger zu gewinnen, verfehlt die RAF. »Realitätsferne« und »peinliche Avantgarde-Arroganz« werden ihr von der Linken vorgeworfen. Der Text selbst ist schwerfällig geschrieben, nur mit Mühe zu lesen: »Wo bitte geht's zur antiimperialistischen Front?« wird in der Szene gewitzelt – und: »Wer das Widerstandspapier verstanden hat, der gehört wirklich in den Untergrund«.

Die *taz,* die den Text leicht gekürzt abdruckt, veröffentlicht eine Woche später die Zuschrift eines Lesers: »Ich habe mich mit großem Unwillen durch das Manifest der RAF gequält... Seine Sprache ist so phrasenhaft wie die von Helmut Kohl und so kompliziert wie die von Ernst Bloch und entzieht sich einer kritischen Auseinandersetzung. Ich glaube, nur ein winziger Bruchteil der taz-Leser, dafür aber eine ganze Menge ›Experten‹ beim Verfassungsschutz dürften sich der Mühe unterzogen haben, Sätze zu entschlüsseln wie ›wenn der Kampf der Guerilla die eigene Sache ist, kann die Verwirklichung davon nur sein, sich selbst – auf welcher Ebene auch immer politisch und praktisch in den Zusammenhang der Strategie der Guerilla zu stellen‹, was wohl ungefähr so viel bedeuten soll wie: wer dafür ist, soll sich doch solidarisieren. Wofür genau, läßt sich jedoch aus diesem Positionspapier nicht entnehmen, es stehen da nur ein paar abgedroschene Phrasen gegen den internationalen Imperialismus.«

Wortgewaltig vertusche die RAF die »eigene Perspektivlosigkeit«: »Gewaltig im wahrsten Sinne des Wortes:die Sprache strotzt nur so von militärischen Ausdrücken wie Front, Offensive, Mobilisierung, daß mir bei der Vorstellung, diese Herrschaften könnten wirklich einmal Macht erlangen, angst und bange wird.« Mit Nachdruck verwehrt sich der *taz*-Leser gegen »die Bevormundung von ein paar Polit-Intellektuellen, die sich besonders revolutionär vorkommen, weil sie ein Maschinengewehr im Schrank haben.

RAF – verpißt euch!«

So wie er empfanden viele Linke das »Mai-Papier«.

Dieses »Mai-Papier« entstand aus der Einsicht der RAF, daß eine Kommando-Ebene von zehn, vielleicht auch fünfzehn oder zwanzig Personen nicht in der Lage ist, eine vorrevolutionäre Situation herbeizuführen. Das ist der Grund, warum die RAF eine »antiimperialistische Front« aufbauen, also andere mit einbeziehen will. Vor allem hat sie dabei die Autonomen im Blick.

Doch ist es kaum zu fassen, mit welcher Naivität die RAF – die, wenn's ums Morden geht, die Dinge sehr raffiniert angeht – dieses Grundsatzpapier auf den Markt brachte. Wohlgemerkt, mit der Vorstellung, damit Verständnis wecken und Anhänger gewinnen zu können. Das Papier ist nicht nur schwer verständlich geschrieben und stilistisch eine Zumutung für den Leser, es fehlt auch an einer klaren Gedankenführung und wimmelt von Wiederholungen. Die Autoren zeigen sich außerstande, konkret zu argumentieren. Sie sülzen abstrakt daher. Aber auch inhaltlich schlägt einem aus dem »Mai-Papier« Naivität entgegen. Etwa bei der Vorstellung der Autoren, Schleyer hätte durch »seine connections« für eine Freilassung der elf Inhaftierten sorgen können. Das »Mai-Papier« ist bis heute die letzte Grundsatzschrift der RAF.

Die Bilanz der Jahre 1978 bis 1982 fällt für die RAF kümmerlich aus. Den von ihr erhofften Zuspruch – mehr Mitstreiter und Sympathisanten – konnte sie nicht erreichen. Im Gegenteil: »notwendiger denn je« benötigt die Gruppe von Unterstützern Unterkünfte. Das Widerstandspapier fand keinen Anklang in der linken Szene, sorgte für Ablehnung. Auch den von ihnen verübten Anschlägen war nicht der Erfolg beschieden, den sie sich erhofft hatten. Obwohl die Mitglieder ständig auf der Flucht waren, wurde die Truppe von 1977 nahezu vollständig verhaftet. Ende 1982 sitzen nun auch die beiden Köpfe hinter Gittern, Brigitte Mohnhaupt und Christian Klar.

»Die alte RAF ist zu Ende gegangen«, erklärt Horst Herold im November 1982 – auch der BKA-Chef ist mittlerweile im Ruhestand.

4 »Organisiertes Exil« im »Arbeiter- und Bauernstaat«

Es geht um etwas Besonderes: Stasi-Offizier Gerd Zaumseil, 32, untersetzt, volles schwarzes Haar, wird von seinem Vorgesetzten Helmut Voigt zu einem Gespräch unter vier Augen gebeten. Voigt, 38, Diplom-Ingenieur und Diplom-Jurist, blickte den Untergebenen scharf durch seine Brille an. Seine wachen Augen funkeln – sein Blick erinnert an eine Eule, die auf der Lauer liegt. Er bedeutet Gerd Zaumseil, daß eine höchst sensible Angelegenheit durchzuführen ist: Personen aus der Bundesrepublik in die DDR einzugliedern. »Herr Voigt sagte mir damals, es handle sich um linke Kräfte, die sich in der DDR ein neues Leben aufbauen wollten«, erinnerte sich Gerd Zaumseil ein Jahrzehnt später an das Gespräch im Jahr 1980 – in einem Gebäude der Staatssicherheit, irgendwo in Ost-Berlin. »Daß es sich dabei um RAF-Leute handelt, wurde dabei nicht erwähnt.«

Als erstes kümmert sich Gerd Zaumseil darum, eine geeignete Unterkunft für die erste Zeit der Westdeutschen im »Arbeiter- und Bauernstaat« zu finden. Nicht weiter schwierig für den Stasi-Offizier: er entscheidet sich für einen Gebäudekomplex im Wald nahe dem 2000-Seelen-Ort Briesen, an der Autobahn zwischen Berlin und Frankfurt/Oder. Dieses »Objekt« steht seiner Abteilung ohnehin zur Verfügung. So wie Susanne Albrecht* nimmt er in Berlin noch sieben andere RAF-Aussteiger gleich nach ihrer Ankunft in Empfang: Baptist Ralf Friedrich, damals 34, Sigrid Sternebeck, 31, Ekkehard Freiherr von Seckendorf-Gudent, 40, Monika Helbing, 27, Silke Maier-Witt, 30, Werner Lotze, 28, und Christine Dümlein, 31.

---

* Siehe oben Seite 11ff.

Der Leiter der MfS-Abteilung XXII/8:
Stasi-Oberstleutnant Helmut Voigt

Die ersten Wochen verbringt er mit ihnen zusammen in Briesen, um sie auf das Leben in der DDR vorzubereiten. Rasch merkt er, mit wem er es zu tun hat: bei den Gesprächen stellt er fest, daß vor ihm ehemalige RAF-Terroristen sitzen. Henning Beer – als neunter – folgt 1982, Inge Viett 1983 als letzte. Die in Briesen erdachten Personalien und Lebensläufe gibt er an seinen Vorgesetzten Oberstleutnant Voigt – der veranlaßt alles weitere: »Ich bekam dann über den Herrn Voigt Formulare, Aufnahmeanträge, Fragebögen und ähnliches, die die RAF-Leute ausfüllen mußten mit ihren neuen Personalien. Die ausgefüllten Formulare habe ich wieder Herrn Voigt übergeben, von dem ich dann wiederum die Staatsbürgerschaftsurkunden erhielt.« Über die Kollegen von der Staatssicherheit organisiert er für die DDR-Neubürger Wohnung und Arbeitsstelle. »Ich brachte sie dann an ihren Wohnort bis zur Wohnung, belehrte sie, daß sie umgehend beim VPKA (Volkspolizeikreisamt, der Verfasser) einen Personalausweis beantragen und sich dann zu einem bestimmten Termin beim Kaderleiter des jeweiligen Betriebes zu melden hätten.«

Doch damit war seine Mission noch nicht erfüllt: »Nach ihrer Eingliederung blieben diese Personen weiterhin unter Kontrolle.« Nicht nur die MfS-Zentrale in Berlin kümmerte sich um die Aussteiger, sondern auch die MfS-Dienststellen in den Kreisen wurden eingeschaltet, wo die Stasi-Kollegen – wie Zaumseil hinzufügt – »in keiner Weise wußten, um welche Personen es sich handelt«. Die Aussteiger können ihn jederzeit während der Arbeitszeit erreichen, von acht bis fünf – über eine Rufnummer in Berlin. In »regelmäßigen Abständen« trifft sich Gerd mit ihnen. »Ich rief sie auf der Arbeit an und verabredete mich für den nächsten Tag«, fährt er fort. »Wir haben uns dann in ihren Wohnungen getroffen. Andere Wohnungen oder konspirative Objekte wurden dafür nicht genutzt.«

Das Ziel dieser Kontrolle habe sich im Laufe der Zeit gewandelt. »Zuerst ging es in erster Linie darum festzustellen, ob sie sich wirklich von der RAF getrennt haben. Später ging es mehr um die Absicherung der Identität.« Diese regelmäßigen Treffs, die nach und nach immer seltener wurden, seien den RAF-Aussteigern damit begründet worden, daß man ihnen zunächst beim Einleben und später dann bei der Bewältigung alltäglicher Dinge helfen wollte. »Diese Treffs trugen deshalb den Charakter persönlicher Gespräche, wo die Leute ihre Probleme im täglichen Leben, bei der Arbeit und sonstwo loswerden konnten.«

Das stille Glück

Das Verschwinden der einstigen RAF-Mitglieder in der DDR wäre mit Sicherheit nicht aufgeflogen, wenn es nicht den Zusammenbruch des Honecker-Regimes, die Wende und damit auch eine bessere Zusammenarbeit zwischen der Polizei in den beiden Teilen Deutschlands gegeben hätte. Als erste wurde Susanne Albrecht gefaßt, wie im ersten Kapitel geschildert. Die Nachrichtenmeldungen über die Verhaftung schlagen wie eine Bombe in West und Ost ein – und bringen ein DDR-Pärchen in Magdeburg auf eine Idee. Die beiden machen einen Sonntagsausflug. Nach Braunschweig. Dort erscheinen sie auf dem 1. Polizeirevier und erklären den verdutzten Beamten, die ebenfalls per Steckbrief gesuchte Inge Viett lebe in Magdeburg, in der Hans-Grundig-Straße 7, unter dem Namen »Eva Maria Schnell«. Ein wertvoller Tip: 50 000 Mark sind für die Ergreifung ausgesetzt worden. Einen Tag später trifft diese Information im Bundeskriminalamt ein. Umgehend werden per Telefon die Kollegen im Ost-Berliner Zentralen Kriminalamt – ZKA – informiert.

Am nächsten Tag steht auf dem Parkplatz schräg gegenüber des Eingangs zum Haus Hans-Grundig-Straße 7 ein Lada mit Magdeburger Kennzeichen. Drei Personen sitzen darin. Passanten wundern sich darüber, daß die drei über Stunden nicht aussteigen – als ob sie angewachsen wären. Nahezu ununterbrochen starren sie auf das zehnstöckige Hochhaus mit der blau-orange gekachelten Fassade. Im Laufe des Nachmittags rollt ein roter Fiat-Kombi auf den Parkplatz. Auch in ihm sitzen drei Personen, steigen ebenfalls nicht aus, geben sich so unauffällig wie möglich.

Eine dreiviertel Stunde vor Mitternacht fährt ein roter Lada vor. Eine Frau – kurze blonde Haare, relativ klein, nur etwas über 1,60 Meter groß – schließt die Tür ab und geht Richtung Hauseingang. Eine Stimme fragt aus der Dunkelheit: »Sind Sie Frau Schnell?« Sie sagt »ja« – und ist verhaftet. Polizeibeamte vernehmen sie die ganze Nacht hindurch. Im Laufe des Gesprächs räumt sie ein, einer Gruppierung angehört zu haben, deren Ziel es gewesen sei, gegen die sich seit Ende der 60er Jahre in der »BRD vollziehende gesellschaftliche Entwicklung anzukämpfen«. Die damaligen Methoden hätten nicht zum Erfolg geführt, deshalb habe sie sich 1980 freiwillig aus dieser »Vergangenheit« gelöst. 1983 sei sie DDR-Bürgerin geworden. Sie erklärt, die sechs Tage zuvor verhaftete Susanne Albrecht zu kennen. Während des Verhörs vermeidet sie das Wort »RAF«. Um Viertel nach acht am nächsten Morgen brechen die Polizisten die Vernehmung ab. Inge Viett ist übermüdet, kann nicht mehr.

Im Zuge der Ermittlungen kommt ihr Lebensweg im »real existierenden Sozialismus« heraus: Am 5. April 1983 ist sie in die DDR eingereist. Sie nennt sich Eva-Maria Sommer, angeblich geboren am 15. Januar 1947 in Harden/Niederlanden – einen solchen Ort gibt es dort in Wahrheit gar nicht. Mitte April 1983 zieht sie nach Prohlis, eine Trabantenstadt im Südosten Dresdens. Sie bewohnt ein kleines Appartement in der Prohliser Allee 31, das Zimmer hat 15 Quadratmeter, außerdem gibt es Kochnische und Bad – für 39 Mark Miete im Monat. Sie arbeitet als Repro-Fotografin in dem Betrieb »Völkerfreundschaft«. In dieser Zeit lernt sie über eine Anzeige eine »Wanderfreundin« kennen, eine Gleichaltrige: Sie wird ihre Geliebte. Für vier Jahre.

Doch eines Tages im Jahr 1986 muß Inge Viett verschwinden, auf Weisung der Staatssicherheit. Eine Bekannte hat sie bei einer Reise in den Westen in Frankfurt am Main auf einem Fahndungsplakat erkannt. Ihre Dementis reichen nicht aus, sie ist erkannt. Freunden und Kollegen erklärt Viett, daß sie nach Berlin gehen und von dort aus in den Jemen auswandern werde. Doch sie verläßt nur Dresden, nicht die DDR. Ihr Nachname wird von der Staatssicherheit geändert. Nun heißt sie nicht mehr Sommer, sondern Schnell. Ihr Vorname bleibt, »Eva Maria«. Im Oktober 1987 beginnt sie in der Abteilung Sozialwesen des Schwermaschinenkombinats »Karl Liebknecht« in Magdeburg zu arbeiten. Sie koordiniert die Termine für die Ferienheime. Dort können die Belegschaftsmitglieder günstig Urlaub machen. Ebenso kümmert sie sich um die Plätze in den Kinderheimen des volkseigenen Betriebs.

In der Hans-Grundig-Straße – mit dem Auto keine fünf Minuten von der Transitstrecke Hannover–Berlin entfernt – wohnt sie im 10. Stock, der obersten Etage: 52 Quadratmeter, 72 Mark. Auf dem Türschild neben der braunen Wohnungstür steht in geschwungenen Buchstaben »E. M. Schnell«. Gegenüber anderen Mietern gibt sie sich als Witwe aus, tritt höflich, verhalten freundlich auf, ist und bleibt aber letztlich unnahbar. »Unauffällig« nennen sie mehrere Hausbewohner. Hartmut Ostermann, der eine Etage unter ihr lebte, will nicht glauben, daß es sich bei Frau Schnell in Wahrheit um die gesuchte mutmaßliche Ex-Terroristin Inge Viett handelt. »Das kann doch nicht wahr sein«, sagt er kopfschüttelnd, »die Frau kann es doch nicht gewesen sein.« Hausbewohnern fiel auf, daß sie immer Hosen trug, sich burschikos gab und »auf jugendlich machte«. Einige erwähnen ihre Freundin, die häufig in ihrer Zwei-Zimmer-Wohnung übernachtete. Mitunter drei- bis viermal die Woche. Ihre Freundin: *Karin Beeler* (Name geändert), Direktorin der Reinhold-Götze-Oberschule, 49 Jahre alt, verheiratet mit einem Diplom-Ökonom, ein Sohn. Als die ganze Geschichte im Sommer 1990 herauskommt, kann sich Karin Beeler nicht mehr auf dem Direktorenstuhl der Schule halten.

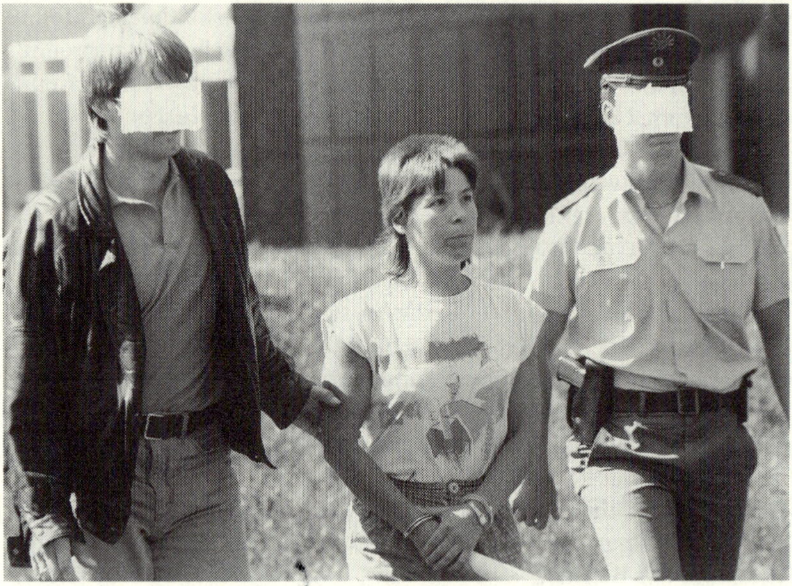

Inge Viett auf dem Weg zum Ermittlungsrichter des Bundesgerichtshofs in Karlsruhe

Von ihren Kollegen im Kombinat »Schwermaschinenbau Karl Liebknecht« wird Eva Schnell zur Vertrauensfrau gewählt. Sie steht im Ruf, sich für die Mitarbeiter einzusetzen. Als im Spätherbst 1989 im Betrieb überall Genugtuung und Zuversicht über die friedliche Wende in der DDR herrscht, freut sich nur eine nicht: die Ferienheim-Koordinatorin Schnell. Am Silvesterabend sitzt sie mit Bekannten vor dem Fernseher und verfolgt die Übertragung der Feiern am Brandenburger Tor. Bei diesen Bildern auf der Mattscheibe rutscht es ihr heraus: »Die sind doch alle verrückt: das ist der Anfang vom Ende!«

Zwei Monate später, Anfang März, meldet sie sich in der Betriebszeitung des Kombinats *Motor* zu Wort. Unter der Überschrift »Nach vorn denken ist gefragt« geht »Kollegin Schnell, Abteilung Sozialwesen, parteilos (und zwar schon immer)« auf Beiträge des Neuen Forum ein, die in der vorherigen *Motor*-Ausgabe zu lesen waren – ein Dokument, das zeigt, wie groß die Angst der Autorin vor der weiteren Entwicklung ist: »Ich muß sagen, sie ›kotzen mich an‹, um mal mit den Worten des Kollegen Killinger* zu sprechen. Daß ihr keine Antworten auf die brennenden Probleme unseres Landes, ja nicht mal unseres Betriebes habt, ist bekannt. Bei eurem politischen ›Weitblick‹, der nicht weiter als bis zur nächsten Kreisstelle des ehemaligen MfS reicht, bei eurer beschränkten und verbissenen Anti-SED-PDS-Politik, wundert dies auch keinen denkenden Bürger.

Kollege Killinger, ich möchte behaupten, daß du mit offenen Augen schläfst, wenn du die Möglichkeit eines neuen Schnitzlers, einer Nasi**, Stasi etc. heraufbeschwörst. Schau dich mal um, vielleicht bemerkst du, auf welchem Stand die rasante Entwicklung zur Verflechtung mit der BRD bereits jetzt schon ist. Und dies ist nur der Anfang einer nicht mehr umkehrbaren Entwicklung. Einer Entwicklung, die bewältigt werden muß mit gesellschaftlichen Kräften unseres Landes, die in der Lage sind, die damit verbundene Instabilität und das Anwachsen der irrationalen Elemente in Grenzen zu halten. Wenn dies nicht gelingt, dann gibt es in diesem Land bald nichts mehr zu erneuern.«

Warnend erhebt sie den Zeigefinger: »Wir gehen mit Meilenstiefeln auf die freie Marktwirtschaft zu. Deutlich: auf den Kapitalismus! Wie wollen sich die Werktätigen ohne gewerkschaftliche Organisation gegen das Kapital behaupten? Es ist abzusehen, daß unsere Betriebe nicht mehr von einem GD [Generaldirektor, d. V.] geleitet werden, der durch die sozialistische Schule gegangen ist und in seinem Herzen noch einen Zipfel vom Bestreben der Einheit von Wirtschafts- und Sozialpolitik trägt, sondern von einem knallharten Management, in dem Begriffe wie Kosteneinsparung, Gewinnerwirtschaftung, Profittransfer im Zentrum des Handelns stehen.

Streik heißt auf der Arbeitgeberseite: Aussperrung, Kündigung, Lohnabzug. Keine Gewerkschaft, keine Beiträge, keine Streikkasse. Was habt ihr in diesen Fragen zur Orientierung der Werktätigen beigetragen?«

Eva-Maria-Inge Schnell-Viett kommt zu dem Fazit: »Es geht doch darum: nach vorn zu denken, sich auf eine neue Zukunft vorzubereiten, die jedem Bürger die Existenz sichert! Unsere U- und S-Bahnhöfe

* Autor eines der Artikel im vorherigen *Motor*-Heft.

** Nasi = Amt für Nationale Sicherheit, Nachfolgebehörde des Ministeriums für Staatssicherheit.

sind nicht dergestalt, daß Arbeits- und Wohnungslose dort nächtigen könnten. Und ich möchte auch nicht die Peinlichkeit erleben, vor unseren Kaufhäusern (oder wem sie dann auch gehören mögen) von einem Mitbürger um 'ne Mark angebettelt zu werden.

Ich bitte alle politisch Interessierten, darin mitzuwirken, daß Emotionen, die sich nach jahrelanger Frustration und Enttäuschung entladen, wieder in konstruktive, zukunftsorientierte Bahnen kommen. Alles andere ist verantwortungslos und verspielt die Chance, eine wirklich demokratische, humanistische, soziale und antifaschistische Gesellschaft aufzubauen.« Drei Monate nach dem Erscheinen dieses Artikels ist Inge Viett verhaftet. Keine sieben Monate nach diesem Aufruf gibt es die DDR nicht mehr.

Peter-Michael Diestel, letzter Innenminister der DDR, ist dafür bekannt, daß er zuweilen die Dinge auf einen kurzen Nenner bringt. So auch nach den Verhaftungen von Albrecht und Viett: »Wer in den Wald geht zum Pilzesuchen und dabei zwei Pilze findet, der kann damit rechnen, daß es dort noch weitere Pilze gibt.«

Während Diestel diese später viel zitierten Worte vor der Presse in Ost-Berlin spricht, arbeiten die Kriminalisten des Zentralen Kriminalamts und der Zielfahndung der TE-Abteilung des Bundeskriminalamts auf Hochtouren, suchen fieberhaft nach weiteren Ex-Terroristen in der DDR. Sie sind darauf gestoßen, daß das Zentrale Aufnahmeheim in Röntgental den entscheidenden Ansatzpunkt für die Fahndung bietet. Ihnen ist – wie geschildert – aufgefallen, daß die Akte von Ingrid-Susanne Jäger-Becker-Albrecht aus ganzen acht Seiten besteht – üblich sind zwanzig bis dreißig Seiten. Ähnlich dünn sieht die Einbürgerungsakte von Eva Maria Sommer alias Inge Viett aus. Und auch die von Angelika Gerlach – unter diesem Namen soll nach einem Hinweis aus dem Bundeskriminalamt Silke Maier-Witt im Osten leben. Zudem stoßen die DDR-Fahnder darauf, daß die biographischen Daten ganz bewußt so gewählt worden sind, daß sie praktisch kaum Ansatzpunkte für eine Überprüfung bieten. So liegen die angegebenen Geburtsorte im Ausland, die Eltern sind verstorben oder haben ihr Kind verstoßen, schließlich gibt es keine Angehörigen in der DDR. Mit diesen Kriterien als Raster machen sich die Fahnder an die Aktenberge im Zentralen Aufnahmeheim in Röntgental. Rund 30000 Akten checkten die Fahnder durch, berichtet Kriminalrat Jürgen Oelsner.

Beim Jahr 1979 beginnen die Ermittler mit der Durchsicht. Nur die dünnen Akten ziehen sie heraus, stoßen sie auf Jugendliche oder ältere Menschen, legen sie die Mappe gleich wieder zurück. Rund zwanzig Akten packen sich die Ermittler für eine genaue Überprüfung auf die Seite – zehn davon sind »Treffer«.

So nehmen sie innerhalb der nächsten Woche acht weitere ehemalige RAF-Mitglieder in der DDR fest. Dabei stellten sie fest: die RAF-Aussteiger haben sich im Verlauf der Jahre alle eine bürgerliche Existenz in der DDR aufgebaut – sie lebten praktisch nicht anders als Millionen andere DDR-Bürger.

Am 14. Juni, gegen 17.30 Uhr, verhaftet die Polizei in Frankfurt an der Oder den Arzt Horst Winter und seine Frau Elke. In Wahrheit: Ekkehard von Seckendorff-Gudent und Monika Helbing. Seckendorff ahnte die Verhaftung: als die Kripo kommt, steht fix und fertig gepackt ein Koffer für seinen Sohn Ralf da – Seckendorff liebt den Achtjährigen über alles. Dr. Freiherr von Seckendorff-Gudent arbeitete unter dem schlichten Namen Horst Winter als Leiter der Beratungsstelle für Alkoholkranke in der Gubener Straße. Er leistete gute Arbeit, sagen die Kollegen; der Internist hatte Erfolge bei der Suchtberatung. Zusammen mit seinen vier Kollegen betreute er 200 Alkoholkranke, war ein angesehner Mann. Aus seiner Kaderakte (auf bundesdeutsch: Personalakte) ergibt sich, daß er in der Bundesrepublik studiert, dann bei der PLO gearbeitet und in Eisenhüttenstadt seinen Facharzt gemacht hat. Der Ärztliche Direktor der Frankfurter Poliklinik, Dr. Eberhard Kotlarski, schlug ihm sogar vor, zu promovieren. Horst Winter sprang nicht darauf an. Woher sollte der Direktor auch ahnen, daß der Suchthilfe-Arzt längst seinen Doktor gemacht hatte? In Berlin-West, an der Freien Universität, über das Thema Milz-Entnahmen.

1987 zogen die Winters in die Mühlroser Straße 63 a in Frankfurt, in eine Vier-Zimmer-Wohnung – das ist ein Zimmer mehr als in der DDR üblich. Doch alles hat seine Ordnung: als Arzt steht dem Mann ein Arbeitszimmer zu. Beim Einzug läßt sich ein Nachbar die Ausweise der Familie geben und trägt die Angaben über die Mieter in der zweiten Etage rechts ins »Hausbuch« ein:

Winter Horst – 1. 5. 1943 – Königsberg – Arzt –
Winter Elke – 28. 10. 1953 – Brüssel – Fürsorgerin –
Winter Ralf – 27. 8. 1981 – Frankfurt –

Nur die Angaben über den Sohn stimmen. Horst-Ekkehard dagegen ist in Wahrheit bereits drei Jahre eher geboren, am 22. Juli 1940, und auch nicht ganz soweit östlich, sondern im sächsischen Kühnitzsch. Monika-Elke wurde tatsächlich drei Wochen später geboren, nicht in Belgien, sondern im baden-württembergischen Flein.

Seckendorff war bereits als Unterstützer der ersten Generation der RAF – der Baader-Meinhof-Gruppe – bekannt geworden: er hatte im Juli 1972 seinen Ausweis, der ihn als Arzt berechtigte, die Untersuchungshaftanstalt in Hamburg zu betreten, der RAF zur Verfügung gestellt. Dafür war er zu einem Jahr Gefängnis auf Bewährung verurteilt worden. Fünf Jahre später, 1977, tauchte er in den Untergrund ab. Das BKA suchte ihn wegen des Verdachts, bei der Entführung von Arbeitgeberpräsident Schleyer als Arzt »in Bereitschaft« gestanden zu haben. Ein Jahr später, 1978, mietet er – so die Erkenntnisse des Bundeskriminalamts – unter dem Namen »Bernd Chedad« ein Ein-Zimmer-Appartement in Paris. Er gibt an, an der Sorbonne Biologie zu studieren. Zwei Jahre lang kann der Unterschlupf von Gesinnungsgenossen genutzt werden.

»Unterstützung einer kriminellen Vereinigung« lastet ihm die Bundesanwaltschaft nach seiner Verhaftung in Frankfurt an – doch dies, so er sich dessen schuldig gemacht haben sollte, wäre verjährt. Ekkehard von Seckendorff-Gudent kommt sechs Wochen später wieder auf freien Fuß.

Seine Frau Elke – Monika Helbing – arbeitete als Rheuma-Fürsorgerin an der Frankfurter Poliklinik. Einen »grundsoliden Eindruck« machte sie auf den Ärztlichen Direktor. Sie war, so meinen die Ermittler, an der Entführung und Ermordung Schleyers beteiligt: Sie soll die Wohnung im Haus Zum Renngraben 8 in Erftstadt-Liblar bei Köln unter dem Namen Annerose Lottmann-Bücklers angemietet haben. Dort war der Arbeitgeberpräsident gefangengehalten worden.

Wie alle anderen RAF-Aussteiger behielt die Staatssicherheit dieses Paar über die Jahre hinweg im Auge. So berichtet zum Beispiel der »Hausvertrauensmann« der Großen Mühlroser Straße 63a, der 30jährige Frank Richter, er sei im März 1989 nach telefonischer Anmeldung von einem Mann aus der Stasi-Zentrale in Berlin besucht worden, der alles über Herrn Winter hätte wissen wollen. Doch Richter konnte nicht viel sagen, Horst Winter lebte zurückgezogen. »Ich wußte nur, daß die am Wochenende den Picknick-Korb in den Trabi packten und erst am Sonntag wiederkamen«, berichtet Richter. Es sei nötig, Winter im Auge zu behalten, wies der Stasi-Mann den »Hausvertrauensmann« an, weil er ein »BRD-Übersiedler« sei.

Eine Stunde nach den Winters verhaftet an diesem 14. Juni die Polizei die Eheleute Janssen in Senftenberg, einem Ort im Braunkohlenrevier an der Niederlausitz. Bei Manfred – nach seinem Ausweis am 5. Mai 1952 in Amsterdam geboren – handelt es sich in Wahrheit um Werner Lotze, am 22. Februar 1952 in Mülheim zur Welt gekommen. Er erschoß 1978 einen Polizeibeamten in einem Wald bei Dortmund-Lötringhausen, überfiel die Bank für Gemeinwirtschaft in Darmstadt im März 1979 und einen Monat später die Schmidt-Bank in Nürnberg. Außerdem gehörte Lotze zu dem Kommando-Unternehmen, das 1979 im belgischen Obourg den Anschlag auf US-General Haig verübte. Seine Frau Katharina – angeblich am 2. März 1949 in London geboren – ist tatsächlich zwei Wochen jünger, kam erst am 16. März 1949 zur Welt, und zwar nicht, wie es in ihrem Ausweis steht, in London, sondern in Bamberg. Ihr wirklicher Name: Christine Dümlein. »Mitgliedschaft in einer terroristischen Vereinigung« werfen ihr die Ermittler vor. Doch wäre dieses Delikt verjährt. Die fünf Jahre sind um. Nicht anders als bei Seckendorff. So darf sie am nächsten Morgen um acht das Zentrale Kriminalamt als freie Frau verlassen.

Werner Lotze ist am 14. Oktober 1980 in die DDR eingebürgert worden. Zunächst arbeitet er als Kraftfahrer, später als Schichtleiter im Synthesewerk Schwarzheide – nach einem Chemie-Fernstudium. Christine Dümlein verdient ihr Geld als Sekretärin. Die Tochter der beiden ist acht. Sie haben es zu etwas gebracht, wovon viele Menschen in der DDR träumten: eine Drei-Zimmer-Wohnung mit Balkon in einem Neubauviertel. Sie leben unauffällig in dem 10-Familienhaus hinter der braungrauen Waschbetonfassade, zweite Etage: Kordsessel, Resopal-Schrankwand, von jedem Fenster aus Blick auf andere Betonblöcke. Sie seien immer freundlich gewesen, berichten die Nachbarn in der Senftenberger Wehrstraße 12. Kein Geheimnis hätten sie daraus gemacht, daß sie aus der Bundesrepublik kamen. »Es gefiele ihnen hier politisch besser«, erinnert sich Nachbarin Christa Zurek an die Begründung. Weiter hätten das allerdings die Janssens nicht ausgeführt.

Einen Tag nach der Verhaftung der Paare Winter und Janssen verläßt Jürgen Eildberg am Morgen sein Wohnhaus in Schwedt, einem kleinen Ort an der Grenze zu Polen. Dabei fällt ihm ein Mann auf, der Aktentasche und Jeans trägt und auf und ab geht. Auf und ab. Jürgen Eildberg steigt in seinen Trabi, fährt in den Betrieb. Um halb drei bekommt er Besuch – in seinem Büro im Bereich Materialwirtschaft. Polizisten in Zivil nehmen ihn mit. Kurze Zeit später wird seine angebliche Ehefrau Ulrike verhaftet, als sie aus dem Zug steigt. Bei den beiden handelt es sich um Baptist Ralf Friedrich und Sigrid Sternebeck. Auch sie waren 1980 in die DDR eingereist. Damals sei alles ganz schnell gegangen, berichtet Sigrid Sternebeck nach ihrer Verhaftung: »Wir erhielten von den Aktiven neue bundesdeutsche Ausweise, Geld – es waren für mich rund 4000 Mark für Reisekosten und ›Starthilfe‹ – und die letzten Informationen: In Zweiergruppen sollten wir von Paris aus per Bahn nach Prag fahren. Erst von Kontaktleuten in der tschechoslowakischen Hauptstadt erfuhren wir, wohin die Reise wirklich gehen sollte: in die DDR. Für mich war das eine freudige Überraschung, die Sprache würde vieles erleichtern.«

Zusammen mit Baptist Ralf Friedrich reiste sie nach Ost-Berlin: »Wir hatten für die Übersiedlung gefälschte BRD-Pässe, auf die Namen des Ehepaars Ulrike Martina Eildberg und Jürgen Hans Eildberg. Wer die Pässe besorgt hat, weiß ich nicht. Sie stammten aber aus den Depots der RAF. Die Daten der Pässe wurden für die Einbürgerung in der DDR übernommen.« In Schwedt bekamen sie eine Zwei-Zimmer-Neubauwohnung zugewiesen. »Ich erhielt einen Arbeitsplatz im Dienstleistungskombinat: in der Annahmestelle mußte ich, achtdreiviertel Stunden täglich für 450 Mark netto monatlich, Wäsche, Schuhe, Strümpfe, Schirme, Uhren, Radios annehmen und rausgeben. Das Arbeitskollektiv hat mich wohlwollend und auch ein bißchen neugierig aufgenommen, mir wurden aber keine Löcher in den Bauch gefragt.« Ihr gelingt es nicht, ihren Kollegen gegenüber plausibel darzulegen, wieso sie von Deutschland-West nach Deutschland-Ost gezogen sind. Und so meint manch einer in der Belegschaft, bei dem Ehepaar Eildberg handle es sich um ehemalige West-Spione der DDR, die abtauchen mußten.

Mit den Feinheiten des Ostens kennen sich die beiden beim besten Willen nicht aus. Sigrid Sternebeck muß sich dauernd erkundigen: »Ich wußte ja nichts über ›Neuerer‹, ›Brigaden‹, die ganzen Abkürzungen. Ich lernte die unbefriedigten Konsumwünsche der Bevölkerung kennen und eine starke Ausländerfeindlichkeit.« Währenddessen arbeitete ihr angeblicher Ehemann Baptist Ralf Friedrich als Gabelstaplerfahrer in einer Papierfabrik. »Wir hatten beide fast kein Geld, verdienten zusammen gerade 1000 Mark«, berichtete Friedrich rückblickend in einem *Spiegel*-Interview: »Das war auch für DDR-Verhältnisse wenig.« Für sie sei die DDR eine »heilsame Alternative« gewesen: »Wir mußten jeden Morgen um 6.30 Uhr zur Arbeit und bekamen jede Menge Kontakt zu den arbeitenden Massen, für die wir drüben die Revolution herbeiführen wollten. Das hat uns auf den Boden der Realitäten zurückgebracht.« Im Januar 1983 wurde Töchterchen Nina geboren. Insgesamt lebten die beiden so wie Millionen andere Paare in der DDR – mit all den kleinen und großen Problemen. »Ich fühlte mich ziemlich sicher«, umreißt Sigrid Sternebeck diese Zeit. »Dennoch blieb immer eine unterschwellige Angst, durch einen Zufall doch noch entdeckt zu werden. Dann kam der 9. November 1989, ein Wendepunkt auch in unserem Leben – ich wußte sofort, daß damit unsere Tarnung in Gefahr war. Die Stasi hat sich nach der Wende von uns verabschiedet mit den Worten: ›Wir können nichts mehr für euch tun.‹« Sie merkten, daß ihre Identität in Gefahr war, und so hieß die größte Sorge für sie: »Was wird aus unserem Kind? Wir haben zu Hause oft darüber geredet, aber es gab keine Alternative, als abzuwarten. Wir sind nach Recht und Gesetz nicht einmal verheiratet: Die Ehepapiere erhielten wir kurz vor der Geburt unserer Tochter, um mögliche Schwierigkeiten beim Standesamt zu vermeiden. Die Dokumente waren von der Stasi ausgestellt.«

Wie ein Blitz aus heiterem Himmel trifft es ihren In-Wahrheit-nicht-Ehemann Eildberg-Friedrich eine Woche später. An einem Ort, an dem ihn wohl kein Fahnder vermutet hätte: Er steht bei Woolworth in Augsburg in der Elektronikabteilung als Zuschauer vor einem laufenden Vorführ-Fernsehgerät. Er ist dienstlich in der Bundesrepublik. Friedrich, der sich in seinem Betrieb, einer Papierfabrik, zum Einkaufsleiter hochgearbeitet hat, wurde von seinem Unternehmen nach Augsburg geschickt, um über den Einkauf von Holz zu verhandeln – ein Auftrag, den er unmöglich hätte ablehnen können. Schon einmal zuvor, im Februar, war er geschäftlich in die Bundesrepublik gereist. Nach Mayen bei Koblenz. Eine Verhandlungspause in Augsburg will er nutzen, um eine Uhr zu kaufen, ein Geburtstagsgeschenk für Sigrid.

Sie wird in knapp zwei Wochen einundvierzig. Und da nun eben trifft ihn der Schlag: Die Fernsehnachrichten melden, daß Susanne Albrecht in Ost-Berlin gefaßt worden sei. »Ich habe einen Riesenschock gekriegt, hab' meine Einkäufe beendet und bin erst mal ins Hotel, um in Ruhe nachdenken zu können«, erinnert er sich später. »Als ich wieder zurück war in der DDR, habe ich sofort hinter dem Grenzübergang die Sigrid angerufen.« Acht Tage später sind beide verhaftet.

Sigrid Sternebeck soll – so die Ermittler – an den Anschlägen auf Arbeitgeberpräsident Schleyer und US-General Haig beteiligt gewesen sein. Nach ihrer Verhaftung räumt sie ein, daß sie Fahrzeuge für die RAF angemietet habe. Sie seien jedoch, so ihre Darstellung, für eine andere Aktion bestimmt gewesen, dann aber für den Überfall auf Schleyer benutzt worden. Ferner gesteht sie, die Fahrroute von General Haig ausgespäht zu haben.

Drei Tage später, gleich nach dem Wochenende, werden zwei weitere ehemalige RAF-Mitglieder verhaftet: Silke Maier-Witt und Henning Beer, beide in Neubrandenburg, am östlichen Rand der Mecklenburger Seenplatte, 130 Kilometer nördlich von Berlin. Über Jahre lebten sie in dem 85000-Einwohner-Ort, ohne sich einmal über den Weg zu laufen. Es war wohl eine Panne der Staatssicherheit, die beiden, die nichts voneinander wußten, in einer Stadt unterzubringen.

Zehn vor halb drei, Straße der Landjugend, VEB Pharma: Silvia Beyer, die Leiterin der Stelle »Information/Dokumentation« wird von Kriminalpolizisten abgeführt. In Wahrheit ist es Silke Maier-Witt. »Die Überraschung war mehr als groß«, erklärt der Personalchef Ulrich Heinicke kopfschüttelnd, »sie hat gute Arbeit geleistet.« Ihre Arbeit bestand darin, Fachbücher und -zeitschriften zu besorgen und innerhalb des Arzneimittelbetriebs weiterzuleiten. Sie galt als fleißig, für manchen Alt-Genossen gar als vorbildlich. Bestens hatte sie sich mit dem System arrangiert: Sie war Mitglied in der SED – bei ihrer Verhaftung Mitglied der PDS –, dem FDGB, in der Gewerkschaft Chemie und schließlich auch noch in der »Laufsportgruppe« der »Betriebssportgruppe«. Erst jüngst hatte sie wieder am »Rennsteiglauf« teilgenommen.

In Neubrandenburg lebte sie in einer Zwei-Zimmer-Wohnung in der dritten Etage eines Beton-Neubaus, Ernst-Alban-Straße 22. Sie tat alles, um nicht aufzufallen. Brav wie jeder andere auch zeichnete sie als Beleg für verrichtete Arbeit den Putzplan im Hausflur ab, in der Rubrik »Außendienst« unterschrieb sie mit »S. Beyer«. Als sie während der Vernehmung ein Kripo-Mann nach ihren Personalien fragt, hält sie sich – zunächst noch – an die auswendig gelernte Legende: Als Familienstand gibt sie »verwitwet« an. Die angeblich in Moskau Geborene erklärt ihre Eltern für »verstorben«. Auf die Frage nach dem »Vor- und Familiennamen des Vaters« antwortet sie mit »unbekannt«. Bei der Frage nach »Vor- und Geburtsname der Mutter« gibt sie vor, nicht mehr als den Nachnamen zu kennen: »Gernsbach, weiter nicht erinnerlich.«

Doch dann ist Schluß mit den Märchen, sie schildert, wie sie in die DDR gekommen ist: Mit einigen Genossen sei sie 1978 oder 1979 zu Fuß über die grüne Grenze von den Niederlanden nach Belgien gegangen: »Von Belgien aus flogen wir über Abu Dhabi weiter nach Aden in der Demokratischen Volksrepublik Südjemen. Dort hielt ich mich mehrere Monate in einem Lager in der Nähe der Hauptstadt des Landes auf. Gemeinsam mit mir befanden sich dort neben Susanne Albrecht, Christian Klar und Rolf Klemens Wagner auch Frau Mohnhaupt und Herr Boock.« 1980 sei sie dann in die Tschechoslowakei gereist – mit dem Flugzeug von Aden über Beirut nach Spanien, von dort mit dem Zug weiter über Frankreich, Italien, Österreich in die CSSR. Für die Reise benutzte sie einen gefälschten bundesdeutschen Ausweis, »den ich von Palästinensern in Aden bekommen habe«. In Prag traf sie Inge Viett, die ihr sagte, welchen Zug sie nach Ost-Berlin zu nehmen habe. Dort wartete Gerd auf sie. Er brachte sie nach Briesen.

Henning Beer alias Dieter Lenz wird vor seiner Wohnung in der Traberallee 6 verhaftet, einem Neubaublock im Neubrandenburger Stadtteil Reitbahn. »Ich bin im Monat Juli 1982 von der CSSR kommend mit dem Zug in die DDR eingereist«, gibt er während der Vernehmung zu Protokoll. In Neubrandenburg fing er als Hilfsschlosser an, wohnte die erste Zeit in einem Arbeiterwohnheim. »Ich erhielt in dem VEB Magema Unterstützung durch die Kollegen«, berichtet er weiter über seine ersten Schritte im Sozialismus. »Sie standen mir moralisch bei der Eingliederung zur Seite.« Er qualifizierte sich zum Facharbeiter. Vier Jahre nach seiner Einreise heiratet er Susanne, eine DDR-Bürgerin, und wechselt zum VEB Geothermie. Als »Dispatcher«, als Arbeitseinteiler, in der Produktionskontrolle verdient er 1400 Mark. Nach acht Jahren in der DDR, bis zu seiner Enttarnung, hat er 8000 Mark gespart. Im Laufe der Vernehmungen räumt er ein, bei den Attentaten auf US-General Haig und dessen Begleiter in Belgien sowie auf US-General Kroesen mitgemacht zu haben. Bei dem Anschlag auf das Nato-Hauptquartier in Ramstein war er ebenso beteiligt wie bei dem Überfall auf die Schweizerische Volksbank in Zürich 1979.

Bis 1985 trafen sich die RAF-Aussteiger einmal im Jahr immer im Oktober – zu einer kleinen Feier aus Anlaß der Einbürgerung. Nur die Nachzügler Viett und Beer nicht; von ihrer Existenz in der DDR erfuhren die »ersten« acht erst durch die Verhaftung der beiden.

Die Stasi-Hauptabteilung XXII/8

Daß die RAF-Aussteiger in der DDR untertauchen konnten, war kein Zufall, sondern ein mit erheblichem Aufwand geplantes und durchgeführtes Unternehmen. Verantwortlich dafür zeichnet ein Zweig des Ministeriums für Staatssicherheit, der sinnigerweise die Bezeichnung »Terrorabwehr« trug. Diese Gruppe war Ende der siebziger Jahre gegründet worden – eine Folge der Angst der SED-Mächtigen in den siebziger Jahren, der Terrorismus, der Teile der westlichen Welt in Angst und Schrecken versetzte, könnte auch auf ihr Gebiet übergreifen. Im Laufe der Zeit wuchs diese Abteilung und wurde zur »Hauptabteilung XXII«. Kurz vor Ende des SED-Staats, im Oktober 1989, gehörten ihr allein in der MfS-Zentrale in Berlin 897 hauptamtliche Mitarbeiter an. Ferner verfügte sie über 460 »Inoffizielle Mitarbeiter«, also Informanten, oder weniger vornehm ausgedrückt: Spitzel. Hinzu kamen noch die Kollegen in den 15 Stasi-Bezirksverwaltungen. Dort setzte sich diese »Linie« fort. So kümmerten sich in der Stasi-Bezirksverwaltung in Berlin 13 Mitarbeiter der Hauptabteilung XXII um die »Terrorabwehr«, 4 waren es im Bezirk Suhl, dem DDR-Bezirk mit den wenigsten Einwohnern.

Diese Hauptabteilung – HA – XXII hatte im wesentlichen sieben Aufgaben, wie es Abteilungsleiter in einem »Auskunftsbericht« am 23. Januar 1990 im besten DDR-Bürokraten-Deutsch formulierten:

»1. Operative Bearbeitung terroristischer und anderer gewaltorientierter Organisationen, Gruppen und Kräfte im Operationsgebiet, die gegen die DDR wirksam werden bzw. im Operationsgebiet wirken und von denen Gefahren für die DDR u. a. sozialistischen Staaten ausgehen können;
2. Operative Überwachung bzw. Kontrolle von terroristischen u. a. gewaltorientierten Organisationen, Gruppierungen und Kräften des internationalen Terrorismus- und Gewaltgeschehens;
3. Realisierung operativer und militärisch-operativer Aufgaben der vorbeugenden Terrorabwehr und bei Terror- u. a. operativ bedeutsamen Gewaltakten in der DDR, einschließlich Verhandlungsführung mit Geiselnehmern und Entführern;
4. Operative Bearbeitung anonymer und pseudonymer Androhungen von Terror u. a. Gewaltakten;
5. Feststellung, Sicherung und Transport von sprengkörperverdächtigen Gegenständen;
6. Erfüllung von Aufgaben der Flugsicherheitsbegleitung und Mitwirkung an der Verhinderung und Bekämpfung rechtswidriger Angriffe und Handlungen gegen Luftfahrzeuge und zivile Flughäfen der DDR.
7. Sicherstellung der einheitlichen Ausbildung und des Einsatzes von strukturellen und nichtstrukturellen spezifischen Kräften zur Terrorbekämpfung sowie Durchführung der Fallschirmsprung-, Tauch- und Sprengstoffausbildung sowie für spezifischen Zweikampf.«

Wie nun betrieb diese ominöse Hauptabteilung XXII »Terrorabwehr«? Sie bestand aus elf Abteilungen und beruhte – einfach ausgedrückt – aus drei Säulen.

Säule eins: der »operative Bereich«, die Informationsbeschaffer. Hier gab es drei Abteilungen: Eine befaßte sich mit dem Rechtsextremismus (Abteilung 1), eine andere mit dem Linksextremismus (Abteilung 8) – das war die, die sich um die RAF-Aussteiger kümmerte. Und die dritte schließlich war für alles »Terroristische« zuständig, was weder zu der einen noch zu der anderen Abteilung gehörte (Abteilung 4). Die in diesem »operativen Bereich« beschäftigten Mitarbeiter sammelten alle Informationen, an die sie herankommen konnten: Dazu gehörte das Auswerten von West-Zeitungen und -Zeitschriften – über

111062407419	97	22	00	B█████, HOLGER:
111064412246	97	22	00	M█████, DETLEF:
111167430092	97	22	00	I█████, UWE:
111269409913	97	22	00	K█████, SILVIO:
120163404318	97	22	00	D█████, TORSTEN:
120170400227	97	22	00	K█████, STEFFEN:
120257520010	97	22	00	B█████, REGINA:
120267430107	97	22	00	B█████, AXEL:
120268430045	97	22	00	F█████, ANDREAS:
120361406728	97	22	00	S█████, NORBERT:
120368407221	97	22	00	S█████, UWE:
120370428144	97	22	00	S█████, DIRK:
120371414529	97	22	00	A█████, ROGER:
120463430294	97	22	00	G█████, TINKO:
120464415387	97	22	00	S█████, RALF:
120464420020	97	22	00	M█████, PETER:
120468421573	97	22	00	F█████, FRANK:
120469413946	97	22	00	F█████, ANDRE:
120557530114	97	22	00	F█████, RITA:
120567422889	97	22	00	S█████, JENS:
120670429755	97	22	00	L█████, MARIO:
120760420519	97	22	00	M█████, AXEL:
120764404436	97	22	00	D█████, MICHAEL:
120768413129	97	22	00	R█████, FRANK:
120851422018	97	22	00	A█████, KONRAD:

Auszug aus der Mitarbeiterliste der HA XXII:
897 hauptamtliche Mitarbeiter gehörten der
Stasi-Hauptabteilung »Terrorabwehr« an. Die ersten
sechs Ziffern bezeichnen das Geburtsdatum, »97« bedeutet
MfS-Zentrale und »22« steht für die Hauptabteilung*

Welt, Frankfurter Allgemeine Zeitung, Süddeutsche Zeitung, Stern und *Spiegel* bis hin zur *taz* – ebenso wie die Überwachung von Telefonanschlüssen in der Bundesrepublik. Für die Durchführung der Abhöraktionen war die Hauptabteilung III des Ministeriums für Staatssicherheit zuständig. Allein sie beschäftigte 6000 Mitarbeiter – mehr, als es Verfassungsschützer in der gesamten Bundesrepublik gibt.

Über riesige Lauschschüsseln, die an der Grenze der DDR und der Tschechoslowakei zur Bundesrepublik in den Himmel ragten, klinkten sich die Stasi-Horcher in Richtfunkverbindungen ein, über die

* Die Schwärzungen erfolgten aus rechtlichen Gründen.

heute ein großer Teil der Ferngespräche abgewickelt wird. Die Telefonate schnitten sie auf Band mit, werteten sie aus und stellten sie der HA XXII zur Verfügung. Aber auch andere Hauptabteilungen der Staatssicherheit versorgten die HA XXII mit Informationen. In erster Linie die »Hauptverwaltung Aufklärung«, die DDR-Spionage unter Markus Wolf, ab 1987 unter Werner Großmann; die Hauptabteilung II, unter anderem zuständig für die Überwachung von ausländischen Missionen und Journalisten in der DDR; die Hauptabteilung VI, die sich mit den Kontrollen an der Grenze und den Übernachtungen von Besuchern in der DDR befaßte, und die ZAIG, die Zentrale Auswertungs- und Informationsgruppe, bei der ein großer Teil der gewonnenen Erkenntnisse im Ministerium für Staatssicherheit zusammenlief. Und natürlich als Zuträger nicht zu vergessen: die inoffiziellen Mitarbeiter, 460 an der Zahl.

Zweite Säule der Hauptabteilung XXII war der »militärisch-operative« Bereich. In ihm gab es die Abteilung 3, die die »Flugsicherheitsbegleiter« stellte. »Die sind als normale Fluggäste eingestiegen«, berichtet ein ehemaliger Stasi-General, »waren bewaffnet und haben die Maschine am Zielflughafen bewacht, insbesondere in den arabischen Ländern«. Die Abteilungen 2 und 9 bestanden aus sogenannten »spezifischen Kampfkräften«: durchtrainierte Leute für den Einsatz bei besonderen Anlässen. Zum Teil waren es Unteroffiziere auf Zeit, die dort eine Nahkampf-Ausbildung erhielten und bei großen Veranstaltungen und in Spannungssituationen eingesetzt wurden. Zum Beispiel bei den Veranstaltungen am 7. und 8. Oktober 1989, als die DDR-Mächtigen, wenige Wochen vor dem Zusammenbruch, große Feiern zum 40. Jahrestag der DDR angesetzt hatten, bei denen sich auch die Opposition zu Wort meldete: Die in »Räuberzivil« gekleideten Männer drängten sich in friedliche Demonstrationszüge und schlugen Umzugsteilnehmer. Schließlich gab es noch die beiden Ausbildungsabteilungen 5 und 7.

Die dritte Säule der »Terrorabwehr« war der »sicherstellende Bereich«. Die Abteilungen 10 und 11 kümmerten sich um die Ausrüstung, angefangen von Kraftfahrzeugen über Fallschirme und Taucherausrüstungen bis hin zur Einrichtung konspirativer Wohnungen. Die Abteilung 6 entwickelte, probte und besorgte »spezifische Ausrüstung« für die »Terrorabwehr«-Leute. Mit dem Sprengen unter Wasser befaßten sich dort die Tüftler ebenso wie mit der Veränderung von

Schußwaffen und Munition, um sie auch im Flugzeug einsetzen zu können, ohne daß die Geschosse die Außenwände durchschlagen.

Gerd Zaumseil und seine Kollegen der Abteilung 8 saßen in der dritten Etage eines sechsstöckigen Gebäudes in der Ferdinand-Schultze-Straße 55 in Berlin-Hohenschönhausen. Von hier aus blikken sie auf eine hohe Mauer und Stacheldraht, die das Gelände umgeben. »Abschottung« und »Sicherheit« werden hier großgeschrieben: uniformierte Posten stehen auf der Mauer, in Holzhäuschen, ebenso an der Einfahrt. In dieser Abteilung »Linksterrorismus« arbeiten rund 40 Stasi-Leute, aufgeteilt auf vier Referate. Im ersten geht es um die »Sachakten zu terroristischen Organisationen Europas«, vor allem um die RAF, um die Revolutionären Zellen und die »Bewegung 2. Juni«. Außer Gerd sind hier noch – wie ein ehemaliger Mitarbeiter berichtet – neun Stasi-Leute beschäftigt. Gerds Hauptaufgabe: Informationen über die aktiven RAF-Mitglieder zu sammeln und auszuwerten. Im Referat 2 befassen sich die Stasi-Leute in erster Linie mit dem Terrorismus im arabischen Raum, im Referat 3 vor allem mit autonomen Gruppen »TE-Potential in Berlin (West)« und »international tätigen extremistisch-terroristischen Organisationen Lateinamerikas«. Und schließlich gibt es noch ein »Auswertungsreferat«.

Innerhalb dieser Abteilung, in der ohnehin schon alles »geheim« ist, wird die »Aussteiger-Operation« ganz besonders geheimgehalten. Seine Anweisungen erhält Gerd Zaumseil immer unmittelbar von Oberstleutnant Helmut Voigt. Stets mündlich, nie schriftlich. Nur eine Handvoll Leute weiß Bescheid. Im Laufe der Zeit kümmern sich noch drei andere Kollegen um die Aussteiger: Günter, Uwe und Hans. Auch die Stasi-Kreisdienststellen, in deren Kreisen die Aussteiger untergebracht waren, behalten die DDR-Neubürger im Auge, observieren sie zum Beispiel gelegentlich. »Über die Ergebnisse der Kontrolle durch die Kreisdienststellen und über meine eigene Arbeit wurden in unregelmäßigen Abständen Sachstandsberichte durch mich gefertigt, die als Informationen weitergegeben wurden«, berichtet Gerd Zaumseil – »ich gab sie Herrn Voigt«. Und weiter: »Wer die Informationen dann bekommen hat, weiß ich nicht. Ich nehme an, sie gingen zunächst bis zu Herrn Neiber.« General Gerhard Neiber war einer der vier Stellvertreter von MfS-Minister Mielke; zu seinen Aufgaben zählte die Aufsicht über die HA XXII.

Die Suche

Trotz aller Geheimhaltung fliegen drei »RAF-Aussteiger« auf, schleunigst muß sie die Staatssicherheit »umsetzen«: Silke Maier-Witt, Inge Viett und – wie bereits im Eingangskapitel geschildert – Susanne Albrecht. Und das kam so:

Am 13. Juni 1985 erscheint ein DDR-Übersiedler beim Polizeiposten in Möglingen, in der Nähe von Stuttgart. Der 24jährige *Christian Heintz* (Name geändert), Altenpfleger, berichtet, er habe mit der auf einem Fahndungsplakat abgebildeten Silke Maier-Witt ein Jahr lang die Fachschule »Walter Krämer« in Weimar besucht. Der Hinweis wird ins Bundeskriminalamt geschickt, nach Wiesbaden. Drei Wochen später unterhalten sich BKA-Terroristenfahnder mit dem jungen Mann. »Für mich war ganz klar, daß die Frau, mit der ich zur Pflegeschule gegangen bin, Silke Maier-Witt war«, erklärt er den Beamten, »ich hatte mich ja politisch mit ihr oft gestritten. Sie war sehr rechthaberisch und bekam beim Diskutieren solche« – er machte eine entsprechende Handbewegung – »rote Flecken am Hals.« Die DDR ist für die BKA-Fahnder Ausland, der Einsatz von Ermittlern auf eigene Faust »völlig ausgeschlossen«, wie Martin Tuffner betont, Leiter des Stabs Terrorismusbekämpfung im Bundeskriminalamt. Deshalb schalten die BKA-Leute den Bundesnachrichtendienst ein: am 27. Juli 1985 bitten sie die für die DDR zuständigen Sachbereiche »Operative Beschaffung« und »rezeptive Aufklärung«, den Hinweis abzuklären. Ein halbes Jahr später erhalten die BKA-Fahnder Antwort aus Pullach: Die Ermittlungen seien bei beiden Sachverhalten »ergebnislos« verlaufen. Bald darauf treffen sich Bundesanwalt Wolfgang Pfaff und drei BKA-Beamte, um zu beraten, wie es weitergehen soll. Macht es Sinn, ganz offiziell an die DDR-Behörden heranzutreten? Das Vertrauen der Ermittler in die Kollegen im anderen Teil Deutschlands ist nicht besonders groß. Eine Anfrage in Ost-Berlin halten sie für »nicht erfolgversprechend«. Aussichtsreicher sei es, so kommen sie überein, mit *Christian Heintz* noch einmal zu sprechen. So geschieht es. »Dabei haben mich die Beamten gefragt, ob ich nicht in die DDR reisen könnte, um Silke zu finden und mehr über sie zu erfahren«, berichtet *Heintz* – dafür seien ihm auch falsche Papiere in Aussicht gestellt worden. Aber er habe abgelehnt. So sei es nicht gewesen, beteuert das BKA, sondern vielmehr so, daß der »Hinweisgeber« von sich aus eine solche Reise vorgeschlagen habe. Jedenfalls erklärt *Heintz* den Beamten, möglicherweise über seine in der DDR lebende Freundin den Namen dieser Frau herauszubekommen.

Zweieinhalb Monate später lieferte er den Namen per Telefon nach Wiesbaden: Angelika Gerlach. Diese Gerlach sei, so erfahren die Beamten von ihm weiter, die Beste in der Klasse gewesen. Völlig überraschend habe sie im Februar 1986 ihre Ausbildung abgebrochen, sei spurlos verschwunden. Die TE-Beamten recherchieren, kommen aber nicht so recht weiter. Sie wenden sich an das Bundesamt für Verfassungsschutz. Dieses Amt stellt ihnen Adressen von DDR-Übersiedlern zusammen, die an der Fachschule »Walter Krämer« und an der »Medizinischen Akademie« in den Jahren 1983 bis 1986 tätig waren, dreizehn an der Zahl. Alle werden vernommen, bekommen Fotos von Silke Maier-Witt gezeigt: neun der DDR-Übersiedler können damit nichts anfangen, vier meinen, sich dunkel an eine Frau erinnern zu können, die so aussieht. Aber ein heißer Tip ist für die Fahnder nicht dabei. Der BKA-Sachbearbeiter *Bertram Schlomms* (Name geändert) notiert am 26. Mai 1986 als Fazit der Ermittlungen, »daß sich an der Medizinischen Akademie in Erfurt zumindest eine Frau aufgehalten hatte, die der gesuchten Terroristin Silke Maier-Witt ähnlich sah«.

Doch weiter kommen die Beamten in den nächsten Monaten nicht. »Die Fahndungs- und Ermittlungsmöglichkeiten in der Bundesrepublik Deutschland sind erschöpft«, schreibt der BKA-Mann *Schlomms* vier Monate später, am 25. September 1986 unter dem Aktenzeichen 170 030/77, Spur-Nr. 663. Und weiter: »Eine erneute Abgabe der Spur an den BND wird für wenig sinnvoll gehalten. Zurückliegend hat der BND kein brauchbares Ergebnis gebracht. Es wurden vielmehr die Ermittlungsmaßnahmen um ca. neun Monate verzögert. Hier entstand der Eindruck, daß der BND nicht gewillt ist, sein in der DDR bestehendes Informationsnetz wegen der Recherchen nach einer Person, von der nur die Vermutung besteht, daß es sich um eine Zielperson handelt, zu gefährden.« Wieder vergeht Zeit.

Die Fahnder haben nichts mehr zu verlieren. Und so entschließen sie sich, offiziell auf die DDR zuzugehen. Der Leiter der Sicherungsgruppe Bonn des Bundeskriminalamts tritt bei den Vorbereitungen für den Honecker-Besuch im September 1987 an die Ständige Vertretung der DDR in Bonn heran. Am 10. Dezember 1987 überreichen BKA-Beamte eine Zusammenfassung des Vorgangs Mitarbeitern der

DDR-Vertretung in Bonn. Mit Nachdruck stellen sie dabei die Frage nach dem Verbleib von »Angelika Gerlach«. Die bundesdeutschen Fahnder forschen – sicher ist sicher – noch über ein zweites Gleis: Vertreter des Bundesjustizministeriums sprechen im Frühjahr 1987 bei einem Besuch in Ost-Berlin die zuständigen Abteilungsleiter im DDR-Justizministerium und bei der DDR-Generalstaatsanwaltschaft an, fragen nach der ominösen »Angelika Gerlach«. Eine Antwort läßt nicht lange auf sich warten. Schon kurze Zeit später geht im Bonner Justizministerium die Nachricht aus dem Justizministerium in Ost-Berlin ein: »Die Überprüfung der von Ihnen benannten Person hat bestätigt, daß sie sich nicht in der DDR aufhält.«

Dies ist eine glatte Lüge aus der Ost-Berliner Clara-Zetkin-Straße. Denn Silke Maier-Witt war – wie sie später in einer Vernehmung berichtet – von Gerd aufgesucht worden, der ihr sagte, »daß es Hinweise auf meine Person hinsichtlich meiner wahren Identität als Silke Maier-Witt gab. Aus diesem Grund machte sich ein sofortiger Umzug nach Berlin notwendig.« Und so verschwand sie von heute auf morgen. Sie hatte in Erfurt gewohnt und dort an der »Medizinischen Akademie« auf der Augenstation gearbeitet. Nebenbei besuchte sie in der Nachbarstadt Weimar die Medizinische Fachschule »Walter Krämer«. Sie wollte den Abschluß als Krankenschwester erreichen.

Um Angelika Gerlachs Spur abreißen zu lassen, führte die Staatssicherheit selbst die Polizei im eigenen Land an der Nase herum: Die Stasi-Leute sorgten für eine Anzeige bei der Polizei gegen Angelika Gerlach – wegen »ungesetzlichen Verlassens der DDR«. Von einem Ungarn-Urlaub – so die Mitteilung bei der Polizei – sei sie nicht zurückgekehrt. In Wahrheit war sie von der Stasi-Hauptabteilung XXII nach Berlin gebracht worden. ZKA-Ermittler entdeckten bei ihren Recherchen im Frühsommer 1990 sogar noch einen entsprechenden Eintrag im Tagebuch der Polizeiwache – doch mehr war bei den Kollegen von der Volkspolizei nicht zu holen. »Aktenmäßiges Material haben wir dazu nicht gefunden«, berichtet Kriminaloberrat Jürgen Oelsner. »Uns wurde gesagt, das hat die Staatssicherheit geholt...«

Nachdem Silke Maier-Witt Knall auf Fall Erfurt verlassen mußte, wird sie von der Staatssicherheit in einer MfS-Wohnung am Prenzlauer Berg in Berlin untergebracht, einer Ein-Zimmer-Wohnung in der Chodowieckistraße. Die Frau erhält eine neue Identität, heißt nun nicht mehr Angelika Gerlach, sondern Silvia Beyer. Die Details der neuen Identität bespricht sie auch dieses Mal mit Gerd. Im Sommer 1987 zieht sie nach Neubrandenburg, in den Ort, in dem sie drei Jahre später gefaßt wird. In ihrem Ausweis stehen zwei Adressen: Cottbus, Edgar-Andre-Straße 27, und Spremberg, Karl-Marx-Straße 67. Weder unter der einen noch unter der anderen lebte sie jemals – offensichtlich eine reine Vorsichtsmaßnahme der Staatssicherheit.

Ebenfalls um jedes Risiko zu meiden, darf sie nicht mehr als Krankenschwester arbeiten. Sie muß sich einen neuen Beruf aussuchen. »Nachdem mir von Gerd mehrere Möglichkeiten zur Auswahl gestellt worden waren, entschied ich mich für die Richtung Information/Dokumentation.« Der VEB Pharma erhielt die Kaderakte der Silvia Beyer zugeschickt, Absender: ein Altenheim in Cottbus. »Die Unterlagen waren tadellos in Ordnung«, erinnert sich der damalige Kaderleiter des Neubrandenburger Betriebes, Ulrich Heinicke, »Beurteilungen, Arbeitsverträge, Änderungsverträge, Leistungseinschätzungen, Betriebsstempel... – alles, wie es zu sein hatte.«

Auch Inge Viett wurde von der Stasi-Hauptabteilung XXII/8 »umlegendiert«: Eine entfernte Bekannte hatte im Oktober 1986 bei einem Westbesuch in Frankfurt am Main ein Foto von ihr auf einem Fahndungsplakat entdeckt. Besonderes Identifikationsmerkmal laut Plakat: »Narbe am rechten Zeigefinger (1 cm lang, 3. Glied, Fingerunterseite)«. Die Frau überzeugt sich von der Narbe – Namen und Aussehen konnte die Viett ändern, die Narbe nicht. Sie ist enttarnt.

Die Staatssicherheit verschafft ihr einen neuen Nachnamen – nun heißt sie Schnell statt Sommer –, der Vorname Eva Maria bleibt. Außerdem erhält sie eine neue Arbeitsstelle und Unterkunft in Magdeburg. Schon zuvor war etwas passiert, von dem man in der DDR nichts mitbekommen hatte: Am 30. Mai 1986 taucht ein DDR-Bürger bei der Kriminalpolizei in Peine auf und berichtet, sein in der DDR lebender Bruder habe den Verdacht, daß Inge Viett unter dem Namen Eva-Maria Sommer in dem Neubaugebiet »Prohlis« in Dresden lebe. Sie arbeite – so gibt er weiter an – in dem »graphischen Großbetrieb Völkerfreundschaft«. Die BKA-Leute reichen den Fall an den Bundesnachrichtendienst weiter. Nach sieben Wochen, am 22. August 1986, teilt der Auslandsnachrichtendienst der TE-Abteilung in Wiesbaden mit: »Prohlis« sei ein Stadtteil von Dresden, der graphische Großbetrieb Völkerfreundschaft existiere dort, eine Person namens Eva-Maria

Sommer sei im Fernsprechbuch Dresden – Ausgabe 1984 – nicht verzeichnet. Anhand der »vorliegenden lückenhaften« Angaben könne nicht abschließend beurteilt werden, ob es sich um eine »Falschidentität« der Viett handle.

Die Terroristenfahnder schütteln die Köpfe über diese »Unterstützung« aus Pullach. »In einem zwei Jahre alten Telefonbuch kann ich auch nachblättern«, sagt ein BKA-Terrorfahnder, »ebenso selbst einen Stadtplan aufschlagen – dafür brauchen wir nicht so einen Dienst.« Nicht anders war es im Fall Silke Maier-Witt gewesen, wo der BND, wie ein BKA-Mann notierte – »kein brauchbares Ergebnis erbrachte«. Auch im Fall Albrecht gelang den »Auslandsaufklärern« keine Aufklärung.*

Offiziell äußert sich der Bundesnachrichtendienst zu dieser Angelegenheit nicht. Dem Vernehmen nach war der BND zum einen deshalb so zurückhaltend bei den Ermittlungen, weil die »Nachrichtenbeschaffungslage« in der DDR sehr ungünstig gewesen sei. Der Staatssicherheitsdienst hatte rund 100000 feste Mitarbeiter und ein vielfaches an Informanten. Das Gebiet sei mit Stasi-Zuträgern durchsetzt, das Risiko für einen Aufklärer aus dem Westen zu groß gewesen. Zum anderen hätte, so ist weiter zu hören, die Information, gesuchte Terroristen hielten sich in der DDR auf, damals nicht ins »Lagebild« gepaßt. In der Tat: mehrfach hatte der Bundesnachrichtendienst gemeldet, daß gesuchte RAF-Mitglieder im Nahen Osten gesehen worden seien. Unter »VS – Nur für den Dienstgebrauch« listete Kriminaloberrätin Dietzen, Referentin im Bonner Innenministerium, die Hinweise auf, die es zu Susanne Albrecht und ihrem Aufenthalt gegeben hatte:

Datum	Ort	Quelle
Herbst 1980	Jemen	BND (Informant aus Kreisen der PFLP)
Juni 1981	Beirut/Libanon	BND (Informant)
Januar 1982	Beirut/Libanon	BND (Informant aus Kreisen der PFLP)
Oktober 1983	Damaskus/Syrien	BND (Informant)
Februar 1984	Damaskus/Syrien	Informant
Februar 1987	Baalbek/Libanon	BND (Informant)
Mai 1987	Sidon/Libanon	BMI (General Ali Duba)
Oktober 1987	Sidon/Libanon	BND (ausländischer Partnerdienst)

* Siehe oben Seite 20f.

Auch über sechs andere der in der DDR-Verhafteten lagen Hinweise vor, daß sie sich im Nahen Osten aufhielten: Inge Viett, Christine Dümlein, Monika Helbing, Ekkehard von Seckendorff-Gudent, Werner Lotze und Sigrid Sternebeck. Wohlgemerkt, in dieser Zeit befanden sich alle in der DDR. Angesichts dessen fragt man sich, woher um alles in der Welt der BND diese »Informationen« hatte. Und angesichts dieser Kette von Falschmeldungen: Wie zuverlässig sind derartige Quellen, derer sich der BND bedient? Wie läßt sich ein solch völlig verkehrtes »Lagebild« erklären? Fragen über Fragen. Doch wie gesagt: Pullach will sich dazu nicht äußern.

Einen deutlichen Hinweis auf den Ausstieg hat es übrigens von der RAF selbst gegeben, und zwar von den »Gefangenen aus der Rote Armee Fraktion«. In der Zeitschrift *konkret,* Ausgabe Oktober 1988, setzen sich inhaftierte RAF-Mitglieder mit Peter-Jürgen Boock auseinander, der sich als geläuterter Aussteiger gab und auf eine Begnadigung durch den Bundespräsidenten hoffte. Unter der Überschrift »Boocks Lügen« erklären die Häftlinge, »daß nach und nach acht aus der Gruppe weggehen wollten«. Und ein paar Zeilen weiter ist über das – wie sie es formulierten – »organisierte Exil« zu lesen: »Für die, die weggingen, suchten wir einen Zusammenhang, der mehr ist als sicheres Versteck, der vielmehr Leben und Perspektive wird. Die Lösung wurde eine gute Sache, auch Boock hätte sich für sie entscheiden können.« Unterzeichnet ist diese Erklärung von Knut Folkerts, Rolf Heißler, Sieglinde Hofmann, Christian Klar, Christine Kuby, Roland Mayer, Brigitte Mohnhaupt, Adelheid Schulz, Günter Sonnenberg und Rolf Klemens Wagner.

Die »Stasi-RAF-Verbindung«

Wie nun kam die »Stasi-RAF-Verbindung« zustande? Allerletzte Klarheit besteht darüber noch nicht, wird vielleicht niemals bestehen. Derzeit spricht alles dafür, daß sich diese Verbindung so entwickelt hat: Am Sonnenstrand von Bulgarien wurden am 21. Juni 1978 vier deutsche Terroristen verhaftet – Till Meyer, der keine vier Wochen zuvor aus der Justizvollzugsanstalt Berlin-Moabit befreit worden war, Gabriele Rollnik, Gudrun Stürmer und Angelika Goder. Zielfahnder des Bundeskriminalamts hatten sie dort aufgespürt, mit Unterstützung der bulgarischen Polizei. Drei weiteren Terroristen gelingt die Flucht: Inge Viett, Regina Nicolai und Ingrid Siepmann. Doch auch sie werden geschnappt, in der Tschechoslowakei. Beim Verhör verlangen sie, man möge ihnen einen Kontakt mit der DDR herstellen. Und so passiert es: »Der damalige Minister Mielke wurde informiert«, berichtet Gerhard Neiber, sein späterer Stellvertreter und für die Hauptabteilung XXII des MfS zuständig. »Er entschied: Die Festgenommenen sind in die DDR zu holen.«

Daraufhin bringt man die drei nach Ost-Berlin, dort werden sie von den Terrorexperten des Ministeriums für Staatssicherheit über Tage verhört, ausgequetscht. Inge Viett soll bei diesen Gesprächen die Chance eines Ausstiegs in der DDR sondiert und sich dabei in drei Punkten mit dem MfS mehr oder minder deutlich verständigt haben. Erstens: Viett hört sich um, wer von den Genossen gerne aussteigen würde. Zweitens: Die DDR denkt darüber nach, ob sie tatsächlich bereit ist, Aussteiger aufzunehmen. Dritter Punkt, quasi die Geschäftsgrundlage für den Deal: die Aussteiger enthalten sich jeglicher terroristischer Aktivitäten in der DDR – sofern es zu einer Aufnahme kommt. Nach den Verhören dürfen Viett, Nicolai und Siepmann ausreisen, sie verschwinden in den arabischen Raum.

In diesem Sommer 1978 denken bereits einige Mitglieder der RAF über einen Ausstieg aus der Terrororganisation nach. »Für mich bestand nun die wichtigste Frage darin, wie ich aus dieser Gruppe wieder herauskomme«, berichtet Susanne Albrecht über diese Zeit nach den gescheiterten Anschlägen 1977, »ohne von der Polizei festgenommen zu werden.« Silke Maier-Witt meint von sich selbst, daß sie »zu einem Sicherheitsrisiko geworden« sei. Aus diesem Grund wird sie die meiste Zeit von RAF-Angehörigen auf Schritt und Tritt begleitet. Christine Dümlein sieht »keine Perspektive« mehr. Nach dem bitteren Ende von Mogadischu und Stammheim ist die Stimmung auf dem Nullpunkt. Resignation und Verzweiflung machen sich breit. Im Laufe der Zeit haben immer mehr Aktivisten die Nase gestrichen voll, sehen keinen Sinn in einem weiteren Morden. Es gibt Diskussionen, Diskussionen und nochmals Diskussionen. Es geht um den weiteren Weg. Ein langer Prozeß. Er »verlief nicht schmerzlos«, erinnert sich Sigrid Sternebeck: »Am Ende stand fest, daß damals einige Leute aus der Gruppe aussteigen wollten. Sie halfen sich untereinander herauszufinden, was für jeden persönlich richtig ist – das war sehr wichtig.«

Damit steht die Gruppe vor der Frage, was mit den Aussteigern passieren soll. Ein Ausstieg, das weiß jeder, stellt ein Risiko für alle dar. Niemand kann gezwungen werden weiterzumachen – auch das ist allen klar, selbst »denen mit den Hüten«. So nennen die »einfachen« Mitglieder die Führungscrew: Brigitte Mohnhaupt, Christian Klar, Willy Peter Stoll, Rolf Heißler und Knut Folkerts. Im Laufe dieser Diskussionen, dieses Abnabelungsprozesses wird von »denen mit den Hüten« klipp und klar gesagt: Wer aussteigen will, soll dies jetzt tun. »Dahinter stand die Idee: Ob jetzt fünf oder zehn, der Aufwand ist der gleiche«, skizziert Baptist Ralf Friedrich die damalige Lage. »Und denen, die weiterkämpfen wollten, waren wir ein Klotz am Bein.« Bei den Aussteigewilligen gibt es unterschiedliche Vorstellungen über das Zufluchtsland. Ganz oben stehen bei ihnen Staaten aus der Dritten Welt.

Zunächst deutet einiges tatsächlich auf ein Exil dorthin. Angola und Mosambik sind im Gespräch, zwei ehemalige portugiesische Kolonien. »Wir lernten schon mal die Sprache und bereiteten uns auf unsere künftigen Berufe vor«, erinnert sich Sigrid Sternebeck. Tatsächlich jedoch nimmt die Führungsebene Kontakt mit Ost-Berlin auf. Ex-Stasi-Generalleutnant Neiber: »Zuständige erinnern sich an einen überbrachten Brief an Minister Mielke, andere an ein persönliches Vorsprechen eines Abgesandten.« Wie dem auch gewesen sein mag: Tatsache ist, der Kontakt und eine entsprechende Vereinbarung zwischen der Rote Armee Fraktion und dem Ministerium für Staatssicherheit kamen zustande. Neiber über das Motiv der DDR für diesen Schritt: »Wir sahen im Kontakt eine Möglichkeit, diese Leute von ihrer irrigen Ideologie abzubringen, schon im Interesse der DDR.« In der DDR sei man über die Entwicklung in der Bundesrepublik beunruhigt gewesen. »RAF, schon der Name – ›Rote Armee Fraktion‹«, graust es noch heute dem einstigen Stasi-General. »Alle Aktivitäten, die Verbrechen, die begangen wurden, widersprachen doch unserer politischen Auffassung.«

Und so werden die Aussteiger von den Köpfen der Gruppe auf die Reise nach Prag geschickt. Wo es letztlich hingehen soll, sagt ihnen niemand. Susanne Albrecht beispielsweise erhält die Order »Auf nach Prag!« in Paris von Brigitte Mohnhaupt und von der – wie es Albrecht formuliert – »in diesem Zusammenhang auftauchenden Inge Viett«. In einem Hotel am Prager Stadtrand wartete sie dann auf weitere Anweisungen, zusammen mit Silke Maier-Witt, Monika Helbing und Ekkehard von Seckendorff. Außerdem trifft sie in diesen Spätsommertagen des Jahres 1980 in Prag Werner Lotze, Christine Dümlein, Sigrid Sternebeck und Baptist Ralf Friedrich. Nach einiger Zeit taucht auch Inge Viett dort auf und nennt das Ziel der Reise: Ost-Berlin, Ostbahnhof. So treffen die acht 1980 in der DDR ein. Henning Beer folgt 1982, Inge Viett 1983.

Noch ist bislang nicht eindeutig geklärt, wer alles außerhalb der RAF von dem »organisierten Exil« wußte: Mit Sicherheit waren es der Minister für Staatssicherheit Erich Mielke und sein – für die HA XXII zuständiger – Vertreter Gerhard Neiber. »Wer darüber hinaus informiert worden ist, vermag ich nicht definitiv zu sagen«, resümiert Kriminaloberrat Oelsner, der seinerzeit die Ermittlungen im Zentralen Kriminalamt leitete, »darüber haben wir keine gesicherten Erkenntnisse.« Er denkt einen Augenblick nach, nimmt einen Zug von seiner Zigarette und fügt hinzu: »Wenn davon gesprochen wird, es gebe handschriftliche Vermerke des damaligen Staatsratsvorsitzenden Honecker – also ich habe sie nicht gesehen. Freilich: denkbar, daß es noch Akten gibt, die wir nicht kennen.« Generalbundesanwalt Alexander von Stahl geht einen Schritt weiter: Er meint, auch Honecker und andere Mitglieder des Politbüros hätten davon gewußt – angesichts der »Brisanz, die dieses Thema für die DDR hatte«. Markus Wolf – bis 1987 Chef der DDR-Spionage und damit verantwortlich für das Stasi-»Auslandsgeschäft« – dementiert mit Nachdruck, von der Sache etwas gewußt zu haben. Allen, die das Gegenteil behaupten, droht er mit rechtlichen Schritten.

Was versprachen sich die politisch Verantwortlichen von der Einbürgerung der RAF-Aussteiger? Eine griffige, plausible Antwort fällt schwer. Vor allem deshalb, weil es darum geht, eine Erklärung für das einst schier Unvorstellbare zu finden, nämlich dafür, daß der Staat Deutsche Demokratische Republik Terroristen Unterschlupf bot, die gleich hinter der Grenze wegen schwerster Verbrechen gesucht wurden. Geschah dies alles, weil die Verantwortlichen nach der Devise entschieden, »die Feinde meiner Feinde sind meine Freunde«? War es ein »individuelles Hobby« von Honecker und Mielke, wie es der letzte DDR-Innenminister Peter-Michael Diestel formulierte? Bewogen die beiden gar Erinnerungen an die eigene Zeit als kommunistische Jugendfunktionäre in der Illegalität? Oder ging es für die DDR schlicht darum, sich mit den Palästinensern gut zu stellen? Mag sein, daß der eine oder andere Punkt eine Rolle spielte. Oder gar mehrere.

Letztlich ausschlaggebend dürften aber vor allem zwei Gründe gewesen sein: Zum einen waren die DDR-Mächtigen informationshungrig – in einem für uns heute kaum mehr nachvollziehbaren Maß. Dies folgte aus der Sicherheitsdoktrin des SED-Staates. Zwei Überlegungen standen dabei ganz oben. Erstens: Jeder Mensch ist ein Sicherheitsrisiko. Zweitens: Um sicher zu sein, muß man auch tatsächlich alles wissen. Das ist auch die Erklärung dafür, wieso das Ministerium für Staatssicherheit von Jahr zu Jahr deutlich wuchs, zum Schluß über fast 100000 festangestellte Mitarbeiter verfügte. Und dieser Sammelwut nach Informationen jeder Art diente natürlich auch der Kontakt mit der RAF, ebenso wie die Aufnahme einstiger Mitglieder. Dadurch erhielt die Hauptabteilung XXII eine Fülle von Erkenntnissen über die Terrorgruppe, an die sie sonst nie gekommen wäre.

Zum anderen spielte bei der Entscheidung Ost-Berlins auch die Überlegung eine Rolle, daß man mit der Aufnahme der Aussteiger eine Art Faustpfand besaß. Damit sei, so dachte man in Ost-Berlin, die Gefahr gebannt, die man zu sehen glaubte: daß die RAF auch Anschläge in der DDR verüben könnte. Denn den Staat, der der RAF die Aussteiger abgenommen hat, wird sie nicht angreifen, meinten die Strategen. Zum einen aus Dankbarkeit, zum anderen, weil die Aussteiger ja für das MfS greifbar waren. Nicht stichhaltig für die »RAF-Stasi-Verbindung« ist die gelegentlich angeführte Behauptung, die DDR wollte sich ein Potential für »destabilisierende Aktionen« in der Bundesrepublik halten. Dazu waren die Aussteiger beim besten Willen nicht geeignet: Sie alle hatten die Nase voll vom bewaffneten Kampf, sehnten sich danach, ein beschauliches, bürgerliches Leben zu führen – was sie ja auch tatsächlich in den Neubau-Betonburgen taten. Ebensowenig ging es darum, den RAF-Mitgliedern einzig und allein einen Ausstieg aus dem Terror zu ermöglichen – die DDR-Mächtigen hatten damals anderes im Sinn, als der Bundesrepublik dieses Problem abzunehmen. Die Betonkopf-Riege in Ost-Berlin mag vieles gewesen sein, eines aber mit Sicherheit nicht: altruistisch gegenüber einer »BRD«, die sie auf vielen Feldern regelmäßig heftig attackierte.

Entgegen von Mutmaßungen in der Zeit nach der Enttarnung der zehn RAF-Aussteiger steht heute fest, daß sie während ihres DDR-Aufenthalts nicht für Anschläge im Westen das Land verließen. Aber gleichwohl stellt die Aufnahme eine nicht zu unterschätzende Unterstützung der RAF durch das SED-Regime und die MfS-Beteiligten dar: Auf diese Weise konnte sich die Gruppe relativ sicher sein, daß diese Aussteiger sie nicht gefährdeten oder belasteten – also anders als die Aussteiger, die im Laufe der Zeit in der Bundesrepublik bei der Polizei auspackten. Denn eine der wichtigsten Fragen für jede über Jahre hinweg agierende Terrorgruppe war die: Was machen wir mit den Leuten, die nicht mehr weiterkämpfen, sondern weg wollen? Dieses Problem hat der RAF das Ministerium für Staatssicherheit abgenommen.

Der Umstand, daß die zehn in der DDR Untergetauchten während dieser Zeit nicht an Anschlägen in der Bundesrepublik beteiligt waren, zeigt zugleich aber auch einmal mehr, wie schwer heute die Ermittlungen für die Terroristenfahnder sind. Denn nach ihren Erkenntnissen sprach einiges dafür, daß drei dieser zehn nach 1980 Terrortaten verübten: Ekkehard von Seckendorff soll 1984 an einem Bankraub in Würzburg beteiligt gewesen sein, Sternebeck 1985 an der Ermordung des US-Soldaten Pimental und an dem Sprengstoffanschlag auf die US-Air Base in Frankfurt. Henning Beer schließlich stand im Verdacht, 1988 bei einem Sprengstoffanschlag auf eine Diskothek in der Nähe des US-Luftwaffenstützpunktes in Rota/Spanien mitgemacht zu haben. Doch in Wahrheit lebten die drei als biedere Bürger in der DDR. Sie scheiden damit definitiv als Tatverdächtige aus.

Die Fäden dieser in der Geschichte weltweit einmaligen Einschleusungsaktion liefen bei Stasi-Oberstleutnant Helmut Voigt zusammen. Bei seiner Vernehmung durch die Polizei weigerte sich Voigt, etwas zu Protokoll zu geben. Er lehnte es strikt ab, irgend etwas zu unterschreiben. Den Kriminalisten blieb nichts anderes übrig, als selbst zu Papier zu bringen, was ihnen Voigt sagte, das heißt, ein »Niederschriftsprotokoll« anzufertigen – und so notierten sie unter anderem: »Zur Eingliederungspraxis hebt Voigt hervor, daß in allen Fällen gesichert werden sollte, daß die bestehenden gesetzlichen Bestimmungen nicht verletzt werden.«

Wie kam Voigt zu seinen Aufträgen, was dachte er sich dabei? Ich mache mich auf die Suche nach ihm, finde seine Wohnung in der Niederwallstraße 13 in Ost-Berlin, schräg gegenüber dem ehemaligen Haus der Parlamentarier, im Zentrum der einstigen DDR-Hauptstadt – eine Top-Wohnlage. Viele Monate nach der Auflösung des MfS und des Nachfolge-Amts für Nationale Sicherheit ist der 48jährige Diplom-Jurist und Ingenieur ohne Arbeit, sucht eine Stelle. Zur Sache selbst will er sich nicht äußern. Seine Angaben sind nebulös, ausweichend. Immer wieder spricht er Sätze wie diese: »Wir haben Terrorabwehr gemacht mit den uns geheimdienstlich zugebilligten Mitteln. Wir haben uns nie außerhalb der Gesetze bewegt. Wir hatten eine eindeutige Befehls- und Gesetzeslage.« Er betont, daß seine Arbeit – und die seiner Untergebenen – sehr erfolgreich gewesen sei. Mit dem Brustton tiefster Überzeugung sagt er mir: »Wir haben eigentlich kaum Terror gehabt. Das war etwas Positives.«

Ein halbes Jahr nach diesem Gespräch im Herbst 1990 wollen BKA-Beamte Helmut Voigt verhaften. Doch am 12. März 1991 sitzt er nicht mehr auf seiner Couch neben dem Bartresen in seinem Wohnzimmer in der Niederwallstraße. Rechtzeitig hat er sich aus dem Staub gemacht. Der ehemalige Stasi-Oberstleutnant ist untergetaucht. Auch die Fahndung in Eduard Zimmermanns »Aktenzeichen XY ungelöst« hilft den BKA-Fahndern später nicht weiter.

Fünf andere Ex-Stasisten verhaften BKA-Beamte an diesem Dienstag im März 1991: Gerhard Neiber, einst Stellvertreter von Stasi-Minister Mielke, Ex-Stasi-Oberstleutnant Gerhard Plomann, der im Büro Neibers arbeitete, Ex-Stasi-Oberst Harry Dahl, in früheren Jahren Leiter der Abteilung XXII, Ex-Stasi-Oberst Günter Jäckel, einst stellvertretender Leiter der Abteilung XXII und Ex-Stasi-Hauptmann Gerd Zaumseil. Erich Mielke sitzt bereits in Untersuchungshaft, wegen eines anderen Ermittlungsverfahrens. Die Haftbefehle ergehen wegen des Verdachts der »Beihilfe zum versuchten Mord und der Herbeiführung einer Sprengstoffexplosion«.

Mittlerweile hat sich nämlich herausgestellt, daß es nicht nur Stasi-Hilfe für die zehn Aussteiger gab (MfS-Tarnname: »Operativvorgang Stern II«), sondern auch für die aktive Kommandoebene der RAF (MfS-Tarnname: »Stern I«). Schon Monate vor dem vergeblichen Versuch, Voigt zu verhaften, hatte das Bundeskriminalamt Informationen über den Komplex »Stern I« erhalten: Norbert Wetzel, einstiger Ausbilder des Ministeriums für Staatssicherheit, hatte bereits in einer Vernehmung am 18. und 19. Dezember 1990 Details über die Stasi-Hilfe für die RAF-Kommandoebene berichtet, ebenso sein Kollege Hans-Dieter Gaudig in einer Vernehmung am 7. und 8. Januar 1991. Walter Lindner, ehemaliger Mitarbeiter der Stasi-»Terrorabwehr«, berichtete am 23. und 24. Januar 1991 im Bundeskriminalamt umfassend über die MfS-Hilfe für die Terroristen. Noch sind die Einzelheiten der Verbindung zwischen »Staatssicherheit« und RAF-Kommandoebene nicht endgültig geklärt. Nach den bisherigen Erkenntnissen entwickelten sich die Dinge so:

Am 19. September 1980 reisten Inge Viett, Helmut Pohl, Adelheid Schulz, Henning Beer und Christian Klar in die DDR ein, um mit Vertretern des MfS über eine Unterstützung zu sprechen. Die Initiative ging von der RAF aus, das Treffen kam aufgrund der Kontakte von Inge Viett zustande. Für die RAF sei es bei dieser Zusammenkunft um eine »Abklärung« gegangen, erklärt Helmut Pohl im Juli 1991 bei einem Interview der Frankfurter Rundschau im Besucherraum der Vollzugsanstalt Schwalmstadt: »Ab 1980 unterschied sich unsere Politik konzeptionell von dem, was vorher lief. Wir waren nach '77 an einem Punkt der Umstrukturierung. Ein Teil hat sich getrennt, die anderen wollten unverändert weitermachen. Wir hatten das Frontkonzept als Strategie gegen die Offensive der imperialistischen Staaten. Alle Politik war damals ja ganz eng von der Nachrüstungsdebatte, der Reaganpolitik, der Militärstrategie her bestimmt.«

Am Abend des 19. September 1980 nehmen Stasi-Mitarbeiter mit ihren Fahrzeugen die fünf an der Autobahn bei Schönefeld auf, in der Nähe des Zubringers Frankfurt/Oder, und bringen sie nach Briesen, in das Stasi-Objekt »Forsthaus an der Flut«. Auf Walter Lindner, einen der MfS-Männer, die damals die RAF-Mitglieder nach Briesen begleiteten und dort betreuten, machten die fünf »einen nervlich und körperlich zerschlagenen Eindruck«. Als Ursache vermutet Lindner den »damaligen Fahndungsdruck«. Zwei Wochen blieben die RAF-Mitglieder in Briesen. »Die körperliche und seelische Verfassung der RAF-Leute verbesserte sich im Laufe der zwei Wochen«, erinnert sich Lindner weiter, »sie wurden quasi hochgepäppelt«. Unter anderen hätte sich auch ein Arzt um die fünf gekümmert.

Die Stasi-Oberen Günter Jäckel und Helmut Voigt führen die Gespräche mit den RAF-Mitgliedern. Es geht um die Eingliederung der RAF-Aussteiger in die DDR, die einen Monat später beginnt. Weitere greifbare Ergebnisse soll es bei dem Gespräch nicht gegeben haben: Die DDR-Vertreter erteilten den RAF-Mitgliedern keine Zusage für die von ihnen gewünschte Unterstützung wie Lieferung von Sprengstoff und Ausbildung. Auf Wunsch der RAF soll es in diesen Tagen im Herbst 1980 ein Pistolenschießen gegeben haben – die Terror-Leute des Ministeriums für Staatssicherheit sollen dies als »Vertrauensbeweis« gegenüber ihren Besuchern verstanden haben.

In den nächsten dreieinhalb Jahren reisen mindestens ein- bis zweimal im Jahr RAF-Mitglieder in die DDR, nach der Verhaftung von Klar und Schulz auch Ingrid Jakobsmeier und später ebenso Christa Eckes. Das MfS schult seine Gäste im Umgang mit Sprengstoff und Waffen – in NVA-Kampfanzügen gehen sie auf die Schießplätze, um nicht aufzufallen. Die Ermittler finden später heraus:

»Der Lehrgang in Waffenkunde umfaßte theoretischen Unterricht (ballistische Fragen, Geschoßwirkung u. a.) sowie umfangreiche praktische Übungen mit Kurz- und Langwaffen unter verschiedenen Bedingungen. Von besonderer Bedeutung ist die Tatsache, daß im Rahmen der praktischen Ausbildung ein Schießen mit einer sowjetischen Panzerfaust des Typs ›RPG 7‹ stattgefunden hat. Mit dieser Waffe schossen die RAF-Mitglieder unter Anleitung ihrer Ausbilder auf die Fahrgastzelle eines Mercedes-Pkw, in dem sich mit Sägespänen gefüllte Puppen und ein lebender Schäferhund befanden. Das Tier wurde bei der Übung getötet. Christian Klar war offenbar zu dem ›RPG 7‹-Schießen eigens angereist.

Im Bereich der Sprengtechnik wurden die RAF-Mitglieder ebenfalls theoretisch und praktisch unterwiesen. Dabei ging es um die verschiedenen Arten von Sprengladungen (auch um die Wirkung von Hohlladungen), um gewerbliche und militärische Sprengstoffe, Selbstlaborate, Mischungsverhältnisse, Sprengzünder und Sprengkapseln, Zündschnur und Sprengschnur ebenso wie um die Möglichkeiten der Anbringung von Ladungen und die Berechnung der beabsichtigten Sprengwirkung.«

Nachdem der Mercedes durch die ›RPG 7‹-Granaten beschädigt worden war, machten sich die RAF-Kämpfer daran, ihn »sprengtechnisch zu zerkleinern«, um die Spuren der Übung zu beseitigen. Ihre beiden Ausbilder Hans-Dieter Gaudig und Norbert Wetzel erklärten den RAF-Leuten, wie man es richtig macht. So brachten sie Bomben in einem vorderen und einem hinteren Kotflügel an und ließen das Fahrzeug in Flammen aufgehen.

»Je länger der Kontakt dauerte, desto schwieriger wurde es. Gegen Ende ist für uns nicht viel mehr übriggeblieben als das Risiko der Hin- und Rückreise«, berichtet Helmut Pohl über die Zusammenarbeit mit den Stasi-Leuten. »Wir hatten den Eindruck, da ist nur noch Defensive, nur Behauptung und Rechtfertigung, eben ›Sicherung des Sozialismus‹ und Friedenspolitik. Wir hätten – statt mit ihnen zu reden – auch das ›Neue Deutschland‹ lesen können, so aufgesetzt, phrasenhaft war das. Wir haben dadurch nichts Neues gelernt.« Die RAF hätte das Ministerium für Staatssicherheit »nicht als Partner gesehen«, mit dem »realen Sozialismus« hätte die RAF »nichts am Hut« gehabt, sagt Pohl weiter: »Das Aufgesetzte, Formelhafte – da gab es Reibungen an allen Ecken und Enden. Wir waren wahrscheinlich für sie manchmal so unerträglich wie sie für uns.« Infolge dieser »Reibungen« endete der Kontakt zwischen der RAF-Kommandoebene und dem DDR-Ministerium für Staatssicherheit im Frühjahr 1984.

Ungeklärt ist bislang die Frage, wann die Schießübungen mit der RPG 7 stattgefunden haben. Fest steht nach den bisherigen Ermittlungen, daß es in einem Frühjahr war. Nur: 1981 oder 1982? Die ehemaligen Stasi-Mitarbeiter behaupten übereinstimmend, es sei 1982 gewesen. Die Bundesanwaltschaft hingegen meint, daß sich die einstigen MfS-Kollegen abgesprochen hätten und das Schießen in Wahrheit bereits im Frühjahr 1981 stattgefunden habe. Diese Frage ist deshalb so wichtig, weil eine Beihilfe zum versuchten Mord nur vorliegen könnte, wenn die Ausbildung 1981 erfolgte. Der versuchte Mord nämlich, um den es geht, ist das Panzerfaust-Attentat auf US-General Kroesen – und das geschah am 15. September 1981. Das gleiche gilt für den Vorwurf der »Beihilfe zur Herbeiführung einer Sprengstoffexplosion« – der Vorwurf bezieht sich auf den Anschlag auf den amerikanischen Luftwaffenstützpunkt Ramstein am 31. August 1981. Sollte die Ausbildung erst später erfolgt sein, schiede eine »Beihilfe« zu diesen Taten aus. Mit einer Verurteilung müssen die einstigen MfS-»Terrorexperten« daher nur rechnen, wenn es der Bundesanwaltschaft gelingt, vor Gericht nachzuweisen, daß die RAF-Mitglieder unter Stasi-Anleitung für später tatsächlich erfolgte Terrortaten übten.

BKA-Fahndungsplakat vom Juli 1990

5 Die dritte Generation

Nach der Verhaftung von Mohnhaupt, Schulz und Klar im Herbst 1982 herrscht knapp zwei Jahre lang Ruhe bei der RAF. Die Gruppe hatte nicht nur ihre führenden Köpfe verloren, sondern weitgehend auch ihre Logistik. Das Jahr 1982 stellt für die Terrorismusexperten des BKA »einen Schritt« dar, wie es Martin Tuffner, der Leiter des Stabs Terrorismusbekämpfung, formuliert. In den beiden folgenden Jahren regeneriert sich die RAF: Neue Täter treten an die Stelle der alten RAF-Führer und ihrer »Fighter«. Seither, so Tuffner, »sind die Personenkenntnisse äußerst dürftig«.

Bezeichnend für diese neue Generation, die dritte, sind im wesentlichen drei Punkte:

Erstens bemüht sie sich darum, die zunächst 1982 im Mai-Papier theoretisch formulierte »westeuropäische antiimperialistische Front« nun tatsächlich strategisch aufzubauen. Diesem Konzept liegt der Gedanke zugrunde, daß die Kommandoebene mit fünfzehn, zwanzig Personen zu schwach ist, um eine vorrevolutionäre Situation zu schaffen. Deshalb zielt sie darauf ab, eine »Front« zu bilden, also in einer Reihe mit Verbündeten zu kämpfen. Und diese Front versucht die RAF in zwei Richtungen aufzubauen: Zum einen bemüht sie sich darum, mit Terrorgruppen in anderen westeuropäischen Staaten zusammenzuarbeiten. So kommt sie beispielsweise in Kontakt mit der Action Directe in Frankreich, mit den Brigate Rosse (BR) in Italien und den Cellules Communistes Combattantes (CCC) in Belgien. Neben dieser »Auslandsfront« kümmert sie sich um eine »Inlandsfront«, die sie als »Widerstand« bezeichnet: Kräfte des linksextremistischen Spektrums, die sich für die Ziele der »Guerilla«, der RAF-Kommandoebene, einsetzen. Unterhalb dieser Kommandoebene entstehen die sogenannten »Illegalen Militanten«, die sich später als »Kämpfende Einheiten« bezeichnen. Sie verüben Anschläge auf Objekte, nicht aber auf Personen.

Zum zweiten hat sich die Zielrichtung der Gruppe geändert. Der Gedanke von einer »Big Raushole«, einer Gefangenenbefreiung, die ja auch noch nach 1977 Ziel der zweiten Generation geblieben war, ist nun völlig in den Hintergrund getreten. Den RAF-Mitgliedern ist die Aussichtslosigkeit eines solchen Unterfangens bewußt. Nun beschränkt sich die Gruppe darauf, bessere Haftbedingungen für die einsitzenden Genossen zu fordern. Im wesentlichen geht es der RAF freilich um Angriffe gegen die »US/NATO-Militärmaschine«, den »militärisch-industriellen Komplex« und im Laufe der Zeit auch um andere Ziele.

Drittens arbeitet diese dritte Generation geradezu perfekt, hat aus den Fehlern ihrer Vorgänger gelernt. Dazu zählt, daß die Kommandoebene für ihre Vorgehen exakte Risikoanalysen anstellt. Oberstes Gebot ist die eigene Sicherheit. Die dritte Generation meidet jedes unnütze Risiko. Die Täter hinterlassen keine Fingerabdrücke am Tatort, verschwinden von dort in unauffälligen Wagen der Mittelklasse. Zudem gehen die Täter häufig so vor, daß sie von Zeugen überhaupt nicht mehr oder nur aus der Ferne gesehen werden – man denke an den Sprengstoffanschlag auf den Sprecher der Deutschen Bank Alfred Herrhausen oder den Gewehrschützen, der aus der Dunkelheit Treuhand-Chef Rohwedder ermordete. Die Folge davon ist, daß die Polizei bis heute nicht weiß, wer tatsächlich zur Kommandoebene zählt. Bei der ersten und zweiten Generation hingegen konnte sie dies mit einiger Sicherheit sagen.

Das »Aktionspapier« aus der Berger Straße

Der Übergang von der zweiten zur dritten Generation vollzieht sich fließend. Einen Einblick in die Planungen der RAF erhalten die Ermittler im Sommer 1984 – dank »Kommissar Zufall«: Am 2. Juli 1984 wählt *Friedrich Klatt* (Name geändert), ein 60jähriger Malermeister, den Notruf 110 in Frankfurt und berichtet dem Beamten, in der Wohnung über ihm, in der Berger Straße 344, sei geschossen worden. Eineinhalb Stunden zuvor, während der Tagesschau, hatte er ein Geräusch gehört, »wie wenn in meinem Schlafzimmer ein Stuhl umfiele«. Einen Augenblick später klingelt eine Frau an seiner Wohnungstür und erklärt, sie kümmere sich um die Katzen in der Wohnung über ihm, ihr sei Wasser umgekippt. Nun wolle sie wissen, ob bei ihm etwas durchsickere. Der Malermeister kann kein Wasser an der Decke sehen. Nachdem die Frau gegangen ist, beschließt er, »vorsichtshalber« sich den Raum noch einmal genau anzusehen. Dabei entdeckt er im Linoleumfußboden ein Projektil, in der Decke darüber ein Loch. Und so ruft er die Polizei. Um 10 Uhr 15 stürmen sieben Streifenbeamte die Drei-Zimmer-Wohnung in der dritten Etage. Aus einer kleinen Kammer kommen drei Männer und drei Frauen, einer nach dem anderen. Sie waren dorthin geflüchtet, als sie die Polizei an der Wohnungstür hörten. Die sechs müssen sich auf den Boden legen.

Mit so vielen Personen hatten die Beamten nicht gerechnet, sie haben nicht einmal genügend Handschellen mit. Und noch immer ist ihnen nicht klar, wer vor ihnen liegt. In der Kammer finden sie sechs Pistolen, insgesamt 255 Schuß Munition und eine sowjetische Handgranate. »Als wir dann noch die vielen Ausweise, Führerscheine, die Pläne von Flugplätzen und Nato-Einrichtungen, das viele Bargeld entdeckten, da wurden unsere Schwitzflecken immer größer, uns ging die Muffe eins zu tausend«, erinnert sich ein Beamter an den Einsatz. Insgesamt rund 20000 Mark fanden die Beamten in verschiedenen Währungen in der Wohnung, in erster Linie D-Mark, Schweizer und französische Franken.

Bei den sechs Verhafteten handelt es sich um Christa Eckes, 34, Stefan Frey, 24, Ingrid Jakobsmeier, 31, Helmut Pohl, 41 – sie alle wurden mit Haftbefehl gesucht –, sowie um Barbara Ernst, 29, und Ernst-Volker Staub, 29. Eckes und Pohl sind alte Bekannte für die Fahnder: Pohl war schon bei der ersten Generation als Autodieb und bei der zweiten in der »Gruppe 4. 2.« dabei. Seine zweite Haftstrafe – fünf Jahre Gefängnis – saß er bis zum 25. September 1979 ab. 1980 verlor sich seine Spur. Eckes, die ehemalige Groenewold-Assistentin, gehörte ebenfalls mit zur »Gruppe 4. 2.«*

* Siehe oben Seite 192ff.

Frankfurt a. M., Berger Straße 344, 3. Etage:
Hier stieß die Polizei am 2. Juli 1984 auf sechs
RAF-Mitglieder und Berge von Aufzeichnungen

Sage und schreibe 8400 schriftliche Unterlagen schleppen die Beamten aus der Wohnung: Das sichergestellte Material enthält rund 1000 Namen von Personen aus Wirtschaft, Politik und Militär – unter anderem stoßen die Ermittler auf die Namen Ernst Zimmermann, Vorstandsvorsitzender der Maschinen- und Turbinen Union (MTU), und Karl Heinz Beckurts, Siemens-Vorstandsmitglied, von dem sie auch ein Bild aus einer Zeitung entdecken.

Ganz besonders interessant finden die Ermittler zwei Blätter mit der Asservatnummer 3. 7. 6. 4. 7.: den mit einem Matrix-Drucker geschriebenen Text stufen die Beamten als »Aktionspapier«* ein, offensichtlich der Entwurf für ein Schreiben an den Widerstand, der aufzeigt, wie die »antiimperialistische Front« in die Tat umgesetzt werden soll. »WIR WOLLEN MIT EUCH GEMEINSAM EINE AUSEINANDERSETZUNG ANFANGEN, GANZ UNMITTELBAR MIT DER PRAKTISCHEN VORSTELLUNG, DASS WIR ZUSAMMEN DAHIN KOMMEN, ZU UNSERER OFFENSIVE EINE GEMEINSAME, EINHEITLICHE ERKLÄRUNG ZU MACHEN«, beginnen die RAF-Mitglieder ihr Vorhaben zu schildern – »DIESEN GEMEINSAMEN PROZESS«. Dabei richten sie ihren Blick deutlich nach vorne, in die Zukunft: »WIR WOLLEN DIE DISKUSSION MIT EUCH AUCH FÜR DIE WEITERE BESTIMMUNG: ALSO NICHT NUR BIS ZUM ANGRIFF JETZT DENKEN, SONDERN AUCH WEITER, UND AUCH ALS ANFANG EINER ORGANISIERUNG UNTEREINANDER.«

Die RAF entwirft ein Szenario, nach dem die Kommandoebene, der Widerstand und die Gefangenen zu einer gemeinsamen Offensive ansetzen: »DIE FRONT DRAUSSEN« habe die »MILITÄRMASCHINE« anzugreifen, und die Gefangenen hätten ihren Angriff in Gestalt eines Hungerstreiks zu machen. Nach Meinung der RAF läßt sich so die »GRÖSSTMÖGLICHE WIRKUNG« erreichen: »DER GEMEINSAME KAMPF: GUERILLA – WIDERSTAND – GEFANGENE WIRD SO SICHTBAR, REAL – UND DASS WIR FÜR DAS GLEICHE ZIEL UND FÜREINANDER KÄMPFEN.« Diese Vorstellung ist für die RAF, so erklärt sie in dem Papier weiter, ein erster Schritt für einen »GANZEN ABSCHNITT«, den sie zusammen mit dem Widerstand und den Gefangenen durchführen will. Die Zusammenlegung der Häftlinge bezeichnen sie als »WICHTIGES NAHZIEL«.

Zu einer zweiten Angriffslinie soll die »FORTFÜHRUNG DER ANGRIFFE GEGEN IHRE MILITÄRMASCHINE« werden, »WO WIR GANZ UNMITTELBAR IN DAS KRÄFTEVERHÄLTNIS BEFREIUNG – IMPERIALISMUS EINGREIFEN KÖNNEN.« Die RAF meint damit »EINEN WEITEREN FRONTABSCHNITT« eröffnen und die »MILITÄRSTRUKTUR [...] ZU EINER ZERSPLITTERUNG IHRER

* Nach der Terminologie des BKA handelt es sich um ein »Aktionspapier«, da es hier um die »operative Umsetzung« eines Konzepts geht. Ideologisch gehaltene Schriften werden als »Strategiepapier« bezeichnet, wie zum Beispiel das Mai-Papier.

KRÄFTE« zwingen zu können. Darüber könnten die Herrschenden »IN IHRE ENDGÜLTIGE NIEDERLAGE KIPPEN«. Konkrete Vorstellungen über diese zweite Angriffslinie besitzt die Kommandoebene der RAF aber noch nicht, räumt sie ein. Sie hätte erst angefangen, darüber nachzudenken, wie die nächsten Schritte »AUS DIESER INTERNATIONALISTISCHEN BESTIMMUNG« aussehen könnten. Gemeinsam mit dem Widerstand wollten sie nun »BEIDE ANGRIFFSLINIEN ENTWICKELN«.

Dieses »Aktionspapier« stellt ein Konzept für die operative Umsetzung des Strategiepapiers »Guerilla, Widerstand und antiimperialistische Front« dar. Verfasser dieses »Aktionspapiers« könnte Helmut Pohl sein, vermuten die Sicherheitsbehörden nach Textvergleichen – zumindest habe er an der Entstehung entscheidend mitgewirkt.

Nach diesen Funden in der Berger Straße wissen die Ermittler: hier ist eine neue Generation dabei, sich auf den »revolutionären Kampf« vorzubereiten. Eine neue Ära hat begonnen.

Die »Offensive 1984/85«

Mit der »Offensive 1984/85« verwirklicht die RAF das in dem Aktionspapier niedergelegte operative Konzept: ein abgestimmtes Vorgehen mit der Hauptstoßrichtung gegen den militärischen Bereich.

Den Auftakt bildet am 4. Dezember 1984 eine Erklärung von Brigitte Mohnhaupt vor dem Oberlandesgericht Stuttgart, am 61. Verhandlungstag in dem Strafverfahren gegen sie und Christian Klar: »Der Kampf der Gefangenen hier geht ums gleiche wie die Kämpfe der Kriegsgefangenen in Frankreich, Irland, der Türkei, Spanien und Italien. Und er ist integriert in die Aufgabe, die sich der ganzen revolutionären Linken hier stellt:

Entweder sie kämpft sich in der Praxis des Widerstands zum authentischen revolutionären Prozeß in Westeuropa vor, in dem sie Subjekt des Kampfes um Befreiung ist, oder sie kann nur als marginale Opposition die Verbrechen des Imperialismus auf den Weg in den durchstrukturierten Staatsschutzstaat kommentieren. Wir gehen also heute, jetzt in den Hungerstreik.«

Dieser Hungerstreik dauert zwei Monate – bis zum 3. Februar 1985. 39 Inhaftierte beteiligten sich an ihm. In der »Hungerstreikerklärung« fordern die Häftlinge einmal mehr die »zusammenlegung aller revolutionären gefangenen in großen gruppen«. Worauf es der Gruppe aber letztendlich ankommt, steht ein bißchen weiter unten in der achtseitigen »Hungerstreikerklärung«: »zusammenkommen mit allen, die den bruch mit diesem system gemacht haben«, nämlich »im gemeinsamen angriff jetzt«. Die Häftlinge haben die ihnen von der Kommandoebene zugewiesene Rolle akzeptiert: »wir kämpfen im bewußtsein der einheit der gefangenen aus guerilla und widerstand…«

Von diesem nunmehr neunten Hungerstreik nehmen Medien und Öffentlichkeit kaum Kenntnis – bis zu dem Tag, an dem ein Sprengstoffanschlag auf die Nato-Schule in Oberammergau scheitert. Zwei Wochen sind seit Beginn des Hungerstreiks verstrichen. Nun ist klar, daß es sich um eine konzertierte Aktion handelt. Von »drinnen« und von »draußen«:

Am 18. Dezember 1984 fährt um 7.45 Uhr ein Audi 80 mit dem amerikanischen Kennzeichen TA-0584 am Haupttor zur Nato-Schule vor; in ihr werden Offiziere aus den Mitgliedsstaaten ausgebildet. Dem zivilen Wachposten am Tor zeigt der Mann am Steuer einen US-Truppenausweis – er trägt eine US-Marineuniform. Der Wächter gibt ihm ein Zeichen, daß er passieren kann. Den Wagen stellt der Fahrer zehn Meter vom Lehrgebäude entfernt ab. Sogleich geht er zum Tor zurück. Dabei fällt er dem stellvertretenden Leiter der Nato-Schule auf, Oberst *Weiß* (Name geändert), der zufällig des Weges kommt – weil die Uniform nicht ganz korrekt sitzt. Zügigen Schritts verläßt der Audi-Fahrer das Militärgelände. In der Nähe stoppt ein Wagen auf der Straße, der ihn aufnimmt. Oberst *Weiß* ist mißtrauisch geworden, forscht nach. Zweieinhalb Stunden später, zwanzig nach zehn, erfährt er, daß die Kennzeichen des Audi gestohlen sind. Sofort ordnet er an, die Gebäude zu räumen. 43 Menschen bringen sich in Sicherheit. Am Nachmittag öffnen Sprengstoffexperten den Audi 80. Sie entdecken 25 Kilo Sprengstoff – eingewickelt in die jüngste Ausgabe der Wochenzeitung *Die Zeit*, vom 14. Dezember 1984. Die Fachleute finden heraus, daß der Zündmechanismus auf 9.30 Uhr eingestellt war. Ein kleiner Fehler in der Schaltung verhinderte die Explosion. So fliegen die 25 Kilogramm Sprengstoff nicht in die Luft – bei einer Detonation hätte es Tote gegeben.

Es stellt sich heraus, daß der Sprengstoff am 4. Juni 1984 aus einem Steinbruch bei Eccausines in Belgien gestohlen worden ist – 813 Kilogramm der Typen Dynamit und Iremite nahmen die Täter mit. Ein anderer Teil dieser Sprengstoff-Beute war im August 1984 von der Action Directe in Paris für einen Sprengstoffanschlag auf die Westeuropäische Union genutzt worden.

Zu dem gescheiterten Anschlag in Oberammergau erklärt das »Kommando Jan Raspe« in einem Selbstbezichtigungsschreiben: »der zeitzünder war so eingestellt, dass die ladung um 9.30 hochgeht – weil um diese zeit die meisten militärs in der schule sind.« In diesem Schreiben proklamiert die RAF »einheit in der offensive gegen die nato, das multinationale kapital«. Es gehe darum, »den kampf in den metropolen im rahmen des internationalen klassenkampfes« zu führen. »wir werden in kürze ausführlicher was sagen«, beenden die Täter ihre Erklärung. Fünf Monate zuvor waren die Ermittler in der Berger Straße 344 in Frankfurt auf einen dreiseitigen Ausspähungsbericht über die Nato-Schule von Ende April, Anfang Mai 1984 gestoßen – eine von über einhundert Ausspähungen.

Dieser Anschlag durch die Kommandoebene ist der Auftakt für insgesamt 71 Brand- und Sprengstoffanschläge sowie unzählige Schmier-, Sprüh- und Farbaktionen, die »Militante« und andere Gruppen verüben. Ebenjene militanten Aktionen, die im Mai-Papier konzipiert, bei denen nur Sachen beschädigt, aber keine Menschen verletzt werden sollen. So erfolgen beispielsweise Sprengstoffanschläge auf eine Kaserne der britischen Rhein-Armee in Osnabrück, auf die Wehrtechnische Abteilung der Französischen Botschaft in Bonn und auf die Führungsakademie der Bundeswehr in Hamburg. In Stuttgart fliegt bei einem beabsichtigten Anschlag auf ein Rechenzentrum am 20. Januar 1985 die Bombe zu früh in die Luft, die zwei Täter in einem Kinderwagen durch die Straßen schieben. Die Wucht der Explosion zerreißt einen von ihnen. Unter Trümmern findet die Polizei den abgerissenen Kopf und die Hände von Johannes Thimme, 28, einst Mitläufer bei Siegfried Haag. Thimmes Komplizin Claudia Wannersdorfer, 23, ist schwer verletzt: Mit Splittern in Bauch und Beinen und geplatztem Trommelfell verhaftet sie die Polizei.

Zweck eines Hungerstreiks ist schließlich auch, daß die Anhänger auf die Straße gehen und gegen die Haftbedingungen der RAF-Häftlinge protestieren: In Hamburg demonstrieren 1000 Menschen, in

Berlin 1700 und in Karlsruhe 1600. In Freiburg sprengen RAF-Anhänger im Haus der Jugend eine Livesendung von SWF 3: Der Redaktion bleibt nichts anderes übrig, als die Übertragung abzubrechen. Die RAF-Freunde reiben dem Moderator und dem Freiburger Oberbürgermeister Böhme Mohrenköpfe in Haare und ins Gesicht.

Drei Wochen nach der Ankündigung in dem Oberammergau-Selbstbezichtigungsschreiben kommt die ausführliche Erklärung: In Paris trifft bei der französischen Nachrichtenagentur Agence France-Presse ein »gemeinsames Kommuniqué« von RAF und Action Directe – AD – ein. Die Action Directe hatte sich 1978 nach dem Vorbild der RAF in Frankreich gebildet. »FÜR DIE EINHEIT DER REVOLUTIONÄRE IN WESTEUROPA«, lautet der Titel des zehnseitigen Papiers, das auf deutsch und auf französisch abgefaßt ist. Die beiden Gruppen erklären, daß es »jetzt notwendig und möglich« sei, eine »revolutionäre strategie in den imperialistischen zentren zu eröffnen«. In dem Mai-Papier, knapp drei Jahre zuvor veröffentlicht, hatten sie noch davon gesprochen, ihre Strategie »im imperialistischen zentrum zu entfalten«. Der Vergleich dieser beiden Formulierungen macht zwei Dinge deutlich: zum einen, daß es nun nicht mehr nur um ein Zentrum, sondern um mehrere geht – Beleg für die internationalistische Ausrichtung; zum andern zeigt der Ausdruck »eröffnen« statt »entfalten«, daß es nun tatsächlich losgehen soll.

Den beiden Terrorgruppen schwebt letzten Endes nichts anderes vor als das, was auch die meisten Staaten in Europa längst tun: die internationale Zusammenarbeit gezielt auszubauen und das Vorgehen abzustimmen. »zentrales projekt in der aktuellen phase imperialistischer strategie ist der versuch, die westeuropäischen staaten zur homogenen struktur zusammenzuschweißen«, lautet die Analyse von RAF und AD, nämlich »zum harten block, der vollkommen in den kern imperialistischer macht: nato – als der fortgeschrittensten imperialistischen herrschaftsstruktur – integriert ist«. Nach der Kernthese ist es Sache der »kommunistischen guerilla in westeuropa« ein »historisches projekt« zu realisieren: Ein offener Prozeß, am gemeinsamen Angriff orientiert, müsse das Ziel haben, »DIE IMPERIALISTISCHE STRATEGIE IN DEN ZENTREN SELBST ZU BRECHEN«.

Die »strategie der westeuropäischen guerilla« sei

»– aus der bestimmung: abschnitt und funktion des internationalen klassenkrieges

– und ihrer praxis: politische einheit der kommunisten westeuropas, organisierung des angriffs gegen die totalität des imperialistischen systems.« Die Situation heute verlange nach »proletarischem internationalismus«.

Dieses »gemeinsame Kommuniqué« zweier nationaler Terrororganisationen ist ein Novum. Inhaltlich stellt es eine Fortschreibung des Mai-Papiers dar. Die RAF versteht sich nicht mehr als verlängerter Arm der Befreiungsbewegungen der Dritten Welt, sondern als eigenständige Guerilla im »imperialistischen zentrum westeuropa«. Für diesen Kampf will sie sich mit anderen Terrorgruppen in Europa abstimmen. Mit anderen Worten: Die RAF erklärt Nato und EG den Krieg.

So manchem erscheint dieses Schreiben etwas großspurig. Das ändert sich keine zwei Wochen später: Am 25. Januar erschießt die Action Directe den französischen General Réné Audran vor seinem Haus in La Celle-Saint-Cloud bei Paris. Audran war als Direktor im französischen Verteidigungsministerium vor allem für staatliche Waffenexporte zuständig. In einem Brief, der wenige Stunden vor dem Staatsbegräbnis für das Opfer im Büro der Deutschen Presse-Agentur in Paris eingeht, erklärt das »Kommando Elisabeth von Dyck«* der Action Directe – auf französisch und deutsch, als Zeichen der neuen Verbundenheit: Audran habe man »hingerichtet«, »weil er in seiner Funktion im Verteidigungsministerium zentral war: verantwortlich für die Konzeption der Programme für Rüstungskooperation, ihre industrielle Realisierung und ihre Kommerzialisierung«. Audrans militärische und ökonomische Funktion stehe »im Zentrum des strategischen imperialistischen Projekts: Homogenisierung der europäischen Staaten unter Kontrolle der Nato«. Der Mord an Audran war die erste Umsetzung der in dem »gemeinsamen Kommuniqué« formulierten Strategie. Mord Nummer zwei folgt genau eine Woche später, am 1. Februar 1985:

Am Morgen klingelt gegen Viertel nach sieben eine Briefbotin am schmiedeeisernen Gartentor des Bungalows in der Wessobrunner Straße 3 in Gauting, in der Nähe des Starnberger Sees. Ingrid Zimmermann sieht die zierliche Frau mit der Wollmütze, ungefähr 1,60 Meter

---

* Elisabeth von Dyck gehörte der RAF-Kommandoebene an und wurde am 4. Mai 1979 von einem Polizeibeamten in Notwehr erschossen.

groß, und drückt auf den Öffner für das Tor. Die Botin kommt zur Haustür: sie erklärt, daß sie einen Brief für Ernst Zimmermann, 55, habe. Den Erhalt müsse er mit einer Unterschrift bestätigen. Frau Zimmermann bittet die junge Frau herein, holt ihren Mann – und da steht plötzlich ein junger Kerl mit einer Maschinenpistole im Windfang: Mit Hanfschnüren fesseln die Terroristen ihre beiden Opfer, verkleben Ingrid Zimmermann den Mund und lassen sie in der Diele liegen. Ernst Zimmermann führen sie ins Schlafzimmer und zwingen ihn, sich auf einen Stuhl zu setzen. Auf einmal hört Ingrid Zimmermann einen Schuß: mit einer Kugel im Hinterkopf bricht ihr Mann zusammen – es war eine regelrechte Hinrichtung.

Nach acht Jahren hat die RAF zum ersten Mal wieder einen Menschen ermordet und eine Schußwaffe aus nächster Nähe eingesetzt.

Ernst Zimmermann

Drei Sprengstoffanschläge und eine Panzerfaust-Attacke hatten in dieser Zeit nicht den von ihr erhofften Erfolg gehabt.

Ernst Zimmermann, Jahrgang 1929, promovierter Betriebswirt, war Vorstandsvorsitzender von MTU, der Maschinen- und Turbinen-Union. Außerdem Präsident des Bundesverbandes der Deutschen Luftfahrt-, Raumfahrt- und Ausrüstungsindustrie (BDLI). MTU, ein Unternehmen mit 2,2 Milliarden Mark Jahresumsatz, stellt das Triebwerk für das »Tornado«-Kampfflugzeug her, ebenso den Motor für den »Leopard«-Panzer. Daneben produziert MTU aber auch zivile Güter, zum Beispiel Teile des Triebwerks für das europäische Gemeinschaftsflugzeug Airbus.

Den Namen Zimmermanns hatten BKA-Beamte schon in schriftlichen Unterlagen in der Berger Straße entdeckt – auf rund eintausend Namen waren sie in den dort sichergestellten Unterlagen gestoßen. 50 Namen filterten sie im Hinblick auf eine erhöhte Gefährdung heraus: der Name Ernst Zimmermann war dabei. Das Bayerische Landeskriminalamt informierte Zimmermann, Zimmermann unterrichtete davon sein Unternehmen und mehrere Personen in seiner Umgebung. Nur seine Frau nicht. Weil er vermeiden wollte, sie unnütz in Angst und Schrecken zu versetzen. »Das war sein Fehler«, erklärt ein BKA-Beamter – so öffnete Ingrid Zimmermann ahnungslos den Mördern die Tür.

Für die Tat erklärt sich das RAF-»Kommando Patsy O'Hara« verantwortlich. Patrick O'Hara war ein irischer Terrorist, der im Mai 1981 bei einem Hungerstreik im Maze-Gefängnis in Belfast ums Leben kam. Die Action Directe verfügt über keinen toten Märtyrer, nach dem sich das RAF-Kommando hätte benennen können. Um die »antiimperialistische Front in Westeuropa« zu unterstreichen, bediente sich so die RAF des Namens eines INLA-Aktivisten: die radikale, rund zwanzig Personen starke »Irish National Liberation Army« hatte sich von der IRA abgespalten.

Die »neue nato-doktrin« sei präzise die »manifestation der planung des kapitals«, erklärt die RAF in dem Selbstbezichtigungsschreiben: »elektronische kriegsführung, ›intelligente waffensysteme‹, weltraum-waffen und der zur ausbau der konventionellen rüstung der nato-armeen soll den multinationalen kapital zugleich ›milliardenmärkte‹ eröffnen – wie der bdli das sagt – und die militärische übermacht garantieren.« Dies bedeute für das in der Bundesrepublik

»operierende kapital«, sich daran auszurichten »und den sprung an die spitze des weltmarkts durch den militärisch-industriellen komplex zu organisieren«. Diesem »militärisch-industriellen komplex« – Kürzel: »mik« – käme in den Bereichen »erforschung und produktion neuer technologien, elektronik, waffen – kriegsökonomie« entscheidende Bedeutung zu. Der Bundesverband der Deutschen Luftfahrt-, Raumfahrt- und Ausrüstungsindustrie habe die Aufgabe, die Interessen dieses MIK im Staat, auf westeuropäischer Ebene und in der internationalen Politik durchzusetzen. Und Zimmermann war nun eben der Präsident dieses Verbandes.

Seit diesem Anschlag im Februar 1985 fehlt es der Polizei an »personenbezogenen Hinweisen« auf die RAF-Mörder: So können die Ermittler an dem Brief, der am Tatort zurückblieb und den die Botin in der Hand hielt – Absender: »P. O'Hara« –, keinen Fingerabdruck finden. Ebensowenig an dem Wasserkessel, der während des Überfalls in der Küche zu pfeifen anfing und den die Täterin auf eine andere Platte des Herds stellte. Frau Zimmermann war sich sicher, daß die Terroristin keine Handschuhe trug – normalerweise ist so etwas ein Glücksfall für jeden Kriminalisten. Doch nicht, wenn die RAF zuschlägt.

Nicht anders war es den Spuren-Sicherern drei Monate zuvor, am 5. November 1984, nach einem RAF-Überfall auf das Waffengeschäft Walla in Maxdorf bei Ludwigshafen gegangen. 22 Pistolen, zwei Repetierflinten und 2800 Schuß Munition erbeuteten die Täter – ihre Ausstattung für die folgenden Straftaten. Einer der Räuber war bei dem Überfall über eine Glasvitrine »geflankt« und hatte sich dabei mit einer Hand auf der Glasplatte abgestützt. Anschließend öffnete er noch zahlreiche Glastüren und Schubladen in dem Geschäft – ohne auch nur einen einzigen Fingerabdruck zu hinterlassen. So ist es von Stund an bei allen RAF-Taten. Wie das die Täter genau machen, ist bis heute nicht bekannt. Fest steht, daß sich Fingerspuren durch das Auftragen eines Wundsprays (»flüssiges Pflaster«) vermeiden lassen und auch durch den »flüssigen Handschuh«, mit dem sich Handwerker gegen schmutzige Finger wappnen. So mancher Ermittler denkt seither wehmütig an die Zeiten Christian Klars zurück, der nicht selten seinen Fingerabdruck auf der Rückseite von der RAF hergestellten Kfz-Kennzeichen hinterließ.

Zudem flüchten die RAF-Mitglieder der dritten Generation zumeist in unauffälligen Mittelklassewagen – Dublettenfahrzeugen – vom Tatort. Einige Kilometer entfernt lassen sie das Fahrzeug stehen und verschwinden. So entdeckt die Polizei den Audi 80, mit dem die Zimmermann-Mörder aus Gauting weggefahren waren, in der Nähe des Bahnhofs von Kaufering, nördlich von Landsberg am Lech. Nach den Täter-Beschreibungen richtet sich der Verdacht der Ermittler gegen Werner Lotze und Barbara Meyer. Lotze kann es nicht gewesen sein: er arbeitete zu dieser Zeit unter dem Namen »Manfred Janssen« im Synthesewerk Schwarzheide im DDR-Braunkohlenrevier in der Niederlausitz. Barbara Meyer ist bis auf den heutigen Tag verschwunden.

Dies war nun der erste Doppelschlag gegen den militärisch-industriellen Komplex: Audran verkörperte die militärische Seite, Zimmermann die industrielle. Keine drei Wochen nach der Vorlage des »gemeinsamen Kommuniqués« hatten RAF und AD blutig demonstriert, was sie unter der »Einheit der Revolutionäre« praktisch verstehen. Zu dieser Strategie zählt auch, daß die angegriffenen Personen nicht mehr eine »Galionsfigur« sind, also als Symbol für eine bestimmte Institution einen hohen Bekanntheitsgrad in der Öffentlichkeit besitzen – wie etwa Buback, Ponto und Schleyer. Vielmehr handelt es sich nun um sogenannte »Funktionsträger«, diese Menschen erfüllen eine bestimmte Funktion, sind dabei aber nicht der breiten Öffentlichkeit bekannt – wie Ernst Zimmermann. Für den Schutz der potentiellen Opfer ist dieser Schritt der RAF »eine Stufe niedriger« verheerend: Ein paar Dutzend »Symbolträger« im Staat kann die Polizei schützen. Nicht aber Tausende Menschen, von denen jeder eine zentrale Funktion ausübt.

Noch am Tag der Ermordung Zimmermanns brechen die Häftlinge ihren Hungerstreik ab, weil – wie sie in ihrer »Hungerstreikabbruchserklärung« mitteilen – »die entwicklung inzwischen über die ebene des kampfs von gefangenen um ihre lebensbedingungen raus war: der qualitative sprung der revolutionären kämpfe in den natostaaten in der westeuropäischen dimension hat den streik überholt«. Sie werten den Verlauf der Dinge als einen »sieg in der einheit guerilla, widerstand, gefangene«. Unverändert halte die Gruppe jedoch an ihrer Forderung nach Zusammenlegung fest.

Sechs Monate nach dem Zimmermann-Mord erfolgt der nächste Anschlag: Am 8. August 1985 explodiert um 7.19 Uhr eine Autobombe in einem VW-Passat auf dem militärischen Teil der US-Airbase in Frankfurt, dem »Gateway to Europe«, dem Tor nach Europa, wie die Amerikaner die Drehscheibe für den Nachschub zwischen Atlantik und Eisernem Vorhang nennen. 40000 bis 50000 Menschen kommen hier pro Tag an oder fliegen ab. Die Wucht des 50-Kilogramm-Sprengsatzes schleudert schwere Limousinen wie Spielzeugautos durch die Luft. Auf dem Boden liegen Schwerverletzte in ihrem Blut. Die grausame Bilanz: zwei Tote und elf zum Teil schwer Verletzte – die Opfer waren auf dem Weg zur Arbeit. Sachschaden: eine Million Mark.

Den VW-Passat hatten die Täter zehn Tage zuvor auf einem privaten Automarkt gekauft und anschließend mit dem gefälschten US-Kennzeichen »DN 4544« versehen.

Um an eine »US Armed Forces Identification Card« zu kommen, hatte die RAF den 20jährigen US-Soldaten Edward Pimental ermordet. Der 20jährige war von einer Deutschen im »Western Saloon« in Wiesbaden angesprochen worden, einer vorwiegend von US-Armeeangehörigen besuchten Diskothek. Die Frau um die fünfundzwanzig stellte dem Amerikaner eine Liebesnacht in Aussicht – wie andere am Tresen mitbekamen. Eine halbe Stunde vor Mitternacht verließen die beiden die Diskothek. Ihnen folgte ein Mann. Kurz nach sieben wird am nächsten Morgen Pimentals Leiche im Wiesbadener Stadtwald gefunden – seine Mörder töteten ihn durch einen aufgesetzten Genickschuß. Mit seiner Identifizierungskarte fährt der Täter am 8. August am Wachposten an der Flughafeneinfahrt vorbei.

»Die Rhein-Main Airbase... ist eine Drehscheibe für Kriege in der 3. Welt von Westeuropa aus«, erklärt das Kommando George Jackson*. Dem Brief an die Nachrichtenagentur Reuter in Frankfurt ist Pimentals ID-Karte beigelegt, die Erklärung enthält die Schriftzüge und Signets von RAF und AD: »Konkret läuft der Transport von US-Interventionstruppen und ihrem militärischen Gerät in den Mittleren/Nahen Osten und nach Afrika darüber.« Die Airbase sei ein »Geheimdienstnest«, behauptet die RAF, über sie erfolge der Nachschub für alle in Westeuropa, Mittel- und Nahost sowie Afrika stationierten US-Truppen: »Zugleich soll sie ›Einfallstor nach Europa‹ für den Krieg gegen die sozialistischen Staaten im Osten sein.«

---

* Jackson, Führer der Black-Panther-Bewegung, war Idol militanter schwarzer Amerikaner in den USA. Bei einer Gefängnisrevolte kam er 1971 im amerikanischen Zuchthaus St. Quentin bei San Francisco ums Leben.

Zwei Tote und elf Verletzte forderte der Anschlag des RAF-»Kommandos George Jackson« auf die US-Airbase in Frankfurt am 2. August 1985

Mit der Parole »EINHEIT IM KAMPF FÜR DIE WELTREVOLUTION« und der Wahl des Namens eines US-Amerikaners für das Kommando signalisieren die Täter, daß sie nun im Zuge ihrer internationalistischen Ausrichtung die Grenzen Westeuropas überschreiten wollen.

Der Anschlag reiht sich in die im Aktionspapier 1984 aufgezeigte Angriffslinie »MILITÄRMASCHINE«.

Die Ermordung des Soldaten Pimental erfolgte für viele Sicherheitsexperten überraschend: Erst wenige Monate zuvor hatte die RAF mit ihrem Prinzip gebrochen, nur Symbolträger zu ermorden und andere Personen nur ausnahmsweise dann, wenn es unumgänglich war. Nun verließ die RAF aber auch die Stufe der »Funktionsträger« und tötete den »kleinen« US-Soldaten Pimental. Und das einzig und allein, um in den Besitz seiner ID-Card zu kommen – als ob es nicht andere Wege gegeben hätte, sich die Karte zu verschaffen.

Dieser Mord stößt auch innerhalb der Linken auf massive Kritik. Der Genickschuß sei nicht notwendig gewesen, hält man der RAF vor – er sei »Ausdruck fehlender revolutionärer Moral«.

Knapp drei Wochen nach der Tat geht bei der Redaktion der *Frankfurter Rundschau* ein Schreiben ein, in dem die RAF versucht, den Pimental-Mord zu rechtfertigen: »Wir haben Edward Pimental erschossen, den Spezialisten für Flugabwehr, Freiwilliger bei der US-Army und seit drei Monaten in der BRD, der seinen früheren Job an den Nagel gehängt hat, weil er schneller und lockerer Kohle machen wollte, weil wir seine ID-Card gebraucht haben, um auf die Airbase zu fahren. Für uns sind die US-Soldaten in der BRD nicht Täter und Opfer zugleich, wir haben nicht diesen verklärten, sozialarbeiterischen Blick auf sie. Nach Vietnam, Libanon, Grenada und der offiziellen Einführung der Air-Land-Battle-Doktrin, der Offensivstrategie für Blitzkriege in der 3. Welt und Angriffe gegen die sozialistischen Staaten im Osten, muß jeder GI begreifen, daß er dafür bezahlt wird, Krieg zu führen, d. h. alle müssen begreifen, daß Krieg ist – und sich entscheiden [...]

Die militärischen Basen, Einrichtungen, Kommandostellen der US-Streitkräfte, der NATO sind Kriegsgebiet.«

Aber diese Erklärung kann die Wogen bei der Linken nicht glätten. Im Gegenteil. In der *taz* wendet sich Karl-Dietrich Wolff, Verleger in Frankfurt und früherer Bundesvorsitzender des SDS, am 13. September 1985 »An die RAF« unter der Überschrift: »Alles wäre besser, als so weiterzumachen.« Wolff attestiert den Aktionen der Gruppe »den Verlust von aktuellem politischen Bezug«: »Ihr macht, um Eure mörderische Dummheit zu kaschieren, Edward Pimental, den Ihr ganz im Tscheka-Stil* mit Genickschuß getötet habt, nachträglich zu einem ›Spezialisten für Flugabwehr, Freiwilliger bei der US-Army‹. Die US-Army hat im Augenblick nur ›Freiwillige‹ – das ändert nichts daran, daß armen Weißen und farbigen Ghetto-Bewohnern oft die ›freiwillige‹ Meldung zur Armee als einziger Ausweg erscheint. Erst der abgebrühte Mord an Pimental macht Euch und Euren Verein für diese Sol-

* Tscheka = Kürzel für Tschreswitschajnaja komissija po Borbe s Kontrrevoluzijej i Sabotaschem = Außerordentliche Kommission zum Kampf gegen die Konterrevolution und Sabotage. Die 1917 in der Sowjetunion geschaffene politische Polizei ging mit großer Härte rücksichtslos gegen Verdächtige und politisch Mißliebige vor.

daten zu Feinden.« Wolff hält der RAF vor: »Euer ›Krieg‹ enthält kein Bild einer noch so zukünftigen Befreiung. Eure Gewalt ist zum ›Teil des Problems‹, nicht seiner Lösung geworden.«

Die RAF scheint einsichtig, übt fünf Monate später Selbstkritik: »wir sagen heute, daß die erschießung des gi ein fehler war, der die wirkung des angriffs gegen die air-base und so die auseinandersetzungen um die politisch-militärische bestimmung der aktion, wie der offensive überhaupt, blockiert hat«, erklärt sie im Januar 1986 in der RAF-Postille *Zusammen kämpfen. Zeitung für die antiimperialistische front in westeuropa* Nr. 5. »es ist klar: den gi zu erschießen, war ein schritt zur eskalation, der selbst strategische qualität hat – weil er bedeutete, den krieg gegen den us-imperialismus zu verschärfen in dem sinne, daß für uns alle angehörigen der us-streitkräfte an jedem ort und zu jeder zeit militärische angriffsziele sind.«

Erheblich rücksichtsloser geht die RAF 1985 auch bei der Beschaffung von Geld vor: Angesichts des Umstandes, daß die Banken den Schutz vor Raubüberfällen verstärkt und nicht zuletzt auch die Geldbeträge in den Kassenboxen reduziert haben, beginnen die Terroristen mit brutalen Überfällen auf Geldboten. Am 3. Juni 1985 feuert einer von drei RAF-Mitgliedern ohne Vorwarnung aus kürzester Entfernung auf einen Geldboten des »Esbella«-Marktes in Kirchentellinsfurt bei Tübingen. Der Schuß trifft den Boten in den Hals und verletzt ihn schwer. Die Täter erbeuten 157 700 Mark. Drei Monate später schlagen zwei RAF-Mitglieder zwei Geldbotinnen eines Einzelhandelsgeschäftes vor dem Nachttresor der Landesgirokasse in Ludwigsburg mit einem in Zeitungspapier gewickelten Meißel nieder. Sie fügen ihnen erhebliche Kopfverletzungen zu und rauben 16 000 Mark. Passanten gelingt es, einen der Täter zu überwältigen: So kann die Polizei Karl-Friedrich Grosser festnehmen.

Im Zuge der »Offensive 1984/85« etablierte sich, wie bereits angesprochen, ein neuer Bereich innerhalb der RAF: die Militanten – nach dem in der 82er Schrift »Guerilla, Widerstand und antiimperialistische Front« entworfenen Konzept. Nun gibt es nach dem Verständnis der Sicherheitsbehörden vier Ebenen bei der Rote Armee Fraktion: Kommandoebene, Militante, Umfeld und Häftlinge. Zur Kommandoebene an der Spitze gehören etwa zwanzig Mitglieder, schätzt das Bundesamt für Verfassungsschutz für 1985. Diese Kommandoebene ist für »militärische Projekte« zuständig. Sprich: die Ermordung von

Menschen. Auf der zweiten Ebene stehen die sogenannten »Militanten«, die »Kämpfenden Einheiten« – entsprechend bilden sich in Frankreich »Unités Combattantes« der Action Directe. Ihre Aufgabe sind nach dem Mai-Papier »einheitlich koordinierte militante projekte, die darauf aus sind, die imperialistische strategie zu durchkreuzen«. Im Klartext: In Abstimmung mit der Kommandoebene verüben sie Anschläge, bei denen es nur zu Sach-, nicht aber zu Personenschäden kommen soll. Die Militanten leben nach den Erkenntnissen der Sicherheitsbehörden zumeist in der Legalität und tauchen nur kurz für ihre Anschläge ab. Mitunter werden sie deshalb auch als »Feierabendterroristen« bezeichnet. »Feierabend« ist freilich nicht mit dem Adjektiv »harmlos« gleichzusetzen, sondern besagt nur, daß sie die meiste Zeit mit anderen Tätigkeiten zubringen und nur kurz einmal einen Anschlag verüben.

Diese neue Ebene bietet der RAF drei praktische Vorteile: Zum einen können Anhänger so im Sinne der RAF agieren, ohne daß sie, wie in der Vergangenheit bei »offenen Aktionen«, von der Polizei verhaftet und registriert werden – wie etwa, um einige »große Aktionen« herauszugreifen, bei der Besetzung des Amnesty-International-Büros 1974 in Hamburg und des dpa-Büros 1978 in Frankfurt.

Zweitens ist nicht zu übersehen, wie Ermittler betonen, daß viele der von der RAF anvisierten Gruppen im autonomen und anarchistischen Spektrum der »elitären« Kommandoebene skeptisch gegenüberstehen. Die Militanten hingegen können diese Gruppen wie Revolutionäre Zellen* und Autonome Gruppen** als Gesprächspartner akzep-

---

* Die Revolutionären Zellen gehen auf das Jahr 1972 zurück. Nach den Sprengstoffanschlägen der ersten RAF-Generation im Mai kam es zu einer Diskussion innerhalb der Linken, ob derartige Anschläge »effizient« seien und ob es dabei hinzunehmen sei, daß Unbeteiligte gefährdet und verletzt werden. In der Folgezeit gründeten sich eine Reihe kleiner Gruppen (sogenannte »Zellen«) von drei bis fünf Personen, die in der Legalität leben und nur kurzfristig für den Anschlag abtauchen. Sie verüben Brand- und Sprengstoffanschläge – bislang waren es rund 150. Dabei nehmen sie sich in der Linken populärer Themen an, wie die Kritik am Putsch in Chile (1974), den Protest gegen den Paragraphen 218 StGB (1975–1977), »Nato-Nachrüstung« (1982–1984) und in letzter Zeit der Ausländer- und Asylpolitik. Allein durch eine Anschlagsserie gegen die Bekleidungsfirma Adler richteten die Revolutionären Zellen 1987 einen Schaden von über 35 Millionen

tieren. Sie liegen auf einer gemeinsamen Linie: Sprengstoff- und Brandanschläge mit Sachschäden: ja; Mord: nein. So kommt es in der Folge auch zu Absprachen zwischen Militanten und anderen Gruppen.

Drittens hält sich die RAF auf diese Weise ein »Rekrutierungsbekken« an Kämpfern mit Erfahrung für ihren Nachwuchs.

Diese Militanten verüben 1985 eine Reihe von Anschlägen: unter anderem auf die Nato-Pipeline in Bad Bergen (Niedersachsen) und bei Ehringshausen (Hessen), auf das Bundesamt für Wehrtechnik und Beschaffung in Koblenz und auf die an der Entwicklung der Nato-»Fregatte 90« beteiligten Firmen Internationale Schiffs-Studiengesellschaft (ISS) und Projekt-Management-Office (PMO) in Hamburg. Daß die Kommandoebene und die Militanten nicht nur von den Zielen her zusammenarbeiten, zeigt der Anschlag auf das Bundesamt für Wehrtechnik und Beschaffung: die Militanten setzen Sprengstoff aus demselben Einbruch in Eccausines (Belgien) ein, den die Kommandoebene ein halbes Jahr zuvor bei dem Anschlag auf die Nato-Schule in Oberammergau verwendet hatte.

Mit Nachdruck betont der RAF-Kommandobereich die Selbständigkeit der Militanten. So erklärt ein »Genosse aus der RAF« zum Begriff der »illegalen Militanten« in einem Interview mit dem RAF-Blatt

---

Mark an. Nur in Ausnahmefällen begehen sie Körperverletzungen, wie zum Beispiel bei der »Knieschußaktion« an Günter Korbmacher am 1. September 1987: Korbmacher, Vorsitzender Richter des für Revisionen in Asylverfahren zuständigen Senats des Bundesverwaltungsgerichts, wurde in Berlin von einem Unbekannten in den linken Unterschenkel geschossen; die Revolutionären Zellen bekannten sich zu der Tat.

** Seit Anfang der achtziger Jahre haben sich in zahlreichen Städten sogenannte »Autonome« in Gruppen zusammengefunden. Sie verfügen über kein einheitliches ideologisches Konzept. Kennzeichnend ist für sie, daß sie »autonom« sein wollen, also unabhängig von fremden Einflüssen, nur ihre Vorstellungen verwirklichen. Gemeinsam ist ihnen der »Haß gegen den Staat«: »Was uns von anderen Linken unterscheidet, ist der Stein in der Hand und der Knüppel im Nacken«, erklären sie in einem 1985 in Berlin verteilten Flugblatt. »Im Tränengasnebel fühlen wir uns immer noch am autonomsten und was uns darüber hinaus zusammenhält, wissen wir auch nicht so genau zu sagen.« Bei Demonstrationen tauchen sie häufig in einem geschlossenen »schwarzen Block« auf und tragen »Haßkappen«: schwarze Masken, die nur Platz für die Augenpartie lassen. 1986 zählten zu ihnen nach Erkenntnissen des Verfassungsschutzes rund 2000 Personen.

Zusammen kämpfen (Heft 2/April 1985): »die, die im zusammenhang front kämpfen, oder das wollen, organisieren sich so, wie sie es brauchen: orientiert an der praxis, die sie wollen, als funktion für sie – an sonst nichts.« Die Aufgabe des sogenannten RAF-Umfeldes besteht in erster Linie darin, »Öffentlichkeitsarbeit« zu leisten, die RAF-Häftlinge und die Unterstützer zu betreuen sowie für den Austausch von Informationen zwischen Häftlingen und Kommandoebene zu sorgen. Das engere Umfeld besteht 1985 aus rund 200 Personen, schätzt der Verfassungsschutz. Das »weitere Umfeld« wird auf rund 2000 Personen veranschlagt. So mancher spricht im Zusammenhang mit dem Umfeld auch vom »legalen Arm der RAF«. Die RAF lehnt, wie sie erklärt, diesen Ausdruck ab. Nicht zuletzt in der Absicht, eine unnötige »Kriminalisierung« ihrer Sympathisanten zu vermeiden. Schließlich gibt es die RAF-Häftlinge, die sich, wie der Hungerstreik zeigt, in die gemeinsame Front einpaßten. Diese Einteilung in vier Ebenen wird von der RAF und ihrem Umfeld abgelehnt: Für sie gibt es nur die »Guerilla«, also die RAF, und den »Widerstand«.

1985 stieß die Polizei – bis heute zum letztenmal – auf eine konspirative Wohnung der Kommandoebene: Im September entdeckten die Beamten in Tübingen, in der Friedrich-Zundel-Straße 2, in einem Raum einer Drei-Zimmer-Wohnung Fingerabdrücke von Barbara und Horst Meyer, Christoph Seidler, Wolfgang Werner Grams und Eva Haule-Frimpong. Zudem meinen Zeugen, daß sie Thomas Simon dort gesehen hätten. Die Miete von 225 Mark soll Sabine Callsen auf das Konto der Vermieterin überwiesen haben, wie Schriftvergleiche ergaben. Gemietet hat nach den Feststellungen der Ermittler das Zimmer Barbara Meyer »mit großer Wahrscheinlichkeit« unter dem Namen »Gabi Krauss« oder »Krausse« von einer Studentin, die im Juni 1984 mit einem Aushang an einem Schwarzen Brett in der Universität Tübingen einen Mieter für ihr »WG«-Zimmer suchte, für die Zeit eines Studienaufenthaltes in Bologna von August 1984 bis August 1985.

Festzuhalten bleibt: Mit Schwung war die »Offensive 1984/85« in Gang gekommen, vor allem hatte das Zusammenwirken von RAF und AD für Beunruhigung gesorgt. Die Sicherheitsbehörden fürchteten einen konzertierten Euro-Terrorismus. Einen Dämpfer erhielt das Vorgehen der RAF durch den Mord an dem amerikanischen GI Pimental: die RAF mußte sich mit ihrem Umfeld auseinandersetzen – weitere Anschläge blieben vorerst aus.

Die »Offensive 1986«

Als nächstes Opfer entscheidet sich die RAF abermals für einen Vertreter des »militärisch-industriellen Komplexes«: für Karl Heinz Beckurts, im Siemens-Vorstand zuständig für den Unternehmensbereich Forschung und Technik. Zusammen mit seinem Chauffeur sprengte ihn die RAF auf dem Weg zur Arbeit in die Luft – knapp eineinhalb Jahre nach dem Zimmermann-Mord.

Am 9. Juli 1986, zwei Minuten nach halb acht, zerreißt ein ohrenbetäubender Knall die Ruhe in Straßlach, einem kleinen Ort südlich vor den Toren Münchens. 50 Meter vor dem Ortsschild wird durch die Detonation Beckurts' blaugrauer BMW 735 i über die Straße geschleudert, er rutscht in den Straßengraben. Eine zwanzig Meter hohe Stichflamme schießt über dem Fahrzeug gen Himmel. Ein Rauchpilz steigt auf. Die rechte Tür ist von Metallteilen durchsiebt, der vordere Teil des Wagens zur Seite gedrückt.

Ein beigefarbener 520 BMW bremst mit quietschenden Reifen. Aus

Karl Heinz Beckurts, Siemens-Vorstandsmitglied, und sein Fahrer Eckhard Groppler starben durch einen RAF-Anschlag am 9. Juli 1986 in Straßlach bei München

dem Wagen springen zwei Leibwächter – doch es ist zu spät: Karl Heinz Beckurts, 56, und sein Fahrer Eckhard Groppler, 42, sind tot. »Die beiden sahen aus wie blutverschmierte schwarze Puppen«, berichtet ein Polizist über das Bild am Tatort. Sowohl Beckurts wie auch Groppler hinterlassen Frau und drei Kinder.

Siemens-Vorstandsmitglied Beckurts war einer der einflußreichsten Industriemanager und Atomphysiker in der Bundesrepublik. Die breite Öffentlichkeit konnte freilich vor dem Anschlag mit dem Namen Beckurts ebensowenig anfangen wie mit dem Namen Ernst Zimmermann. Beckurts war ein Verfechter der Kernenergie, der Verzicht auf sie käme der »Selbstverstümmelung einer Industrienation« gleich, hatte er gewarnt. Die Ablehnung der Wiederaufbereitungsanlage in Gorleben könnte dazu führen, erklärte er, daß die Bundesrepublik in punkto Kernenergie hinter anderen Nationen wie Frankreich, Großbritannien und die Vereinigten Staaten zurückfiele.

Geprägt worden war dieser Mann von den nuklearen Gründerjahren in der Bundesrepublik. Er studierte und promovierte in Göttingen, dem Zentrum der deutschen Kernforschung in den fünfziger Jahren. So war er von Anfang an mit dabei, als in der Bundesrepublik die Grundlagen für die Nutzung der Kernenergie gelegt wurden.

Beckurts machte eine steile Karriere in der Atomwirtschaft: Mit achtundzwanzig, im Jahr 1958, wechselt er an das Kernforschungszentrum Karlsruhe, mit vierzig an die Kernforschungsanlage Jülich. Zunächst arbeitet er dort als wissenschaftlich-technischer Geschäftsführer, vier Jahre nach dem Wechsel wird er Vorstandsvorsitzender der Betreiber-GmbH. 1980, im Alter von fünfzig, holt ihn Siemens nach München. Ein Jahr später wird ihm der zentrale Bereich Forschung und Entwicklung im Vorstand übertragen – nun ist er Vorgesetzter von 36000 Menschen.

Die Ermittler des Bundeskriminalamts finden heraus, daß der 50-Kilo-Sprengsatz auf einem »Retix«-Fahrrad- und Mofaanhänger deponiert war. Er lehnte an einem Baum neben der Straße. Darauf standen sechs Gasflaschen, abgedeckt mit einem gelben Torfsack aus Plastik. Der Inhalt: Selbstlaborat, also ein selbstgefertigtes Explosivgemisch, auf der Basis von Chlorat-Zucker. Die Zündung erfolgte über eine 50 Meter lange Litze. »Da waren absolute Profis am Werk«, staunte ein leitender Beamter bei der Spurensicherung am Tatort. Die Täter verschwanden mit einem VW-Passat, einem Dublettenfahrzeug.

Den Wagen entdeckt die Polizei an der S-Bahn-Station Oberharching in München.

Am Tatort finden die Beamten unter der Batterie des Zündauslösers das Selbstbezichtigungsschreiben des RAF-»Kommando Mara Cagol« – Mara Cagol war die Ehefrau von Renato Curcio, einem der führenden Mitglieder der italienischen »Brigate Rosse«. Am 18. Februar befreite sie ihren Mann aus dem Gefängnis in Turin. Vier Monate später kam sie bei einem Feuergefecht mit Carabinieri ums Leben. Nach den Erkenntnissen der Sicherheitsbehörden besteht zu diesem Zeitpunkt keine Zusammenarbeit zwischen RAF und Brigate Rosse – anders als zur Action Directe. Die RAF entschied sich für den Namen der BR-Frau, um – wie Fachleute meinen – den Brigate Rosse zu signalisieren, daß sie zu einer Zusammenarbeit bereit seien.

»heute haben wir mit dem kommando mara cagol den vorstand für forschung und technik bei siemens und vorsitzenden des ›arbeitskreises kernenergie‹ im bdi, karl heinz beckurts angegriffen«, beginnt das Selbstbezichtigungsschreiben: »beckurts repräsentierte präzise den kurs des internationalen kapitals in der aktuellen phase der politischen, ökonomischen und militärischen strategie des imperialistischen gesamtsystems und treibt ihn voran. schon in den 70er jahren stand er an der spitze der strategischen ausrichtung des kapitals:

er war chef des kernforschungszentrums jülich in der zeit, als es für die bourgeoisie – hier mit der spd an der macht – um die realisierung des atomprogramms ging, das als kriegsmittel auf dem weltmarkt gegen die jungen nationalstaaten, ihre forderung nach einer neuen weltwirtschaftsordnung konzipiert war um ihnen die festsetzung des ölpreises aus der hand zu schlagen und damit die politische macht, die sie durch das öl als bis dahin wichtigsten energieträger hatten.«

Das Unternehmen Siemens sei »der größte high-tech-konzern in westeuropa und weltweit – als kwu* – drittgrößter atomkonzern. er steht wie kaum ein anderer konzern in der brd für die geballte macht und aggression der in den miks organisierten reaktionären fraktionen der bourgeoisie.

beckurts ist bei siemens eine zentrale figur: er leitet die forschung und technische umsetzung in den für die restrukturierung strategischen bereichen, auf die siemens sich konzentriert:

---

* KWU = Kraftwerk Union.

- militärelektronik, um den krieg für das internationale kapital gewinnbar zu machen;
- computergesteuerte kommunikations-, informations- und produktionssysteme [...]
- perfektioniertes kontroll- und überwachungssystem für die militär- und polizeiapparate weltweit: siemens-computer von wiesbaden, lissabon über guatemala, honduras, kairo und johannesburg.«

Wie dieses Schreiben deutlich zeigt, kommt Beckurts im Sinne der RAF eine sogenannte »Schnittstellenfunktion« zu, nämlich zwischen militärischer und industrieller Seite. Inhaber derartiger Positionen reizen die RAF ganz besonders, um die Verbindung dieser Bereiche in ihrem Sinne aufzeigen zu können. Auch Zimmermann saß an einer solchen Schnittstelle zwischen industriellem und militärischem Bereich.

Neben diesem Versuch, die Tat politisch zu rechtfertigen, enthält diese RAF-Erklärung eine Fortschreibung des Mai-Papiers: Die revolutionäre Bewegung in Westeuropa müsse heute ihre vielfältigen Kämpfe in »einen bewußten und gezielten angriff gegen die imperialistische macht transformieren«. Noch sieht sich die RAF also weit von der von ihr angestrebten antiimperialistischen Front in Westeuropa entfernt.

Neu in dem Papier ist, daß die RAF Reizthemen wie »SDI« und »EUREKA« einbezieht, mit denen sich auch die Friedensbewegung auseinandersetzt, außerdem Themen wie die Arbeitslosigkeit (»kalkulierte massenarbeitslosigkeit«) und das Streikrecht (»angriffe auf das streikrecht«). Daß die RAF diese Themen anspricht, zeigt, wie sie sich bemüht, Solidarität und Sympathie von Mitgliedern anderer Gruppen aus dem linken Spektrum zu gewinnen. Mit der antiimperialistischen Front geht es also auch im Inland noch nicht so voran, wie sich das die RAF wünscht.

Bei der Linken stößt der Beckurts-Mord ganz überwiegend auf Ablehnung und Erschütterung. »Einen Dienst hat sie der Anti-AKW-Bewegung damit bestimmt nicht erwiesen«, urteilt über die RAF-Tat Ruth aus Berlin in einem Leserbrief an die *taz.* »Durch Mord läßt sich nichts in der Gesellschaft verbessern«, erklärt Otto Schily, einst RAF-Anwalt, mittlerweile Politiker bei den Grünen, später bei der SPD. »Es ist ein unerträglicher Gedanke, daß sich eine kleine Gruppe von Menschen das Recht anmaßt, über Leben und Tod anderer zu entscheiden.

Das einzige, was die RAF erreicht hat, ist ein verstärkter Ausbau der Polizei und des Verfassungsschutzes. Die Anschläge haben zu mehr restriktiveren Gesetzen geführt.« Am meisten erschrocken zeigt sich Schily über die Zunahme von Skrupellosigkeit und eisiger Kälte bei der RAF, etwa beim Mord an MTU-Chef Zimmermann. »Einen Menschen gefesselt und in Gegenwart seiner Frau per Genickschuß zu liquidieren ist nichts anderes als faschistische Henkersmentalität.«

Im Zuge der Untersuchung stoßen die Ermittler auf »signifikante Schwachstellen« bei Beckurts: So fuhr sein Fahrer immer dieselbe Strecke mit demselben Fahrzeug – ohne »Sicherheitsschleifen«. Zudem legte Fahrer Groppler regelmäßig auf einem Parkplatz in der Nähe von Beckurts' Haus eine Pause ein und las Zeitung, um pünktlich vorzufahren. »Hier bestand für die Täter eine gute Möglichkeit, sich zu vergewissern, daß das Opfer anwesend war«, urteilten die Fachleute des Bundeskriminalamts.

Ein Vierteljahr später mordet die RAF ein weiteres Mal: wie jeden Abend brennt lange Licht in Gerold von Braunmühls Büro im Bonner Außenministerium an der Adenauerallee. Der Ministerialdirektor und Leiter der Abteilung 2, der wichtigsten politischen Abteilung im Auswärtigen Amt, hält es nicht anders als AA-Chef Genscher: Erst die Akten, dann die Familie. Irgendwann nach neun ruft von Braunmühl eine Taxe, schaltet das Licht in seinem Büro aus, geht runter und steigt in den Wagen. Über den Venusberg fährt er nach Ippendorf, einem beschaulichen Vorort oberhalb Bonns, in der Nähe des Waldes Kottenforst. Vor seiner Wohnung in der Buchholzstraße 34a zahlt er und steigt aus – die Uhr zeigt zwei Minuten nach halb zehn. Der Taxifahrer öffnet den Kofferraum, um von Braunmühl seine beiden Aktentaschen zu geben. In diesem Moment erscheint aus der Dunkelheit eine kleine Gestalt, mit einer Wollmütze vermummt, kaum größer als 1,65 Meter, untersetzt und forsch in der Bewegung. Diese Person hält eine Pistole in der Hand und schießt auf Gerold von Braunmühl, trifft ihn mit zwei Kugeln im Oberkörper. Von Braunmühl versucht zu flüchten, auf die andere Straßenseite, hinter einen parkenden Scirocco. Ein zweiter Vermummter taucht auf, feuert ebenfalls. Von Braunmühl bricht zusammen. Seinen Kopf bettet er auf seiner Aktentasche. Einer der Täter läuft auf ihn zu und schießt ihm aus nächster Nähe in den Kopf. Der Mörder greift sich die Aktentasche des Sterbenden, die beiden laufen zu einem dunkelroten Kadett GL 1,3 S – ein Dublettenfahrzeug, wie sich später herausstellt. In dem Wagen verschwinden die beiden Mörder in der Dunkelheit.

Mit der Tat dokumentiert die Rote Armee Fraktion Tradition auf grausame Weise: Die dritte Generation erschoß von Braunmühl mit der Smith & Wesson, Kaliber 38, mit der die zweite Generation neun Jahre zuvor Arbeitgeberpräsident Schleyer mit drei Schüssen in den Kopf ermordet hatte. Das von den Tätern gefertigte Kennzeichen für den Dubletten-Kadett wurde mit demselben Prägewerkzeug hergestellt wie die Kennzeichen für die Fluchtfahrzeuge für den Raubüberfall auf das Waffengeschäft Walla in Maxdorf und die Morde an Zimmermann und Beckurts. Und das Selbstbezichtigungsschreiben ist auf derselben Maschine getippt worden wie die Erklärungen nach der Ermordung Zimmermanns, Pimentals und Beckurts' sowie nach dem Sprengstoffanschlag auf die Rhein-Main-Base in Frankfurt.

Gerold von Braunmühl, Ministerialdirektor im Auswärtigen Amt, wurde am 10. Oktober 1986 von einem RAF-Kommando vor seiner Wohnung im Bonner Stadtteil Ippendorf erschossen

Im Jahr zuvor, im Juni 1985, war von Braunmühl Leiter der Abteilung 2 und damit einer der wichtigsten Beamten des Auswärtigen Amtes geworden. Zu seinem Bereich gehörte die Europäische Einigung und Europäische Zusammenarbeit (EPZ), der Europarat, die Westeuropäische Union, die Nato, die Beziehungen zu den westeuropäischen Staaten, Amerika und Kanada sowie die Ost-West-Beziehungen und das Verhältnis zur Sowjetunion. In der nächsten Woche sollte von Braunmühl zum sowjetischen Außenminister Schewardnadse nach Moskau fliegen, um mit ihm die KSZE-Konferenz in Wien vorzubereiten und über seine Einschätzung des amerikanisch-sowjetischen Gipfels in Reykjavik sprechen. Von Braunmühl habe als »aussichtsreicher Anwärter auf den Posten eines Staatssekretärs im AA« gegolten, urteilt das Munzinger-Archiv.

Einhundert Meter vom Tatort entfernt, vor der Botschaft der CSSR, findet ein Radfahrer das Selbstbezichtigungsschreiben des RAF-»Kommandos Ingrid Schubert«. Ingrid Schubert gehörte zur ersten RAF-Generation: 1970 hatte sie bei der Baader-Befreiung mitgemacht, sich zusammen mit einer Komplizin Zutritt zum »Institut für Soziale Fragen« in Berlin-Dahlem verschafft*. Das Landgericht Berlin verurteilte Schubert zu 13 Jahren Gefängnis. Am 12. November 1977 erhängte sie sich in München-Stadelheim – drei Wochen nach dem kollektiven Selbstmord in Stammheim.

»heute haben wir mit dem kommando ingrid schubert den geheimdiplomaten braunmühl, politischer direktor im aussenministerium und eine der zentralen figuren in der formierung westeuropäischer politik im imperialistischen gesamtsystem, erschossen«, beginnt die RAF ihr Selbstbezichtigungsschreiben. Sie stellt die These auf, daß heute die Voraussetzungen für die Revolution vielerorts gegeben seien, insbesondere in der Dritten Welt. Jedoch sei die imperialistische Strategie der USA und ihrer Verbündeten in Westeuropa darauf gerichtet, die Krise durch verstärkte Zusammenarbeit abzuwenden: »die politik der westeuropäischen staaten im gesamtsystem zielt auf die politische einkreisung und gezielte vernichtung der revolutionäre in allen kontinenten und die einbindung der sozialdemokratischen, bürgerlich-reaktionären kräfte in ihr faschistisches befreiungskonzept.« Bei diesem Prozeß spielte nach Meinung der RAF der ermordete von Braunmühl eine

---

* Siehe dazu oben Seite 77ff.

zentrale Rolle auf bundesdeutscher Seite: »er saß als vertreter der bundesregierung im politischen komitee der ›europäischen politischen zusammenarbeit‹ (EPZ), das zum wichtigsten instrument der politischen formierung und durchschaltung der staatsapparate in westeuropa geworden ist. Innerhalb der ›westeuropäischen union‹ (WEU) erarbeitete er mit regierungsvertretern aus frankreich, italien, großbritannien, holland, belgien und luxemburg die sicherheitspolitischen linien für die europäische nato-säule, um die politisch-militärische macht westeuropas und so die der nato insgesamt zu stärken.«

Dieses Schreiben zeigt, wie das BKA in einem Bericht über den Anschlag urteilt, »daß sich die Täter sehr ausführlich mit Person und beruflichem Umfeld ihres Opfers befaßt haben«. Besonders erschreckt die Terrorismusexperten die Erklärung in dem Papier, von Braunmühl habe sich zu »vertraulichen viererkonsultationen« mit »politischen direktoren der amerikanischen, britischen und französischen außenministerien« getroffen – dies wußten selbst unter Bonner Insidern nur wenige.

Dieser Anschlag löst abermals Entsetzen bei Sicherheitsfachleuten aus: Zum erstenmal hat sich die RAF einen Mann aus »der zweiten Reihe« als Opfer ausgesucht, ist also unter die Ebene der Funktionsträger gegangen. Dies bedeutete nicht nur, daß sich der Kreis möglicher Anschlagsopfer noch einmal erheblich erweitert, sondern auch, daß die RAF – wie der Fall von Braunmühl zeigt – auf einfachste Weise an Informationen über die Person kommt: Zum Beispiel durch einen Blick ins Telefonbuch. Dort stehen von Braunmühls Rufnummer und Privatadresse. Seine Adresse samt Foto enthält auch das in jeder Buchhandlung erhältliche »Handbuch der Bundesregierung«. Unter der Rubrik AA war auf Seite 36 über Gerold von Braunmühl zu lesen:

»*Leiter der Politischen Abteilung 2*

Geboren am 15. September 1935 in Breslau, verheiratet. Abitur 1955. 1959 1. und 1964 2. juristische Staatsprüfung sowie Promotion zum Dr. jur. 1963 in Mainz. Studium International Relations an der Johns Hopkins University in Bologna/Italien 1964 bis 1965 und in Washington D. C. 1965 bis 1966, dort Masters's Degree. Eintritt in den Auswärtigen Dienst 1966. Attaché an der Botschaft Washington 1966 bis 1967; Zentrale: Deutschland und Berlin-Referat 1967 bis 1971; Botschaften Neu Delhi 1971 bis 1974 und Moskau 1974 bis 1977. Seit 1977 wieder Zentrale: Ministerbüro bis 1982, Leiter der Unterabteilung West-Ost-Fragen bis 1985, seitdem Leiter der Politischen Abteilung 2.«

Grund zur Besorgnis bietet aber auch die Tatsache, daß sich nun die RAF zum erstenmal in die Bundeshauptstadt vorgewagt hat. In eine Stadt, in der das Thema Sicherheit so groß geschrieben wird wie in keiner anderen der Bundesrepublik: rund um die Uhr sind Hunderte von Sicherheitskräften im Einsatz. Ganze fünf Kilometer entfernt vom Sitz der Sicherungsgruppe Bonn des BKA in Meckenheim ermordete das RAF-Kommando von Braunmühl – und verschwand unerkannt.

Zudem hatte die Gruppe nun ein weiteres Aktionsfeld eröffnet: Nach dem militärischen und militärisch-industriellen Komplex kommt nun der politisch-staatliche hinzu.

Dem Mord an Gerold von Braunmühl folgt eine lebhafte Diskussion innerhalb der Linken – darüber, ob Kopfschüsse ein Mittel »revolutionärer« Politik sein können. Es geht einmal mehr um die »Gewaltfrage«: diesmal unter dem Gesichtspunkt, daß die RAF nach acht Jahren das Morden wieder aufgenommen und nach Zimmermann, Beckurts und einigen anderen nun auch Gerold von Braunmühl umgebracht hat.

Ausgangspunkt der Kontroverse ist der Brief der fünf Brüder des Ermordeten »An die Mörder unseres Bruders«. Die *taz* druckt die Erklärung auf Seite 1 als Aufmacher, vier Wochen nach dem Mord. »Ihr habt unseren Bruder ermordet. Ihr habt Euren Mord begründet. Wir wollen Euch auf diese Begründung antworten«, beginnen die von-Braunmühl-Brüder. »Eure Begründung ist eine Art Abhandlung: Fünf Seiten Weltpolitik, wie Ihr sie seht, eine halbe Seite, die wie ein schlecht passender Einschub wirkt – Aufzählung einiger Funktionen unseres Bruders und ein paar Worte zu dem, wovon Ihr meint, daß es sein Ziel gewesen sei.

Eure Sprache ist wie Beton. Fest verbarrikadiert gegen kritisches Denken, gegen Gefühle und gegen jede Wirklichkeit, die sich ihren erstarrten Begriffen nicht fügen will. Sie gibt dem, der sie spricht, immer recht. Sie ist schwer verständlich, obwohl sie alles so einfach macht...« Die von-Braunmühl-Brüder stellen der RAF eine Reihe von Fragen, bohrende Fragen: »Fragt Euch niemand, wie Ihr Eure Theorien überprüft und Eure Behauptungen beweist? Und wie legitimiert Ihr das, was Ihr tut? Macht es Euch keine Schwierigkeiten zu erklären, wie eine zwanzig- oder zweihundertköpfige Gruppe, die sich kommunistisch nennt, das macht, ›als internationales proletariat zu denken und zu handeln‹? Daß ›der prozeß der front hier und jetzt nicht massenhaft verläuft‹, ist Euch nicht entgangen. Auf die Zustimmung der Menschen, für die Ihr denken und handeln wollt, habt Ihr verzichtet. – Wer erleuchtet Euch? Wer macht Euch zu Auserwählten Eurer elitären Wahrheit? Wer gibt Euch das Recht zu morden? Gibt es irgend etwas außerhalb Eurer grandiosen Ideen, was Euch erlaubt, einem Menschen Eure Kugeln in den Leib zu schießen?

Glaubt Ihr wirklich, jemanden davon überzeugen zu können, daß Ihr ausgerechnet mit dem Mord an unserem Bruder den ›strategischen plan der imperialistischen bourgeoisie, weltherrschaft zu erreichen, in seinen konkreten aktuellen projekten angegriffen‹ habt?

Vielleicht habt Ihr deshalb den ›Geheimdiplomaten‹ erfunden, weil das so schön verrucht klingt und ein wenig über die Verlegenheit hinweghelfen soll, die es Euch bereitet, gerade diesen Mord ›politisch vermitteln‹ zu müssen.«

Das Fazit der Brüder von Gerold von Braunmühl: »Ihr setzt die mörderische Tradition derer fort, die sich für Auserwählte der Wahrheit halten, in deren Namen sie die schlimmsten Verbrechen begehen. Ihr seid auf dem schlechtesten Weg. Gegen Unrecht und Gewalt, die von Staaten und Regierungen ausgehen, werdet Ihr mit Eurem Terror am wenigsten ausrichten. Einer menschenwürdigen Welt werdet Ihr uns mit Euren Morden kein Stück näher bringen.

Hört auf. Kommt zurück. Habt den Mut, Euer geistiges Mordwerkzeug zu überprüfen. Es hält der Prüfung nicht stand. Treffend sind nicht Eure Argumente, treffend sind nur Eure Kugeln. Ihr habt das Abscheulichste und Sinnloseste getan.«

Über Wochen erstreckt sich die nun folgende Diskussion in der Linken: wie steht man zur RAF und ihren Taten? Dutzende Erklärungen füllen die Leserbriefseiten der *taz*.

Die Stellungnahmen lassen sich grob in zwei Lager einteilen: die, die eine Notwendigkeit der RAF bejahten, stehen denen gegenüber, die derartige Terrortaten verurteilten, für kontraproduktiv halten. »Eine Linke, die Gewalt als Mittel der Politik ausschließt und sich freiwillig der bürgerlichen Moral und ihren Spielregeln unterwirft, hat aufgehört, revolutionär zu sein –, erklärt »Der Autonome vom Dienst« den *taz*-Lesern. Ihm stehe »trotz allem weltfremden Gefasel, trotz Stalinismus und Genickschuß, trotz ermüdender Streitereien mit Anti-Imps, die RAF immer noch sehr viel näher als die Friedens- und Moralapostel, die heute über die Gewalt jammern«. Ein »vollkommen geschichtsloses Rangehen an das Problem« hält »Peter Pan aus Berlin« dem Teil der Linken vor, der sich »einfach ans Katheder stellt und fordert, die RAF möge doch bitte gefälligst mit dem Morden aufhören«. Es müsse doch begriffen werden, »daß die Gewalt gegen Funktionsträger in diesem Staat ein geschichtlich gewachsener Teil des linken Widerstandes ist und zu ihm gehört – überall in der Welt«. Und die »Besetzerin vom Dienst« erklärt die Dinge damit, daß von Braunmühls »Tod schon so was wie (sein) Berufsrisiko gewesen« sei.

Ganz überwiegend jedoch stößt das Morden der RAF bei der Linken auf Ablehnung. In den Stellungnahmen finden sich vor allem drei Argumente immer wieder: Zum einen eine prinzipielle Ablehnung gegen das Morden, insbesondere die Erkenntnis, daß – wie es Antonin aus Paris formuliert – »mit den Schüssen auf jemanden wie Beckurts oder Braunmühl allein die Angehörigen und Freunde der Ermordeten getroffen werden, nicht aber der Staat«. Zum zweiten erfolgt eine funktionale Betrachtung nach dem Motto: Morde beseitigen die Probleme nicht. »Das Erschießen von Schleyer, [...] Braunmühl konnte Tschernobyl und die Vergiftung des Rheins nicht verhindern«, schreibt beispielsweise eine »taz-Leserin, die ihren Namen nicht dem Staatsschutz preisgeben will«. Und drittens befürchtet die Linke, daß sie als Folge der Morde selbst Nachteile haben könnten. So schaden die RAF-Mörder, wie Kai aus Lauterbach schreibt, »uns vor allem durch schärfere Gesetze, die im Gefolge solcher Anschläge durchgesetzt werden«.

Diejenigen, an die der »Offene Brief« der von-Braunmühl-Brüder* gerichtet war, antworten nicht: Die RAF schweigt.

---

* Für ihre Initative erhielten die von-Braunmühl-Brüder 1987 den »Gustav-Heinemann-Bürgerpreis«. Die 20000 Mark stellten sie dem »Rechtshilfefonds« von Peter-Jürgen Boock zur Verfügung. Zur Begründung erklärte Carlchristian von Braunmühl, Boock habe sich vor seiner Verhaftung von der RAF gelöst, sei gleichwohl zur Enttäuschung vieler zu lebenslanger Freiheitsstrafe verurteilt worden. Mit dem Betrag wollten sie dazu »beitragen, daß das Verfahren weitergehen kann, und hoffen, daß ein Urteil gefunden wird, das als ein Signal zur Versöhnung zu verstehen ist...«

Auch diesmal kommt es zu einem Wechselspiel zwischen RAF und AD, ähnlich wie bei der Ermordung Audrans und Zimmermanns: Fünf Wochen nachdem von Braunmühl auf der Straße von der RAF erschossen wurde, exekutierte am 17. November 1986 die Action Directe in Paris Georges Besse, den Chef des Autokonzerns Renault – ebenfalls auf offener Straße. Begleitet werden die beiden Morde der RAF-Kommandoebene im Jahr 1986 in der Bundesrepublik durch insgesamt neun Anschläge der »Kämpfenden Einheiten« und weitere acht Anschläge des RAF-Umfeldes.

Für großes Aufsehen sorgt ein Sprengstoffanschlag auf das Bundesamt für Verfassungsschutz in Köln am 8. September. Um 3.42 Uhr zerreißt eine Bombe einen vor dem Gebäude abgestellten roten Golf: Hunderte von Fensterscheiben gehen zu Bruch, Räume werden verwüstet, jedoch nichts getroffen, »was zum zentralen Nervensystem« des Bundesamtes gehört, erklärt ein Verfassungsschutzsprecher – wie etwa die Datenverarbeitung. Es entsteht Sachschaden in Millionenhöhe. Splitter verletzen einen 26jährigen Auslieferungsfahrer, der während der Explosion in seinem Lieferwagen des Weges kam.

Weitere Anschläge der »Militanten« erfolgen ebenfalls in der zweiten Hälfte des Jahres 1986: unter anderem auf das Fraunhofer-Institut für Lasertechnik in Aachen, auf die Firma Dornier in Immenstaad am Bodensee, auf eine Sendeanlage des Bundesgrenzschutzes in Swisttal-Heimerzheim, auf die Firma Westinghouse in Wuppertal, auf die Deutsche Finanzierungsgesellschaft für Beteiligungen in Entwicklungsländern in Köln und auf das Kurt-Schumacher-Bildungszentrum der Friedrich-Ebert-Stiftung in Bad Münstereifel. Entsprechend den von der Kommandoebene vorgegebenen Angriffszielen richteten sich von den insgesamt neun Anschlägen fünf gegen den militärisch-industriellen Komplex und vier gegen den politisch-staatlichen Bereich. In den Selbstbezichtigungsschreiben der »Kämpfenden Einheiten« finden sich häufig Parolen und Phrasen aus Erklärungen der Kommandoebene wieder – ein Zeichen für das enge Zusammenwirken. Auch bei der Tatausführung gibt es Übereinstimmungen zwischen den beiden Ebenen: So setzten beispielsweise die »Kämpfenden Einheiten« bei den Anschlägen auf die Firma Dornier und das Bundesamt für Verfassungsschutz Autobomben in der Art ein, wie sie die RAF 1984 beim gescheiterten Anschlag auf die Nato-Schule in Oberammergau verwendet hatte.

Durch einen »Zufallstreffer« platzt die Polizei mitten in eine Absprache zwischen einer Vertreterin der Kommandoebene und zwei Mitgliedern einer »Kämpfenden Einheit«. Am 2. August 1986 alarmiert ein als »Oberverdachtsschöpfer« bekannter Mann die Polizei in Rüsselsheim: In dem Eiscafé »Dolomiti« in der Grün-Passage ist ihm aufgefallen, daß zwei Frauen und ein Mann an einem Tisch Schriftstücke hin- und herschieben und dabei »konspirativ« zudecken. Polizeibeamte überwältigen die drei. Das geht so schnell, daß Eva Haule-Frimpong keine Chance hat, die unter ihrem Jeansrock in einem Gürtel steckende SIG-Sauer-Pistole zu ziehen – auch diese Waffe stammt aus dem Überfall 1984 auf das Waffengeschäft in Maxdorf.

Eva Haule-Frimpongs Bild prangt auf den Fahndungsplakaten des Bundeskriminalamts, jedoch sind sich die Beamten erst nach einem Vergleich der Fingerabdrücke sicher, wen sie vor sich haben: Eva Haule-Frimpong hat ihr Aussehen völlig verändert. Statt langer Haare mit einem Mittelscheitel und einer Brille trägt sie nun eine peppige Kurzhaarfrisur mit Seitenscheitel und keine Brille mehr. Sie gehört, wie sich später herausstellt, der RAF-Kommandoebene an.* Die beiden anderen, Christian Kluth und Luitgard Hornstein, sind Militante, wie die Fahnder feststellen: Die drei waren gerade dabei, einen Sprengstoffanschlag auf das Bundesministerium für wirtschaftliche Zusammenarbeit in der Bonner Karl-Marx-Straße zu erörtern. Eine Skizze des Gebäudes finden die Beamten bei den Unterlagen, die die drei auf dem Tisch liegen hatten. Für den Tipgeber zahlt sich der Anruf bei der Polizei aus: Er erhält 100000 Mark »Kopfgeld«, 50000 Mark für Haule-Frimpong, jeweils 25000 Mark für die beiden anderen.

Keinen Erfolg zeigt der Versuch der RAF, neue Mitkämpfer, Verbündete und Sympathisanten zu gewinnen: Vom 31. Januar bis 4. Februar 1986 organisiert das RAF-Umfeld in Frankfurt, in der Fachhochschule am Nibelungenplatz, einen »Internationalen Kongreß« unter dem Thema »Antiimperialistischer und antikapitalistischer Widerstand in Westeuropa«. Rund eintausend Personen besuchen die Tagung. Ziel der RAF ist es, die Front zu verbreitern, weitere Anhänger aus dem linksextremistischen Spektrum zu gewinnen, vor allem die

---

* Das Oberlandesgericht Stuttgart verurteilt sie 1988 wegen des Oberammergau-Anschlags und des Überfalls auf das Waffengeschäft in Maxdorf zu 15 Jahren Haft.

Autonomen mit einzubeziehen. Doch die wollen nicht: Die Autonomen kritisieren mit Nachdruck die Ermordung des US-Soldaten Pimental, sehen keine Basis für ein Zusammenwirken.

Und Terror-Kleingruppen, wie beispielsweise das »Kommando hau weg den Scheiß«, »Marmor, Stein und Eisen bricht« und »revolutionäre Heimwerker«, die sich häufig auch Öko-Themen widmen, wollen mit der mordenden RAF nichts zu tun haben.

Vorherrschend ist auf dem Kongreß die Einschätzung, daß derzeit – entgegen der Meinung der RAF – weder eine »westeuropäische Guerilla« bestehe noch zu verwirklichen sei.

Die »westeuropäische Front«: Auf der Suche nach neuen Partnern

Nach dem Mord an von Braunmühl ist fast zwei Jahre lang nichts von der RAF-Kommandoebene zu hören. Auch die Militanten halten still – in den Jahren 1987 und 1988 verüben sie keine Anschläge.

In dieser Zeit kümmern sich RAF und ihr Umfeld verstärkt um Bündnispartner im Ausland. Ein schwerer Schlag trifft sie durch das Aus für die Action Directe: Französische Gendarmerie verhaftet am 21. Februar 1987 die vier AD-Köpfe auf einem Bauernhof in Vitry-aux-Loges bei Orléans; Jean-Marc Rouillan, Nathalie Ménigon, Joelle Aubron und Georges Cipriani. Damit ist auch die Achse RAF/AD zerstört – ein Grundpfeiler der »westeuropäischen Front« nach Vorstellung der RAF. In dem AD-Bauernhaus im Loire-Tal stoßen dic Fahnder auf Schriftstücke, die die Zusammenarbeit der beiden Terrorgruppen belegen, sowie auf drei Schußwaffen, die aus dem Raubüberfall der RAF auf das Waffengeschäft in Maxdorf im November 1984 stammen – zwei Smith & Wesson-Revolver und eine SIG-Sauer-Pistole. Ferner entdecken die Fahnder Sprengstoff, der 1984 aus einem Steinbruch im belgischen Eccaussines gestohlen wurde. Einen Teil der Beute hatte die RAF bei ihrem Oberammergau-Anschlag verwendet.

Nach dem Ausfall der Franzosen intensiviert die RAF ihre Gespräche mit der »Brigate Rosse – P. C. C.«. Diese drei Buchstaben stehen für: »per la Costruzione del Partito Comunisti combattenti«. Zu deutsch: »Rote Brigaden – für den Aufbau der Kämpfenden Kommunistischen Partei«. Dieser Zusatz zu den Namen Brigate Rosse ist Folge einer Spaltung der Roten Brigaden im September 1984 in zwei Flügel: zum einen in die mehr »proletarisch, klassenkämpferisch« agierende »Vereinigung kämpfender Kommunisten« (U. C. C.); zum anderen in den »internationalistisch« und »antiimperialistisch« gesinnten Flügel, eben die »Roten Brigaden – Für den Aufbau der Kämpfenden Kommunistischen Partei« (B. R. – P. C. C.). Diese B. R. – P. C. C. mit ihrem »internationalistischen« und »antiimperialistischen« Kurs kommt den Vorstellungen der RAF näher, so daß zwischen diesen beiden Gruppen der Kontakt ausgebaut wird.

Wenige Tage vor der Verhaftung der AD-Köpfe in Vitry-aux-Loges hatten die Italiener die »kämpfende Praxis« von Rote Armee Fraktion und Action Directe als eine politische Grundlage für die angestrebte »antiimperialistische Front in Westeuropa« gerühmt; und zwar in einer Kommandoerklärung nach einem Geldtransportüberfall am 17. Februar 1987 in Rom.

Im Zeichen dieser deutsch-italienischen Terror-Zusammenarbeit erfolgt der nächste Anschlag in der Bundesrepublik – knapp zwei Jahre nach der Ermordung von Braunmühls im September 1988. Das Opfer ist Hans Tietmeyer, Staatssekretär im Bonner Wirtschaftsministerium, der »wichtigste und erfahrenste wirtschaftspolitische Berater« Stoltenbergs, wie die *Frankfurter Allgemeine Zeitung* kurz nach seinem Amtsantritt im November 1982 schrieb.

Wie an jedem Morgen, so holt auch am 20. September 1988 ein ungepanzerter Mercedes des Bonner Wirtschaftsministeriums Tietmeyer zu Hause ab. Keine hundert Meter von seinem Haus entfernt, passiert der Wagen gegen 8.35 Uhr ein Waldstück. Von dort aus feuern zwei Täter auf das Fahrzeug. Tietmeyers Chauffeur Kurt Neudeck gibt Gas – mit einem zerschossenen Vorderreifen rollt er zur nächsten Polizeiwache.

Als der erste Streifenwagen eintrifft, sind die Täter über alle Berge. Ihre Waffe haben sie zurückgelassen: Eine »Vorderschaftrepetierflinte« »Ithaca 37 military and police« – auch diese Waffe stammt aus dem Überfall auf das Waffengeschäft in Maxdorf 1984. Außerdem finden die Polizisten ein mit 30 Patronen gefülltes Magazin für eine Maschinenpistole. Das Fluchtfahrzeug, einen Ford-Fiesta, entdecken die Beamten in Bonn-Ippendorf.

Bei den Terroristen kam es offensichtlich zu einer Panne: »wir haben das ziel des angriffs, tietmeyer zu erschiessen, nicht erreicht, weil die maschinenpistole, mit der zuerst gezielt der fahrer ausgeschaltet werden sollte, um den wagen zum stehen zu bringen, sich verklemmt hat«, erklärt die RAF in einem Selbstbezichtigungsschreiben einige Tage später. Das ist das unzweideutige Geständnis eines Mordversuchs – nur die Täter fehlen.

Ein Novum in der Geschichte der RAF: die Terroristen erklären nach einem Anschlag, warum er nicht geklappt hat. Der Grund dafür könnte sein, daß die Polizei nach ihren ersten Ermittlungen von einer »dilettantischen Ausführung« und »absoluten Laien« gesprochen hatte. Dies wollte möglicherweise die RAF-»Avantgarde« nicht auf sich sitzen lassen – vor allem auch in Hinblick auf ihr Umfeld.

In einem gesondert verschickten Selbstbezichtigungsschreiben nennen sich die Täter »Kommando Khaled Aker«. Das ist der Kampfname des PFLP-Mitglieds Abu Rani. Rani war im November des Vorjahrs mit einem Hängegleiter zu einem Anschlag nach Israel eingeschwebt und dabei von israelischen Sicherheitskräften erschossen worden. Er gehörte der palästinensischen Terrororganisation »Volksfront für die Befreiung Palästinas – Generalkommando (PFLP-GC)« an. Die Wahl dieses Namens werten die Fachleute als ein Zeichen an palästinensische Terroristen, mit denen die RAF eine Zusammenarbeit anstrebe.

In dem Selbstbezichtigungsschreiben erklärt die Rote Armee Fraktion zur Begründung des versuchten Mordes: »tietmeyer ist stratege und einer der hauptakteure im internationalen krisenmanagement, der auf nationaler, europäischer und internationaler ebene die ökonomische krise des imperialistischen systems beherrschbar machen und den zusammenbruch des wirtschafts- und finanzsystems verhindern will.« Tietmeyer habe »zentrale funktionen in der formulierung, koordinierung und durchsetzung imperialistischer wirtschaftspolitik – es gab in den letzten jahren keine wichtigen wirtschafts- oder währungspolitischen entscheidungen, an denen er nicht maßgeblich beteiligt war«. Als Delegierter beim Internationalen Währungsfonds (IWF) und Weltbank habe er die »imperialistische politik der vernichtung« gegen die Völker in den »abhängigen ländern im süden« entwickelt und forciert – »eine politik, die für die mehrheit der menschen tod und elend bedeutet, um dem internationalen kapital profit und macht zu sichern«. Die Tagung von IWF und Weltbank ist in diesen Tagen das beherrschende Thema in der Bundesrepublik: Das Treffen beginnt eine Woche nach dem Anschlag.

Die Argumentation in der Tietmeyer-Erklärung ist ähnlich wie in den RAF-Selbstbezichtigungsschreiben zu den Morden an von Braunmühl und Beckurts: die RAF legt zunächst dar, wieso sie meint, daß ihr Opfer eine »zentrale Funktion« im imperialistischen System besitze. Davon ausgehend schlägt die Rote Armee Fraktion den Bogen zur Weltlage aus ihrer Sicht – zum westeuropäischen Zentrum, das als »abschnitt in der internationalen front besondere bedeutung wegen der zentralität westeuropas« habe. Dies alles beruht nach wie vor im wesentlichen auf den Grundgedanken in dem mittlerweile sechs Jahre alten Mai-Papier.

Das Tietmeyer-Attentat ist der zweite Anschlag hintereinander gegen eine Person »in der zweiten Reihe« aus dem »politisch-staatlichen« Bereich – im selben Ort: der Bundeshauptstadt Bonn.

Dem Selbstbezichtigungsschreiben ist ein gemeinsames Kommuniqué von RAF und Brigate Rosse P. C. C. beigefügt – auf deutsch und italienisch: »DIE EINHEIT DER KÄMPFENDEN REVOLUTIONÄREN KRAEFTE IM ANGRIFF AUFBAUEN: DIE FRONT ORGANISIEREN. ZUSAMMEN KÄMPFEN«, proklamieren die Terror-Organisationen. In der Erklärung gehen die beiden Gruppen von der Überlegung aus, daß das imperialistische System nur wirksam bekämpft werden kann, wenn die in Westeuropa kämpfenden Gruppen ihre ideologischen Positionen zurückstellen. Die Krise des imperialistischen Systems habe sich weiter verschärft, so daß die Bedeutung Westeuropas im imperialistischen Krisenmanagement steige, und zwar auf vier Ebenen: der »ökonomischen«, der »militärischen«, der »konterrevolutionären« (»aufrüstung und integration der polizei- und geheimdienstapparate gegen die entwicklung der revolutionären front«), und der »politisch-diplomatischen«. Vor diesem Hintergrund kündigen die beiden Gruppen eine »gemeinsame offensive« an, unter anderem gegen »die formierung der westeuropäischen wirtschafts- und geldpolitiken« und gegen die »politiken der westeuropäischen formierung«.

Die RAF versucht nun also einen ähnlichen Schulterschluß wie drei Jahre zuvor, 1985, mit der Action Directe. Bereits zwei Wochen vor dem Tietmeyer-Anschlag hatte die Polizei in Rom Dokumente mit einem gemeinsamen Briefkopf von RAF und Brigate Rosse gefunden, als sie Unterschlüpfe der italienischen Terroristen aushob.

Zu der angekündigten gemeinsamen Offensive von RAF und Brigate Rosse ist es bislang nicht gekommen. Grund dafür dürfte sein, daß die Polizei 33 Mitglieder der Brigate Rosse bald nach der Veröffentlichung des RAF/BR-Kommuniqués verhaftete. Was folgte, waren mehrere Erklärungen von BR-Terroristen zur Zusammenarbeit mit der RAF – freilich: im Gerichtssaal. Beispielsweise nach dem Mord an Herrhausen.

Auch mit anderen ausländischen Terrorgruppen knüpfen die RAF und ihr Umfeld im Laufe der Zeit Kontakte, im wesentlichen reichen sie jedoch nicht über Gespräche hinaus. Den Deutschen geht es dabei in erster Linie darum, die Weichen für die angestrebte »westeuropäische Front« zu stellen. So stoßen die Sicherheitsbehörden im Laufe der Zeit auf Verbindungen der RAF zu den belgischen »Cellules Communistes Combattantes (C. C. C.)«, den »Kämpfenden Kommunistischen Zellen«, zur »Bewegung 17. November« in Griechenland und zur GRAPO in Spanien, den »Grupos de Resistencia Antifascita Primero de Octubre«, den »Gruppen des antifaschistischen Widerstandes 1. Oktober«.

Die GRAPO steht der RAF ausgesprochen skeptisch gegenüber: ihr erscheinen die deutschen Terroristen als zu undogmatisch. Unter anderem kritisieren die Spanier, wie sie in der in den Niederlanden herausgegebenen Terroristen-Postille »De Knipselkrant« (Nummer 9/1987) 1987 erklären, daß den Deutschen »fester leninistischer Geist« fehle, daß sie kein kommunistisches Programm besäßen und auch nicht über die Fähigkeit verfügten, eine Partei aufzubauen.

Zusammenfassend läßt sich zu den »Internationalisierungsbestrebungen« in den Jahren 1984 bis 1988 sagen, daß die RAF und ihr Umfeld mit großem Elan versuchten, Kontakte zu ausländischen Terror gruppen auf- und auszubauen. Nur mit zwei Gruppen gelang es ihnen, eine Zusammenarbeit im Rahmen der angestrebten »westeuropäische Front« zu vereinbaren: Die eine, die Action Directe, fiel nach der Verhaftung der führenden Köpfe 1987 aus, bei der zweiten, den Roten Brigaden, folgten den Worten offensichtlich keine Taten. Bislang jedenfalls konnten die Sicherheitsbehörden keine entsprechenden Aktivitäten feststellen.

Der zehnte Hungerstreik

»wir sind seit heute im hungerstreik. jetzt lassen wir nicht mehr los, die zusammenlegung muss jetzt erreicht werden.« So beginnt der Hungerstreikaufruf, den Helmut Pohl am 1. Februar 1989 »für die gefangenen aus der raf« abgibt – es ist der Auftakt zum zehnten Hungerstreik, der insgesamt vierzehn Wochen dauert. Vom 1. Februar bis zum 12. Mai 1989.

»neun hungerstreiks haben wir gemacht, zwei gefangene sind darin gestorben, viele von uns haben gesundheitsschäden. jetzt muß schluss sein mit dieser achtzehn jahre langen tortur. das ist unser definitiver entschluss, so werden wir kämpfen.« Seit dem Jahr 1973 hatten die RAF-Häftlinge, zeitweise unter Beteiligung ähnlich gesonnener Häftlinge, immer wieder zum Mittel des kollektiven Hungerstreiks gegriffen. Ihr Ziel: den Staat zu erpressen. In erster Linie geht es ihnen um eine Zusammenlegung der Häftlinge der RAF und des Widerstands.* 1974 kam Holger Meins bei einem Hungerstreik ums Leben, 1981 Sigurd Debus. Nach Auffassung der RAF verteidigen die Mitglieder bei einem Hungerstreik, wie es Pohl formuliert, ihre »identität in kampf« und machen sich »die kollektivität in der vereinzelung immer wieder lebendig«.

Die Forderung nach Zusammenlegung ist für die RAF-Häftlinge allerdings nicht mehr als nur ein Zwischenziel, wie Pohl betont, letztlich geht es ihnen um ihre Freilassung: »die zusammenlegung ist für uns das erste. dann wollen wir in die diskussion. zur gesamten situation – und für unsere freiheit. darauf spitzt es sich für uns praktisch zu. denn freiheit ist natürlich unser ziel. wir wollen ja nicht ein stück politischer organisation im gefängnis etablieren, eine gegenstruktur als gefangene ist wirklich nicht unser höchstes glück.«

Die RAF-Häftlinge fordern, daß alle »gefangenen aus guerilla und widerstand« in ein oder zwei große Gruppen zusammengelegt werden. Außerdem verlangen sie, daß die Gefangenen freigelassen werden, »deren wiederherstellung ... unter gefängnisbedingungen ausgeschlossen ist«. Vier Namen nennt Pohl in diesem Zusammenhang: Günter Sonnenberg, Claudia Wannersdorfer, Bernd Rößner und Angelika Goder. Schließlich bestehen die Häftlinge auf »freie politische

---

* Zu den ersten Hungerstreiks siehe oben Seite 157ff., ferner Seite 282.

information und kommunikation der gefangenen mit allen gesellschaftlichen gruppen«.

In der Hungerstreikerklärung spricht Helmut Pohl von einem »langgezogenen kampf«. Die RAF wendet zum ersten Mal die sogenannte Staffelmethode an – nach dem Vorbild der IRA, der Irisch-Republikanischen-Armee.* Zunächst treten 44 Häftlinge aus RAF und ihrem Umfeld für vierzehn Tage in den Hungerstreik. Anschließend essen schlagartig alle wieder – bis auf zwei, die plangemäß weiterhungern: Karl-Heinz Dellwo in der Justizvollzugsanstalt (JVA) Celle und Christa Eckes in der JVA Köln. Im Abstand von zwei Wochen nehmen von nun an jeweils zwei weitere Häftlinge wieder den Hungerstreik auf.

Diese Staffel bietet aus Sicht der RAF drei Vorteile: Zum einen befinden sich nun nicht mehr alle Häftlinge zur selben Zeit im medizinisch kritischen Zustand, also gerade in der Phase, in der es erfahrungsgemäß zu den entscheidenden Verhandlungen kommt – angesichts des drohenden Todes. So können die Häftlinge die Verhandlungen führen, die noch nicht völlig geschwächt sind. Zum zweiten gibt es bei konsequenter Aufrechterhaltung einer solchen Kette über viele Wochen und Monate einen Toten nach dem anderen – dem Staat kann also immer wieder aufs neue die Schuld zugeschoben werden. Und drittens entsteht durch ein solches Vorgehen ein starker Druck auf das einzelne Gruppenmitglied – der Nachrücker handelt nicht zuletzt auch aus Solidarität zu denen, die vor ihm begonnen haben.

Nach eigenem Verständnis sind die RAF-Häftlinge nun nicht mehr die RAF, unter der sie ja nur die Guerilla-Ebene verstehen, sondern die Gruppe »Gefangene aus der RAF«, wie sie sich auch selbst bezeichnen. Für die Sicherheitsbehörden hingegen sind die Häftlinge, solange sie sich zu den politischen Zielen der Gruppe bekennen, eine von vier Ebenen des Gebildes RAF.**

Das stärkste Mittel des Widerstandes ist für die Häftlinge der Hungerstreik. Sie setzen ihre Körper als Waffe ein. Dies zieht »Solidaritätsaktionen« des Umfelds nach sich, getreu der Devise: Wenn die Häftlinge ihr Leben einsetzen, müssen wir »draußen« auch etwas tun.

---

* 1981 waren durch dieses Vorgehen zehn IRA-Mitglieder in den Gefängnissen gestorben; in Großbritanien gibt es keine Zwangsernährung.

** Siehe dazu oben Seite 352ff.

Auf diese Weise wird der Druck auf die politisch Verantwortlichen verstärkt – das war bei keinem der vorangegangenen neun Hungerstreiks anders und ist ein ganz entscheidendes Moment für die Wirkung des Hungerstreiks.

So registriert das Bundeskriminalamt im Verlauf der vierzehn Wochen dieses zehnten Hungerstreiks 625 Farbschmierereien, 317 Veranstaltungen, 23 Brandanschläge, 41 mit Schnellkleber verklebte Schlösser, 13 Sachbeschädigungen durch Verschütten von Buttersäure und 25 Besetzungen von Parteibüros, Kirchen und Amtsgebäuden: In Frankfurt, Karlsruhe und Nürnberg okkupieren beispielsweise RAF-Anhänger die Büros der Grünen, in Berlin das der Alternativen Liste, in Mainz die Christuskirche, in Lübeck die Marienkirche, in Duisburg die St.-Michaelis-Kirche und in Hamburg die CDU-Geschäftsstelle. In Berlin stürmen Hungerstreik-Unterstützer die Redaktionsräume der *taz* und fordern, daß ihnen pro Tag eine Zeitungsseite überlassen wird, auf der sie aus ihrer Sicht über den Verlauf des Hungerstreiks berichten können. Die *taz*-Belegschaft lehnt ab. In 26 Städten errichten die RAF-Sympathisanten »Hungerstreikbüros«, in den Büros der Grünen beispielsweise in Tübingen, Frankfurt, Gießen, Karlsruhe und im GAL-Büro in Hamburg. Über die Entwicklung berichtet das Umfeld in »Infos«, von Nummer 1 am 16. Februar bis zu Nummer 15 am 25. Mai. Für die Forderungen der Häftlinge gehen in Hamburg 5000 Menschen auf die Straße, in Berlin 3500, in Bremen 1000 und in Bonn 7000.

Die Gewaltaktionen während dieses Hungerstreiks beurteilt das Bundesamt für Verfassungsschutz zu früheren Hungerstreiks »in der Zahl wie auch in der Schwere« als »auf einem eher niedrigen Niveau«. Der Grund, wie die Sicherheitsexperten vermuten: Den Angehörigen des RAF-Umfeldes ist klar, daß sie mit massiven Anschlägen dem Vorhaben der Häftlinge in den Rücken fallen würden, die diesmal ihre Forderungen »politisch« durchsetzen wollen.

Und tatsächlich entwickelt sich in der Bundesrepublik eine entsprechende Diskussion über die Haftbedingungen der RAF-Häftlinge während dieses Hungerstreiks – unter Beteiligung von Mitgliedern aller im Bundestag vertretenen Parteien. Im Kern geht es dabei um zwei Fragen. Erstens: existiert – wie von den Häftlingen behauptet – so etwas wie Isolation der RAF-Gefangenen oder gar »folter durch isolation« in bundesdeutschen Gefängnissen? Und zweitens: Sollte der

7000 Menschen demonstrierten am 29. Mai 1989 in Bonn
für die Forderungen der RAF-Häftlinge

Staat der Forderung der Häftlinge nach Zusammenlegung nachgeben?

»Isolationshaft oder sogar -folter und unmenschliche Haftbedingungen gibt es in der Bundesrepublik nicht«, erklärt kategorisch Generalbundesanwalt Kurt Rebmann. »Alle Inhaftierten werden vielmehr nach den gesetzlichen Vorschriften behandelt.«

Die Haftbedingungen der einzelnen RAF-Mitglieder sind nicht einheitlich; Strafvollzug ist Ländersache. So sind beispielsweise in der niedersächsischen JVA Celle Dellwo, Folkerts und Taufer zusammen untergebracht, die auch einen Teil der Zeit gemeinsam verbringen können; bei den in Bayern einsitzenden Häftlingen Mohnhaupt, Wannersdorfer, Rößner und Heißler wird jeder Kontakt bewußt unterbunden. Mohnhaupt befand sich – so behaupten ihre Anwälte – über sechs Jahre isoliert in einer Zelle. Angesichts dieser unterschiedlichen Situation legt Generalbundesanwalt Rebmann eine Dokumentation vor, in der er die Haftbedingungen von 25 Häftlingen im einzelnen auflistet. Über die Haft von Karl-Heinz Dellwo, einem der beiden »Vorreiter« dieser »Hungerstreik-Staffel«, in der JVA Celle heißt es zum Beispiel in der Dokumentation des Generalbundesanwalts:

»1. Dellwo verfügt in seinem Haftraum u. a. über ein Radiogerät, einen Schallplattenspieler, zahlreiche Bücher und eine Schreibmaschine. Er bezieht neun Zeitungen und Zeitschriften. Ein Austausch mit den von Knut Folkerts und Lutz Taufer bezogenen Zeitungen und Zeitschriften ist gestattet. Dellwo hat täglich Bade- und Duschmöglichkeiten. Es ist ihm gestattet, eigene Kleidung zu tragen.

2. Dellwo hat täglich vier Stunden 45 Minuten, an Wochenenden und Feiertagen täglich sieben Stunden Aufschluß* mit Knut Folkerts und Lutz Taufer. Während der Aufschlußzeiten kann er Folkerts und Taufer in ihren Hafträumen besuchen oder einen gemeinsamen Freizeitraum benutzen. Dieser Raum ist u. a. mit Fernsehapparat, Kühlschrank, Kochherd, Gymnastikmatte sowie über ca. 200 Büchern ausgestattet. Außerdem kann Dellwo die Anstaltsbibliothek benutzen. Eine Tischtennisplatte steht ebenfalls zur Verfügung.

* Aufschluß: die Zellentüren werden geöffnet, so daß die Häftlinge sich gegenseitig besuchen können.

Dellwo hat täglich eine Stunde Hofgang zusammen mit Folkerts und Taufer und eine weitere mit diesen beiden und anderen Gefangenen.

3. Dellwo hatte im Jahr 1988 folgende Außenkontakte: 94 Besuche, davon zehn Verteidigerbesuche. Er erhielt 307 und verschickte 332 Briefe.
4. Dellwo lehnt das Angebot, mit anderen Häftlingen zusammenzukommen, ab.«

Weniger Möglichkeiten zu Kontakten mit anderen Gefangenen besitzt beispielsweise Christian Klar in Stuttgart-Stammheim, mit anderen RAF-Häftlingen kann er überhaupt nicht zusammenkommen. Über die Haftbedingungen von Christian Klar ist in der Dokumentation der Bundesanwaltschaft zu lesen:

»1. Klar verfügt in seinem Haftraum über ein Radiogerät, einen Kassettenrecorder, eine Schreibmaschine und zahlreiche Bücher. Er bezieht sieben Zeitungen und Zeitschriften.
2. Der Gefangene hat täglich Hofgang mit anderen Gefangenen. Umschluß* mit anderen Gefangenen findet nicht statt.
3. Klar hatte im Jahr 1988 folgende Außenkontakte: 79 Besuche, davon 53 von Verteidigern. Er erhielt 695 Briefe und verschickte 359.
4. Das Angebot, mit anderen Gefangenen zusammenzukommen, z. B. bei Gemeinschaftsveranstaltungen wie Sport, Fernsehen, Gesprächsgruppen, Gottesdienst, lehnt der Gefangene ab. An der Arbeit nimmt der Gefangene ebenfalls nicht teil. Möglichkeiten zur Fortbildung werden von ihm nicht wahrgenommen.«

Und über die Haftbedingungen der Stockholm Attentäterin Hanna Krabbe in der Lübecker Anstalt Lauerhof heißt es in dem Papier des Generalbundesanwalts:

»1. Frau Krabbe verfügt in ihrem Haftraum u. a. über ein Radiogerät und einen Plattenspieler. Sie bezieht fünf Zeitungen und Zeitschriften.
2. Frau Krabbe hat bei tagsüber geöffneter Tür ihres Haftraumes und jederzeitigem Hofgang im eigenen Hof uneingeschränkte Kon-

---

* Umschluß bedeutet, daß mehrere Gefangene, die in verschiedenen Zellen untergebracht sind, für eine Weile in eine Zelle geschlossen werden, damit sie ihre Freizeit gemeinsam miteinander verbringen können.

taktmöglichkeiten mit Christine Kuby und Irmgard Möller. Innerhalb dieser Gruppe kann sie am Gemeinschaftsfernsehen teilnehmen. Ferner besteht das Angebot, täglich am einstündigen Hofgang mit etwa 40 bis 60 anderen Frauen aus dem Normalvollzug teilzunehmen, von dem sie unregelmäßig Gebrauch macht.

3. Frau Krabbe hatte im Jahr 1988 folgende Außenkontakte: 23 Besuche, davon acht von Verteidigern. Sie erhielt 264 und verschickte 171 Briefe.«

Völlig in Ordnung findet die Bayerische Justizministerin Mathilde Berghofer-Weichner (CSU) die Unterbringung der RAF-Häftlinge. »In Bayern werden diese Gefangenen behandelt wie alle anderen auch«, erklärt sie in einem *Spiegel*-Streitgespräch mit Jutta Limbach (SPD), damals gerade seit wenigen Wochen Justizsenatorin im rot-grünen Senat von Berlin. Die Haftbedingungen der beiden in Berlin am Hungerstreik beteiligten Häftlinge, Gabriele Rollnik und Angelika Goder, findet Jutta Limbach »ganz kommod« – »materiell betrachtet«. Das Studentenzimmer ihrer Tochter, erklärt sie, sei »nicht besser eingerichtet als die Zelle der beiden Frauen«. Diese Häftlinge lebten privilegiert, »das räume ich ein. Aber stellen Sie sich einmal vor«, gibt die Justizsenatorin zu bedenken, »Sie wären mit einem Menschen über Jahre hinweg dort allein. Sie könnten sich gar nicht, was ja wünschenswert wäre, mit dem über die Ziele auseinandersetzen, die Sie einmal hatten und in denen Sie immer wieder durch die Art und Weise der Behandlung bestärkt werden.« Von mehreren Grünen hingegen wird die Unterbringung der Häftlinge in Bausch und Bogen kritisiert. So spricht zum Beispiel die Stuttgarter Fraktionsgeschäftsführerin Birgitt Bender von »unmenschlichen Haftbedingungen«.

Was die Beurteilung der Dinge so schwer macht, ist der Umstand, daß außer den Häftlingen niemand aus eigener Erfahrung weiß, wie solche Haftbedingungen auf einen Menschen über Jahre wirken.

Tatsache jedenfalls ist, daß im Gefängnisalltag der RAF-Insassen einiges anders ist als bei den übrigen Häftlingen: Die meisten RAF-Häftlinge lehnen es ab, sich in das normale Geschehen in der Strafanstalt einzugliedern, beispielsweise bei Sport-, Bastel- und Gesprächsrunden. Einige verweigern dies mit der Begründung, sie befürchteten, von anderen Häftlingen ausgehorcht zu werden. Andere erklären, sie wollten sich nach derartigen Kontakten nicht – wie in einigen Fällen verlangt – aus- und umziehen. Sie bezeichnen diese aus »Sicherheitsgründen« angeordnete Maßnahme despektierlich als »Nacktkontrollen« und »Striptease« – derartige Auflagen bestehen für die anderen Häftlinge nicht. Auch das Angebot, wie die anderen Häftlinge zu arbeiten, lehnen die RAF- und »Widerstands«-Häftlinge ab. »Wir versuchen, die Herrschaftsstrukturen anzugreifen«, läßt Luitgard Hornstein dem *Spiegel* als Begründung ausrichten, »dann unterstützen wir doch nicht den Sanktionsapparat Knast, indem wir darin noch arbeiten.« »Arrogant« findet Niedersachsens Justizminister Remmers dieses Abkapseln.

Tatsache ist ebenso, daß die RAF-Häftlinge bei Besuchen regelmäßig strenger überwacht werden als »normale« Häftlinge – Konsequenz für die Vollzugsanstalten aus den bitteren Erfahrungen der Vergangenheit à la Stammheim. Gespräche zwischen Häftlingen und Besuchern sind oft nur durch eine sogenannte Trennscheibe möglich. Bei Bekannten und Verwandten werden die Gespräche protokolliert, bestimmte Themen dürfen nicht zur Sprache kommen.

Neben der unterschiedlichen Beurteilung des Ist-Zustandes geht es bei der politischen Kontroverse auch um die Frage, wie der Staat auf die Forderung der Häftlinge nach Zusammenlegung reagieren soll. Walter Momper (SPD), Regierender Bürgermeister von Berlin, spricht sich dafür aus, die Häftlinge in größere Gruppen zusammenzulegen. Es müsse, so erklärt er, aus der Spirale von Gewalt und Gegengewalt ausgestiegen werden. Niedersachsens Ministerpräsident Ernst Albrecht meint hingegen, der Staat dürfe sich nicht erpressen lassen.

Unterstützung erhält die RAF bei dieser Diskussion über die geforderte Zusammenlegung von einer Seite, von der sie damit wohl am allerwenigsten gerechnet hätte: Das Bundesamt für Verfassungsschutz (BfV) spricht sich in einem Geheimpapier – unterzeichnet von BfV-Präsident Boeden – dafür aus, »auf die Hungerstreikforderungen in begrenztem Umfang, nämlich durch das Anbieten von Teilzugeständnissen, einzugehen«. Die Haftbedingungen seien, so erklären die Verfassungsschützer unter Hinweis auf ihre Information, »der zentrale Punkt zur Lösung des Terrorismusproblems in der Bundesrepublik«. Durch geschickte Argumentation, dem Reden von »unmenschlichen Haftbedingungen« und »Isolationsfolter« sei es der RAF in den vergangenen Jahren immer wieder gelungen, junge Menschen für ihre politischen Ziele zu gewinnen.

Angesichts dessen schlagen die Verfassungsschützer eine »Zusammenlegung der Häftlinge in kleinere, nach sozialpsychologischen Kriterien zusammengestellte Gruppen« vor. Dazu enthält das Papier »Überlegungen«, die nach Meinung der Verfassungsschützer für eine Entscheidung »hilfreich« sein könnten: »Untersuchungshäftlinge kommen für eine Zusammenlegung nicht in Frage. Die Zahl der Strafhäftlinge aus der RAF oder dem Kreis ihrer Anhänger, die sich am HS [Hungerstreik, d. Vf.] beteiligt haben, beträgt 27. In der Vergangenheit hat es schon Kleingruppen von vier und fünf Häftlingen gegeben. Die Bildung von vier Gruppen mit im Schnitt etwa sieben Inhaftierten wäre einerseits aus der Sicht der RAF ein Fortschritt gegenüber früheren Kleingruppen, würde aber im Vergleich zu diesen kaum höhere Sicherheitsprobleme bringen.

Es ist zu bezweifeln, daß die hungerstreikenden Häftlinge für den Unterschied zwischen den von ihnen geforderten zwei Großgruppen und vier etwas kleineren Gruppen bereit sind, sich zu Tode zu hungern. Ihnen müßte dann klar sein, daß dies von den meisten Personen, auf deren Solidarität sie bauen, nicht verstanden würde. Der Staat würde dagegen mit einem derartigen Angebot der RAF den Wind aus den Segeln nehmen, ohne selbst, da er die Maximalforderung nicht akzeptiert hat, sein Gesicht zu verlieren.«

Langfristig regt der Verfassungsschutz an »zu prüfen, inwieweit durch eine schrittweise Integration der inhaftierten Terroristen in den Normalvollzug der RAF weiterer Boden für ihre Agitation gegen die Haftbedingungen entzogen werden könnte. Dadurch würden diese Häftlinge subjektiv wie objektiv den besonderen Status, den sie durch ihre Haftbedingungen erhalten haben, und ihre Symbolkraft für das Umfeld der RAF verlieren. Der Zusammenschluß mit ›normalen‹ Häftlingen könnte ihnen auch bei der Rückgewinnung realistischer Lebensperspektiven behilflich sein.«

Durch gezielte Öffentlichkeitsarbeit solle klargestellt werden, daß »Teilzugeständnisse nicht ein Nachgeben gegenüber berechtigten Forderungen, sondern eine großzügige Geste der Bundesrepublik verbunden mit der Aufforderung an die Hungerstreikenden darstellen, auch ihrerseits ihre feindliche Handlung gegenüber dem Staat zu überdenken. Dabei könnte mit aller Deutlichkeit herausgestellt werden, daß der Vorwurf der Isolationsfolter einer realistischen Grundlage entbehrt und daß die von denen anderer Gefangener abweichenden besonderen Haftbedingungen durch das Verhalten der RAF-Häftlinge – und dies schon seit Anfang der siebziger Jahre – ausgelöst worden sind.« Bei einem derartigen Vorgehen müsse sich »verdeutlichen lassen, daß jedes Teilzugeständnis als politische Entscheidung und als Signal im Sinne einer schrittweisen und langfristig anzugehenden Lösung des Terrorismusproblems insgesamt zu sehen ist.«

Die SPD-Länder knüpfen an diesem Vorschlag an. Klaus Kinkel, damals Staatssekretär im Bundesjustizministerium und der FDP nahestehend, heute Bundesjustizminister und FDP-Mitglied, machte sich für fünf Gruppen von jeweils fünf Häftlingen stark, verhandelte mit Brigitte Mohnhaupt und Helmut Pohl in den Gefängnissen darüber. Doch die CDU-regierten Bundesländer Bayern, Baden-Württemberg, Hessen und Niedersachsen lehnen diesen Plan ab.

Nach 72 Tagen Hungerstreik fangen Dellwo und Eckes auf einmal wieder an zu essen – »um die Zuspitzung für eine Zeit wegzunehmen«, wie die beiden in einer gemeinsamen Erklärung mit Mohnhaupt und Pohl »für die gefangenen aus der raf« erklären. Dabei handle es sich aber nur um eine Unterbrechung des Hungerstreiks, nicht um eine endgültige Aufgabe: »Die Zeit ist nicht lang. Und wir machen es, um damit noch einmal klar zu sagen, was wir wollen.«

Knapp zwei Wochen später werden die Gespräche zwischen Kinkel und den Inhaftierten abgebrochen, da es Bayern und Baden-Württemberg nach wie vor ablehnen, die in ihren Haftanstalten untergebrachten RAF-Insassen in SPD-Länder zu verlegen. Damit ist der vom Verfassungsschutz angestoßene Plan der »kleineren Gruppen« vom Tisch, für den Voraussetzung gewesen wäre, daß Konsens zwischen den Bundesländern besteht, in denen RAF-Mitglieder einsitzen. Einig sind sich hingegen die Häftlinge: Drei Tage nach dem Ende der Gespräche mit Kinkel brechen sie am 12. Mai ihren Hungerstreik ab – die SPD-Länder haben versprochen, an ihrem Angebot festzuhalten.

In den nächsten Wochen kommt es zu einer Reihe von Erleichterungen für die Häftlinge: Christa Eckes und Adelheid Schulz werden von Bielefeld nach Köln-Ossendorf zu Sieglinde Hofmann und Ingrid Jakobsmeier verlegt. Gabriele Rollnik aus Berlin kommt zu Irmgard Möller, Christine Kuby und Hanna Krabbe nach Lübeck. »Zusammenführung« nennen dies die Behörden – im Unterschied zu der von den Häftlingen geforderten »Zusammenlegung«. Häufiger als zuvor werden nun auch in den Gefängnissen Verwandtenbesuche ohne

Überwachung zugelassen, auf die Trennscheiben verzichtet und die Kontrollen der Häftlinge nach Besuchen reduziert. Auch brauchen sich die Stammheim-Häftlinge nun nicht mehr vor jedem Hofgang vollständig umzuziehen. Später wird Rolf Clemens Wagner aus Bielefeld zu Helmut Pohl nach Schwalmstadt verlegt, Christian Klar und Karl-Friedrich Grosser kommen in die Vollzugsanstalt Bruchsal zu Günter Sonnenberg.

Das Ergebnis ist für die Gefangenen der RAF bei nüchterner Betrachtung keine völlige Niederlage, sondern ein Teilsieg: einerseits haben sie nicht das erreicht, was sie sich vorgenommen hatten, nämlich die Zusammenlegung in ein oder zwei Gruppen. Andererseits erzielten sie nicht nur einige Verbesserungen, sondern ihnen gelang auch, wovon ganz gewöhnliche Häftlinge nur träumen: mit einem Staatssekretär aus dem Bundesjustizministerium verhandeln und durchsetzen zu können, daß sie mit Gesinnungsgenossen zusammen untergebracht werden.

Das RAF-Umfeld draußen ist über den plötzlichen Abbruch des Hungerstreiks irritiert. Helmut Pohl wendet sich in einem Brief an die Anhänger, den das »Angehörigen Info 27« am 10. November 1989 abdruckt: Nach dem, was er gehört habe, erklärt Pohl, empfänden viele die augenblickliche Situation als »offen«. Doch es sei »nichts mehr offen, es tut sich nichts, wir sind mit unserem projekt nicht weitergekommen«. Er zieht das Fazit: »wir müssen uns auf eine neue phase des kampfs orientieren.« Kampf bedeutete in der Terminologie der RAF auch Anschläge. »Das war ein sehr deutliches Signal an die RAF draußen«, wertet Gerhard Boeden, Präsident des Bundesamtes für Verfassungsschutz, das Pohl-Schreiben: »Ihr habt jetzt wieder freie Hand.«

Ein »neuer Abschnitt«

»Führung muß man auch wollen«, lautet das Credo des Mannes – und er will. In der zweiten Hälfte der achtziger Jahre wird er für viele der Manager Nummer 1 in der Bundesrepublik. »Er führt Deutschlands größte Bank, er kontrolliert den dominierenden Industrie-Komplex des Landes, und er zählt den Kanzler zu seinen Freunden: Wohl noch nie beherrschte einer die Wirtschaftsszene so souverän wie derzeit der

Alfred Herrhausen

Deutsche-Bank-Sprecher Alfred Herrhausen«, urteilt im März 1989 der *Spiegel* in seiner Titelgeschichte »Der Herr des Geldes«. Kein dreiviertel Jahr später ist dieser »Herr des Geldes« tot. Ermordet von der RAF.

Wie kein anderer verkörpert Herrhausen den Inbegriff von Macht in der Wirtschaft: Der Chef der größten deutschen Bank ist Vorgesetzter von 56000 Beschäftigten und steuert die Geschicke von 1600 Filialen, bei denen 6,2 Millionen Menschen und Firmen Konten besitzen. Als Aufsichtsratsvorsitzender kümmert er sich um die Großunternehmen Daimler-Benz, Continental Gummi-Werke, Philipp Holzmann und Deutsche Texaco. Ferner gehört er den Aufsichtsräten der Lufthansa, der Vereinigten Elektrizitätswerke Westfalen und der Münchner Rückversicherungs-Gesellschaft an. Unzählige Fäden laufen in seinem Büro zusammen. An ihnen zieht er mitunter kräftig, wenn es ihm notwendig erscheint. So sorgt er dafür, daß im Hause Daimler Benz der glücklose Werner Breitschwerdt den Sessel des Vorstandsvorsitzenden räumen muß. Herrhausen holt Edzard Reuter an die Spitze des Unternehmens.

Er duzt sich mit Kanzler Kohl und berät ihn bei zahlreichen Wirtschaftsfragen. Ebenso schätzt Michael Gorbatschow Herrhausens Rat. Er trägt packend, spritzig und überzeugend vor – wie kaum ein anderer. Nicht nur über Wirtschaftsfragen. Auch über allgemeine Dinge wie »fehlerhaftes Denken.« Im feinen zweireihigen Zwirn erscheint der hochgewachsene 59jährige als Bündel an geistiger und körperlicher Vitalität, eine markante Erscheinung. Acht europäische Wirtschaftsmagazine wählen ihn 1988 zum »Europäischen Manager des Jahres«. Kurzum: Alfred Herrhausen sticht aus dem Banker-Grau hervor.

Am Morgen des 30. November 1989 zerreißt diesen Mann eine Bombe – in Bad Homburg, vier Minuten nach halb neun. Einen Augenblick zuvor war er in seinen gepanzerten Mercedes 500 gestiegen, vor seinem Haus im Ellerhöhweg 18, 500 Meter vom Tatort entfernt. Vor seiner anthrazitgrauen Limousine fährt ein Wagen mit zwei Leibwächtern der Deutschen Bank. Ein weiterer Personenschutz-Wagen folgt seinem Mercedes, ebenfalls mit zwei Männern besetzt. Herrhausen gilt als besonders gefährdet. »Er stand als Nummer eins auf unserer Liste«, berichtet ein Terrorismusexperte im Bundeskriminalamt. Zeitweise war seine Fahrtstrecke von BKA-Kräften überwacht worden, unter anderem während des IWF-Kongresses 1988 in Berlin. Die Deutsche Bank stellte ihm Bodyguards. Später, als man meint, er sei nicht mehr so gefährdet, zog sich das BKA zurück. Ein Jahr ist seither vergangen.

Als der Konvoi an diesem Morgen durch den schmalen Seedammweg in Bad Homburg fährt, gibt es in dem Augenblick, in dem Herrhausens Mercedes an der Einfahrt zum Parkplatz des Freizeitbades »Taunustherme« vorbeikommt, einen ohrenbetäubenden Knall: durch eine Lichtschranke gezündet, explodieren sieben Kilogramm Sprengstoff. Die Täter hatten ihn in einer weißen Plastik-Sporttasche auf einem silberfarbenen Jugendfahrrad »Globus 2000«, deponiert, das an einem Begrenzungspfahl der Straße lehnt.

Durch die Wucht der Detonation wird die hintere Tür auf der rechten Seite des Mercedes aufgesprengt, hinter der Herrhausen sitzt. Vierzig Meter weiter kommt das Fahrzeug zum Stehen. Herrhausens Leibwächter springen mit gezogenen Waffen und Feuerlöschern aus ihren Fahrzeugen.

»Erste Hilfe gab es nicht mehr, Alfred Herrhausen war sofort tot«, berichtet ein Arzt, der mit als erster zu dem zerstörten Wagen kommt. Herrhausens Fahrer Jacob Nix lebt – ein Explosionstrauma, Augenverletzungen, Gehörschwäche, Metalleinsprengungen im Gesicht, an der Schulter und im Brustbereich sind die Folgen des Anschlags.

Am Tatort entdecken die BKA-Beamten einen teuflischen Hightech-Mechanismus: Zwischen zwei Begrenzungspfosten links und rechts der Straße hatten die Täter eine Infrarot-Lichtschranke montiert – aus der Fahrtrichtung rechts die Lichtquelle und links den Reflektor mit einer Schelle an dem Pfahl festgeschraubt.

Ganze 130 Mark kostet diese Lichtschranke vom Typ MG 101 der japanischen Firma Maruei Electric im Handel. Ein Unternehmen im niederländischen Almere vertreibt die Anlage. Versteckt hinter einem

»Erste Hilfe gab es nicht mehr«: Der Herrhausen-Mercedes nach dem Anschlag am 30. November 1989 in Bad Homburg

Busch schalteten die Terroristen die Anlage scharf, über eine 88 Meter lange Zündleitung, eine zweiadrige braune Litze – Sekunden bevor Herrhausens Mercedes die Stelle passierte. So kommt es, daß in dem Augenblick, in dem sein Mercedes den mit bloßem Auge nicht wahrnehmbaren Strahl durchbricht, die Sprengladung auf dem Rad-Gepäckträger in die Luft fliegt. Weiter finden die BKA-Techniker heraus, daß die Täter mit einer Art Trichter, einer gewölbten Kupferplatte, den Explosionsdruck auf die Stelle des Fahrzeugs lenkten, an der Herrhausen saß. Fachleute nennen dies eine »Hohlladung«. Diesem Druck hielt die Panzerung der 2,8-Tonnen-Limousine nicht stand. »Das hätte auch einen Panzer umgeworfen«, beschreibt der hessische Verfassungsschutz-Chef Günter Scheicher die Wucht der Sprengladung.

Den braunen Draht, über den die Täter die Anlage scharf machten, hatten sie bereits sechs Wochen zuvor verlegt: Als Bauarbeiter getarnt meißelten sie den Asphalt-Bürgersteig auf, gossen ihn anschließend wieder zu und glichen die Stelle der Farbe des Bürgersteigs an. Wochen vor dem Anschlag hatte ein Mitarbeiter des Freizeitbades »Taunustherme« einen Teil des Drahts entdeckt und entfernt. Nichtsahnend. Die Täter kamen wieder.

Mit dieser Lichtschrankenanlage haben die RAF-Terroristen ihre Technik ein Stück weiter verfeinert: Das Perfide daran ist, daß das Opfer selbst mit seinem Fahrzeug den Impuls für die tödliche Sprengung auslöst – die Täter müssen also nicht mehr den richtigen Moment »für den Druck auf den Knopf« durch Augenmaß abpassen, wie noch bei den Anschlägen auf Beckurts und Haig.

Daß sich die RAF zuvor nach »panzerbrechenden« Waffen umgehört hatte, war den TE-Experten im Bundeskriminalamt nicht entgangen. In einer konspirativen Wohnung der Brigate Rosse in Mailand, in der Via Dogali, hatte die italienische Polizei am 15. Juni 1988 ein Protokoll über Gespräche zwischen RAF und BR entdeckt, in dem es hieß: »zur frage der panzerung – falls ihr den versuch bis zum nächsten treffen nicht gemacht habt, würden wir gern alle notwendigen informationen haben, um diesen versuch machen zu können. wir haben gelesen, dass die ira bei ihrem versuchten anschlag in gibraltar, gleichzeitig mit dem sprengstoff grosskalibrige munition zünden wollte, falls ihr einen ›spezialisten‹ habt, soll der mal sagen, ob das eventuell eine möglichkeit/methode zur panzerbrechung sein kann.«

Unter dem Schalter für diese Anlage in Bad Homburg liegt ein

DIN-A 4-Blatt, in eine Plastikhülle eingeschweißt, auf dem sich nicht mehr als das RAF-Symbol und die Aufschrift »Kommando Wolfgang Beer« befinden; Beer war bei einem Autounfall neun Jahre zuvor ums Leben gekommen.*

Fünf Tage später erhalten drei Presseagenturen das Selbstbezichtigungsschreiben der RAF zum Mord an Herrhausen: »mit einer selbstgebauten hohlladungsmine haben wir seinen gepanzerten Mercedes gesprengt.« Das Schreiben ist ähnlich aufgebaut wie die Selbstbezichtigungsschreiben seit dem Zimmermann-Mord 1985. Zunächst begründen die Täter, wieso sie gerade Herrhausen als Opfer ausgewählt haben, anschließend kommen sie auf die allgemeine politische Lage aus ihrer Sicht zu sprechen:

Durch die Geschichte der Deutschen Bank ziehe sich die Blutspur zweier Weltkriege, erklären sie. Herrhausen sei »der mächtigste wirtschaftsführer in europa gewesen«. Die Deutsche Bank habe »ihr netz über ganz westeuropa geworfen und steht an der spitze der faschistischen kapitalstruktur, gegen die sich jeder durchsetzen muß«. Seit Jahren bereite sie »den einbruch in die länder osteuropas vor, jetzt steht sie lauernd in den startlöchern, um auch die menschen dort wieder dem diktat und der logik kapitalistischer ausbeutung zu unterwerfen«. In einem zehn Tage vor seinem Tod erschienenen *Spiegel*-Interview hatte Herrhausen zu der sich überschlagenden Entwicklung im November 1989 in der DDR erklärt: »Ich möchte gerne, daß die Bundesrepublik und die DDR wiedervereinigt werden. Dann stellt sich für mich die Investitionspolitik von westdeutschen Unternehmern auch aus der Sicht der jetztigen DDR ganz anders dar.«

Zur allgemeinen Lage erklärt die RAF in dem Selbstbezichtigungsschreiben, daß »die gesamte revolutionäre bewegung in westeuropa« vor »einem neuen abschnitt« stehe: »neuer abschnitt, das heißt für hier vor allem auch die neuzusammensetzung der revolutionären bewegung, was möglich ist, weil viele es wollen.« Dies stelle sich die RAF als einen Prozeß vor »von gemeinsamer diskussion und praxis, in dem offen über die verschiedenen erfahrungen, vorstellungen und kritiken geredet wird, um die gesamte entwicklung zusammen zu begreifen und um zu politischen bestimmungen und konkreten greifbaren vorstellungen für den umwälzungsprozeß zu kommen«. Bei dieser Dis-

---

* Siehe dazu oben Seite 290f.

kussion müßten die »gefangenen teil« sein. Jetzt müsse »ihre zusammenlegung und damit die perspektive für ihre freiheit erkämpft werden.« Kurzum: Der revolutionäre Prozeß brauche neue Dynamik.

Das Schreiben zeigt deutlich das Bemühen der RAF, weitere Kräfte des »Widerstandes« anzusprechen, hinter sich zu bringen und in die »revolutionäre Front« einzugliedern – das hatte sie auch schon früher mehrfach versucht. Ohne nennenswerten Erfolg. Neu ist der leicht lesbare Stil der Erklärung, der nichts mehr von der verquasten Sprache der bisherigen Verlautbarungen hat. »Es ist anzunehmen«, urteilt das BKA in einer Stellungnahme, »daß die Autoren des Schreibens nicht mit denen früherer ›RAF‹-Taterklärungen identisch sind.« Die Verfasser knüpfen, wie die BKA-Experten analysieren, an einer von Eva Haule in einem Prozeß im November 1988 abgegebenen Erklärung und einem Pohl-Brief vom November 1989 an. Fazit der BKA-Analytiker: »Das bedeutet, daß erstmals Vorstellungen von Inhaftierten maßgeblich den Inhalt einer Tatbekennung der ›RAF‹ bestimmt haben.« Dies ist ein Anhaltspunkt für die bei vielen TE-Ermittlern vorherrschende Einschätzung, daß sich die Köpfe der RAF derzeit alle »drinnen« befinden, also im Gefängnis.

Sechs Stunden nach dem Anschlag findet die Polizei das Fluchtfahrzeug im Frankfurter Stadtteil Bonames, am Ben-Gurion-Ring: der Lancia Fire war sechs Wochen zuvor bei einer Autovermietung in Frankfurt ausgeliehen worden. Der Ben-Gurion-Ring liegt gerade sieben Minuten vom Tatort entfernt, in der Nähe einer Bus- und einer U-Bahn-Haltestelle. Angemietet hatte den Lancia ein Mann, Anfang 30, knapp 1,80 Meter groß und schlank. Die Papiere, die er vorlegte, waren gefälscht. Anschließend versah die RAF den Wagen mit »Dubletten-Kennzeichen«. Diese Schilder weisen dieselben Prägemerkmale auf wie die gefälschten Kennzeichen der Fluchtfahrzeuge bei dem Überfall auf das Waffengeschäft in Maxdorf und bei den Attentaten auf Zimmermann, Beckurts, von Braunmühl und Tietmeyer.

Augenzeugen fielen insgesamt fünf Personen in der Nähe des Tatorts auf, die nach Meinung der Ermittler zum RAF-Kommando gehören könnten. Zwei von ihnen waren als Jogger unterwegs und trugen »Walkman«-Kopfhörer. So konnten sie – wie die Ermittler vermuten – Funkkontakt zu ihren Komplizen halten.

Wieder einmal hatte die RAF nach einer längeren Ruhephase zugeschlagen. Für viele überraschend. Innerhalb der vergangenen drei Jahre war die RAF nur ein einziges Mal auf den Plan getreten: beim Anschlag auf Staatssekretär Tietmeyer, bei dem die Täter nach Einschätzung der Polizei ausgesprochen »dilettantisch« gehandelt hatten. Angesichts dessen rechnete so mancher mittlerweile mit einem baldigen Ende der RAF. »Die RAF kann man vergessen«, sagte noch wenige Tage vor dem Anschlag ein leitender Polizeibeamter mit dem Brustton der Überzeugung. Und Generalbundesanwalt Rebmann hatte vier Monate zuvor erklärt, man solle – »mit allen Vorbehalten einer solchen Prognose« – die Gefährdungssituation in Hinblick auf die RAF »derzeit nicht dramatisieren«. Heute wissen wir: Mit dem Anschlag wurde der Kampf nach dem abgebrochenen Hungerstreik wieder aufgenommen.

Der einen Leid ist der anderen Freud: Ein Aufatmen sei bei den Militanten nicht zu überhören, berichtet über die Stimmung im RAF-Umfeld nach dem Anschlag Gerd Rosenkranz in der *taz:* »Die Phase der Verunsicherung scheint vorbei, die Zeit der klammheimlichen Freude wieder da. Der erste Mann der deutschen Wirtschaft: immerhin. Und so perfekt gemacht.« Auch die Militanten werden nun wieder aktiv. Binnen eines Vierteljahres schreiten sie viermal zur Tat: ein Anschlag auf das Pflanzenschutzzentrum der Firma Bayer in Mohnheim bei Leverkusen kann im letzten Augenblick vereitelt werden – ein Protest der Täter gegen die Forschungen des Unternehmens in Sachen Bio- und Gentechnologie. Zwei Menschen werden verletzt bei einem Sprengstoffanschlag auf die Hauptverwaltung der Rheinisch-Westfälischen Elektrizitätswerke (RWE) in Essen. Anlaß: das Engagement der RWE in Sachen Atomenergie. Schaden: eine Million Mark. Vor dem Verwaltungsgebäude der Deutschen Bank in Eschborn entdeckt die Polizei einen VW-Golf mit einer Autobombe – der Zünder versagte. Schließlich landet ein Brandsatz in der Siemens-Schule für Kommunikations- und Datentechnik in Bonn: Millionenschaden.

Eine Woche nach dem Herrhausen-Mord erfolgen zwei Festnahmen, in deren Folge die Ermittler, wie sie meinen, Einblick in die RAF-Logistik erhalten. Alles beginnt damit, daß sich eine Frau wundert, die seit einigen Tagen eine Ferienwohnung im schleswig-holsteinischen Tönning an zwei junge Leute vermietet hat. Sie wundert sich darüber, daß die beiden, die, wie sie ihr sagten, »an einer Examensarbeit« schreiben, nur mit Handschuhen in der Wohnung herumlaufen. Die Frau schöpft Verdacht und informiert die Polizei. Diese stoppt die beiden in einem VW Golf am 7. Dezember 1989 in Milstedt bei Husum. Sie haben einen »Colt '38 Spezial« bei sich. Bei dem Wagen – zehn Tage zuvor gestohlen – handelt es sich um eine Dublette. Ein Alarmzeichen für die Fahnder: denn Dublettenfahrzeuge werden normalerweise erst kurz vor einem Anschlag benutzt.

In der von den beiden gemieteten Ferienwohnung in Tönning entdecken die Beamten RAF-typische Utensilien wie verschlüsselte Aufzeichnungen über »Treffs«, Hinweise auf tote Briefkästen und Funkgeräte. Ferner stellt sich heraus, daß die beiden die Ferienwohnung unter Falschnamen anmieteten. In Wahrheit handelt es sich um Ute Hladki, 34, und Holger Deilke, 29. Was die beiden dort trieben, ob sie etwa einen Anschlag vorbereiteten, können die Beamten nicht klären. Jedenfalls sind sie alarmiert: Das Ferienhaus von Bundesverteidigungsminister Stoltenberg in St. Peter Ording liegt rund 25 Kilometer von dieser Wohnung in Tönning entfernt. Aus RAF-Sicht ist Stoltenberg ein hochkarätiger Vertreter des militärisch-industriellen Komplexes. Aber wie gesagt: Belege dafür finden die Ermittler nicht.

Ausführlich berichten die Zeitungen über die Festnahmen. Dadurch erhält die Polizei einen weiteren Hinweis aus der Bevölkerung auf ein mögliches »Terroristen«-Nest: ein abgelegenes altes Bauernhaus, eine sogenannte »Bauernkate«, mit mehreren Schuppen in Lasbek bei Bad Oldesloe, ebenfalls in Schleswig-Holstein. Als die Beamten dort eintreffen – fünf Tage nach der Verhaftung von Hladki und Deilke – stellen sie fest, daß auf dem Anwesen ein Pärchen lebte: Nach der Festnahme von Hladki und Deilke verließen die beiden überstürzt die Kate – dabei »cleanten« sie die Räume und verbrannten Unterlagen. Einiges ließen sie zurück, unter anderem Funkgeräte und Teile von zwei Computern. In einem Schuppen finden die Beamten zwei gestohlene »Kawasaki«-Motorräder. An einem ist ein Dublettenkennzeichen HH-DR 622 montiert. Bei dem Pärchen handelt es sich, wie die Fahnder später herausfinden, um Karl-Heinz Gerum und Corinna Kammermeier. Die beiden wohnten dort seit über eineinhalb Jahren, seit April 1988 – und zwar ab August 1988 zusammen mit Hladki und Deilke, die erst kurz zuvor dort ausgezogen waren.

Der Name Karl-Heinz Gerum bringt die Fahnder zu den »Hafenstraßen«-Häusern in Hamburg: Karl-Heinz Gerum ist in einem dieser

Häuser polizeilich gemeldet, in der Bernhard-Nocht-Straße 22. Bei einer Durchsuchung in mehreren Wohnungen dort findet die Polizei im Mai 1990 Scanner zum Abhören des Polizeifunks, Disketten und 102 Stadtpläne. Auf den Disketten sind, wie die Ermittler feststellen, Kennzeichnen und Kfz-Typen von Polizeifahrzeugen, insbesondere Observationsfahrzeugen, und Funkfrequenzen der Polizei gespeichert. Auf den Stadtplänen entdecken die Beamten im Bundeskriminalamt feine Bleistiftstriche und andere Markierungen, die mit dem bloßen Augen kaum zu erkennen, teilweise erst unter einer Quarzlampe zu sehen sind. Auch wurden Fahrtstrecken wie Buslinien eingezeichnet – nur bei ganz genauem Hinsehen fällt der Unterschied auf. Die Ermittler kommen zu dem Ergebnis, daß es sich »eindeutig um Ausspähungsunterlagen« handelt. Die Zeichen befinden sich bei Wohnungen, Arbeitsplätzen und Fahrtrouten bekannter Personen.

Gefährdet sind danach unter anderem Jürgen Schrempp, Vorstandsvorsitzender der Deutschen Aerospace, Edzard Reuter, Vorstandsvorsitzender von Daimler Benz, Bundeskanzler Helmut Kohl, Bundesfinanzminister Theo Waigel, Hans Peter Stihl, Präsident des Deutschen Industrie- und Handelstages und Fabrikant von Motorsägen, die auch zum Abholzen der Regenwälder eingesetzt werden, SPD-Fraktionschef Hans-Jochen Vogel, Erich Riedl, CSU, Parlamentarischer Staatssekretär im Bundeswirtschaftsministerium und der Bundestagsabgeordnete Ulrich Irmer. Insgesamt sind nach Einschätzung der Ermittler über achtzig Personen betroffen.

»Lasbek und später die Hafenstraße waren Sammelstelle für solche Ausspähungen«, erläutert ein Bundesanwalt den Schluß, den die Ermittler aus dem Fund ziehen. Bei der Flucht aus der Kate in Lasbek seien die Unterlagen in der Hamburger Hafenstraße deponiert worden – was die Hafenstraßenbewohner mit Nachdruck bestreiten. »Diese Ausspähungen haben regional ansässige Leute gemacht«, erklärt der Bundesanwalt weiter, diese Personen aus dem Umfeld hätten nicht ermittelt werden können.

Sollte es so gewesen sein, würde dies eine Menge erklären: Die RAF-Kommandoebene verfügte danach über einen »Topf« voller »Ausspähungen auf Vorrat«, aus dem sie sich bedienen könnte. Das würde vor allem zweierlei bedeuten: Zum einen könnte die Kommandoebene ohne langen Vorlauf zuschlagen, da die zeitaufwendigen Erkundungen über das Opfer bereits vorliegen. So bliebe für die Kommandoebene also nicht viel mehr zu tun, als die unmittelbaren Vorbereitungen für den Anschlag zu treffen, etwa die Sprengfalle in Position zu bringen. Anders gesagt: Die Kommandoebene brauchte für den Anschlag nur noch anzureisen und könnte sich sofort anschließend wieder in einen »Ruheraum« zurückziehen. Zum zweiten entfiele dadurch für die Kommandoebene das Risiko, bei den zeitlich aufwendigen Ausspähungen von der Polizei erwischt zu werden. Dies machten Personen aus der Gegend, denen praktisch nichts nachzuweisen wäre.

Bei einem anderen Vorfall, der für Schlagzeilen sorgt, ist bis heute nicht geklärt, ob es sich tatsächlich um eine Aktion der RAF handelte oder nicht – so etwas gab es zuvor noch nie. Mögliches Opfer: Ignaz Kiechle, Bundesminister für Landwirtschaft, Ernährung und Forsten.

Am 5. März 1990 treffen bei den Nachrichtenagenturen dpa und Agence France-Presse in Bonn übereinstimmende Selbstbezichtigungserklärungen ein, datiert vom 2. 3. 1990: Ein »Kommando Juliane Plambeck« – benannt nach der zusammen mit Wolfgang Beer 1980 bei einem Autounfall ums Leben gekommenen Terroristin* – teilt mit, es habe »heute bundeslandwirtschaftsminister kiechle angegriffen«. Doch Kiechle hat davon nichts mitbekommen. Er feierte vergnügt mit 350 Freunden seinen sechzigsten Geburtstag im »Goldenen Kreuz« in Wiggensbach bei Kempten im Allgäu – getreu dem von ihm für das Fest ausgegebenen Motto: »Freude, Lachen und Fröhlichkeit sind Trümpfe an diesem Tag«. Zwar gab es eine Bombe bei dem Fest, doch die war harmlos und begehrt: eine Eisbombe mit Namen »Ignatius«.

»kiechle steht für die kontinuierliche destruktive bundespolitik innerhalb der westeuropäischen formierung«, erklären die Verfasser in dem eineinhalb Seiten langen Pamphlet. Durch die Veränderungen in Osteuropa habe das faschistische System ein »neues Opfer des kapitalistischen diktats gefunden«. Es sei für »den gesamten widerstand unabdingbare notwendigkeit, die veränderte Situation zu analysieren und zu einem forcierten aktionismus gegen das system überzugehen, um einen umwälzungsprozeß zu ermöglichen«.

Bei den beiden Nachrichtenagenturen liegt an diesem Montag noch ein zweiter Brief dieser Art in der Post: »wir haben das ziel des angriffs

---

* Siehe dazu oben Seite 290ff.

gegen kiechle nicht erreicht. wir haben die aktion abgebrochen«, erklärt die »RAF« in diesem Schreiben unter dem Datum 3. 3. 1990: »durch ein nicht kalkulierbares ereignis wäre es bei der geplanten durchführung zu einer gefährdung unbeteiligter gekommen.«

Um herauszufinden, was gegen Kiechle geplant war, richtet das BKA die Sonderkommission »EG 1« ein. Die Fahnder begeben sich auf Spurensuche: Sie überprüfen die Umgebung von Kiechles Haus in Kempten und seiner Unterkunft in Bonn, nehmen die Fahrtstrecken des Ministers unter die Lupe, sprechen mit seiner Familie und den Geburtstagsgratulanten – alles vergeblich. Sie finden keinen einzigen Anhaltspunkt für ein geplantes Verbrechen.

Bei der Analyse der Schreiben stoßen die BKA-Experten auf einige Merkwürdigkeiten: So ist das »RAF-Emblem« nur kopiert und nicht wie sonst üblich ein mit roter Farbe gedruckter Stern. Bei dem Schreiben handelt es sich zudem um eine verkleinerte Kopie in schlechter Qualität – auch dies ist nicht RAF-gemäß. Für »nur schwer nachvollziehbar« halten die BKA-Beamten in einer »Struktur- und Gefährdungsanalyse ›Rote Armee Fraktion‹« (»VS* – Nur für den Dienstgebrauch – nicht pressefrei –«) vom 16. Juli 1990, daß – wie von den Verfassern behauptet – »durch einen abstimmungsfehler« die Selbstbezichtigung »bereits vor der aktion abgesandt worden war«. Denn Taterklärungen wurden bislang stets erst nach der Tat abgegeben. Niemals vorher. Und schließlich runzeln die Beamten angesichts der Formulierung »forcierter aktionismus« die Stirn. Dieser Begriff entspreche, so ist in der BKA-Analyse zu lesen, »nicht dem bekannten ›RAF‹-Jargon, sondern erscheint eher als eine Art konstruiertes Reizwort«. Im Gegenteil: Der Ausdruck »Aktionismus« steht in der Szene für überstürztes, unüberlegtes Handeln – gerade dies meidet die Rote Armee Fraktion.

Acht Wochen später meldet sich die RAF zu diesem Vorfall zu Wort, mit Sicherheit die wahre RAF: Beweis dafür sind nach Untersuchungen des BKA das Original-Emblem und die Art des Papiers, auf dem auch die Selbstbezichtigung nach der Ermordung von Braunmühls und Herrhausens abgegeben wurden: »wir haben uns entschlossen, jetzt doch auf diese vs-kiste**, wir hätten einen anschlag auf kiechle ge-

* VS = Verschlußsache.

** VS = Szenekürzel für Verfassungsschutz.

plant und abgebrochen, zu reagieren«, erklärt die wirkliche RAF, »weil wir mitgekriegt haben, daß nach der veröffentlichung und breiten verteilung der vs-erklärung in vielen städten und scenes genossinnen und genossen angefangen haben, sich mit diesem quatsch auseinanderzusetzen.« Das Ziel »dieser geheimdienst-aktion ist es, verunsicherung, spaltung und desorientierung zu produzieren und zwar genau in der situation, wo viele darauf warten, daß wir unsere überlegungen und vorstellungen, die wir in der herrhausen-erklärung nur kurz und sehr allgemein angerissen haben, präzisieren; außerdem soll natürlich von den wirklich wichtigen Fragen abgelenkt werden«. Die RAF zeigt sich empört über die Verfasser der Kiechle-Selbstbezichtigung: Diese versuchten, erklären die Terroristen, »mit einem völlig nicht-nachvollziehbaren angriffsziel wie diesem agrar-wurm und entpolitisierenden parolen wie ›forciertem aktionismus‹« die RAF zu diskreditieren.

So kommt es, daß Generalbundesanwalt Kurt Rebmann »Zweifel an der Authentizität des Schreibens« hat und das BKA von »begründeten Zweifeln« spricht.

Falls dieses Schreiben tatsächlich nicht authentisch ist, stellt sich die Frage, wer es geschrieben haben könnte. Es wäre jedenfalls mehr als ein »Dummer-Jungen-Streich«: trotz des von RAF und BKA übereinstimmend gerügten Ausdrucks »forcierter aktionismus« läßt sich nicht leugnen, daß die Verfasser etwas von der RAF-Materie verstehen. Gedanklich ist das Papier nicht nur eine Fortschreibung der Herrhausen-Erklärung, auch müssen die Verfasser Zugang zum RAF-Umfeld gehabt haben: Passagen des Textes stammen, wie das BKA feststellt, aus insgesamt vier Stellungnahmen von RAF und ihrem Umfeld aus den beiden vergangenen Jahren, zum Beispiel aus einer von Eva Haule im Prozeß abgegebenen Erklärung.

Könnte der Verfassungsschutz hinter dieser Erklärung stecken, wie von der RAF behauptet? Völlig aus der Luft gegriffen ist jedenfalls eine solche Überlegung nicht: Das Celler Loch zeigt, daß es nicht ausgeschlossen ist, daß der Verfassungsschutz sein Handeln als das von Terroristen auszugeben versucht. Ein solches Vorgehen könnte der aus den Vereinigten Staaten stammenden »counterinsurgency«-Strategie* entsprechen. Danach kann eine Gruppe, die nicht zu fassen ist,

---

* Auf deutsch bedeutet dieser Ausdruck soviel wie »Gegen-Aufstandsstrategie«. In den Vereinigten Staaten versteht man darunter vor allem psycholo-

auch durch »Destabilisierung« mürbe gemacht werden. Hinter dem Vorgehen im Fall Kiechle könnte demnach also das Bestreben stekken, die RAF-Kommandoebene in ihrem Umfeld unglaubwürdig zu machen. Falls dies jemals gelingen sollte, wäre das vermutlich das Ende der RAF-Kommandoebene. Denn Triebfeder für all ihre Handlungen ist ja stets die Absicht, als Vorreiter auf eine revolutionäre Situation hinzuarbeiten.

Der Verfassungsschutz hat energisch bestritten, daß es sich im Fall Kiechle um eine »vs-kiste« handelt. Dies hätte er wohl auch getan, falls er tatsächlich hinter der Geschichte steckte – wie abermals Celle zeigt. Freilich: Der Verfassungsschutz dementierte eine Verwicklung nicht nur offiziell, sondern auch gegenüber anderen Sicherheitsbehörden. Zudem dürfte nach dem Debakel von Celle und dem politischen Wirbel, den die Aktion ausgelöst hat, der Verfassungsschutz nur wenig Interesse gehabt haben, von neuem eine solche Aktion zu starten. Entscheidend spricht gegen eine »vs-kiste« aber die Tatsache, daß es bei der den Verfassungsschutzämtern versammelten Sachkenntnis wohl ein leichtes gewesen wäre, eine solche Erklärung ohne die Stolpersteine zu produzieren.

Wenn nicht der Verfassungsschutz, wer könnte es dann gewesen sein? Ist es möglich, daß jemand in der Bundesrepublik auf eigene Faust operiert, um den RAF-Terrorismus zu beenden? Dies wäre jedenfalls nicht der erste Versuch gewesen. So bot in großen Anzeigen unter anderem in der *Süddeutschen Zeitung* und der *Neuen Zürcher Zeitung* ein »Internationales Konsortium von Privatunternehmen und Stiftungen gegen weltweiten Terror« im Herbst 1987 bis zu einer Million Schweizer Franken (1, 2 Millionen Mark) für Informationen, die zur Ergreifung der Terroristen führen, die an der Ermordung des GI Pimental und dem Anschlag auf die Rhein-Main Airbase in Frankfurt 1985 beteiligt waren. Die für die Bundesrepublik angegebene Rufnummer 0228/485221 hatte ganz offensichtlich eine Strohperson beantragt, wie die Polizei herausfand. Wer hinter dieser Aktion steckte, konnte sie nicht feststellen.

Aber umgekehrt ist natürlich auch nicht auszuschließen, daß nicht

---

gische, politische und militärische Handlungen, die von einer Regierung vorgenommen werden, um subversiven Widerstand zu unterdrücken. Dazu zählt auch die gezielte Desinformation.

nur die dritte, sondern auch die ersten beiden Erklärungen von der Rote Armee Fraktion stammen. Möglicherweise verliefen ja ihre Vorbereitungen tatsächlich nicht nach Plan. Die von der RAF behauptete »gefährdung unbeteiligter« könnte beispielsweise, wie etwa von seiten der Bundesanwaltschaft nach dem Bekanntwerden der ersten beiden Briefe vermutet wurde, darin gelegen haben, daß »vielleicht gerade ein Bus vorbeifuhr, als der Minister kam«. Sollten die Täter mit derselben Lichtschranken-Technik gearbeitet haben, mit der sie Alfred Herrhausen ein Viertel Jahr zuvor umbrachten, ist es durchaus möglich, daß sie die Anlage komplett demontierten und die Polizei bei ihren Nachforschungen davon keine Spur mehr entdeckte. Sollte dies so gewesen sein, könnte eine Erklärung für das dritte Schreiben sein, daß die RAF aufgrund der Diskussionen in der Szene merkte, daß ein Attentat auf Kiechle ihrem Umfeld nur schwer zu vermitteln gewesen wäre. Wenn überhaupt. Um nicht noch einmal eine Schlappe wie nach dem Pimental-Mord hinnehmen zu müssen, könnte sich die RAF zu dem Dementi entschlossen haben. Aber auch in diesem Fall wäre noch nicht die Frage beantwortet, warum die beiden ersten Schreiben so deutliche Unterschiede zu den sonst üblichen Selbstbezichtigungsschreiben enthalten.

Wie man die Dinge auch dreht und wendet: bei der einen wie bei der anderen Version bleiben Ungereimtheiten.

»Die Zeit des Terrorismus als einer politisch motivierten mörderischen Kriminalität von illegalen Gruppen ist vorbei«, erklärt vier Monate später Antje Vollmer in Bonn, Sprecherin der Bundestagsfraktion der Grünen, am 17. Juli 1990. Was bliebe, sei » ›normale‹ Gewaltkriminalität, die bekämpft und geahndet werden muß wie andere Morde und Verbrechen auch.« Aus dieser Einschätzung heraus fordert Antje Vollmer in zehn Thesen, »Konsequenzen aus dem Ende des Terrorismus«, unter anderem, »daß sämtliche Sondergesetze für den Terrorismus abgeschafft werden können und müssen: der § 129a*, die Einschränkung der Verteidigerrechte, die Kontaktsperre, die Sonderhaftbedingungen für inhaftierte RAF-Mitglieder«.

Neun Tage später entgeht um Haaresbreite Hans Neusel, Staatssekretär im Bundesinnenministerium, einem RAF-Anschlag in Bonn: Am

* des Strafgesetzbuchs, siehe dazu oben Seite 168ff.

Morgen des 27. Juli 1990 – sieben Minuten nach halb acht – fährt er in seinem Dienst-BMW 730 mit dem Tarnkennzeichen BN-YJ 561 über die Abfahrt Bonn-Auerberg von der Autobahn 565. In diesem Augenblick explodiert eine 25-Kilogramm-Sprengladung, die rechts neben der Abfahrt unter der Leitplanke liegt – ausgelöst durch einen Lichtschranken-Mechanismus wie im Fall des Herrhausen-Mords.

Hans Neusel hat großes Glück: Ein großer Teil des Drucks der Sprengladung wird durch die Stahl-Leitplanke abgefangen. Zudem sitzt Neusel nicht auf der rechten Seite des Wagens, sondern links. Sein Chauffeur ist im Urlaub. Auf der rechten Seite wird der Wagen stark demoliert: die Scheiben fliegen durch die Explosion heraus, Türen und Kotflügel werden verbeult, Teile der Innenverkleidung abgerissen, die Motorhaube springt auf. Wenn Neusel auf der Beifahrerseite gesessen hätte, hätte er den Anschlag wohl nicht überlebt, urteilen später Fachleute. So aber kommt er mit einigen Schnittverletzungen und einem Schrecken davon. Nach dem Anschlag läßt Neusel den Wagen ausrollen und schiebt ihn mit Hilfe von Passanten auf den Bürgersteig, »damit der Verkehr nicht behindert wird«, wie der Spitzenbeamte anschließend erklärt. Die Leitplanke ist auf eine Länge von 20 Metern aus der Halterung gerissen, die Bombe hat einen Krater von über vier Meter Durchmesser hinterlassen.

Keine 250 Meter vom Ort des Anschlags entfernt liegt das Hauptportal des Bonner Innenministeriums an der Graurheindorfer Straße. In dem Gebäude halten sich rund um die Uhr mehrere Beamte des Bundesgrenzschutzes auf – »eine ständige Wache mit starken Kräften«. Die Rote Armee Fraktion wird immer dreister: bei ihren beiden früheren Anschlägen in Bonn auf von Braunmühl und Tietmeyer hatte sie in Vororten der Bundeshauptstadt agiert. Nun bombt sie schon in Sichtweite eines der bestgeschützten Ministerien der Bundeshauptstadt – und traf dort auch ungestört die Vorbereitungen für den Sprengstoffanschlag.

Im Innenministerium ist Neusel unter anderem für »Terrorismusangelegenheiten« zuständig. Ihm unterstehen fünf der insgesamt zehn Abteilungen, darunter die beiden Abteilungen »Innere Sicherheit« und »Polizeiangelegenheiten«.

Fast auf den Tag genau fünf Jahre zuvor trat er seinen Dienst als beamteter Staatssekretär im Innenministerium an. Zuvor war er persönlicher Referent von Bundeskanzler Kurt Kiesinger, später Bürochef von Bundestagspräsident Karl Carstens und anschließend Chef des Bundespräsidialamtes unter Bundespräsident Carstens.

Neusel steht im Ruf, ein fleißiger und kenntnisreicher Macher im Hintergrund zu sein; ihm war klar, daß das Interesse der RAF auch seiner Person galt. In der wenige Tage vor dem Anschlag vorgelegten »Struktur und Gefährdungsanalyse ›Rote Armee Fraktion‹ Stand: Juni 1990« des Bundeskriminalamts konnte er im Abschnitt »Gefährdung des Bereichs der Sicherheitsbehörden« auf Seite 42 lesen: »Ein besonderer Gefährdungsaspekt dürfte sich für die Sicherheitsbehörden und politisch Verantwortlichen ergeben, die mit der Situation der ›Gefangenen‹ in Verbindung gebracht werden.« Über Neusel war während des Tauziehens um die Forderungen der Häftlinge zu hören, daß er die ablehnende Position des Bundesinnenministeriums vertrat. Doch er fuhr weder ein gepanzertes Fahrzeug, noch begleiteten ihn Leibwächter. Sogar seine Privatadresse war frei zugänglich: Das Munzinger-Archiv, ein Standard-Nachschlagewerk, nennt Straße und Hausnummer seines Hauses im Bonner Villen-Vorort Röttgen. Die Täter oder ihre Helfer müssen, sind sich Sicherheitsexperten einig, Neusel über mehrere Tage, wenn nicht Wochen observiert haben – unbemerkt.

Wenige Stunden nach dem Anschlag, kurz vor Mittag, tritt Neusel vor die Bonner Bundespressekonferenz. »Sie werden sich vorstellen können, daß ich mich heute ganz besonders freue, bei Ihnen sein zu können«, begrüßt Neusel die Journalisten in der ihm typisch bescheidenen Art. Die klopfen Beifall – eine ungewöhnliche Reaktion der Bundespressekonferenz. »Laßt ab von eurem Tun«, fordert Neusel die Terroristen vor den laufenden Kameras auf. »In einer Zeit, da in Europa die Menschen zueinander finden, sollte auch die ideologische Verblendung kein Mittel mehr sein, um sich auf tödliche Weise mit Menschen auseinanderzusetzen.«

Am Ort der Explosion entdeckt die Polizei, daß ein Kabel zu einer 63 Meter entfernten Stelle führt, von wo aus die Anlage »scharf« geschaltet wurde. Das 25 Kilogramm schwere Selbstlaborat aus einem Chlorat-Zuckergemisch hatten die Terroristen in Gasflaschen am Fahrbahnrand deponiert. Zwei Meter entgegen der Fahrtrichtung stand die Lichtschranke auf eine Holzplatte montiert zusammen mit einer 4,5 Volt Flachbatterie. Der Lichtstrahl war auf einen 20 Zentimeter langen Reflektor auf der gegenüberliegenden Seite der Autobahnabfahrt gerichtet. »Die Markierungen für die Anbringung des Reflektors und die Anhaltspunkte für die Positionierung der Lichtschranke dürften einige Zeit vor dem Anschlag angebracht worden, die Montage von Reflektor und Lichtschranke kurz vor dem Anschlag erfolgt sein«, urteilt Wolfgang Steinke, Leiter des Kriminaltechnischen Instituts des Bundeskriminalamts. Zeugen berichten, daß ihnen am Abend vor dem Anschlag drei Männer aufgefallen seien, die sie mit einem »staubsaugerähnlichen Gegenstand« in der Nähe des Tatorts gesehen hätten.

Neben der Autobahnabfahrt finden die Beamten ein RAF-Kurzschreiben: »den angriff der faschistischen bestie westeuropa – den neusel in trevi* und nato mitorganisiert hat – auf das gefangenenkollektiv von pce (r) und grapo gemeinsam zurückschlagen und ihre wiederzusammenlegung durchsetzen.« Es folgt die Forderung nach »zusammenlegung aller revolutionären gefangenen«. Das Schreiben ist vom »kommando josé manuel sevillano« unterzeichnet.

Sevillano war ein spanischer Terrorist, der zwei Monate zuvor – nach 177 Tagen Hungerstreik – im Alter von 30 Jahren gestorben war. Die GRAPO, die »Grupos de Resistencia Antifascista Primero de Octubre«, war aus der sektiererischen Linksgruppe PCE (r) (»Partido Comunista des España reconstituido« – »rekonstituierte spanische kommunistische Partei«) hervorgegangen. Diese »Gruppen des antifaschistischen Widerstandes 1. Oktober« – wie sich die Organisation nach ihrer ersten Bluttat im Oktober 1985, der Ermordung von drei Polizeibeamten, nennt – befinden sich zum großen Teil in den Gefängnissen. 63 Häftlinge hatten sich an dem Hungerstreik für die »Wiederzusammenlegung« beteiligt, den Sevillano mit dem Leben bezahlte. Im Gegensatz zur spanischen Separatistenorganisation ETA gelang es der GRAPO nie, nennenswerten Rückhalt in der Bevölkerung zu finden. Bei den Anschlägen der GRAPO kamen 75 Menschen ums Leben. Erst vier Monate zuvor, im März 1990, hatten Mitglieder einen Krankenhausarzt in Saragossa ermordet. Der Grund: Er hatte einige Häftlinge zwangsernährt – auf Anordnung eines Gerichts.

Eine Annäherung des RAF-Umfeldes an die spanische Gruppe und

* trevi: Terrorisme, Radicalisme, Extremisme, Violence International; die europäische Ministerrunde zur Bekämpfung der politisch motivierten Kriminalität.

ihre Sympathisanten hatte das Bundeskriminalamt schon zuvor beobachtet: »Im Umfeld der RAF lernte man ab 1983 Französisch und fuhr nach Frankreich, später lernte man Italienisch und reiste nach Italien, und seit 1989 ist man dabei, Spanisch zu lernen und nach Spanien zu reisen«, berichtet Martin Tuffner, Referatsleiter in der TE-Abteilung BKA.

Vier Tage nach dem Neusel-Anschlag trifft ein ausführliches, fünf Seiten langes Selbstbezichtigungsschreiben bei mehreren Nachrichtenagenturen ein: »wir haben das militärische ziel der aktion verfehlt«, räumt die RAF zu dem versuchten Mord an dem Staatssekretär ein, »– die explosion sollte seinen sicheren tod aber auch den hundertprozentigen Schutz unbeteiligter gewährleisten. in dieser spanne haben wir die sprengstoffmenge zu niedrig berechnet.« Die RAF habe »neusel für seine verbrechen zur verantwortung ziehen« wollen. So sei er seit 1985 »treibende kraft bei vielen trevi-treffen« gewesen, von ihm seien zahlreiche Initiativen zur Intensivierung der Bekämpfung der »westeuropäischen aufstandsbekämpfung« ausgegangen: »im frühjahr 89, als die gefangenen hier im hungerstreik waren, um ihre zusammenlegung zu erkämpfen, war neusel (vor der ernennung von schäuble zum innenminister) faktisch chef des ministeriums [...] in dieser zeit puschte das innenministerium offensiv die parole: ›der staat darf sich nicht von diesen gefangenen erpressen lassen‹.«

Zur allgemeinen politischen Lage erklärt die RAF – acht Monate nach der Wende in der DDR, zwei Monate vor der deutschen Vereinigung –, der Imperialismus habe den Kalten Krieg gewonnen. Die Auflösung des sozialistischen Blocks und damit auch seiner historischen Funktion für den Befreiungsprozeß habe zu einer neuen Stabilisierung des imperialistischen Machtblocks geführt: »die rasante entwicklung der letzten monate und die einverleibung der ddr hat die brd innerhalb westeuropas zu uneingeschränkter vormacht und den ganzen westeuropäischen block zur weltmacht gebracht.«

Aus dieser neuen Machtposition versuchten »sie heute an jedem punkt terrain gegen alle revolutionären kämpfe und kämpfe um lebensbedingungen zurückzugewinnen« und wo sie könnten, wieder zurückzudrehen. Die aktuellen »projekte der konterrevolution« seien: »zerschlagung der gefangenenkollektive in spanien, die niederschlagung von gefangenen-revolten in mehreren ländern, die brutale räumung seit jahren besetzter häuser und knaststrafen in groningen (niederlande), dänemark, die razzien und hetze gegen die hafenstraße stehen da in einer reihe.« Die Hafenstraße zeige, daß es möglich sei, »gegen den machtapparat eigene ziele durchzusetzen«.

Der Angriff jetzt, erklärt die RAF weiter, solle in zwei Richtungen wirken: zum einen gehe es darum, die Forderungen der Gefangenen und den »aufbau revolutionärer gegenmacht in westeuropa« durchzusetzen. Zum anderen wolle die RAF eine »lange kampfphase gegen die neuentstandene großdeutsche/westeuropäische weltmacht« einleiten. Mit dem »schritt zum großdeutschland«, erklärt die Rote Armee Fraktion weiter, verfolgten die »brd und neuen machteliten der ddr... dieselben ziele und imperialen pläne wie der nazi-faschismus. der dritte überfall, den das deutsche kapital in diesem jahrhundert auf die völker europas führt, wird nicht mit militärischen mitteln, sondern mit den mitteln der wirtschaft und politik geführt.«

In dieser Erklärung nimmt die RAF erstmals ausführlich Stellung zu der rasanten Entwicklung in Osteuropa. Diese Entwicklung läuft klar gegen ihre Vorstellungen: die RAF versucht dagegen anzuarbeiten, weil sie es als ihre Aufgabe im »internationalen Klassenkrieg« versteht, diese Pläne zu durchkreuzen. Mit anderen Worten: die westeuropäische Front hat sich verlängert, nun verläuft sie auch durch Ostdeutschland. Klipp und klar sagt die RAF, daß sie auch an dieser neuen Front Anschläge verüben wird.

Zum ersten Mal seit dreizehn Jahren – seit dem Buback-Mord – rechtfertigt die RAF in einem Selbstbezichtigungsschreiben die Auswahl des Opfers nicht nur mit dessen Funktion, sondern auch unter dem Gesichtspunkt einer persönlichen »Bestrafungsaktion« der RAF, weil es sich gegen die Rote Armee Fraktion gewendet habe. Die RAF lastet Neusel seine Rolle bei den Verhandlungen während des zehnten kollektiven Hungerstreiks an.

Es ist das dritte Mal, daß sich die RAF ausführlich auf eine andere europäische Terrorgruppe bezieht, um das Entstehen der antiimperialistischen Front in Westeuropa zu dokumentieren. Anders als bei der französischen Action Directe 1985 und anders als bei den italienischen Roten Brigaden 1988 handelt es sich diesmal aber nicht um ein gemeinsames Kommuniqué. Vielmehr tut die RAF in den beiden Erklärungen nach dem Neusel-Anschlag nicht mehr, als die Forderungen der spanischen Terrorgruppe nach einer »Wiederzusammenlegung« aufzugreifen. Hier reichten wohl die Übereinstimmungen oder die Kontakte zwischen den beiden Organisationen nicht einmal zu einem »gemeinsamen Kommuniqué«. Die spanischen Terroristen befinden sich, von wenigen Ausnahmen abgesehen, im Gefängnis. Also: Keine Spur von einer Terror-Front Bundesrepublik–Spanien.

Geradezu grotesk ist namentlich die Argumentation zu der Entwicklung in Ostdeutschland, nach der die »neuen machteliten der ddr« dieselben Ziele »und imperialen pläne wie der nazifaschismus« verfolgten – wogegen sich die RAF »mit aller kraft« stellen will. Die Rote Armee Fraktion ignoriert voll und ganz die Realität: Die Menschen in Ostdeutschland haben sich friedlich gegen die sozialistischen Despoten und ihren Stasi-Überwachungsstaat erhoben. Die Bevölkerung in der DDR erkämpfte sich Freiheit, die soziale Marktwirtschaft und die Reisefreiheit. Der eingeschlagene Weg ist eine klare Entscheidung der Massen, wie auch unzweideutig die Ergebnisse der Wahlen im Jahr 1990 zeigen. Hier hat also letztlich das Volk an den Urnen entschieden, das nationalsozialistische Deutschland war eine blutige Diktatur. Dies alles übergeht die RAF geflissentlich. Auf diese Weise versucht sie sich an den zwei entscheidenden Fragen vorbeizumogeln: Für wen eigentlich meint sie ihren mörderischen Kampf zu führen? Und, nach dieser klaren Entscheidung der Menschen gegen den Sozialismus: worauf will die RAF eigentlich hinaus?

Während des Golfkriegs kommt es am 13. Februar 1991 zu einem für die RAF ungewöhnlichen Anschlag auf die Botschaft der Vereinigten Staaten in Bonn: Gegen 19.00 Uhr pirschen mindestens drei Gestalten durch die Dunkelheit in Königswinter, hinter eine Mauer, die nur wenige Meter vom Rheinufer entfernt liegt. An der Mauer knien sie nieder, drei Personen legen Gewehre an. Als Schießunterlage dienen ihnen Säcke mit Katzenstreu, die sie mitgebracht haben. Die drei eröffnen das Feuer aus einer Kalaschnikow und zwei Nato-Gewehren FN. 250 Schuß jagen sie über den Rhein auf die Botschaft der Vereinigten Staaten, die am anderen Ufer liegt. 60 Projektile treffen das Botschaftsgebäude, einige Scheiben gehen kaputt, eine Putzfrau kommt mit einem Schrecken davon. Anschließend steigen die Täter in einen blauen Passat und verschwinden – wie BKA-Beamte später herausfinden. Zehn Tage nach der Tat entdeckt die Polizei den gestohlenen Wagen bei Herborn, 120 Kilometer von Königswinter entfernt.

»wir haben heute mit dem kommando vincenzo spano die botschaft der usa in bonn beschossen, weil die usa im vernichtungskrieg gegen das irakische volk von anfang an die führungsrolle übernommen haben«, erklärt die RAF in ihrem Selbstbezichtigungsschreiben, das bei der Nachrichtenagentur Agence France-Presse in Bonn eingeht. »mit unserer aktion stellen wir uns in eine reihe mit all denen, die rund um den globus gegen diesen us-nato-völkermord aufgestanden sind.« Für die imperialistischen Staaten sei der Golfkrieg der erste Schritt zur Durchsetzung ihrer neuen Weltordnung für die Zeit nach dem Kalten Krieg, behauptet die RAF weiter. Mit dem Krieg wollten die westlichen Industriestaaten verhindern, daß sich in dieser Region, von deren Öl die westlichen Öl-Konzerne und westeuropäischen Industriestaaten abhängig seien, eine Macht entwickeln, die nicht »unter absoluter kontrolle des imperialistischen blocks steht«.

Die RAF wendet sich an die, die in den vergangenen Wochen gegen diesen Krieg mit dem Slogan »Für den Frieden« auf die Straße gingen: »ihr müßt euch damit auseinandersetzen, daß imperialistischer krieg in der logik des imperialistischen systems liegt«, erklären die Terroristen an die Adresse der friedlichen Demonstranten. Und: »ein selbstbestimmtes leben für alle in würde, ohne ausbeutung und unterdrückung, wird es erst dann geben, wenn wir die macht des imperialistischen systems gebrochen haben.«

Die Parolen und Forderungen, die die RAF in diesem Vier-Seiten-Selbstbezichtigungsschreiben aufstellt, sind eine bunte Mischung: Sie reichen von »KRIEG DEM KRIEG« und »US-NATO RAUS AUS DEM NAHEN OSTEN«, über »SOLIDARITÄT MIT DEM HUNGERSTREIK UNSERER GEFANGENEN GENOSSEN VON ACTION DIRECTE UND GRAPO/PCE/R«, »INTERNATIONALITÄT IST DIE ZÄRTLICHKEIT DER VÖLKER« und »ZUSAMMENLEGUNG ALLER POLITISCHEN GEFANGENEN IN WESTEUROPA« bis hin zu »SOLIDARITÄT MIT DER PALÄSTINENSISCHEN INTIFADA UND DEM KURDISCHEN BEFREIUNGSKAMPF«.

Diese Erklärung gegenüber den Friedens-Demonstranten und die Solidaritätsbekundungen gegenüber den Terror-Organisationen im Ausland zeigen deutlich, wie die RAF die Front mit dem »Widerstand« sowohl im Inland wie auch im Ausland im Auge hat – getreu der Vorstellung von der »antiimperialistischen Front«. Mit dem demonstrativ unblutigen Anschlag auf die US-Botschaft ging es der Rote Armee Fraktion darum, sich »in das Thema Golfkrieg einzuklinken, um auch hier ihre Vorreiterrolle zu reklamieren«, erläutert Hans-Jürgen Hessel, Leiter der Terroristen-Fahndung im BKA. Die RAF wollte also der Linken, die in diesen Tagen weitgehend friedlich gegen das militärische Vorgehen der Amerikaner und ihrer Verbündeten demonstrierte, einmal mehr als Avantgarde vorauseilen.

Merkwürdig erscheint Hans-Jürgen Hessel und seinen Kollegen die Wahl des Kommandonamens: Der italienische Terrorist Vincenzo Spano sitzt zur Zeit der Tat im Gefängnis – und ist nicht tot, wie sonst die Personen, nach denen sich die RAF-Kommandos benennen. Die Rote Armee Fraktion jedoch wähnte Vincenzo Spano bereits unter der Erde. Ihr ist ein Irrtum unterlaufen, räumt sie elf Tage später in einer zweiten Erklärung ein. Die RAF hätte nämlich in Wahrheit einen anderen gemeint – ein Novum in zwei Jahrzehnten RAF-Geschichte: »1983 war ein genosse aus italien bei einem banküberfall in frankreich von den bullen erschossen worden – sein name war ciro rizatto.«* Die RAF-Mitglieder hätten jedoch keine Unterlagen darüber mehr besessen: »weil wir die aktion gegen die us-botschaft nicht noch weiter rausschieben wollten, haben wir uns beim kommando-namen darauf verlassen, was einige von uns in ihrem gedächtnis zusammen gesucht hatten. so kam es zu der verwechslung von ciro rizatto mit vincenzo spano – sorry vincenzo.« Diese Erklärung läßt vermuten, daß die RAF, die in früheren Zeiten immer großen Wert auf ein umfassendes Archiv legte, zur Zeit nicht über derartige Unterlagen verfügt.

Keine zwei Monate später schlägt die RAF das nächstemal zu – am Ostermontag 1991, eine halbe Stunde vor Mitternacht: Treuhand-Chef Detlev Karsten Rohwedder, 58, steht im Ankleidezimmer seines Hauses Kaiser-Friedrich-Ring 71 im Düsseldorfer Stadtteil Oberkassel, einer feinen Gegend am Rhein: hier wohnen Rechtsanwälte, Architekten, Steuerberater und Spitzenmanager. Eine vierzig Watt-Glühbirne erleuchtet den drei mal drei Meter großen Raum in der ersten Etage. An den Wänden stehen Bücherregale, auch der Monitor der Videoanlage, mit der das Grundstück überwacht wird, befindet sich in dem Zimmer.

Rohwedder ist kurz davor, ins Bett zu gehen. Er trägt schon seinen blauen Schlafanzug und ist barfuß. Er ahnt nicht, daß ihn jemand be-

---

* Rizatto, Mitglied der italienischen Roten Brigaden, wurde am 14. Oktober 1983 in Paris bei dem Raub erschossen.

obachtet: 63 Meter entfernt, in einem Schrebergartengelände auf der anderen Seite des vor dem Haus verlaufenden Kaiser-Friedrich-Rings, legt ein Schütze ein Natogewehr FN an und drückt ab. Durch die Scheibe trifft das Geschoß Rohwedder in den Rücken – zerreißt Aorta, Speise- und Luftröhre. Tödlich verletzt bricht er zusammen. Seine Frau Hergard stürzt ins Zimmer, will ihm zu Hilfe eilen. Wieder drückt der Schütze in der Dunkelheit ab, trifft sie am linken Arm. Ein dritter Schuß landet in einem Bücherregal.

Ein halbes Jahr zuvor hatte Detlev Karsten Rohwedder den Vorstandsvorsitz der Treuhandanstalt in Berlin übernommen, sein Vorgänger Reiner Gohlke, Ex-Vorstandsvorsitzender der Deutschen Bundesbahn, hatte bereits nach fünf Wochen das Handtuch geworfen. Die Aufgabe der Treuhand ist heikel: sie hat sich um Privatisierung und Sanierung von 8000 einst volkseigenen Betrieben zu kümmern, also die Voraussetzungen dafür zu schaffen, daß aus den Ruinen des Sozialismus die Marktwirtschaft entstehen kann. Die Behörde liegt im Kreuz-

Detlev Karsten Rohwedder

feuer der Kritik. Von »Jobkiller« und von »Verschleuderung von Volksvermögen« sprechen viele Menschen in Deutschlands Osten und die Gewerkschaften, von »Hemmschuh« nicht wenige Unternehmer. »Die Aufgabe hier ist anspruchsvoll, schwierig und in dieser Mittellage zwischen Industrie und Politik genau nach meinem Geschmack«, erklärt Detlev Karsten Rohwedder zwei Monate vor seinem Tod in einem *Spiegel*-Gespräch.

Bereits mit 37 Jahren, im November 1969, war der Jurist Staatssekretär im Bonner Wirtschaftsministerium geworden – unter Karl Schiller. Auf diesem Posten bleibt er auch, als Helmut Schmidt und Hans Friderichs Finanzminister werden.

Nach zehn Jahren in Bonn wechselt Rohwedder 1979 von der Politik in die Wirtschaft, in den Vorstand des angeschlagenen Stahlkonzerns Hoesch. Bereits ein Jahr danach wird er Vorstandsvorsitzender und führt das Unternehmen aus der Stahlkrise. Wiederum zehn Jahre später, Ende Juni 1990, übernimmt er nebenberuflich den Verwaltungsratsvorsitz der von der letzten DDR-Regierung ins Leben gerufenen Treuhandanstalt. Zwei Monate darauf, nach Gohlkes Ausscheiden, rückt er Ende August 1990 auf den Sessel des Vorstandsvorsitzenden.

Am Tag nach seiner Ermordung entdecken Polizeibeamte in dem Schrebergartengelände gegenüber der Rohwedder-Villa einen Gartenstuhl, neben ihm eine Mitteilung der RAF, beschwert mit einem Fernglas. »gegen den sprung der imperialistischen bestie unseren sprung im aufbau revolutionärer gegenmacht«, erklärt das »Kommando Ulrich Wessel«, benannt nach dem Stockholm-Attentäter, der 16 Jahre zuvor in dem Botschaftsgebäude ums Leben gekommen war.* Einige Tage später trifft das ausführliche Selbstbezichtigungsschreiben ein – nach demselben Schema abgefaßt wie die vorhergegangenen. Rohwedder, so die Terroristen, sei ein Schreibtischtäter gewesen, der tagtäglich über Leichen gegangen sei. »in den 80er jahren machte sich rohwedder als chef des hoesch-konzerns einen namen als brutaler sanierer. Er hat bei hoesch in wenigen jahren mehr als zwei drittel aller arbeiterInnen rausgeschmissen und den bankrotten konzern zu neuen profitraten geführt.«

Eine Behauptung, durch die »die ganze politische Erbärmlichkeit

---

* Siehe dazu oben Seite 207.

der RAF illustriert wird«, wie Walter Jakobs in der *taz* zu dem Anschlag und gegen die Erklärung der RAF Stellung nimmt: »Tatsächlich hat Rohwedder bei Hoesch nicht einen einzigen Stahlarbeiter ›rausgeschmissen‹. [...] Mit seinem Sanierungskurs rettete er Hoesch vor der Pleite, sicherte über 10000 Arbeitsplätze und sorgte in Zusammenarbeit mit den Betriebsräten, der IG Metall und mit Unterstützung der Bundesregierung dafür, daß niemand entlassen wurde. Statt dessen schieden die älteren Arbeitnehmer Jahr für Jahr über den Sozialplan, der bis zur Rente 90 Prozent des Nettoeinkommens garantierte, frühzeitig aus. So wurde der Belegschaftsabbau geschafft, ohne daß auch nur ein einziger Hoesch-Beschäftigter in die Arbeitslosigkeit entlassen worden wäre.«

Zurück zu dem Selbstbezichtigungsschreiben der Rote Armee Fraktion: Die Krönung Rohwedders Karriere hätte »seine funktion als bonns statthalter in ost-berlin sein« sollen, behauptet die RAF: »seit der annexion ist die ex-ddr faktisch kolonie der bundesrepublik: die politischen, wirtschaftlichen und militärischen entscheidungszentren liegen in bonn beziehungsweise bundesdeutschen konzernen.« Die Arbeit der Treuhand »bedeutet für die menschen mehr als den verlust des arbeitsplatzes, die schließung der betriebe und die ausrichtung auf

WER NICHT KÄMPFT STIRBT AUF RATEN

FREIHEIT IST NUR MÖGLICH IM KAMPF UM BEFREIUNG

wir haben am 1.4.1991 mit dem kommando ulrich wessel den chef der berliner treuhandanstalt detlev karsten rohwedder erschossen.

rohwedder saß seit 20 jahren in schlüsselfunktionen in politik und wirtschaft.
als bonner wirtschafts-staatssekretär organisierte er in den 70-er jahren die rahmenbedingungen, die das brd-kapital für seine profite in aller welt braucht. er war damals zum beispiel maßgeblich beteiligt am deal mit dem faschistischen süd-afrikanischen regime: know-how für den bau von atom-bomben für süd-afrika gegen uran für die brd-atom-industrie. in der phase der durchsetzung des atom-programms war er im aufsichtsrat staatlicher energiekonzerne und in internationalen gremien.
aber auch für die glatte abwicklung unzähliger - oft verdeckter - waffenexporte an faschistische regimes im trikont suchte und fand er immer wege.
rohwedder war schon damals einer dieser schreibtischtäter, die tagtäglich über leichen gehen und die im interesse von macht und profit elend und tod von millionen menschen planen.

Auszug aus dem RAF-Selbstbezichtigungsschreiben nach dem Rohwedder-Mord

profit von allem, was an neuem hochgezogen werden soll. in diesem prozeß soll land und leuten die struktur aufgezwungen werden, die das internationale kapital für seine herrschaft braucht. es geht um die ausrichtung aller werte auf seine prinzipien, die neben dem materiellen elend von millionen arbeitslosen auch die armut in den köpfen und herzen der menschen bedeutet.« Wer sich den kapitalistischen Werten unterordne, müsse ein Leben in der Vereinzelung akzeptieren. Bei den Schließungen der Betriebe in Ostdeutschland flögen als erstes die Frauen raus, Kinderkrippen würden dichtgemacht, es solle den Frauen die Entscheidung genommen werden, ob und wenn ja, wie viele Kinder sie haben wollten: »so wie wir das aus der brd schon lange kennen – § 218, rassismus und frauenunterdrückung sind für den imperialistischen großdeutschen staat notwendig.«

Die RAF begreife ihre »aktion gegen einen der architekten großdeutschlands auch als aktion, die diese reaktionäre entwicklung an einer wurzel trifft«. Einer der Schlüsselsätze der Erklärung lautet: »gerade heute, wo der imperialismus schlag auf schlag landet, um seine neue weltordnung den völkern hier wie im trikont* aufzuzwingen (der krieg am golf; die entwicklung zu großdeutschland; die harte haltung gegen die kämpfe unserer gefangenen genossinnen; die versuche des staats, jeden selbstbestimmten raum von menschen zu zerstören bzw. von vornherein zu verhindern), muß eine revolutionäre bewegung in der lage sein, überall präsent zu sein.« Es gehe der RAF darum, neben »strategischen angriffen« wie gegen Rohwedder auch »in die aktuelle auseinandersetzung zu intervenieren«, wie beispielsweise gegen die US-Botschaft.

Zur Bedeutung der Gefangenen erklärt die RAF: »für jede revolutionäre bewegung auf der welt ist es eine frage der eigenen identität, wege zur freiheit der politischen gefangenen zu suchen. eine revolutionäre bewegung, der die gefangenen nicht am herzen liegen, kann es nicht geben. der weg zur freiheit der politischen gefangenen führt über die durchsetzung ihrer zusammenlegung.«

Was ihr politisches Ziel anbelangt, knüpft die RAF an das Neusel-Selbstbezichtigungsschreiben an: »wir alle, die für ein menschliches leben in würde und frei von herrschaft kämpfen, müssen es anpacken,

---

* Trikont = Lateinamerika, Afrika und Asien. Der Begriff Trikont setzt sich aus »Triade« (Dreizahl, Dreiheit) und »Kontinent« zusammen.

zur gemeinsamen kraft werden.« Es müsse »die keimform einer neuen gesellschaft entstehen, in der die menschen anfangen, ohne herrschaft und selbstbestimmt zusammenzuleben.«

Dieses Schreiben führt die in der Herrhausen-Selbstbezichtigung begonnene und in den Schreiben zu den Anschlägen auf Neusel und die US-Botschaft fortgesetzte Angriffslinie gegen »Großdeutschland« fort. Sie ist zum Thema Nummer 1 für die RAF geworden. Vom militärisch-industriellen Komplex beispielsweise ist keine Rede mehr. Rohwedder war aus Sicht der RAF ein Vollstrecker dieser Pläne (»mit seiner brutalität und arroganz auch der richtige.«), ihm sei es nur – nicht anders als bei Hoesch – um den Profit gegangen. Nach wie vor weigert sich die RAF wahrzunehmen, daß die Entwicklung auf dem Gebiet der Ex-DDR Folge der katastrophalen Wirtschaftspolitik des Honecker-Regimes und einer klaren demokratischen Entscheidung der Menschen dort ist. Diesen historischen Vorgang versucht die RAF durch das Wort »Annexion« zu kaschieren. Als eine neue Zielgruppe spricht die RAF die Frustrierten in den neuen Bundesländern an, deutlich rekurriert sie auf die sozialen Probleme wie Arbeitslosigkeit, die durch die Umstellung entstehen.

Die Bemerkung der RAF, daß sie sich neben den strategischen Taten auch in »aktuelle Auseinandersetzungen« einmischen will, löst bei Terrorismusexperten die Befürchtung aus, daß die Gruppe die Abstände zwischen ihren Anschlägen verkürzen könnte.

Äußerst schwammig und vage formuliert die RAF das, worauf sie hinaus will: »ein menschliches leben in würde und frei von herrschaft« ist ziemlich wenig, wenn diese Vorstellung als Rechtfertigung für einen Mord dienen soll.

Überraschung herrscht nach dem Anschlag, als herauskommt, daß Rohwedder sich nicht nur unbewacht in seinem Haus aufhielt, sondern auch im Scheine der Zimmerbeleuchtung von außen erkennbar agierte. Wie die Rekonstruktion des Anschlags zwei Nächte später zeigte, konnte der Schütze Rohwedder von dem Schrebergartengrundstück aus ins Visier nehmen – »ohne weiteres Hilfsmittel«. Die Ermittler bei der Bundesanwaltschaft vermuten, daß der Mörder irgendwann im Laufe des Abends der Tat auf dem Gartenstuhl Platz nahm, mit seinem Fernglas das Haus beobachtete und in dem Moment, in dem er Rohwedder in das Zimmer kommen sah, das Gewehr anlegte und abdrückte – einfacher geht's kaum mehr. »Ein einziger

Täter könnte es gewesen sein«, sagt ein Oberstaatsanwalt der Bundesanwaltschaft. Das Gewehr, so zeigen die kriminaltechnischen Untersuchungen, war auch schon bei dem Anschlag auf die US-Botschaft zwei Monate zuvor verwendet worden.

Schon ein Blick in das zu diesem Zeitpunkt neun Monate alte Neusel-Selbstbezichtigungsschreiben zeigt deutlich, wie sehr sich Rohwedder im Fadenkreuz der RAF befand. In dem Neusel-Schreiben hatte die Rote Armee Fraktion von »einer langen kampfphase gegen die neuentstandene großdeutsche/westeuropäische weltmacht« gesprochen. Fixpunkt dafür wurde die Treuhandanstalt – und natürlich ganz besonders ihr Chef. Rohwedders Name nannten schon Monate vor dem Anschlag TE-Experten rasch, wenn die Sprache auf potentielle RAF-Opfer kam. So stand sein Name auch auf einer BKA-Liste besonders gefährdeter Personen (Aktenzeichen: TE 22-221 392/90), die insgesamt 13 Namen von Top-Managern enthält.*

Jedenfalls hatten es die Täter nicht schwer, ihr Opfer zu finden. Im amtlichen Telefonbuch für Düsseldorf ist in der Ausgabe 1990/91 auf Seite 650 zu lesen: »Rohwedder Detlev Dr., Kaiser-Friedrich-Ring 71, 578157«.

Nicht nachvollziehbar ist, daß es keinen größeren Schutz für den Treuhandchef gab – er war in die Gefährdungsstufe 2 eingeteilt (»Terroranschlag möglich«). In Berlin standen ihm zwar eine gepanzerte Limousine und Leibwächter rund um die Uhr zur Verfügung, daheim in Düsseldorf fuhr nur gelegentlich ein Streifenwagen an seinem Haus vorbei – zum letztenmal dreieinhalb Stunden vor dem Anschlag. Im Erdgeschoß war schußhemmendes Glas eingesetzt worden, vier Zen-

---

* Weitere Namen, in alphabetischer Reihenfolge: Friedhelm Gieske (Vorstandsvorsitzender des Rheinisch-Westfälischen Elektrizitätswerks), Carl Hahn (VW-Vorstandsvorsitzender), Karlheinz Kaske (Siemens-Vorstandsvorsitzender), Hilmar Kopper (Deutsche Bank-Vorstandssprecher), Klaus Murmann (Präsident der Bundesvereinigung der Deutschen Arbeitgeberverbände), Tyll Necker (Präsident des Bundesverbandes der Deutschen Industrie), Werner Niefer (Mercedes-Benz-Vorstandsvorsitzender), Edzard Reuter (Daimler-Benz-Vorstandsvorsitzender), Wolfgang Röller (Dresdner-Bank-Vorstandssprecher), Wolfgang Schieren (Allianz-Vorstandsvorsitzender), Hans-Peter Stihl (Präsident des Deutschen Industrie- und Handelstages) und Hans Tietmeyer (Bundesbank-Direktoriumsmitglied und Kanzlerberater).

timeter dick, nicht dagegen in der ersten Etage. In Düsseldorf begleiteten ihn Leibwächter nur zu besonderen Anlässen. Rohwedder wollte, wie aus dem nordrhein-westfälischen Innenministerium zu hören war, die Sicherheitsmaßnahmen auf ein Minimum beschränkt wissen. Gleichwohl: auf der anderen Seite der Straße, an der die Rohwedder-Villa liegt, erstreckt sich ein nicht überschaubares Gewirr von Kleingärten, voller Blätter und Gestrüpp: ein ideales Terrain, um sich unbemerkt an das Haus heranzupirschen. Diese Schwachstelle war offensichtlich – unternommen wurde dagegen nichts, wie etwa der Einbau von schußhemmendem Glas auch in der ersten Etage. Es läßt sich nicht wegdiskutieren: Die Sicherheitsmaßnahmen für den Treuhand-Chef waren löchrig, die Maßnahmen in Düsseldorf unzureichend, wie nicht zuletzt das simple Vorgehen der Täter belegt.

Die RAF heute

»Was wissen Sie über die Kommandoebene von heute?« frage ich Gerhard Löchner, den für die Terroristenfahndung zuständigen Abteilungsleiter der Bundesanwaltschaft. »Zu wenig«, antwortet der grauhaarige Dreiundsechzigjährige nachdenklich.

Unklar ist bereits, wie viele Personen ungefähr der Kommandoebene angehören (interne RAF-Bezeichnung: »Bernhard«). Von »etwa 15 bis 20 Personen« geht das Bundesamt für Verfassungsschutz aus – bereits seit Mitte der achtziger Jahre. In offiziellen Erklärungen spricht das Bundeskriminalamt von 20 bis 30 Personen – mit einem Fragezeichen.

Betrachtet man die jüngsten Anschläge, so zeigt sich, daß die Zahl deutlich geringer sein könnte. Beim Herrhausen-Mord waren Zeugen fünf Verdächtige aufgefallen, beim Neusel-Attentat drei. Am Anschlag auf die US-Botschaft beteiligten sich zumindest drei Personen, wie die als Schießunterlage genutzten und zurückgelassenen Säcke mit Katzenstreu zeigen. Vielleicht war ein vierter als Fahrer mit dabei. Und beim Rohwedder-Mord hätte ein Täter ausgereicht, wie die Ermittler feststellten. Sie vermuten, daß ihn ein zweiter unterstützte.

Was also spricht für eine Zahl um die zwanzig? Eines gewiß: »Es liegt im naturgemäßen Interesse aller Strafverfolgungsbehörden, wenn sie Zahlen nennen, diese möglichst hoch anzusiedeln«, lächelt ein Oberstaatsanwalt bei der Bundesanwaltschaft vielsagend: »Wir haben es doch mit einem wesentlich gefährlicheren Gegner zu tun, wenn wir davon ausgehen, daß die RAF-Kommandoebene zwanzig Personen umfaßt.«

Die Angabe von rund zwanzig Personen für die Kommandoebene läßt sich derzeit jedenfalls durch nichts belegen. Sie stammt noch aus der Zeit der zweiten Generation. Damals gab es eine Kommandoebene in etwa dieser Größenordnung, beispielsweise 1977. Und gerade dies könnte der dritten Generation eine Lehre gewesen sein:

Alles spricht dafür, daß sie, bevor sie Mitte der achtziger Jahre mit dem Morden anfing, sehr genau analysierte, weshalb ihre Vorgänger geschnappt wurden. Denn die dritte Generation vermeidet die Fehler früherer Generationen – wie etwa Fingerabdrücke bei den Anschlägen und auffällige Wagen. Ein weiterer offensichtlicher Schwachpunkt bestand bei den Vorgängern der heute aktiven Terroristen darin, daß immer wieder »Aussteiger« auspackten und die einzelnen Gruppenmitglieder schwer belasteten – zumeist in der Hoffnung auf eine milde Strafe. Dies waren regelmäßig Personen, die mehr am Rand als in der Mitte der Gruppe standen. Zum Beispiel Gerhard Müller und Karl-Heinz Ruhland bei der ersten Generation, Hans-Joachim Dellwo und Volker Speitel bei der zweiten. Was lag angesichts dessen näher als der Schluß, die Anzahl der Mitglieder auf ein Minimum zu reduzieren? Unnötige Mitwisser könnten damit ebenso vermieden werden wie »unsichere Kantonisten« – von den wenigen Aktivisten wäre danach nun jeder so tief in das blutige Geschäft verstrickt wie die anderen auch.

Gewiß: die Zahl der Aktiven in der Kommandoebene besagt letztlich nichts über die Gefährlichkeit der Gruppe. Noch mehr als bei dieser Frage tappen die Fahnder derzeit im dunkeln, wenn es darum geht, wer tatsächlich zur Kommandoebene gehört. Kein Fahnder kann zuverlässig sagen, daß auch nur eine der auf den Fahndungsplakaten abgebildeten Personen heute mit Sicherheit zum Kommandobereich zählt. Das ist auch kein Wunder: Den letzten Fingerabdruck nach einem Anschlag fanden die Ermittler 1981 – Christian Klar hatte ihn in Heidelberg bei dem Anschlag auf Kroesen im September 1981 auf der Rückseite des Kennzeichens eines Fluchtwagens hinterlassen.

Nur eins gilt bei den derzeit acht auf dem Fahndungsplakat Abgebildeten* als sicher: Daß Friederike Krabbe seit über zehn Jahren im Irak untergetaucht ist. Die anderen sieben – das Ehepaar Meyer, Birgit Hogefeld, Christoph Eduard Seidler, Sabine Callsen, Wolfgang Grams und Andrea Klump haben die Fahnder schon seit Jahren vom Radarschirm verloren. Nach den Erkenntnissen des Bundeskriminalamts tauchten alle sieben im Jahr 1984 in den Untergrund ab:

Der Starkstromelektriker Horst-Ludwig Meyer, Jahrgang 1956, und seine Ehefrau Barbara, ebenfalls Jahrgang 1956 – einst Verkäuferin und Telefonistin –, lebten vor ihrem Verschwinden in der Auberlenstraße 18 in Fellbach bei Stuttgart, und zwar von Arbeitslosen- und Sozialhilfe. Der Wohngemeinschaft gehörten der mittlerweile ebenfalls gesuchte Thomas Simon, Jahrgang 1953, und die 1986 verhaftete Eva Haule-Frimpong, Jahrgang 1954, an.

Drei der Gesuchten stammen aus Wiesbaden: Birgit Hogefeld, Jahrgang 1956, studierte von 1975 bis 1977 in Frankfurt Jura und arbeitete später als Orgellehrerin. Wolfgang Grams, Jahrgang 1953, wurde 1974 vom Lehramtsstudium zwangsexmatrikuliert und betreute einsitzende Terroristen. Andrea Klump, Jahrgang 1957, war von 1976 bis 1981 an der Frankfurter Universität für Völkerkunde, Soziologie und Politik eingeschrieben, verließ die Universität ohne Abschluß und kümmerte sich ebenfalls um einsitzende Terroristen.

Die Hannoveranerin Sabine Callsen, Jahrgang 1961, studierte ab 1981 in Hamburg Tibetologie und Pädagogik und brach ihr Studium ab. Christoph Eduard Seidler, 1958 in Heidelberg geboren, betätigte sich vor seinem Abtauchen in den Untergrund als Student der Politikwissenschaften, als Krankenpfleger und Taxifahrer.

Sicher sind sich die Ermittler, daß der Kommandoebene auch Personen angehören, deren Namen sie noch nicht kennen. Wie rekrutiert die Kommandoebene ihre Mitglieder? »Aus eigenem Entschluß kann sich niemand der RAF anschließen«, erklärt ein leitender Verfassungsschützer, »man wird gerufen, aufgefordert.« Die Ermittler sind sich sicher, daß die Kommandoebene heute – anders als in früheren Zeiten – auch Leute zu sich holt, die im Umfeld nicht aufgefallen und damit der Polizei unbekannt geblieben sind. Als ein Zeichen dafür, daß seit einiger Zeit neue Leute mit von der Partie sind, werten Ermitt-

* Siehe Seite 334.

ler unter anderem den Wandel bei den Kommandoerklärungen. Bis 1989 waren sie kaum verständlich. »Bei Herrhausen kam zum ersten Mal ein Selbstbezichtigungsschreiben, das man auch, ohne an die Höhe seines Gehalts zu denken, lesen konnte«, erklärt ein Ermittler der Bundesanwaltschaft.

Unklar ist auch, wie diese Kommandoebene lebt. Immer mehr rükken die Ermittler von der Vorstellung ab, daß sie – wie einst die zweite Generation – ausschließlich in der »Illegalität« lebt, also in konspirativen Wohnungen, mit gefälschten Papieren und unter einer Legende. »Wir müssen von neuen Überlegungen ausgehen«, erklärt mir BKA-Präsident Hans-Ludwig Zachert. Es sei gut vorstellbar, daß die Kommandoebene nach dem Modell der Revolutionären Zellen* arbeite, »als Normalbürger wie du und ich handelt«. Für den Anschlag tauche die Gruppe kurzzeitig ab, anschließend sofort wieder auf, beispielsweise am Arbeitsplatz, so daß nichts auffalle. »Das scheint das Erfolgsrezept zur Zeit zu sein«, meint der BKA-Chef, »und das macht natürlich auch die Erkennung durch das polizeiliche Instrumentarium so schwierig.«

In der Tat, der Vergleich macht es deutlich: Eine Kommandoebene, die illegal lebt, muß 24 Stunden am Tag auf der Hut sein. Denn alles ist für sie Legende: Der Name, die Papiere, die Wohnung, jeder Kontakt mit anderen Menschen. Wesentlich ungefährlicher ist da das scheinbürgerliche Leben: Wer als braver Bürger irgendwo lebt, hat all diese Probleme nicht – seine Nachbarn kennen ihn seit Jahren, vielleicht hat er sogar eine ganz »normale« Arbeit, ist beim Einwohneramt gemeldet und besitzt sogar eine Steuerkarte. Für einige Stunden setzt er sich aus seiner Umgebung ab, unbemerkt oder mit einer plausiblen Erklärung. Sofort nach dem Anschlag kehrt er wieder an seinen Platz zurück. Wie sollte man ihm auf die Schliche kommen, solange er nicht auf frischer Tat gefaßt wird?

Um es ganz deutlich zu sagen: Sicher ist nicht, daß die RAF so arbeitet. Aber es spricht schon eine Menge für diese Überlegung, nicht zuletzt auch die Tatsache, daß die letzte konspirative Wohnung der Kommandoebene vor langer Zeit entdeckt wurde, nämlich 1985.

Bleibt noch die Frage, wie sich die RAF finanziert. Das Lösegeld aus der Palmer-Entführung dürfte weitgehend aufgebraucht sein. Seit

---

* Zu den Revolutionären Zellen siehe oben Seite 353f.

Jahren ist kein spektakulärer RAF-Bankraub mehr bekanntgeworden. Die Ermittler vermuten, daß sich die RAF durch Überfälle auf Geldboten finanziert – und zwar aufgrund folgender Überlegung: Die Banken haben im Laufe der Jahre Vorsorge gegen Überfälle getroffen, wie schußsichere »Kassenboxen« und weniger »greifbares« Geld in den Kassen. In der Regel können kaum mehr als 20000 Mark durch einen Banküberfall erbeutet werden, sagen Experten. Wesentlich mehr läßt sich durch Überfälle auf Geldboten erbeuten. Zwei derartige Straftaten der RAF wurden 1985 bekannt.* Heute erfolgt in der Bundesrepublik pro Tag zumindest ein Überfall auf einen Geldboten. »Für uns gibt es fast keine Ansätze festzustellen, ob es Terroristen waren oder nicht«, sagt Martin Tuffner, Leiter des TE-Stabs im Bundeskriminalamt.

Eine Bestätigung für diese These lieferte die RAF selbst: Nach der Verhaftung der RAF-Aussteiger in der DDR erklärt die RAF am 24. September 1990, angesichts dieser Meldungen solle »wieder einmal der angebliche endsieg über uns gefeiert werden«. Deshalb sei – trotz Kenntnis der wahren Zusammenhänge durch das BKA – die Nachricht unterschlagen worden, »daß wir einige tage vor der verhaftungswelle dort, die pfingsteinnahmen aus einem massa-markt bei duisburg** enteignet hatten«.

Auch die zweite Ebene, die Militanten – zuständig für die »Brand- und Sprengstoffanschläge« – sind nach wie vor aktiv. Auch bei ihnen ist es schwierig, die Zahl der Angehörigen festzustellen. Das Bundeskriminalamt spricht von zwanzig bis fünfzig Personen – ebenfalls mit einem Fragezeichen. Es liegen schlicht zu wenige Erkenntnisse vor, um eine genaue Aussage zu treffen. Einige dieser Militanten konnten in den vergangenen Jahren gefaßt und verurteilt werden. Zum Beispiel wurden wegen des Anschlags auf Dornier in Immenstaad am Bodensee vier Personen verurteilt: Christian Kluth zu zehn Jahren Gefängnis, Erik Prauss, Andrea Sievering und Luitgard Hornstein zu neun Jahren. Die Stuttgarter Bombentransporteurin Claudia Wannersdorfer erhielt acht Jahre Freiheitsstrafe.

Diese »Kämpfenden Einheiten« sind nach wie vor in enger Abstim-

* Siehe dazu oben Seite 352.

** Beute am 5. Juni 1990: 320000 Mark. Das BKA geht heute davon aus, daß tatsächlich die RAF diesen Überfall verübte.

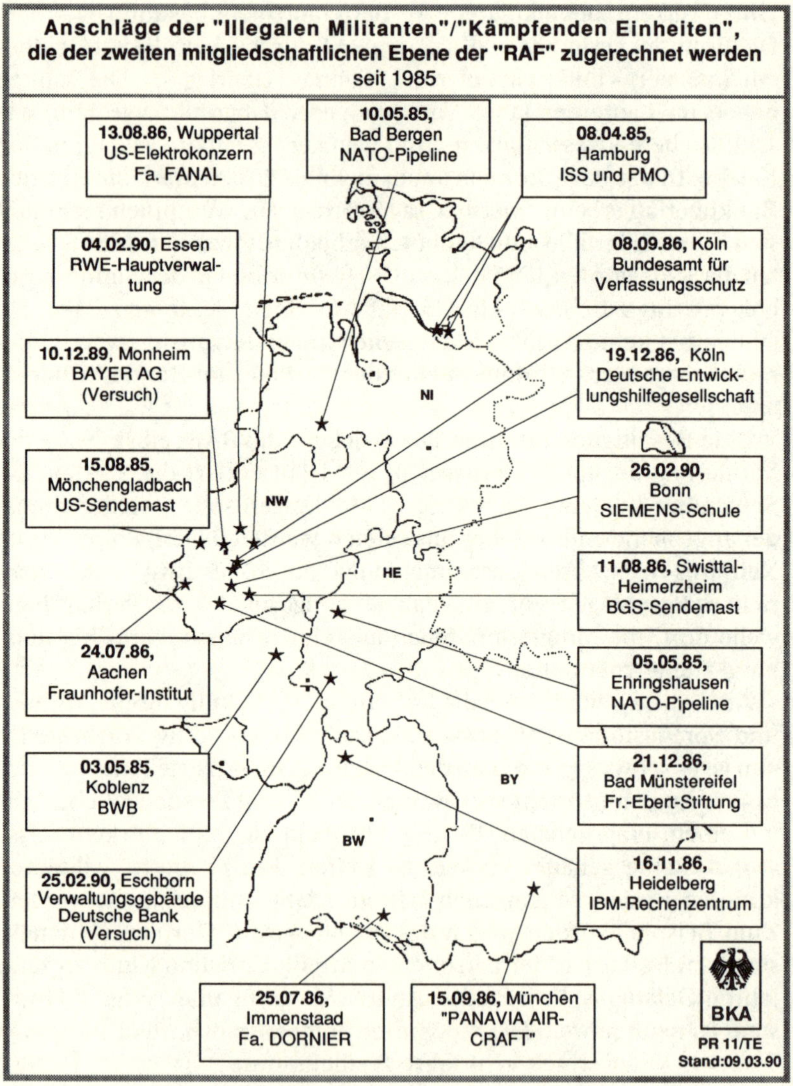

Skizze des Bundeskriminalamts

mung mit der Kommandoebene tätig, wie nicht zuletzt auch die Verhaftung von Eva Haule-Frimpong während eines Treffens mit zwei Militanten in einem Eiscafé in Rüsselsheim zeigt. Auch bei der Logistik arbeiten Kommandoebene und Militante zusammen – kriminaltechnische Untersuchen belegen dies.

Die dritte Ebene, das »Umfeld«, bilden Personen, die das Gewaltkonzept der Rote Armee Fraktion bejahen, sich für ihre Ziele einsetzen, indem sie unter anderem versuchen, durch politische Agitation die Anschläge der Kommandoebene und der Kämpfenden Einheiten politisch zu vermitteln. Unter anderem durch Flugblätter, Zeitschriften und Veranstaltungen. Das »engere« Umfeld der RAF veranschlagt der Verfassungsschutz auf rund 250 Personen, das »weitere Umfeld« wird mit rund 2000 Personen beziffert – bei »Hungerstreik-Demonstrationen« zogen bis zu 7000 Menschen durch die Straßen.

Bei den Angehörigen des RAF-Umfeldes verzeichnet der Verfassungsschutz derzeit Irritationen – aus zwei Gründen: Die stürmische Entwicklung in Osteuropa macht eine neue Orientierung erforderlich, hat insbesondere die Frage aufgeworfen, wie »antiimperialistische« Politik in Zukunft aussehen könne. Zum anderen sind die RAF-Anhänger durch die Verhaftung der zehn Aussteiger in der DDR überrascht: Nicht nur angesichts der Tatsache, daß sie dort in die biedere Bürgerlichkeit abgetaucht waren, weil sie die Sinnlosigkeit des RAF-Terrors eingesehen hatten. Vielmehr noch sorgte für Bestürzung, daß die meisten Verhafteten rückhaltlos auspackten – dies hatte seit über einem Jahrzehnt kein ehemaliges RAF-Mitglied mehr getan.

Die Ermittler gehen davon aus, daß die Kommandoebene über sogenannte Schnittstellenpersonen Kontakt zum »engeren Umfeld« hält. Vor allem seien dies vier Personen in der Bundesrepublik, erklärt ein Oberstaatsanwalt. »Wir glauben, sie namentlich zu kennen«, sagt der Ermittler der Bundesanwaltschaft – doch bislang sei es nicht gelungen, einen von ihnen zu überführen. Aus diesem Umfeld heraus erfolgen heute auch Ausspähungen von potentiellen Opfern, wie die Fahnder meinen. Dort würde auch Material zu relevanten Themen aus »Politik, Wirtschaft und Gesellschaft« gesammelt, auf das die Kommandoebene bei Bedarf zurückgreifen könne – vor allem Zeitungsausschnitte, Aufsätze und Bücher.

Diese Einteilung in die drei Ebenen außerhalb der Gefängnisse »Kommandoebene – Militante – Umfeld« ist freilich die Sichtweise der Sicherheitsbehörden. Für die Rote Armee Fraktion ist das nicht mehr als ein »Staatsschutzkonstrukt«. Für sie ist der Begriff »RAF« wesentlich enger als für die Staatsschützer. RAF ist für die Kommandoebene nur sie selbst – also RAF gleich »Guerilla«. Alles andere fällt für sie unter den Begriff »Widerstand«. Diese Sicht der Dinge erfolge nicht zuletzt in der Absicht, meinen die Strafverfolger, so weit wie möglich eine Kriminalisierung der RAF nahestehender Personen und Gruppen zu vermeiden. Originalton Rote Armee Fraktion: »die raf ist eine bewaffnete kämpfende gruppe, die aus der illegalität operiert, also alle, die heute in der raf kämpfen, sind illegal.« Deshalb gebe es auch keine »›legalen‹ mitglieder der raf«.

Daraus erklärt sich auch, warum sich die RAF-Häftlinge – nach Meinung von Fahndern eine vierte Ebene des Gebildes RAF – als »gefangene aus der raf« bezeichnen: Sie gehören der Guerilla nicht mehr an, kommen aber aus ihr und bekennen sich zu ihren Zielen.

In welchem Verhältnis stehen nun die RAF-Häftlinge und die Kommandoebene? »Das intellektuelle Potential sitzt hinter Schloß und Riegel«, meint Bundesanwalt Wolfgang Pfaff. »Unsere Erkenntnisse zeigen, daß Personen in den Anstalten teilweise in das involviert sind, was sich draußen tut.« Als ein Beleg dafür gilt der Brief des RAF-Häftlings Pohl, in dem er nach dem zehnten Hungerstreik den Genossen draußen erklärt, daß man sich »auf eine neue phase des kampfes orientieren« müsse – keine drei Wochen nach Veröffentlichung des Schreibens wird Alfred Herrhausen ermordet. Führende Köpfe der Häftlinge sind nach Meinung der Sicherheitsbehörden neben Pohl Brigitte Mohnhaupt und Eva Haule-Frimpong. So gaben beispielsweise Pohl und Mohnhaupt Erklärungen »für die gefangenen aus der raf« ab.

Eine »zunehmend wichtige Rolle« spielten die Häftlinge in der von der RAF angestrebten Front, lautet das Fazit des BKA über die Bedeutung der Inhaftierten in einer Analyse: »Ihr ›Kampf um Zusammenlegung‹ ist Orientierung für die ›Guerilla‹ und den gesamten ›Widerstand‹. Die ›Gefangenen‹ sind als integraler Teil der ›revolutionären Bewegung‹ anzusehen.« Eines der obersten Ziele besteht für die RAF nach wie vor darin, die Freilassung der Gefangenen zu erreichen. Eine Zusammenlegung verfolgen sie als deren »Vorstufe«.

Das Konzept der RAF besteht – einfach ausgedrückt – nach wie vor darin, durch gezielte Anschläge die Gesellschaft zu erschüttern, in der

Hoffnung auf Zuspruch und Unterstützung durch die »Massen«, um so eine revolutionäre Situation herbeizuführen. Grundlegend ist für ihr Vorgehen nach wie vor der von Marighella aufgezeigte Gedanke der »Stadtguerilla«, also das Konzept, in den Großstädten, unfaßbar für die Polizei, Anschläge zu verüben. Grundlage für die RAF-Strategie ist bis zum heutigen Tag das Mai-Papier aus dem Jahr 1982: Danach strebt die RAF eine antiimperialistische Front an, zum einen mit anderen Gruppen des Widerstandes im Inland, zum anderen mit ausländischen Terrororganisationen.

Zum Thema Nummer eins ist für die RAF »Großdeutschland« geworden; in der deutschen Einheit erblickt sie eine »reaktionäre entwicklung«. Nach der Beurteilung der RAF ist die Ex-DDR seit ihrer »annektion... faktisch kolonie der bundesrepublik«. Dieser »kolonial-status« ist nach Meinung der Terroristen nur vorübergehend geplant, da die Bundesrepublik für ihre Großmachtpläne die Ex-DDR brauche als »funktionierenden kapitalistischen teil – schließlich ist das hauptstandbein, auf dem die politische macht hier basiert, die wirtschaftliche potenz«.

Dieses Großdeutschland, das auf eine Vorherrschaft in Europa ziele, steuere – wie die RAF weiter behauptet – auf das 4. Reich zu. Eine Entwicklung, der sie sich widersetzen will: »es ist klar und gerade an der deutschen geschichte bis zum 3. reich deutlich, daß verarmung, verelendung und massenarbeitslosigkeit nicht von alleine zu einer mobilisierung für menschliche ziele und gegen die herrschenden führt.« Die Auswahl ihrer Opfer begründet die RAF stets damit, daß der Betreffende eine bestimmte Funktion ausgefüllt habe, Rohwedder zum Beispiel als »bonner statthalter in ost-berlin«. Jeder Anschlag hat eine strategische Untermauerung. RAF-Motto: »WER NICHT KÄMPFT, STIRBT AUF RATEN – FREIHEIT IST NUR MÖGLICH IM KAMPF UM BEFREIUNG«.

Nach der aktuellen Imperialismusanalyse der RAF ist der Imperialismus gerade heute »schlag auf schlag« dabei, seine neue Weltordnung den Menschen aufzuzwingen. Als Belege dafür nennt die RAF neben der deutschlandpolitischen Entwicklung den Golf-Krieg, »die harte haltung gegen die kämpfe unserer gefangenen genossInnen« und »die versuche des staates, jeden selbstbestimmten raum von menschen zu zerstören bzw. von vornherein zu verhindern«. Als Beispiel für »selbstbestimmte lebensräume« führt die RAF die Hamburger Hafen-

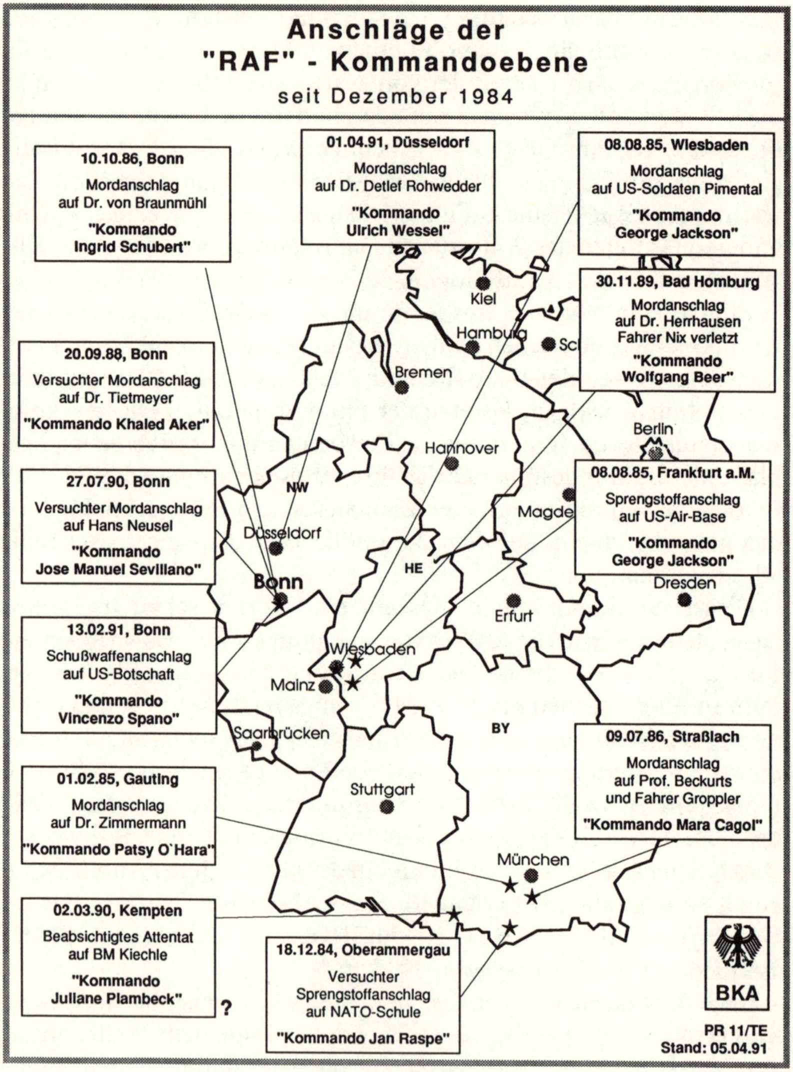

Skizze des Bundeskriminalamts

straße an. Sie kritisiert mit Nachdruck die Yuppisierung in den Großstädten – sie spricht von den »maden im speck, die wir yuppies nennen und deren lebensinhalt sich weitgehend auf ›born to shop‹ reduziert«.

Worauf will die RAF in ihrer Gedankenwelt hinaus? »wir können uns den prozeß der umwälzung der gesamten verhältnisse nur vorstellen als einen prozeß, in dem wir in der durchsetzung konkreter forderungen und ziele gemeinsame gegenmacht aufbauen, eine gegenmacht, die zusammen mit den kämpfen der völker im trikont die notwendigen veränderungen gegen das imperialistische system durchsetzen kann und in einem langandauernden kampf die befreiung der menschheit erkämpft.« Die revolutionäre Bewegung müsse, erklärt die RAF weiter, zum »realen und spürbaren faktor« werden und eine »greifbare menschliche perspektive entwickeln und dadurch zur anziehung für alle, die dieses system als unterdrückung erfahren, werden.«

Als Konsequenz aus dieser Ideologie der RAF stehen nach Einschätzung der Sicherheitsbehörden auf ihrer Todesliste Manager und Politiker ganz oben, die – aus Sicht der Terroristen – »den Ausverkauf der Ex-DDR« verkörpern.

Im Zentrum der RAF-Angriffslinie liegt heute der politisch-ökonomische Bereich. Von Bedeutung sind neben dem Thema »Großdeutschland« vor allem die Themen »Europäischer Binnenmarkt«, »Mittel- und Osteuropa« sowie »Dritte Welt«. Aber auch für die Bereiche »Militär«, »militärisch-industrieller Komplex« und Repressionsapparat« – also Justiz und Staatsschutz – konnte bislang noch keine Entwarnung gegeben werden. Das Gefährdungsspektrum ist damit heute wesentlich breiter als früher, wirksamer Schutz vor Anschlägen entsprechend schwierig.

Betrachtet man die Entwicklung der RAF seit dem Mai-Papier, so zeigt sich, daß sie ihre Ziele nicht erreicht hat: Es ist ihr nicht gelungen, die von ihr beabsichtigte »antiimperialistische Front« aufzubauen. Auch den von ihr propagierten »Widerstand« vermochte sie nicht hinter sich zu bringen. So blieb die Zahl der Personen im »engeren Umfeld« seit Anfang der achtziger Jahre praktisch unverändert: Nach wie vor sind es nicht mehr als rund 250. Der Rote Armee Fraktion selbst scheint auch klar zu sein, daß sie in diesen Jahren nicht weitergekommen ist. Hinter ihrer Forderung aus dem April 1991, die revolutionäre

Bewegung müsse »zu einem realen und spürbaren faktor werden«, steckt in Wirklichkeit nichts anderes als hinter dem »Front«-Begriff im Mai-Papier 1982: Die RAF weiß, daß sie zu schwach ist, um politisch etwas bewirken zu können. Sie ringt um Verbündete, um Unterstützung. Doch sie bleibt, was sie ist: isoliert, selbst im Bereich der revolutionären Linken.

Die Vorstellung, die die Rote Armee Fraktion als Ziel proklamiert, ist unausgegoren und mutet geradezu naiv an, wenn man berücksichtigt, seit wieviel Jahren die RAF sich zum Thema Revolution Gedanken macht: Wären da nicht die schrecklichen Morde, wäre es geradezu rührend, wie die RAF von einem »langandauernden kampf« für die »befreiung der menschheit« unter Führung einer Handvoll Terroristen schwadroniert. Nichts anderes als grotesk ist die Vorstellung, die Ermordung einzelner Funktionsträger in der Bundesrepublik – die stets sofort ersetzt werden – könne Grundlage für die Entwicklung einer »menschlichen perspektive« sein.

Tatsache ist: politisch hat die RAF zu keiner Zeit nennenswertes Gewicht erlangen können. Nur die Anschläge sorgen für Beachtung ihrer Erklärungen. Deren Inhalt kommt freilich nicht über das Niveau von Flugblättern marxistisch-leninistischer Sektierergrüppchen hinaus. Gäbe es diese Terrortaten nicht, würde sich niemand durch die Phrasen in den RAF-Erklärungen quälen. Die Texte würden ungelesen im Papierkorb landen.

Schon lange scheinen die Fanatiker der RAF ihr Verhältnis zur Realität verloren zu haben: Die von den Terroristen proklamierte Vorstellung von einer Revolution – hin zu einem Sozialismus, welcher Ausprägung auch immer – ist heute illusorischer denn je: In den einst sogenannten sozialistischen Staaten sorgten die Massen dafür, daß man sich vom Sozialismus ganz oder teilweise verabschiedet hat. Das, was einst Ostblock war, ist bankrott, die Menschen empfinden sich als Opfer dieser Doktrin. Die Realität hat im Wettkampf zwischen den Systemen klar entschieden.

Das einzige, was die dritte RAF-Generation bislang geschafft hat, ist, neun Menschen umzubringen, rund drei Dutzend zu verletzen und dafür zu sorgen, daß Sicherheitsmaßnahmen für Hunderte von Gefährdeten getroffen wurden. Politisch steht sie mit dem Rücken an der Wand. Mehr als je zuvor.

6 Warum ist es nur so schwer, die RAF-Terroristen zu fassen?

»Keine Spuren, keine personenbezogenen Sachbeweise – das ist unser Hauptproblem«, sagt Bundesanwalt Wolfgang Pfaff.

Die heute aktiven Terroristen haben aus den Fehlern früherer Generationen gelernt. Bei den Anschlägen arbeiten sie geradezu perfekt: An den Tatorten hinterlassen sie keine Fingerabdrücke mehr, sie fahren nicht mehr, wie etwa einst Andreas Baader, in einem auberginefarbenen Porsche vor, sondern in unauffälligen Wagen der unteren Mittelklasse, mitunter auch in Kleinwagen. Dezent-bürgerliche Kleidung ist schon seit langem selbstverständlich. Alles deutet darauf hin, daß sich die Mitglieder der RAF-Kommandoebene auf andere Weise als einst konspirative Wohnungen beschaffen: Früher taten sie das häufig mit gestohlenen Papieren oder durch Sympathisanten – seit 1985 hat die Polizei keine konspirative Wohnung mehr entdeckt. Ebensowenig gibt es einen Aussteiger, der auspackt. Möglicher Grund, wie gesagt: die Stärke der Kommandoebene wurde drastisch reduziert, auf den unverzichtbaren Kern.

Kurzum: die RAF hat sich auf die Ermittlungsmethoden der Polizei eingestellt. Im Laufe der Zeit wurde die Arbeitsweise der Strafverfolger bekannt – vor allem durch die Gerichtsverfahren, in denen sie zur Sprache kam. »In den Akten, die die RAF-Angeklagten bekommen, können sie genau nachlesen, wie wir ihnen auf die Spur gekommen sind«, sagt Bundesanwalt Gerhard Löchner. Und BKA-Präsident Hans-Ludwig Zachert meint: »Durch über 2000 Gutachten, die die Kriminaltechnik des BKA erstellt hat, sind in den Gerichtssälen Lektionen erteilt worden, was man tun muß, um nicht erwischt zu werden.«

Ein weiterer Grund für die Schwierigkeiten der Fahnder besteht darin, daß die RAF im Laufe der Zeit ihre Bandbreite immer mehr erweitert hat: Die erste Generation verübte Anschläge auf die US-Armee, Strafverfolger und den Springer-Verlag, bei der zweiten Generation kamen die Symbolfiguren der Wirtschaft hinzu. Die Palette der dritten Generation ist schier unüberschaubar: Sie reicht vom »politisch-ökonomischen« Bereich über den »militärisch-industriellen Komplex« und den rein militärischen Bereich bis hin zum »Repressionsapparat« und dem »politisch-staatlichen« Bereich. Hinzu kommt, daß die RAF schon längst nicht mehr nur die Spitze einer Institution ins Visier nimmt, sondern auch Personen aus der zweiten Reihe, wie zum Beispiel den AA-Abteilungsleiter Gerold von Braunmühl. Ein wirksamer Schutz ist da kaum mehr möglich, es sei denn, man wollte sämtliche Polizeibeamten der Republik zur Bewachung gefährdeter Personen abstellen – oder den Polizeistaat ausrufen. Zudem erweist sich die RAF als ausgesprochen flexibel in punkto Vorgehen: Im Waffenschrank hat sie altbewährte Waffen wie Pistolen und Gewehre ebenso stehen wie High-tech-Lichtschranken für Sprengfallen.

Über eintausend Beamte sind in der Bundesrepublik Tag für Tag damit beschäftigt, den Terroristen auf die Spur zu kommen. Doch auf die Kommandoebene ist bislang noch keiner von ihnen gestoßen. Angesichts des ausgeklügelten Vorgehens sind für die Fahnder Ansatzpunkte Mangelware. Ihre Kraftfahrzeuge »cleant« die RAF, so daß die Beamten vergeblich nach Fingerabdrücken suchen; ihr Material verwahrt die RAF in Depots, weit von den Wohnungen entfernt, irgendwo im Wald versteckt. Auch auf Telefonüberwachungen haben sich die Täter eingestellt. Ebensowenig Erfolg haben die Zielfahndungskommandos des Bundeskriminalamtes und der Landeskriminalämter, die Lebenslauf, Bekanntenkreis, Eigenarten und Arbeitsweise des Gesuchten analysieren und sich mit diesem Wissen auf die Suche nach ihm begeben. In den übrigen Bereichen der Kriminalität arbeiten die Zielfahnder mitunter mit beachtlichen Erfolgen, bei mutmaßlichen Terroristen heute dagegen nicht mehr. Denn die haben einen Schnitt in ihrem Leben gemacht, alle Brücken zu ihrer bisherigen Vergangenheit abgebrochen.

Viele TE-Fahnder meinen, der Datenschutz erschwere ihre Arbeit erheblich. »Früher, zu Herolds Zeiten, hatten wir zwei- bis dreitausend Personen in der Polizeilichen Beobachtung, heute ganze zwei- bis dreihundert«, bedauert BKA-Chef Hans-Ludwig Zachert. Bei der »Polizeilichen Beobachtung Terrorist« – Polizeikürzel: PB 07 – werden die Daten von Personen in den INPOL-Computer der Polizei gegeben, die im Verdacht stehen, mit Terroranschlägen etwas zu tun zu haben. Werden die Daten des Betreffenden oder seines Fahrzeuges in den Polizeicomputer eingegeben, etwa bei einer Straßenverkehrskontrolle oder einem Grenzübertritt, erhält der Beamte den Hinweis: »PB-Person«. Er überprüft den Betreffenden »unauffällig«. Anschließend macht er davon per Fernschreiben Mitteilung nach Wiesbaden und an die Stelle, die die Person zur Beobachtung ausgeschrieben hat, etwa an ein Landeskriminalamt.

Dieses Vorgehen soll – wie es in einem Polizeipapier heißt – »zur Erstellung von Kontakt- und Bewegungsbildern (Reisen innerhalb der Bundesrepublik/Grenzübertritte) führen und Informationen über die Gruppenstruktur der linksterroristischen Szene liefern«. Dadurch erfahren die Beamten zum Beispiel, wann der Betreffende wo, mit wem und in welchem Fahrzeug gesessen hat. Oder in welchem Ort er sich aufhielt.

Früher konnte die Polizei allein entscheiden, wen sie in die »Polizeiliche Beobachtung« aufnahm. Nach dem Volkszählungsurteil des Bundesverfassungsgerichts im Jahr 1983 schränkten die Länder diese Möglichkeit in ihren Polizeigesetzen durch den sogenannten »Richtervorbehalt« ein. Beispiel Hessen: Soll jemand länger als ein Jahr in der »Polizeilichen Beobachtung« bleiben, geht dies nur, wenn ein Richter zustimmt. Und da die Polizei regelmäßig nur wenig über den Betreffenden weiß, ihn gerade deshalb per Computer beobachten möchte, kann sie dem Richter oft nicht genügend Anhaltspunkte für ihren Verdacht auf den Tisch legen. »Ganze elf Personen kamen in ganz Nordrhein-Westfalen in die Beobachtung«, sagt BKA-Chef Hans-Ludwig Zachert kopfschüttelnd: »Wir haben eine Entwicklung in unserer Rechtskultur, die geht in Richtung Restriktion der Erkenntnisgewinnung.« Andere halten dies für einen Fortschritt.

Die Möglichkeiten, durch kriminalistisches Vorgehen an die RAF-Kommandoebene heranzukommen, sind nicht unbegrenzt. Im wesentlichen kommen als Wege in Betracht: die »Rasterfahndung«, der Einsatz von Verdeckten Ermittlern* oder V-Personen**, Geld, »Aussteigerangebote«, die Kronzeugenregelung, also Straffreiheit bzw. -ermäßigung im Falle einer umfassenden Aussage, und die Verhaftung der Täter bei den Vorbereitungen für einen Anschlag:

– Die »Rasterfahndung«, die Anfang der achtziger Jahre für viel Aufmerksamkeit sorgte, bietet heute keine Aussicht mehr auf Erfolg. Noch so mancher Ermittler denkt selig an sie zurück: Die Rasterfahndung besteht darin, Verdachtsfälle systematisch herauszufiltern, indem die Ermittler einen Datenbestand mit anderen vergleichen. Nach zuvor festgelegten Kriterien – sogenannten Rastern – wird die Gesamtmenge auf einen Bodensatz reduziert, den die Polizei durch Einzelermittlungen abklärt. Ein gutes Beispiel dafür ist die Verhaftung Rolf Heißlers am 9. Juni 1979 in Frankfurt, in der konspirativen Wohnung Textorstraße 79: Bei dem Raster gingen die Ermittler davon aus, daß die RAF-Mitglieder ihre Stromrechnungen bar bezahlen, nicht polizeilich registriert sind und kein Kfz unter der Adresse der konspirativen Wohnung angemeldet haben. Unter den 16000 Stromkunden, die in Frankfurt die Rechnung durch Bareinzahlung begleichen, wurden die herausgefiltert, die beim Einwohneramt nicht gemeldet waren. Von den verbliebenen 2000 »Prüffällen« entfiel die Hälfte, weil auf den Wohnungsinhaber oder einen gemeldeten Mitbewohner ein Kfz zugelassen war. Weitere Datenabgleiche folgten. Unter anderem fielen die heraus, die Kindergeld bezogen. Letztendlich blieben nur zwei verdächtige Wohnungen übrig – in einer lief Rolf Heißler der Polizei in die Arme. Auch zwei weitere konspirative Wohnungen – in Frankfurt und in Mannheim – konnten auf diese Weise enttarnt werden.

Sofort, nachdem diese Methode durch die Presse bekanntgeworden war, schwenkten die RAF-Mitglieder um. Nun schlüpften sie in bestehende Mietverhältnisse: Sie machten sich dabei den Umstand zunutze, daß es immer wieder Menschen gibt, die jemanden suchen, der für eine Zeitlang ihre Wohnung übernimmt – weil sie zum Beispiel für

* Verdeckte Ermittler sind Polizeibeamte, die unter einer Legende in die Szene eindringen, um Straftaten aufzuklären.

** V-Person: Vertrauensperson der Polizei; jemand, der nicht der Polizei angehört und die Beamten aus der Szene heraus mit Informationen versorgt.

einige Zeit ins Ausland gehen. Entsprechende Angebote hängen nicht nur an den Schwarzen Brettern in den Universitäten. In diesen Fällen läuft regelmäßig die Stromrechnung auf den Namen des Mieters weiter – das zuvor vom BKA angewendete Raster greift also nicht. Doch als auch diese Masche aufgeflogen war, änderte die RAF abermals ihr Vorgehen und ließ sich wieder verstärkt durch »Coole« Wohnungen beschaffen. Kurzum: Heute tut die RAF alles, um zu vermeiden, in ein überprüfbares Raster zu passen.

– Sehr skeptisch werden Fahnder, wenn die Sprache auf den Einsatz von Verdeckten Ermittlern oder V-Personen kommt, um zur RAF-Kommandoebene vorzustoßen. Bislang ist es ihnen noch nie gelungen, über eine solche Person in den Kommandobereich der RAF vorzudringen.

Erste Voraussetzung für einen erfolgversprechenden Einsatz wäre, daß die Ermittler Ansatzpunkte besitzen, wo sie eine entsprechende Person einsetzen müßten – doch daran fehlt es. Anders als beispielsweise in der Organisierten Kriminalität – hier sind die Kenntnisse häufig besser – weiß die Polizei beim RAF-Terrorismus nicht, in welchen Orten und Lokalen sich die Täter regelmäßig aufhalten. Ein weiteres Problem besteht darin, daß sich die Personen im RAF-Umfeld lange gegenseitig kennen. Ein Verdeckter Ermittler müßte also nicht nur über lange Zeit in dem Umfeld verkehren, sondern dort auch tatsächlich leben, um in die Szene hineinzuwachsen. »Das muß ein Beamter erst einmal über Jahre durchstehen«, erklärt ein leitender Ermittler, »rund um die Uhr in solchen Kreisen mit einer falschen Identität zu leben.«

Von Bedeutung ist in diesem Zusammenhang ferner, daß ein Beamter keine Straftaten begehen darf. »Bevor jemand in militante Aktionen reingelassen wird, muß er sich zuvor schon belastet haben, also Straftaten begangen haben«, weiß Martin Tuffner, der Leiter des Stabs Terrorismusbekämpfung im Bundeskriminalamt. Ein weiterer heikler Punkt: Selbst wenn es den Fahndern einmal gelänge, in diesen Bereich vorzustoßen, würden alle von der Gruppe verübten Straftaten der Behörde zugerechnet. Man stelle sich das doch einmal vor! Weder juristisch noch politisch wäre es akzeptabel, daß ein Beamter des Verfassungsschutzes oder der Polizei in einer Terrorgruppe mitwirkt, die Sprengstoffanschläge verübt – auch wenn er nicht selbst auf den Zündknopf drückt. Kurzum: Über einen Verdeckten Ermittler, von denen es für den Bereich der gewaltbereiten Linken ohnehin nur eine Handvoll gibt, wird man kaum an die Kommandoebene herankommen.

Auch konnte bislang kein Mitglied der RAF-Kommandoebene zum Ausstieg gelockt werden – weder durch ein »Ausstiegsangebot« des Bundesamtes für Verfassungsschutz noch durch die Kronzeugenregelung, noch durch Geld.

– Als »Angebot des Jahres« präsentierte das Frankfurter Stadtmagazin *Pflasterstrand* im Oktober 1987 »Hilfestellung für den Aufbau neuer Existenzen« – eine Offerte des Verfassungsschutzes für RAF-Aussteiger. »Wir sind überzeugt, daß es Angehörige der RAF gibt, die die Sinnlosigkeit der RAF-›Politik‹ erkannt haben und sich gerne aus den Verstrickungen lösen würden«, erläuterte der Verfassungsschutz seinen Vorstoß in einem vom *Pflasterstrand* abgedruckten Interview: »Ihnen sollten auch Möglichkeiten des Ausstiegs eröffnet werden, damit sie nicht weiter gezwungen sind, sich an neuen Straftaten zu beteiligen.«

Bereits zwei Jahre zuvor war das Bundesamt für Verfassungsschutz an *Pflasterstrand*-Herausgeber Daniel Cohn-Bendit herangetreten. Ein »Herr Benz« – nach eigenem Bekunden in dem Kölner Amt für »Fragen der Resozialisierung« zuständig – erklärte dem Altsponti Cohn-Bendit bei einem Treffen im »Wienerwald«-Restaurant am Frankfurter Alleenring, daß man den Betroffenen anbiete, Sondierungen bei den Strafverfolgungsbehörden zu führen und darüber nachzudenken, welche Lebensperspektiven Aussteigern eröffnet werden könnten. Cohn-Bendit blieb skeptisch, verwies aber auf den »Grundsatz: The proof of the pudding is the eating«. Doch kein RAF-Mitglied wollte den »Pudding essen«.

Es folgte die Aktion »Wähle 0221/51 13 95«. Unter dieser Nummer des Bundesamtes ist seit Februar 1989 jener Herr Benz an jedem Montag zu erreichen. Ziel seiner Behörde sei es, erläuterte Verfassungsschutz-Chef Boeden, »gemeinsam nach einer Lösung und Perspektive für das weitere Leben zu suchen. Aber auch dort mochte niemand aus der RAF anrufen und sich von Herrn Benz helfen lassen.

– Die Kronzeugenregelung, für die sich der frühere Generalbundesanwalt Kurt Rebmann stark gemacht hatte und die nach lebhaften Diskussionen ausschließlich für Terroristen in das deutsche Strafverfahrensrecht eingeführt wurde*, brachte bislang nicht den erhofften Erfolg. Aktive RAF-Mitglieder lockte das Kronzeugen-Angebot nicht. Nur RAF-Senioren kamen in den Genuß dieses Strafrabatts, wie Werner Lotze, Susanne Albrecht und Henning Beer. So passierte es, daß sie vor Gericht besser wegkamen, als es sonst jedem anderen Kriminellen ergangen wäre. Die »Extrawurst« für Terroristen gibt es noch bis Ende 1992.

– Und auch mit Geld war bislang nicht an die Kommandoebene heranzukommen: Eine Million Schweizer Franken Belohnung eines »internationalen Konsortiums«** vermochte ebensowenig einen aktiven Terroristen oder Mitwisser zu einer Aussage zu veranlassen wie beispielsweise die insgesamt vier Millionen Mark, die nach dem Beckurts-Mord und dem gescheiterten Oberammergau-Anschlag ausgelobt worden waren. Geld hilft nicht weiter. »Das ist doch genauso wie bei einem buddhistischen Mönch, der seit zwanzig Jahren im Kloster lebt«, meint BKA-Mann Tuffner, »den kann ich doch auch nicht mit Geld zum Katholizismus bekehren.«

– Aus den Erkenntnissen nach dem Beckurts-Anschlag entwickelte die Polizei das »Konzept 106«. »106« heißt es, weil es auf der 106. Tagung der AG Kripo***, am 20. und 21. August 1986 im saarländischen

---

* Paragraph 1 der »Kronzeugenregelung bei terroristischen Straftaten« lautet: »Offenbart der Täter oder Teilnehmer einer Straftat nach § 129a des Strafgesetzbuchs oder einer mit dieser Tat zusammenhängenden Straftat selbst oder durch Vermittlung eines Dritten gegenüber einer Strafverfolgungsbehörde sein Wissen über Tatsachen, deren Kenntnis geeignet ist,
1. die Begehung einer solchen Straftat zu verhindern,
2. die Aufklärung einer solchen Straftat, falls er daran beteiligt war, über seinen eigenen Tatbeitrag hinaus zu fördern oder
3. zur Ergreifung eines Täters oder Teilnehmers einer solchen Straftat zu führen,

so kann der Generalbundesanwalt mit Zustimmung eines Strafsenats des Bundesgerichtshofs von der Verfolgung absehen, wenn die Bedeutung dessen, was der Täter oder Teilnehmer offenbart hat, insbesondere im Hinblick auf die Verhinderung künftiger Straftaten, dies im Verhältnis zur eigenen Tat rechtfertigt.«

** Siehe dazu oben Seite 397.

*** In der AG Kripo sind die Leiter der Landeskriminalämter und des Bundeskriminalamts zusammengeschlossen.

Wallerfangen, verabschiedet wurde und der offizielle Titel recht lang ausgefallen ist: »Konzept zur Durchführung von Fahndungsmaßnahmen im Umfeld möglicher Zielpersonen der ›RAF‹«.

Ausgangspunkt für dieses Konzept war die Feststellung, daß sich vor dem Anschlag auf Beckurts Personen am Tatort in auffälliger Weise zu schaffen gemacht hatten. So erschien beispielsweise einem Zeugen – wie er nach Beckurts' Tod berichtete – eine »Personengruppe« am späteren Tatort merkwürdig, die sich »nicht sehr sachgerecht« mit »Vermessungsarbeiten« beschäftigte.

Eine derartige Vorbereitungsphase brachte die Kriminalstrategen auf die Idee, quasi eine unsichtbare »Glocke« über das potentielle Opfer zu stülpen, um so mögliche Veränderungen in der Nähe seiner Wohnung, seines Arbeitsplatzes und auf den von ihm regelmäßig benutzten Wegen zu erkennen. Nach dem »K 106«-Papier sollen die Beamten unter anderem »›Muß‹-Strecken« des Gefährdeten abklären durch »Feststellen von Abweichungen von der Norm, verdächtiges Verhalten von Personen, Überprüfung von Behältnissen/Gegenständen, die mit Sprengstoff präpariert sein könnten, Feststellen von Sicherheitslücken u. ä.«.

Weitere Schwerpunkte sind nach dem Papier »Baustellen auf der Fahrtstrecke«, »mögliche Ausspähungen von Fahrern/Begleitern« und »Wochenendaufenthalte von besonders gefährdeten Schutzpersonen an ihren Familienwohnsitzen«. Um von Ausspähungen etwas mitzubekommen, sollen die Beamten auch »vertrauenswürdige Privatpersonen oder Amtspersonen (Förster, Postbeamte usw.)« einbeziehen. Zusätzlich werden nach dem Konzept regelmäßig Strecken mit Hubschraubern auf der Suche nach Verdächtigem abgeflogen. Findet die Polizei etwas, sollen sich die Beamten unauffällig auf die Lauer legen und die Täter abfangen.

Ziel dieses Konzepts ist »in erster Linie die Festnahme terroristischer Gewalttäter«. Es soll nicht als »Ersatz für ggf. sonst notwendige Personenschutzmaßnahmen verstanden werden«. Das bedeutete: Anders als Leibwächter, die einer gefährdeten Person möglichst dicht auf den Fersen folgen, sollen die 106-Kräfte für die Täter unerkannt arbeiten – in unauffälligen Autos und Wohnmobilen, auf Mopeds und Fahrrädern.

»In der Theorie ist das Konzept sehr gut«, sagt ein Bundesanwalt. Aber in der Praxis hat es versagt, gleich viermal. Tietmeyer, Herrhausen, Neusel und Rohwedder – sie alle »waren in 106« drin, zählten zu den »K 106«-»möglichen Zielpersonen«:

Im Fall Tietmeyer gelang es den Tätern sogar erneut als Meßtrupp aufzutreten – also genauso wie beim Beckurts-Mord. In der Nähe von Tietmeyers Haus legten sie einen Trampelpfad an und schnitten Gucklöcher in einen Busch: Mindestens eine Woche lang waren sie zugange, ohne daß die 106er davon etwas mitbekamen. Gerade »Trampelpfade/Spuren (z. B. zum Zaun eines geschützten Objekts)« nennt das Konzept als »mögliche Gefährdungspunkte«. Ebensowenig bekamen die 106er etwas von den Vorbereitungen des Anschlags auf Innenstaatssekretär Neusel mit – obwohl die RAF die Sprengfalle 250 Meter vom Bundesinnenministerium entfernt aufbaute. Auch bei Herrhausen entging den K-106-Kräften, daß der Asphalt an dem Nadelöhr des Herrhausen-Weges aufgestemmt worden war. Der Beschäftigte eines Freizeitbades hatte gar das von der RAF für den Anschlag verlegte Kabel entdeckt und entfernt – in Unkenntnis der Zusammenhänge. So kam die RAF ein zweites Mal zum Kabelverlegen. Nichts fiel den K-106ern auf, obwohl das »Erkennen von Grabungen« wie bei der »Verlegung von Zündkabeln« ausdrücklich im »K 106«-Papier genannte Ziele des Konzepts sind. Ebenso versagte diese Strategie beim Rohwedder-Mord: Der Treuhand-Chef wurde am Ende des Osterwochenendes 1991 in seiner Villa in Düsseldorf erschossen: Gerade »Wochenendaufenthalte von besonders gefährdeten Schutzpersonen an ihren Familienwohnsitzen« sind nach dem Konzept 106 ein »Schwerpunkt der Aufklärung«.

Das Problem dieses Konzepts ist in erster Linie das Personal. Es bindet ungemein viele Beamte. Nach den Planungen des BKA begeben sich bei einem K-106-Aufklärungskommando sechs bis acht Beamte in drei bis vier »Aufklärungstrupps« auf Spurensuche. Den Ländern, also den Landeskriminalämtern und Polizeipräsidien, die primär für die Umsetzung dieses Konzepts zuständig sind, fehlt es schlicht und einfach an Kräften. So passiert es schon, daß ein Straßenpfahl, an dem eine Markierung gefunden wird, die für die Montage eines Lichtschranken-Reflektors angebracht worden sein könnte, kurzerhand gegen einen anderen ausgetauscht wird. Nach dem Konzept 106 müßte diese Stelle über Wochen, möglicherweise Monate rund um die Uhr verdeckt beobachtet werden. Doch die Beamten dafür gibt es nicht.

Über 200 Menschen zählen zu den »möglichen Zielpersonen der RAF« nach diesem Konzept. »Da wir nicht wissen, wer als nächstes angegriffen wird, arbeiten über 99,9 Prozent aller Kräfte umsonst«, berichtet ein leitender BKA-Mann. »Motivationsprobleme« seien die Folge. Und: Wer Tag für Tag sucht, vergeblich, ohne den geringsten Erfolg, bei dem kann über die Jahre der Scharfblick schon etwas abstumpfen.

Man muß einfach sehen: Nirgendwo ist bei der Kriminalitätsbekämpfung das Verhältnis zwischen Aufwand und Ertrag so ungünstig wie bei der Verfolgung von Terroristen. Die Täter sind hochintelligent, ihre Brutalität ist ideologisch begründet und an Menschenverachtung nicht zu überbieten – wo noch kommen diese Faktoren in der Kriminalität so gebündelt zusammen?

Nimmt man all dieses zusammen, so scheint es nur zwei Möglichkeiten zu geben, daß das RAF-Morden nach zwei Jahrzehnten ein Ende findet – solange die Gruppe nicht von sich aus zur Vernunft kommt und aufhört: Entweder macht die RAF einen Fehler und die Anstrengungen der Polizei haben Erfolg. Die Wahrscheinlichkeit dafür wächst mit jedem Anschlag. Oder aber: den Beamten greift Kommissar Zufall unter die Arme.

7 Zwei Jahrzehnte Phänomen Rote Armee Fraktion

Seit über zwanzig Jahren hält die RAF die Polizei in Atem. Egal, wann es den Fahndern gelang, Täter der Kommandoebene zu verhaften, es rückten immer wieder neue Personen nach – mittlerweile suchen die Ermittler schon nach RAF-Verdächtigen, die so alt sind wie Ulrike Meinhofs Kinder. In diesen zwanzig Jahren gab es immer wieder genügend Leute, die bereit waren, in den Untergrund zu gehen – mit der Vorstellung, durch Mord und Gewalt eine bessere Gesellschaft schaffen zu können. Diese Regenerationsfähigkeit ist der Grund, warum der RAF-Terror nicht längst vorbei ist – anders als etwa die Zeit der »Bewegung 2. Juni«. Für viele langjährige RAF-Fahnder hat ihre Arbeit etwas vom Kampf gegen eine Hydra: Sie können ihr noch so viele Köpfe abschlagen, immer wieder wachsen neue nach.

Wie kommt es, daß sich immer wieder Menschen der Kommandoebene anschlossen? Eine aussagekräftige empirische Studie, die auf Aussagen der Betroffenen basiert, gibt es nicht. Nach einer Untersuchung des Bundesamtes für Verfassungsschutz kamen fast alle Mitglieder auf dieselbe Weise zur RAF: Nach Prozeßbesuchen folgte die Beteiligung an Kampagnen gegen die Haftbedingungen. Der Kontakt zu Personen des RAF-Umfeldes wird immer enger, Kontakte zu anderen Menschen nehmen immer weiter ab. Immer häufiger und intensiver beteiligte sich der Betreffende an Veranstaltungen des RAF-Umfeldes. Eines Tages legt er sich dann, fanden die Verfassungsschützer heraus, politisch endgültig fest, nicht selten durch ein »Schlüsselereignis« wie zum Beispiel den Tod eines Genossen. So erklärt sich auch, warum viele RAF-Mitglieder ihr Studium abbrachen und sich der Kommandoebene anschlossen. Berufstätige wie der Arzt Ekkehard von Seckendorff-Gudent sind die Ausnahme.

Auffallend bei dem Weg in den Untergrund ist, daß der Nachwuchs mit einem hohen moralischen Anspruch zur Kommandoebene stößt, wie beispielsweise die Aussagen der in der DDR verhafteten RAF-Aussteiger belegen: Werner Lotze meint, als »Moralist zur Gewalt« gefunden zu haben, für Sigrid Sternebeck schien 1977 das Abtauchen in die Illegalität »die einzige Möglichkeit zu sein«. Auf viele strahlte der Untergrund eine Faszination aus – endlich hatten sie das Gefühl, nicht mehr nur zu lamentieren, sondern tatsächlich »etwas tun zu können«. Eine ganz wichtige Rolle spielte dabei die Waffe, die jedes Mitglied der Kommandoebene erhielt und tragen mußte. Wer dies einmal nicht tat, bekam Ärger mit den Genossen, wie zum Beispiel Susanne Albrecht. Durch die »Knarre am Gürtel« und das Aufsaugen der Normen entwickelt sich der Neuling zu einem »›neuen‹ Menschen«, berichtet Volker Speitel: »Er ist Herr über Leben und Tod geworden, bestimmt, was gut und böse ist, nimmt sich, was er braucht und von wem er es will; er ist Richter, Diktator und Gott in einer Person – wenn auch für den Preis, daß er es nur für kurze Zeit sein kann.« Diese »Macht von eigenen Gnaden« beflügelt diesen »neuen Menschen«, läßt ihm die tollkühnste Aktion als machbar erscheinen: Faszinosum Untergrund.

Es mag zunächst paradox klingen, doch es ist so: Aus ihrer Sicht handeln die RAF-Mitglieder aus altruistischen Motiven. Also anders als gewöhnliche Kriminelle, die regelmäßig der Egoismus treibt. Nach ihrer Vorstellung kämpfen sie in erster Linie nicht für sich persönlich, sondern für andere Personen – einst waren dies die Arbeiter, die Menschen in der Dritten Welt, die Hausfrauen und die Heimkinder. Später rechtfertigte die RAF ihre Taten mit dem Schicksal ihrer inhaftierten Genossen. Heute kämpft sie – wesentlich allgemeiner formuliert – »für ein menschliches leben in würde und frei von herrschaft«, für »die keimform einer neuen gesellschaft«. Nach wie vor versteht sich die RAF also als Avantgarde – »Unterdrückte« sind indes bis zum heutigen Tag nicht aufgestanden, um ihr zu folgen, trotz Dutzender aufsehenerregender Taten und Hunderter von Erklärungen der RAF in all den Jahren. Kurzum: Der »Avantgarde« fehlt die Basis.

Bei ihren Anschlägen ist es der RAF stets um mehr als um die Ermordung einer bestimmten Person gegangen: Die Straftat dient ihr als Vehikel, um Aufmerksamkeit zu erheischen – für die Gruppe nach der

Devise: Wie ihr seht, gibt es uns! –, und für ihre Erklärung, in der sie ihre neueste Sicht der Dinge zu schildern versucht. Nur so schaffte es die RAF, Leser für ihre langatmigen Flugblätter zu finden – wobei wohl die meisten, die die Texte auch tatsächlich bis zum Schluß lasen, dies aus dienstlichen Gründen taten.

Der hinter den Anschlägen steckende Gedanke der »Propaganda der Tat« ist über einhundert Jahre alt, er geht auf den französischen Arzt Paul Brousse zurück. In einem Artikel der Zeitschrift *Bulletin de la Fédération Jurassienne,* erklärte er am 3. Dezember 1876, wesentlich wirkungsvoller als theoretische Propaganda sei die »Propaganda der Tat«, mit der das Bewußtsein des Volkes geweckt werden könnte. Wenig später erklärte der russische Anarchist Peter Kropotkin, daß eine einzige Tat in wenigen Tagen mehr Propaganda schaffe als tausend Flugblätter. Zehn Jahre später sprach Kropotkin von einem »Irrtum«. Doch Terrorgruppen rund um die Welt üben sich bis heute in der »Propaganda der Tat«.

Ebenso gehört zur Strategie der RAF auch, den Staat zu Reaktionen zu zwingen, um sagen zu können: Seht, wir haben recht, so schlimm ist dieses System. Nach Marighella ist das »Grundprinzip der revolutionären Strategie [...], daß der Feind sich gezwungen sieht, die politische Situation des Landes in eine militärische zu verwandeln. Daraufhin wird die Unzufriedenheit alle Schichten ergreifen, und die Militärs werden die einzig Verantwortlichen für alle Mißgriffe sein.« Unter Hinweis auf dieses Zitat von Marighella erklärte Ulrike Meinhof am 13. September 1974 vor dem Landgericht in Berlin-Moabit, die »Dialektik der Strategie des antiimperialistischen Kampfes« bestehe darin, »daß durch die Defensive, die Reaktion des Systems, die Eskalation der Konterrevolution, die Umwandlung des politischen Ausnahmezustandes in den militärischen Ausnahmezustand der Feind sich kenntlich macht, sichtbar – und so, durch seinen eigenen Terror, die Massen gegen sich aufbringt, die Widersprüche verschärft, den revolutionären Kampf zwingend macht«. Diesem Gedanken folgen seither die RAF-Erklärungen: Eine jede liest sich so, als ob sich die Verhältnisse in der Bundesrepublik immer weiter und weiter verschärften – und die Verfasser auf einem anderen Planeten lebten.

In diesen zwanzig Jahren haben die Straftaten der RAF wesentlich mehr Aufmerksamkeit erfahren als die meisten anderen Straftaten. Nach den nackten Zahlen der Kriminalstatistik freilich wäre der RAF-

Terror fast eine Quantité négligeable: Danach wurden 32 Menschen von der RAF ermordet, in knapp zwanzig Jahren: Woche für Woche kommen mehr Menschen durch ein Tötungsdelikt in der Bundesrepublik ums Leben. Über einhundert Menschen wurden durch die RAF in dieser Zeit verletzt – an einem einzigen Tag geschehen in der Bundesrepublik sechsmal soviel Körperverletzungen.

Die Aufmerksamkeit der Bevölkerung erlangte die RAF durch die einzelnen Taten: Allesamt waren spektakuläre Fälle. Entweder griff die RAF bekannte Personen an oder verübte Anschläge, bei denen die Zahl der Opfer unabsehbar war, wie zum Beispiel auf das Springer-Hochhaus in Hamburg oder auf die US-Airbase in Frankfurt. Vielen lief ein kalter Schauer über den Rücken, sie sagten sich: Mein Gott, da könnte es beim nächsten Mal ja auch mich treffen. Dieser Eindruck wurde noch verschärft durch die Skrupellosigkeit und Raffinesse, mit der die Verbrechen ausgeführt wurden. Auf diese Weise nahm die Öffentlichkeit die Morde zur Kenntnis, wie sie sonst kaum Morde registriert. Und dazu kam dann noch das Gefühl, daß die Polizei die RAF nicht fassen könne – trotz aller Anstrengungen: Die Anschläge rissen ja nicht ab. Eine solche Mischung von Faktoren, die für Beachtung in der Öffentlichkeit sorgten, ist einmalig. So entwickelte sich das Vorgehen der RAF über die Jahre zu einer unendlichen Geschichte.

Keine Frage, die RAF hat die Gesellschaft verändert. Erschreckend ist schon, wenn man sieht, welche Wirtschaftsführer durch das sinnlose Morden der RAF ihr Leben verloren: Jürgen Ponto, Chef der Dresdner Bank, Hanns-Martin Schleyer, Arbeitgeberpräsident, Ernst Zimmermann, Vorstandsvorsitzender von MTU und Präsident des Bundesverbandes der Deutschen Luftfahrt-, Raumfahrt- und Ausrüstungsindustrie, Karl Heinz Beckurts, Siemens-Vorstand, Alfred Herrhausen, Vorstandssprecher der Deutschen Bank, und Detlev Karsten Rohwedder, Präsident der Treuhandanstalt. Mittlerweile ist es schon so weit gekommen, daß geeignete Kandidaten Spitzenfunktionen ablehnen, weil ihnen der Chefsessel das damit verbundene Risiko nicht wert ist. So zum Beispiel – wie zu hören war – der als Rohwedder-Nachfolger gehandelte Treuhand-Verwaltungsratschef Jens Odewald.

Viele gefährdete Wirtschaftsführer und Politiker werden heute rund um die Uhr von Leibwächtern begleitet, Milliarden Mark wurden zum Schutz vor Terroristen ausgegeben. Die Sicherheitsbranche boomt. Unablässig. Auf den ersten Blick könnte es fast scheinen, als ob dies

Helmut Pohls Kampfparole entspräche, »die kosten müssen höher getrieben werden als der profit, den sie sich versprechen«. Doch weit gefehlt. Kein Politiker, kein Wirtschaftsführer verdient einen Pfennig weniger, weil die Sicherheitsvorkehrungen finanziert werden müssen. Im Gegenteil.

Bezahlt werden diese Maßnahmen von uns, den Bürgern. Über unsere Steuern und die Preise, die wir in den Läden entrichten.

Auch für die Gerichte bedeuteten die Terroristen in den vergangenen Jahren harte Prüfungen. Da gab es Erscheinungen, die die Justiz zuvor nicht kannte: Angeklagte entdeckten ihren Körper als Waffe und versuchten sich mit Absicht verhandlungsunfähig zu hungern; Verteidiger nutzten ihre Stellung aus, um ein illegales Informationssystem der RAF aufzubauen und zu unterhalten; einige Rechtsanwälte schlossen sich gar dem Kampf im Untergrund an. Vertrauensanwälte erklärten, bei ihren Mandanten handle es sich um »Kriegsgefangene«, die in »Isolationsfolter« gehalten würden, Angeklagte und Vertrauensanwälte setzten alles daran, die Gerichtsverhandlung in ein Forum für die RAF umzuwandeln. Statt »Erklärungen zur Sache« wurden »Reden ans Volk« in Gestalt der Sympathisanten im Zuschauerraum gehalten. Rechtsanwälte mußten sich beim Besuch ihrer Mandanten und vor den Gerichtsverhandlungen filzen lassen, den Hosenladen öffnen und die Schuhe ausziehen.

Mit den »Terroristen-Verfahren« gingen die Richter unterschiedlich um. Es gab Vorsitzende, die meinten, mit einer harten Verhandlungsführung am besten die Dinge meistern zu können. Zum Beispiel Theodor Prinzing in dem Stammheim-Verfahren gegen Baader, Ensslin, Meinhof und Raspe. Gesundheitlich stark angeschlagen, mußte Prinzing seinen Platz vorzeitig räumen. Andere versuchten, mit Gelassenheit der Dinge Herr zu werden. Zum Beispiel Hermann-Josef Müller, unter dessen Vorsitz die Verhandlung gegen die Stockholm-Attentäter vor dem Oberlandesgericht Düsseldorf stattfand. »Es gehört mehr als Geduld dazu, stundenlang Angriffe zu hören, die schlicht als ›Hirngespinste‹ bezeichnet werden dürfen, zum Beispiel die These, linksterroristische Straftäter befänden sich mit der Bundesrepublik im Kriegszustand und seien daher in Kriegsgefangenschaft zu überführen«, erläutert Müller seine Linie. Doch: »Überpointiert würde ich sagen, die Rechtsordnung der Bundesrepublik Deutschland erleidet keinen Schaden, wenn Angeklagte von ihren Rechten über Gebühr Gebrauch machen. Sie erleidet Schaden, wenn die Rechte der Angeklagten beschnitten werden, weil deren Vorbringen den zügigen Ablauf eines Prozesses behindert.«

Die Konsequenz daraus ist nicht selten, daß RAF-Prozesse auffällig lange dauern. Aber diese Zeit muß sich der Rechtsstaat nehmen. Unnötige Gereiztheiten bringen überhaupt nichts – im Gegenteil. Sie schaden nur, wie die Erfahrung lehrt – im Hinblick auf die Angeklagten, ihre Sympathisanten und den Rest der Öffentlichkeit.

Für den Bürger selbst zeigen sich die Folgen des Terrorismus nicht nur unmittelbar im maschinenlesbaren, angeblich »fälschungssicheren« Personalausweis, sondern beispielsweise auch in einer Reihe von Vorschriften*, die im Rahmen der »Anti-Terror«-Gesetzgebung erfolgten. So können sich beispielsweise zwei Angeklagte nicht mehr einen Anwalt zusammen nehmen. Jeder benötigt und zahlt einen eigenen Anwalt. Auch ist es heute in einem Strafverfahren nicht mehr möglich, sich mehr als drei Verteidiger zu nehmen – bei komplizierten Angelegenheiten kann dies jedoch durchaus sinnvoll sein.

Was wurde aus den Menschen, die sich der RAF anschlossen? Siebzehn von ihnen bezahlten den Weg in den Untergrund mit dem Leben: Andreas Baader, Ulrike Meinhof, Gudrun Ensslin, Jan-Carl Raspe und Ingrid Schubert begingen Selbstmord in der Haft – die führenden Köpfe der ersten Generation. Holger Meins und Sigurd Debus hungerten sich zu Tode. Petra Schelm, Willy-Peter Stoll, Michael Knoll und Elisabeth von Dyck wurden beim Versuch der Festnahme von Polizeibeamten erschossen.

Von einigen fehlt jede Spur. Nach »hartnäckigen« Gerüchten sind beispielsweise die beiden mutmaßlichen Mitglieder der ersten Generation Ingeborg Barz und Ingrid Siepmann nicht mehr am Leben. Belege gibt es freilich nicht. Auch Angela Luther ist »verschollen«. Friederike Krabbe soll seit spätestens 1982 im Irak leben.

Mittlerweile haben eine Reihe ehemaliger RAF-Mitglieder ihre Haftstrafen abgesessen, fast alle haben dem bewaffneten Kampf abgeschworen: Horst Mahler arbeitet heute wieder als Rechtsanwalt in Berlin, Astrid Proll als Bildredakteurin in Hamburg, Christof Wakkernagel, der 1967 in Johannes Schaffs »Tätowierungen« als jugendli-

---

* Siehe dazu oben Seite 168ff.

cher Schönling die Hauptrolle spielte, fand wieder zur Schauspielerei zurück: Zum Beispiel war er im Mai 1991 in dem vom ZDF ausgestrahlten Fernsehfilm »Ins Blaue« als arbeitsloser Soziologe an der Seite von Barbara Rudnik zu sehen – Anfang Vierzig, mit Glatze. Wackernagel und Gert Schneider waren 1987 aus der Haft entlassen worden, nachdem sie zwei Drittel ihrer Strafe hinter sich hatten. Manfred Grashof und Klaus Jünschke wurden vom rheinland-pfälzischen Ministerpräsidenten Bernhard Vogel begnadigt, Verena Becker und Angelika Speitel vom Bundespräsidenten Richard von Weizsäcker. Jeder habe »die Chance auf neue Einsicht und den Anspruch auf unsere Aufmerksamkeit und unsere Hilfe«, erklärte der Bundespräsident vor seiner ersten Begnadigung auf dem Deutschen Juristentag 1986: »Das gilt im übrigen auch für terroristische Straftäter.«

Die meisten der einstigen RAF-Mitglieder wollen sich heute nicht öffentlich zu ihrer Vergangenheit äußern. Einige erläuterten im Laufe der Zeit ihre gewandelte Sicht der Dinge: »Wenn die Schüsse regelmäßig nach hinten losgegangen sind und man seinem Ziel kein bißchen näher gekommen ist, spricht einiges dafür, daß in der Geschichte der Wurm drin ist«, erklärte beispielsweise Siegfried Haag zehn Jahre nach seiner Verhaftung, im September 1986. »Ich weiß gar nicht, ob die RAF eine politische Gruppe war«, urteilt Astrid Proll in der Rückschau. »Sie war eher so etwas wie die Selbstanmaßung einer Generation.«

Mit den in den Haftanstalten einsitzenden und sich noch zur RAF bekennenden rund zwanzig Personen versuchten die Grünen-Abgeordnete Antje Vollmer, der Theologieprofessor Ernst Käsemann und der Schriftsteller Martin Walser im Herbst 1987 ins Gespräch zu kommen. So richten sie an die Häftlinge einen »Vorschlag zur Eröffnung eines gesellschaftlichen Dialogs«. Nach dem Papier sollen einmal im Vierteljahr RAF-Gefangene mit »Bürgern und Bürgerinnen von außen« zum Gespräch zusammenkommen, »besonders Personen aus dem Bereich der Kultur, der Politik und der Kirche«. Die Zeit sei reif »für die friedliche Lösung« erklären die drei: »Die Gesellschaft muß den ersten Schritt tun.« Doch die einsitzenden RAF-Mitglieder winken ab. Lutz Taufer erklärt aus seiner Zelle in Celle, bei dem Vorschlag gehe es darum, »jedem Widerstand, ob bewaffnet oder unbewaffnet, den Boden zu entziehen«. Adelheid Schulz sieht in dem Vorstoß »die propagandistische Begleitmusik zur Verschärfung der Haftbedingungen«, Ronald Fritzsch und Ralf Reinders sprechen von einem »alternativen Gehirnwäscheprogramm« und fordern »Freiheit für Alle!« Noch wollen offensichtlich die einsitzenden RAF-Mitglieder an der harten Linie festhalten. Noch.

In den vergangenen zwanzig Jahren hat die RAF taktisch eine Menge gelernt. In Sachen Politik aber praktisch nichts. Nach wie vor wähnt sich ein Häuflein Mörder im Besitz der alleinigen Wahrheit. Unverändert befindet sich die RAF in dem Irrtum, durch Terror könne die Bevölkerung für eine gewaltsame Revolution gewonnen werden, noch immer glaubt sie daran, ihre Morde seien Voraussetzung für eine bessere Welt.

In der ersten RAF-Kampfschrift, erschienen Mitte 1971, betont Ulrike Meinhof das »Primat der Praxis«: »Ob es richtig ist, den bewaffneten Widerstand jetzt zu organisieren, hängt davon ab, ob es möglich ist, ist nur praktisch zu ermitteln.« Mit anderen Worten: Ob das Konzept Stadtguerilla Erfolg hat, kann sich nur zeigen, wenn man zur Tat schreitet, es ausprobiert. Es wurde ausprobiert. Und wie. Nach all den Anschlägen hat sich längst erwiesen, daß sich auf diese Weise politisch nichts bewegen läßt. Auch die meisten ehemaligen RAF-Mitglieder haben das eingesehen und der Gewalt abgeschworen. Nur die wenigen heute noch aktiven Terroristen wollen dies nicht wahrhaben.

Der RAF-Terrorismus hat in den vergangenen Jahren viel Leid und noch mehr Furcht verursacht. Eines jedoch, bei nüchterner Betrachtung, nicht – auch wenn uns das so mancher Politiker glauben machen wollte: Den Staat in seinen Grundfesten erschüttert.

Zeittafel

2./3. April 1968:	In Frankfurt brennen die Kaufhäuser Schneider und Kaufhof. Als Ursache für die Feuer ermittelt die Polizei Brandbomben, die kurz vor Feierabend in den Geschäften deponiert worden waren. Zwei Tage später verhaften Kriminalbeamte Andreas Baader, Gudrun Ensslin, Horst Söhnlein und Thorwald Proll in Frankfurt-Bockenheim.
14. Oktober 1968:	Vor dem Landgericht Frankfurt beginnt der Prozeß gegen die Kaufhausbrandstifter.
31. Oktober 1968:	Wegen des Brandes im Kaufhaus Schneider verurteilt das Landgericht Frankfurt Baader, Ensslin, Proll und Söhnlein zu jeweils drei Jahren Zuchthaus.
10. November 1969:	Der Bundesgerichtshof verwirft die Revision gegen das Brandstifter-Urteil des Frankfurter Landgerichts. Nur Söhnlein tritt seine Strafe an.
Februar 1970:	Andreas Baader und Gudrun Ensslin kommen zu Ulrike Meinhof nach Berlin in die Kufsteiner Straße 12.
4. April 1970:	Andreas Baader wird in Berlin verhaftet.
14. Mai 1970:	Ulrike Meinhof, Irene Goergens, Ingrid Schubert und andere befreien Andreas Baader bei einer Ausführung in die Bibliothek des »Zentralinstituts für Soziale Fragen« in Berlin-Dahlem. Ein Institutsangestellter wird durch einen Schuß in die Leber schwer verletzt.
15. Juni 1970:	Der Spiegel (Heft 25/1970) druckt Ulrike Meinhofs »Tonbanderklärung«: »Natürlich kann geschossen werden.«
Juni bis August 1970:	Horst Mahler, Andreas Baader, Gudrun Ensslin, Ulrike Meinhof, Peter Homann, Brigitte Asdonk und rund ein Dutzend Berliner Genossen lassen sich in einem Camp der El Fatah in Jordanien militärisch ausbilden.

29. September 1970:	Die Gruppe verübt den »Dreierschlag« in Berlin: sie überfällt zur selben Zeit drei Banken. An der Aktion sind mindestens 16 Personen beteiligt. Beute: Über 217000 Mark.
8. Oktober 1970:	In der Knesebeckstraße 89 in Berlin verhaftet die Polizei Horst Mahler, Ingrid Schubert, Monika Berberich, Brigitte Asdonk und Irene Goergens.
15. Januar 1971:	Bei zwei Überfällen zur selben Zeit erbeutet die Gruppe in Kassel 114000 Mark.
6. Mai 1971:	Astrid Proll wird in Hamburg verhaftet.
15. Juli 1971:	Bei einem Feuergefecht mit der Polizei kommt in Hamburg Petra Schelm ums Leben.
22. Oktober 1971:	Beim Versuch, drei Verdächtige zu überprüfen, wird in Hamburg der Zivilfahnder Norbert Schmidt von einem RAF-Mitglied erschossen. Der Mörder ist bis heute nicht überführt.
22. Dezember 1971:	Bei einem Überfall auf die Bayerische Hypotheken- und Wechselbank in Kaiserslautern erbeutet die Gruppe 134000 Mark. Dabei erschießen RAF-Mitglieder den Polizeibeamten Herbert Schoner.
2. März 1972:	In Notwehr tötet ein Polizeibeamter Thomas Weisbecker in Augsburg.
3. März:	Manfred Grashof erschießt in Hamburg den Kriminalhauptkommissar Hans Eckhardt. Grashof selbst wird schwer verletzt und zusammen mit Wolfgang Grundmann verhaftet.
11. Mai 1972:	Bei einem Bombenanschlag auf das US-Hauptquartier des V. Corps der US-Armee in Frankfurt werden eine Person getötet und dreizehn verletzt *(»Kommando Petra Schelm«).*
12. Mai 1972:	Zwei Bomben explodieren in der Polizeidirektion Augsburg, sieben Verletzte. Vor dem Landeskriminalamt in München fliegt eine Autobombe des *»Kommandos Thomas Weisbecker«* in die Luft. Zehn Menschen werden verletzt. Sachschaden 600000 Mark.
15. Mai 1972:	In Karlsruhe explodiert eine Bombe unter dem VW Käfer von Bundesrichter Wolfgang Buddenberg, der für die Ermittlungen gegen die Baader-Meinhof-Bande zuständig ist. Buddenbergs Frau wird schwer verletzt *(»Kommando Manfred Grashof«).*
19. Mai 1972:	Im Verlagshaus Springer in Hamburg gehen zwei Bomben hoch und verletzen 38 Menschen. Ein *»Kommando 2. Juni«* (2. Juni 1967: Todestag von Benno Ohnesorg) bezichtigt sich der Tat.

24. Mai 1972:	Im Heidelberger Hauptquartier der US-Landstreitkräfte in Europa werden durch zwei Autobomben des »*Kommandos 15. Juli*« (15. Juli 1971: Todestag von Petra Schelm) drei Soldaten getötet und fünf Menschen verletzt. (Fünf Jahre später, am 28. März 1977, werden für diese sechs Anschläge im Mai 1972 Baader, Ensslin und Raspe vom Oberlandesgericht Stuttgart zu lebenslanger Haft verurteilt, Meinhof und Meins sind zu diesem Zeitpunkt schon tot.)
1. Juni 1972:	In Frankfurt verhaftet die Polizei Baader, Meins und Raspe.
7. Juni 1972:	Gudrun Ensslin wird in Hamburg gefaßt.
9. Juni 1972:	Brigitte Mohnhaupt und Bernhard Braun werden in Berlin verhaftet.
15. Juni 1972:	Die Polizei überwältigt Ulrike Meinhof und Gerhard Müller in Hannover-Langenhagen.
9. Juli 1972:	Festnahme von Klaus Jünschke und Irmgard Möller in Offenbach.
17. Januar bis 16. Februar 1973:	Erster kollektiver RAF-Hungerstreik; die »Hungerstreik-Erklärung« gibt Andreas Baader im Strafprozeß gegen Horst Mahler in Berlin ab. Die Forderung: »Aufhebung der Isolation als Folter für die politischen Häftlinge in der BRD.«
8. Mai bis 29. Juni 1973:	Insgesamt 40 Häftlinge beteiligen sich am zweiten kollektiven Hungerstreik. Forderung: »Gleichstellung der politischen Gefangenen mit allen anderen Gefangenen.«
4. Februar 1974:	Die später nach dem Datum ihrer Verhaftung benannte Gruppe »4. 2.« wird von der Polizei im Schlaf überwältigt: In Hamburg Christa Eckes, Helmut Pohl, Ilse Stachowiak und Eberhard Becker, in Frankfurt Wolfgang Beer, Margrit Schiller und ein 24jähriger Ex-Student.
13. September 1974 bis 5. Februar 1975:	Mit großer Entschlossenheit beteiligen sich insgesamt 31 Häftlinge am dritten kollektiven Hungerstreik.
9. November 1974:	Holger Meins stirbt an den Folgen des Hungerstreiks. Er ist der erste »Hungertote« der RAF.
24. April 1975:	Das RAF-»*Kommando Holger Meins*« überfällt in Stockholm die bundesdeutsche Botschaft, fordert die Freilassung von 26 Gesinnungsgenossen und erschießt zwei Diplomaten. Täter: Lutz Taufer, Karl-Heinz Dellwo, Bernhard Rößner, Hanna Krabbe, Siegfried Hausner und Ulrich Wessel. Wessel kommt bei einer Explosion des von den Terroristen ausgeleg-

	ten Sprengstoffs ums Leben, Hausner stirbt einige Tage später an den Folgen der Explosion.
9. Mai 1975:	Ulrike Meinhof begeht in ihrer Zelle in der Haftanstalt Stuttgart-Stammheim Selbstmord.
30. November 1976:	Auf der Autobahn bei Butzbach/Hessen stellt die Polizei Siegfried Haag und Roland Mayer. Die Beamten finden bei ihnen die sogenannten »Haag/Mayer-Papiere«, die unter anderem Aufzeichnungen über beabsichtigte Aktionen enthalten.
8. Februar 1977:	Brigitte Mohnhaupt wird aus der Haftanstalt Bühl entlassen.
7. Mai 1977:	Das RAF-»*Kommando Ulrike Meinhof*« ermordet in Karlsruhe Generalbundesanwalt Siegfried Buback und zwei seiner Begleiter. (Später werden wegen dieser Tat Knut Folkerts, Christian Klar und Brigitte Mohnhaupt verurteilt. Bei Günter Sonnenberg sieht die Bundesanwaltschaft von einer Strafverfolgung wegen dieses Anschlags ab, da Sonnenberg wegen anderer Taten zu lebenslanger Haft verurteilt wurde.)
28. März 1977:	Das Oberlandesgericht Stuttgart verurteilt Baader, Ensslin und Raspe zu lebenslanger Haft – wegen vier Morden und 34 versuchten Morden.
1. Juli 1977:	Bei einem Überfall auf das Waffengeschäft Fischlein in Frankfurt erbeutet die RAF fünfzehn Revolver und drei Pistolen. Täter – nach Erkenntnissen der Polizei: Willy-Peter Stoll und Knut Folkerts.
30. Juli 1977:	Nach einem gescheiterten Entführungsversuch erschießt ein RAF-Kommando Jürgen Ponto, den Sprecher der Dresdner Bank, in seinem Haus in Oberursel. (Später werden deswegen verurteilt: Brigitte Mohnhaupt, Christian Klar, Peter-Jürgen Boock, Sieglinde Hofmann und Susanne Albrecht; das Verfahren gegen Adelheid Schulz hat der Bundesgerichtshof wegen der Verurteilung in anderen Fällen eingestellt.)
25. August 1977:	Ein »Raketenwerfer-Anschlag« der RAF auf das Gebäude des Bundesanwaltschaft in Karlsruhe scheitert, weil die Täter vergaßen, das »Läutwerk« des Weckers aufzuziehen, durch den die Anlage gezündet werden sollte. (Später werden wegen dieser Tat Peter-Jürgen Boock, Brigitte Mohnhaupt und Christian Klar verurteilt.)
5. September 1977:	Das RAF-»*Kommando Siegfried Hausner*« entführt in Köln Arbeitgeberpräsident Hanns-Martin Schleyer.

Bei dem Überfall sterben im Kugelhagel sein Chauffeur und drei Sicherheitsbeamte. Die RAF fordert die Freilassung von elf Gesinnungsgenossen aus den Gefängnissen.

22. September 1977: In Utrecht (Niederlande) erschießt Knut Folkerts einen Polizeibeamten, der versuchte, ihn festzunehmen. Folkerts wird verhaftet.

13. Oktober 1977: Auf dem Flug von Mallorca nach Frankfurt entführen arabische Terroristen die Lufthansamaschine Landshut und verlangen ebenfalls die Freilassung der inhaftierten RAF-Mitglieder *(»Kommando Martyr Halimeh«/»Organisation für den Kampf gegen den Weltimperialismus«)*. Während der anschließenden Flugodysee erschießt drei Tage später in Aden der Anführer des Kommandos Zohair Youssif Akache den Landshut-Kapitän Jürgen Schumann.

18. Oktober 1977: Ein GSG 9-Kommando stürmt die »Landshut« auf dem Flughafen von Mogadischu, befreit alle Geiseln und erschießt drei der Entführer. Die überlebende Terroristin Souhaila Sayeh wird am 25. April 1978 in Somalia zu 20 Jahren Haft verurteilt.

18. Oktober 1977: Baader, Ensslin und Raspe verüben Selbstmord in der Haftanstalt Stuttgart-Stammheim.

19. Oktober 1977: Die Leiche Hanns-Martin Schleyers wird im Kofferraum eines Audi 100 in Mühlhausen gefunden. (Später werden wegen Mordes verurteilt: Peter-Jürgen Boock, Rolf Klemens Wagner, Brigitte Mohnhaupt, Christian Klar, Adelheid Schulz und Stefan Wisniewski. Bei Rolf Heißler und Angelika Speitel sieht die Bundesanwaltschaft wegen bereits verhängter lebenslanger Haft von einer weiteren Klage ab. Ebenfalls zu keiner Anklage kommt es gegen Knut Folkerts, der in den Niederlanden zu lebenslanger Haft verurteilt wurde. Willy Peter Stoll wird beim Versuch der Festnahme am 6. September 1978 in Düsseldorf erschossen. Die Verfahren gegen Monika Helbing und Silke Maier-Witt waren bei Abschluß des Manuskripts noch nicht beendet. Nach Friederike Krabbe wird noch immer gefahndet.)

11. Mai 1978: Brigitte Mohnhaupt, Peter-Jürgen Boock, Sieglinde Hofmann und Rolf Klemens Wagner werden in Jugoslawien verhaftet. Im November lassen sie die jugoslawischen Behörden in ein »Land ihrer Wahl« ausreisen.

24. September 1978:	In einem Wald bei Dortmund kommt es zu einem Feuergefecht zwischen zwei Polizisten und drei RAF-Mitgliedern, nachdem die Beamten die Terroristen bei einem »Übungsschießen« überrascht hatten. Ein Polizeibeamter und Michael Knoll werden getötet, Angelika Speitel verhaftet. Werner Lotze entkommt.
1. November 1978:	RAF-Mitglieder erschießen in Kerkrade (Niederlande) zwei niederländische Zollbeamte und verletzten einen schwer.
19. März 1979:	RAF-Überfall auf die Bank für Gemeinwirtschaft in Darmstadt, Beute: 49000 Mark.
17. April 1979:	RAF-Überfall auf die Schmidt-Bank in Nürnberg, Beute: 200000 Mark.
25. Juni 1979:	Anschlag auf den Nato-Oberbefehlshaber General Alexander Haig in Obourg/Belgien *(»Kommando Andreas Baader«)*. Haig entgeht der 20-Kilogramm-Sprengladung auf dem Weg ins Nato-Hauptquartier in Brüssel unverletzt, zwei Leibwächter in dem ihm folgenden Begleitfahrzeug werden verletzt. Täter unter anderem: Wagner, Lotze und Albrecht.
19. November 1979:	Wagner und drei weitere RAF-Mitglieder überfallen eine Filiale der Schweizer Volksbank in Zürich. Beute: 473000 Schweizer Franken (506000 Mark). Bei der Flucht erschießen die Täter eine Passantin und verletzen einen Passanten sowie zwei Polizeibeamte.
Frühjahr 1980:	Teile der »Bewegung 2. Juni« schließen sich der RAF an.
15. Juli 1980:	Bei einem Straßenverkehrsunfall in Bietigheim-Bissingen kommen Juliane Plambeck und Wolfgang Beer ums Leben.
2. Februar bis 18. April 1981:	An dem langfristig vorbereiteten achten kollektiven Hungerstreik beteiligen sich 68 Gefangene in 16 Haftanstalten. Ihre Forderung: Zusammenlegung.
16. April 1981:	Sigurd Debus stirbt in Hamburg an den Folgen des Hungerstreiks.
31. August 1981:	Das *»Kommando Sigurd Debus«* verübt auf das Hauptquartier der US-Luftstreitkräfte Europa in Ramstein/Pfalz einen Bombenanschlag. 14 Menschen werden verletzt, es entsteht ein Sachschaden von 7,2 Millionen Mark. (Später wird Helmut Pohl deswegen verurteilt.)
15. September 1981:	In Heidelberg entgeht US-General Frederik Kroesen nur knapp einem Raketenanschlag des *»Kommando*

	Gudrun Ensslin«. (Später verurteilt: Brigitte Mohnhaupt und Christian Klar.)
Juni 1982:	Das im Mai 1982 verfaßte RAF-Grundsatzpapier »Guerilla, Widerstand und antiimperialistische Front« (»Mai-Papier«) taucht auf.
15. September 1982:	Die RAF überfällt eine Filiale der Bochumer Sparkasse in Bochum. (Ingrid Jakobsmeier wird später deswegen verurteilt.)
11. November 1982:	Brigitte Mohnhaupt und Adelheid Schulz werden am »Depot I« in Heusenstamm/Hessen gefaßt.
16. November 1982:	Die Polizei stellt Christian Klar am Depot »Daphne« bei Aumühle/Sachsenwald in der Nähe Hamburgs.
2. Juli 1984:	In Frankfurt werden in der Berger Straße Helmut Pohl, Christa Eckes, Stefan Frey, Ingrid Jakobsmeier, Barbara Ernst und Ernst-Volker Staub verhaftet. Die Beamten entdecken ein »Aktionspapier« an die Adresse des »Widerstandes«.
15. März 1984:	Bei einem Banküberfall in Würzburg erbeutet die RAF 171000 Mark.
5. November 1984:	Durch einen Überfall auf das Waffengeschäft Walla in Maxdorf bei Ludwigshafen beschafft sich die RAF 22 Handfeuerwaffen, 2 Gewehre sowie 2800 Schuß Munition. (Später wird Eva Haule-Frimpong deswegen verurteilt.)
4. Dezember 1984 bis 5. Februar 1985:	Am neunten kollektiven RAF-Hungerstreik beteiligen sich insgesamt 39 Häftlinge.
18. Dezember 1984:	Ein Sprengstoffanschlag auf die Nato-Schule in Oberammergau scheitert durch einen technischen Defekt »*Kommando Jan Raspe*«*)*. (Später verurteilt: Eva Haule-Frimpong.)
15. Januar 1985:	Gemeinsames Kommuniqué von RAF und Action Directe »POUR L'UNITÉ DES RÉVOLUTIONAIRES EN EUROPE DE L'OUEST«/»FÜR DIE EINHEIT DER REVOLUTIONÄRE IN WESTEUROPA.«
25. Januar 1985:	Ermordung von General René Audran in La Celle-Saint-Cloud bei Paris durch das »*Kommando Elisabeth van Dyck*« der Action Directe.
1. Februar 1985:	Das RAF-»*Kommando Patsy O'Hara*« ermordet MTU-Chef Ernst Zimmermann in Gauting bei München.
3. Juni 1985:	Bei einem bewaffneten Überfall auf einen Geldboten des »Esbella«-Marktes in Kirchentellinsfurt bei Tübingen erbeutet die RAF 157700 Mark.
7. August 1985:	In Wiesbaden ermordet die RAF den US-Soldaten

	Edward Pimental, um in Besitz seines Ausweises zu kommen.
8. August 1985:	Anschlag des RAF-»*Kommando George Jackson*« auf die US-Airbase in Frankfurt. Zwei Tote, elf Verletzte, eine Million Mark Sachschaden.
31. Januar bis 4. Februar 1986:	In Frankfurt veranstaltet das RAF-Umfeld den Kongreß »Antiimperialistischer und antikapitalistischer Widerstand in Westeuropa«. Rund eintausend Teilnehmer.
9. Juli 1986:	Durch eine Sprengladung am Straßenrand ermordet die RAF in Straßlach Siemens-Vorstandsmitglied Karl Heinz Beckurts und seinen Fahrer Eckhard Groppler auf dem Weg zur Arbeit *(»Kommando Mara Cagol«).*
2. August 1986:	Verhaftung von Eva Haule-Frimpong, Luitgard Hornstein und Christian Kluth in einer Eisdiele in Rüsselsheim.
10. Oktober 1986:	Ermordung von Gerold von Braunmühl, Abteilungsleiter im Auswärtigen Amt, in Bonn *(»Kommando Ingrid Schubert«).*
17. November 1986:	Die Action Directe ermordet Renault-Chef Georges Besse in Paris.
21. Februar 1987:	Führende Mitglieder der Action Directe werden in der Nähe von Orléans in Frankreich verhaftet.
20. September 1988:	In Bonn scheitert ein Anschlag auf Finanzstaatssekretär Hans Tietmeyer *(»Kommando Khaled Aker«).* Die RAF erklärt, Ursache dafür sei gewesen, daß die Maschinenpistole nicht funktioniert habe, mit der zunächst Tietmeyers Chauffeur hätte erschossen werden sollen.
1. Februar bis 12. Mai 1989:	Am zehnten kollektiven Hungerstreik beteiligen sich insgesamt 47 Häftlinge.
30. November 1989:	In Bad Homburg ermordet das RAF-»*Kommando Wolfgang Beer*« den Deutsche Bank-Vorstandssprecher Alfred Herrhausen mit einer Hohlsprengladung, die auf einem Fahrrad am Straßenrand deponiert worden war. Herrhausens Fahrer wird verletzt.
2./3. März 1990:	Nach einem angeblich von der RAF stammenden Selbstbezichtigungsschreiben, das am 5. März bei zwei Nachrichtenagenturen in Bonn eintrifft, hat die RAF einen auf Bundeslandwirtschaftsminister Ignaz Kiechle vorbereiteten Anschlag abgebrochen. Acht Wochen später dementiert die RAF in einem eindeutig authentischen Schreiben, mit der angeblichen Kiechle-Aktion etwas zu tun zu haben.

Juni 1990:	In der DDR werden zehn RAF-Aussteiger enttarnt: Susanne Albrecht (am 6. Juni in Berlin), Inge Viett (am 12. Juni in Magdeburg), Werner Lotze und Christine Dümlein (am 14. Juni in Senftenberg), Ekkehard von Seckendorff-Gudent und Monika Helbing (am 14. Juni in Frankfurt/Oder), Sigrid Sternebeck und Baptist Ralf Friedrich (am 15. Juni in Schwedt) sowie Silke Maier-Witt und Henning Beer (am 18. Juni 1990 in Neubrandenburg).
27. Juli 1990:	Innenstaatssekretär Hans Neusel entgeht um Haaresbreite einem Sprengstoffanschlag der RAF, als er über die Autobahnausfahrt Bonn-Auerberg zum Bundesinnenministerium fahren will *(»Kommando José Manuel Sevillano).* Neusel kommt mit leichten Verletzungen davon.
13. Februar 1991:	Ein RAF-Kommando feuert 250 Gewehrpatronen von der gegenüberliegenden Rheinseite auf die US-Botschaft in Bonn *(»Kommando Vincenzo Spano«).*
18. März 1991:	Fünf Ex-Mitarbeiter des ehemaligen Ministeriums für Staatssicherheit werden wegen des Verdachts einer RAF-Unterstützung in Berlin verhaftet, unter anderem wegen des Verdachts der »Beihilfe zum Mord«. Der ebenfalls unter Tatverdacht stehende ehemalige MfS-Offizier Helmut Voigt entgeht der Polizei.
1. April 1991:	Ein Scharfschütze der RAF ermordet Treuhandchef Detlev Karsten Rohwedder in seinem Haus in Düsseldorf-Oberkassel *(»Kommando Ulrich Wessel«).*

Quellen

Grundlage für dieses Buch waren zum einen eine Fülle nicht veröffentlichter Unterlagen wie Ermittlungsberichte und Analysen der Polizei, Protokolle der Aussagen und Notizen von RAF-Mitgliedern und Urteile von Gerichten. All denen, die mir den Zugang zu diesem Material ermöglichten, bin ich zu großem Dank verpflichtet. Zum anderen sprach ich mit über einhundertundzwanzig Personen, die mit dem RAF-Terrorismus zu tun haben oder hatten: Ermittler, Zeugen, Opfer, Täter. Fast alle Gesprächspartner gaben bereitwillig Auskunft. Dafür danke ich ihnen. Viele bestanden jedoch darauf, nicht mit ihrem Namen erwähnt zu werden. Einige von ihnen haben sich vor Jahren vom Terrorismus losgesagt, mit diesem Kapitel abgeschlossen und wollen sich heute zu diesem Thema »offiziell« nicht mehr äußern. Beamte schilderten mir Einzelheiten, deren Darstellung nie den Segen ihres Behördenleiters erhalten hätte. Andere legen aus – wie sie sagten – »Sicherheitsgründen« großen Wert darauf, daß ihr Name nicht bekannt wird. Diese Wünsche habe ich respektiert.
Ferner dienten folgende Veröffentlichungen als Quellen:

I. Bücher

Aust, Stefan: Der Baader Meinhof Komplex, Hamburg 1985

von Bagge, Erik u. a.: Plädoyers in der Strafsache gegen Rechtsanwalt Kurt Groenewold, Göttingen 1978

Bäcker, Hans Jürgen/Mahler, Horst: Die Linke und der Terrorismus, Gespräch mit Stefan Aust, in: Die Linke im Rechtsstaat, Band 2: Bedingungen und Perspektiven sozialistischer Politik von 1965 bis heute (Rotbuch 175), Berlin 1979

von Baeyer-Katte, Wanda/Claessens, Dieter/Feger, Hubert/Neidhardt, Friedhelm: Gruppenprozesse (Analysen zum Terrorismus Band 3), Opladen, 1982

Bakker Shut, Pieter H. (Hrsg.): das info, aus der diskussion 73–77, briefe der gefangenen aus der raf, Kiel 1987

Baum, Gerhart/Mahler, Horst: Der Minister und der Terrorist, Gespräche zwischen Gerhart Baum und Horst Mahler, Reinbek 1980

Baumann, Bommi: Wie alles anfing, Duisburg 1988

Bauß, Gerhard: Die Studentenbewegung der sechziger Jahre, Köln 1977

Becker, Jillian: Hitlers Kinder? Der Baader-Meinhof-Terrorismus, Frankfurt 1977, ^{2}1978

Beckurts, Karl-Heinz: Nach Tschernobyl weiter? Die umsichtige Nutzung der Kernenergie bleibt notwendig, in: Die Zeit vom 18. Juli 1986

Binder, Sepp: Terrorismus – Herausforderung und Antwort, Bonn 1978

Boeden, Gerhard: Die Herausforderung unseres demokratischen Rechtsstaates durch den linksextremistischen Terrorismus, in: Der Bundesminister des Inneren, Extremismus und Terrorismus, Bonn 1989

von Braunmühl, Brüder des Gerold: »Ihr habt unseren Bruder ermordet«, Reinbek 1987

Brückner, Peter: Über die Gewalt – Sechs Aufsätze zur Rolle der Gewalt in der Entstehung und Zerstörung sozialer Systeme, Berlin 1979

Bundeskriminalamt: Das Bundeskriminalamt, Wiesbaden 1989

Bundesminister des Inneren (Hrsg.): Dokumentation über Aktivitäten anarchistischer Gewalttäter in der Bundesrepublik Deutschland, Bonn (o. J.)

Bundesminister des Inneren (Hrsg.): Hat sich die Republik verändert? – Terrorismus im Spiegel der Presse, Bonn 1978

Bundesminister des Inneren (Hrsg.): Verfassungsschutzbericht, Bonn 1974ff.

Damerow, Peter/Furth, Peter/von Greiff, Otto/Jordan, Maria/Schulz, d'Eaubonne, Françoise: Feminismus und »Terror«, München 1978

Eberhard: Der nicht erklärte Notstand – Dokumentation und Analyse eines Berliner Sommers (Kursbuch 12), Frankfurt 1968

Ensslin, Gudrun/Vesper, Bernward: Gegen den Tod – Stimmen deutscher Schriftsteller gegen die Atombombe, Stuttgart 1964 (Reprint Stuttgart 1981)

Fetscher, Iring: Terrorismus und Reaktion, Köln, Frankfurt 1977

Fetscher, Iring/Rohrmoser, Günter: Ideologien und Strategien (Analysen zum Terrorismus Band 1) Opladen 1981

Fichter, Tilmann/Lönnendonker, Siegward: Kleine Geschichte des SDS, Der Sozialistische Deutsche Studentenbund von 1946 bis zu seiner Selbstauflösung, Berlin 1977

Frisch, Peter: Die Herausforderung unseres demokratischen Rechtsstaates durch Linksextremisten, in: Der Bundesminister des Inneren, Extremismus und Terrorismus, Bonn 1989

Geißler, Heiner (Hrsg.): Der Weg in die Gewalt – Geistige und gesellschaftliche Ursachen des Terrorismus und seine Folgen, München–Wien 1978

Groenewold, Kurt: Angeklagt als Verteidiger, Göttingen 1978

Hager, Jens: Die Rebellen von Berlin – Studentenpolitik an der Freien Universität, Köln, Berlin 1967

Hartung, Klaus u. a.: Der blinde Fleck: die Linke, die RAF und der Staat, Frankfurt 1987

Hein, Peter: Stadtguerilla/bewaffneter Kampf in der BRD und Westberlin – Eine Bibliographie, Berlin 1990

Hermann, Kai/Koch, Peter: Entscheidung in Mogadischu – Die 50 Tage nach Schleyers Entführung, Hamburg 1977

Hessler, Klaus: Brief an einen Freund – den mutmaßlichen Terroristen D., Hamburg 1978

Hobe, Konrad: Zur ideologischen Begründung des Terrorismus – Ein Beitrag zur Auseinandersetzung mit der Gesellschaftskritik und der Revolutionstheorie des Terrorismus, Bonn 1979

Horchem, Hans Josef: Die verlorene Revolution – Terrorismus in Deutschland, Herford 1988

Jäger, Herbert/Schmidtchen, Gerhard/Süllwold, Lieselotte: Lebenslaufanalysen (Analysen zum Terrorismus, Band 2), Opladen 1981

Kahl, Werner: Vorsicht Schußwaffen! Von kommunistischem Extremismus, Terror und revolutionärer Gewalt, München 1989

Klaus, Alfred: Verhalten und Aktivitäten inhaftierter links- und rechtsextremistischer Terroristen – Zur Kampagne gegen die Justiz – (Manuskript), 1983

Krebs, Mario: Ulrike Meinhof – Ein Leben im Widerspruch, Reinbek 1988

Kropotkin, Peter: Worte eines Rebellen, Reinbek 1972

Laquer, Walter: Terrorismus – Die globale Herausforderung, Frankfurt, Berlin 1987

Matz, Ulrich/Schmidtchen, Gerhard: Gewalt und Legitimation (Analysen zum Terrorismus, Band 4/1), Opladen 1983

Meinhof, Ulrike: Dokumente einer Rebellion – 10 Jahre »konkret«-Kolumnen, Hamburg 1972

Meinhof, Ulrike Marie: Bambule, Fürsorge – Sorge für wen? Berlin 1971, ^{2}1987

Meinhof, Ulrike Marie: Die Würde des Menschen ist antastbar – Aufsätze und Polemiken, Berlin 1980

Meyer, Thomas: Am Ende der Gewalt? Der deutsche Terrorismus – Protokoll eines Jahrzehnts, Frankfurt/M., Berlin und Wien 1980

Miermeister, Jürgen: Rudi Dutschke, Reinbek 1986

Mosler, Peter: Was wir wollten, was wir wurden – Zeugnisse der Studentenrevolte, Reinbek 1988

Nevermann, Knut: der 2. juni 1967 – Studenten zwischen Notstand und Demokratie, Dokumente zu den Ereignissen anläßlich des Schah-Besuchs, Köln 1967

ohne Namen: Der Baader-Meinhof-Report – Aus den Akten des Bundeskriminalamts, der »Sonderkommission Bonn« und des Bundesamts für Verfassungsschutz, Main 1972

ohne Namen: Juristische Unterlagen zum Prozeß gegen Rechtsanwalt Kurt Groenewold, (ohne Ort und Jahr)

Piegler, Hannelore: Entführung – Hundert Stunden zwischen Angst und Hoffnung, Wien, München, Zürich, Innsbruck 1978

Presse- und Informationsamt der Bundesregierung: Dokumentation zu den Ereignissen und Entscheidungen im Zusammenhang mit der Entführung von Hanns-Martin Schleyer und der Lufthansa-Maschine »Landshut«, Bonn 1977

RAF: texte: der RAF, Lund/Schweden 1977

Rauball, Reinhard: Die Baader-Meinhof-Gruppe, Berlin 1972

Rieß, Peter: Die »Anti-Terrorismusgesetzgebung« in der Bundesrepublik Deutschland, in: Bundeszentrale für politische Bildung (Hrsg.): Freiheit und Sicherheit, Die Demokratie wehrt sich gegen den Terrorismus, Bonn 1979, S. 69ff.

Röhl, Klaus Rainer: Fünf Finger sind keine Faust, Köln 1974

Russel, Bertrand: Plädoyer für einen Kriegsverbrecherprozeß (Voltaire Flugschrift Nummer 5), Frankfurt 1968

Sack, Fritz/Steinert, Heinz: Protest und Reaktion, (Analysen zum Terrorismus, Band 4/2), Opladen 1984

Salewski, Wolfgang/Lanz, Peter: Die neue Gewalt und wie man ihr begegnet, Locarno und Zürich 1978

Schwind, Hans-Dieter (Hrsg.): Ursachen des Terrorismus in der Bundesrepublik Deutschland, Berlin, New York 1978

Streithofen, Heinrich Basilius: Briefe an die Familie Schleyer, Stuttgart-Degerloch 1978

Stuberger, Ulf G.: »In der Strafsache gegen Andreas Baader, Ulrike Meinhof, Jan-Carl Raspe, Gudrun Ensslin wegen Mordes u. a.«, Frankfurt 1977

Teuns, Sief/Seifert, Jürgen/Sigrist, Christian u. a.: Folter in der BRD – Zur Situation der Politischen Gefangenen (Kursbuch 32), Berlin 1973

Vinke, Hermann: Mit zweierlei Maß – Die deutsche Reaktion auf den Terror von rechts, Reinbek 1981

Vinke, Hermann/Witt, Gabriele: Die Anti-Terror-Debatten im Parlament, Protokolle 1974–1978, Reinbek 1978

Vogel, Hans-Jochen: Möglichkeiten und Grenzen der strafrechtlichen Terrorismusbekämpfung, in: Bundeszentrale für politische Bildung (Hrsg.): Freiheit und Sicherheit, Die Demokratie wehrt sich gegen den Terrorismus, Bonn 1979, S. 37ff.

Wassermann, Rudolf (Hrsg.): Terrorismus contra Rechtsstaat – Kritische Abhandlungen zur Rechtsstaatlichkeit in der Bundesrepublik, Darmstadt und Neuwied 1976

Weidenhammer, Karl-Heinz: Selbstmord oder Mord? Das Todesermittlungsverfahren: Baader/Ensslin/Raspe, Kiel 1988

Wördemann, Franz: Terrorismus – Motive, Täter, Strategien, München, Zürich 1977

Zachert, Hans-Ludwig: Die Gefährdung der verfassungsmäßigen Grundordnung durch den Terrorismus in der Bundesrepublik Deutschland, in: Der Bundesminister des Inneren: Gewalt und Terrorismus, Bonn 1990

II. Zeitungen, Zeitschriften und Rundfunksendungen

Amstutz, Peter: Durch ein Mißverständnis wurde er Kontaktmann – Bei Rechtsanwalt Payot rufen die Entführer von Hanns-Martin Schleyer nicht mehr an, Frankfurter Rundschau vom 11. Oktober 1977

Arens, Roman: Nur eine Plane auf dem BMW deutet Pietät an, Frankfurter Rundschau vom 10. Juli 1986

Augstein, Rudolf: Der Sonnenstaat des Doktor Herold, Der Spiegel vom 27. Oktober 1980

Aust, Stefan: Baader Meinhof, Folge 1: Wege in den Untergrund, ARD, 7. September 1986, 21.55 Uhr, Folge 2: …und am Schluß sie selbst, ARD, 14. September 1986, 22.15 Uhr

Baader, Andreas/Meinhof, Ulrike/Ensslin, Gudrun/Raspe, Jan-Carl: »Wir werden in den Durststreik treten«, Der Spiegel 4/1975

von Baeyer-Katte, Wanda: Ärzte, eine kleine radikale Minderheit – Das Heidelberger Sozialistische Patientenkollektiv, oder: Die Propagierung der umgekehrten Weltsicht, Christ und Welt/Rheinischer Merkur vom 7. Mai 1982

Bannas, Günter: Der Konsens der Bundesländer über den Hungerstreik ist zerbrochen, Frankfurter Allgemeine Zeitung vom 12. April 1989

Bannas, Günter: Die Hoffnung, mit dem Terrorismus werde es zu Ende gehen, wird sich nicht erfüllen, Frankfurter Allgemeine Zeitung vom 28. Juli 1990

Bannas, Günter: Eine trügerische Sicherheit vor dem Attentat auf Herrhausen – Die Terroristen präparierten in Ruhe den Tatort, Frankfurter Allgemeine Zeitung vom 7. Dezember 1989

Bannas, Günter: Eine Zusammenlegung in kleinen Gruppen? Frankfurter Allgemeine Zeitung vom 31. März 1989

Barth, Karl Günther: Die RAF macht wieder mobil. Stern vom 13. August 1985

Baumann, Jürgen: Strafprozeß auf Raten, Zeitschrift für Rechtspolitik 1975, Seite 38

Bernstorf, Martin: Der lange Marsch nach Stammheim, Deutsche Zeitung/Christ und Welt vom 30. Mai 1975

Bigler, Horst R.: Sartre inszenierte sein schlechtestes Stück, Die Welt vom 6. Dezember 1974

Bilger, Hans: Pfarrerstochter und revolutionäre Brandstifterin, Frankfurter Rundschau vom 31. Oktober 1968

Binder, Sepp: »Das sind doch total Wahnsinnige«, Die Zeit vom 2. Mai 1975

Birkenmeier, Werner: Das Verfahren sichern? Die Pflichtverteidigung im Baader-Meinhof-Prozeß wirft Probleme auf, Die Zeit vom 13. Juni 1975

Birnbaum, Michael: Der Tod vor Mitternacht, Süddeutsche Zeitung vom 3. April 1991

Bittorf, Wilhelm: Die Rebellion der gestörten Kinder, Stern vom 11. April 1977

Blechschmidt, Peter: Tod auf der 1130, Stern vom 31. Juni 1980

Bleckmann, Jochen: »Das müßten alle gewesen sein«, Stern vom 28. Juni 1990

Böckenförde, Ernst-Wolfgang: Der verdrängte Ausnahmezustand, Neue Juristische Wochenschrift 1978, S. 1881

Boeden, Gerhard: »Auf saubere Füße stellen« (Interview), Der Spiegel 12/1988

Boeden, Gerhard: »Der harte Kern der RAF hat den Kampf nicht aufgegeben« (Interview), Süddeutsche Zeitung von 16. Juni 1989

Boeden, Gerhard: »Es ist eingetroffen, was wir befürchtet haben« (Interview von Gerd Elendt), Stern vom 7. Dezember 1989

Bölling, Klaus: »Das hört nicht auf. Nie mehr«, Der Spiegel 48/1987

Boock, Peter-Jürgen: Amnestie für RAF-Gefangene? Die Tageszeitung vom 21. November 1987

Boock, Peter-Jürgen: Ich hatte es in der Hand, ob Menschen sterben würden (Prozeßerklärung), Tageszeitung vom 20. April 1983

Boock, Peter-Jürgen; »Im Schützengraben für die falsche Sache« (Interview), Der Spiegel 9/1981

Boock, Peter-Jürgen: »Für jeden eine Nummer« (Interview), Der Spiegel 25/1990

Boock, Peter-Jürgen: »Wir haben Schuld auf uns geladen« (Interview), Die Zeit vom 24. Juni 1988

Born, Peter P.: Ihr letzter Ausweg – Wie die Terroristin Ulrike Meinhof in ihrer Zelle starb, Stern vom 20. Mai 1976

Brandt, Willy: Wider das Geschäft mit der Angst: Über den Umgang mit Terroristen, Die Zeit vom 27. Dezember 1974

Broichhausen, Klaus: Ein technologischer Vordenker mit Weitsicht und Bedachtsamkeit – Der Atomphysiker Karl-Heinz Beckurts, Frankfurter Allgemeine Zeitung vom 11. Juli 1986

Buback, Siegfried: »Der Rechtsstaat auf dem Hackklotz« – Generalbundesanwalt Siegfried Buback über die strafrechtliche Bewältigung des Terrorismus (Interview), Der Spiegel 8/1977
Buback, Siegfried: »Die Kritiker haben es sich zu leicht gemacht« (Interview von Karl-Heinz Krumm), Frankfurter Rundschau vom 5. November 1976
Bundesministerium des Inneren: Innere Sicherheit (Zeitschrift)
Busche, Jürgen: Eine Geheimakte zum Prozeß in Stammheim, Frankfurter Allgemeine Zeitung vom 27. November 1976
Busche, Jürgen: Ein Gericht setzt sich Zweifeln aus, Frankfurter Allgemeine Zeitung vom 7. Juli 1975
Busche, Jürgen: Ist der Vorsitzende ein »Prozeß-Hindernis«?, Frankfurter Allgemeine Zeitung vom 6. Juni 1975
Busche, Jürgen: Verwirrung und Wirrwarr in Stammheim, Frankfurter Allgemeine Zeitung vom 25. Juli 1975

Cohn-Bendit, Dany: Angebot des Jahres, Pflasterstrand Nummer 273
Conrad, Bernt: Erst der Tod rückt ihn ins Scheinwerferlicht, Die Welt vom 13. Oktober 1986

Dahs, Hans: Das »Anti-Terroristen-Gesetz« – eine Niederlage für den Rechtsstaat, Neue Juristische Wochenschrift 1976, S. 2145
Dellwo, Karl-Heinz: »Wir haben einen Schnitt gemacht. Wir führen keine ›Endkämpfe‹«, Die Tageszeitung vom 1. Juni 1989
Ditfurth, Hoimar von: Zweifel an der Zwangsernährung, Der Spiegel 53/1974
Dotzer, Ulrike: Der Freiherr im Winterquartier, Hamburger Abendblatt vom 7./8. Juli 1990
Dreher, Klaus: Das Ritual des Schreckens – Terrorismus: Die Bundeshauptstadt im Visier, Süddeutsche Zeitung vom 13. Oktober 1986
Dreher, Klaus: Ein Schlag ins Wasser – mit letzter Kraft, Süddeutsche Zeitung vom 12. Juli 1989
Dreher, Klaus: Eine Staffel – bis in den Tod? Süddeutsche Zeitung vom 2. März 1989
Die Europäische Menschenrechtskommission: Der Sondervollzug gegen Ensslin, Baader und Raspe hatte nicht den Charakter einer unmenschlichen Behandlung (Dokumentation), Frankfurter Rundschau vom 25. August 1978

Faerber, Renate: Ein Trauerspiel geht dem Ende entgegen: Zwischenbilanz des Untersuchungsausschusses in Sachen Stammheim, Frankfurter Rundschau vom 16. Dezember 1977
Faerber, Renate: In Stammheim hatte nur Prinzing das Wort, Frankfurter Rundschau vom 1. Oktober 1975
Fiedler, Teja/Müller, Rudolf: Die RAF greift wieder an, Stern vom 24. September 1981
Fiedler, Teja: Wenn einer stirbt, kracht's erst richtig, Stern vom 15. April 1981
Fink, Matthias: Wenn Sicherheitsdenken vor Recht und Gnade geht: Der Fall Jühnschke und die Furcht vor unpopulären politischen Entscheidungen, Süddeutsche Zeitung vom 12. August 1987
Fischer, Klaus: Schwachstellen im Saftladen: Im Stuttgart-Stammheimer Strafvollzug gab es Dinge, die es eigentlich nicht geben darf, Deutsches Allgemeines Sonntagsblatt vom 1. Januar 1978
Folkerts, Knut, u. a.: Books Lügen, konkret 10/1988

Franke, Horst-Werner: Wer von dem »Abschuß von Buback« spricht…, Frankfurter Rundschau vom 9. August 1977
Frenzel, Ivo u. a.: Sie fürchten die Zerstörung ihrer »kollektiven Identität« – Die RAF-Gefangenen und ihre Haftbedingungen, Süddeutsche Zeitung vom 8./9. April 1989
Friedrich, Ralf Baptist: »Ich bitte um Vergebung«, Der Spiegel 34/1990
Friedrichsen, Gisela: …die Lotterie geht weiter, Der Spiegel 22/1991
Friedrichsen, Gisela: »Du kennst ja den Herrn Ponto«, Der Spiegel 18/1991
Fromme, Friedrich Karl: Der Bürochef, Frankfurter Allgemeine Zeitung vom 3. Juli 1979
Fromme, Friedrich Karl: Die Terroristen-Jagd hat ihn verfremdet: Der scheidende Präsident des Bundeskriminalamts Herold hatte seine Aufgabe anders angelegt, Frankfurter Allgemeine Zeitung vom 26. März 1981

Gast, Wolfgang: Großer Knall gegen RAF-Ausstieg, Die Tageszeitung vom 28. Juli 1990
Gast, Wolfgang: RAF fand neues Opfer im Chef der Treuhand, Die Tageszeitung vom 3. April 1991
Gebhard, Jürgen u. a.: Das zweite Leben der Susanne Albrecht, Stern vom 13. Juni 1990
Geist, Manfred: »Halten Sie doch die Fresse«, rief Gudrun Ensslin dem Richter zu, Die Welt vom 22. Mai 1975
Gerhardt, Rudolf: Ein Verteidiger wehrt sich, Frankfurter Allgemeine Zeitung vom 24. Oktober 1972
Gerhardt, Rudolf: Verhandlung ohne Baader und Meinhof?, Frankfurter Allgemeine Zeitung vom 15. Oktober 1975
Gerhardt, Rudolf: Wird Baader nach der Ordnung verteidigt?, Frankfurter Allgemeine Zeitung vom 3. Juli 1975
Gillen, Eckhart: Mit dem »Sozialistischen Patientenkollektiv« geht es zu Ende, Frankfurter Rundschau vom 18. März 1971
Glotz, Peter: Sind solch unausgegorene Denkspiele druckreif?, Frankfurter Rundschau vom 30. Juli 1977

Henck, Helmut: »Es kann immer zu Kipp-Reaktionen kommen«, Spiegel-Interview mit dem Stuttgarter Gefängnisarzt Dr. Helmut Henck über künstliche Ernährung, Der Spiegel 47/1974
Henkel, Peter: »Es war das Schlimmste, was man überhaupt tun kann« – Die Ex-Terroristin Susanne Albrecht sagt in Stammheim aus, Frankfurter Rundschau vom 27. April 1991
Herles, Helmut: Peinliches und Schamloses nach dem Mord an Buback, Frankfurter Allgemeine Zeitung vom 7. Mai 1977
Herlyn, Wilm: Spuren von Susanne Albrecht, Die Welt vom 29. Juli 1977
Hermann, Kai: Der Boss der Bosse – Arbeitgeberpräsident Hanns-Martin Schleyer kommandiert die Unternehmerfront, Stern vom 12. 12. 1974
Herold, Horst: Bewegungsbilder und Persönlichkeitsprofile: Orwellsche Vision oder Realität?, Frankfurter Rundschau vom 12. Januar 1984
Herold, Horst: »Die Position derRAF hat sich verbessert« – Der ehemalige BKA-Chef Horst Herold über Terroristen und Computer-Fahndung, Der Spiegel 37/1986
Herold, Horst: »Einblicke in Ursachen und Wesen des Verbrechens wären möglich«, Frankfurter Rundschau vom 7. März 1986
Herold, Horst: Krise des Sicherheitsgefühls, nicht der Sicherheitslage, Frankfurter Rundschau vom 3. Mai 1979
Herold, Horst: Neue technische Möglichkeiten mit beklemmenden Aspekten, Frankfurter Rundschau vom 22. September 1984

Herrhausen, Alfred: »Die DDR ist am Zuge«, Spiegel-Gespräch mit Deutsche-Bank-Chef Alfred Herrhausen über die ostdeutsche Wirtschaftsmisere, Der Spiegel 47/1989, S. 28

Herrhausen, Alfred: Es wäre unlogisch, unsere Bindungen an die westliche Gemeinschaft zu lockern (Interview), Die Welt vom 7. Dezember 1987

Herrhausen, Alfred: Glasnost für den Kapitalismus, Handelsblatt vom 25. Oktober 1989

Herrhausen, Alfred: Um Freiheit und Offenheit, Die Zeit vom 8. Dezember 1989

Hill, Werner: Anwälte hungern für BM-Häftlinge, NDR 1 (»Auf ein Wort«), 13. Februar 1973, 19.25 Uhr

Hill, Werner: Baader-Meinhof-Prozeß: Reizbar wie die Hunde des Herrn Pawlow, Vorwärts vom 27. November 1975

Hofmann, Gunter: Die Wunde Stammheim, Die Zeit vom 7. Februar 1986

Holzhaider, Hans: Trauer über die eigene verbrecherische Vergangenheit – Werner Lotze hat ausgepackt wie kein RAF-Mitglied zuvor, Süddeutsche Zeitung vom 11. Januar 1991

Homann, Peter: »Andreas Baader? Er ist ein Feigling«, Der Spiegel 48/1971

Horchem, Hans Josef: Der Verfall der Roten Armee Fraktion, Aus Politik und Zeitgeschichte (Beilage zur Wochenzeitung Das Parlament) vom 6. November 1990

Hornung, Peter: »Karriere« im Untergrund – Der illegale Weg des verhafteten Rechtsanwalt, Haag, Rheinischer Merkur vom 31. Dezember 1976

Horrmann, Heinz: Pannen erschweren die Fahndung nach den Mördern Herrhausens, Die Welt vom 2. Dezember 1989

Horx, Matthias/Möller B. C.: Am Ende der bleiernen Zeit, Die Zeit vom 1. Juli 1988

Hünerkoch, Dieter: »Führung muß man auch wollen«, Stern vom 7. Dezember 1989

Jach, Michael: Der Urlaub des Fahrers rettete den Staatssekretär, Die Welt vom 28. Juli 1990

Jacobs, Walter: Der Terror der Wohlmeinenden, Die Tageszeitung vom 11. April 1991

Janßen, Karl-Heinz: Die schrecklichen entlaufenen Wohlstandskinder: Stadtguerilla, deutsche Ausgabe, Die Zeit vom 9. September 1977

Jeske, Jürgen: Mit ihm wollte die Deutsche Bank in neue Dimensionen vorstoßen, Karriere und Leistung Alfred Herrhausens, Frankfurter Allgemeine Zeitung vom 1. Dezember 1989

joe.: Anschlag auf Kölner Verfassungsschutzamt, Süddeutsche Zeitung vom 9. September 1986

Josing, Wolfgang/Müller-Landré, Detmar: Als Wader zu seiner Wohnung kam, paßte der Schlüssel nicht, Hamburger Abendblatt vom 29. November 1971

Jünschke, Klaus: »Angst vor mancherlei Rachegeschrei« (Interview), Der Spiegel 29/1988

Jünschke, Klaus: »Menschenrechte haben auch für Gefangene zu gelten« (Interview), Die Tageszeitung vom 22. März 1989

Jünschke, Klaus: Sprachloser Einsatz einer kindischen Putztruppe…, Die Tageszeitung vom 8. Februar 1986

Jünschke, Klaus: …und am Ende nur noch deutsche Rotarmisten, Die Tageszeitung vom 20. April 1991

Jungblut, Michael: Selbstverstümmelung einer Industrienation? Zeit-Gespräch mit Professor Karl Heinz Beckurts über den Gorleben-Beschluß, Die Zeit vom 25. Mai 1979

Käsemann, Ernst/Vollmer, Antje/Walser, Martin: »Die Gesellschaft muß den ersten Schritt tun«, Die Tageszeitung vom 14. Oktober 1987

Kahl, Werner: BKA gelang Schlag gegen RAF-Logistik-Geflecht, Die Welt vom 5. Juli 1985

Kahl, Werner: Bleich lauschte Ulrike Meinhof dem Zeugen, Die Welt vom 28. Januar 1976

Kahl, Werner: Die Angst der Terroristen vor der »Kronzeugen«-Regelung, Die Welt vom 6. Juni 1988

Kahl, Werner: Die »Illegalen Militanten«, die vierte Ebene des Terrorismus, Die Welt vom 3. Mai 1985

Kahl, Werner: Die Meinhof (Serie), Die Welt vom 15. Mai bis 22. Mai 1976

Kahl, Werner: Die RAF auf abschüssiger Bahn, Die Welt vom 5. Juli 1984

Kahl, Werner: In aller Stille formiert sich der Terrorismus neu, Die Welt vom 18. Februar 1983

Kahl, Werner: RAF lieferte Waffen an ›Action Directe‹, Die Welt vom 4. März 1987

Kahl, Werner: RAF – vom Regen in die Traufe, Die Welt vom 26. November 1982

Kahl, Werner: Rebmann spricht von vier Ebenen, Die Welt vom 11. Juli 1985

Kahl, Werner: »Widerstand in jeder Ausdrucksform« – Wie die Terrorgruppen agieren, Die Welt vom 11. Juli 1986

Kannengießer, Walter: Stabilität zuerst, Frankfurter Allgemeine Zeitung vom 17. Februar 1983

Kerscher, Helmut: Anschlag auf Bankchef seit Monaten vorbereitet, Süddeutsche Zeitung vom 2. Dezember 1989

Kerscher, Helmut: Das Zögern des Generalbundesanwalts – Gegen die RAF-Helfer aus der DDR wird in Karlsruhe auffällig behutsam ermittelt, Süddeutsche Zeitung vom 22. Juni 1990

Kettner, Thomas: »Wir fahren da halt mal hin«, Stern vom 12. Juli 1984

Kister, Kurt: Mörderische Rückmeldung, Süddeutsche Zeitung vom 1. Dezember 1989

Klar, Christian: Den politischen Dialog organisieren, Die Tageszeitung vom 13. Juni 1989

Klar, Christian/Mohnhaupt, Brigitte: »Was zu einer ›RAF-Stasi-Story‹ reduziert als Thriller erscheint...«, Frankfurter Rundschau vom 2. Juli 1991

Klose, Rainer: Auf Stammheim lastet der Schatten der Abhöraffäre, Süddeutsche Zeitung vom 1. April 1977

Klose, Rainer: Das Deuten eines Sterns: Was Richter als RAF-»Sympathiewerbung« bestrafen, Süddeutsche Zeitung vom 1. Februar 1984

Klose, Rainer: Ein Pamphlet verwirrt die Justiz, Süddeutsche Zeitung vom 17. August 1978

Klose, Rainer: Lange Haftstrafen für Haag und Mayer, Süddeutsche Zeitung vom 12. Juli 1979

Knapp, Ursula: »Die RAF arbeitet wie ein Geheimdienst«, Frankfurter Rundschau vom 16. April 1991

Kniesburges, Maria: Wenn der Generalbundesanwalt Buch führt..., Die Tageszeitung vom 12. April 1989

Koch, Norbert: Versehentliche Sprengung verhinderte Schlimmeres in Stockholm, Die Welt vom 26. Juli 1976

Körber, Wilhelm: Frankfurt, Inheidener Straße 69: Bombenwerkstatt im Wohnblock, Die Welt vom 13. Juni 1976

Kohl, Hans-Helmut: »Der Sprengstoff hätte auch einen Panzer umgeworfen«, Frankfurter Rundschau vom 2. Dezember 1989

Kohl, Hans-Helmut u. a.: Eine Explosion, lauter als der Knall eines Flugzeuges, Frankfurter Rundschau vom 1. Dezember 1989

Kohl, Hans-Helmut: Einst pflegten Terroristen ihren Daumenabdruck zu hinterlassen, Frankfurter Rundschau vom 4. April 1991

Kremp; Herbert: Die Wunden des Anschlags von Stockholm heilen nur langsam, Die Welt vom 23. Juli 1975

Kriener, Manfred: »Den Totschläger auch den Nachttisch« – Die Magdeburger Nachbarn beschreiben das frühere RAF-Mitglied Inge Viett, Die Tageszeitung vom 15. Juni 1990

Krumm, Karl-Heinz: Als Bundesanwalt Wunder den Kopf schüttelte, Frankfurter Rundschau vom 22. Mai 1975

Krumm, Karl-Heinz: Baader-Meinhof und das allgemeine Mißtrauen, Frankfurter Rundschau vom 18. Januar 1972

Krumm, Karl-Heinz: Der Mord in Bonn, Frankfurter Rundschau vom 13. Oktober 1986

Krumm, Karl-Heinz: Ein mörderisches Pingpong-Spiel, Frankfurter Rundschau vom 3. Februar 1989

Krumm, Karl-Heinz: Ein notwendiges Informationsdefizit: Für den ehemaligen BKA-Chef ist Datenschutz ein Menschenrecht, Frankfurter Rundschau vom 31. Dezember 1983

Krumm, Karl-Heinz: Ein Teil des Geheimcodes lag schon im BKA, Frankfurter Rundschau vom 15. März 1982

Krumm, Karl-Heinz: Man muß als Gefangener auch eine Perspektive haben – Das ehemalige RAF-Mitglied Siegfried Haag über APO, Terrorismus, Hungerstreik und die Abkopplung von der Gruppe, Frankfurter Rundschau vom 2. September 1986

Krumm, Karl-Heinz: Ministerium soll Ziel der RAF gewesen sein, Frankfurter Rundschau vom 15. August 1986

Krumm, Karl-Heinz: Seit achthundert Tagen begleitet ihn die Angst – Karl-Heinz Ruhland oder das Problem des ›Kronzeugen‹, Frankfurter Rundschau vom 3. Dezember 1975

Krumm, Karl-Heinz: Stammheim, Hamburg und der ›Kronzeuge‹ Dierk Hoff, Frankfurter Rundschau vom 21. Februar 1976

Krumm, Karl-Heinz: Tiefe Einblicke in RAF-Logistik, Frankfurter Rundschau vom 5. Juli 1985

Krumm, Karl-Heinz: »Von höherer Warte als irgendein Gericht« – Gnade ist die menschliche Komponente des Rechts, Frankfurter Rundschau vom 11. Oktober 1988

Kruse, Kuno/Schwelien, Michael/Sontheimer, Michael: Die terroristische Vereinigung, Die Zeit vom 22. Juni 1990

Kühnert, Hanno: Das Urteil im Patientenkollektiv-Prozeß: Hohe Haftstrafen für das Ehepaar Huber, Süddeutsche Zeitung vom 20. Dezember 1972

Kühnert, Hanno: »Dem kranken System den Todesstoß«, Süddeutsche Zeitung vom 6. November 1972

Kühnert, Hanno: Baader-Meinhof-Häftlinge bleiben isoliert, Süddeutsche Zeitung vom 18. Mai 1973

Kühnert, Hanno: Wo enden die Rechte der Verteidiger? Süddeutsche Zeitung vom 10. April 1975

Kummer, Niels: Das Leben der Susanne Albrecht, Stern vom 11. August 1977

Kurz, Felix: Signal mit falschen Tönen: Die Freilassung von Klaus Jünschke nach 16 Jahren Haft war lange überfällig, Die Tageszeitung vom 18. Juni 1988

Landtag von Baden-Württemberg: Bericht und Antrag des Untersuchungsausschusses Vorfälle in der Vollzugsanstalt Stuttgart-Stammheim, Landtag von Baden-Württemberg, Drucksache 7/3200

Leicht, Robert: Neue Bewegung im linken Terrorismus, Süddeutsche Zeitung vom 5. September 1980

Leicht, Robert: Steuerung des Terrors aus der Haftzelle?, Süddeutsche Zeitung vom 3. Mai 1975

Leinemann, Jürgen: »Was für ein trostloses Leben«, Der Spiegel 48/1978

Leonhardt, Rudolf Walter: Rebellen als Brandstifter, Die Zeit vom 8. November 1968

Lochte, Christian: »Ohne die Gefangenen bräche die RAF zusammen« (Interview), Die Tageszeitung vom 9. Dezember 1989

Lölhöffel, Helmut: »Laßt ab von eurem kriminellen und verderblichen Tun«, Frankfurter Rundschau vom 28. Juli 1990

di Lorenzo, Giovanni: Die Kronzeugin, deren Leben unfaßbar bleibt – Stuttgart-Stammheim: Das Verfahren gegen Susanne Albrecht, Süddeutsche Zeitung vom 3. Juni 1991

Lotze, Werner: »Zum Schluß war es nur noch Haß« (Interview von Kuno Haberbusch und Joachim Wagner), Die Zeit vom 23. November 1990

Lüttwitz, Heinrich von: Kaufmann und Künstler – Der ermordete Bankier Ponto war ein großer Musikmäzen, Die Welt vom 4. August 1977

Mahler, Horst: »Der Foltervorwurf – eine Propagandalüge«, Der Spiegel 50/1978

Mathes, Werner/Müller, Tilmann: Kurschatten an der Elbe, Stern vom 5. Juli 1990

Mauz, Gerhard: »Die Sprache der Guerilla ist die Aktion, Der Spiegel 24/1975

Mauz, Gerhard: »Ein Phänomen der Verzweiflung« Spiegel-Reporter G. M. über Susanne Albrecht und andere, Der Spiegel 33/1977

Mauz, Gerhard: »Herr Schily, zu welchem Behufe?« Der Spiegel 6/1976

Mauz, Gerhard: »Ich glaube, Frau Meinhof ist Manns genug«, Der Spiegel vom 26. Mai 1975

Mauz, Gerhard: »Mit voller Geisteskraft in ernster Sache«, Der Spiegel 43/1968

Maikowski, Ludmilla: Isoliert auch von links: Horst Mahler, Handelsblatt vom 29. April 1971

Mehr, Max Thomas: Bodenlos – Ein Bekennerbrief der RAF, Die Tageszeitung vom 7. Dezember 1989

Meinhof, Ulrike: Ich will durch meine Mitarbeit nicht verschleiern, Frankfurter Rundschau vom 26. April 1969

Meinhof, Ulrike: Natürlich kann geschossen werden, Der Spiegel 25/1970

Meyer, Thomas: Erst Wochen nach dem ersten Hinweis ist die Terroristen-Wohnung observiert worden, Frankfurter Allgemeine Zeitung vom 4. März 1978

Mörbitz, Eghard: »Das Vietnam im feinen Villenvorort« – Taktiken und Strategien der Terroristen, Frankfurter Rundschau vom 7. September 1977

Mörbitz, Eghard: Gerold von Braunmühl stand auf keiner RAF-Todesliste, Frankfurter Rundschau vom 13. Oktober 1986

Müller, Michael/Kanonenberg, Andreas: Ein deutscher Alptraum – Die Stasi-RAF-Connection, Die Zeit vom 3. Mai 1991

Müller, Rudolf: Das Attentat, Stern vom 7. Dezember 1989

Müller, Rudolf: Die Terror-Schmiede, Stern vom 4. April 1991

Müller, Rudolf: »Hier ist Susanne«, Stern vom 4. August 1977

Naß, Matthias/Schueler, Hans/de Weck, Roger: Mordspur in die Hauptstadt – Die RAF heute: Struktur, Strategie und Ziele, Die Zeit vom 17. Oktober 1986

Neander, Joachim: Die drei Männer erhielten zunächst drei Tage Ordnungshaft/ Auftakt im Frankfurter Kaufhausbrandstifter-Prozeß, Die Welt vom 15. Oktober 1968

Neander, Joachim: Finale für Protest-Zündler: Doch noch ein Fall für den Psychiater? Die Welt vom 5. Februar 1970

Neiber, Gerhard: Was brachte es, Herr General? Was MfS und RAF verband – die Geschichte eines Joint venture (Interview), Neues Deutschland vom 23. Juni 1990

Nettelbeck, Uwe: Der Frankfurter Brandstifter-Prozeß, Die Zeit vom 8. November 1968

Neubauer, Ralf: Die Woche der Dementis hat Rohwedder den Rücken gestärkt, Frankfurter Rundschau vom 7. November 1990

Noack, Hans-Joachim: Meinhof, Baader und die Detektive, Frankfurter Rundschau vom 12. Februar 1971

Noack, Hans-Joachim: Sie wollen sich gegenseitig vor den Kadi bringen, Frankfurter Rundschau vom 21. Juni 1972

O. F.: Denis Payot – Vermittler im Entführungsfall Schleyer, Neue Zürcher Zeitung vom 14. September 1977

ohne Namen: Im Fadenkreuz der RAF, Stern vom 13. September 1990

ohne Namen: Die sog. RAF im sog. Mehrzwecksaal, Die Tageszeitung vom 7. Oktober 1985

ohne Namen: Die sog. RAF im sog. Mehrzwecksaal, Die Tageszeitung vom 7. Oktober 1985

ohne Namen: Verfassungsschutz für Teilzugeständnisse und Haftverschonung (Dokumentation), Die Tageszeitung vom 5. April 1989

o-k: Brandbombenanschläge auf zwei Kaufhäuser, Frankfurter Rundschau vom 4. April 1968

o-k: Staatsanwaltschaft: Brandanschläge geklärt, Frankfurter Rundschau vom 8. April 1968

Oldag, Andreas: Die schwierige Suche nach der Akte Fortschritt – Der neue Treuhand-Chef Detlev Rohwedder tritt in der DDR auf die Vorstellung, er könne wie aus dem Füllhorn verteilen, Süddeutsche Zeitung vom 28. April 1990

Ostendorf, Heribert: Verteidigung am Scheideweg, Anmerkungen zum Urteil des Hanseatischen Oberlandesgericht Hamburg vom 10. 7. 1978 (Groenewold-Urteil), in: Juristen Zeitung 1979, S. 252

Osterkorn, Thomas: Die neue Offensive, Stern vom 20. September 1990

Palmer, Hartmut: Des Kanzlers riskantes Spiel, Süddeutsche Zeitung vom 17. Oktober 1977

Parwassar, Frank: Susanne Albrechts Weg in den Terrorismus, Welt am Sonntag vom 28. April 1991

Peters, Butz: Das Angebot des Jahres? NDR 2, Abendkurier, 23. Oktober 1987, 17.38 Uhr

Peters, Butz: Der »oberste Ankläger der Nation« tritt ab – Kurt Rebmann blickt zurück, NDR 4, Mittagsecho-Spezial, 31. Mai 1990, 13.35 Uhr

Peters, Butz: Der Verfassungsschutz staunt: Neue Erkenntnisse zur MfS/RAF-Verbindung, NDR 4, Morgenecho, 13. Juli 1990, 7.20 Uhr

Peters, Butz: Die Entscheidung ist gefallen: Der Bundespräsident begnadigt Angelika Speitel, NDR 2, Frühkurier, 14. Februar 1989, 6.42 Uhr

Peters, Butz: Die RAF nach '77 – Susanne Albrecht-Becker packt aus, NDR 2, Abendkurier, 25. April 1991, 17.42 Uhr

Peters, Butz: Die Stammheim-Legende ist nun endgültig vom Tisch, NDR 2, Mittagskurier, 10. Dezember 1990, 12.50 Uhr

Peters, Butz: Einer nach dem anderen: Immer mehr Ex-RAFler werden in der DDR entdeckt, NDR 2, Frühkurier, 15. Juni 1990, 8.42 Uhr

Peters, Butz: Exil im »real existierenden Sozialismus« – wie die RAF-Aussteiger in der DDR untertauchten, NDR 4, Forum 4, 14. Dezember 1990, 17.05 Uhr

Peters, Butz: Hungerstreik und Justizminister, NDR 4, Morgenecho, 11. April 1989, 6.20 Uhr

Peters, Butz: Kronzeugenregelung für Terroristen – was ist danach möglich?, NDR 2, Mittagskurier, 6. Juli 1990, 12.15 Uhr

Peters, Butz: Nach dem Rohwedder-Mord: Warum die Fahnder noch immer im dunkeln tappen, NDR 2, Mittagskurier, 5. Mai 1991, 12.17 Uhr

Peters, Butz: RAF und Stasi – die unheilige Allianz, SDR 1, Heute im Gespräch, 25. April 1991, 19.20 Uhr

Peters, Butz: »Terroristenfahndung«: Wann sind »Kontrollstellen« nach der Strafprozeßordnung zulässig?, NDR 3, Zeitfunk, 12. August 1988, 7.15 Uhr

Peters, Butz: Susanne Albrecht ist wieder da!, NDR 2, Abendkurier, 7. Juni 1990, 17.08 Uhr

Peters, Butz: Verfassungsschutz und Zusammenlegung von RAF-Häftlingen, NDR 4 + WDR 3, Echo des Tages, 3. April 1989, 18.37 Uhr

Peters, Butz: Warum ist es nur so schwer, Terroristen zu fangen?, NDR 2, Frühkurier, 3. April 1991, 7.44 Uhr

Peters, Butz: Wer hält Kontakt mit Bernhard?, NDR 2, Abendkurier, 17. Juni 1991, 17.44 Uhr

Peters, Butz: Wie der Staatssicherheitsdienst jahrelang weltweit gesuchte Mörder unterstützt hat, Sachsen-Spiegel vom 20. Juli 1990

Peters, Butz: Zwölf Jahre – Das Urteil gegen Susanne Albrecht-Becker, NDR 2, Mittagskurier, 3. Juni 1991, 12.45 Uhr

Petschull, Jürgen: Im Fadenkreuz der RAF, Stern vom 17. 7. 1986

Petschull, Jürgen/Sandmeyer, Peter: Tage des Terrors (Serie), Stern vom 27. August, 3., 10., 17., 24. September und 1. Oktober 1987

Pfuhl, Walter: Bundesrichter entzieht Rechtsanwalt Schily Verteidigung Ensslins, Die Welt vom 20. Juni 1972

Pohl, Helmut: »Seither ist Schweigen im Walde«, Die Tageszeitung vom 17. November 1989

Pohl, Helmut: »Für uns hatte es den Zweck, Fragen zur Spreng- und Schießtechnik zu klären« (Interview), Frankfurter Rundschau vom 2. Juli 1991

Pragal, Peter: Karlsruhe ermittelt gegen Baader-Meinhof-Anwälte: Gratwanderung zwischen Marx und Justitia, Süddeutsche Zeitung vom 26. Juni 1972

Prantl, Heribert: »Da sitzt irgendein Konfident…«: Der frühere BKA-Präsident Horst Herold zur aktuellen Terrorismus-Szene, Süddeutsche Zeitung vom 1. Dezember 1989

Prantl, Heribert: Das Raster der Erfolglosigkeit, Süddeutsche Zeitung vom 3. April 1991

Proll, Astrid: »Die Zeit läuft davon« (Interview von Michael Sontheimer), Die Zeit vom 14. April 1989

Rebmann, Kurt: Alltag der RAF-Häftlinge aus der Sicht des Generalbundesanwalts (Dokumentation), Frankfurter Rundschau vom 8. April 1989 (Teil I) und 10. April 1989 (Teil II)

Reinders, Ralf/Fritzsch, Ronald: Erklärung zum Hungerstreik, Die Tageszeitung vom 7. September 1982

Riehl-Heyse, Herbert: Siegfried Haag – Planer des Anschlags: Das gefährliche Hirn eines vielköpfigen Drachen, Süddeutsche Zeitung vom 13. April 1977

Riemeck, Renate: »Ulrike lebte immer in Angst«, Der Spiegel 22/1976

Rohwedder, Detlev: »Alles muß hoppla-hopp gehen« (Interview), Der Spiegel 5/1991

Rosenkranz, Gerd: Attentat erneuert alte Fronten, Die Tageszeitung vom 4. Dezember 1989

Rosenkranz, Gerd: Aus dem Innenleben der Guerilla, Die Tageszeitung vom 20. November 1990

Rosenkranz, Gerd: Brutaler Rückfall – Der Politik der Stärke gegen den RAF-Hungerstreik folgt die Eskalation, Die Tageszeitung vom 1. Dezember 1989

Rosenkranz, Gerd: Die Lebenslüge des Generalbundesanwalts, Die Tageszeitung vom 27. März 1991

Rosenkranz, Gerd: Die RAF-Stasi-Connection: Klassenbrüder – Waffenbrüder, Die Tageszeitung vom 28. März 1991

Rosenkranz, Gerd: Kurzmeldung aus dem Untergrund, Die Tageszeitung vom 28. Juli 1990

Rosenkranz, Gerd: »Zellensteuerung«: Kampfbegriff der Ratlosen, Die Tageszeitung vom 29. August 1990

Sandmeyer, Peter/Steinhoff, Jürgen: Als wäre nichts gewesen ... – Das zweite Leben der Terroristen, Stern vom 21. Juni 1990

sch.: Zum Tod von Alfred Herrhausen, Neue Zürcher Zeitung vom 3. Dezember 1989

Schäffer, Albert: Die Mörder Rohwedders sind noch nicht gefunden, Frankfurter Allgemeine Zeitung vom 5. April 1991

Schäffer, Albert: Es braucht keiner Worte, um die Tragik zu ermessen, Frankfurter Allgemeine Zeitung vom 3. April 1991

Schell, Manfred: Bonn hat Verständnis für BKA-Kritik, Die Welt vom 6. Oktober 1985

Schleyer, Hanns-Martin: »Was soll eine Aussperrung bei Springer?« Spiegel-Interview mit Arbeitgeber-Präsident Hanns-Martin Schleyer über Streik und Aussperrung, Der Spiegel 20/1976

Schmalz, Peter: Eine Bombe nach RAF-Art: Sprengstoff in Propangasflaschen, Die Welt vom 11. Juli 1986

Schmidt-Leichner, Erich: Der Ausschluß des Verteidigers, Neue Juristische Wochenschrift 1973, S. 969

Schmidt-Leichner, Erich: Strafverfahrensrecht 1975 – Fortschritt oder Rückschritt?, Neue Juristische Wochenschrift 1975, S. 417

Schmitz, Karl: Der Untersuchungsausschuß bestätigt: Selbstmorde in Stammheim, Frankfurter Allgemeine Zeitung vom 25. Februar 1978

von Schoeler, Andreas: Nach längerer Ruhepause meldet sich die RAF zurück, Frankfurter Rundschau vom 5. Januar 1987

Schreiber, Hermann: Wird man so Revolutionär? Der Spiegel 21/1975

Schröder, Manfred F.: Die Bestie und die gefangenen »Revolutionäre« – Wer sind die Spanier, für welche die RAF Bomben legt?, Süddeutsche Zeitung vom 28. August 1990
Schroeder, Friedrich-Christian: Staatsbeschimpfung in Weimar und Bonn: Die Nachdrucke des »Buback«-Nachrufs vor den Gerichten, Frankfurter Allgemeine Zeitung vom 6. April 1979
Schroeder, Friedrich-Christian: Wenn ein Häftling den Hungertod sucht, Frankfurter Allgemeine Zeitung vom 6. Dezember 1974
Schroeder, Friedrich-Christian: Wird die Rechtspflege schutzlos? Strafvereitelung und Meineid als Bagatelldelikte, Frankfurter Allgemeine Zeitung vom 12. April 1976
Schueler, Hans: Der einsame Gnadenherr: Straferlaß für reuige Terroristen? Die Zeit vom 16. September 1988
Schueler, Hans: Der Mann auf allen Abschußlisten, Die Zeit vom 5. Dezember 1980
Schueler, Hans: Die umstrittenen Grenzen des Rechtsstaats – Hungerstreik und verschärfte Gesetze: Das Dilemma der Justiz ist unübersehbar, Die Zeit vom 6. Dezember 1974
Schueler, Hans: Ein Schuß durch die Decke, Die Zeit vom 13. Juli 1984
von Seckendorff, Ekkehard: »Eine große Heuchelei«, Der Spiegel 16/1969
Seifert, Jürgen: Anmerkung zum Groenewold-Urteil, Kritische Justiz 1979, S. 80
Seufert, Michael/Eikenaar, Alfred: »Deutscher Terror nun auch hier«, Stern vom 29. September 1977
Sievers, Leo: Stockholm 24. 4. 75 – Der Sturm auf die Botschaft (Serie), Stern 6–13/1976
Sittig, Friedemann: Der lange Arm der Häftlinge, Die Welt vom 5. Dezember 1989
Speitel, Volker: Wir wollten alles und gleichzeitig nichts, Der Spiegel 31, 32, 33/1980
Der Spiegel: Ab nach Bagdad? 47/1978
Der Spiegel: Aktion Spindy, 36/1990
Der Spiegel: »Alles muß hoppla-hopp gehen«, 5/1991
Der Spiegel: Auf der Kippe, 9/1989
Der Spiegel: Augen offen, 33/1986
Der Spiegel: Baader-Meinhof: »Finster schaut's aus«, 49/1974
Der Spiegel: Bis irgendwohin, 25/1970
Der Spiegel: Da fehlt einer, 4/1977
Der Spiegel: »Da ist irgendwo ein Nest«, 15/1991
Der Spiegel: »Da waren die Vögel schon ausgeflogen«, 42/1980
Der Spiegel: Das Attentat: Mord nach Fahrplan, 17/1977
Der Spiegel: Das Grab der Pharaonen, 50/1989
Der Spiegel: Das Pharaonengrab, 34/1980
Der Spiegel: »Denen trauen wir jetzt alles zu«, 14/1991
Der Spiegel: »Die alte RAF ist zu Ende gegangen«, 47/1982
Der Spiegel: »Die Deutschen sind irrsinnig geworden«, 36/1987
Der Spiegel: Die mit den Hüten, 34/1990
Der Spiegel: »Dieser Mann potenziert das Problem«, 11/1989
Der Spiegel: »Du bist ein ganz normaler Knacki«, 15/1989
Der Spiegel: »Eine perverse Kombination«, 25/1990
Der Spiegel: Einfach untergegangen, 10/1978
Der Spiegel: Eisbombe vom Milchpapst, 11/1990
Der Spiegel: Gezielt geschossen, 37/1981
Der Spiegel: »Haben wir Fehler gemacht?« 37/1987
Der Spiegel: Hungerstreik: Kampagne aus dem Mausoleum, 12/1981
Der Spiegel: Im Ziel, im Kampf, 43/1986

Der Spiegel: »Immer alles allein machen« – Der Vermittler im Schleyer-Entführungsfall, Anwalt Payot, 39/1977

Der Spiegel: Knarren im Wald, 46/1982

Der Spiegel: Kurzer Prozeß, 25/1975

Der Spiegel: La Paloma auf dem Dach, 37/1980

Der Spiegel: Letzte Chance, 31/1980

Der Spiegel: Letztes Tabu, 5/1991

Der Spiegel: »Mal vorher erschüttert sein«, 14/1989

Der Spiegel: Meinhof/Baader: Löwe los, 9/1971

Der Spiegel: Mögliches Ziel, 31/1990

Der Spiegel: Mythos und Bauchnabel, 33/1988

Der Spiegel: Nacktes Chaos, 11/1978

Der Spiegel: Ohne Preis, 6/1991

Der Spiegel: Oma im Altkader, 24/1990

Der Spiegel: RAF: Brutaler Vollzug, Stich um Stich, 39/1981

Der Spiegel: »Sie hat ihre Tat aufrichtig bereut«, 11/1989

Der Spiegel: Sieben singen, 20/1980

Der Spiegel: »Signifikante Schwachstellen«, Pannen-Analyse nach dem Mord an Siemens-Manager Beckurts, 39/1988

Der Spiegel: Staatsfeind Nr. 2, 10/1980

Der Spiegel: Stark genug, den Krieg zu erklären?, 38/1977

Der Spiegel: Suicide Action, 50/1990

Der Spiegel: Terror: »Da waren Superprofis am Werk«, 29/1986

Der Spiegel: Terrorismus: »Hier spricht die RAF«, 6/1985

Der Spiegel: Terrorismus: Zerfällt die RAF? 45/1980

Der Spiegel: Toby der Bär und die Breppelzitsche, 32/1977

Der Spiegel: Trampelpfade und Gucklöcher im Busch, 44/1988

Der Spiegel: Verhängnisvolle Wendung, 46/1972

Der Spiegel: Wagen kocht, 47/1979

Der Spiegel: »Weizsäcker muß allein entscheiden«, 39/1988

Der Spiegel: Wie die Wasserfälle, 33/1990

Der Spiegel: »Wir können jeden erledigen«, 49/1989

Der Spiegel: »Wir oder sie auf Leben und Tod«, 36/1977

Der Spiegel: »20000 Rubelchen im Notstandskoffer« Spiegel Report über das Finanzierungsystem westdeutscher Terroristen, 7/1979

Spörl, Gerhard: Deutschland im Herbst (Serie), Die Zeit vom 2., 9. und 16. Oktober 1987

Spoo, Eckhart: Zuerst wurde die Drohung als Ironie verstanden – Die »Mescaleros« an der Universität Göttingen, ein Flugblatt und die Reaktion der Kultusminister, Frankfurter Rundschau vom 17. September 1977

Stäcker, Dieter/Biedermann, Hans-Jürgen: Auf leisen Sohlen vom neunten in den siebten Stock: Die Polizeiaktion gegen die Nachfolger von Baader und Meinhof war gut vorbereitet, Frankfurter Rundschau vom 5. Februar 1974

Stäcker, Dieter: Müller: Die RAF hat der Linken großen Schaden zugefügt, Frankfurter Rundschau vom 8. Juli 1975

Sternebeck, Sigrid: »Dann sind bald alle tot« (Interview), Der Spiegel 33/1990

von Stahl, Alexander: »Das war das falsche Signal« (Interview), Der Spiegel 7/1991

von Stahl, Alexander: »Es gibt keine glatte Lösung«, Der Spiegel 51/1990

von Stahl, Alexander: Noch mehr Ex-RAFler in der DDR? (Interview), NDR 2, Mittagskurier, 9. Juni 1990 *von Stahl, Alexander:* Stasi und RAF – wie sieht der Generalbundesanwalt die Dinge? (Interview), NDR 4, Redezeit, 1. Oktober 1990, 11.05–12.00 Uhr

von Stahl, Alexander: »Wir planen kein neues Stammheim« (Interview), Der Spiegel 28/1990

Strauch, Rudolf: Das öffentliche Gezerre macht die Entscheidung schwer – Die Begnadigungsfrage braucht Zeit zur Lösung, Hannoversche Allgemeine Zeitung vom 22. September 1988

Stuberger, Ulf G.: Gerichts-Vorsitzender ging zu weit, Tagesspiegel vom 22. Januar 1977

Stuberger, Ulf G.: »Nicht immer volle Pulle Mitglied bei der RAF«: Ein FR-Gespräch mit Gerhard Ernst Müller – dem »Kronzeugen« im Baader-Meinhof-Prozeß, Frankfurter Rundschau vom 9. September 1976

Stuberger, Ulf G.: Ordnete Generalbundesanwalt rechtswidrigen Lauschangriff an?, Frankfurter Rundschau vom 3. Januar 1978

Stuberger, Ulf G.: Stammheimer Schwierigkeiten mit dem Recht, Tagesspiegel vom 27. April 1977

Sturm, Richard: Zur Bekämpfung terroristischer Vereinigungen – Ein Beitrag zum Gesetz vom 18. August 1976, Monatsschrift für Deutsches Recht 1977, S. 6

Süskind, Martin E.: »Neue Phase des Kampfes«, Süddeutsche Zeitung vom 1. Dezember 1989

Thoma, Franz: Ein Mann, den die Macht reizte, Süddeutsche Zeitung vom 3. April 1991

Tjaden, Joachim: Das ist der Weg des Dr. Ekkehard von Seckendorff, Hamburger Abendblatt vom 4. August 1980

Tolmein, Oliver: Die Tode von Stammheim und die Annehmlichkeiten des Ungewissen, Die Tageszeitung vom 17. Oktober 1987

Tophoven, Rolf: Ihr Credo ist die Lust am Töten – Die dritte Generation der RAF-Terroristen hat schon längst keine ideologischen Konzepte mehr, Rheinischer Merkur vom 6. Dezember 1989

Uebbing, Helmut: Der Treuhänder, Frankfurter Allgemeine Zeitung vom 30. Juni 1990

Ulrich, Andreas: Der Stadtplan des Terrors, Hamburger Abendblatt vom 24. April 1991

Viett, Inge alias Schnell, Eva: Nach vorn denken ist gefragt! (Dokumentation), Die Tageszeitung vom 15. Juni 1990

Vogel, Hans-Jochen: Strafverfahrensrecht und Terrorismus – eine Bilanz, Neue Juristische Wochenschrift 1978, S. 1217

Vogel, Hans-Jochen: Wann ist Sicherheit gefährdet? (Interview), Der Spiegel 51/1974

Vollmer, Antje: »Die einfachen Weltsichten aufbrechen« – Die grüne Abgeordnete Antje Vollmer über ihr Initiative zur Überwindung des Terrorismus (Interview), Der Spiegel 5/1989

Vollmer, Antje: Die Schwarzen Meister aus Deutschland – Gibt es politische Lösungen für ehemalige Terroristen im Gefängnis?, Die Tageszeitung vom 30. Januar 1986

Vollmer, Antje: Konsequenzen aus dem Ende des Terrorismus – Zehn Thesen, Die Tageszeitung vom 18. Juli 1990

Vollmer, Antje: Wir sind verstrickt, auch schuldhaft, Die Zeit vom 16. Oktober 1987

Vollmer, Antje: Zwischenbilanz eines Dialogs, Die Tageszeitung vom 8. August 1988

Voss, Reinhard/Kohl, Hans-Helmut: Der Schütze saß im Schrebergarten, Frankfurter Rundschau vom 3. April 1991

Wackernagel, Christof/Schneider, Gert: Ein Platz an der Sonne, Die Tageszeitung vom 7. Mai 1984

Wagner, Joachim: Stumpfe Waffen gegen den Terror, Deutsches Allgemeines Sonntagsblatt vom 31. August 1986

Waltert, Bruno: Noch immer Alarmstufe eins bei Fahndung nach Baader-Bande – Interview mit Bundesanwalt Siegfried Buback, Die Welt vom 30. Juni 1972

Wehnelt, Christoph: Ein kluger Bankier, der vorsorgte, Frankfurter Rundschau vom 1. August 1977

Weidenhammer, Karl-Heinz: Das Verschwinden der Spur 6, Die Tageszeitung vom 13. Januar 1983

Wiedemeyer, Wolfgang: Hans Neusel – Der Mann an Carstens Seite, Rheinischer Merkur vom 13. Juli 1979

Winters, Peter Jochen: Ohrfeigen beim Prozeß gegen Ulrike Meinhof und Horst Mahler, Frankfurter Allgemeine Zeitung vom 11. September 1974

Wirsing-Sibylle: Die Prinzessin der Roten-Armee-Fraktion und ihre Getreuen, Frankfurter Allgemeine Zeitung vom 16. September 1974

Wittkowski, Bernd: Ein mächtiger Partner in der ganzen Welt, Die wachsenden Erfolge der Deutschen Bank und ihres Vorstandssprechers, Frankfurter Rundschau vom 1. Dezember 1989

Wolff, Karl-Dietrich: An die RAF: Alles wäre besser, als so weiterzumorden, Die Tageszeitung vom 13. September 1985

Wuttke, Horst: Ausschließung des Strafverteidigers, Neue Juristische Wochenschrift 1972, S. 1884

Zachert, Hans Ludwig: Das Lagebild des neuen BKA-Präsidenten (Interview), NDR 4, Redezeit, 20. August 1990, 11.05–12.00 Uhr

Zastrow, Volker: Die Sicherheitsbehörden wissen wenig über die »Rote Armee Fraktion« – Die unbekannte Dritte Generation, Frankfurter Allgemeine Zeitung vom 4. April 1991

Zastrow, Volker: Die sogenannte dritte Generation der RAF, Frankfurter Allgemeine Zeitung vom 6. April 1991

Zastrow, Volker: Niemand spricht vom Überwachungsstaat – Herolds Rasterfahndung ist heute wirkungslos, Frankfurter Allgemeine Zeitung vom 5. April 1991

Zimmermann, Horst: Baaders Enkel bomben wieder, Christ und Welt vom 12. Januar 1985

Zimmermann, Horst: Am Ende einer großen Fehleinschätzung, Tagesspiegel vom 13. November 1974

Zimmermann, Horst: Außer den Straftaten ist nur wenig bekannt, Tagesspiegel vom 30. Mai 1972

Zimmermann, Horst: Der Hydra wachsen wieder neue Köpfe, Rheinischer Merkur/Christ und Welt vom 13. Juli 1984

Zimmermann, Horst: Die deutsche Terrorszene fünf Jahre nach der Schleyer-Entführung – Eine Bilanz der Sicherheitsbehörden, Tagesspiegel vom74. September 1982

Zimmermann, Horst: Plant die RAF Serie neuer Attentate? Hamburger Abendblatt vom 3. Februar 1989

Zimmermann, Horst: So nutzte die RAF Fehler der Fahnder, Hamburger Abendblatt vom 8. Februar 1985

Zimmermann, Horst: Unter dem Fahndungsdruck der Polizei: Veränderungen in der deutschen Terroristenszene, Tagesspiegel vom 6. August 1980

Personen- und Sachregister

Bildnachweis

Bundeskriminalamt, Wiesbaden: S. 96, 97, 111, 186, 213, 288, 289, 300, 334, 356, 387, 409, 418, 422
dpa Hamburg, Bildarchiv: S. 13, 26, 27, 53, 55, 64, 76, 94, 106, 118, 123, 124, 127, 141, 210, 215, 221, 224, 232, 235, 274, 280, 286, 304, 338, 345, 350, 361, 377
Keystone Pressedienst: S. 39, 116, 125, 165, 173, 184, 194, 206, 208, 242, 247, 256, 385, 407
Klaus Mehner, Berlin: S.80
Butz Peters, Hamburg: S. 316
Astrid Proll: S. 60, 61
Bertram Solcher: S. 24
stern, Hamburg: S. 16
texte: der RAF, Lund/Schweden 1977: S. 270, 271